Karl-Otto Apel
Transformation der Philosophie

Band 2

Das Apriori der
Kommunikationsgemeinschaft

W0049645

Suhrkamp

suhrkamp taschenbuch wissenschaft 165
Erste Auflage 1976
© Suhrkamp Verlag Frankfurt am Main 1973
Suhrkamp Taschenbuch Verlag
Alle Rechte vorbehalten, insbesondere das des
öffentlichen Vortrags, der Übertragung durch
Rundfunk oder Fernsehen und der Übersetzung,
auch einzelner Teile.
Druck: Nomos, Baden-Baden
Printed in Germany.
Umschlag nach Entwürfen von
Willy Fleckhaus und Rolf Staudt.

Inhalt

I. Szientistik, Hermeneutik, Dialektik

Reflexion und materielle Praxis:
Zur erkenntnisanthropologischen Begründung der Dialektik zwischen Hegel und Marx

I.

Die folgenden Überlegungen erheben nicht den Anspruch, einen unmittelbaren Beitrag zur Hegelinterpretation zu leisten. Ich möchte vielmehr – mit einer gewissen Unbefangenheit und experimentellen Freiheit – einen eigenen Ansatz (im Problem der Dialektik) zur Diskussion stellen. Aus diesem Grund habe ich sogar eine gewisse Scheu, mich in allzu große Nähe zu Hegel zu begeben.

Ich möchte daher mein Thema an der Wirkungsgeschichte Hegels verdeutlichen, und zwar zunächst an den polar entgegengesetzten Extremen dieser Wirkungsgeschichte. Diese scheinen mir gegeben zu sein einerseits im sog. »dialektischen Kritizismus«, wie ihn etwa S. Marck in seinem Buch *Die Dialektik in der Philosophie der Gegenwart* (1929/31) beschrieben hat, und andererseits im »Dialektischen Materialismus«.

Im *dialektischen Kritizismus*, der zwischen Kant und Hegel zu vermitteln sucht, also etwa von R. Hönigswald bis Th. Litt, ist die erkenntnistheoretische Problematik der Dialektik wohl am subtilsten behandelt worden, und innerhalb der Reichweite dieser Problematik dürfte hier das höchste kritische Reflexionsniveau vielleicht in der gesamten gegenwärtigen Philosophie erreicht worden sein. – In merkwürdigem Widerspruch zu diesem hohen gedanklichen Niveau steht die relativ geringe lebendige Wirkung dieser extremen Hochstilisierung idealistischer Dialektik. Sehr im Gegensatz zu ihrem Gegenpol, der materialistischen Dialektik des sogenannten »orthodoxen« Marxismus, die doch zweifellos die weltgeschichtliche Stoßkraft der Hegelschen Methode repräsentiert.

Man könnte versucht sein, hier mit einem gewissen geschichtsphilosophischen Zynismus die Unwirksamkeit alles Kritisch-Subtilen und historisch Hoch- und Ausstilisierten festzustellen. War nicht oft schon in der Geschichte des Denkens ein Neuanfang gleichbedeutend mit Reprimitivierung – einfach ein Abwerfen kritischen Ballasts zugunsten wiederermöglichter plastischer Anschaulichkeit und emotionaler Wucht?

Ganz so einfach scheint mir indessen der Fall hier nicht zu liegen: Einerseits kann man zweifeln, ob der radikal vereinfachte, d. h. praktisch zum Dogma erstarrte »Diamat« heute noch eine große philosophische Zukunft vor sich hat. Andererseits aber verdankt der Marxismus überhaupt seine bisherige gedankliche Stoßkraft nicht nur außerwissenschaftlichen Motiven, sondern dem Umstand, daß er – im Gegensatz zum kritischen Idealismus – die substanzielle Seite der Hegelschen Dialektik: die inhaltliche Aufarbeitung der geschichtlichen Situation, die geschichtsphilosophische Weltorientierung also, zu verkörpern scheint.

Dieser Umstand wiederum dürfte dadurch bedingt sein, daß Marx in der Tat das eine der beiden konstitutiven Elemente der Dialektik überhaupt (insgeheim auch der Hegelschen Dialektik) zur Geltung gebracht hat: die »materielle Praxis« oder, besser gesagt: das materielle Moment an der menschlichen Praxis; auch und sogar das materiell-praktische Vermittlungsmoment innerhalb der Erkenntnis. Demgegenüber beschränkt sich die kritische Dialektik des transzendentalen Idealismus im wesentlichen darauf, die Reflexionsbedingungen der Dialektik und die Dialektik dieser Reflexionsbedingungen in formal-allgemeingültiger Weise zu begründen. Dergestalt bringt sie zwar die unreduzierbar geistigen, die transzendentalen Bewußtseinsvoraussetzungen der Dialektik dem Marxismus gegenüber unwiderleglich zur Geltung, verzichtet aber von vornherein darauf, eine inhaltlich deutende und auswertende Beziehung der Philosophie zum empirischen Gehalt der Welt herzustellen. Den empirischen Gehalt der Welt muß die kritische Dialektik – etwa Litts »Selbstaufstufung des Geistes«[1] – den Einzelwissenschaften überlassen. Diese erarbeiten ihn zwar – nach Maßgabe ihrer jeweiligen Fragestellung – in allgemeingültiger Form, und die dialektische Reflexionsphilosophie vermag wiederum die transzendentalen Bewußtseinsvoraussetzungen dieser Wissenschaften in allgemeingültiger Form anzugeben. Dennoch läßt diese Arbeitsteilung, welche der Philosophie nur eine letzte formale Reflexion auf die Gültigkeits- und Konstitutionsbedingungen der Einzelwissenschaften erlaubt, ein wesentliches, wenn nicht das wesentliche Anliegen menschlicher Weltorientierung unberücksichtigt. Die Einzelwissenschaften näm-

---

1 Vgl. Th. Litt, *Denken und Sein*, Stuttgart 1948; ders., *Mensch und Welt*, München 1948, 2. Aufl. Heidelberg 1961; ders., *Hegel, Versuch einer kritischen Erneuerung*, Heidelberg, 2. Aufl. 1961.

lich erkaufen die Allgemeingültigkeit ihrer Sätze, soweit diese erreicht wird, durch die Festlegung auf die implizite Perspektive ihrer Fragestellung, anders gesagt: durch die grundlegenden Abstraktionen von der konkreten Situationswirklichkeit, welche die Idealität ihrer Maßstäbe ermöglichen. Insofern ergeben Allgemeingültigkeit der wissenschaftlichen Empirie und Allgemeingültigkeit der philosophischen Begründung dieser Empirie zusammen noch lange kein allgemeingültiges »Weltbild«.

Nun ist freilich ein schlechthin allgemeingültiges »Weltbild« überhaupt unmöglich, da zu jedem »Weltbild« eine Perspektive gehört[2]; gleichwohl scheint mir zu den Aufgaben der Philosophie die Erarbeitung einer »jetzt-gültigen« Weltorientierung zu gehören, die sich einerseits durch die inhaltlichen Ergebnisse der Einzelwissenschaften vermittelt hat und die andererseits die Grundfragestellungen und Idealisierungen der Einzelwissenschaften in ihrer abstrakten Einseitigkeit durchsichtig macht. Die Ergebnisse der Geisteswissenschaften etwa – als Resultate hermeneutischer Reflexion der Menschheit auf ihre verschiedensten geschichtlichen Bezugssystemen entstammende bisherige Weltdeutung – warten doch offenbar nur darauf, durch die Philosophie aus ihrer abstrakten Quasi-Objektivität befreit und in eine jetzt-gültige Weltorientierung hineinintegriert zu werden. Geschieht dies nicht, so resultiert unvermeidlich die existenzielle Aporie des relativistischen Historismus, wie sie etwa in Musils *Mann ohne Eigenschaften* repräsentiert ist.[3]

Eben dies nun: die Erarbeitung eines wissenschaftlich vermittelten inhaltlichen Weltbildes, das gleichzeitig die Fragestellungen und Abstraktionen der Einzelwissenschaften geschichtlich erklärt und damit in ihrer Bedeutung kritisch begrenzt – eben dies scheint die *materialistische Dialektik* des Marxismus zu leisten. Freilich leistet sie diese substanzielle Deutung der Welt als Situation mit Hilfe einer geschichtsphilosophischen Konzeption, die offenbar von einem dogmatischen Entwurf der Zukunft abhängig ist; und infolgedessen büßt sie ihre situationserhellende Kraft in eben dem Maße ein, in dem wir die Entstehungszeit des maßgebenden Zukunftsentwurfs hinter uns lassen. Dies wiederum hängt offenbar zusammen mit der

---

2 Vgl. K.-O. Apel, »Kann es ein wissenschaftliches ›Welt-Bild‹ überhaupt geben?«, in: Ztschr. f. philos. Forschung, Bd. XVI, Heft 1, S. 28–57.
3 Vgl. hierzu E. Heintel, »Der Mann ohne Eigenschaften und die Tradition«, in: *Wiss. u. Weltbild*, Wien 1960.

fehlenden Vermittlung der materialistischen Dialektik durch die
kritische Reflexion eines allgemeingültigen »Bewußtseins überhaupt«, das angesichts jeder noch so suggestiven inhaltlichen Situa-
tionsdeutung die mögliche Distanzierung und die Möglichkeit an-
dersartiger Deutungen zur Geltung bringen könnte. Damit aber —
so scheint es — werden wir wieder auf die Position des dialektischen
Kritizismus zurückgeworfen, die aus dem Zusammenbruch des Hegelschen Weltsystems nur die formale Funktion einer Dialektik der
reflexiven Selbstaufstufung des Bewußtseins glaubte retten zu können.[4]

Angesichts dieses Dilemmas möchte ich die Frage nach dem Wesen
und dementsprechend nach der Leistungsfähigkeit der Dialektik erneut stellen. Ich gehe dabei heuristisch von der Voraussetzung aus,
daß es darauf ankommen wird, die beiden konstitutiven Momente
der Dialektik, wie sie in der Wirkungsgeschichte Hegels isoliert her-
vorgetreten sind: »Reflexion« und »materielle Praxis«, kritisch zueinander ins Verhältnis zu setzen. Systematisch betrachtet, läuft
dies m. E. auf eine »erkenntnis-anthropologische« Untersuchung
hinaus. Historisch aber führt es gewissermaßen in den Bezirk des
ungedacht Gebliebenen zwischen Hegel und Marx zurück.

II.

In die Richtung des ungedacht gebliebenen Wesens der Dialektik
weist, wie mir scheint, nicht zufällig die negativ distanzierende Definition eines Neothomisten, der damit die einheitliche Grundstel-
lung des »modernistischen« Denkens bei Hegel, Marx und Heidegger treffen und zugleich in ihrer Bedenklichkeit entlarven will:
Jakob Hommes, der Kritiker des »technischen Eros« der Moderne,
sagt in seinem Buch *Die Krise der Freiheit* (Regensburg 1958, S. 24)
von der Dialektik:

>»Nach dieser haben alle Einzelwesen, die Dinge und der sie gebrauchende Mensch,
ihr eigentliches Sein nicht mehr in dem, was sie von Natur sind, sondern nur
noch im Gespräch (διάλεκτος) und der durch dasselbe zwischen ihnen gestifteten
Einheit — im Gespräch, d. h. letztlich in einer Zwiesprache des Menschen mit
den Dingen, bei der der Mensch und die Dinge einander unmittelbar nahe und
eins werden.«

4 Vgl. hierzu etwa Th. Litt, *Mensch u. Welt*, a.a.O., S. 336, Anmerkung 63.

In Hommes' Büchern, die eine mit Ärgernis durchsetzte Faszination erregen, scheint mir – zuweilen – eine aus Haß oder, besser gesagt: aus Haßliebe gespeiste Hellsicht am Werk. Nicht daß ich seine Darstellung der Dialektik für durchaus sachlich zutreffend hielte; noch weniger würde ich die äußerst gewaltsame Art seiner Harmonisierung von Hegel, Marx und Heidegger als historische Interpretation anerkennen. Wohl aber vermag Hommes gerade durch seine vehemente Kritik einer bloßen Fiktion, die den Schlüssel für das moderne Denken enthalten soll, ein Verlangen zu wecken, das zwischen Hegel und Marx ungedacht gebliebene Wesen der Dialektik nun wirklich positiv zu entfalten. Bestärkt wird man in diesem Verlangen durch den Umstand, daß von demselben Heidegger aus, von dem her Hommes seine negative Kritik inspiriert, in jüngster Zeit H. G. Gadamer eine »hermeneutische Philosophie« entworfen hat[5], die im Gegensatz zum dialektischen Kritizismus das substantielle Anliegen der Hegelschen Dialektik als ein Sich-Vermitteln der Gegenwart mit ihrer geschichtlichen Tradition realisieren will. Dabei hat Gadamer genau entsprechend der Hommesschen Definition das Wesen der Dialektik aus dem Dialog zu deuten versucht und dementsprechend in seiner eigenen Philosophie die Verständlichkeit des Seins schlechthin auf den sprachlichen Horizont des »hermeneutischen Universums« begrenzt.

Ich muß gestehen, daß mir Gadamers »Hermeneutik« eine echte Möglichkeit dialektischer Philosophie zu entfalten scheint. An ihr möchte ich daher das Problem einer *substantiellen* Dialektik der Geschichte etwas ausführlicher zu exponieren versuchen.

Gadamers »Hermeneutik« vermag zunächst zu zeigen, daß gerade Hommes' kritisches Anliegen: die Eigenständigkeit, das Von-sich-aus-Sein der Dinge dem »technischen Eros« der Moderne gegenüber zu retten, heute selbst noch im Rahmen dialektischen Philosophierens, und keineswegs als »schlechte Metaphysik« im vorkantischen bzw. vorhegelschen Sinn, vertreten werden muß: Dies »Von-sich-aus-Sein« der Dinge kann selbst nur als die »Sprache der Dinge« im »hermeneutischen Universum« der menschlichen Sprache zum Vorschein und gegen das »Von-sich-aus-Vorgehen« des die Dinge methodisch »stellenden« Menschen zur Geltung gebracht werden.

5 Vgl. H. G. Gadamer, *Wahrheit und Methode. Grundzüge einer philosophischen Hermeneutik,* Tübingen 1960. Vgl. auch meine kurze Besprechung in: *Hegelstudien,* Bd. 2 (1963), S. 314–22.

(Ich selbst habe einmal versucht, dieses Verhältnis als Dialektik von »Physiognomie« und »Technognomie« innerhalb der sprachlichen Welterschließung zu fassen.[6])

Gleichwohl meine ich, daß eine »hermeneutische Philosophie« im Sinne Gadamers noch nicht »die« Auflösung des Problems der Dialektik darstellt, und zwar deshalb, weil sie die eingangs charakterisierten extremen Realisierungen der Dialektik, die *transzendentalidealistische* der *Selbstaufstufung des reflexiven Bewußtseins* und andererseits die *Dialektik der materiellen Praxis,* nicht radikal genug durcheinander vermittelt, sondern sie vielmehr außer sich behält.

Daß eine »philosophische Hermeneutik« die Dialektik der materiellen Praxis außer sich behält, ist freilich eine These, die Gadamers Grundkonzeption gegenüber schon nicht mehr mit derselben Evidenz behauptet werden kann wie etwa noch derjenigen Diltheys gegenüber. Diltheys Hermeneutik verstand sich als eine solche der »Geistes-Geschichte«; sie blieb als solche – bei aller methodischen Anpassung an das Wissenschaftsideal des Positivismus – der Hegelschen Konzeption der Geschichte als immanenter Selbstentfaltung des Geistes verhaftet, ja sie macht durch ihre positivistisch-psychologische Tendenz, welche an die Stelle des spekulativen Begreifens das *nacherlebende Verstehen* setzt, den geschichtlichen Gehalt des Geistes allererst zu einem vermeintlich in jedem Zeugnis unmittelbar aus sich heraus Verstehbaren. Diltheys Konzeption der Hermeneutik gegenüber erscheint daher die marxistische Ideologiekritik, welche die materiell-praktische Bedingtheit der Gehalte der sogenannten Geistesgeschichte betont, als systematisch und historisch notwendige Korrektur.[7]

Anders liegen die Verhältnisse bei einer Philosophischen Hermeneutik, die – wie im Falle Gadamers – zum Hintergrund und eigentlichen Thema nicht die Auslegung der »Geistes-Geschichte«, sondern der »Seins-Geschichte« hat. Hier soll – wiewohl Diltheys bloß

6 Vgl. vom Verf., »Technognomie, eine erkenntnisanthropologische Kategorie«, in: *Konkrete Vernunft*, Festschr. f. E. Rothacker, Bonn 1957, S. 61–78.
7 Analog zu dieser und der pragmatistisch-behavioristischen Korrektur hat auch A. Gehlen in der 4. Auflage seines Buches *Der Mensch* und in *Urmensch und Spätkultur* – wiederum an Hegel anknüpfend – Diltheys hermeneutischer Kulturphilosophie gegenüber die Vermitteltheit der geistigen Gehalte der Kultur durch die faktischen »Institutionen«, d. h. aber: durch die selbst nicht unmittelbar als geistig verstehbaren, kontingenten Verdichtungen der menschlichen Verhaltenspraxis, hervorgehoben. Vgl. hierzu: K.-O. Apel, »A. Gehlens ›Philosophie der Institutionen‹«, *Phil. Rdsch.*, 10. Jg. (1962), S. 6 f. (Vgl. Bd. I, S. 197 ff.)

empirisch verstehender Geistesgeschichte bzw. Weltanschauungs-
lehre gegenüber mit Hegel die spekulative Frage nach der Wahrheit
wiederhergestellt wird – das geschichtlich gültige Verstehen (doch)
nicht im Sinne Hegels aus der Selbstdurchdringung des Geistes, sondern aus der »Produktivität der Zeit« heraus ermöglicht sein. An
die Stelle des spekulativen »Besserverstehens« der Tradition aus der
alleinigen Vollmacht des sich begreifenden Geistes tritt das »An-
dersverstehen« des Früheren durch die Späteren, die selber dem
geschichtlichen *Sein* zugehörig bleiben[8]. Hierin wie auch in dem Motiv der Sprachlichkeit des »hermeneutischen Universums«, das ja
die faktische und praktische Verleiblichung des Geistes einschließt,
ist bei Gadamer gewissermaßen der Raum für die Thematik einer
dialektischen Vermittlung der Geistgehalte über kontingente und
materielle Praxis offengehalten. In der Tat ist diese Vermittlung des
allgemeinen geistigen Sinns durch das schlechterdings Nichtall-
gemeine, Kontingente einer faktischen Praxis ja bereits in der Modellsituation des *Dialogs* enthalten, die Gadamer für die Problematik alles geschichtlichen Verstehens zugrunde legen will: Wird im
Ernst anerkannt, daß in der philosophischen Hermeneutik nicht
lediglich das unmittelbare Auffassen von objektivierten geistigen
Sinngehalten, sondern das Einrücken des ganzen Menschen in ein
seit Urzeiten im Gang befindliches Geschehen der Traditionsvermittlung (einschließlich der praktischen »Anwendung« des hermeneutischen Gesprächs, z. B. in der »Applikation« des Rechts in der
richterlichen Entscheidung oder in der »Reproduktion« der Kunst
in der Aufführung eines Dramas oder eines Konzerts) im Thema
steht, – so wird klar, daß hier der ontologische Grundentwurf einer
reinen »Geisteswissenschaft« oder auch »Geistes-Philosophie« überschritten ist. Nicht erst in der – oft schwierigen – (Wieder-)Herstel-
lung der Gesprächssituation mit vergangenen Kulturen durch die
hermeneutischen Wissenschaften versagt das unmittelbare Verstehen von Geist zu Geist: selbst schon in der philosophischen Modellsituation des aktuellen Gesprächs mit Zeitgenossen innerhalb derselben Kulturumwelt und bei Teilnahme an den »Wortinhalten«
derselben Muttersprache vollzieht das Verstehen nicht nur ein unmittelbares Auffassen mentaler Sinngehalte und ihrer logischen Beziehungen (im weitesten Sinn, einschließlich der sprachimmanenten
Feldbeziehungen der Wortinhalte), sondern auch ein Vermitteln der

8 Vgl. Gadamer, a.a.O., S. 280.

intuitiven Auffassung der Worte des Anderen durch dessen faktischen »Sprach-Gebrauch« im weitesten Sinn, d. h. durch sein praktisches Weltverhalten. In extremer Form tritt dieses Vermittlungsmoment in Erscheinung, wenn beide Partner zwar grammatisch
scheinbar dieselben Worte verwenden, hinsichtlich des zugehörigen
praktischen Umgangs mit der Welt aber nicht dasselbe »Sprachspiel« (Wittgenstein) spielen. Dies wird etwa der Fall sein bei Vertretern verschiedener praktischer Lebensinteressen, z. B. bei Angehörigen verschiedener sozialer Klassen. Hier genügt es dann nicht
mehr, mit Dilthey die praktische Vermittlung des Sinnverständnisses durch den intuitiven Nachvollzug der Erlebnisakte des Anderen zu ermöglichen, sondern es wird – wohlgemerkt: bereits im
unmittelbaren Gespräch! – eine kritische Objektivation der praktischen Lebensform des Anderen erforderlich, um, über solche Verfremdung vermittelt, die eigentliche Bedeutung seiner Worte zu verstehen.

Solchermaßen entspringt noch innerhalb der unmittelbaren »Mitteilung« des In-der-Welt-Seins im Gespräch zugleich mit dem *hermeneutischen* Geschäft das *ideologiekritische* (bzw. das aus praktischem Behavior oder aus Institutionen herleitende) »Erklären«
des Sinns. Erst recht wird eine *hermeneutisch-dialektische* Philosophie, welche der uns durch die »Produktivität der Zeit« entrückten
geschichtlichen Welt im ganzen und damit dem Geschehnischarakter
des Seins in der Abfolge verschiedener Kulturen gerecht werden will
(als sozial-anthropologische Verhaltensforschung, Institutionsana-
lyse und, im Hinblick auf die verbindliche geschichtliche Wahrheit,
als Ideologiekritik) das *faktisch-kontingente* Moment der materiell-
praktischen Vermittlung allen *Sinns* eigens berücksichtigen müssen.
Sie wird die objektive Analyse der nichtgeistigen Bedingungen der
Sinnkonstitution leisten müssen, gerade um die hermeneutische Einheit des Sinns in dem Gespräch, das wir Menschen »sind« (Hölder-
lin-Heidegger), gewährleisten zu können. Das »hermeneutische Universum« der geschichtlichen Welt konstituiert sich für uns erst in
dem Maße, als wir den dunklen, sinnfremden Einschlag der materiellen Faktizität in der geschichtlichen Welt durch andere Methoden
als diejenigen des unmittelbaren Verstehens thematisieren und dergestalt mittelbar auf den unmittelbar verständlichen Sinn beziehen.[9] Das besagt freilich nicht, daß eine dialektische Philosophie nur

9 Hierin liegt zugleich Anerkennung und Abweisung der oben (Anmerkg. 7) erwähnten

die *Vermittlung des geistigen Sinns über die materielle Praxis* zum
Thema hätte. Die alleinige Eruierung dieser Vermittlung macht
vielmehr die Einseitigkeit der marxistischen Ideologiekritik (wie
andererseits der behavioristischen Schulen) aus. Als ob nicht auch
umgekehrt menschliche Verhaltenspraxis – im Unterschied zum
instinktgeleiteten tierischen »Behavior« – immer erneut aus unmittelbarer Sinnintuition sich begründen müßte: hier scheint mir die
dialektische Notwendigkeit einer *hermeneutischen* Philosophie zu
entspringen. Der junge Marx hat ausdrücklich betont, daß zwar die
Philosophie (als Ideologie) durch revolutionäre (d. h. die mate-
riell-praktischen Bedingungen der Ideologie verändernde) Praxis
»aufzuheben« sei, daß aber auch umgekehrt diese praktische »Aufhebung« der Philosophie nicht anders als durch ihre »Verwirklichung«, d. h. aber doch wohl: durch philosophische Sinninspiration
der Praxis, zu leisten sei.[10] Hierin steckt, wie mir scheint, die dialektische Rechtfertigung des Programms einer *hermeneutischen* Eruierung der *positiven Sinnvoraussetzungen* der Anthropologie und
Geschichtsphilosophie des Marxismus, d. h. der Lehre von der ge-

Polemik Gehlens gegen eine *hermeneutische* Philosophie. Sozusagen erkenntnispsycholo-
gisch hat Gehlen recht, wenn er für die Erforschung der archaischen Zustände Diltheys
Methode des unmittelbaren Nachverstehens ablehnt. Wenn er aber das hermeneutische
Moment überhaupt unterschlägt und *an die Stelle* des Verstehens die objektive Analyse
der archaischen Institutionen und ihrer Konsequenzen für die Lebensform setzen will, so
verkennt er – genau wie der *Behaviorismus* – den dialektischen Vermittlungszusammen-
hang, kraft dessen die objektiven Deskriptionsmethoden das unmittelbare Verstehen sowohl voraussetzen als letzten Endes zum Ziel haben. Eine derartige Voraussetzung von
»Verstehen« trifft selbst noch für die Tierverhaltensforschung zu, wie Buytendijk erkannt
hat (vgl. *Mensch und Tier*, rde Bd. 74). Und auch diese dient letztlich genauso wie die
Analyse archaischer Institutionen einer Vermittlung des menschlichen Selbstverständnisses
durch objektivierende Verfremdung.
10 Vgl. *Frühschriften*, ed. S. Landshut, Stuttgart 1953, S. 214 f.: Die »Theoretische, von
der Philosophie her datierende politische Partei« »bedachte nicht, daß die seitherige
Philosophie selbst zu dieser Welt gehört und ihre, wenn auch ideelle Ergänzung ist . . .
Sie glaubte, die Philosophie verwirklichen zu können, ohne sie aufzuheben.« Die praktische politische Partei dagegen glaubt nach Marx, die Negation der Philosophie als
bloßer Philosophie »dadurch zu vollbringen, daß sie der Philosophie den Rücken kehrt
und abgewandten Hauptes – einige ärgerliche und banale Phrasen über sie hermurmelt . . .«
Ihr ruft er entgegen: »Ihr könnt die Philosophie nicht aufheben, ohne sie zu verwirklichen.« – Marx scheint hier – und m. E. zu Recht – anderer Meinung zu sein als seine
modernen Interpreten M. Merleau-Ponty und J. Habermas, die den Sinn der Geschichte
allein durch Beseitigung des bestehenden Unsinns glauben finden zu können (vgl. Habermas, »Zur philosophischen Diskussion um Marx u. den Marxismus«, *Phil. Rdsch.*, 5. Jg.
1957, S. 209); er läßt Hermeneutik und Kritik der traditionellen Philosophie durcheinander vermittelt sein.

sellschaftlichen Selbstentfremdung des Menschen und ihrer praktischen Aufhebung.[11]

Solchermaßen erweist sich »hermeneutische Philosophie« in der Tat
als ein Teil, ja sogar als die positive Bedingung, einer substanziell-
dialektischen Sinnerschließung der Geschichte als eines kontinuierlichen Gesprächs, vorausgesetzt nur, daß sie sich durch ihr Kom-
plementärunternehmen: die ideologiekritisch intendierte Analyse
der zu diesem Gespräch gehörigen materiellen Praxis, vermitteln
läßt.

In Gadamers Hermeneutik, welche das substantielle Anliegen der
hegelschen Dialektik aufnimmt, sind freilich die soeben charakterisierten Implikationen der Modellsituation des geschichtlichen Gesprächs nicht explizit herausgearbeitet. Dies scheint mir damit zusammenzuhängen, daß andererseits auch die *Dialektik der Reflexion*
und damit die *Reflexionsbedingungen der Dialektik* bei Gadamer
nicht radikal genug berücksichtigt wurden. In dem von Heidegger
her konzipierten Rückgang auf die *Seinsgeschichte* qua Produktivität der Zeit scheint mir insofern ein »asylum ignorantiae« zu liegen,
als *die wirkliche Vermittlung von Bewußtsein und materieller Praxis,* welche die produktive Fortsetzung der Geschichte im menschlichen Verstehen ausmacht, unanalysiert bleibt. Im Rahmen der
Wirkungsgeschichte Hegels, von der wir ausgingen, trifft Gadamer
zwar die *spekulative Mitte* des Anliegens einer substanziellen Dialektik der Geschichte, doch die inzwischen historisch hervorgetre-
tenen *extremen Konstitutionsmomente* der Dialektik überhaupt
sind darin noch nicht wirklich »aufgehoben«.

Daß Gadamers Hermeneutik die kritische Dialektik des transzendentalen Idealismus außer sich behält, zeigt sich u. a. darin, daß sie
die Frage nach den Bedingungen der Möglichkeit des Allgemeingül-
tigkeitsanspruchs der eigenen Sätze unbeantwortet läßt. Schärfer
gesagt: daß sie, wie schon Heidegger, ein seinszugehöriges und in
diesem Sinne geschichtliches und substanzielles Denken nicht mehr
über den von Descartes und wiederum von Hegel erreichten Punkt
noologischer Reflexion glaubt vermitteln zu müssen. Damit wird
die neuzeitliche, wenn nicht schon griechische, Idee allgemeingültiger
Wissenschaft aufgegeben zugunsten der konkreten Einführung in
die »jetzt für uns gültige« Weltsituation des Gesprächs, das wir

11 Vgl. hierzu jetzt D. Böhler, *Metakritik der Marxschen Ideologiekritik*, Frankfurt
1971.

Menschen in geschichtlicher Zugehörigkeit zueinander und zum Sein
sind.

Nun habe ich eingangs schon angedeutet, daß eine substanzielle
Weltorientierung nicht allgemeingültig sein kann und daß andererseits die formale Dialektik der »Selbstaufstufung des Wissens«
zwar *intersubjektiv gültig* ist, der Aufgabe einer *substanziellen*
Deutung dessen, was jetzt ist, jedoch ohnmächtig gegenübersteht.
Sie repräsentiert in ihrer jederzeit für jedermann möglichen Reflexion auf die Voraussetzungen unseres Denkens in der Tat eine Möglichkeit des Geistes, von der Gehlens scharfes Wort gilt, daß sie »in
der Unverbindlichkeit stehen«[12] kann. Gesteht man dies zu und
erblickt man die wesentliche Aufgabe einer Dialektik in der inhaltlichen Erschließung des Weltsinns als geschichtlicher Situation, so
folgt jedoch noch keineswegs, daß solche Deutung nicht ihrerseits
dennoch, sofern sie als Philosophie, und nicht etwa als Prophetie,
auftritt, durch die *noologische Reflexion* und damit durch den Ursprung der Idee allgemeingültiger Wissenschaft sich vermitteln muß.
Eine solche Vermittlung geschieht m. E. immer schon und genau
solange, als man die unvermeidliche Dogmatik der jetzt gültig sein
sollenden Weltdeutung nicht verabsolutiert, sondern sie reflexiv auf
ihren geschichtlichen Ort, genauer: auf den Standort des Deuters
zurückbezieht.

(Die vorstehenden Ausführungen wollen keineswegs der Descarteskritik Gadamers insgesamt ihr gutes Recht bestreiten. Es ist m. E. kaum von der Hand zu
weisen, daß Descartes' wissenschaftliches *Methodenideal,* das Subjekt und Objekt prinzipiell trennen und unter dem Begriff des Objekts schlechterdings alle
Probleme des menschlichen Erkennens in gleicher Weise dem Bewußtsein »vorstellen« und als Forschungsthema verfügbar machen will, den letzten Sinn der
sogenannten »Geisteswissenschaften« zu verstellen geeignet ist und ihn tatsächlich
bis über Dilthey hinaus verstellt hat. In der Tat kommt für ein angemessenes
philosophisches Begreifen dieses Sinns alles darauf an, einzusehen, daß wir Menschen in den sogenannten Geisteswissenschaften letzten Endes nicht ein von uns
trennbares Eigengesetzliches in seiner unabhängigen Eigengesetzlichkeit progressiv erforschen und es damit unserer praktisch-technischen Herrschaft unterwerfen
wollen, sondern vielmehr uns selbst, in der Weise einer einmalig-sinnvollen Fortsetzung, mit der geschichtlichen Welt als dem *Anderen unserer selbst* (d. h. unserer Gewesenheit) »vermitteln« (d. h. auseinandersetzen und zusammenschließen)
wollen.

Dennoch scheint mir die kartesische Grundlegung des wissenschaftlichen Denkens
auch für das Verfahren der Geisteswissenschaften und inbesondere für die philosophische Begründung dieses Verfahrens eine begrenzte Gültigkeit zu behalten.

12 Vgl. A. Gehlen, *Urmensch und Spätkultur,* a.a.O., S. 104.

Denn eines ist die Erkenntnis, daß der letzte Sinn der Geisteswissenschaften und
einer dieselben substanziell integrierenden hermeneutisch-dialektischen Philosophie nicht ein objektives Herrschaftswissen sein kann (und alles objektive Wissen stellt unleugbar eine Sublimation des Herrschaftswissens dar!); ein anderes
die Erkenntnis, daß sowohl die Geisteswissenschaften wie eine sie substanziell-
integrierende Philosophie der Geschichte ihre durchaus existenziell bedingte und
der einmaligen Praxis der Existenz dienende Sinndeutung der Situation durch
einen Punkt allgemeingültiger Weltverfügbarmachung, kantisch gesprochen: durch
das »Gegenstands-Bewußtsein-überhaupt«, vermitteln müssen, um nicht hinter
die Idee der Wissenschaft, auf einen Geschichtsmythos nämlich, zurückzufallen.
Die Bedeutung dieser Vermittlung durch das allgemeingültige Gegenstands-
bewußtsein wird keineswegs beseitigt durch den Umstand, daß dieses Bewußtsein für sich allein der Welt keine substanzielle Bedeutsamkeit abzugewinnen
vermag, sondern diese allein der Identifizierung mit dem Standort der geschichtlichen Existenz, anders gesagt: der »Seinszugehörigkeit« (Gadamer), verdankt.
Der von Heidegger inspirierte Kernsatz der Gadamerschen Hermeneutik: »Die
Geschichte gehört nicht dem Menschen, sondern der Mensch gehört der Geschichte«
läßt uns zu leicht vergessen, daß man ihn selbst nicht allgemeingültig formulieren
kann, ohne daß die Geschichte — in einem Punkt formaler Reflexionsvermitt-
lung — dem menschlichen Bewußtsein als verfügbarer Gegenstand gehört hat.
Darin eben scheint mir die Unterschätzung der kartesischen Grundlegung der
Wissenschaft durch Gadamer (wie schon durch Heidegger) zu bestehen, daß man
in ihr lediglich – und das mit Recht – die Grundlegung des inhaltlich vorstel-
lenden Herrschaftswissens der (klassischen) Naturwissenschaft glaubt distanzieren zu müssen. Die eigentliche Wahrheit Descartes', die von Hegel ausdrücklich
anerkannt wurde, ist aber jene – wenn man will – äußerste Sublimation des
Herrschaftswissens, in der das Denken selbst (keineswegs das »Vorstellen«, wie
wir erst heute wissen) sich seines allgemeingültigen Standpunks reflexiv versichert. Diese Wahrheit der Neuzeit nun, die Wahrheit eines allgemeingültigen
Selbstbewußtseins, ist durch das seinsgeschichtliche (bzw. seinszugehörige) Denken Heideggers und Gadamers nicht schlechterdings überwunden, sie wird vielmehr – wie Litt in der Dialektik der reflexiven Selbstaufstufung des Bewußtseins (a.a.O., bes. Anmerkg. 60) deutlich gemacht hat – von jeder allgemeingültigen Darstellung hermeneutischen Denkens immer noch vorausgesetzt. Was Marx,
Nietzsche, Dilthey, Heidegger gezeigt haben, ist allerdings dies: daß das seinszugehörige hermeneutische Denken seine gehaltliche Substanz nicht, wie Hegel
suggeriert, der ›Allmacht der Reflexion‹ verdankt (vgl. hierzu Gadamer, a.a.O.,
S. 324 ff.), sondern dem geschichtlich-existenziellen Engagement des verstehenden
Menschen, d. h. aber im Sinne unseres vorliegenden Versuchs: der Vermittlung
des Bewußtseins durch materielle Praxis. Damit ist aber die »dialektische Überlegenheit der Reflexionsphilosophie« nicht durchaus als ›formaler Schein« (Gadamer, S. 327) entlarvt, sie bleibt vielmehr der Garant immer erneut möglicher und
notwendiger Entdogmatisierung der im praktischen Engagement erarbeiteten
substanziellen Weltdeutung.)

Darin, daß der »Dialektische Materialismus« eine durch allgemeingültige Reflexion vermittelte Entdogmatisierung für Marxens Ge-

schichtsdeutung heute offensichtlich nicht mehr zu leisten vermag, bekundet sich eben, daß er zu einer objektiv-metaphysischen Dogmatik im vorkantschen Sinne geworden ist. Anders ausgedrückt: er rächt sich darin, daß der Marxismus das *materialistische* Moment der Praxis verabsolutiert und seinen erkenntnisanthropologischen Bezug auf das *idealistische* Moment der Bewußtseinsreflexion nicht festgehalten hat. Hierin und d. h. zugleich: in der Unterschlagung des *subjektiven* Moments der Praxis (und nicht in der angeblichen Verwechslung von Realismus und Materialismus) besteht m. E. der philosophisch interessante, der in seinen praktischen Folgen sich selbst entlarvende Irrtum des »Materialismus« im orthodoxen Marxismus.[13]

In diesen Zusammenhang gehört auch die folgende Überlegung: Es scheint nicht ungefährlich zu sein, die Hegelsche Forderung, die dialektische Reflexion solle der Sache nicht äußerlich bleiben, wie eine abstrakt-wissenschaftliche Methode, soweit zu treiben, daß man vergißt, daß der endliche Mensch auch bei der innigsten Versenkung in die Sache seine Deutung zugleich am Punkt formalster Abstraktion festmachen muß; einfach deshalb, weil für ihn niemals in der Situation Form und Inhalt der Welt, allgemeine und konkrete Orientierung wirklich zusammenfallen können. Hegel selbst konnte durch seinen großartig-gewaltsamen Real-Idealismus, durch seine spekulative Identifizierung der Dialektik des Begriffs mit der Bewegung der Sache selbst, unser Problem verdecken. Für ihn ist – auf dem Standpunkt des absoluten Wissens – »das an und für sich Seiende gewußter Begriff, der Begriff als solcher aber das An-und-für-sich-Seiende«[14]. Nur von hier aus versteht man vollständig, daß nach Hegel die absolute Reflexion sich der Bewegung des Gegenstandes selbst ausliefert, daß in seiner Logik »weder von der Reflexion des Bewußtseins noch von der bestimmteren Reflexion des Verstandes, die das Besondere und Allgemeine zu ihren Bestimmungen hat, sondern von der Reflexion überhaupt die Rede« ist.[15]

13 In diesem Sinne scheint mir auch J. Habermas (a.a.O.) mit Recht die Aktualität des jungen Marx herausgestellt zu haben. – Die Zweideutigkeit schon des jungen Marx kommt m. E. allerdings darin zum Ausdruck, daß er in den »Thesen über Feuerbach« einerseits die »subjektive Praxis« – die der Deutsche Idealismus entdeckt hatte – gegen Feuerbachs Materialismus der Anschauung erneut zur Geltung bringt, um sie andererseits zum Thema einer restlosen Objektivierung in einem »historischen Materialismus« zu machen.

14 Hegel, *Logik* (Jub.-Ausg., hersg. v. H. Glockner, Bd. IV), S. 45.

15 Hegel, a.a.O., S. 499.

In dem Augenblick aber, wo man den spekulativen Standpunkt des
absoluten Wissens aufgibt und statt dessen die Dialektik aus der
endlichen Situation versteht, liest sich Hegels Rede von der Reflexion als dem »In-sich-gehen des Seins« als Vorwegnahme der materialistischen Spiegelungstheorie Lenins. In der Tat stellt Lenins
Theorie der Spiegelung des materiellen Seinsprozesses im Bewußtsein, die nach seinen Worten »ein Moment des Relativismus, der
Negation, des Skeptizismus« einschließt[16], die zugleich materialistische und situationsbezogene Reduktion der Hegelschen Lehre von
der absoluten Reflexion dar. Als *materialistische Reduktion* des
metaphysischen Objektivismus des Hegelschen »An-und-für-sich-
Seins« berücksichtigt Lenins Theorie aber gerade nicht, daß in dem
Augenblick, wo man den spekulativen Standpunkt des absoluten
Wissens aufgibt, das Moment der abstrakten Bewußtseinsreflexion
aus seiner totalen Vermittlung mit der Sache wieder freiwerden und
als selbständiges Regulativ der Erkenntnis hervortreten muß. Dergestalt vermag Lenins materialistische Dialektik das Moment des
historischen Relativismus, das sie einzuschließen vorgibt, gerade
nicht kritisch zu begründen und festzuhalten. Da die Erkenntnistheorie des »Diamat« den jederzeit möglichen, formalen Überstieg
des »allgemeingültigen Bewußtseins überhaupt« über die perspek-
tivische Selbstauslegung der Sache (in der geschichtlichen Situation)
nicht als selbständige Gegeninstanz zum materiellen Prozeß anerkennt, vermag sie der Dogmatisierung ihrer Geschichtsphilosophie
keinen philosophischen Widerstand entgegenzusetzen.

Am deutlichsten zeigt sich dies darin, daß das berühmte Axiom
der *Parteilichkeit* bzw. der Vermittlung der Theorie durch Praxis
als Prinzip der marxistischen Geschichtsdeutung seine erkenntnistheoretische Funktion verliert: Diese scheint mir doch darin zu bestehen, daß der Zirkel zwischen der Ermöglichung der Geschichtsdeutung durch Parteiergreifung und der Herleitung der Parteiergreifung aus der Geschichtsdeutung als legitimer Ausdruck der
dialektischen Grundsituation des Menschen anerkannt wird, d. h.
aber: daß der Zirkel offen bleibt und jederzeit erneuert werden
muß. Indem nun im Marxismus der *Standpunkt des Proletariats*
als Träger der notwendigen Weltrevolution zum obligatorischen
Inhalt der Parteiergreifung wird, verliert das Prinzip der Parteilichkeit seinen *philosophisch* revolutionären Sinn. Es wird für jeden

16 Lenin, *Materialismus und Empiriokritizismus*, Berlin 1960, S. 121.

Unbefangenen zur verblüffenden und unzumutbaren *petitio principii.* Darin eben bekundet sich, daß die objektive Dogmatik der Zukunft im Marxismus den subjektiven Faktor der Praxis, durch den einmal die Theorie selbst, nach dem genialen Ansatz des jungen Marx[17], sich vermitteln sollte, verschlungen hat.

III.

Mit dieser Kritik des orthodoxen Marxismus habe ich bereits systematisch vorwegnehmend die *erkenntnisanthropologische Beziehung zwischen Reflexion und Praxis in der Grundlegung einer Dialektik der Situation* angedeutet: Wird nämlich anerkannt, daß auch eine substanzielle Deutung der Welt als geschichtlicher Situation sich stets über die Bewußtseinsreflexion, und darin auch über die jederzeit für jedermann mögliche letzte und höchste Stufe noologischer Reflexion, vermitteln muß, so kann auch umgekehrt anerkannt werden, daß das reflexive Bewußtsein des Menschen nur in dem Maße Inhalt gewinnt, als es sich über leibhafte Praxis, über materiellen Kontakt des Menschen mit der Welt vermittelt.

Was unter *Vermittlung des Bewußtseins durch Praxis* zu verstehen sei, haben wir im folgenden genauer zu klären. Wir können auch hier wieder vom Ursprung der Dialektik im Dialog, anders gesagt: von der Sprache als dem wirklichen Medium der Weltauslegung ausgehen.

Bereits in der Sprache nämlich – der »unmittelbaren Wirklichkeit des Gedankens«, wie Marx übereinstimmend mit Hegel definiert[18] – vollzieht sich nicht nur das *Bewußtwerden* der praktischen Weltbegegnung des Menschen; in der Sprache vollzieht sich auch – selbst auf höchster und sublimster Stufe – eine *Vermittlung* des Bewußtseins durch den leibhaftpraktischen Eingriff des Menschen in die Welt. Zwar ist es richtig, wie Gehlen gezeigt hat, daß Sprache »Entlastung« vom unmittelbar praktischen Weltkontakt bedeutet. Nur

---

17 Vgl. freilich oben Anm. 13.
18 Marx und Engels, *Die deutsche Ideologie*, Berlin² 1953, S. 473. Vgl. dazu Hegel, *Phänomenologie des Geistes*, Philos. Bibl. (F. Meiner), S. 420 f.: »Die Sprache ist das für Andere seiende Selbstbewußtsein, welches unmittelbar als solches vorhanden und als dieses allgemeines ist. Sie ist das sich von sich selbst abtrennende Selbst, das als reines Ich-Ich sich gegenständlich wird, in dieser Gegenständlichkeit sich ebenso als dieses Selbst erhält, wie es unmittelbar mit den Andern zusammenfließt und ihr Selbstbewußtsein ist.«

deshalb kann sich die Systematik des Geistes in der Sprache kon-
struktiv auswirken und in der Grammatik eine Vorstufe der Logik
und Ontologie ausbilden. Das hindert aber nicht, daß auch in der
so geistnahen Sprache noch eine eigene, spezifische Vermittlung des
Bewußtseins durch leibhafte Praxis stattfindet. Die Zeichen der
Sprache sind zwar, als in paradigmatischer Opposition stehende
»Phänomene«, bereits vor ihrer aktuellen Verwendung durch mögliche Sinnintentionen vermittelt, aber die menschlichen Sinn-
intentionen sind auch ihrerseits, als sprachgebundene, vor ihrer
Aktualisierung bereits durch die an den Zeichen festgemachten
Artikulationsmuster vermittelt. Nur dadurch ist die geschichtliche
Konkretheit der verschiedenen Sprachen, d. h. aber die semantisch-
pragmatische Bestimmtheit unserer Weltsinnerschließung und ihrer
Tradition verständlich; nur dadurch ist die Sprache »das praktische,
auch für andere Menschen existierende, also auch für mich selbst erst
existierende wirkliche Bewußtsein«[19], wie es, wiederum in fast
wörtlicher Übereinstimmung mit Hegel, bei Marx heißt.

Wenn es daher richtig ist, daß unser Denken hinsichtlich der Bestimmtheit des Sinns auf die Sprache angewiesen ist, ja daß es der
Sprache und nicht allein der »sinnlichen Gewißheit«[20] seinen unmittelbaren Sinngehalt entnimmt, so ist damit bereits zugestanden,
daß die Dialektik als substanzielle Artikulation des Denkens immer schon durch leibhafte Praxis vermittelt ist. Das bedeutet aber
unter anderem, daß die Dialektik nicht der Zauberkraft einer jederzeit möglichen *Reflexion* qua *Negation,* sondern erst dem *Vorblick auf die positive Alternative des Sprachsinns* den Gehalt und
die »Kraft des Negativen« qua »Antithesis« verdankt.

Hinzu kommt aber ein weiteres Moment der Vermittlung, das in
der Auseinandersetzung mit der Idee einer philosophischen Hermeneutik bereits angedeutet wurde: Die Sprache des Dialogs und
damit der Dialektik ist nicht nur als solche schon praktische Leibver-
mittlung des Gedankens; sie muß auch – trotz ihrer Entlastungs-
funktion – als Sprach-Gebrauch ihre semantische Komponente
immer erneut durch die Verhaltenspraxis einer menschlichen Gesellschaftsgruppe vermitteln. Es ist zwar nicht möglich, wie der Behaviorismus es will, den Sprachsinn auf Verhaltenspraxis zu reduzie-

19 Marx und Engels, a.a.O.
20 Vgl. hierzu Jos. Derbolav, »Hegel und die Sprache«, in: *Sprache – Schlüssel zur Welt,*
Festschrift für L. Weisgerber, Düsseldorf 1959, S. 74, Anmerkg. 20.

ren. Gleichwohl ist die Verständigung an die Vermittlung des Sprachsinnes durch ein im Kontext der Lebenspraxis funktionierendes »Sprachspiel« gebunden, wie Wittgenstein unwiderleglich gezeigt hat. Der Streit zwischen *operativer* und *eidetischer* Bedeutungstheorie läßt sich wohl selbst nur dialektisch schlichten[21]: Menschliche Praxis, sofern sie nicht instinktgeleitet ist, muß durch eidetisches Aufleuchten von Sinn im Bewußtsein vermittelt sein. Umgekehrt aber läßt sich kein sprachlicher Sinn rein phänomenologisch-eidetisch zur Bewußtseinsevidenz bringen: Soviel hier auch der Phänomenologe an eidetischer Evidenz dem bloßen Sprachusus, ja dem Gerede, zu entreißen vermag, letztlich bleibt die »Bedeutung«, die er rein intuitiv zu denken bestrebt ist, ihrer kontingenten und eidetisch dunklen Konstitution in einer gesellschaftlich bewährten Verhaltenspraxis, der Sprachverwendung, verhaftet. Ganz ohne Verlaß auf das »so sagt man es« könnte kein Philosoph auch nur einen Satz zustande bringen. Und man muß Ch. S. Peirce zugeben, daß die Verständigung unter Philosophen in dem Maße problematisch wird, indem die praktische Tragweite der mitgeteilten Gedanken nicht erprobt werden kann.

Hierin liegt aber nun als letzte Konsequenz, daß mit der Sprache auch die Dialektik durch das materiell-praktische Weltengagement der Menschen, in Arbeit, Liebe, Spiel und Kampf, vermittelt ist. Im Begriff des praktischen Engagements liegt ferner, daß jede dialektische Sinndeutung auch stets eine Stellungnahme zur Welt im Hinblick auf zukünftige Praxis enthält. Dieser praktische Zukunftsbezug gibt der alle positive Bedeutung transzendierenden Reflexion, welche die sprachliche Weltartikulation weitertreibt, Richtung und Grenzen. Nicht schon die bloße Allmacht der Reflexion als solcher, sondern erst der Umstand, daß in der dialektischen Weltauslegung die Stellungnahme des Menschen, der praktisch eine Situation zu entscheiden hat, impliziert ist, scheint mir eine Rechtfertigung dafür herzugeben, daß sich für Hegel die Heterothesis, das bloße »Anderssein« theoretisch aufweisbarer Phänomene, zur Antithesis, zur Alternative einer Konfliktsituation, zuspitzt. Was demnach die *dialektische Phänomenologie* der geschichtlichen Erfahrung von einer *theoretischen Phänomenologie* im Stile Husserls unterscheidet, ist nicht nur die Einbeziehung der reflexiven Erfahrung, die das er-

---

21 Vgl. hierzu auch K.-O. Apel, *Die Idee der Sprache in der Tradition des Humanismus . . .*, Bonn 1963, Einleitung, S. 31 ff.

scheinende Bewußtsein mit sich selber macht – wie Hegel in der
Phänomenologie des Geistes suggeriert –, sondern darüber hinaus
die Einbeziehung interessegebundener, materieller Weltengage-
ments; diese ergeben zusammen mit entscheidungsbezogener, effek-
tiver Reflexion die Bedingung der Möglichkeit *dialektischer Sinnkonstitution.*
Es ist dabei m. E. prinzipiell gleichgültig, ob die antithetische Struktur der Sinnphänomene als sogenannte »Realrepugnanz«, wie
N. Hartmann will[22], in den Dingen selbst zur Entfaltung kommt
oder ob der Mensch bewußt seine Daseinssituation im Hinblick auf
mögliche Praxis alternativisch entfaltet. Denn in beiden Fällen
kommt die dialektische Struktur der Sinnphänomene als Struktur
einer virtuell sprachlichen Auslegung der Welt als Situation zustande. Im Falle der subjektiv-praktisch bezogenen Dialektik
meiner oder unserer Situation setzt diese doch mein leibhaftes
Darinstehen in der Natur, unsere materielle Zugehörigkeit zur
Wirklichkeit, voraus. Im Falle der scheinbar subjektunabhängigen
Realrepugnanz der Dinge aber kommt die *Auslegung* des Realgesche-
hens als dialektischer Prozeß prinzipiell nicht ohne die gleichsam
teilnehmende Reflexion des Menschen zustande, der auf die Welt
praktisch, antithetisch oder synthetisch, zu reagieren hat. Auch ein
realdialektischer Prozeß nämlich, von dem gesagt wird, daß er un-
terhalb der Schwelle des – ideologisch verzerrten – Bewußtseins
der Menschen sich vollzieht, kann doch nur mit Bezug auf die *mögliche* Situationsorientierung von Menschen als *dialektischer* Prozeß
unterstellt werden. Er muß, auch wenn er als unerkannter Real-
prozeß unterstellt wird, seinem verstehbaren Sinn nach durch die
subjektive Dialektik menschlicher Entscheidung zwischen Möglichkeiten mitkonstituiert sein. Tatsächlich läßt sich auch zwischen beiden Aspekten der Dialektik ein Übergang denken; und eben dieser
Übergang zwischen sogenannter *objektiver Dialektik* der Verhältnisse, die doch vom Menschen in die Zukunft hinein fortzusetzen
sind, und *subjektiver Dialektik* der menschlichen Möglichkeiten, die
doch in den objektiven Verhältnissen ihre Bedingungen haben, –
eben dieser Übergang vollzieht sich in unserem Geschichtsverständ-
nis, ja sogar im Verständnis der Welt als Geschichte gemäß der Formel des jungen Marx von der »Humanisierung der Natur«, die zugleich »Naturalisierung des Menschen« ist.

22 Vgl. hierzu auch H. Wein, *Realdialektik*, München 1957.

In der Tat ist die objektive Dialektik der Welt, in die der Mensch sich selbst als Fortsetzung der Welt mithineindenkt, nur ein Grenzfall der Vermittlung unseres Weltbewußtseins durch leibhaftpraktisches Weltengagement. Der polar entgegengesetzte Grenzfall wäre eine subjektive Dialektik der Existenz, etwa die chronische Reflexion des Möglichkeitsmenschen bei Musil, sofern sie gerade noch die »Befindlichkeit inmitten des Seienden« bzw. die Geworfenheit in die geschichtliche Situation berücksichtigt. Für das *existentialistische* Verständnis der Dialektik, die am subjektiven Grenzfall ansetzt, wird die Entscheidung der Möglichkeiten zum irrationalen Selbstzweck angesichts der abstrakten Geworfenheit in die »Geschichtlichkeit« der Situation überhaupt; für den dogmatischen »Diamat« andererseits verschlingt die objektive Dialektik der Geschichte die Dialektik der subjektiven Praxis und wird zum Thema einer Überwissenschaft, die scheinbar die menschlichen Entscheidungen zum Objekt unbedingter Prognosen zu machen vermag. Beide »Weltanschauungen« erweisen sich von unseren Voraussetzungen aus als Totalisierungen jeweils eines Grenzfalls der Dialektik selbst und insofern als Abspannungsformen einer Dialektik diesseits von Idealismus und Materialismus, Subjektivismus und Objektivismus. – Wesentlich für ein *erkenntnisanthropologisches* Verständnis der Dialektik als philosophischer Logik der Situation scheint mir demgegenüber, daß man die Spannung ihrer beiden Grundelemente: die Wechselbezogenheit von Reflexion und praktisch-materiellem Weltengagement im Griff behält. Darin scheint mir das Ungedachte in den frühesten Formeln des jungen Marx zu bestehen: der von Hommes nur in verzerrter Form geahnte Ansatz der Dialektik zwischen Hegels objektiver Dogmatik der Welt als vergangener Geschichte und Marxens objektiver Dogmatik der Zukunft.

Die Entfaltung der »sprachanalytischen« Philosophie und das Problem der »Geisteswissenschaften«

I. Einleitung: Die methodisch-methodologische Zweideutigkeit der sprachanalytischen Wissenschaftstheorie

Der Terminus »analytische Philosophie«, so wie er heute gebraucht wird, birgt in sich eine Zweideutigkeit, die für unser Thema, wie sich zeigen wird, von entscheidender Bedeutung ist:

1. Einmal versteht man unter der »analytischen Philosophie« eine Richtung, welche nur die im weiteren Sinn »kausalanalytischen«, d. h. objektiv-erklärenden Methoden der »Science«, sprich »Naturwissenschaft« im weitesten Sinn, als wissenschaftlich anerkennt – eine Philosophie, welche in der Rechtfertigung und Abgrenzung dieser objektiven Erkenntnis gegen subjektive Weltanschauung, d. h. gegen Theologie, Metaphysik und sogenannte Werturteile aller Art, ihr eigentliches Thema sieht[1]. Von der so charakterisierten Philosophie, die man in Deutschland meist mit dem sogenannten »Logischen Positivismus« des Wiener Kreises identifiziert, wird man sogleich die mehr oder weniger deutliche Vorstellung haben, daß sie zu dem Begriff der »Geisteswissenschaften« und den philosophischen Konzeptionen, die seinen systematischen und geschichtlichen Hintergrund bilden, allenfalls ein polemisches Verhältnis hat. Die »analytische Philosophie« erscheint unter diesem Aspekt als die heute weitgehend die westliche (zumindest die angelsächsische und skandinavische)

---

1 So etwa W. Stegmüller in seinen *Hauptströmungen der Gegenwartsphilosophie*, 2. Aufl., Stuttgart 1960, Kap. X.

Welt beherrschende Fortsetzung der naturwissenschaftlich orientierten Aufklärung des 18. Jahrhunderts, welche auch für die Welt des Menschen und seiner Kultur eine gesetzmäßige, tunlichst mathematisch formulierbare »Erklärung« als einziges Ziel der Wissenschaft ins Auge faßt. Eine Auseinandersetzung zwischen der »analytischen Philosophie« und einer Philosophie der »Geisteswissenschaften« scheint unter diesen Voraussetzungen lediglich eine Neuauflage jener Auseinandersetzung zu versprechen, die im 19. Jahrhundert dazu führte, daß J. G. Droysen (in seiner *Historik* von 1868) und später W. Dilthey (in seiner *Einleitung in die Geisteswissenschaften* von 1883) dem »Erklären« der uns fremden Natur das »Verstehen« der vom Menschengeist geschaffenen »geschichtlich-gesellschaftlichen Welt« entgegensetzten[2].

2. Der Terminus »analytische Philosophie« enthält aber noch einen anderen Bedeutungsaspekt, der philosophiehistorisch weit genauer als die bisherige, vage Explikation den methodischen Ansatz dieser Philosophie charakterisiert:

Nicht eigentlich die objektiv-kausal-analytischen Methoden der Wissenschaft, die in der »analytischen Philosophie« zergliedert wurden, sondern die dabei angewandte eigene Methode der »Analyse« gab dieser Philosophie ihren Namen, so wie er gegenwärtig in der angelsächsischen Welt zur Bezeichnung einer methodischen Revolution in der Philosophie selbst gebraucht wird[3]. Diese als revolutionär empfundene »Analyse« aber bezieht sich gerade nicht auf die objektiven Sachverhalte, von denen die Wissenschaften im Sinne der »science« handeln, sondern auf die Sätze dieser Wissenschaft, kurz nicht auf die Sachen, sondern auf die Sprache, in der von den Sachen die Rede ist. »Meaning and Truth«, »Meaning and Verification«, »Language, Truth and Logic« – so lauten die charakteristischen Titel, die man in der angelsächsischen Literatur der analytischen Philosophie antrifft. Und das charakteristische Thema der neopositivistischen Metaphysikkritik bildet die Unterscheidung sinnloser und sinnvoller Sätze.

Ausgehend von der Alternative zwischen »Erklären« und »Verstehen«, wie sie in der deutschen Tradition einer Philosophie der »Gei-

2 Vgl. K.-O. Apel, »Das ›Verstehen‹ . . .« (*Arch. f. Begriffsgesch.*, Bd. 1, 1955, S. 172 ff.).
3 Vgl. etwa die folgenden monographischen Darstellungen: A. J. Ayer (ed.), *The Revolution in Philosophy*, London 1957; J. O. Urmson, *Philosophical Analysis*, Oxford 1956; M. J. Charlesworth, *Philosophy and Linguistic Analysis*, Duquesne University Press, Pittsburgh, Pa. 1961.

steswissenschaften« ausgeprägt wurde, könnte man nun vermuten,
die Problematik des »Verstehens« müsse in der für die analytische
Philosophie zentralen »Meaning«-Problematik ihre positive Entsprechung haben; denn – so könnte man meinen –: die Sätze der
erklärenden Wissenschaft, ja überhaupt sprachliche Sätze als Träger
von Sinn (meaning), müssen doch zunächst (als Ausdruck einer
menschlichen Intention) *verstanden* werden, ehe man – möglicherweise – die durch sie bezeichneten Sachverhalte aus Naturgesetzen
herleiten, d. h. *erklären* kann.

Daraus könnte man schließen: Wenn schon die analytische Philosophie, wie sie als explizite Wissenschaftslehre bekannt ist, nur die
objektivistische »Erklärung« der Tatsachen als Ziel der Wissenschaft
anerkennt, so muß doch die eigene Grundlagenproblematik der
»Sprachanalyse« gewissermaßen durch die Hintertür in den Problembereich des geisteswissenschaftlichen Verstehens hineinführen.

Wir werden im folgenden in der Tat die soeben skizzierte Konstruktion als heuristischen Gesichtspunkt verwenden, um eine
fruchtbare Auseinandersetzung zwischen der analytischen Philosophie und der im Begriff der Geisteswissenschaften implizierten Philosophie zu ermöglichen. Dabei fällt uns freilich die Aufgabe zu,
gerade auch den zwar nicht *methodischen*, wohl aber lange Zeit als
selbstverständlich vertretenen *methodologischen* Objektivismus der
analytischen Philosophie verständlich zu machen und in die Auseinandersetzung einzubeziehen. Es wird also darauf ankommen,

1. die *methodisch-methodologische* Zweideutigkeit der analytischen
   als der sprach-analytischen Philosophie in ihrem Ursprung aufzuzeigen;

2. die bekannte objektivistische Wissenschaftslehre des Neopositivismus in ihrem Anspruch zu diskutieren, auch das Thema der
   Geisteswissenschaften in die erklärende »science« einzubeziehen,
   und dabei die Antinomie zwischen dem objektivistisch-physikali-
   stischen und dem sprach-analytischen Motiv sichtbar zu machen;

3. die innere Aporetik des Selbstverständnisses der analytischen
   Philosophie bis zu dem Punkt zu verfolgen, wo die Verstehens-
   problematik der Geisteswissenschaften für die Selbstreflexion der
   Sprachanalyse aktuell wird.

Tatsächlich findet das soeben skizzierte 3-Phasen-Schema eine deutliche Entsprechung in der geschichtlichen Entwicklung der analytischen Philosophie. Um dies zu sehen, muß man sich freilich von den

britischen Chronisten wie Urmson[4] und Charlesworth[5] darüber be-
lehren lassen, daß die »analytische Philosophie« nicht, wie in
Deutschland und den USA üblich, mit dem Neopositivismus und
seiner zentralen Idee der »Einheitswissenschaft« (»unified science«)
gleichgesetzt werden kann. Für die Engländer ist der Neopositivismus nur eine rasch vorübergehende Zwischenphase in der Entwicklung einer Philosophie, die mit der Konzeption einer »logischen
Analyse der Sprache« bei B. Russell, G. E. Moore und vor allem im
Tractatus logico-philosophicus des jungen Wittgenstein einsetzt und
ihr eigentliches Ziel in der heute in Cambridge und Oxford vorherrschenden »linguistischen« Schule des späten Wittgenstein erreicht[6].
Ich werde diese britische Auffassung der »analytischen Philosophie«
und ihrer geschichtlichen Entfaltung im folgenden zugrunde legen
und in ihrem Rahmen von Anfang an eine Beziehung zwischen dem
analytischen Zentralthema des Sprachverstehens und dem Problem
des »geisteswissenschaftlichen Verstehens« herzustellen versuchen.

II. Der Ursprung der Zweideutigkeit in Wittgensteins »Tractatus«

Als Ausgangspunkt bietet sich hier der *Tractatus* des jungen Wittgenstein an: Als ebenso tiefsinniger wie paradoxer Entwurf einer
transzendentalen Semantik oder Sprachlogik, welche ihre eigene
Methode nicht zu rechtfertigen vermag, enthält er die Grundlage
für die bereits erwähnte methodisch-methodologische Zwiespältigkeit der analytischen Philosophie und bestimmt dadurch ihr ganzes
weiteres Schicksal. Im Hinblick auf unser Thema läßt sich der Ursprung dieser Zwiespältigkeit an Wittgensteins äußerst knapper,
aber folgenreicher Diskussion der »intentionalen« oder – bei den
Analytikern – sogenannten »Belief-Sätze« sichtbar machen.
Sätze von der Form »A glaubt, daß p«, »A denkt p«, »A sagt p«
bringen die zentrale These (5.54) der Wittgensteinschen Aussagen-
logik in Schwierigkeit, wonach ein Satz in einem anderen Satz nur
als dessen Wahrheitsbedingung vorkommen darf. Das Modell dieser
Logik der Wahrheitsfunktionen bilden solche komplexen Sätze, die
aus Elementarsätzen durch Junktoren zusammengesetzt sind: z. B.

4 Vgl. Anmerkung 3.
5 Vgl. Anmerkung 3.
6 Vgl. auch J. Hartnack, *Wittgenstein und die moderne Philosophie*, Stuttgart 1962.

»Heute scheint die Sonne und Peter freut sich« oder »Draußen
regnet es oder die Sonne scheint«. Die sprachanalytische Pointe der
Wittgensteinschen Anwendung der Logik der Wahrheitsfunktionen
bestand darin, daß mit ihrer Hilfe auch solche Sätze wie etwa
»Nicht alle Einwohner der Bundesrepublik sind musikalisch« auf
eine klare, d. h. die Verifizierbarkeit[7] ausweisende Form zurückgeführt werden konnten, nämlich auf die Form: »Meier ist musikalisch, Müller ist musikalisch usw., Schulz ist nicht musikalisch,
Schmitz ist nicht musikalisch usw.«. Kurz: mit der Anwendung der
Logik der Wahrheitsfunktionen in der sogenannten *Extensionalitätsthese* verband sich bei Wittgenstein und Russell die Hoffnung,
die wahre logische Struktur sinnvoller Sätze überhaupt, die in der
äußeren Form der Umgangssprache versteckt, ja irreführend verkleidet ist, an den Tag zu bringen.
Diese Hoffnung wird nun in der Tat ernsthaft in Frage gestellt
durch die Existenz von Sätzen von der Form »A glaubt p«, z. B. des
Satzes »Peter glaubt, daß es draußen regnet«. Denn hier läßt sich
das Urteil »draußen regnet es«, das in dem intentionalen Urteil
»Peter glaubt, daß es draußen regnet« enthalten zu sein scheint,
auf keinen Fall als Wahrheitsbedingung des Urteils »Peter glaubt,
daß es draußen regnet« auffassen. Die Pointe der sogenannten
Belief-Sätze, die sprachlich noch schärfer in der Form der »indirekten Rede« zum Ausdruck kommt, liegt ja gerade darin, daß die
Wahrheit des Geglaubten, Gemeinten oder Gesagten in der Schwebe
bleibt und gleichwohl der Satz über das Glauben des Geglaubten
wahr sein kann. Sätze von dieser Form aber sind offensichtlich eine
Bedingung der Möglichkeit der sogenannten »Geisteswissenschaften«.
Die Bedeutung der Schwierigkeiten Russells und Wittgensteins mit
den *Belief*-Sätzen für unser Thema liegt also darin, daß hier zum
erstenmal in der analytischen Philosophie die (*intentionale*) Sprache
der verstehenden Geisteswissenschaften in Konflikt gerät mit der
Sprache der »Einheitswissenschaft«; denn die Extensionalitätsthese
Wittgensteins ist die erste radikale Formulierung einer einheitlichen
Ding-Sachverhalts-Sprache; sie gilt nach W. für alle sinnvollen
Sätze, d. h. ausdrücklich: für alle Sätze der »Naturwissenschaft«
(4.11).

---

7 Hier gemeint im Sinne der Wittgensteinschen Formel: »Einen Satz verstehen heißt
wissen, was der Fall ist, wenn er wahr ist.« (*Tr.* 4.024).

Sofern der spätere »Objektivismus-Physikalismus« der neopositivistischen Wissenschaftslehre zur »analytischen« Philosophie gehört und nicht lediglich den älteren metaphysischen Naturalismus fortsetzt, bleibt er von Wittgenstein abhängig. Seine entscheidende These besagt ja nicht wie im älteren Positivismus die inhaltliche Reduzierbarkeit der Welt des Geistes auf die Natur und ihre Gesetze, sondern die Formulierbarkeit der echten Erkenntnisse der sogenannten Geisteswissenschaften in Sätzen der einheitlichen, intersubjektiven Sprache, d. h. in der objektiven Sprache über Dinge und Sachverhalte.

In den Schwierigkeiten Wittgensteins mit den *Belief*-Sätzen haben wir demnach zum erstenmal die Problematik einer Eingliederung der Geisteswissenschaften in eine objektivistische Einheitswissenschaft in ihrer modernen, sprachanalytischen Form vor uns.

Betrachten wir unter diesem Gesichtspunkt die Lösung des Problems, die Wittgenstein vorschlägt und die, knapp und dunkel, wie sie formuliert ist, gleichwohl die weitere Entwicklung der analytischen Philosophie festlegt. Wittgenstein wendet auch auf die *Belief*-Sätze die von Russell übernommene Maxime seiner frühen Sprachkritik[8] an, wonach die wahre logische Form des Gedankens durch die äußere Form der Sprache verkleidet sein kann, und postuliert von daher angesichts der intentionalen Satzform:

(5.541) »... Hier scheint es ... oberflächlich, als stünde der Satz p zu seinem Gegenstand A in einer Art von Relation.«

(5.542) »Es ist aber klar, daß ›A glaubt, daß p‹, ›A denkt p‹, ›A sagt p‹ von der Form, ›»p« sagt p‹ sind ...«

Wittgenstein reduziert hier – soviel scheint zunächst klar zu sein – die äußere Scheinform der intentionalen Sätze auf die Form eines Satzes über den Sinn eines Satzzeichens. Man könnte hier schon fragen: Spricht diese Substitution nun für oder gegen die Möglichkeit einer Eingliederung der Geisteswissenschaften in die Einheitssprache der objektiven Naturwissenschaft?

Zunächst einmal scheint sie dagegen zu sprechen, denn ein Satz über den Sinn eines Satzzeichens, ein Satz etwa wie der »›Il pleut‹ meint: es regnet« scheint immer noch ein charakteristisch geisteswissenschaftlicher Satz zu sein, und d. h. ein Satz, der wahr sein kann, ohne daß die in ihm enthaltenen Sätze ›il pleut‹ und »es regnet« seine Wahrheitsbedingungen darstellten. Inwiefern – so fragt man

8 Vgl. *Tractatus*, § 4.002 und 4.003.

sich – hat W. dann aber seine *Extensionalitätsthese,* welche die logische Form aller sinnvollen Sätze festlegt, überhaupt gerettet, wie es zweifellos, wie der Kontext zeigt, seine Absicht war?

W. ist selbst offensichtlich der Meinung, er habe die Extensionalitätsthese gerettet. Inwiefern dies der Fall sein soll, verrät seine Erläuterung des Satzes »›p‹ sagt p«:

(5.542) »... hier handelt es sich nicht um eine Zuordnung von einer Tatsache und einem Gegenstand, sondern um die Zuordnung von Tatsachen durch Zuordnung ihrer Gegenstände.«

M. a. W.: hier handelt es sich nicht um einen innerweltlichen Sachverhalt, der durch die Sprache abgebildet werden kann, sondern um die Abbildungsfunktion der Sprache selbst, welche auf der Zuordnung von Zeichentatsachen und bezeichneten Tatsachen beruht. Die Rettung der Extensionalitätsthese liegt für W. darin, daß es für die weltabbildende Einheitssprache keine besonderen Sachverhalte gibt, innerhalb deren ein Subjekt wiederum zu einem Sachverhalt in Beziehung steht, wie das in den intentionalen Sätzen bei psychologischer Interpretation der Fall zu sein scheint (vgl. Satz 5.541). Eine solche Möglichkeit der Auffassung hat W. in der neuen Satzform »›p‹ sagt p« dadurch vermieden, daß er das menschliche Subjekt der Aussage zum Verschwinden gebracht hat. Deshalb zieht W. aus seiner semantischen Reduktion der intentionalen Sätze den Schluß:

(5.5421) »Dies zeigt auch, daß die Seele – das Subjekt etc. –, wie sie in der heutigen oberflächlichen Psychologie aufgefaßt wird, ein Unding ist.«

Die englische Übersetzung dieses tief zweideutigen Satzes klingt charakteristischerweise beinahe eindeutig:

»This shows that there is no such thing as the soul – the subject, etc. . . .«

Die negative Interpretation dieses Satzes, die für den Neopositivismus maßgebend wurde, paßt allerdings zu einem anderen Satz Wittgensteins:

(5.631) »Das denkende, vorstellende Subjekt gibt es nicht . . .«

Und vor allem paßt sie zu der zentralen These Wittgensteins, daß nur Sätze der Naturwissenschaft sinnvoll, d. h. – wie der Neopositivismus interpretiert – intersubjektiv verifizierbar sind.

Aus alldem ließ sich folgern, daß Disziplinen wie die Psychologie oder die Soziologie, solange sie sich der intentionalen Satzform bedienten, überhaupt nicht zur Wissenschaft gehören. Wollte man also diese Disziplinen und mit ihnen das, was an den sog. »Geisteswissenschaften« allenfalls zu retten war, auf die Sprachform der Wissenschaft zurückführen, so durfte in ihren Sätzen nicht mehr von intentionalen Pseudosachverhalten zwischen einem Seelensubjekt und dem von ihm gemeinten Sachverhalten, sondern nurmehr von echten Objektverhältnissen, Objektzuständen usw. die Rede sein. Daher das Programm der »Behavioral Sciences« im Rahmen der objektivistischen Einheitswissenschaft, auf das wir später zurückkommen werden.

Nun ist aber aus der bisherigen Wittgenstein-Interpretation wohl schon so viel deutlich geworden, daß die Reduktion der Intentionalitätssätze auf behavioristische Sätze zumindest nur die halbe Lehre des *Tractatus* enthält. Sie stellt zwar die einzige Möglichkeit einer Verwissenschaftlichung der Geisteswissenschaften dar, welche die Semantik des *Tractatus* offenläßt, aber sie folgt gerade nicht der Wittgensteinschen Reduktion der intentionalen Sätze auf semantische Sätze.

Der Grund dafür, daß man – wenigstens in der ersten Zeit der Wittgensteinnachfolge – diesem Interpretationshinweis nicht folgte, lag – wie schon angedeutet – in der paradoxen Sprachtheorie des *Tractatus*: Sätze wie »›p‹ meint p« sind nach dieser Theorie nicht als sprachliche Tatsachenabbildungen zu verstehen. Das besagt aber: Der Satz »›p‹ meint p«, auf den Wittgenstein zuvor den Satz »A sagt p« zurückgeführt hatte, hat selbst immer noch eine irreführende Scheinform; er sieht nämlich immer noch so aus wie etwa ein Satz von der Form »a R b«, in Wahrheit aber handelt er doch gar nicht von einem innerweltlichen Sachverhalt, sondern von der Bezeichnung eines Sachverhalts durch einen Zeichensachverhalt, also von dem, was immer schon vorausgesetzt ist, wenn wir über einen innerweltlichen Sachverhalt sprechen. W. folgert daraus, daß Sätze über Sätze, d. h. semantische Sätze, unmöglich sind: das, was sie ausdrücken wollen, »zeigt sich« beim Gebrauch der Sprache, aber man kann es nicht »sagen«. Er zog bekanntlich die Konsequenzen aus dieser Unterscheidung, indem er seine eigenen Sätze über die Sprache und ihr Abbildungsverhältnis zur Welt als »unsinnig« erklärte und ihnen nur eine Leiterfunktion zur Erreichung der mystischen Endeinsicht zuerkannte[9].

Man wird es vielleicht ungereimt finden, daß eine derartig paradoxe

9 Vgl. *Tractatus*, § 6.54 und 7.

Sprachphilosophie die Wissenschaftslehre des Neopositivismus im Ernst sollte bestimmt haben können. Man übersieht dabei aber, daß Wittgensteins Sprachphilosophie als transzendentale Semantik einer logisch durchsichtigen Sprache, welche jeden metaphorischen Sprachgebrauch ausschließt, völlig konsequent ist. Wenn Sprache in der Weise eines logistischen Kalküls konstruiert werden muß, um als Sprache der Wissenschaft dienen zu können, dann gehört die semantische Rede über die Bedeutung der Zeichen in eine Metasprache; d. h. aber zunächst einmal: sie gehört nicht zur logisch durchsichtigen Sprache der Wissenschaft.

Man kann zwar die Metasprache ihrerseits formalisieren und wiederum die Metametasprache usw. ad infinitum, wie B. Russell in der Einleitung zum *Tractatus* vorschlug[10], aber man erreicht damit niemals die bei der Sprachkonstruktion actualiter verwendete letzte Metasprache, mit deren Hilfe – durch Übersetzung – gleichwohl jede Kalkülsprache semantisch gedeutet werden muß. Ohne diese Deutung durch die jeweils letzte Metasprache ist die formalisierte Sprache zwar objektiv gegeben (ein innerweltlich vorfindlicher Zeichen-Sachverhalt), aber gerade noch nicht semantisch funktionierende Sprache. Wird sie aber mit Hilfe der letzten Metasprache erfolgreich gedeutet, so ist damit zugleich erwiesen, daß wir die

---

10 Vgl. *Tractatus*, London 1922, S. 22/23. Der Umstand, daß über eine logische Kunstsprache (ein semantisches System) in einer Metasprache gesprochen werden kann, wird – seit Russell – gewöhnlich als Gegenargument gegen Wittgenstein angeführt, er ist aber in Wahrheit die Illustration des von ihm – im Zuendedenken der Russellschen Typentheorie – aufgeworfenen Problems der Reflexionslosigkeit der logistisch konzipierten Sprache. Die von Russell konzipierte unendliche Hierarchie der Metasprachen löst die Wittgensteinsche Paradoxie nur im Sinne einer Ablösung der Philosophie durch konstruktive Semantik (– eine Konsequenz, zu der sich Carnap denn auch später tatsächlich bekannt hat). Wer hingegen philosophische Sätze über die Form der Sprache im ganzen und ihr Verhältnis zur Welt (und solche Sätze hat bisher weder Russell noch Carnap im Ernst vermeiden können) rechtfertigen will, muß schon tiefer ansetzen: er muß die logistische Konzeption der reflexionslosen Sprache, die von Russells Typentheorie gefordert wird, in Frage stellen und zeigen, inwiefern die lebendige Sprache – wie der Gedanke, den sie ausdrückt – immer schon ein reflexives Selbstverhältnis – und nur durch dieses vermittelt ein perspektivisch deutendes Weltverhältnis – hat: dieses in dem hermeneutischen Synthesis des sprachlichen Urteils (im Grenzfall als implizierter Wahrheitsanspruch der bloßen Tatsachenbehauptung) liegende reflexive Selbstverhältnis gilt es in der Umgangssprache bis zum Begriff seiner selbst zu bringen. Das bedeutet freilich, daß man gegen Wittgensteins Hauptanliegen (»dem Denken eine Grenze zu ziehen, oder vielmehr – nicht dem Denken, sondern dem Ausdruck der Gedanken«) Hegels Dialektik der Grenze auch sprachphilosophisch zur Geltung bringt. (Für den Versuch einer Durchführung vgl. Th. Litts Theorie der »Selbstaufstufung der Sprache«, in *Mensch und Welt*, München 1948, 13. Kap.)

logische Form der Sprache, durch die wir nach W. Sachverhalte vorstellen können, nicht eigentlich als Sachverhalt vorstellen bzw. konstruieren können, sondern immer schon voraussetzen. Dies meint W., wenn er ausdrücklich sagt: »Die Logik (der Sprache) ist transzendental« (6.13).

Vgl. hierzu auch die folgenden Sätze des *Tractatus:*

(5.555) ». . . Und wie wäre es auch möglich, daß ich es in der Logik mit Formen zu tun hätte, die ich erfinden kann; sondern mit dem muß ich es zu tun haben, was es mir möglich macht, sie zu erfinden.«

(5.556) »Eine Hierarchie der Formen der Elementarsätze kann es nicht geben. Nur was wir selbst konstruieren, können wir voraussehen.«

Mit anderen Worten: Wir können die *logische Form* der Sprache, die zugleich die logische Form der Welt ist, weder konstruieren noch antizipieren. Sie *zeigt* sich in allen Konstruktionsversuchen bereits als Bedingung der Möglichkeit der Konstruktion.

Tatsächlich hat nun die traditionelle Transzendentalphilosophie zwar stets über die Form der Sprache und ihr Verhältnis zur Welt gesprochen, und W. tut es im *Tractatus* selbst ausgiebig, aber W. zeigt zugleich, daß solche Rede, gemessen an dem Sprachideal einer logistischen »Objektsprache« notwendig metaphorisch[11] ist: ein umgangssprachlicher Satz wie der »Wörter haben Bedeutungen« klingt wie der Satz »Männer haben Bärte«. Will man auf das Irreführende dieser Metaphorik hinweisen etwa durch den Satz »Das semantische Verhältnis zwischen Sprache und Tatsachen ist kein Verhältnis wie das zwischen zwei innerweltlich vorkommenden Objekten«, so muß man gleichwohl in diesem Satz von dem Sprachbild eines Verhältnisses zwischen zwei Objekten Gebrauch machen. Es ist eben diese Schwierigkeit jeder transzendentalphilosophischen Sprache, auf die schon Kant gestoßen ist, als er sich gezwungen sah, den bildhaften Schematismus seiner Rede von der Affektion unserer Sinnlichkeit durch das Ding-an-sich als »analogen Schematismus« von dem eines empirischen Kausalverhältnisses zu unterscheiden[12].

Wittgenstein sieht als Schüler Russells in solchem »metaphorischen« oder »analogen« Sprachgebrauch, wie er in der Philosophie unver-

11 Im Sinne einer »syntaktischen Metapher«; vgl. hierzu F. Stenius, *Wittgensteins Tractatus,* Oxford 1960, S. 211 ff.
12 Vgl. Kant, *Kr. d. r. V.* A 566. Dazu E. K. Specht, »Der Analogiebegriff bei Kant und Hegel«, Köln 1952 (= *Kantstudien,* Erg. Hefte, Bd. 66).

meidlich ist, eine Vermengung der Ausdruckstypen, die letzten Endes daher rührt, daß der Philosoph in jedem Satz über die Form des
Geistes oder der Sprache einen selbstrückbezüglichen Satz ausspricht;
damit ist nach der Russellschen Typentheorie – die sich dann freilich
selbst nicht als philosophische Theorie formulieren kann[13] – jeder
philosophische Satz »unsinnig«. Alle diese Konsequenzen zieht
Wittgenstein.

Man könnte nun hier im Hinblick auf unser spezielles Thema einwenden: wenn schon philosophische Sätze über die Sprache im ganzen, d. h. über die Menge aller Sätze, im Sinne der Typentheorie
unsinnig sein mögen, da sie auch auf sich selbst Anwendung finden
müssen, so folgt daraus doch nicht, daß auch empirisch-semantische
Sätze, also – gemäß der Wittgensteinschen Reduktion – auch geistes-
wissenschaftliche Sätze (wie z. B. der folgende: »Goethes Satz
›über allen Gipfeln ist Ruh‹ bedeutet das und das«) im Sinne der
Typentheorie unsinnig sein müßten.

Bei diesen Sätzen scheint doch gar keine Selbstrückbezüglichkeit
vorzuliegen. Wie kommt W. dazu, sie implizit als selbst rückbezüg-
lich und daher »unsinnig« zu behandeln?

Diese im System des *Tractatus* einzig mögliche Alternative zu einer
behavioristischen Umdeutung der geisteswissenschaftlichen Sätze
wird m. E. verständlich im Lichte der idealistischen Transzendentalphilosophie, wie sie hinter der traditionellen Konzeption der Geisteswissenschaften steht. In ihrem Sinne könnte man zugunsten
Wittgensteins folgendermaßen argumentieren:

Wenn in den Sätzen der empirischen Semantik wirklich keine Selbstrückbezüglichkeit »der« Sprache bzw. »des« Geistes steckt, dann
läßt sich auch nichts gegen eine radikal objektivistische Geisteswissenschaft im Sinne des Physikalismus einwenden. Dies war von
jeher die Überzeugung des naturalistischen Positivismus; sie führte
von Wittgenstein aus zum Programm der behavioristischen Umfor-
mulierung der intentionalen Sätze. – Wenn dagegen in den Sätzen
der Geisteswissenschaften ein »Nachverstehen« jedes nur denkbaren
Sinnes von Sätzen möglich sein soll, wie es der transzendentalen
Grundlegung der deutschen »Geisteswissenschaften« entspricht,
dann muß man auch zugeben, daß in jedem Satz der empirischen
Geisteswissenschaften – im Anschluß an Vico, Hegel und Dilthey
gesagt – das Subjekt nicht mit einem ihm fremden Anderen, sondern

13 Vgl. hierzu M. Black, *Language and Philosophy*, Ithaca, New York, 1949, S. 114 ff.

letzlich mit sich selbst befaßt ist. Jede irgend bedeutende geistes-wissenschaftliche Verstehensleistung scheint die zumindest partielle Wahrheit dieser Auffassung durch ihre Rückwirkung auf die prak-tische Gestaltung der Geschichte und damit auch auf den Autor der Verstehensleistung selbst zu beweisen. (Indem wir einen Satz von Goethe verstehen, verstehen wir uns selbst, d. h. insbesondere: die Sprache, die wir mit Goethe teilen und die in ihr liegenden Möglich-keiten, die Welt zu verstehen.) Auch der berühmte »hermeneutische Zirkel«, demgemäß wir immer schon verstanden haben müssen, um überhaupt zu verstehen und gleichwohl unser Vorverständnis durch das methodisch bemühte Verstehen zu korrigieren vermögen, – auch er setzt voraus, daß im geisteswissenschaftlichen Sinnverstehen, mit Hegel zu reden: der Geist im Anderen bei sich selbst ist[13a].

Als eine weniger dialektische als vielmehr paradoxe Fassung dieser transzendentalphilosophischen Einsicht muß auch Wittgensteins radikale Schlußfolgerung aus Russells Typentheorie verstanden werden: In den Sätzen über den Sinn von Sätzen, d. h. über Sprache, ist auch nach W. letzlich das Subjekt der Sprache mit sich selbst befaßt; und eben deshalb ist Philosophie und Geisteswissenschaft für ihn wissenschaftlich unmöglich, weil sie – ernst genommen – beide nicht mit innerweltlich vorkommenden Tatsachen, sondern mit der Sprache als der Bedingung des Sinns von Tatsachen befaßt sind[13b].

Von hier aus versteht sich der eigentliche, tiefere Sinn des bereits zitierten Satzes:

(5.5421) »Dies zeigt auch, daß die Seele – das Subjekt etc. –, wie sie in der heutigen oberflächlichen Psychologie aufgefaßt wird, ein Un-ding ist.«

Wenn der Neopositivismus daraus, wörtlich übereinstimmend mit W., die Konsequenz zog: »Das denkende, vorstellende Subjekt gibt es nicht«, so hat er nach W. deshalb recht, weil das Subjekt nicht zur Welt gehört, sondern »die Grenze der Welt« ist (5.632). Oder, wie es an anderer Stelle heißt:

(5.641) »Es gibt also wirklich einen Sinn, in welchem in der Philo-sophie nicht-psychologisch vom Ich die Rede sein kann.

13a Vgl. W. Dilthey G. S. VII, S. 191.
13b Für eine positive Ausdeutung dieses zentralen Wittgensteinschen Motivs vgl. die Identifizierung von verstehender Sozialwissenschaft und Erkenntnistheorie durch P. Winch (unten S. 73 und 82 f.).

Das Ich tritt in die Philosophie dadurch ein, daß die ›Welt meine
Welt ist‹.«
»Daß die Welt meine Welt ist, das zeigt sich« – nach W. wiederum – »darin, daß die Grenzen der Sprache (der Sprache, die allein
ich verstehe) die Grenzen meiner Welt bedeuten.« (5.62; vgl.
auch 5.6)
Erst diese rücksichtslose Transzendentalisierung des Subjektiven
macht verständlich, warum W. die logische Form der »intentionalen« Sätze mit der logischen Form der semantischen Sätze identifizieren kann: für ihn gibt es eben hinter der Scheinform der umgangssprachlichen Sätze und ihrer Scheinsubjekte in Wahrheit nur
die eine universale Form der weltabbildenden Sprache und das eine
die Grenze der Welt bezeichnende Subjekt dieser Sprache. Über
Sinn und Unsinn von Sätzen entscheidet nach W. nicht die Meinung
empirischer Subjekte, sondern die in der logischen Form der Sätze
»sich zeigende« Meinung gewissermaßen des transzendentalen Subjekts der (idealen) Sprache überhaupt. (Von hier aus wird die Möglichkeit eines Sinnlosigkeitsverdachts gegen metaphysische Sätze, die
von ihren empirischen Autoren sehr wohl als sinnvoll intendiert wurden, beim frühen W. gewissermaßen transzendentalhermeneutisch
verständlich.)
Das konkret-hermeneutische Verstehensproblem wird durch diese
undialektische Transzendentalphilosophie natürlich letzten Endes
ad absurdum geführt. Denn in der einen reinen Sprache des transzendentalen Subjekts, in der die weltkonstitutiven Sachverhalte abgebildet werden können, wären ja alle menschlichen Subjekte der
Form nach schon miteinander verständigt. *Verstehen* kann sich, unter diesen Voraussetzungen, nur auf die jeweils beschriebenen Sachverhalte, nicht auf Intentionen als individuelle Sinnperspektiven
beziehen. In der Tat tritt beim frühen W. an die Stelle einer Hermeneutik individueller Sinnintentionen die »logische Sprachanalyse«,
welche die durch die transzendentale Form der Sprache garantierte
Identität je meiner Welt mit der allgemeingültig beschreibbaren
Welt voraussetzt.
W. bestätigt das ausdrücklich durch den Satz (5.64): »Hier sieht
man, daß der Solipsismus, streng durchgeführt, mit dem reinen Realismus zusammenfällt. Das Ich des Solipsismus schrumpft zum ausdehnungslosen Punkt zusammen, und es bleibt die ihm koordinierte
Realität.«

Aber das kann man nach W. »nicht sagen, sondern es zeigt sich« (5.62).

Durch diese paradoxe Transzendentalphilosophie, die als »Kritik der reinen Sprache«, wie E. Stenius sie mit Recht nennt[14], die Sprache der Kritik diskreditieren muß, ist die weitere neopositivistische Entwicklung der analytischen Philosophie in ihrer *methodisch-methodologischen* Zwiespältigkeit bestimmt. In ihrer *Methodologie* wird diese Philosophie objektivistisch-physikalistisch sein, indem sie an W.s Konzept der extensionalen Einheitssprache anknüpft. Auf ihre *Methode* aber wird sie nicht philosophisch reflektieren können, weil das nach W. unsinnige Metaphysik wäre.

In der Tat kann eine sprachanalytische Philosophie auf ihre eigene Methode und damit auf die Problemdimension, in der nach Wittgensteins Deutung der intentionalen Sätze auch die Geisteswissenschaften anzusiedeln wären, solange nicht guten Gewissens reflektieren, solange sie den Begriff sinnvoller Sprache auf das Modell einer Weltabbildungssprache einschränkt, wie es in Russells *Principia Mathematica* ausgebildet worden ist. Daran aber bleibt – wie wir sehen werden – die für die moderne objektivistische Wissenschaftstheorie maßgebende 2. Phase der analytischen Philosophie orientiert[15]. Erst die 3. Phase, die in Cambridge durch die Vorlesungen des späten Wittgenstein seit etwa 1932 eingeleitet wurde, verläßt ausdrücklich das logistisch orientierte Sprachmodell zugunsten einer Deskription der unbegrenzten Mannigfaltigkeit faktisch funktionierender »Sprachspiele«. Aber auch ihr noch gelingt es zunächst kaum, auch denjenigen Sprachspielen Gerechtigkeit widerfahren zu lassen, in denen Sprachspiele »beschrieben« (d. h. ausgelegt) werden oder gar das Wesen eines Sprachspiels bestimmt wird: also den Geisteswissenschaften und der Philosophie selbst. Wir werden auf die Gründe dieser Schwierigkeit noch besonders einzugehen haben.

Zunächst wenden wir uns jetzt der neopositivistischen Phase der analytischen Philosophie zu, in der das Problem der Geisteswissenschaften explizit nur im Rahmen der objektivistischen Methodologie der sog. »Einheitswissenschaft« diskutiert wird.

---

14 Vgl. E. Stenius, a.a.O., S. 220.
15 Das gilt – wie im Hinblick auf die folgenden Zitate schon jetzt angemerkt sei – auch für viele Denker, die sich selbst heute kaum noch als Neopositivisten bezeichnen würden

*III. Die Konsequenzen der methodisch-methodologischen Zweideu-
tigkeit für die Wissenschaftstheorie des Logischen Positivismus*

E. Husserl sagt in den *Cartesianischen Meditationen*[16] über die Ge-
gebenheitsweise der Anderen:

»... die Anderen erfahre ich ... einerseits als ... Weltobjekte;
... mit Leibern eigenartig verflochten, als psychophysische Objekte
sind sie in der Welt. Andererseits erfahre ich sie zugleich als Subjekte für diese Welt, als diese Welt erfahrend und diese selbe Welt,
die ich selbst erfahre und als dabei auch mich erfahrend, mich als wie
ich sie und darin die Anderen erfahre.«

Dieser phänomenologische Problemaufriß macht – so scheint es – die
prinzipiell bestehenden Möglichkeiten einer Wissenschaft vom Menschen sichtbar, und er ist in seinem Ausgang vom transzendentalen
Subjekt dem des jungen Wittgenstein verwandt genug, um als Ver-
gleichsfolie für die neopositivistische Behandlung des Problems der
Geisteswissenschaften zu dienen.

Gerade wenn man von Wittgensteins Behandlung der *Belief*-Sätze
ausgeht, könnte man geneigt sein, zu fordern, daß eine echte Geisteswissenschaft in der Ebene der von Husserl zuletzt genannten Erfahrung der mit mir dieselbe Welt erfahrenden Anderen sich zu konstituieren habe. Sie würde sich dann mit den anderen Menschen nicht
als innerweltlichen Objekten des Meinens der Sprache, sondern als
Mitmeinenden, als Kommunikationspartnern, zu beschäftigen haben, kurz: sie erwüchse in der Ebene der Intersubjektivität. Ihre
Aufgabe wäre etwa die, bei gestörter Verständigung zwischen den
Subjekten diese Verständigung wiederherzustellen oder bei fehlen-
der Verständigung zwischen einander fremden Subjekten eine Verständigung allererst zu ermöglichen. Die Dolmetscher und die Textinterpreten wären dann die Ur-Geisteswissenschaftler, und das
Leitbild ihrer Tätigkeit hätte der Inaugurator der »Studia humani-
tatis« in der Neuzeit, Fr. Petrarca, entworfen, als er in seinen fin-
gierten Briefen die Möglichkeit eines (durch die Geisteswissenschaften erst zu realisierenden) Gesprächs zwischen den erlauchten Gei-
stern aller Zeiten und Völker vorwegnahm[17].

16 *Husserliana*, Bd. I, Haag, Martinus Nijhoff, 1950, S. 123.
17 Vgl. K. O. Brogsitter, *Das hohe Geistergespräch*, Bonn 1958. Ferner K.-O. Apel, »Die
Idee der Sprache in der Tradition des Humanismus«, *Arch. f. Begriffsgesch.* Bd. 8, Bonn
1963, S. 166 u. ö.

Indessen stellt sich hier doch zugleich die Frage ein: kann man denn eine solche Verständigungskunst (»artes sermonicales« nannte man im Mittelalter die Grammatik, Rhetorik und Dialektik, und aus den beiden ersteren erwuchs die humanistische Hermeneutik), welche den Menschen nicht als Objekt erforscht, sondern die Intersubjektivität des Meinens gewährleistet, Wissenschaft nennen? Setzt nicht Wissenschaft als Bedingung der Möglichkeit ihrer eigenen Sätze die Intersubjektivität der Sprache bereits als hergestellt voraus – und zwar nicht nur im Sinne einer schlecht und recht funktionierenden Verständigung, sondern im Sinn von Eindeutigkeit möglicher Tatsachenbeschreibung, welche die Reproduzierbarkeit der Erfahrung verbürgt? Muß nicht z. B. für die Erfahrungsprotokolle als Basissätze allgemeingültiger Theoriebildung die sprachliche Weltauslegung, d. h. die intersubjektive Verständigung über das, was als Erfahrung zu gelten hat, bereits als entschieden vorausgesetzt werden?[18]

Genau aus dieser, bereits in Wittgensteins *Tractatus* enthaltenen Voraussetzung einer intersubjektiven eindeutig beschreibbaren Welt der Tatsachen begründet sich die neopositivistische Konzeption der objektivistischen »Einheitswissenschaft«; und aus dieser Voraussetzung versteht sich die Selbstverständlichkeit, mit der auch die Wissenschaften vom Menschen und seiner Kultur, die »social-« oder »behavioral Sciences«, im Rahmen der objektsprachlichen Einheitswissenschaft begründet werden sollen.

Nicht als ob der logische Positivismus der Aufklärung der Bedingungen der Möglichkeit der postulierten Intersubjektivität keine Aufmerksamkeit schenkte. Ganz im Gegenteil: seine wohl größten und bleibenden Verdienste liegen auf dem Felde der konstruktiven Semantik, d. h. in der Konstruktion von Kalkülsprachen, die als Präzisionssprachen der Wissenschaft gedeutet werden sollen. Aber der Entwurf dieser »Frameworks of Language« (Carnap), dieser quasi-ontologischen Kategoriensysteme, innerhalb deren überhaupt

18 Vgl. hierzu etwa K. Popper, *The Logic of Scientific Discovery*, London 1959, S. 93 ff. Popper zeigt freilich zugleich, daß eine solche Entscheidung gerade nicht im Sinne des Positivismus, d. h. allein aufgrund der Tatsachen, erzwungen werden kann. Die intersubjektive Festlegung von Tatsachen in der »Experimentiergemeinschaft« der Forscher (Ch. S. Peirce) erweist sich vielmehr zuletzt als eingebettet in einen sozialen Prozeß der Verständigung nach pragmatischen Kriterien, wie er auch für die hermeneutischen »Geisteswissenschaften« den Ausgangspunkt bildet. – Vgl. hierzu J. Habermas, »Analytische Wissenschaftstheorie und Dialektik«, in: *Zeugnisse*, Festschr. f. Th. W. Adorno, Frankfurt 1963, S. 489 ff.

erst logisch notwendige und Tatsachenurteile intersubjektiv möglich sind, gilt nicht als theoretische Wissenschaft, sondern als nicht weiter begründbare Praxis[19].

Philosophen sind nach Carnap Konstrukteure von Sprachen, die sich bewähren oder auch nicht bewähren. Durch diese konstruktiv-semantische Wendung des Problems der Rede über den Sinn von Sätzen entgeht Carnap den typentheoretischen Schwierigkeiten der philosophischen Allsätze über alle Sätze, d. h. über die Sprache überhaupt und ihr Verhältnis zur Welt, die Wittgenstein in die Paradoxie getrieben hatten. Dadurch zugleich verbietet sich aber Carnap auch die philosophische Reflexion auf das spekulative Abhängigkeitsverhältnis jedes erfolgreich gedeuteten semantischen Systems zu der bereits im Gebrauch befindlichen, geschichtlich gewachsenen Sprache der Wissenschaft, mit deren Hilfe das konstruierte Framework allenfalls als Wissenschaftssprache legitimiert werden kann. Genauer gesagt: Eine Reflexion auf dieses Abhängigkeitsverhältnis vollzieht sich in Form einer logischen Rekonstruktion von Teilen der überlieferten Wissenschaftssprache, aber die inhaltlichen Voraussetzungen der Grundbegriffe dieser Wissenschaft, denen das semantische System in Gestalt von »Adäquatheitsbedingungen«, »Korrespondenzregeln«, »Zuordnungsdefinitionen« u. dgl. gerecht werden muß, bleiben im dunkeln. Sie werden durch das dezisionistische Selbstverständnis der konstruktiven Semantik zu irrationalen Voraussetzungen, durch deren Annahme ein bestimmtes kategoriales »Netz« möglicher Weltbeschreibung (Wittgenstein, Popper) sich konstituiert.

Auf diese Weise bleibt nun aber das realiter bestehende Ergänzungsverhältnis der konstruktiven Semantik als logischer Sinnklärung zu der hermeneutischen Sinnklärung der entsprechenden Geisteswissenschaften, nämlich der Philosophie – und Wissenschaftshistorie und wiederum der diese ergänzenden Literatur –, Sprach- und Sozialhistorie, unreflektiert. Es wird nicht erkannt oder wenigstens nicht anerkannt, daß dieses Ergänzungsverhältnis der konstruktiv-semantischen und der historisch-hermeneutischen Sinnklärung nichts anderes als eine Gestalt des für die Geisteswissenschaften grundlegenden hermeneutischen Zirkels ist: Von jeher hat der Mensch durch konstruktive Entwürfe von Sinn ihm fremd ge-

19 Vgl. R. Carnap, »Empirism, Semantics, and Ontology«, in: *Semantics and the Philosophy of Language* (ed. L. Linsky), Urbana 1952, S. 208 ff.

wordene Sprachdokumente aufzuschließen versucht; nichts anderes
tut die konstruktive Semantik angesichts der von ihr bewußt ver-
fremdeten überlieferten Sprache überhaupt. Und auch der korrigierende Rückstoß des Textes fehlt hier nicht, nur daß er hier nicht wie
in der umgangssprachlichen Geisteswissenschaft das Begriffsnetz
während der Arbeit mit ihm verändert, sondern jeweils das semantische System als ganzes auf die Probe gestellt wird. Aber auch dazu
gibt es gradweise Annäherungen in der empirischen Geisteswissenschaft, je nach dem Maße, in dem diese ihre begrifflichen Voraussetzungen methodologisch bewußt investiert: man denke etwa an
M. Webers Ausarbeitung von Idealtypen als hypothetischen Maßstäben soziologischen Verstehens. Hiermit verglichen lassen sich die
semantischen Systeme Carnaps ohne weiteres als Idealtypen des
Sprachverstehens und damit zugleich des kategorialen Weltverstehens interpretieren.

Die hier in der Ebene der *Methode* bestehende enge Verbindung zu
den hermeneutischen Geisteswissenschaften, mit denen er faktisch
bei der Gewährleistung intersubjektiver Verständigung unter den
Menschen zusammenarbeitet, vermag sich der Neopositivismus deshalb nicht klar zu machen, weil er seine methodologische Idee der
Wissenschaft mit Russell und dem frühen Wittgenstein von der
Voraussetzung einer bereits hergestellten objektivistischen Einheitssprache abhängig gemacht hat. Statt die Funktion der Geisteswissenschaften aus der Reflexion auf die von ihm selbst geleistete Sinnklärung zu begreifen, möchte er die empirische Kontrolle seiner
eigenen konstruktiven Sprachanalyse einer objektivistisch-behavio-
ristisch verfahrenden Deskription des Sprachgebrauchs (als des
»verbal behavior«) überlassen.

R. Carnap hat in diesem Sinne – nach vielen vorausgegangenen,
gescheiterten Versuchen – zuletzt noch 1954 in einem Aufsatz »on
belief sentences«[20] das Problem einer empiristischen Begründung der
Geisteswissenschaft zu lösen versucht. Er geht davon aus, daß ein
Satz wie »Hans glaubt, daß die Erde rund ist« eine theoretische
Konstruktion ist, die – freilich bestenfalls mit Wahrscheinlichkeit –
aus einer Beschreibung des *Behaviors* von Hans abgeleitet werden
kann, z. B. aus dem Satz: »Hans reagiert affirmativ (makes an

---

20 R. Carnap in: *Philosophy and Analysis* (ed. Macdonald), Oxford 1954, S. 129 ff.;
vgl. hierzu und zum folgenden die kritische Studie von Hans Skjervheim, *Objectivism
and the Study of Man*, Oslo (Universitätsforlaget) 1959.

affirmative response) auf den englischen Satz ›the earth is round‹.«
Nun hängt bei der Beurteilung dieses Versuchs einer Reduktion offenbar alles von der Interpretation des Ausdrucks »reagiert affirmativ« ab.

Normalerweise wird man diesen Ausdruck selbst als intentional
verstehen, so daß er keinen in sich abgeschlossenen, objektiven Tatbestand beschreibt, sondern ein Verhalten, das selbst ein Verstehen
des nachfolgenden Satzes »the earth is round« impliziert. In diesem Fall wäre aber auch auf Seiten des behavioristischen Protokoll-
lanten ein Verstehen des intentionalen Bezugs der affirmativen Reaktion vorausgesetzt, kurz: die objektivistische Reduktion wäre gescheitert. Der Versuch hätte allenfalls die Einsicht erbracht, daß
menschliches Verhalten selbst den Charakter von Sprache hat und
insofern *verstanden* werden muß[20a].

Carnap möchte indessen den Terminus »affirmative Reaktion« so
verstanden wissen, daß darin nicht impliziert ist, daß Hans Englisch
oder irgendeine Sprache versteht[21]. Nimmt man diese Bestimmung
ernst, so müßte man – wie Hans Skjervheim mit Recht einwendet[22]
– berechtigt sein, als Beispiel für einen behavioristischen Protokollsatz etwa folgenden Satz zuzulassen:

»Hans hustet als Antwort auf den englischen Satz ›the earth is
round‹.«

In diesem Fall aber wäre es unmöglich, aus dem Protokollsatz irgend
etwas über die Meinungen von Hans auch nur mit irgendeinem Grad
von Wahrscheinlichkeit herzuleiten.

Für den praktizierenden, empirischen Geisteswissenschaftler pflegen
diese radikalen Versuche einer Reformulierung seiner Erfahrungen
in einer behavioristischen Ding-Sprache weniger interessant zu sein
als die gewissermaßen makroskopische Stilisierung seines methodischen Verfahrens in Analogie zur objektiv-allgemeingültigen Erkenntnis der Naturwissenschaft.

Insbesondere hinsichtlich des letzten Ziels seiner Erkenntnis kann er
sich oft nur schwer der Suggestion des Begriffs der kausalen Erklärung nach Gesetzen entziehen. Dabei ergibt sich wie von selbst eine
charakteristische Reihenfolge der Affinität der verschiedenen Dis-

20a In diesem Sinne interpretiert Winch den Ansatz des späten Wittgenstein (s. unten
S. 73 ff.).
21 a.a.O., S. 130.
22 H. Skjervheim, a.a.O., S. 24 f.

ziplinen zu diesem Idealbild des Selbstverständnisses, die zugleich als Gradmesser der Wissenschaftlichkeit gedeutet werden kann:

Auf der untersten Stufe rangieren unter diesem Gesichtspunkt die Philologien, die gewissermaßen nur als Hilfswissenschaften der Historie das Nachrichtenmaterial zusammentragen und benutzbar machen, durch das der Historiker über die singulären Tatsachen des menschlichen Verhaltens sich informiert. Erst der Historiker ist der eigentliche Empiriker, der die Tatsachen, um die es in den Kulturwissenschaften geht, zu beschreiben hat. Wie aber die »beschreibenden« Naturwissenschaften nach Erfüllung ihrer Aufgabe mehr und mehr durch die »erklärenden« abgelöst werden, so hätte die Geschichtswissenschaft ihr eigentliches Ziel und ihr Integrationsprinzip in einer Soziologie, welche die einzelnen Fälle menschlichen Verhaltens aus Gesetzen herleitet und womöglich voraussagt.

Eine theoretische Unterbauung dieses Schemas einer progressiven Verwissenschaftlichung der Kultur- bzw. Sozialwissenschaften haben die Vertreter des Neopositivismus nach den Publikationen der Zeitschrift »Erkenntnis« (1930–38), die in den USA im *Journal of Unified Science* (1939) und in der *International Encyclopedia of Unified Science* (1938 ff.) ihre Fortsetzung fanden, zuletzt in den *Minnesota Studies in the Philosophy of Science* in Angriff genommen.[23] Grundlegende Bedeutung dürfte in diesem Zusammenhang der Theorie der »wissenschaftlichen Erklärung« (scientific explanation) von Carl G. Hempel und Paul Oppenheim[24] zukommen. Betrachten wir diese Theorie etwas genauer:

Eine »Erklärung« soll Antwort geben auf die Frage: »warum ist

---

23 Vgl. Herbert Feigl and May Brodbeck (ed.), *Readings in the Philosophy of Science*, New York 1953.
Ferner: H. Feigl and M. Scriven (ed.) *Minnesota Studies in the Philosophy of Science*, Vol. I, 1956, Vol. II, 1958.
Es mag angemerkt werden, daß bei den hier vereinigten Beiträgen zur Wissenschaftstheorie von einem einheitlichen Selbstverständnis im Sinne des Neopositivismus kaum noch die Rede sein kann; gleichwohl muß unsere dialektische Konstruktion die im folgenden skizzierten Auffassungen, z. B. die von Abel, ihrer selbstverständlichen Voraussetzungen wegen in die neopositivistische Phase der analytischen Philosophie einreihen. Die Berechtigung dieser Einordnung mag deutlich werden an der später folgenden Besprechung von Peter Winchs »Idea of a Social Science«, bei dem die selbstverständlichen Voraussetzungen einer neopositivistischen Wissenschaftstheorie tatsächlich mit Argumenten einer durch den späten Wittgenstein revolutionierten sprachanalytischen Philosophie in Frage gestellt werden.
24 Zuerst erschienen in: *Philosophy of Science*, 15, 1948; im folgenden zitiert nach H. Feigl and M. Brodbeck (ed.), a.a.O. S. 319 ff.

bzw. war dies der Fall?« Was der Fall ist bzw. war (= das »explanandum«), entnimmt die erklärende Wissenschaft der beschreibenden Wissenschaft. Unter dem »explanandum« ist also der »Satz« zu verstehen, »welcher das zu erklärende Phänomen beschreibt (nicht jenes Phänomen selbst)«.[25] Die Erklärung andererseits, das »explanans«, besteht ebenfalls aus Sätzen, und zwar besteht sie nach Hempel und Oppenheim notwendig aus zwei Klassen von Sätzen: »die eine von ihnen enthält gewisse Sätze C_1, C_2, ..., C_k, welche spezifische Antecedensbedingungen konstatieren; die andere ist eine Menge von Sätzen L_1, L_2, ..., L_r, welche allgemeine Gesetze darstellen«[26]. Durch diese Unterscheidung möchten die Verfasser der wissenschaftlichen Warum-Frage gerecht werden, welche einen zwiefachen Sinn hat; sie fragt stets: »Auf Grund welcher allgemeinen Gesetze und auf Grund welcher Antecedensbedingungen ist bzw. war dies der Fall?«

Nach dem Vorausgehenden stellt sich die »Erklärung« als die logische Deduktion eines Satzes aus Sätzen (des »explanandum« aus dem »explanans«) dar. Diese sprachanalytische Formulierung charakterisiert in unserem Problemzusammenhang, wie sich zeigen wird, einen nicht unwesentlichen Unterschied der neopositivistischen Erklärungstheorie von der des älteren Positivismus[27]. Durch sie nämlich wird erstmalig eine *methodische* Voraussetzung der Theorie der Erklärung sichtbar gemacht, welche eine echte Beziehung dieser Theorie zum Problem des geisteswissenschaftlichen Verstehens herzustellen erlaubt. Bevor wir jedoch diese *methodische* Beziehung verdeutlichen, wollen wir zunächst das ausdrückliche, *methodologische* Verhältnis der neopositivistischen Theorie zur Theorie des geisteswissenschaftlichen Verstehens betrachten:

Dieses methodologische Verhältnis ergibt sich aus dem Bestreben der Verfasser, nachzuweisen, daß ihre Auffassung der »wissenschaftlichen Erklärung« prinzipiell auch in den »Non-Physical-Sciences« Geltung besitzt.[28]

In diesem Zusammenhang wenden sich die Verfasser z. B. gegen die Vorstellung, daß im Bereich des sog. »purposive behavior« eine

25 a.a.O., S. 321.

26 a.a.O., S. 321.

27 J. St. Mill formuliert: »An individual fact is said to be explained by pointing out its cause, that is, by stating the law or laws of causation of which its production is an instance (*Logic*, Book III, Kap. XII, Abschnitt 1).

28 a.a.O., § 4.

teleologische an die Stelle der kausalen Analyse zu treten habe. Dieser Forderung soll eine falsche Auffassung der sog. »Motive« zugrunde liegen: Diese dürften keineswegs so aufgefaßt werden, als bestimme in ihnen ein Ziel in der Zukunft das gegenwärtige Handeln; dies könne schon deshalb nicht angenommen werden, weil das zukünftige Ziel möglicherweise gar nicht erreicht wird. Statt dieses noch gar nicht realisierten Ziels müsse der vor der Handlung gegenwärtige Wunsch, ein bestimmtes Ziel zu erreichen, als Handlungsmotiv aufgefaßt werden. Dieser Wunsch aber sowie der gleichfalls vor der Handlung gegenwärtige Glaube, ein bestimmter Verlauf der Handlung werde mit größter Wahrscheinlichkeit zu dem gewünschten Effekt führen, – diese »determining motives and beliefs ... have to be classified among the antecedent conditions of a motivational explanation, and there is no formal difference on this account between motivational and causal explanation«[29].

Was dem in der Tradition der »Geisteswissenschaften« Stehenden an dieser Argumentation auffällt, ist der Umstand, daß auch im Falle des sog. »purposive behavior« das naturwissenschaftliche *Erkenntnisinteresse* an der kausalen »Erklärung« des realen Geschehens als selbstverständlich vorausgesetzt wird. Unter dieser Voraussetzung – die man vom Standpunkt der Geisteswissenschaften geradezu als petitio principii denunzieren könnte – fällt es dann nicht schwer, die Auffassung des »Motivs« als eines zukünftigen Ziels als Denkfehler zu entlarven. Es soll nun keineswegs bestritten werden, daß ein solcher Denkfehler tatsächlich vorliegt, wenn man – womöglich im Sinne einer metaphysischen Hypostasierung – in der historischen bzw. in der biologischen Spekulation ein zukünftiges Ziel als causa efficiens des realen Geschehens glaubt unterstellen zu dürfen[30]. Ein ganz anderes *Erkenntnisinteresse* aber (und kein Residuum der Metaphysik!) liegt vor, wenn es in den »Geisteswissenschaften« darum geht, menschliches Handeln aus seinen Motiven zu »verstehen«.

Selbst in den Fällen nämlich, in denen das zukünftige Ziel begonnener oder auch nur beabsichtigter Handlungen nicht erreicht wurde, ist es gleichwohl von Interesse für uns, die Zielsetzung als Eröffnung einer zukünftigen Möglichkeit von Menschen, die sich in einer

29 a.a.O., S. 327 f.
30 Die Frage, ob dieser Denkfehler in der aristotelischen Metaphysik der »causa finalis« vorliegt, wollen wir hier nicht diskutieren.

bestimmten Situation befanden, zu verstehen. Dieses spezifisch gei-
steswissenschaftliche Erkenntnis-Interesse – im Unterschied zu dem
an einer gesetzmäßigen Erklärung faktisch vorkommender Handlungen – dürfte letztlich darin begründet sein, daß die zukunftsbezogenen Zielsetzungen vergangener Geschlechter, soweit sie »verstanden« werden, als Möglichkeiten menschlicher Handlungen bestehen bleiben; sie können von den Verstehenden ihrerseits realisiert
oder aber mit Absicht den Nachfahren als Motive möglichen Handelns überliefert werden. Diese »Interpretationsgemeinschaft« der
Sinntradition, welche nach J. Royce auch die von Ch. S. Peirce so
genannte »Experimentiergemeinschaft« der Menschen qua Naturforscher immer schon hinsichtlich ihrer Handlungsmotive bildet,[31]
trägt in Wahrheit die Erkenntnisbemühungen der sogenannten
»Geisteswissenschaften«. Und in ihrem Rahmen müssen Motive zunächst einmal ihrem Sinngehalt nach verstanden sein, bevor sie als
auf diesen Gehalt bezogene psychische Faktoren in eine Kausalerklärung eingesetzt werden können.[31a]
Unter den verstehenden Geisteswissenschaften ist die Geschichtswissenschaft als Unternehmen, das »purposive behavior« vergangener
Geschlechter zu verstehen, gar nicht einmal repräsentativ; denn in
ihrem Rahmen kann eine das Handeln zum Geschehen objektivierende Methode der Kausalerklärung, die zur generalisierenden Soziologie hinüberleitet, noch am ehesten Fuß fassen[32]. Die »Interpretationsgemeinschaft«, welche die handelnden Menschen bilden,
bringt es indessen mit sich, daß sie ihre Handlungsmotive in litera-

31 Vgl. hierzu Karl-Theo Humbach, *Das Verhältnis von Einzelperson und Gemeinschaft
nach Josiah Royce*, Heidelberg 1962, S. 110 ff. und 137 ff. Der Umstand, daß nicht nur
in Deutschland, sondern auch in den Vereinigten Staaten in der zweiten Hälfte des
19. Jahrhunderts aus dem Geiste des Hegelianismus eine – durch Positivismus und
Pragmatismus hindurchgegangene – »hermeneutische Philosophie« entstand, harrt m. E.
noch historischer Würdigung. (Vgl. hierzu unten S. 199 ff.)
31a Unsere Argumentation bestreitet also die Identität der hermeneutischen Erkenntnisleistungen (z. B. des Verstehens von Handlungs-*Gründen*) mit Kausal-Erklärungen selbst
unter der Voraussetzung, daß es möglich wäre, Sinn-Motive als Ursachen und Handlungs-
maximen als Gesetze anzusehen und dergestalt in echte Kausalerklärungen einzusetzen;
selbst in diesem Fall würde nämlich das *Erkenntnisinteresse,* dementsprechend die *Fragestellung* und insofern der *Sprachspiel-Horizont* des methodischen Verfahrens verändert.
Es ist jedoch darüber hinaus fraglich, ob man die »internen Relationen«, die zwischen
Handlungswünschen und Handlungszielen bestehen, tatsächlich wie »externe Relationen«
behandeln kann, die Gegenstand empirischer Gesetze sein können. Vgl. die scharfsinnige
Argumentation gegen diese »Reduktion« der Teleologie in G. H. v. Wright, *Explanation
and Understanding*, Ithaca/N.Y. 1971.
32 Vgl. unten S. 110 ff.

rischen »Werken« eigens verdeutlichen. Die Interpretation dieser Dokumente – nicht als Erschließung von »Quellen« für die Rekonstruktion vergangener Tatsachen, sondern als Nachverstehen von Sinnmotiven um ihrer selbst willen, d. h. mit dem Ziel einer Sinnbereicherung des gegenwärtigen und zukünftigen Lebens – bildet das Thema der eigentlichen – der »hermeneutischen« – »Geisteswissenschaften«[33]. Diese Disziplinen – z. B. die Philologien – kommen in der Wissenschaftstheorie des Neopositivismus einfach nicht vor – ein Umstand, der freilich auch damit zusammenhängen dürfte, daß sie in den angelsächsischen Ländern als »humanities« gewissermaßen noch aus dem vorwissenschaftlichen Horizont der humanistischen »artes«, insbesondere der Rhetorik und Literaturkritik, verstanden werden, während der Begriff der »science« am Methodenideal der Naturwissenschaft orientiert blieb.

Die selbstverständliche Voraussetzung der gesetzmäßigen (kausalen oder wenigstens statistischen) »Erklärung« von objektiven Vorgängen als des einzig denkbaren Ziels wissenschaftlicher Erkenntnis beherrscht die neopositivistische Wissenschaftstheorie auch und gerade da, wo sie ausdrücklich auf die Möglichkeit eines »Verstehens« von menschlichem Verhalten eingeht. Nur scheinbar wird das »Verstehen« als Methode des Erkennens mit dem »Erklären« verglichen. In Wahrheit werden nicht etwa die letzten Möglichkeiten dieser Methoden gegeneinander abgewogen, vielmehr wird das »Verstehen« von vornherein nach seinem Beitrag zur objektiven Erklärung der Tatsachen beurteilt und infolgedessen – scharfsinnigerweise – als nur »heuristisch«, also gewissermaßen nur vorwissenschaftlich relevant erkannt[34]:

33 Vgl. E. Rothacker, »Sinn und Geschehnis«, in: *Sinn und Sein,* Tübingen 1960, S. 3.
34 Hierzu muß freilich noch angemerkt werden, daß auch die naturwissenschaftliche Induktionsmethode als eine bloße psychologisch interessante »ars inveniendi« der Hypothesenbildung für Wittgenstein und Popper als irrational und vorwissenschaftlich gilt (vgl. *Tractatus,* § 6.3631. Ganz entsprechend K. Popper, a.a.O. Kap. I, S. 1 und 2): Für die analytische Wissenschaftstheorie zählt – streng genommen – nur die *logische Ableitung* von Sätzen aus Sätzen als Wissenschaft: Im Falle der Kausalerklärung handelt es sich nach Popper ebenso wie nach Hempel und Oppenheim um die logische Ableitung von Beobachtungssätzen aus allgemeinen Gesetzeshypothesen und Sätzen, welche die Antecedensbedingungen für das Eintreten des zu erklärenden Falles beschreiben. Bei historischen Kausalerklärungen, die praktisch auch nach Hempel stets nur »Erklärungsskizzen« sind, verlagert sich nach Popper – unter Beibehaltung der logischen Form der Erklärung – das psychologische Forschungsinteresse auf die Postulierung der Antecedensbedingungen, da diese hier nicht nur beliebige Randbedingungen der Gültigkeit hypothetischer Gesetze, sondern selbst als die gesuchten Ursachen der bezeugten individuellen Ereignisse Thema

»A teleological explanation tends to make us feel that we really
›understand‹ the phenomenon in question, because it is accounted
for in terms of purposes, with which we are familiar from our own
experience of purposive behavior ... This understanding ... in
terms of one's own psychological functioning may prove a useful
heuristic device in the search for general psychological principles
which might provide a theoretical explanation; but the existence
of empathy on the part of the scientist is neither a necessary nor a
sufficient condition for the explanation, or the scientific unterstan-
ding (sic! A.), of any human action«[34a].

Das »Verstehen« wird in dieser Beurteilung, in Übereinstimmung
mit einer psychologistischen Tendenz auch der deutschen Begründung der Geisteswissenschaften im 19. Jahrhundert (von Herder
über Schleiermacher bis Dilthey), als »Einfühlung« (»empathy«)
aufgefaßt. Von dieser Einfühlung wird behauptet, daß sie im Hinblick auf wissenschaftliche Erklärung der Phänomene zwar heuristisch wertvoll, aber weder notwendig noch hinreichend sei. Angesichts dieser expliziten, *methodologischen* Stellungnahme scheint
es mir angebracht, auf das implizite, *methodische* Verhältnis der
neopositivistischen – als einer sprachanalytischen – Erklärungstheorie zum »Verstehen« zurückzukommen. Am besten geschieht
dies anhand der Argumentationen, mit denen Hempel und Oppenheim ihre explizite Einschätzung des »Verstehens« begründen.

Dieses soll 1. nicht *notwendig* sein, »weil das Verhalten von Psychotikern oder von Menschen, die einer dem Forscher sehr fernstehenden Kultur angehören, manchmal aus allgemeinen Prinzipien erklärbar und voraussagbar ist, obwohl der Forscher, welcher diese
Prinzipien aufstellt oder anwendet, nicht imstande sein mag, diese
Menschen einfühlend zu verstehen«[35].

Gestehen wir die Möglichkeit der objektiv distanzierten Verhal-
tens-»Erklärung«, ja der »Voraussage« in den angeführten Fällen

der Hypothesenbildung sind, während die allgemeinen Gesetze in Gestalt der Alltags-
erfahrung pragmatisch vorausgesetzt werden. (Vgl. K. Popper, *Die offene Gesellschaft
und ihre Feinde*, Bd. II, Bern 1958, S. 323 ff. Dazu J. Habermas, a.a.O., S. 478 ff. Zum
Begriff der »Erklärungsskizze« vgl. C. G. Hempel, »The function of general laws in
history«, in: *Theories of history*, ed. by P. Gardiner, Glencoe, Ill., 1959, S. 351.)

34a Hempel and Oppenheim, a.a.O., S. 330. 1931 hieß es bei O. Neurath: Einfühlen,
Verstehen und Ähnliches mag den Forscher fördern, es geht aber in die Aussagengesamt-
heit der Wissenschaft ebensowenig ein wie ein guter Kaffee, der den Gelehrten bei seiner
Arbeit förderte.« (*Empir. Soziologie*, Wien 1931, S. 56).

35 a.a.O., S. 331.

zunächst einmal zu, so erhebt sich die Frage, ob sie tatsächlich für oder gegen die Notwendigkeit des »Verstehens« von menschlichem Verhalten spricht. Läßt sich das Argument nicht auch so wenden: nur wenn wir es mit Psychotikern oder wenigstens mit uns kulturell sehr fernstehenden Menschen zu tun haben, kommen wir auf den Gedanken, auf ein unmittelbares Verstehen ihrer Motive zu verzichten und ihr Verhalten wie ein Naturgeschehen objektiv zu »erklären«? – Hier wäre dann nicht nur der Versuch einer Einfühlung, sondern darüber hinaus und primär der Versuch des Gesprächs aufgegeben. Damit aber wäre sogar die Möglichkeit aufgegeben, festzustellen, ob es sich überhaupt um das Verhalten von Menschen handelt. Woher weiß eigentlich Hempel, was Psychotiker oder Menschen einer uns fernstehenden Kultur sind? Ohne die Voraussetzung des Verstehens kann man dies selbst dann nicht wissen, wenn man sich gezwungen sieht, auf das Verstehen zugunsten externer Erklärungen zu verzichten.

Diesem quasinaturwissenschaftlichen Extremfall gegenüber könnte die unverzichtbare Notwendigkeit des Verstehens menschlicher Motive an dem Fall demonstriert werden, wo – sagen wir – ein englischer einen französischen Psychiater oder ein amerikanischer einen deutschen Ethnologen – womöglich lange nach dessen Tod aus hinterlassenen Papieren – zu »verstehen« sucht, weil er – und mit ihm die Wissenschaft – an den Gesichtspunkten und Fragestellungen des Kollegen interessiert ist. An dieser Stelle ist an den früher erwähnten Umstand zu erinnern, daß die logischen Operationen der Wissenschaft, wie gerade die analytische Wissenschaftslehre betont, nicht von schlechthin gegebenen Phänomenen ausgeht, sondern von Sätzen, in denen Phänomene »als etwas« beschrieben sind. Die Wissenschaft hat in der Tat vor aller »Erklärung« der Phänomene die sogenannten »Basissätze« der Erklärung zugleich als Tatsachenprotokolle und als menschliche Deutung der Phänomene zu »verstehen«. Denn jede Beschreibung einer neuentdeckten Tatsache versteht sich selbst schon sozusagen stillschweigend als allgemeinverbindliche Deutung im Rahmen der institutionalisierten Interpretiergemeinschaft, welche die Experimentiergemeinschaft der Naturforscher zum geisteswissenschaftlich relevanten Tatbestand macht. Die Notwendigkeit des »Verstehens« ergibt sich hier primär nicht als Notwendigkeit psychologischer Einfühlung, sondern als Notwendigkeit der Teilnahme am intersubjektiven Gespräch. Insofern eine

solche Notwendigkeit besteht – was zumindest für die Interpretationsgemeinschaft der Wissenschaftler zugestanden werden muß –,
kann sie auf keinen Fall durch objektive Methoden der Erklärung
des »Behaviors« ersetzt werden. Objektive Tatsachen-Erklärung
und intersubjektive Verständigung über das, was erklärt werden
soll, sind vielmehr »komplementäre« Erkenntnisfunktionen (im
Sinne von N. Bohr). Sie schließen einander aus und setzen einander
voraus. Niemand kann nur »verstehen«, ohne dabei ein Sachwissen
im Sinne potentieller »Erklärung« vorauszusetzen. Andererseits
kann aber auch kein Naturwissenschaftler etwas »erklären«, ohne
dabei – als potentieller Geisteswissenschaftler – an einer intersubjektiven Verständigung teilzunehmen.

Nun ist freilich nicht zu leugnen, daß die verstehenden Geisteswissenschaften, welche das in der intersubjektiven Verständigung immer schon betriebene Geschäft des »Verstehens« von menschlichen
Gesichtspunkten der Weltdeutung zur wissenschaftlichen Methode
»hochstilisieren« (Rothacker), von sich aus auf das Bedürfnis nach
einer zeitweiligen und partiellen »Verfremdung« des menschlichen
Verhaltens im Sinne seiner objektiven Erklärbarkeit hinführen.
Nicht nur Psychotiker und Angehörige exotischer Kulturen, auch
die Texte der Klassiker der abendländischen Theologie und Metaphysik können das zwingende Bedürfnis nach einer »Erklärung«,
ja »Entlarvung« der nicht im Welt- und Selbstverständnis des
Autors enthaltenen und insofern nicht nachverstehbaren, »wahren«
Motive nahelegen.[36] Vollends erweist sich das einfühlende Nachverstehen der Motive der »Haupt- und Staatsaktionen« in der politischen Geschichte oft als so wenig zufriedenstellend im Hinblick auf
ein einheitliches Verständnis aller Aktionen der Beteiligten, daß gerade das Bedürfnis nach tieferem Verständnis der Menschen aus
ihren wahren Motiven die Hilfe einer psychologischen bzw. soziologischen »Erklärung« der Ursachen bzw. der statistischen Gesetzmäßigkeit des Verhaltens herbeiruft.

In diesem Zusammenhang scheint mir das zweite Argument Hempels und Oppenheims gegen das »Verstehen« seinen Sinn zu erhalten: das Verstehen sei nicht »zureichend«, »weil ein starkes Gefühl
des Verstehens (empathy) auch in solchen Fällen vorliegen kann, wo
wir eine Persönlichkeit völlig falsch beurteilen«.[37]

---

36 Man denke etwa an die mit Spinozas *Tractatus theologico–politicus* einsetzende kritische Bibel-»Erklärung« der Aufklärung.

In diesem Fall des unzureichenden oder geradezu falschen Verstehens der Motive erhebt sich freilich sogleich die Frage, was eine objektive Erklärung des Verhaltens hier letztlich leisten soll: Der Neopositivismus führt stets als entscheidendes Kriterium einer wissenschaftlich brauchbaren Erklärung die empirische Nachprüfbarkeit ins Feld. Wie aber prüft man die Richtigkeit einer Erklärung menschlichen Verhaltens aus Motiven als seinen Ursachen? Wie stellt man fest, ob bestimmte Motive bei Menschen vorliegen oder vorgelegen haben?

Hierzu findet sich bei Hempel und Oppenheim eine merkwürdig unklare Andeutung:

».. . the presence of certain motivations may be ascertainable only by indirect methods, which may include reference to linguistic utterances of the subject in question, slips of the pen or of the tongue, etc.; but as long as these methods are ›operationally determined‹ with reasonable clarity and precision, there is no essential difference in this respect between motivational explanation and causal explanation in physics.«[38]

Bei flüchtigem Lesen dieser Stelle könnte man sie dahin verstehen, daß bei der Feststellung von Motiven »durch indirekte Methoden« tatsächlich auch die »sprachlichen Äußerungen« der betroffenen Personen eine wesentliche Rolle spielen. Eine solche These könnte man nur unterstreichen; denn tatsächlich bietet ja ein Gespräch (und sei es ein Explorationsgespräch im Sprechzimmer des Arztes oder ein Verhör des Richters oder ein Interview zum Zwecke der Demoskopie) die nächstliegende Möglichkeit, etwas über die Motive von Menschen in Erfahrung zu bringen; und – wohlgemerkt – auch und gerade, wenn es darum geht, ein auf psychologischer Einfühlung beruhendes Verständnis zu überprüfen und ein eventuell falsches Verstehen der Motive des Anderen zu korrigieren, bietet sich zunächst einmal das Gespräch an. Freilich wäre das nicht Kontrolle des Verstehens durch objektive »Erklärung« und deren »empirische Überprüfung«, sondern ganz einfach Korrektur des Verstehens durch ein besseres Verstehen. Man kann sich auch nicht recht entschließen, bei diesem sprachvermittelten Verstehen von einer »indirekten Methode« der Motivfeststellung zu sprechen, es sei denn, man

---

37 Hempel und Oppenheim, a.a.O., S. 331.
38 a.a.O., S. 328.

wollte eine nicht sprachvermittelte, psychische »Einfühlung« als direkte Methode des Verstehens voraussetzen.[39]

Um ein normales Sprachverstehen kann es sich indessen bei Hempel und Oppenheim gar nicht handeln, wenn von »indirekten Methoden« der Sicherstellung von Motiven die Rede ist, denn es soll ja gerade erwiesen werden, daß die »motivational explanation« und ihre »empirische Überprüfung« prinzipiell nicht von einer Kausalerklärung in der Physik unterschieden ist. Unter »linguistic utterances« sind offenbar solche Phänomene wie Freuds sprachliche Fehlleistungen (»slips of the pen or of the tongue«) zu verstehen, d. h. aber – im Lichte der neopositivistischen Theorie – objektive Naturvorgänge, die im Hinblick auf die verborgenen Motive als »Symptome« aufgefaßt werden können.

Hiermit ist nun in der Tat die Möglichkeit einer Überprüfung der auf intersubjektiver Verständigung beruhenden Erkenntnis menschlicher Motive durch objektivierende Methoden angedeutet, wie sie etwa in der *Psychoanalyse* (und – mutatis mutandis – in der *Ideologiekritik*) angewandt werden. Das wesentliche Charakteristikum dieser Methoden im gegenwärtigen Problemzusammenhang scheint mir darin zu liegen, daß der unmittelbare Kommunikationszusammenhang des intersubjektiven Gesprächs zunächst einmal abgebrochen und der Andere als Objekt distanziert wird. (Das kann mitten im Gespräch mit dem Anderen geschehen, ja ist wohl bis zu einem gewissen Grade in jedem Gespräch schon einschlägig.)

Es fragt sich indessen, ob diese objektiven Methoden der Motiverkenntnis bzw. der Überprüfung einer Motivationshypothese philosophisch richtig verstanden sind, wenn man sie ohne weiteres als Bestandteile einer Erklärung menschlichen Verhaltens im Sinne der Hempelschen Argumentation auffaßt, als Methoden nämlich, die dazu da sind, das Verstehen überflüssig zu machen und – im Endeffekt – zu einer gesetzmäßigen, prognostisch verifizierbaren Theorie des menschlichen »Behaviors« zu führen. Das Kriterium einer objektiven, (natur-)wissenschaftlichen *Erklärung* im Sinne des Neopositivismus darf man wohl darin erblicken, daß sie sowohl in der Sprache der Theoriebildung wie in der Sprache der empirischen Verifikation dem Objekt selbständig gegenübertritt, daß sie also –

---

39 Über die Bedenken, auf die eine solche im Neopositivismus vielfach anzutreffende Voraussetzung im Lichte der Sprachspiel-Analyse des späten Wittgenstein stößt, s. unten S. 78 f.)

im Falle der »motivational explanation« – tatsächlich aus eigener Kraft sprachlicher Beschreibung an die Stelle des »Verstehens«, d. h. an die Stelle der *die Sprache mit den Objekten teilenden Verständigung* treten kann. Es fragt sich demnach:

Ist ein solches Verhältnis zum »Gegenstand« im Falle der Psychoanalyse oder der Ideologiekritik tatsächlich gegeben?

Eine gewisse Loslösung von der Sprache der intersubjektiven Kommunikation wird man hier ebensowenig leugnen wollen wie den damit eng zusammenhängenden Objektivierungseffekt. Andererseits ist jedoch zu bedenken, daß z. B. die Auswertung sprachlicher Fehlleistungen als Symptome für verborgene Motive davon abhängig bleibt, daß die »Sprachäußerungen« auch gleichzeitig als Fehlleistungen von der verfehlten Intention her »verstanden« werden. Insofern bleibt also der Psychoanalytiker in intersubjektiver Kommunikation mit seinem »Objekt«. Sofern er aber die Fehlleistungen als Symptome in den begrifflichen Kontext seiner eigenen Theorie – sagen wir: die des Ödipuskomplexes – einfügt, bleibt es auch noch fraglich, ob man hier von »Erklären« oder von tieferem »Verstehen« sprechen soll. Immerhin bleibt zu bedenken, daß der Psychoanalytiker selbst solches Verhalten, das der normale Geisteswissenschaftler nicht als »sinnhaft« bezeichnen würde – z. B. einen »Tick« oder Vergeßlichkeit in gewissen Angelegenheiten –, ja sogar körperliche Symptome, die der normale Geisteswissenschaftler von vornherein der »Erklärung« des Physiologen überlassen würde – z. B. eine Heiserkeit, die bei bestimmten Gelegenheiten auftritt –, als sinngerichtetes Verhalten, nämlich geradezu als Sprache einer unbewußten Intention, auffaßt.

Wenn man indessen als ausschlaggebendes Kriterium für das Vorliegen einer objektiven »Erklärung« im Sinne der analytischen Wissenschaftstheorie nur den Umstand gelten läßt, daß die Verifikation der Erklärung unabhängig vom Selbstverständnis des Objekts in intersubjektiv gültigen Protokollsätzen durchführbar ist, so ergibt sich im Falle der Psychoanalyse etwa folgende Situation:

Man könnte zugunsten der positivistischen Auffassung darauf hinweisen, daß die »empirische Verifikation« der in der Analyse implizierten »motivational explanation« tatsächlich in der Protokollierung eines beobachtbaren Vorgangs – etwa des Verschwindens gewisser körperlicher Krankheitssymptome beim Patienten – erreicht wird. Dagegen richtet sich jedoch das folgende Bedenken: Der

hier registrierte objektive Erfolg der analytischen Behandlung des
Patienten ist nur sehr unzulänglich als logische Konsequenz (als
Prognose) im Sinne der analytischen »Erklärung« ausgewiesen: er
kann bekanntlich – vermittelt durch die reaktive Selbstbesinnung
des Patienten – auch dann durch die Behandlung ausgelöst werden,
wenn bestimmte Motivationshypothesen des behandelnden Analytikers nicht unbedingt ins Schwarze trafen. Eine wesentlich befriedi-
gendere »empirische Verifikation« dürfte jedenfalls dann vorliegen,
wenn der Patient nicht nur gesund wird, sondern außerdem im
Lichte der Motivationshypothesen des Analytikers sein eigenes frü-
heres Verhalten besser »versteht«, wenn er etwa das Uneigentliche
seiner bisherigen Zielsetzung, das Verfehlen seiner wahren Lebensinteressen und dergl. mit Hilfe der Theorie des Analytikers durchschaut, kurz: wenn er im Lichte der Psychoanalyse ein tieferes Verständnis seiner Motive als existenzieller Möglichkeiten erreicht.
In diesem Fall trifft aber der Patient – das Objekt der Analyse –
schließlich wieder mit dem Therapeuten in *einer,* intersubjektiven
Sprache (der Verständigung über Lebensmöglichkeiten) zusammen[40]:
die Bestätigung der Theorie wird jetzt merkwürdigerweise nicht durch
»Protokollsätze« des Analytikers, sondern durch »Mitteilungen« des
analysierten Objekts gewonnen. Die »Objektivierung« und »Erklärung« seines Verhaltens war demnach nicht der Beginn einer Naturwissenschaft vom menschlichen »Behavior«, sondern im Endeffekt nur
eine zeitweilige »Verfremdung«, eine Quasiverdinglichung verstehbaren Lebenssinnes, die genausoweit gerechtfertigt war, als der Mensch
sich in seinem Selbstverständnis noch nicht durchsichtig war. Kurz:
Die »Erklärung« stand im Dienste des »Verstehens«. Dies würde
nur dann nicht der Fall sein, wenn der erklärende Psychologe seine
Motivationstheorien in den Dienst einer, etwa aus ökonomischen
oder politischen Gründen erwünschten, kalkulatorischen Beherrschung des Verhaltens von Menschen stellt. In diesem Fall treten
das »Erklären« und die ihm verpflichtete Verhaltensprognose in der

40 Zu einer ganz ähnlichen Beurteilung der Psychoanalyse gelangt der vom späten Wittgenstein inspirierte Peter Winch in seinem Buch *The idea of a social science,* London
1958, S. 47 f. Vgl. hierzu unten S. 73 ff. – Inzwischen kann sich das hier angedeutete
wissenschaftstheoretische Modell einer Metatheorie der »Psychoanalyse« auf genauere
Ausarbeitungen berufen. Vgl. hierzu besonders: J. Habermas, *Erkenntnis und Interesse,*
Frankfurt 1968, S. 262 ff. und A. Lorenzer, *Sprachzerstörung und Rekonstruktion,* Frankfurt 1971. Für eine zusammenfassende Würdigung vgl. auch G. Radnitzky, *Contemporary
Schools of Metascience,* Göteborg 1968, ²1970, vol. II. Vgl. auch K.-O. Apel, »Communication and the Foundation of the Humanities«, in: *Acta Sociologica,* Vol. 15, Nr. 1, 7–26.

Tat in ihr Eigenrecht. In diesem Fall müssen sie aber zugleich das »Sinn-Verstehen« als unersetzliches *Komplementär*unternehmen in sein Eigenrecht freigeben; denn ein Mensch, dessen Verhalten restlos erklärbar wäre, könnte selbst mit dieser Erklärung (und entsprechenden Prognosen) nichts mehr »anfangen«.

Es versteht sich, daß diese Überlegungen sich leicht auf das Verhältnis der »erklärenden Soziologie« zum »Verstehen« übertragen lassen. Dem Modell der *Psychoanalyse* entspricht hier das Modell der *Ideologiekritik*[40a]. Auch hier wird zweifellos eine Korrektur des menschlichen Selbstverständnisses durch objektivierende Methoden erreicht. Auch deren Ergebnisse aber – etwa die Entlarvung ökonomischer Interessen – lassen sich prinzipiell in ein vertieftes Selbstverständnis aufheben. Im Sinne des sprachanalytischen Kriteriums der »Erklärung« aber wäre festzustellen: Sowenig der Psychoanalytiker sich in seiner »Objektsprache« völlig von der Sprache der Objekte als seiner Mitsubjekte lösen kann, sowenig vermag dies der Soziologe. (Aus diesem Grund kann z. B. der »Ideologieverdacht« niemals »total« sein, weil er dann entweder seine kritische Funktion verliert – wie bei K. Mannheim – oder aber die Sprache der Soziologie mitbetrifft und somit den eigenen Wahrheitsanspruch aufhebt.)

Betrachten wir jedoch das Verhältnis von »Verstehen« und »Erklären« in der Soziologie etwas genauer anhand von Beispielen, die Th. Abel in seinem für die analytische Wissenschaftstheorie repräsentativen Aufsatz »The Operation called *Verstehen*«[41] analysiert hat.

Das »Verstehen« ist für Abel ein »Verinnerlichen« (Internalizing) beobachteter Verhaltenssituationen durch Herantragen der persönlichen Lebenserfahrungen. Dadurch wird – in einer Art emotionalem Syllogismus – eine logische Verknüpfung zwischen den beobachteten Tatsachen zustande gebracht. In seinem Begriff der Situationsverinnerlichung vermag Abel zunächst einmal die charakteristischen Postulate der deutschen Verstehenstheorie seit Schleiermacher: das Sich-einfühlen, Sich-hineinversetzen in die Situation des Anderen, das Nachvollziehen seiner Erlebnisse usw. aufzunehmen. Er räumt ein, daß dieses Verfahren für den Verstehenden zu einem Evidenzerlebnis, eben zu dem Erlebnis der Verständlichkeit des

40a Vgl. hierzu jetzt: K.-O. Apel u. a., *Hermeneutik und Ideologiekritik*, Frankfurt 1971.
41 In: *Readings in the Philosophy of Science*, a.a.O. S. 677–88.

beobachteten Verhaltens führt. Aber diese Evidenz ist nach Abel
doch nur die im Lichte der eigenen faktischen Erfahrungen erlebte
Evidenz einer *möglichen* Verknüpfung der Tatsachen. Sie entspricht
logisch der Aufstellung einer Erklärungshypothese ad hoc unter der
Voraussetzung einer allgemeinen Verhaltensmaxime, die aus der
persönlichen Erfahrung induziert wurde.

Aus dieser Analyse der »operation called ›Verstehen‹« folgert Abel,
daß sie nicht als ein Instrument wissenschaftlicher Analyse einzuschätzen sei, da sie 1. von der subjektiven Erfahrungskapazität des
Verstehenden abhängig sei und 2. keine Methode der Verifikation
darstelle: »Allein vom Standpunkt des Verstehens aus betrachtet,
sind alle Verknüpfungen, die möglich sind, gleich gewiß.«[42] Deshalb
»erfordert in jedem gegebenen Fall die Prüfung der tatsächlichen
Wahrscheinlichkeit eine Anwendung objektiver Methoden der Beobachtung, z. B. Experimente, vergleichende Untersuchungen, statistische Verfahren usw.«[43].

Abel illustriert seine Analyse u. a. am Beispiel der Korrelation zwischen einer Mißernte und dem Absinken der Eheschließungsrate in
einem Agrargebiet. Scheinbar kann hier eine notwendige innere
Verknüpfung des stimulierenden Faktors, der Mißernte, mit der
Verhaltensreaktion durch das Verstehen der Ängste und Sorgen der
Farmer evident gemacht werden; in Wahrheit kommt nur eine Hypothese zustande, die durch objektive Methoden der Sozialwissenschaft zu prüfen ist. Dabei kann sich die als verständlich unterstellte allgemeine Verhaltensmaxime (etwa: vermindertes Einkom-
men hat Vorsicht bei der Übernahme von Verpflichtungen zur
Folge) als Gesetzeshypothese bewähren oder auch nicht. Möglicherweise läßt sich das statistisch ermittelte Durchschnittsverhalten der

42 Auch diese These gewinnt ihre Plausibilität nur unter der Voraussetzung einer quasinaturwissenschaftlichen Isolierung der zu verknüpfenden Tatsachen, wie sie der verstehende Geisteswissenschaftler gerade nicht vorzunehmen pflegt. Im Zusammenhang
eines mehr oder weniger verständlichen Gesamtgeschehens (etwa eines Feldzuges, einer
bestimmten Politik, eines bestimmten Kunstwollens oder dergl.) begrenzt und präzisiert
sich das mögliche Verstehen der einzelnen Tatsachenverknüpfungen unausgesetzt durch
das mögliche Verstehen des Ganzen und umgekehrt. Die objektive Kontrolle, die Abel
fordert, erwächst also dem Verstehen in praxi wenigstens in einem gewissen Ausmaß schon
aus dem Zusammenhang des Verständlichen. Und die Eruierung dieses Zusammenhangs
nach dem Prinzip des »hermeneutischen Zirkels« zwischen Teil und Ganzem, Erfahrung
des Individuellen und tentativer Begriffsbildung bildet in der Tradition der »Hermeneutik« den Kern der Methode des »Verstehens«. Vgl. hierzu J. Wach, *Das Verstehen*, 3 Bde.,
Tübingen 1926–33.
43 Abel, a.a.O., S. 685.

Farmer nach einer Gesetzmäßigkeit erklären, die überhaupt keiner »verständlichen« Verhaltensmaxime entspricht. Das läßt zwar – wie Abel einräumt – beim Wissenschaftler als Menschen ein Gefühl der Unbefriedigung zurück, beeinträchtigt aber nicht die wissenschaftliche Gültigkeit der Erklärung.

Die zuletzt referierte Auffassung Abels über die wissenschaftliche Erklärung eines unverständlichen Verhaltens wirft in der Tat ein Schlaglicht auf den meist unreflektiert bleibenden, aber jede Auseinandersetzung präjudizierenden, letzten Unterschied im *Erkenntnisinteresse* der »science« einerseits, der »Geisteswissenschaften« andererseits. Aufgrund einer *Erklärung unverständlichen Verhaltens* nämlich kann man die Subjekte des Verhaltens nicht als Kommunikations- und Interpretationspartner behandeln, z. B. nicht in eine Beratung mit ihnen eintreten. Ein solcher, unersetzbarer *Erkenntnisverzicht* ist im Falle einer naturwissenschaftlichen *Erklärung* nicht impliziert. Betrachten wir jedoch, ehe wir auf einen solchen letzten Differenzgrund der Wissenschaftstheorien rekurrieren, die interessante Kritik der Abelschen Analyse vom Standpunkt der deutschen »Verstehens-Schule«, die der bereits früher zitierte Norweger Hans Skjervheim geliefert hat.[44]

Skjervheim zeigt – unter Berufung auf M. Weber, T. Parsons und W. J. Thomas –, daß Abel die Problematik des sozialwissenschaftlichen »Verstehens« von vornherein verkürzt durch ihre Beschränkung auf die *Warum*-Frage, dieselbe Frage also, die auch die objektive »Erklärung« zu beantworten sucht. In Wahrheit benötigt aber der Sozialwissenschaftler das Verstehen bereits bei der Klärung der Frage, *was* denn überhaupt als Verhaltenstatbestand anzusetzen sei. So ist es naiv, mit Abel u. d. h. zugleich mit den meisten Behavioristen, die zu verknüpfenden Tatsachen, den stimulierenden Faktor einerseits, die Verhaltensreaktion andererseits schlechthin als *objektiv gegeben* anzusetzen. Denn schon diese objektiven Voraussetzungen des Ansatzes und der möglichen Verifikation des Verstehens (bzw. Erklärens) der Motive (bzw. Ursachen) sind nur durch ein im weiteren Sinne subjektives Verstehen zu bestimmen: Genauer analysiert, konstituieren sich diese Tatsachen in ihrer Wasbestimmtheit, d. h. in ihrer zur Gegebenheit unabdingbar zugehörigen Bedeutung, aus der Situationsperspektive sowohl der Akteure

44 Skjervheim, a.a.O., S. 33 f., vgl. auch S. 64.

des studierten Verhaltens wie andererseits des *verstehenden* Forschers.[44a]

Dabei sind indessen die subjektiven Sinnkonstitutionen der Akteure
und die des Forschers nicht etwa durch eine prinzipielle Kluft voneinander geschieden, wie sie nach den Voraussetzungen der Neopositivisten zwischen dem bloß subjektiven Weltverständnis einerseits,
den Tatsachen im Sinne der intersubjektiven Wissenschaftssprache
andererseits besteht. Vielmehr ist ein intersubjektiver Kommunikationszusammenhang gerade zwischen den Begriffen der Akteure
und denen des Forschers vorausgesetzt. Tatsächlich könnte der Sozialwissenschaftler nicht von Selbstmordrate, Eheschließungsrate,
Ehescheidungen, Wahlergebnissen u. dgl. reden, wenn nicht auch die
Akteure prinzipiell ihr Verhalten in diesen Begriffen verstehen
könnten.

Mit Bezug auf das Beispiel der Korrelation zwischen Mißernte und
Absinken der Eheschließungsrate stellt Skjervheim an Abel die
Frage, woher er denn wisse, was eine Mißernte sei, vom Botaniker
oder nicht vielmehr letzten Endes von den Farmern selbst. Von diesen müsse er jedenfalls herausbringen – etwa durch ein Interview,
also wieder durch aktuelles Verstehen –, ob sie ein bestimmtes –
eventuell botanisch definierbares – Naturereignis als »Mißernte«
bezeichnen würden.

Mit seinem von M. Weber übernommenen Begriff des »aktuellen
Verstehens« der Wasbestimmtheit der sozialen Tatsachen vermag
Skjervheim schließlich auch das Paradeargument des Neopositivismus, den Hinweis auf die objektiven Verifikationsverfahren, gewissermaßen zu unterlaufen bzw. vom Rücken her anzugreifen:
Mit Berufung auf T. Parsons[45] wirft er zunächst die Frage auf, wie
denn der Sozialwissenschaftler die Daten gewinnt, die er zur objektiven Verifikation einer Erklärung benötigt. Der Analytiker spricht
von Beobachtungen, Vergleichen, insbesondere statistischen Untersuchungen. Skjervheim betont nun dagegen, daß alle diese Verfahren zur Ermittlung sozialer Tatsachen das *aktuelle Verstehen* von
Sinn bereits voraussetzen: sogar die statistischen Erhebungen müssen
sich auf Befragungen oder die Lektüre von Dokumenten, z. B. der
Standesämter, usw. stützen.

Betrachtet man die Auseinandersetzung Skjervheims mit den neo-

44a Vgl. hierzu jetzt auch G. H. v. Wright, a.a.O., S. 132 ff.
45 T. Parsons *The Social System* (1951), S. 544, Fußnote 4.

positivistischen Analytikern aus einiger Distanz, so fällt auf, daß der Vertreter des »Verstehens«, also der »Geisteswissenschaften«, und die Vertreter des »Erklärens«, also der objektiven »social« bzw. »behavioral sciences«, sich wechselseitig unterlaufen oder im Rükken angreifen: Die Vertreter der objektiven Erklärung weisen darauf hin, daß die Resultate des »Verstehens« eine nur vorwissenschaftliche, subjektiv-heuristische Geltung haben, daß sie jedenfalls durch objektiv-analytische Methoden überprüft und ergänzt werden müssen und können. Der Vertreter des »Verstehens« weist darauf hin, daß alle Datengewinnung in den Sozialwissenschaften, ergo auch jede objektive Überprüfung von Hypothesen, bereits »aktuelles Verstehen« von Sinn (»observational understanding«) voraussetzt.

Von unseren zuletzt in der Auseinandersetzung mit Hempel und Oppenheim entwickelten Gesichtspunkten aus wäre dazu zu sagen, daß beide Seiten recht haben, einander aber nicht gerecht werden, wie zu zeigen ist.

Die Schwäche der Argumentation Skjervheims zeigt sich m. E. darin, daß er die faktisch bestehende Möglichkeit, objektive Erklärungsmethoden gegen das Selbst- und Fremdverstehen der Menschen als Kontrollinstanzen auszuspielen, in ihrem eigentlichen Gewicht nicht zur Geltung bringt. Man kann m. E. der Bedeutung etwa statistischer Untersuchungen als objektiver Kontrastfolien zur Überprüfung und Korrektur des Situations- und Motivationsverstehens nicht dadurch gerecht werden, daß man auf die elementare Voraussetzung eines Verstehens der einzelnen Daten hinweist, auf welche die Statistik sich stützt.

Freilich kann man im Sinne Skjervheims geltend machen, daß alle sog. »Beobachtungsdaten« in den Sozialwissenschaften selbst nur in einem erweiterten *hermeneutischen* Kontext ihren Sinn gewinnen. Die Interpretation der Daten erfolgt in den Sozialwissenschaften ja nicht im Sinne einer »Theorien-Sprache«, die auf sprachlose Naturobjekte bloß angewandt wird, sondern im Sinne einer »Theorien-Sprache«, die dem sprachlichen Selbstverständnis der menschlichen Objekte zumindest Rechnung tragen muß. Statistische Methoden objektiver Datengewinnung können also letzten Endes nur zu Resultaten führen, die prinzipiell auch von den menschlichen Objekten der Sozialwissenschaften im Sinne ihres Selbstverständnisses müssen interpretiert werden können. So können etwa die Daten einer statistischen Kontrolle der o. a. Hypothese über die Gründe einer sinkenden Eheschließungsrate bei Farmern nur im Sinne einer prinzipiell möglichen Bestätigung durch die Farmer selbst ausgewertet werden, – etwa im Sinne einer Korrektur ihres offiziellen Selbstverständnisses zugunsten nicht beachteter oder nicht eingestandener Motive, die unter besonderen Situationsbedingungen nicht nur als *Ursachen* wirksam wurden, sondern auch als *Gründe* verständlich sind. Eine statistisch begründete Symptomverallgemeinerung, die sich nicht in diesem Sinne interpretieren ließe, könnte nicht als *sozialwissenschaftliche Theorie* zählen, selbst wenn sie als »Prognosetechnik« erfolgreich wäre.[46]

Diese prinzipiell berechtigte Hervorhebung der hermeneutischen Problematik in der Datengewinnung der Sozialwissenschaften darf jedoch m. E. nicht darüber hinwegtäuschen, daß durch die von Abel geforderten objektiven Verifikationsmethoden eine das »Verstehen« kontrastierende und kontrollierende Funktion erfüllt wird. Diese Funktion wird praktisch durch den Umstand, daß die einzelnen Protokollsätze, auf die sie sich stützt, wiederum ein Verstehen implizieren, nur wenig beeinträchtigt.

Dieselbe Argumentation aus dem Kontext der wissenschaftlichen Praxis heraus kann aber auch zugunsten des geisteswissenschaftlichen Verstehens angewandt werden:

Sowenig der faktische Objektivierungseffekt statistischer Beobachtungen in den Sozialwissenschaften durch Hinweis auf das in jeder einzelnen Beobachtung implizierte Verstehen verdeckt werden darf, sowenig Sinn hat es andererseits, für jedes Verstehen von Sinn eine Verwissenschaftlichung durch objektiv erklärende Methoden zu fordern. Am wenigsten sinnvoll ist dies offenbar, wenn es um das Verstehen von Sprache in Rede oder Schrift geht. Hier hat auch der Vertreter der objektiven »Science« – als Mitglied einer menschlichen Interpretationsgemeinschaft, welche im o. a. Sinn *komplementär* ist zur Gegebenheit objektiver Tatsachen – die Verständlichkeit von zeichenmäßig fixiertem Sinn als eine schlechterdings nicht reduzier-

---

46 Wie St. Toulmin (*Voraussicht und Verstehen*, Frankfurt 1968) gezeigt hat, sollte eine als »Prognosetechnik« erfolgreiche »Symptomverallgemeinerung« auch nicht als »theoretische Erklärung« im Sinne der Naturwissenschaft gelten. Die komplementäre Entsprechung zwischen echten naturwissenschaftlichen Erklärungen und hermeneutisch vermittelten Erklärungen der Sozialwissenschaften dürfte vielmehr darin liegen, daß die ersteren die »Einsicht« in Naturgesetze, die letzteren das menschliche Selbstverständnis vertiefen müssen.

bare Gegebenheit anzuerkennen. (Er kann z. B. nicht die Protokollsätze der Kollegen als »verbal behavior« auffassen, weil es dazu
neuer Protokollsätze bedürfte usw. ad infinitum.)

Der Vertreter der objektiven »Science« muß aber nicht nur praktisch das »Verstehen« als irreduzible Voraussetzung seiner eigenen
Zugehörigkeit zur »Interpretationsgemeinschaft« der Wissenschaft
anerkennen: er kann auch nicht im Ernst bestreiten, daß dieses Verstehen der Welt gegenüber eine eigene Dimension wissenschaftlicher
Aufgaben begründet, die durch objektive Methoden nicht zu lösen
sind. So kann z. B. das Verstehen einer fremden Sprache nicht ersetzt werden durch eine exakte Feststellung der statistischen Häufigkeit des Vorkommens der verschiedenen Wörter in derselben.
Solche statistischen Methoden können zwar auch hier im Rahmen des
Versehens – als Vermittlung desselben über objektive Kriterien –
verwendet werden (so etwa bei der Erforschung unbekannter Sprachen im Dienste eines Verstehens der grammatischen Struktur);
damit ersetzen sie jedoch nicht das »Verstehen«; denn für sich allein
genommen begründet das Wissen um die statistische Häufigkeit des
Vorkommens der Wörter in einer Sprache keineswegs ein Wissen
darum, daß man es überhaupt mit Wörtern einer Sprache zu tun
hat[47].

Faktisch hat gerade der sprachanalytische Philosoph das Sinn-Verstehen als eigenständige wissenschaftliche *Methode* implizit anerkannt, wenn er, seit Carnaps Einführung der »formalen Redeweise«, ausdrücklich postuliert, daß die Satzanalyse an die Stelle der
Sachanalyse gesetzt wird. Unter diesem Gesichtspunkt betrachtet,
hat die analytische Methodologie sogar, paradoxerweise, das »Erklären« der älteren Positivisten durch das »Verstehen« ersetzt, denn
sie wertet ja – streng genommen – nur das Verstehen eines symbo-
lisch ausgedrückten Sinnzusammenhangs, die logische Deduktion von
Sätzen aus Sätzen, als wissenschaftliche Analyse. An die Stelle von
»Ursachen« für das Eintreten von »Ereignissen« setzt sie »Gründe«
für die Ableitung von Sätzen.[47a]

47 Vgl. zu diesem Argument P. Winch, a.a.O., S. 115, der jedoch die Möglichkeit einer
Vermittlung des Verstehens über objektive Methoden nicht berücksichtigt. Vgl. hierzu
unten S. 93 f. – Vgl. hierzu jetzt auch die Kritik N. Chomskys an Skinners »Verbal
Behavior« sowie an den taxonomischen Methoden der älteren amerikanischen Linguistik
der Bloomfield-Schule. Vgl. K.-O. Apel, »Die Sprachtheorie N. Chomskys und die Philosophie der Gegenwart«, unten S. 264 ff.
47a Diese Bemerkung scheint mir neuerdings eine gewisse Bestätigung zu finden in dem

Freilich handelt es sich hier nur um einen Grenzfall des Verstehens,
den man mit Rothacker[48] als das »Begreifen« (des zeitlos gültigen
Sinnzusammenhangs) vom spezifisch geisteswissenschaftlichen »Verstehen« und vom »Erklären« unterscheiden könnte: weder das kausalanalytische Erklären der Naturwissenschaft noch das hermeneutische Sinn-Verstehen kann auf das »Begreifen« der logischen Struktur reduziert werden. Vielmehr dürfte der Reduktionsversuch in
beiden Fällen mit der konstitutiven Abstraktion der »Logic of
Science« von der »pragmatischen Dimension« der Wissenschaftssprache (der Sprache der Problemstellungen, und d. h. der internen
Erkenntnisinteressen) stehen und fallen, – kurz: er dürfte auf einer
»abstractive fallacy« beruhen. Strenggenommen stellen die begreif-
baren, d. h. aus rein logischer Notwendigkeit verständlichen, Sinnzu-
sammenhänge nur eine Dimension der Sprache und damit des Verstehens dar: diejenige Dimension, welche sich in der Zeichensyntax
einer formalisierten Kalkülsprache spiegeln läßt. Bereits in der
Mathematik[49], vollends aber in den Realwissenschaften, welche der
Neopositivismus einheitlich zu begründen versucht, macht sich das
Eigengewicht der semantischen[49a] Dimension der Sprache auch als
hermeneutisches Problem bemerkbar: das logische »Begreifen« ist
gleichsam eingelagert in das »Verstehen« der inhaltlichen Bedeutung
der Begriffe und Sätze, die nicht auf formale Strukturen reduziert
werden kann.

Gäbe es – wie der »logische Atomismus« Russells und des jungen
Wittgenstein unterstellte – nur *eine*, logische Form der sprachlichen
Weltdarstellung[50], also einer transzendentalen Semantik, die man in

Vorschlag Käsbauers, statt von *Erklärung* (*Explanatio*) von *Begründung* (*Ratio*) zu sprechen, wie W. Stegmüller in *Wissenschaftliche Erklärung und Begründung*, Berlin-Heidel-
berg, New York 1969, S. 760 berichtet.
48 Vgl. E. Rothacker, *Logik und Systematik der Geisteswissenschaften*, Bonn 1947,
S. 119 ff.
49 Vgl. K. Gödel, »Über formal unentscheidbare Sätze der Principia Mathematica und
verwandter Systeme«, in: *Monatshefte f. Math. u. Phys.* Bd. 38, 1931, H. 1.
49a Wie aus dem folgenden Abschnitt hervorgeht, handelt es sich um die pragmatisch
integrierte semantische Dimension. Diesem Umstand scheint mir P. Lorenzen in seiner
»operativen« Grundlegung der Logik und Mathematik von vornherein Rechnung zu
tragen. Diese läuft – im Lichte des späten Wittgenstein (s. unten) – auf eine synthetisch-
apriorische Sprachspiel-Konstruktion hinaus. –Vgl. P. Lorenzen, *Metamathematik*, 1962;
ders., *Methodisches Denken*, Frankfurt 1968.
50 Der »logische Atomismus« Russells und Wittgensteins und noch der frühe Neopositivismus Schlicks und Carnaps verwechselte – wie zuvor schon Leibniz – die »innere Form
der Sprache« mit der Form im Sinne der formalen Logik, die allerdings für jeden kon-

der Wissenschaftssprache voraussetzen könnte, so könnte der Neopositivismus hoffen, das Problem des Sprachverstehens in der
semantischen Konstruktion der Einheitssprache der »unified science«
völlig unabhängig von der sprach-hermeneutischen Tätigkeit der
verstehenden Geisteswissenschaften (einschließlich einer hermeneutischen Geschichte der Naturwissenschaften) auflösen zu können.
Faktisch hat sich aber dieser Gedanke bei den heutigen Vertretern
des Neopositivismus längst zu der vagen Forderung einer intersubjektiv verifizierbaren Dingsprache abgeschwächt. Faktisch gilt das
Carnapsche Toleranzprinzip der Sprachkonstruktion, d. h. aber
praktisch: die logische Rekonstruktion der Sprache in den semantischen Systementwürfen wird bei ihrer Deutung eingelagert in den
bewährten Sprachgebrauch der geschichtlich erwachsenen Wissenschaften[51].

Methodologisch fand diese Entwicklung ihren Niederschlag in dem
von Ch. Morris eingeführten und von R. Carnap akzeptierten Begriff der Zeichen*pragmatik* als der 3. Dimension der Sprache neben

sequenten Sprachgebrauch vorausgesetzt ist. Diese Verwechslung, die den zentralen niemals definierten, aber spekulativ leitenden Begriff der sog. »logischen Form« der Sprache
betrifft, führte dazu, daß anfangs – im Namen der einen formalen Logik – semantische
Vorschriften für den Sprachgebrauch der Philosophen aufgestellt wurden (z. B. von
Russell in Anwendung der verzweigten Typentheorie für den Gebrauch der Ausdrücke
›ist‹ bzw. ›existiert‹, von Carnap – gegen Heidegger – für den Gebrauch des Ausdrucks
›nichts‹), später hingegen – im Namen des Pluralismus der möglichen Regeln des Sprachgebrauchs – unnötigerweise die eine formale Logik als Voraussetzung des *konsequenten*
Sprachgebrauchs in Frage gestellt wurde.

51 Daß es nicht möglich ist, das hermeneutische »Verstehen« von »Theorien« durch rein
logische Rekonstruktion zu ersetzen, hat inzwischen auch die wissenschaftshistorische Wendung der Popper-Schule unter dem Eindruck von Th. Kuhns »The Structure of Scientific
Revolutions« gezeigt: Nicht nur können z. B. Galileis und Keplers Theorien nicht als
unter Randbedingungen gültige Spezialfälle aus der Newtonschen Theorie, und diese
wiederum aus der Einsteinschen Theorie einfach deduziert werden: sie können auch nicht
einmal im Sinne Poppers als durch die umfassendere Theorie »falsifiziert« angesehen werden; vielmehr ist bei der Rekonstruktion der Theoriebildung offenbar ein Wechsel des
Sprachspiel-»Paradigmas« (Th. Kuhn) bzw. des »Forschungsprogramms« (I. Lakatos) zu
berücksichtigen, was zu einer hermeneutischen Rekonstruktion der Wissenschafts-*Geschichte*
zwingt. Vgl. Hierzu J. Lakatos und A. Musgrave (eds.), *Criticism and the Growth of
Knowledge*, Cambridge 1970; ferner J. Lakatos, »History of Science and its Rational
Reconstructions«, in: R. C. Buck u. R. S. Cohen (eds.), P.S.A. 1970, *Boston Studies in
the Philosophy of Science,* vol, 8 1971. – Ich möchte diese *wissenschaftshistorische* Wendung der analytischen Wissenschaftslogik als Bestätigung der Grundthese dieses Essays
werten: die metaszientifische *Methode* der analytischen Wissenschaftslogik hat nunmehr
die eigene *Methodologie* der »Einheitswissenschaft« dadurch widerlegt, daß sie selbst ein
nichtszientistisches Paradigma *verstehender Geisteswissenschaft* – nämlich: Rekonstruktion
der internen Wissenschaftsgeschichte (Lakatos) – produziert hat.

Syntax und Semantik[52]. Der vom Pragmatismus herkommende Morris betont dabei ausdrücklich, was Carnap nur zögernd anerkannte: daß auch die logisch rekonstruierte Semantik der Wissenschaftssprache prinzipiell in einer zugehörigen Zeichenpragmatik fundiert sei. Quasibehavioristisch formuliert heißt das: Auch die Sätze der Wissenschaftssprache bezeichnen nicht die Tatsachen schlechthin, sondern Tatsachen in der Verhaltens-Umwelt (Behavioral Environment) der Wissenschaftler, welche die Sätze durch den Gebrauch interpretieren. In der Sprache der traditionellen Geisteswissenschaften müßte man sagen: Die Bedeutung sprachlicher Zeichen läßt sich nicht ohne die Voraussetzung einer Bedeutungs-Intention, welche sich in den Zeichen ausdrückt, verstehen. Anders gesagt: Auch die Tatsachen der Wissenschaft konstituieren sich nicht für ein »Subjekt-überhaupt« (der »Sprache-überhaupt«), sondern nur aus einem konkreten menschlichen Bedeutsamkeitshorizont.

Damit wird nun aber, wie es scheint, genau der Schritt rückgängig gemacht, den Wittgenstein im *Tractatus* vollzog, als er die logische Form der »intentionalen« oder *Belief*-Sätze auf die logische Form der semantischen Sätze reduzierte. Und diese Rückgängigmachung der transzendentalsemantischen Reduktion der Geisteswissenschaft erscheint konsequent, wenn man berücksichtigt, daß die (neoleibnizianische) Idee der einen logisch-ontologischen Universalsprache, deren transzendentales Subjekt »die Grenze der Welt« darstellt, inzwischen – d. h. in der 2. Phase der analytischen Philosophie – nach und nach aufgegeben wurde. Wenn es selbst in der Wissenschaftssprache nicht möglich ist, davon auszugehen, daß die Subjekte des Sprachgebrauchs im transzendentalen Subjekt der Einheitssprache schon restlos verständigt sind, so scheinen die sprachanalytischen Fragen nach dem Sinn sprachlicher Symbole nun doch unübersehbar auf die hermeneutischen Fragen des *Verstehens* der hinter den Symbolen stehenden *Sinnintentionen* zurückzuführen.

Mit dieser Mutmaßung stellen wir das Problem des geisteswissenschaftlichen Verstehens in den Horizont der 3. Phase der analytischen Philosophie, welche sich von der Konstruktion logischer Idealsprachen der Wissenschaft abgewandt hat und ihre Aufgabe in der deskriptiven Analyse des Sprachgebrauchs der alltäglichen Umgangssprache erblickt.

52 Vgl. hierzu K.-O. Apel in *Phil. Rdsch.*, 7. Jahrg., 1959, S. 161–184. Ferner E. Tugendhat ebda., 8. Jahrg., 1960, S. 131–59. – Vgl. oben S. 138 ff.

IV. Die Auflösung der Zweideutigkeit in der hermeneutischen Inter-
pretation des späten Wittgenstein und das Restproblem einer dia-
lektischen Vermittlung zwischen interpersonalem »Verstehen« und
quasinaturalistischem »Erklären«.

Die 3. Phase der analytischen Philosophie, die von ihren gegenwärtigen britischen Vertretern als die eigentlich revolutionäre angesehen
wird[53], ist geprägt durch die Spätphilosophie L. Wittgensteins, wie
sie zuerst in den sog. *Blue and Brown Books,* Vorlesungsdiktaten
aus der Zeit von 1933–35, bezeugt ist. Hier und in den posthum
veröffentlichten *Philosophischen Untersuchungen* von 1953 scheint
sich bereits bei flüchtiger Lektüre unsere Erwartung zu bestätigen,
daß die sprachanalytische Philosophie nach Aufgabe der Idee der
Einheitssprache auf die Hermeneutik der Sinnintentionen, und damit auf die traditionelle Problematik der Geisteswissenschaften,
verwiesen werden müßte.
Tatsächlich nimmt die Problematik des Verstehens von Ausdrücken
wie »meinen«, »glauben« und schließlich von »verstehen« selbst, die
Wittgenstein im *Tractatus* noch in wenigen Sätzen apodiktisch aufgelöst hatte, in seinem Spätwerk einen immer größeren, zuletzt alles
beherrschenden Raum ein. Gleichwohl ist der Unterschied in der
Behandlung im Vergleich zum *Tractatus* nicht so groß, wie man
vielleicht zunächst annimmt. Die *Methode* des Wittgensteinschen
Denkens bleibt die *sprach-analytische.* Das besagt in unserem Problemzusammenhang zunächst einmal kritisch-negativ: der radikale
Antipsychologismus des *Tractatus* (genauer die Intention, die hypo-
stasierende Begriffssprache einer »oberflächlichen Psychologie« zu
entlarven) bleibt erhalten, ja verschärft sich zum Programm einer
Destruktion jener Ontologie geistig-seelischer Zustände und Tätigkeiten, die G. Ryle später als »paramechanische Geisttheorie« von
Descartes herzuleiten versuchte[54]. Damit ist zugleich gesagt, daß sich
vom späten Wittgenstein noch weniger leicht als vom *Tractatus* eine
unmittelbare Verbindung zur traditionellen Philosophie der Geisteswissenschaften herstellen läßt. Denn die Geist- und Subjekt-
Metaphysik des neuzeitlichen Idealismus, welche die klassische

53 Vgl. G. A. Paul über Wittgenstein in »The Revolution in Philosophy« (ed. A. J.
Ayer et al.), London 1955. Ferner: J. Hartnack, *Wittgenstein und die moderne Philo-*
sophie, Stuttgart 1962, S. 56.
54 Vgl. G. Ryle, *The Concept of Mind,* London 1949, Kap. I: »Descartes' myth«.

Grundlegung der »Geisteswissenschaften« im 19. Jahrhundert – bei allen empiristischen Vorbehalten – sprachlich ermöglichte, wird vom späten Wittgenstein nicht nur, wie im *Tractatus*, auf den mystischen Grenzfall einer transzendentalen Semantik reduziert, sondern mit der gesamten Begriffssprache der abendländischen Metaphysik als eine Krankheit der Sprache behandelt.

Gleichwohl läßt sich von der Sache her – u. d. h. auch: aus der geschichtlichen Dialektik der wissenschaftstheoretischen Versuche der analytischen Philosophie, wie wir sie in dieser Studie herauszuarbeiten suchten – der Punkt sehr bald auffinden, an dem sich Wittgensteins Ansätze mit denen einer modernen Philosophie der Geisteswissenschaften berühren. Es wird sich freilich erweisen, daß die entscheidende Beziehung zu unserem Thema auch beim späten Wittgenstein sich erst dann ergibt, wenn man über das von ihm thematisch Gesagte hinaus die faktisch ausgeübte *Methode* der *Sprachanalyse* in die Diskussion einbezieht.

Zunächst einmal trifft sich Wittgenstein, noch im Kritisch-Negativen, mit der Verstehenstheorie des südwestdeutschen Neukantianismus und andererseits mit der Intentionalitätsanalyse E. Husserls in seiner unermüdlich, an zahllosen Beispielen erläuterten Überzeugung, daß Begriffe wie »verstehen«, »meinen«, »glauben«, »erwarten«, usw. nicht seelische Zustände, Gefühle, Erlebnisse oder seelische Vorgänge in der Zeit bezeichnen. Freilich sagt Wittgenstein dies nicht, um das durch die intentionalen Ausdrücke Bezeichnete in »geistigen Akten« zu suchen, die sich auf idealgültigen »Sinn« oder dgl. beziehen. Dies hieße für W. nur, überprüfbare durch nicht mehr überprüfbare Hypostasierungen ersetzen. Worauf es nach W. ankommt, ist zu erkennen, daß Wörter wie »verstehen«, »meinen«, »erwarten« usw. überhaupt nichts »bezeichnen«; sie werden nicht wie »Namen« gebraucht, mittels derer in einer Tatsachenbeschreibung irgend-»etwas« benannt wird. Der Mathematikschüler, der etwa bei der Erklärung einer Formel ausruft »Jetzt versteh' ich«, will seinen Lehrer nicht über seinen Seelenzustand informieren, er will überhaupt nicht etwas beschreiben, eher will er sagen: »Jetzt weiß ich weiter.«[55] Wer sagt »Ich erwarte, daß er heute abend kommt«, beschreibt nicht einen Seelenzustand, wie vielleicht der, welcher sagt »Ich harre auf ihn«[56]. Und – um ein Beispiel von G.

55 Wittgenstein *Philos. Unters.* I, §§ 154, 179, 180, 321.
56 Ebda. § 577.

Ryle zu variieren, das die Pointe Wittgensteins gut sichtbar macht –: Man kann nicht fragen: »Wie lange habt ihr gestern abend gemeint?«, wie man fragt: »Wie lange habt ihr gestern abend diskutiert?« Folglich meint das Meinen offenbar keine »Tätigkeit«, auch keine »geistige«.

Wie soll man nun aber positiv der Bedeutung der sogenannten »intentionalen« Ausdrücke beikommen, wenn man noch nicht einmal davon ausgehen darf, daß sie »etwas bezeichnen«?

Hier müssen wir uns auf die Grundfigur der von Wittgenstein inaugurierten sprachanalytischen Philosophie besinnen: Im *Tractatus* war die Funktion der intentionalen Ausdrücke wie »meinen« als etwas aufgefaßt, das man nicht selbst wieder meinen, d. h. als etwas »bezeichnen« kann; ihre Funktion sollte identisch sein mit dem Meinen, d. h. der Bezeichnungsfunktion der Sprache überhaupt. Ihre Funktion »zeigt sich« nach dem frühen Wittgenstein in der Funktion der Sprache. – Sehr viel anders sieht die Lösung des Problems, wenn man beim späten Wittgenstein überhaupt von Problemlösungen sprechen darf, auch in den *Philosophischen Untersuchungen* nicht aus. Der Unterschied zu früher liegt allerdings darin, daß jetzt die Funktion der Sprache nicht mehr im Sinne des »logischen Atomismus« – und d. h. im Sinne eines die abendländische Logik seit ihren Anfängen begleitenden Modells der »Bezeichnung« von Gegenständen im Rahmen einer »Darstellung« oder »Beschreibung« von Sachverhalten – definiert wird. An die Stelle dieses – letztlich durch die philosophische Bewußtseinsstellung der »Theoria« präjudizierten – Modells der Sprachauffassung tritt der neue Schlüsselbegriff des späten Wittgensteins: der Begriff des »Sprachspiels« oder besser gesagt: der »Sprachspiele«.

Diese »Sprachspiele« unterscheiden sich von der früher konzipierten, *einen* weltabbildenden, Sprache des außerweltlichen (»transzendentalen«) Subjekts vor allem dadurch, daß sie als jeweils verschiedene, aber miteinander verwandte, konkrete Einheiten von Sprachgebrauch, Lebensform und Welterschließung gedacht sind: Bei der Beschreibung dieser Sprachspiele »zeigt sich« nach dem späten Wittgenstein, was eine Sinnintention ist. Diese kann nämlich nach W. nicht isoliert von der »Sprachverwendung«, u. d. h. zugleich: von einer bestimmten Verhaltenspraxis, die eben als Sprachspiel eine sinnhafte »Lebensform« ist, gedacht werden. – Bei dieser Integration der zu verstehenden Sinnintentionen und wiederum des Ver-

stehens selbst in die »Sprachspiele« muß unsere Frage nach dem
Ertrag der dritten Phase der sprachanalytischen Philosophie für
eine Philosophie der »Geisteswissenschaften« ansetzen.

An dieser Stelle muß zunächst eine Bemerkung über die methodischen Schwierigkeiten einer angemessenen Interpretation der Philosophie des späten Wittgenstein eingeschaltet werden: Das philosophische Spätwerk Wittgensteins bildet kein System, sondern – wie
der Autor selbst im Vorwort der *Philosophischen Untersuchungen*
resigniert feststellt – »eine Menge von Landschaftsskizzen«. Die
Vielfalt dieser »philosophischen Bemerkungen« in allen angedeuteten Intentionen auszuschöpfen, u. d. h. immer: selbständig zu Ende
zu denken, ist im Rahmen unserer historischen Skizze der analytischen Philosophie völlig unmöglich. Es kann also nur darauf ankommen, die allgemeinen Konsequenzen der Methode der Sprachspiel-Analyse für eine Philosophie der Geisteswissenschaften sichtbar zu machen[56a].

In dieser Situation hilft uns der glückliche Umstand weiter, daß vor
einigen Jahren ein englischer Autor sich genau dieser Aufgabe angenommen hat. Als den Versuch nämlich, die Konsequenzen der Wittgensteinschen Sprachspielkonzeption für eine philosophische Grundlegung der »Geisteswissenschaften« zu entfalten, darf man aus
deutscher Perspektive das Buch von Peter Winch *The Idea of a Social Science and its Relation to Philosophy* (London 1958) charakterisieren.

Es muß freilich sogleich bemerkt werden, daß die Wittgenstein-
interpretation von P. Winch, die von Collingwood und M. Weber
inspiriert ist, von der üblichen Wittgensteinnachfolge in den analytischen Schulen von Cambridge und Oxford stark abweicht. Im
gewissen Sinne kann sie als ein Denken mit Wittgenstein gegen
Wittgenstein bezeichnet werden.

Mit Wittgenstein denkt Winch insofern, als er tatsächlich einige der
bedeutendsten Implikationen der Sprachspielkonzeption in ihrer
Tragweite überhaupt erst sichtbar macht: so die wechselseitige »Verwobenheit« von »Identifikation« (bzw. Gegenstandskonstitution)
und »Regel« einerseits, Regel und sozialer Lebensform andererseits
und wiederum die darin implizierte »Verwobenheit« von Verhaltenspraxis, die einer Regel folgt, und prinzipiell möglicher Reflexion

---

56a Vgl. hierzu auch K.-O. Apel, »Wittgenstein und das Problem des hermeneutischen
Verstehens«, in: Bd. I dieses Buches, S. 335 ff.

auf die Vorschriften der Regel[57]. Als ein solches System der Verwobenheit von Voraussetzungen des Sprachspiels entwickelt Winch von W. her die Funktion des »Verstehens«. – Gegen Wittgenstein denkt Winch insofern, als er aus diesen Implikationen der Sprachspielkonzeption nicht die Konsequenz zieht, daß die Philosophie eigentlich ein leerlaufendes Sprachspiel ist und allenfalls – paradoxerweise – die Aufgabe erfüllen kann, ihre eigenen Entstehungsgründe überall da kritisch zu entlarven, wo es zu Schwierigkeiten in der Sprachverwendung und damit zugleich in der sozialen Kommunikation kommt.

Gegen diese rein negative »Underlabourer Conception of Philosophy«, die Wittgenstein mit den meisten Sprachanalytikern teilt und in der er schon im *Tractatus* eine alte Tendenz der britischen Philosophie in paradoxer Form zu Ende dachte, wendet sich Winch ausdrücklich[58]. Statt dessen wird für ihn die Philosophie zur Wissenschaft von den apriorischen Formen des Verstehens der Realität, die – als regelgebundene »Lebensformen« – zugleich die apriorischen Formen der »sozialen Interrelationen« sind[59]. Die enge Verbundenheit, die Wittgenstein – wie vor ihm die Pragmatisten seit Peirce – zwischen dem Bedeutungsproblem und dem des menschlichen Verhaltens in einer Situation hergestellt hatte, deutet Winch nicht, wie die meisten Sprachanalytiker, die sich dabei auf gewisse Äußerungen Wittgensteins stützen können[60], als Reduktion des Sinnverstehens auf objektive empirische Verhaltensbeschreibung, sondern gerade umgekehrt entzieht er alles menschliche Verhalten, insofern es als regelgeleitet, u. d. h. zugleich verstehend und für andere verständlich, aufgefaßt werden muß, der Zuständigkeit objektivempirischer Methoden. Gerade weil das Verstehen nach Wittgensteins Einsichten in seinen apriorischen Voraussetzungen nicht unabhängig vom Sprachspiel als einer sozialen Lebensform gedacht werden

57 Vgl. Winch, a.a.O., S. 28 und 63; dazu Wittgenstein, *Philos. Untersuchungen* I, § 225.
58 Vgl. P. Winch, a.a.O., S. 3 ff.
59 a.a.O., S. 40 u. ö.
60 So heißt es in den *Blue and Brown Books* (S. 69): »The use of the word in practice is its meaning.« Und in den »Philosophischen Untersuchungen« bei der Analyse des Sprachspiels der Bauarbeiter (I, § 6): »Versteht nicht der den Ruf ›Platte!‹, der so und so nach ihm handelt?« Vgl. auch *Remarks on the Foundations of Mathematics*, III, § 32: »Mich interessiert nicht das unmittelbare Einsehen einer Wahrheit, sondern das Phänomen des unmittelbaren Einsehens. Nicht (zwar) als einer besonderen seelischen Erscheinung, sondern als einer Erscheinung im Handeln der Menschen. Ich frage: was ist das charakteristische Gebaren von Menschen, die etwas unmittelbar einsehen – was immer der praktische Erfolg dieses Einsehens ist?« – Vgl. dagegen allerdings *Phil. Unters.*, I, §§ 197, 307, 308.

kann, ist die Soziologie für Winch als Wissenschaft von den sozialen
Lebensformen keine empirisch-generalisierende »science«, sondern
als Wissenschaft von den Verstehensformen im Kern identisch mit
der Philosophie als Erkenntnistheorie (epistemology)[61].

So wird bei Winch jener eigentümliche Widerstreit von szientifischer
Methodologie und philosophischer *Methode*, den wir als Mitgift der
Wittgensteinschen Grundlegung im *Tractatus* durch die Entfaltung
der »analytischen« Philosophie hindurch verfolgt haben, eindeutig
zugunsten der *methodischen* Voraussetzungen entschieden. Und damit bestätigt sich unsere heuristische Konjektur, daß die sprachanalytische Philosophie aus ihrer meaning-Problematik heraus ein
positives Verhältnis zur Konzeption der »Geisteswissenschaften«
enthalten müsse. In der Tat kehrt Winch auch in historischer Besinnung zu jener Stelle zurück, wo die deutsche Konzeption der »Geisteswissenschaften« einst bei Dilthey ihren polemischen Ausgangspunkt nahm: zu J. St. Mills *Logic of the moral sciences* in seinem
System der induktiven Logik. Und Winch bestätigt faktisch in seiner zentralen Auseinandersetzung mit der positivistischen Konzeption einer erklärenden Soziologie von Mill bis Pareto und Dürkheim
die These Diltheys und seiner Schule, daß das »Verstehen« des
menschlichen Lebens seiner Art nach verschieden ist vom »Erklären«
der nichtmenschlichen Naturerscheinungen und daß daher die Erschließung der geschichtlich-gesellschaftlichen Wirklichkeit ihre Methode nicht von der Naturwissenschaft zu übernehmen habe[62].

Mit dieser Entscheidung kehrt Winch freilich nicht zu dem psychologisch orientierten »Verstehens-Begriff« Schleiermachers und Diltheys zurück, wie sich deutlich in seiner Auseinandersetzung mit
M. Weber zeigt. Vielmehr möchte er von Wittgensteins Sprachspiel-
konzeption her das »Verstehen« so begreifen, daß es gerade nicht
mehr dem Einwand der Wissenschaftslogiker ausgesetzt ist, die
Gründe seiner Geltung nur psychologisch (als Sichhineinversetzen in
den Anderen) oder durch Hinweis auf irrationale Intuition explizieren zu können. Wir werden hier noch einmal auf eine genauere
Betrachtung der Voraussetzungen der sprachanalytischen Methode
Wittgensteinscher Provenienz zurückverwiesen, um ihren spezifischen Ertrag für die Grundlagenproblematik der Geisteswissenschaften würdigen zu können.

Die »analytische« Philosophie ist seit ihren Anfängen bei B. Russell

61 Winch, a.a.O., S. 43.   62 Vgl. Winch, a.a.O., III und IV.

und dem frühen Wittgenstein durch einen Antipsychologismus gekennzeichnet, der den des Neukantianismus und der Husserlschen Phänomenologie an Radikalität weit übertrifft. Das drückt sich u. a. darin aus, daß eine Problematik des »Bewußtseins« und seiner »Erkenntnis-Akte« sowie eine zugehörige »mentalistische« Bedeutungsoder Ideenlehre in der gesamten analytischen Philosophie nicht mehr auftritt. Selbst das Wort »Erkenntnistheorie« wurde durch den frühen Wittgenstein als psychologistisch verpönt[63]; und in der Tat ist diese Disziplin ja heute – zumindest in der angelsächsischen Welt – weitgehend durch »Wissenschafts*logik*« abgelöst. Auch die behavioristischen Tendenzen der Analytiker (der Neopositivisten als Analytiker) verstehen sich weniger aus einer naturalistischen Weltanschauung als aus dem Bestreben, den Mentalismus als Psychologismus aus der Grundlagenproblematik der Philosophie auszumerzen. Im ganzen gesehen ist im Herrschaftsbereich der analytischen Philosophie zunächst so etwas wie eine Rückkehr zum vorkantischen oder – besser noch – zum vorcartesischen Primat der formalen Logik in der Philosophie eingetreten[64].

Trotzdem wird man bei näherem Zusehen nicht behaupten wollen, daß die »analytische Philosophie« ihre philosophische Eigenart allein der formalen Logik, etwa ihrer technischen Reformation und Erweiterung in der Logistik, verdanke. Diese Auffassung entsprach wohl eine Zeitlang dem Selbstverständnis der Analytiker, solange man glaubte, alle a priori wahren Sätze auf analytische Sätze im Sinne der formalen Logik und somit das Problem der apriorischen Voraussetzungen aller Erkenntnis auf das einer Analyse der »logischen Form der Sprache« zurückgeführt zu haben[65]. In dem Maße aber, wie sich zeigte, daß die Sprache ihre Bedeutungsform (das,

---

63 Vgl. *Tractatus*, § 4.1121.

64 Das findet charakteristischerweise seinen deutlichsten Niederschlag in dem neuartig akzentuierten Bild der Philosophiegeschichte, das die Geschichte der »Formalen Logik« (Freiburg/München 1956) des Neuscholastikers Bocheński entwirft.

65 Vgl. hierzu oben Anmerkung 50. Charakteristisch ist die folgende Äußerung Carnaps in seinem Aufsatz »Die Methode der logischen Analyse« (*Actes du 8èm Congrès International de Philosophie à Prague 1934*, Prague 1936, S. 142–145): »Nach unserer Auffassung gibt es zwischen empirischen und analytischen Sätzen keine dritte Art; die vorgebliche dritte Art scheint uns einer Vermischung von psychologischer und logischer Fragestellung zu entspringen. Wir glauben, daß die Phänomenologie den von ihr selbst so entschieden bekämpften Psychologismus im Grunde noch nicht überwunden hat.« Inzwischen hat die konstruktive Semantik Carnaps ebenso wie die Sprachspiel-Analyse des späten Wittgenstein das Problem der *Synthesis a priori* wesenhafter Bedeutungsstrukturen auf ihre Art wiedererobert: es steckt im Entwurf eines Sprachspiels, einer gegen-

was Humboldt ihre »innere Form« nannte) nicht allein der »logischen Syntax« und auch nicht allein einer aus der Abbildung intersubjektiv gegebener reiner Erfahrungstatsachen beruhenden »Semantik«, sondern darüber hinaus und primär der »Pragmatik« des Gebrauchs durch Menschen in der Lebenssituation, kurz: dem »Sprachspiel« verdankt, in dem Maße wurde klar, welches die eigentlich spekulative – und insofern ungeklärte – Größe war, die der junge Wittgenstein mit dem Gedanken einer »logischen Analyse der Sprache« in die Philosophie einführte. Es zeigt sich, daß schon der *Tractatus* in der Tat eine »transzendentale Logik« im Sinne Kants enthält[66]: eine Philosophie, in der jener transzendentale Apparat apriorischer Verknüpfungsformen, der nach Kant über die formale Logik hinaus vorausgesetzt werden muß, um die Möglichkeit der anschaulich-gegenständlichen Erfahrung zu begreifen, in der Form der Sprache stillschweigend vorausgesetzt ist. Dieser Gedanke der weltkonstitutiven Form der Sprache hat im Spätwerk Wittgensteins seine Differenzierung und zugleich Relativierung gemäß den »Lebensformen« der »Sprachspiele« erfahren[67].

Die Sprache also ist es, die in der analytischen Philosophie von Anfang an die Stelle der als psychologisch ausgemerzten apriorischen »Verknüpfungsformen«, »Vermögen« und »Akte« des »Bewußtseins« (der »transzendentalen Synthesis der Apperzeption« Kants) einnimmt und die im Laufe der Entwicklung der analytischen Philosophie einem ähnlichen Verlebendigungsprozeß unterworfen wurde, wie ihn das transzendentale Bewußtsein Kants bei Dilthey erfahren sollte[67a].

standskonstitutiven »Tiefengrammatik« (Wittgenstein), in der pragmatisch zu rechtfertigenden Konstruktion eines quasiontologischen »Framework of Language«, innerhalb dessen sowohl empirische wie auch formallogische (analytische) Fragen überhaupt erst gestellt werden können. (Vgl. R. Carnap, *Empirism, Semantics and Ontology*, a.a.O.) Zu dem konventionellen Charakter des spontanen Sprachspielentwurfs, der zugleich über die Wesensstruktur der Welt entscheidet, bemerkt Wittgenstein in den *Remarks on the Found. of Math.*, I, § 74: »Und da möchte man doch entgegnen: es gibt nichts Verschiedeneres, als ein Satz über die Tiefe des Wesens und einer – über eine bloße Übereinkunft. Wie aber, wenn ich antworte: der *Tiefe* des Wesens entspricht das *tiefe* Bedürfnis nach der Übereinkunft.« – Damit wäre die »Entsprechung« von »Weltenwurf« und »Schickung des Seins« (= »Zur-Sprache-Kommen des Seins«) bei Heidegger zu vergleichen.

66 Vgl. hierzu E. Stenius, a.a.O. sowie A. Maslow, *A Study in W's Tractatus*, Berkeley and Los Angeles 1961, S. XIII f.

67 Vgl. hierzu E. K. Specht, »Die sprachphilosophischen und ontologischen Grundlagen im Spätwerk Ludwig Wittgensteins«, Köln 1963 (= *Kantstudien*, Erg. H. 84).

67a Vgl. den berühmten Satz Diltheys aus der Vorrede zur »Einleitung in die Geistes-

Und genau in dem Moment, wo die Wittgensteinsche Konzeption
der Sprachkritik den Weg von der »Kritik der reinen Sprache« (so
nennt Stenius den *Tractatus*) zur Kritik der konkreten Sprachspiele
als Lebensformen zurückgelegt hat, soll – bei Winch – mit ihrer
Hilfe das Problem des »Verstehens« neu gedacht werden, das einst
bei Dilthey durch die Verwandlung der *Kritik der reinen Vernunft*
in eine »Kritik der historischen Vernunft« gelöst werden sollte.

Indessen: welche Veränderungen in der Problemsituation ergeben
sich daraus, daß an die Stelle der Bewußtseinsproblematik die
Sprachproblematik als Orientierungsmodell des geisteswissenschaftlichen Verstehens getreten ist? Im Sinne Winchs gefragt: Inwiefern
nimmt sich das »Verstehen«, wenn es vom Strukturzusammenhang
des »Sprachspiels« her gedacht wird, logisch seriöser aus, als wenn es
als »Sich-hinein-versetzen« in den »erworbenen Strukturzusammenhang eines Seelenlebens« gedacht wird[68]?

Die Antwort auf diese Frage ergibt sich aus jener merkwürdigen
Konzeption der Logik, die sich in der Spätphase der analytischen
Philosophie durchgesetzt hat: die Identifikation des Logischen mit
dem Regelmäßigen, welche die analytische Philosophie seit Russell
und dem frühen Wittgenstein beherrscht und zunächst eine Präjudizierung der Sprachform durch die Form im Sinne »der« Logik
zur Folge hatte, führt bei den späten Analytikern umgekehrt zu
einer Präjudizierung und d. h. Relativierung zumindest des Begriffs
der Logik durch die Regeln des faktisch vorkommenden Sprachgebrauchs. G. Ryle etwa spricht vom »logischen Verhalten« (»logical Behavior«) der Wörter und meint damit ihr Verhalten gemäß
den Spielregeln der mannigfachen Sprachspiele als Lebensformen
im Sinne Wittgensteins. Winch selber bezeichnet als »Hauptargu-
ment« seines Buches die These: »that criteria of Logic are not a
direct gift of God, but arise out of, and are only intelligible in the
context of, ways of living or modes of social life[69].« Damit wird das
»Verstehen« von Lebensformen für ihn geradezu zum Begreifen
verschiedener Systeme von »internen Relationen«[70]. Anders gesagt:

wissenschaften« (*G. S.*, I. Bd., S. XIII): »In den Adern des erkennenden Subjekts, das
Locke, Hume und Kant konstruierten, rinnt nicht wirklich Blut, sondern der verdünnte
Saft von Vernunft als bloßer Denktätigkeit.«
68 Die Fragestellung Winchs wurde hier in der Gegenüberstellung zu Dilthey terminolo-
gisch verdeutlicht; vgl. hierzu Winchs Auseinandersetzung mit M. Weber, a a.O., S. 111 f.
69 a.a.O., S. 100.
70 a.a.O., S. 123.

Die Logik konkretisiert sich für ihn gemäß der Reichweite einer verstehenden Soziologie; denn »the whole idea of a logical relation is
only possible by virtue of the sort of agreement between men and
their actions which is discussed by Wittgenstein in the *Philosophical
Investigations*«[71].

Wird hier der Psychologismus der älteren »Verstehens«-Theorie
durch einen Soziologismus ersetzt?

Man wird gut tun, bei der Beurteilung dieser Konzeption den Gedanken der einen formalen Logik, die sehr wohl die Kriterien der
logischen Beurteilung verschiedenartiger (d. h. von verschiedenen
Regeln beherrschter) »Sprachspiele« bzw. »Lebensformen« liefern
könnte, zunächst einmal völlig beiseite zu lassen und die Aufmerksamkeit statt dessen darauf zu richten, was Winch unter einer verstehbaren »Lebensform« oder »sozialen Institution«, die selbst eine
Form des Verstehens ist, eigentlich versteht. Immerhin wird man ja
nach dem Abenteuer einer logistischen Auflösung aller Sprach- und
Verstehensprobleme in der Frühphase der analytischen Philosophie
dies eine zugestehen wollen, daß die Aufgabe der Hermeneutik ein
Thema betrifft, das über die Zuständigkeit der »formalen Logik«
hinausgreift; andererseits ist das Verstehen von sozialen Institutionen als Lebensformen auch wiederum nicht als ein logisch unver-
bindliches Sicheinfühlen zu begreifen, denn es werden darin Regeln
erfaßt. Es fragt sich also, welchen neuen Aspekt der Gedanke der
verstehbaren und selbst ein Verstehen begründenden Einheit des
Sprachspiels, die zugleich eine institutionelle Form des praktischen
Verhaltens einer Gesellschaft darstellt, für die Hermeneutik aufzuschließen vermag.

Der eigentliche Ausgangspunkt für Winchs »Idea of a Social
Science« ist Wittgensteins ebenso faszinierende wie in ihrem Resultat schwer zu fassende Diskussion der Frage, »was es bedeutet, einer
Regel zu folgen«[72]. Die für Winch entscheidende Lehre dieser Diskussion ist die Einsicht, daß nicht einer allein – d. h. bei prinzipiellen
Abstraktion von der Existenz der Gesellschaft – einer Regel folgen
kann bzw. – anders gesagt – daß eine Privatsprache nicht vorstellbar ist[73]. Das entscheidende Argument Wittgensteins, das uns

71 a.a.O., S. 126.
72 Vgl. L. Wittgenstein, *Philos. Unters.* I, § 197 ff.
73 Vgl. hierzu die folgenden »Bemerkungen« Wittgensteins: § 199: »Ist, was wir ›einer
Regel folgen‹ nennen, etwas, was nur *ein* Mensch, nur *einmal* im Leben, tun könnte? ...
Es kann nicht ein einziges Mal nur eine Mitteilung gemacht, ein Befehl gegeben oder ver-

zwingt, den Gedanken der »Regel«, und damit zugleich den Gedanken der Verständlichkeit und des Verstehens, von der Existenz einer sozialen Gepflogenheit, einer tradierten Lebensform oder Institution, abhängig zu machen, ist für Winch der Hinweis darauf, daß ohne den sozialen Kontext, etwa allein mit Hilfe der Logik, nicht entschieden werden kann, ob jemand in seinem Verhalten einer Regel folgt oder nicht, u. d. h. ob ein Verhalten »sinnhaft« ist oder nicht. Winch stellt das Problem folgendermaßen: »What is the difference between someone who is really applying a rule in what he does and someone who is not? A difficulty here is that any series of actions which a man may perform can be brought within the scope of some formula or other if we are prepared to make it sufficiently complicated. Yet, that a man's actions might be interpreted as an application of a given formula, is in itself no guarantee that he is in fact applying that formula. What is the difference between those cases[74]?«

Das Kriterium für das faktische Vorliegen eines regelgeleiteten (und insofern sinnhaften) Verhaltens und für das rechte Verständnis dieses Verhaltens findet Winch dann in folgender Überlegung: »... one has to take account not only of the actions of the person whose behavior is in question as a candidate for the category of rule-following, but also the reactions of other people to what he does. More specifically, it is only in a situation in which it makes

standen worden sein, etc. – Einer Regel folgen, eine Mitteilung machen, einen Befehl geben, eine Schachpartie spielen sind Gepflogenheiten (Gebräuche, Institutionen). Einen Satz verstehen heißt, eine Sprache verstehen. Eine Sprache verstehen heißt, eine Technik beherrschen.«
Ferner § 243: »... Wäre ... eine Sprache denkbar, in der einer seine inneren Erlebnisse – seine Gefühle, Stimmungen, etc. – für den eigenen Gebrauch aufschreiben, oder aussprechen könnte? – Können wir denn das in unserer gewöhnlichen Sprache nicht tun? – Aber so meine ich's nicht. Die Wörter dieser Sprache sollen sich auf das beziehen, wovon nur der Sprechende wissen kann; auf seine unmittelbaren, privaten, Empfindungen. Ein anderer kann diese Sprache also nicht verstehen.«
Die Antwort wird von W. – in den folgenden Paragraphen im Zusammenhang exemplarischer Hinweise angedeutet; z. B. in der folgenden Bemerkung: § 256: »Wie ist es nun mit der Sprache, die meine inneren Erlebnisse beschreibt und die nur ich selber verstehen kann? Wie bezeichne ich meine Empfindungen mit Worten? – So wie wir's gewöhnlich tun? Sind also meine Empfindungsworte mit meinen natürlichen Empfindungsäußerungen verknüpft? – In diesem Falle ist meine Sprache nicht ›privat‹. Ein anderer könnte sie verstehen, wie ich.« Vgl. auch § 257: »Wie wäre es, wenn die Menschen ihre Schmerzen nicht äußerten (nicht stöhnten, das Gesicht nicht verzögen, etc.)? Dann könnte man einem Kind nicht den Gebrauch des Wortes ›Zahnschmerzen‹ beibringen.«
74 Winch, a.a.O., S. 29.

sense to suppose that somebody else could in principle discover the
rule which I am following that I can intelligibly be said to follow a
rule at all[75].« Diese Situation der möglichen Kontrolle durch andere
ist eben nach Wittgenstein nur gegeben, wenn die Regel des zu verstehenden Verhaltens Bestandteil einer sozialen Gepflogenheit
ist[76].

Von hier aus gewinnt Winch in der Auseinandersetzung mit Max
Webers Verstehensbegriff einerseits, einer behavioristischen Interpretation Wittgensteins andererseits so etwas wie die Grundlagen
einer philosophischen Hermeneutik.

Die kritische Auseinandersetzung mit Weber bzw., genauer gesagt,
mit dem traditionellen deutschen Begriff der »verstehenden Soziologie« und der »verstehenden Psychologie« läuft darauf hinaus, die
praktische Teilhabe an einem Sprachspiel bzw. an der dazugehöri-
gen sozialen »Gepflogenheit« oder »Institution« als Voraussetzung
alles Verstehens an die Stelle jener Einfühlungstheorien im weitesten
Sinn zu setzen, die von einem Primat der inneren Erfahrung des
Einzelnen ausgehen. Gegen diesen *methodischen Solipsismus* der
älteren Verstehenstheorie vertritt Winch mit Wittgenstein und den
meisten Analytikern der gegenwärtig in England herrschenden
Schule die Auffassung, »that the concepts in terms of which we
understand our own mental processes and behaviour have to be
learned, and must, therefore, be socialy established, just as much as
the concepts in terms of which we come to understand the behaviour
of other people«[77]. Fremde Kulturen als Formen sozialen Lebens
und zugleich eines regelgeleiteten Weltverstehens sind demnach für
Winch nicht unmittelbar aus der inneren Erlebnisfähigkeit des Indi-
viduums nachzuverstehen, sondern als Regelsysteme, die von denen
prinzipiell abweichen, welche die Lebensform des Interpreten bilden[78].

75 Winch, a.a.O., S. 30.
76 Vgl. hierzu Wittgenstein, a.a.O., § 198 und 238.
77 Winch, a.a.O., S. 119. Für eine ganz ähnliche Überwindung des methodischen Solipsismus der neuzeitlichen Verstehenstheorie (wie der Erkenntnistheorie überhaupt) vgl.
Heidegger, *Sein und Zeit,* § 26 und 31.
78 Der Bruch, der hier tatsächlich im Verhältnis zur älteren Hermeneutik vorliegt, erhellt
sehr gut aus folgender Polemik Diltheys gegen die Soziologie in seiner »Einleitung in die
Geisteswissenschaften« von 1883: »Vieles in den Zweckzusammenhängen der Gesellschaft
kann aus der bloßen Sozialität abgeleitet werden. Aber schon ein Zusammenhang wie die
Entwicklung der Philosophie ist ebenso nach Grund und Zweck in dem Individuum an
sich angelegt als in der Gesellschaft. Noch deutlicher zeigt sich diese Zweiseitigkeit in der

Winch versteht diese Auseinandersetzung jedoch keineswegs als Polemik gegen eine »Verstehende Soziologie« als solche, sondern vielmehr als Rechtfertigung bzw. Rettung dieser Konzeption mit Hilfe Wittgensteins. Dies zeigt sich deutlich in seiner Distanzierung von einer behavioristischen Interpretation Wittgensteins, die davon ausgeht, »that most human behaviour can be adequately described in terms of the notion of habit or custom and that neither the notion of a rule nor that of reflectiveness ist essential to it«[79]. Winch trägt diese Auseinandersetzung zwar nicht gegen Wittgenstein selbst aus, doch scheint es mir wesentlich, zu betonen, daß er hier eine Konsequenz aus dessen Beispielen freilegt, die keineswegs im Einklang mit der Haupttendenz Wittgensteins ist. Dieser betont immer wieder, daß die Erlernung der Sprache durch die Kinder und – nach diesem Modell gedacht – jedes regelgeleitete Verhalten auf »Abrichtung« beruht, und er sagt in diesem Sinne einmal sehr hart: »Wenn ich der Regel folge, wähle ich nicht. Ich folge der Regel blind[80].« Freilich läßt Wittgenstein auch immer wieder durchblicken, daß die Frage, »wie kann ich einer Regel folgen?« nicht eine Frage nach den Ursachen, sondern eine solche nach der Rechtfertigung meines Tuns ist. Hier setzt Winch an: Er räumt Wittgenstein und Ryle gegenüber ein, daß ein »knowing how to do something« ohne Reflexion auf die Prinzipien dieses Tuns möglich ist, ja daß alles traditionsgeleitete Verhalten in diesem Sinne ohne Reflexion ist; und er betont darüber hinaus, daß die implizite Regel des menschlichen Verhaltens stets

---

Religiosität und in der Kunst. Könnte man sich ein einziges auf der Erde schreitendes Individuum denken, so würde dieses bei einer für die Entwicklung zureichenden Lebensdauer diese Funktionen in völliger Einsamkeit aus sich entwickeln.« (a.a.O., I, S. 422–23. Zumindest den letzten Satz Diltheys wird man nach Wittgenstein Einsicht in die Unmöglichkeit einer Privatsprache nicht mehr als sinnvolle Fiktion anerkennen können. Vgl. hierzu auch die scharfe Polemik A. Gehlens gegen Dilthey in seiner »Philosophie der Institutionen« (*Urmensch und Spätkultur*, Bonn 1956). (Dazu vgl. Bd. I, S. 204 f.) Gehlens »Vermittlung des menschlichen Selbstverständnisses über die Institutionen« berührt sich in vieler Hinsicht mit Winchs Konzeption. Freilich hat der späte Dilthey, der seinen früheren Psychologismus durch Rückgang auf den Hegelschen Begriff des »objektiven Geistes« zu korrigieren sucht, bereits ganz ähnliche Gedanken wie Gehlen und Winch zur Geltung gebracht. Vgl. etwa *G. S.* VII, S. 146 f.: »Jede einzelne Lebensäußerung repräsentiert im Reich dieses objektiven Geistes ein Gemeinsames. Jedes Wort, jeder Satz, jede Gebärde oder Höflichkeitsformel, jedes Kunstwerk und jede historische Tat sind nur verständlich, weil eine Gemeinsamkeit den sich in ihnen Äußernden mit dem Verstehenden verbindet; der einzelne erlebt, denkt und handelt stets in einer Sphäre von Gemeinsamkeit, und nur in einer solchen versteht er.«
79 Winch, a.a.O., S. 57.
80 Wittgenstein, *Philos. Unters.* I, § 219. Vgl. auch §§ 198, 206, 217.

mehr enthält, als actualiter durch Vorschriften begründet werden kann: in der Logik z. B. kann das aktuelle Schließen (die Einsicht in das, was folgt) prinzipiell nicht durch ein Begründungsverfahren (die Reflexion darauf, warum es folgt) eingeholt werden[81]. Gleichwohl legt Winch Wert darauf, zu betonen, daß regelgeleitetes Verhalten stets ein solches ist, das prinzipiell durch Reflexion gerechtfertigt werden kann. Entscheidend ist für ihn nicht die Frage, ob der Mensch die Regel, der er folgt, formulieren kann, sondern die Frage, ob es sinnvoll ist, »to distinguish a right and a wrong way of doing things in connection with what he does«[82].

Von hier aus vermag Winch das Problem des Erlernens von traditionellen Verhaltensformen, das von Wittgenstein immer wieder mit Hilfe des Begriffs der »Abrichtung« expliziert wird, aus dem Denkhorizont des Behaviorismus herauszulösen: »Learning how to do something is not just copying what someone else does; ... the pupil ... has to acquire the ability to apply a criterion; he has to learn not merely to do things in the same way as his teacher, but also what counts as the same way.«[83]

Aus dieser Analyse zieht Winch den Schluß, daß regelgeleitetes Verhalten des Menschen im Gegensatz zu kausal bedingtem (etwa auf Abrichtung zurückgehendem) Verhalten von Tieren nicht blind genannt werden kann, sondern ein »Verstehen« impliziert[84]: Der Umstand z. B., daß moralisch relevantes Verhalten stets ein solches ist, zu dem eine Alternative gehört, impliziert zwar nicht, daß die Alternative den Handelnden faktisch bewußt wird, wohl aber, daß sie ihm bewußt gemacht werden könnte. In diesem Sinne ist nach Winch ein faktisch sinnhaftes (d. h. verstehendes und verständliches) Verhalten für uns dadurch gekennzeichnet, daß in ihm der Gedanke eines Prinzips (einer Maxime) vorausgesetzt ist, umgekehrt setzt aber auch der Gedanke einer Verhaltensmaxime stets schon ein faktisches Verhalten, eine die Maxime verkörpernde Lebensform voraus. In Anlehnung an Wittgenstein formuliert Winch dies so: »The notion of a principle (or maxim) of conduct and the notion of meaningful action are interwoven, in much the same way as Witt-

---

81 Winch, a.a.O., S. 55 ff. mit Berufung auf Lewis Caroll, »What the Tortoise said to Achilles«, *Complete Works*, Nonesuch Press.
82 Winch, a.a.O., S. 58.
83 a.a.O., S. 58 f. Winch kann sich hier auf die exemplarische Analyse Wittgensteins in *Philos. Unters.* I, § 143, stützen.
84 a.a.O., S. 62 und 65.

genstein spoke of the notion of a rule and the notion of the same being interwoven.«[85]

Winch gelangt hier, wie mir scheint, in die Nähe jener Begriffe des ein apriorisches Seinsverständnis implizit enthaltenden »In-der-Welt-sein-Könnens« oder »Sich-in-der-Situation-Verstehens«, die von Heidegger in *Sein und Zeit* entwickelt und vor kurzem von H. G. Gadamer zur Grundlage einer *Philosophischen Hermeneutik* gemacht worden sind[86]. Gemeinsam ist den von Wittgenstein und von Heidegger ausgehenden Versuchen einer Grundlegung der Hermeneutik die Ablehnung der psychologischen Begründung des Verstehens und d. h. der Voraussetzung des *methodischen Solipsismus* als letzter Konsequenz der cartesischen Subjekt-Objekt-Metaphysik der Neuzeit. Gemeinsam ist auch im Positiven die neue Orientierung an der Sprache als Medium intersubjektiver Verständigung und zugleich Auslegung der Welt[87]. Durch diese Neuorientierung hört die Hermeneutik auf, eine sekundäre Zusatzdisziplin der Erkenntnistheorie zu sein: bei Winch wie bei Heidegger setzt alle Erkenntnis bereits ein bestimmtes öffentlich im Miteinandersein bewährtes Weltverständnis voraus.

Durch diese philosophische Vertiefung der Problematik des Verstehens wird nun aber im Hinblick auf eine Rechtfertigung der faktisch bestehenden Geisteswissenschaften eine Reihe schwieriger Probleme aufgeworfen: Winch betont mehrfach, daß die Problematik des Verstehens im Gegensatz zu der des naturwissenschaftlichen Erklärens keine empirische, sondern eine philosophische sei, die es mit den apriorischen Bedingungen der Möglichkeit aller empirischen Erkenntnis zu tun habe[88]. Diese These ist die Konsequenz der allgemeinen, grundlegenden Überzeugung der analytischen Philosophie, daß im Verständnis des intersubjektiven Sprachgebrauchs, des Sprachspiels (Wittgenstein), des semantischen Systems (Carnap), die Auflösung aller Fragen nach einer apriorischen oder Wesensstruktur der Welt zu suchen ist[89]. Was hier thematisch wird, entspricht dem,

85 a.a.O., S. 63; Wittgenstein, a.a.O., § 225.
86 Vgl. H. G. Gadamer, *Wahrheit und Methode. Grundzüge einer philosophischen Hermeneutik*, Tübingen 1960. Vgl. insbesondere auch Gadamer, »Zur Problematik des Selbstverständnisses«, in: *Einsichten*, Festschr. f. G. Krüger, Frankfurt 1962. Ferner Gadamer, »Vom Zirkel des Verstehens«, in: *Festschr. f. M. Heidegger*, Pfullingen 1959, S. 24–34.
87 Vgl. hierzu auch Gadamers Stellungnahme zum Begriff des »Sprachspiels« in: *Philos. Rdsch.*, 11. Jahrg., Tübingen 1963, S. 42 ff.
88 Vgl. Winch, a.a.O., S. 9 f., 15–18, 71 f., 83–86.
89 Vgl. dazu die folgenden Kernsätze Wittgensteins: »Was es, scheinbar, geben muß,

was Heidegger das in aller empirischen Erfahrung »vorgängig-mit-
gängige«, noch nicht ontologisch-begriffliche, aber doch »vorontolo-
gische« Seinsverständnis nennt. Es geht hier um das Verständnis von
intersubjektiv gültigen Weltentwürfen, die in der Sprache des All-
tags oder auch in den Sprachspielen der Wissenschaft impliziert
sind.

Nun haben es aber die Geisteswissenschaften ihrem traditionellen
Selbstverständnis gemäß durchaus mit einer empirischen Erkennt-
nisaufgabe zu tun. Nicht ein a priori gültiges System der Verständigung wollen sie verstehen, sondern individuelle »Objektivationen
des Geistes« (Dilthey), d. h. Werke und Taten der geschichtlichen
Menschen. Gerade diese empirische Aufgabenstellung führte überhaupt erst zur Konfrontation mit den erklärenden Naturwissenschaften; denn hier erst stellt sich die zuletzt von den Neopositivisten erörterte Frage nach dem Unterschied von Motiv-Verstehen
und Motiv-Erklären. Wie vermag Winch von Wittgenstein her mit
diesem Problem fertig zu werden? Welche überzeugenden Beziehungen vermag er zwischen der philosophischen und der von ihm als
sozialwissenschaftlich definierten Aufgabe des Verstehens aufzu-
weisen?

Die Orientierung am Regelsystem der Sprache scheint es Winch in
der Tat schwer zu machen, genau die Probleme des Verstehens in
den Griff zu bekommen, welche die ältere Hermeneutik von der
psychologischen Vorstellung der »Einfühlung« oder des »Nacherlebens« aus zu begreifen suchte.

Den Unterschied des sozialwissenschaftlichen Verstehens vom Erklären der Naturwissenschaften sucht Winch ja nicht wie die ältere
Hermeneutik durch Kontrastierung einer äußeren mit einer – beim
Verstehen etwa als Einfühlung investierten – inneren Erfahrung
klarzumachen, sondern durch philosophische »Erinnerung« an die
intersubjektiven Sprachspiele, die von der inneren wie äußeren Erfahrung als Bedingung ihrer Möglichkeit und Gültigkeit vorausgesetzt werden. Das »Verstehen« des Anderen gründet daher für
ihn auch als wissenschaftliches nicht in Beobachtung bzw. Generali-
sierung von Beobachtungen, sondern in der Reflexion auf ein Welt-

gehört zur Sprache« (§ 50); »Welche Art von Gegenstand etwas ist, sagt die Grammatik«
(§ 373); »Das Wesen ist in der Grammatik ausgesprochen« (§ 371). Dazu wäre zu vergleichen, was der späte Heidegger über die Sprache als »Haus des Seins« und »Behausung
des Menschenwesens« sagt (vgl. *Brief über den Humanismus*, Bern 1947).

verständnis, das der Forscher als Teilnehmer am Sprachspiel mit dem zu Verstehenden gemeinsam hat: ». . . any more reflective understanding must necessarily presuppose, if it is to count as genuine understanding at all, the participant's unreflective understanding. And this in itself makes it misleading to compare it with the natural scientist's understanding of his scientific data.«[90]

Diese Argumentation entspricht genau dem von uns in der Auseinandersetzung mit den Neopositivisten angewandten Rezept der Erinnerung an die im Sprachverständnis implizierten *methodischen* Voraussetzungen aller empirischen Beobachtung und Erklärung. Aber eben dieses sprachanalytische Verfahren scheint die Hermeneutik wieder auf die paradoxe Lehre des *Tractatus* zurückzuwerfen, dergemäß alle empirische Erfahrung das Verstehen ihres möglichen Sinns schon voraussetzt, weshalb ein empirisches Problem des Sinnverstehens nicht denkbar ist[91]. Das Verstehen sprachlichen Sinns besteht – so will es immer noch scheinen – entweder darin, zu »wissen was der Fall ist«, wenn eine Mitteilung wahr ist: in diesem Fall ist es noch nicht hermeneutisch, denn das hermeneutische Problem der intersubjektiven Verständigung muß in diesem Fall schon vorher gelöst sein; oder es bezieht sich auf die *apriorische* Bedeutungsform der Sprache, auf die Regeln des sprachlichen Weltverständnisses als Bedingung der Möglichkeit aller Erfahrung: dann ist es nicht mehr *empirisch*-hermeneutisch und kann, wie es scheint, zu keiner neuen Sinnerfahrung führen.

Nun ist freilich von Wittgenstein selbst in der Zwischenzeit das eine Apriori der weltkonstitutiven Sprachform durch die unendliche Mannigfaltigkeit der faktisch vorkommenden Sprachspiele qua Lebensformen ersetzt worden; und »Winch« geht in seiner Grundlegung der verstehenden Sozialwissenschaften ausdrücklich von dem quasiempiristischen Satz Wittgensteins aus: »Das Hinzunehmende, Gegebene – könnte man sagen – seien Lebensformen.«[92] Er legt diesen Satz im Hinblick auf seine eigene Grundlegung zunächst folgendermaßen aus: »whereas the philosophies of science, of art, of history, etc., will have the task of elucidation the peculiar natures of those formes of life called ›science‹, ›art‹, etc., epistemology will try to elucidate what is involved in the notion of a form of life as

90 Winch, a.a.O., S. 89.
91 Vgl. oben S. 39 f.
92 Wittgenstein, *Philos. Unters.*, II, XI.

such.«[93] Dieses Programm führt ersichtlich noch nicht über eine Grundlegung einer allgemeinen Kulturphilosophie hinaus[94].

Der folgende Paragraph (»Meaningful Behaviour«) zeigt indessen, wie nach Winch das Verhältnis des Verstehens der Lebensformen zu den empirischen Fakten zu denken ist: Handelt es sich z. B. darum zu »verstehen«, was geschieht, wenn zwei Menschen Gegenstände »austauschen«, so muß man dieses Verhalten als symbolischen Akt auffassen, durch den sich die Beteiligten – auch im Hinblick auf die Zukunft – an gewisse Spielregeln binden. Prinzipiell ebenso verhält es sich in dem Fall, wo ein einzelner Mensch bei Beendigung einer Buchlektüre einen Papierstreifen zwischen die Seiten legt. Auch dieses »private« Verhalten ist als »Verwendung eines Lesezeichens« nur insofern zu verstehen, als man es als »Anwendung« einer – als solche prinzipiell von anderen kontrollierbaren – »Regel« auffaßt[95].

Methodologisch besagt dies, daß ein »Verstehen« empirischer Verhaltenstatsachen nur möglich ist, wenn man zuvor die allgemeinen Spielregeln versteht, denen das faktische Verhalten als sinnhaftes folgt. Es sieht demnach fast so aus, als könne und müsse das zu Verstehende des einzelnen Falles durch eine Art Anamnesis im Sinne Platons auf das immer schon Verstandene: Spielregeln des sozialen Lebens, die zugleich das Apriori des Weltverständnisses darstellen, zurückgeführt werden. Faktisch dürfte es beim vorwissenschaftlichen Verstehen innerhalb einer den gleichen Spielregeln folgenden Menschengruppe etwa so zugehen. Wie aber, wenn es um das Verstehen eines für uns fremdartigen Verhaltens geht, sei es, daß die Fremdartigkeit durch räumliche oder zeitliche Distanz bedingt ist? Hier – so scheint es – beginnt doch erst – und zwar auch schon im Vorwissenschaftlichen – die spezifische Problematik geisteswissenschaftlichen Verstehens. Muß hier nicht der empirische »Fall« selbst einen Hinweis auf den zu verstehenden Sinn enthalten, einen Hinweis, der mehr beinhaltet als bloße Auslösung einer Erinnerung an schon bekannte Spielregeln?

93 Winch, a.a.O., S. 41.

94 Das Programm zeigt große Ähnlichkeit mit dem von E. Cassirer in seiner »Philosophie der symbolischen Formen« entwickelten, nur mit dem Unterschied, daß Winch betont, daß die Erforschung der menschlichen Verständnisformen diese als Weisen des Regelfolgens »im Kontext der zwischenmenschlichen Beziehungen in der Gesellschaft« aufzusuchen habe (a.a.O., S. 40). An der bisherigen Sprachphilosophie vermißt Winch die Berücksichtigung des Umstandes, »that those very categories of meaning, etc., are logically dependent for their sense on social interaction between men.«

95 Winch, a.a.O., S. 50.

Winch berührt dieses Problem sehr wohl, betont aber im Sinne seines Wittgensteinschen Ausgangspunktes stets nur die Voraussetzung des Verstehens allgemeiner Spielregeln für das Verstehen des besonderen Verhalten. So etwa in dem folgenden Beispiel: »The behaviour of Chaucer's Troilus towards Cressida is intelligible only in the context of the conventions of courtly love. Understanding Troilus presupposes understanding those conventions for it is only from them that his acts derive their meaning.«[96]

Das Beispiel ist in der Tat charakteristisch für die traditionelle Problematik der sogenannten »Geisteswissenschaften«, und man wird auch in ihrem Namen bestätigen müssen, daß das Verhalten von Troilus gegen Cressida bei Chaucer nur im Rahmen der Konventionen der höfischen Liebe des Mittelalters völlig verstanden werden kann. Ist aber nicht andererseits die Lektüre von Chaucers Erzählung bzw. von ähnlichen literarischen Dokumenten, deren Verständnis ebenfalls die Konventionen der höfischen Liebe voraussetzt, für uns eine *Sinnerfahrung*, ohne die wir ein Verständnis der höfischen Liebe nicht erwerben könnten? Und besteht nicht das Geschäft der historisch-philologischen Geisteswissenschaften gerade darin, durch Interpretation singulärer Werke und überlieferter Taten unser Wissen um die Spielregeln von uns fremden Lebensformen ständig zu erweitern? Wie aber ist eine solche Erweiterung unseres Wissens von Spielregeln zu denken?

Die Schwierigkeit scheint hier in dem Begriff einer *Erfahrung von kategorialem Sinn* u. d. h. von Regeln a priori möglicher Erfahrung, zu liegen. Es müßte gewissermaßen eine Empirie geben, an deren Daten uns völlig neue Welthorizonte, neue Möglichkeiten sozialer Lebensstile und geregelter Auffassung von Erfahrungsdaten, allererst aufgehen könnten. Eine solche Empirie gibt es in der Tat. Es kann sie geben, weil der Mensch nicht nur immer schon in einer bestimmten Lebensform existiert, sondern sich darüber hinaus – im Rahmen eines Spielraums, der selbst wiederum durch seine faktische Lebensform bedingt wird – zu Lebensformen als seinen Möglichkeiten verhalten kann. Faktisch gibt es die empirische Eröffnung neuer Lebens- und Verständnismöglichkeiten immer dann, wenn wir nicht – wie im Alltag und in der Naturwissenschaft – die Erfahrungsdaten als Fälle unter bereits fertige Regelsysteme subsumieren, sondern uns eine echte »Wahrnehmung« der Dinge, vor allem der

96 Winch, a.a.O., S. 82.

Personen und ihres Verhaltens, gelingt[97]. Die Kunst scheint, insbesondere in der Gegenwart, die Aufgabe zu erfüllen – durch die praktisch notwendigen Klischees der konventionell geregelten Erfahrung hindurch –, das Faszinierende der Phänomene als Herausforderung unserer Sinn-Wahrnehmung zur Geltung zu bringen.

Solche Erfahrung, wie sie im Kunstwerk zugrunde liegt und wiederum durch es provoziert wird, fällt nun freilich nicht aus der von Wittgenstein und Winch postulierten Verständnisvoraussetzung, der Teilhabe an einem schon funktionierenden Sprachspiel, heraus. Ohne ein Vorverständnis im Sinne Winchs ist das Verständnis des Kunstwerks überhaupt nicht möglich; aber das Vorverständnis braucht noch nicht das Verständnis der Lebensform zu sein, deren Möglichkeit und – vielleicht – Notwendigkeit uns in der Erfahrung des Kunstwerks erst aufgehen soll. Zwischen Vorverständnis und Sinnanspruch des Kunstwerks entsteht ein »Streit«, der in der Interpretation ausgetragen werden muß; und erst durch den Austrag dieses Streites – und nicht durch ein Subsumieren von Daten unter feststehende Regeln – leisten die hermeneutischen Geisteswissenschaften, leistet das durch sie angeleitete »Verstehen« seinen höchsten Beitrag für das Leben.

Winch gelangt in die Nähe dieser Problematik, wenn er Wittgensteins Bemerkung, die Sprachmißverständnisse der Philosophen glichen dem Verhalten von Barbaren angesichts einer fremden Kultur, dahingehend umkehrt: die Mißverständnisse der Soziologen angesichts einer fremden Kultur glichen dem sich nicht mehr Auskennen der Philosophen mit dem Gebrauch der Alltagssprache[98]. Winch wertet diese Situation des Herausgefordertseins durch das Fremdartige mit Wittgenstein als Möglichkeit der »Verfremdung« der eigenen Lebensform durch ein anderes Regelsystem[99]. Der einzelne Fall muß – dieser Voraussetzung zufolge – im Sinne eines bereits als fertig vorgestellten Regelsystems aufgefaßt werden, soll er überhaupt verstanden werden. Dieser Betrachtungsweise einer

97 Das Phänomen, um das es hier geht, ist in der existenzphilosophisch inspirierten Begründung der Pädagogik und Geisteswissenschaft insbesondere in Anknüpfung an M. Buber (*Ich und Du*, 1922), aber auch an den wiederentdeckten Feuerbach (K. Löwith, *Das Individuum in der Rolle des Mitmenschen*, München 1928) als das der dialogischen »Begegnung« herausgearbeitet worden. Vgl. O. Fr. Bollnow, *Existenzphilos. u. Pädagogik*, Stuttgart 1959, Kap. VI.
98 Winch, a.a.O., S. 114.
99 a.a.O., S. 114 und 118.

systematisch vergleichenden Kulturwissenschaft steht jedoch dasjenige Verstehen gegenüber – oder besser gesagt, geht dasjenige Verstehen voraus – durch das in der neuartigen Sinnerfahrung das
eigene und das fremde Regelsystem nicht nur bewußt werden, sondern sich zumindest die Regeln der eigenen Lebensform auch noch
konstituieren. Dieses geschichtliche, nämlich wahrhaft Geschichte
mitgründende Verstehen des Fremden kommt mit dem Verstehen
des Kunstwerks darin überein, daß in ihm Sinnerfahrung aufgrund
des Einzelfalles und Verständnis eines die Erfahrung ermöglichen-
den Regelsystems sich wechselseitig bedingen.
Die logisch-methodologische Pointe dieses geschichtlichen Verstehens
für die Geisteswissenschaften hat im Grunde schon Dilthey richtig
beschrieben, wenn er sagt: »Das Verstehen erweitert immer mehr
den Umfang des historischen Wissens durch die intensivere Verwer-
tung der Quellen, durch das Zurückdringen in die bis dahin unver-
standene Vergangenheit, und schließlich durch das Fortrücken der
Geschichte selbst, das immer neue Ereignisse hervorbringt und so
den Gegenstand des Verstehens selber verbreitert. In diesem Fort-
gang fordert solche Erweiterung immer neue allgemeine Wahrheiten
zur Durchdringung dieser Welt des Einmaligen. Und die Ausdeh-
nung des historischen Horizontes ermöglicht zugleich die Ausbildung immer allgemeinerer und fruchtbarerer Begriffe. So entsteht in
der geisteswissenschaftlichen Arbeit an jedem Punkte derselben und
zu jeder Zeit eine Zirkulation von Erleben, Verstehen und Repräsentation der geistigen Welt in allgemeinen Begriffen.«[100] Den ontologischen Geschehnischarakter dieses Verstehens und zugleich die zu
ihm gehörige Struktur des Gesprächs hat dann im Anschluß an einen
durch Heidegger hindurch verstandenen Dilthey zuletzt H.-G. Gadamer in seiner *Philosophischen Hermeneutik*[101] herausgearbeitet.
An die Stelle der von Winch mit Wittgenstein betonten einseitigen
Abhängigkeit der Auffassung eines Inhalts von einer bestehenden
Lebensform tritt hier der »hermeneutische Zirkel« von formalen
(regelhaften) und inhaltlichen Voraussetzungen des Verstehens, der
die geschichtliche Konstitution menschlicher Lebensformen durch
Verstehensakte begreifen möchte.
Vom Begriff dieses geschichtlichen Verstehens her könnte man ge-
neigt sein, die vergleichende Erhellung der Sprachspiele als Lebens-

100 W. Dilthey, *Ges. Schriften*, Bd. VII, S. 145.
101 Vgl. oben Anmerkung 86.

formen, wie sie Wittgenstein durchführt, als bloße Abstraktion
aufzufassen, die durch eine konkrete, die Ergebnisse der Geisteswissenschaften integrierende Philosophie der geschichtlichen Situation noch rückgängig zu machen wäre. An die Stelle einer vergleichenden Analyse der Sprachspiele als Modellkonstruktionen des
Weltverstehens hätte die hermeneutisch vermittelte Fortsetzung des
einen geschichtlichen Gesprächs zu treten, in dem die Sprachspiele –
trotz ihrer verschiedenartigen apriorischen Verständnisvorausset-
zungen – in einem sachlichen Zusammenhang aufeinander bezogen und zu einer, wie immer unvollkommenen, Einheit der menschlichen Geistesgeschichte verbunden sind[102]. Damit würde auch die
Philosophie ihre sich selbst zu nichts verpflichtende (Winch), da nur
an vergleichender Formanalyse interessierte Stellung aufgeben müssen; sie würde nicht alles lassen, »wie es ist«[103], sondern als Integration der als wahr verstandenen Ergebnisse der Geisteswissenschaften
sich selbst in das geschichtliche Gespräch hineinintegrieren.

Die »Geisteswissenschaften« scheinen eine solche, Inhalt und Form
des Verstehens geschichtlich vermittelnde, philosophische Grundlegung, wie sie zuerst Hegel entwarf, zu fordern; sie allein scheint
dem konkreten Sinn ihrer Erkenntnisarbeit gerecht werden zu können. Andererseits ist nicht zu übersehen, daß die aus der »Historischen Schule« erwachsenen Geisteswissenschaften ihre Emanzipation
als empirische Wissenschaften gerade gegen den Anspruch Hegels,
Inhalt und Form des Verstehens philosophisch vermitteln zu können, durchsetzen mußten[104]. Sie mußten gewissermaßen gegen die
dogmatische Realisierung dieser Vermittlung protestieren, deren
Idee doch als *regulatives Prinzip* ihrer eigenen Tätigkeit fungiert.
Die Konsequenz dieser Situation scheint mir die zu sein, daß eine
nachhegelsche Grundlegung der Geisteswissenschaften die Vermittlung von Form und Inhalt des Verstehens nur noch als Entwurf
einer geschichtszugehörigen Integration wagen kann, als ein bewußt
dogmatischer Vorgriff auf die Zukunft, der sich selbst als dogmatisch weiß und auf einer letzten, höchsten Reflexionsstufe, die
inhaltlich »alles läßt, wie es ist«, unter Kontrolle hält.
Von hier aus wird man die Konzeption einer vergleichenden Wis-

102 Vgl. hierzu auch Joh. Lohmann, »Die Entfaltung des menschlichen Bewußtseins als
Sprache«, in: *Freiburger Dies Universitatis*, Bd. 11, 1963/64.
103 Winch, a.a.O., S. 102 f. im Anschluß an Wittgenstein, *Philos. Untersuch.* I, § 124.
104 Vgl. zur Entstehung der deutschen Geisteswissenschaften aus dem Geist der »Historischen Schule« E. Rothacker, *Einleitung in die Geisteswissenschaften*, 1920.

senschaft der apriorischen Verständnisformen, wie sie Winch von Wittgenstein her entwirft (und wie sie aller vergleichenden Kulturwissenschaft zugrunde liegt), zugleich als Abstraktion von der Wirklichkeit des geschichtlichen Gesprächs kritisieren *und* zugestehen müssen, daß wir prinzipiell außerstande sind, den Erkenntnisgewinn dieser Abstraktion in eine geschichtliche Integration des Verstehens »aufzuheben«, ja: man wird von hier aus der vergleichenden Wissenschaft von den Verständnisformen eine konkrete Bedeutung für die noch unentschiedene Zukunft unseres Weltverstehens einräumen müssen[105].

Als endliche Menschen, die nicht aus der Vollmacht des Weltgeistes den Ertrag der Geistesgeschichte sub specie aeternitatis verstehen können, werden wir mit Wittgenstein die Existenz für uns nicht weiter begründbarer Lebensformen in ihrer für uns nicht aufhebbaren Verschiedenheit als Verständnisformen anerkennen müssen. Daraus erfolgt jedoch m. E. nicht, daß die Philosophie überhaupt darauf verzichten müßte, verschiedene Verständnisformen (z. B. verschiedene Religionen untereinander oder Mythos, Religion, Wissenschaft und Philosophie) hinsichtlich ihrer inhaltlichen Erkenntnisleistung kritisch zu vergleichen und sie auf ein gemeinsames Erkenntnisanliegen der im konkreten geschichtlichen Gespräch befindlichen Menschheit zu beziehen.

Winch gelangt von der Wittgensteinschen Voraussetzung, daß die Sprachspiele die Grenzen des Weltverständnisses bestimmen und eine Frage nur innerhalb eines bestimmten Sprachspiels sinnvoll gestellt werden kann, zu einer Art Monadologie der verschiedenen Kultursysteme als Verständnisformen (und zu einem entsprechenden radikalen Relativismus der in Sozialwissenschaft überführten Philosophie)[106].

Die einzelnen Kultursysteme, etwa die Formen magischen Weltverständnisses, dürfen nach Winch prinzipiell nur aus ihrer immanenten Regel her, d. h. aber im Kontext der zu ihnen gehörigen sozialen Lebensformen, verstanden werden[107]. Diese Forderung dürfte angesichts vorschneller Erklärungen archaischer und exotischer Weltvor-

105 Dies möchte als Bedenken gegen die im übrigen hier zugrunde gelegten Bedenken Gadamers gegen die vergleichende Methode in den Geisteswissenschaften verstanden werden. (Vgl. Gadamer, *Wahrheit und Methode*, a.a.O., S. 220 und 380.)
106 Vgl. Winch, a.a.O., S. 102: »... connected with the realisation that intelligibility takes many and varied forms is the realisation that reality has no key.«
107 Vgl. Winch, a.a.O., Kap. IV, 1 (gegen Pareto).

stellungen nach dem Maßstab neuzeitlich-abendländischen, vorwie-
gend technisch-naturwissenschaftlichen Erkenntnisinteresses eine
conditio sine qua non kultursoziologischer Forschung definieren.
Indessen zeigt sich an ihr auch wieder die Abstraktheit des zugrunde
liegenden Schemas der nur aus sich selbst verständlichen Sprachspiele
bzw. Lebensformen. Ist nicht z. B. ein konkretes Kultursystem wie
die abendländisch-christliche Religion in Wahrheit ein Ineinander
der verschiedensten Sprachspiele (von primitiv magischen bis zu
mystisch-spirituellen und philosophisch-kritischen Verständnisformen), die gleichwohl unausgesetzt in einem sachlich verbundenen
Streitgespräch gestanden haben? Und waren nicht die – nach Winch
unzulänglichen – externen Betrachtungsweisen der Kritik einer religiösen Verständnisform von einem neuen Prinzip her allesamt in
dem konkreten Gesprächszusammenhang der christlich-abendländi-
schen Religion selbst angelegt (von der Sakrament- und Dogmen-
kritik der Spiritualen bis zur Religionskritik der Aufklärung)?
Wittgenstein argumentiert zugunsten seiner irreduziblen Sprachspiele als letzter Apriori-Voraussetzungen allen verstehbaren Sinns,
indem er immer wieder – implizit – auf das praktische Funktionieren dieser Einheiten von Sprachgebrauch, Lebenspraxis und Weltverständnis hinweist. An einzelnen gut ausgesuchten bzw. konstruierten Modellbeispielen mag dieser Hinweis – als Kontrast zum
Sprachgebrauch der Metaphysik – seine Überzeugungskraft bewähren. Überträgt man indessen mit Winch die Wittgensteinschen
Prinzipien auf die konkrete Geistesgeschichte, indem man alle
Sprachspiele – auch die, welche als metaphysikträchtige im strengen
Sinn Wittgensteins gar nicht funktioniert haben dürfen – als verstehbar gelten lassen will, so zeigt sich, daß die Prinzipien Wittgensteins nicht passen: Die Sprachspiele der konkreten Geistesgeschichte
sind gar nicht aus sich heraus verstehbar; in diesem Sinne funktionieren sie nicht: sie haben aus sich selbst heraus – im Gespräch – über
sich selbst hinausgedrängt und zur reflexiven Infragestellung ihrer
Prinzipien Anlaß gegeben (und damit allerdings auch zur Infragestellung und – reformatorischen und revolutionären – Korrektur
der zugehörigen Lebensform).
Diese Einsicht gibt Anlaß zu einer letzten kritischen Anmerkung zu
Winchs Konzeption der verstehenden Wissenschaft; sie führt auf
ein Problem zurück, das wir in der Auseinandersetzung mit der
neopositivistischen Theorie der »social science« schon berührt haben:

Winch möchte von seiner Konzeption her jede Anwendung objektiv-erklärender (oder statistischer) Methoden als für das Ziel der verstehenden Wissenschaft irrelevant verbieten. Sofern es sich hier um eine Distanzierung des völlig anderen *Erkenntnisinteresses* der auf gesetzmäßige Beherrschung und Voraussage von Tatsachen abzielenden Naturwissenschaften handelt, möchten wir ihm beipflichten[107a]. Winch möchte aber im Interesse des Verstehens jede Theoriebildung abweisen, welche die zu erforschenden menschlichen Verhaltensweisen nicht in ihrem Selbstverständnis ernst nimmt, welche z. B. – wie Paretos Lehre von den »Residuen« und »Derivationen« – einzelne Ideen als menschliche Konstanten aus dem Kontext ihrer mannigfachen ideologischen Verarbeitung herauslöst und sie zum Ausgangspunkt einer Ideologiekritik macht. Solchen Versuchen stellt er die These entgegen, daß die »Beziehung zwischen Idee und Kontext eine interne« ist, daß die Idee ihren Sinn verliert, wenn man sie aus dem Kontext herausreißt, und er scheut sich nicht, das am Beispiel der Arithmetik zu verdeutlichen[108].

Auch diese methodologische Haltung mag im Sinne des hermeneutischen Interesses der Geisteswissenschaften legitim und fruchtbar sein, zugleich zeigt sie aber in besonders krasser Form, wie sehr Winchs Voraussetzung eines aus sich verständlichen Sprachspiels eine Abstraktion darstellt, die – und darin macht sich immer noch die logistische Herkunft des Wittgensteinschen Denkens bemerk-

107a In der Terminologie des späten Wittgenstein könnte man sagen: Objektive »Erklärung« und »Motivverstehen« sind ganz verschiedene »Sprachspiele«, die verschiedenen Verhaltensformen (»Lebensformen«) entsprechen.
In diesem Sinne ist die Hempelsche Theorie der »historischen Erklärung« in der Tat von den jüngeren Analytikern der Oxford-Schule, die von G. Ryle ausgehen, kritisiert worden. So läßt z. B. P. Gardiner (*The Nature of historical explanation*, Oxford 1952) als gleichberechtigt neben die Kausalerklärung im Sinne Hempels die »Erklärung durch ein Motiv« zu, wie sie etwa ein Detektiv zu erreichen sucht, der sich selbst an die Stelle des mutmaßlichen Täters setzt und sich die Möglichkeit desselben »gemäß der Logik der Situation« in der Einbildungskraft vorzustellen sucht. G. gelang so zum Begriff einer »explanation in terms of ›intentions‹ and ›plans‹ (a.a.O., S. 49 f.), der sich von dem Verstehens-Begriff Diltheys und M. Webers lediglich dadurch unterscheidet, daß der metaphysische Hintergrund einer idealistischen Geistlehre entschiedener distanziert wird. Für eine weitere kritische Zersetzung der neopositivistischen Theorie der »historischen Erklärung« vgl. W. H. Walsh, *Philosophy of history*, London 1960, sowie W. Dray, *Laws and explanation in history*, Oxford 1957. Auch Dray stellt neben die »Erklärung durch das Gesetz« noch eine »Erklärung durch das Ziel« und betont, daß dieses »Verstehen« (»understanding«) beim Historiker nicht nur ein heuristisches Verfahren im Dienste der Erklärung durch Gesetze sei. Der Historiker müsse »revive, re-enact, rethink, re-experience the hopes, fears, plans, desires, views, intentions, etc. of those he seeks to understand« (a.a.O., S. 119).
108 Vgl. Winch, a.a.O., S. 107 und 109.

bar – ihren Idealtypus in der Arithmetik besitzt. Man möchte hier den Sprach- und Metaphysikkritiker Wittgenstein gegen den Sprach-spieltheoretiker, der »alles« läßt, »wie es ist« (dem Winch folgt) ausspielen und darauf hinweisen, daß die meisten Sprachspiele, die der Mensch im Laufe seiner Geschichte in Gang gebracht hat, wenn nicht gerade »leer laufen«, so doch um wirklich verständlich zu sein, der Ergänzung durch eine Interpretation bedürfen, die hinter die internen Relationen der Begriffe auf das in ihnen nicht verstandene Verhalten der Spieler zurückgreift. M. a. W.: man möchte im Gegensatz zur Auffassung von Winch das »Sprachspiel« als eine *dialektische* Einheit von Sprachgebrauch, Lebenspraxis und Weltverständnis interpretieren, d. h. als eine solche, die den Widerspruch zwischen ihren konstitutiven Momenten nicht ausschließt: Winch hat zwar – gegen die Behavioristen – recht, wenn er darauf hinweist, daß man das Verhalten eines mittelalterlichen Mönchs nicht verstehen kann, ohne die Spielregeln zu berücksichtigen, die aus seinen religiösen Vorstellungen sich herleiten lassen (ohne das Wissen um diese Spielregeln wird das sinnhafte Verhalten des Mönchs als solches nicht sichtbar); ist aber damit bewiesen, daß das Verhalten dieses Mönchs sich restlos aus der »institutionellen Fiktion«[109] der religiösen Lebensform verständlich machen läßt, unter welcher der Mönch lebt?

Gibt man aber zu, daß zwischen dem institutionell-ideologischen Selbstverständnis und der wirklichen (= wirksamen) Motivation des menschlichen Verhaltens keine Kongruenz besteht, so wird man auch zugestehen müssen, daß der Soziologe dieses Verhalten in Begriffen verständlich macht, die den Bereich des artikulierten Selbst-verständnisses einer Epoche bzw. eines institutionell geregelten Kulturbereichs überschreiten. Ja, man wird von hier aus auch begründen können, daß er fragmentarisch (etwa in der Wirtschaftsprognose) menschliches Verhalten in einem statistischen Kalkül – prinzipiell nicht anders wie das Verhalten von Gasmolekülen – verfügbar macht. Damit scheinen mir freilich diese »Erklärungs«-Methoden – soweit sie tatsächlich zur Sozialwissenschaft gehören und nicht etwa organische Prozesse im physiologischen Sinn betreffen – nicht als Beginn einer Ablösung des geisteswissenschaftlichen Verstehens durch die Methoden der Naturwissenschaft ausgewie-

109 Zum Begriff der »institutionellen Fiktion« vgl. A. Gehlen, *Urmensch und Spätkultur*, a.a.O.

sen. Vielmehr scheinen sie mir als Objektivation der Momente des menschlichen Verhaltens, die (noch) nicht in der Sprache des Selbstverständnisses artikulierbar sind, gleichwohl im Dienst dieses Selbstverständnisses zu stehen: Die statistischen Verfahren etwa sind nicht der Beginn einer statistischen Wissenschaft vom menschlichen Verhalten schlechthin, und die objektiven Motivationstheorien sind wiederum nicht der Beginn einer geschichtsneutralen nomothetisch kausal-analytischen Wissenschaft vom menschlichen Verhalten, sondern dienen – wie in der Psychoanalyse und in der Ideologiekritik – dem immer erneuten Versuch, *den Menschen besser zu verstehen als er sich selbst versteht.* Dieser Versuch, selbst die methodische Verdinglichung (Objektivation) in den Dienst der Entdinglichung, nämlich des im Wissen frei verantwortlichen Vollzugs, des menschlichen Verhaltens zu stellen, muß sich prinzipiell darin ausweisen, daß die Objekte der Theorie als Subjekte dieselbe in die Sprache ihres Selbstverständnisses aufnehmen können. Diese Möglichkeit dürfte geradezu den Sinn etwa der *Psychoanalyse* und der *Ideologiekritik* definieren. Und damit würde schließlich auch die *methodische* Voraussetzung der »sprachanalytischen« Philosophie, daß alles Verstehen sich in der Klärung der Sprache muß bezeugen lassen, ihr Recht bekommen; freilich nicht in der logischen Form einer einzigen Idealsprache und auch nicht in Gestalt einer endgültigen Fixierung monadischer Sprachspiele, sondern als hermeneutische Erweiterung und Vertiefung des Gesprächs, das wir Menschen – nach Hölderlin – »sind«[110].

---

110 Vgl. hierzu auch K.-O. Apel, »Communication and the Foundation of the Humanities«, in: *Acta Sociologica*, 15, 1, S. 7–26. – Für eine Fortsetzung der Auseinandersetzung mit P. Winch vgl. unten S. 220 ff.

Szientistik, Hermeneutik, Ideologiekritik
Entwurf einer Wissenschaftslehre in erkenntnisanthropologischer
Sicht

Einleitung:
Die erkenntnisanthropologische Fragestellung

Die folgende Studie versteht sich als programmatische Skizze. Vergleicht man ihren Titel mit dem Untertitel, so fällt auf, daß der Begriff »Wissenschaft« in »Wissenschaftslehre« offenbar weiter sein soll als der Begriff »scientia« (= »science«, englisch oder französisch zu lesen), der in »Szientistik« enthalten ist; denn die projektierte »Wissenschaftslehre« soll ja außer der »Szientistik« auch noch »Hermeneutik« und »Ideologiekritik« umfassen. In der Tat soll in der folgenden Skizze der Versuch gemacht werden, eine durchaus wissenschaftstheoretische, u. d. h. methodologisch zumindest relevante Konzeption als möglich zu erweisen, die gleichwohl nicht auf die »Logic of Science« eingeschränkt ist.

Die Basis für die postulierte Erweiterung des Begriffs der Wissenschaft möchte die Erweiterung der traditionellen »Erkenntnistheorie« im Sinne einer »Erkenntnisanthropologie« liefern. Unter »Erkenntnisanthropologie« verstehe ich einen Ansatz, der die kantsche Frage nach den »Bedingungen der Möglichkeit der Erkenntnis« in dem Sinne erweitert, daß nicht nur die Bedingungen einer objektiv gültigen, einheitlichen Weltvorstellung für ein »Bewußtsein überhaupt« angegeben werden, sondern alle Bedingungen, welche eine wissenschaftliche Fragestellung als sinnvolle Fragestellung möglich machen.

Der Sinn der Fragestellung der Physik z. B. läßt sich m. E. durch Rückgang auf »einigende« (synthetische) Bewußtseinsfunktionen (»Kategorien«) allein nicht verständlich machen. Dazu ist weiter vorausgesetzt eine sprachliche »Einigung« der Forscher im Sinnverständnis der Natur und außerdem die Möglichkeit einer Realisierung der Fragestellung durch einen instrumentellen Eingriff in die Natur. In diesem instrumentellen Eingriff in die Natur, der in jedem Experiment a priori vorausgesetzt wird, präzisiert sich gewissermaßen das leibhafte Weltengagement durch die Sinnesorgane, das schon in der vorwissenschaftlichen Erfahrung vorausgesetzt wird:

das »Sich-Messen« des Menschen »mit« der Natur wird zum »Messen« der experimentellen Wissenschaft. So entspricht z. B. der vorwissenschaftliche Begriff der »Wärme« dem »Sich-Messen« des Organismus mit seiner Umgebung, der Begriff »Temperatur« dagegen dem instrumentell präzisierten »Meßeingriff« des Thermometers und dem wissenschaftlichen Sprachspiel, das im Thermometer sein »Paradigma« hat[1]. Die modernen Naturforscher haben nicht nur – wie Kant bereits feststellte – einen apriorischen Entwurf gesetzmäßiger Vorgänge in Gedanken (bzw. in der raumzeitlich schematisierenden Einbildungskraft) an die Natur herangetragen, sondern sie haben diesen Entwurf in Gestalt einer instrumentellen Apparatur, d. h. als gleichsam künstliche Natur, mit der Natur realiter in Beziehung gesetzt. Erst durch diesen technischen Eingriff, der die menschliche Fragestellung gewissermaßen in die Sprache der Natur übersetzt, konnten die Naturforscher – um mit Kant zu reden – »die Natur nötigen, auf ihre Fragen zu antworten«[2]. Daß es sich hier um eine Bedingung der Möglichkeit der physikalischen Erkenntnis handelt, die zur kategorialen Synthesis qua Verstandesfunktion notwendig hinzutritt und ein integrierendes Moment des physikalischen Sprachspiels ausmacht, wurde m. E. besonders deut-

1 Daß fixierte Naturphänomene, insbesondere aber künstliche Maßstäbe, Instrumente oder auch Arbeitsverfahren samt ihren materiellen Bedingungen als »Muster« oder »Paradigmata« die »Tiefengrammatik« eines Sprachspiels mitkonstituieren und insofern auch die a priori gültige sogenannte »Wesensstruktur« unseres Weltverständnisses mitbestimmen, ist ein zentraler Gedanke des späten Wittgenstein. Neuerdings ist er von Th. S. Kuhn (*Die Struktur wissenschaftlicher Revolutionen*, Frankfurt 1967) für das Verständnis der Wissenschaftsgeschichte fruchtbar gemacht worden. Dabei nennt Kuhn allerdings genau das, was Wittgenstein unter einem »Sprachspiel« versteht, nämlich die in der Lebenspraxis verwobene quasi institutionelle Einheit von Sprachgebrauch, Verhalten (Arbeitsverfahren, instrumenteller Technik) und Weltverständnis (Theoriebildung) ein »Paradigma«. In dieser Konzeption, die bei Kuhn, ähnlich wie bei Wittgenstein, ein durch Einübung begründetes praktisches Erkenntnisapriori meint, möchte ich eine Illustration der von mir postulierten erkenntnisanthropologischen Konkretisierung der Erkenntnistheorie erblicken. – Allerdings mit einem Vorbehalt: Bei Kuhn, wie bei Wittgenstein, scheint mir der logische Zusammenhang zwischen den verschiedenen »Paradigmata« bzw. »Sprachspielen«, der im Fortschritt der Naturwissenschaft das Erkenntnisapriori der exzentrischen, nichtengagierten Reflexion in Gestalt immer umfassenderer Theoriebildungen zur Geltung bringt, unterschätzt zu werden. S. unten zur Komplementarität von Reflexion und Engagement.
2 Vgl. Kant, *Kritik der reinen Vernunft*, B. XII f. Kant deutet hier selbst implizit das von uns postulierte instrumentelle Apriori an, und er hat das in seiner »Vernunftkritik« m. E. übersprungene Problem eines Leibapriori als transzendentaler Bedingung der physikalischen Erfahrung im »Opus postumum« wieder aufgegriffen. Vgl. K. Hübner, »Leib und Erfahrung in Kants Opus Postumum« (*Zeitschrift für Philosophische Forschung*, 7, 1953, S. 204 ff.). Ferner: H. G. Hoppe, *Die Objektivität der besonderen Naturerkenntnis. Eine Untersuchung über das Opus postumum von Kant*. Kieler Dissertation, 1966.

lich durch die bei Einstein vollzogene semantische Revolution in der
Definition der physikalischen Grundbegriffe. Ihr zufolge muß ja
z. B. die Bedeutung von »Gleichzeitigkeit« so definiert werden, daß
die technisch-materiellen Bedingungen der Messung der Gleichzeitigkeit in der Definition berücksichtigt sind. Naturkonstanten
wie die Lichtgeschwindigkeit gehören daher zu den »Paradigmata«
des Sprachspiels der Relativitätstheorie, man spricht von »materiellen« oder »physikalischen Bedingungen der Möglichkeit der Erfahrung«[3].

Die soeben angedeuteten Bedingungen der Möglichkeit und Gültigkeit der Erkenntnis können einerseits nicht allein auf logische Bewußtseinsfunktionen zurückgeführt werden, andererseits können
sie aber auch nicht dem zu erkennenden Objekt der Erkenntnis zu-
geschlagen werden, da sie von aller Objekterkenntnis immer schon
vorausgesetzt werden. Die cartesische Subjekt-Objekt-Relation
genügt eben nicht zur Begründung einer Erkenntnisanthropologie:
Ein reines Gegenstands-Bewußtsein kann, für sich allein genommen,
der Welt keinen Sinn abgewinnen. Um zu einer Sinnkonstitution
zu gelangen, muß das – seinem Wesen nach »exzentrische«[4] – Bewußtsein sich zentrisch, d. h. leibhaft, im Hier und Jetzt engagieren:
Jede Sinnkonstitution weist z. B. auf eine individuelle Perspektive
zurück, die einem Standpunkt, u. d. h. wieder: einem Leibengagement des erkennenden Bewußtseins, entspricht.

Aber merkwürdigerweise ist nicht nur die jeweils individuelle Konstitution möglichen Sinnes durch ein leibhaftes Engagement des
erkennenden Bewußtseins vermittelt, sondern auch die intersubjektive Gültigkeit jeder Sinnkonstitution:

Erst durch die Zeichen der Sprache nämlich werden meine Sinn-
intentionen derart mit den möglichen Sinn-Intentionen anderer
Menschen vermittelt, daß ich wirklich etwas »meinen« kann. Das
heißt: Ich habe gültige Sinnintentionen nur, weil es eine Sprache
gibt, in der nicht nur meine Sinnintentionen festgemacht sind. Diese
Einigung mit den anderen über mögliche Sinnintentionen, die in den
»Bedeutungen« der Sprache immer schon bis zu einem gewissen
Grade vollzogen ist, ist eine Bedingung der Möglichkeit der Eini-

---

3 Vgl. P. Mittelstaedt, *Philosophische Probleme der modernen Physik*, Mannheim 1963,
S. 15 u. ö.
4 Vgl. dazu H. Plessner über die »exzentrische Positionalität« des Menschen in: *Die Stufen des Organischen und der Mensch*, Berlin u. Leipzig 1928.

gung der Erfahrungsdaten in der kantschen »Synthesis der Apperzeption«; sie eröffnet aber darüber hinaus eine Erfahrungsdimen-
sion eigener Art.

Die Zeichen der Sprache nämlich gehören in erkenntnisanthropolo-
gischer Sicht ebensowenig wie die Sinnesorgane oder die technischen
Instrumente, über die vermittelt die Sinnesorgane in die äußere
Natur eingreifen, zu den Objekten der Erkenntnis; denn auch die
Zeichen sind, als Bedingung der Möglichkeit jeder Sinnintention,
schon vorausgesetzt, damit Objekte der Erkenntnis sich konstituieren können. Andererseits kann jedoch die Sprache, als Zeichen-
Medium, auch nicht auf die logischen Bewußtseinsbedingungen der
Erkenntnis reduziert werden. Die Sprache weist vielmehr, ebenso
wie der materiell-technische Eingriff, der zu den Voraussetzungen
der experimentellen Naturerkenntnis zählt, auf ein eigenartiges,
subjektives Apriori zurück, das in der traditionellen, von Descartes
abhängigen Erkenntnistheorie nicht beachtet wurde. Ich möchte es
das »Leibapriori« der Erkenntnis nennen[5].

Das Leibapriori der Erkenntnis steht, wie mir scheint, insgesamt in
einem komplementären Verhältnis zum Bewußtseinsapriori; d. h.:
beide Bedingungen der Möglichkeit der Erkenntnis ergänzen einander mit Notwendigkeit im ganzen der Erkenntnis, aber im aktuellen Vollzug der Erkenntnis hat entweder das *Leibapriori* oder das
Bewußtseinsapriori die Führung: »Erkenntnis durch Reflexion« und
»Erkenntnis durch Engagement« treten polar auseinander. Ich kann
z. B. nicht gleichzeitig der Welt einen bedeutsamen Aspekt abgewinnen und auf den Standpunkt, den ich dabei einnehmen muß,
reflektieren. Alle Erfahrung – auch und gerade die theoretisch angeleitete, experimentelle Erfahrung der Naturwissenschaft – ist
primär Erkenntnis durch Leibengagement, alle Theoriebildung ist
primär Erkenntnis durch Reflexion[6].

Indem nun eine Erkenntnisanthropologie das leibhafte Engagement

5 Vgl. K.-O. Apel, »Das Leibapriori der Erkenntnis (eine Betrachtung im Anschluß an
Leibnizens Monadenlehre); in: *Archiv für Philosophie*, 12, 1963, S. 152–72.
6 Eigenart und Unentbehrlichkeit der engagierten Erkenntnis hat E. Rothacker in seiner
Abhandlung *Die dogmatische Denkform in den Geisteswissenschaften und das Problem
des Historismus* (Mainz/Wiesbaden 1954) herausgearbeitet; die Bedeutung der exzentrischen Reflexion für die Aufstellung immer umfassenderer Relativitäts- bzw. Transfor-
mationstheorien hat O. Becker in seinem Buch *Größe und Grenze der mathematischen
Denkweise* (Freiburg/München 1959) durch das wissenschaftsgeschichtliche Gesetz der »py-
thagoreischen Notwendigkeit« (Verzicht auf anschaulich-bedeutsame Erkenntnis zugunsten
mathematisch-abstrakter Allgemeingültigkeit) verdeutlicht (a.a.O., S. 30 ff.).

des Menschen als notwendige Bedingung aller Erkenntnis ins Auge
faßt, kann und muß sie m. E. noch eine weitere Bedingung der
Erkenntnis in den Rang eines Aprioris erheben: Der Art des leibhaften Engagements unserer Erkenntnis entspricht ein bestimmtes
Erkenntnisinteresse[7]. So entspricht z. B. dem experimentellen Engagement der modernen Physik a priori ein technisches Erkenntnisinteresse.

Damit soll nicht gesagt sein, daß zu den Bedingungen der Möglichkeit und Gültigkeit der naturwissenschaftlichen Theoriebildung
psychologisch nachweisbare Motive der technischen Nützlichkeit ge-
hörten. Solche Motive sind wohl keineswegs charakteristisch für die
subjektive Mentalität der großen theoretischen Naturforscher. Aber
die Frage nach solchen Motiven verfehlt m. E. die Frage nach dem
a priori gültigen Zusammenhang von Technik und Naturwissenschaft und damit die Frage nach dem notwendigen, die Art der
Erkenntnis erst möglich machenden Interesse. Dieses Interesse
scheint mir einzig und allein in der vorgängigen Bindung der Fragestellung der neuzeitlichen Physik an die prinzipiell vorausgesetzte
Möglichkeit der operativen Verifikation zu liegen. Diese Bindung
der Fragestellung entspricht dem Leibapriori der modernen Physik,
das in der Voraussetzung des instrumentellen Eingriffs liegt, durch
den die Fragestellung des Menschen an die Natur herangetragen
werden kann. Im Sinne dieser apriorischen Bindung der Fragestellung an die instrumentelle Verifikation muß der moderne Naturforscher von einem technischen Interesse geleitet sein. In dieser überindividuellen, quasi objektiven Bindung unterscheidet sich sein Erkenntnisinteresse von dem der Naturphilosophie der Griechen und
der Renaissance und wiederum Goethes oder der Romantiker. Und
in diesem methodisch relevanten Interesse unterscheidet sich die ge-
samte exakte Naturwissenschaft vor allem von dem andersartigen
praktischen Interesse und Weltengagement, das den sogenannten
»Geisteswissenschaften« zugrunde liegt.[7a]

7 Vgl. hierzu J. Habermas, »Erkenntnis und Interesse«, in: *Merkur*, 1965, S. 1139–53.
Ferner K.-O. Apel, »Die Entfaltung der sprachanalytischen Philosophie und das Problem
der ›Geisteswissenschaften‹« (*Philos. Jahrb.*, 72. Jg., 1965), S. 255 (oben S. 49).
7a Die These vom *technischen Erkenntnisinteresse* besagt keineswegs, daß sich der *Wahr-
heits*-Anspruch der naturwissenschaftlichen Erkenntnis *instrumentalistisch reduzieren* ließe.
Gegen diesen – von M. Scheler aufgenommenen – Pragmatismus im Stile von Nietzsche,
James und Dewey ist mit Ch. S. Peirce zu betonen, daß lediglich der mögliche *Sinn* experimenteller Erkenntnis a priori durch den Bewährungskontext der technischen Praxis
eröffnet und begrenzt ist. Ihrem *Sinn* nach kann *menschliche* Erkenntnis nicht eine solche

Damit komme ich zum eigentlichen Thema meines Vortrages: Ich möchte, unter der Voraussetzung der im vorigen skizzierten erkenntnis-anthropologischen Kategorien, die alte Streitfrage nach dem Verhältnis von Naturwissenschaften und Geisteswissenschaften, die gegenwärtig durch die Ausbildung von »Verhaltens«- bzw. »Handlungs«-Wissenschaften noch komplizierter geworden ist, erneut aufgreifen und sie womöglich einer Auflösung näherbringen. Die Lösung, die hier ins Auge gefaßt wird, kommt in der Trichotomie der Titelbegriffe: »Szientistik«, »Hermeneutik«, »Ideologiekritik« zum Ausdruck. Es soll gezeigt werden, daß in dieser methodologischen Trichotomie die verschiedenen methodischen Ansätze der gegenwärtig praktizierten empirischen Wissenschaften definiert und zueinander in Bezug gesetzt werden können. Meine Argumentation zerfällt dabei in 2 Teile: Im 1., umfangreicheren Teil geht es um die Behauptung einer Komplementarität zwischen »Szientistik« und »Hermeneutik« (anders gesagt: zwischen erklärenden Naturwissenschaften und verstehenden Geisteswissenschaften). Diese Komplementaritätsthese richtet sich kritisch gegen die Idee der »Einheitswissenschaft« (»unified science«). Im 2. Teil geht es um eine dialektische Vermittlung von »Erklären« und »Verstehen« im Ansatz der Ideologiekritik.

I. Das komplementäre Verhältnis von Szientistik und Hermeneutik (Kritik der Idee der Einheitswissenschaft)

Wer heutzutage eine Wissenschaftslehre unter der Voraussetzung a priori differenzierter Erkenntnisinteressen vertritt, der muß sich mit den entgegengesetzten Voraussetzungen der positivistischen bzw. neopositivistischen These von der »Einheitswissenschaft« (»unified science«)[8] auseinandersetzen. Diese Voraussetzungen gilt

von Gegenständen eines »Bewußtseins überhaupt« sein, sondern nur Erkenntnis eines leibhaft engagierten und praktisch interessierten Wesens: darin liegt m. E. die erkenntnisanthropologische Radikalisierung und Transformation der Kantschen Erkenntniskritik; eine andere als die *für uns sinnvolle* und insofern möglicherweise *wahre* Erkenntnis können wir nämlich nicht sinnvoll denken. Vgl. zur »sinnkritischen« Transformation der »Erkenntniskritik« meine »Einführung« zu Ch. S. Peirce, *Schriften I und II*, Frankfurt 1967 und 1970.

8 Vgl. die Arbeiten in der Zeitschrift *Erkenntnis* (1930–38), die in den USA im *Journal of Unified Science* (1939) und in der *International Encyclopedia of Unified Science* (1938 ff.) ihre Fortsetzung fanden.

es zunächst unter erkenntnisanthropologischen Gesichtspunkten zu
analysieren.

Vergleicht man die heute vorherrschende Wissenschaftstheorie des
Neopositivismus mit der Erkenntnistheorie Kants, so fällt auf, daß
die Frage nach den Bedingungen der Möglichkeit der Erkenntnis
hier nicht – wie in der von mir projektierten Erkenntnis-Anthropo-
logie – erweitert, sondern, im Gegenteil, soweit wie möglich reduziert wird: Hatte Kant für die philosophische Klärung der Bedingungen der Möglichkeit der Erfahrung eine »transzendentale Logik«
für erforderlich gehalten, deren besonderes Problem die Konstitution der Erfahrung durch eine »kategoriale Synthesis« war, so
glaubt der Neopositivismus, mit der formalen Logik in ihrer mathematisch präzisierten und erweiterten Gestalt auskommen zu können
und mit ihrer Hilfe alle Erkenntnis auf »die« Erfahrungsdaten
zurückführen zu können. Das Problem einer synthetischen Konstitution bereits der Erfahrungsdaten soll – zumindest in der konsequenten Form einer neopositivistisch konzipierten »Erkenntnis-
logik«[9] – keine Rolle spielen.

Die hiermit vorgenommene Reduktion der Frage nach den Voraussetzungen der Erkenntnis wird erst völlig deutlich, wenn man bedenkt, daß unsere Erkenntnisanthropologie bereits die Konstitution
der Erfahrungsdaten nicht nur – mit Kant – von einer synthetischen
Leistung des menschlichen Verstandes überhaupt, sondern von einem
engagierten Weltverstehens, d. h. von einem *sinnkonstitutiven Erkenntnisinteresse* abhängig macht.

Der Neopositivismus möchte demgegenüber die Frage nach dem
Erkenntnisinteresse, ebenso wie die Frage der Bewertung, zumindest
aus der Grundlagenproblematik der Wissenschaftslogik eliminieren.
Er möchte in diesen Fragen sekundäre Probleme einer Erkenntnis-
psychologie oder Wissenssoziologie sehen, d. h. Fragen, die selbst
wieder durch interessenfreie Wissenschaften als reine Tatsachen-
probleme thematisiert werden können. Auf diese Weise sollen alle
Wissenschaften als selbst interessefreie, rein theoretische Thematisierungen von Tatsachen ausgewiesen werden, als Erkenntnis-Ope-

9 Die freilich seit Poppers *Logik der Forschung* kaum noch vertreten wird. Statt dessen
hat der seit dem frühen Wittgenstein wirksame »sprachanalytische« Ansatz des modernen
Neopositivismus das Problem einer transzendentalen Konstitution des Sinnes der sog.
»Daten« als das der notwendigen Sprach-Konventionen erneut zur Geltung gebracht. Vgl.
K.-O. Apel, »Die Entfaltung der ›sprachanalytischen‹ Philosophie und das Problem der
›Geisteswissenschaften‹«, in: *Philos. Jb.*, 72. Jg., 1965, S. 239–89. (Vgl. oben S. 28–95.)

rationen, die grundsätzlich derselben Methodologie, der einheitlichen »Logic of Science«, gehorchen.

Von diesen Voraussetzungen her ist der Neopositivismus geneigt, in den sogenannten »transzendentalen« Bedingungen der Erkenntnis, sofern diese für eine verschiedenartige Konstitution bereits der Erfahrungsdaten in verschiedenen Wissenschaften verantwortlich gemacht werden, eine ideologische Vermischung von theoretischen Einsichten und uneingestandenen praktischen Zielsetzungen zu vermuten. Soweit es sich um theoretische Einsichten handelt, gehören sie, wie schon angedeutet, in die empirische Psychologie oder Soziologie. Sofern es sich um praktische Zielsetzungen handelt, unterliegen sie einer Ideologiekritik, die selbst – als Bestandteil der Einheitswissenschaft – frei von praktischen Interessen sein soll.

Die soeben angedeuteten Voraussetzungen der Idee der »Einheitswissenschaft« lassen sich illustrieren an der Art, wie der Neopositivismus die von Dilthey und anderen versuchte Unterscheidung sog. »kausalerklärender« Naturwissenschaften und »sinnverstehender« Geisteswissenschaften beurteilt[10].

Soweit diese Unterscheidung erkenntnistheoretischen Rang beansprucht, wird sie als ideologieverdächtige Metaphysik deklariert – etwa nach folgendem Schema: Der Titel »Geisteswissenschaften« und die vorgeblich methodologische Unterscheidung eines von innen »Verstehens« von einem nur äußeren »Erklären« bringen zum Ausdruck, daß hier gewisse Gegenstandsbereiche (des menschlichen Lebens) dem unvoreingenommenen Zugriff der erklärenden Wissenschaft (»science«) entzogen und zu Reservaten einer säkularisierten Theologie des Geistes (Hegelscher oder Schleiermacherscher Herkunft) gemacht werden sollen.

Darüber hinaus bleibt jedoch – dem Neopositivismus zufolge – an der Unterscheidung von »Erklären« und »Verstehen« ein psychologischer Befund richtig: Der Mensch vermag gewisse Kausal-Relationen zwischen Ereignissen der Außenwelt, nämlich solche, die man als Stimulus und Reaktion des Verhaltens von Organismen kennt, zu »internalisieren«, sie gewissermaßen von innen zu erleben: z. B. die Fluchtreaktion des Ängstlichen angesichts eines feindlichen Angriffs oder eines gefahrdrohenden Naturereignisses, oder die Angriffsreaktion des Zornigen in derselben Situation, oder das Auf-

10 Meine Charakteristik der positivistischen Ideologiekritik orientiert sich in etwa an E. Topitsch, *Sozialphilosophie zwischen Ideologie und Wissenschaft*, Neuwied 1961.

suchen von Wärme durch den Frierenden, von Nahrung durch den
Hungrigen u. dgl. mehr. Solche und – auf ihrer Basis – auch kom-
plexere Verhaltensreaktionen kennt der Mensch gewissermaßen von
innen und pflegt sie daher automatisch in die gedankliche Verknüpfung der Außenweltereignisse zu interpolieren.

Ich gebe im folgenden ein Beispiel von Th. Abel[11], der in seinem
Aufsatz »The Operation called ›Verstehen‹« das Verstehen im
Lichte der Wissenschaftstheorie des Neopositivismus analysiert hat:
Wenn ich z. B. sehe, daß bei einem plötzlichen Temperatursturz
mein Nachbar von seinem Schreibtisch aufsteht, Holz spaltet und
seinen Kamin anheizt, so interpoliere ich automatisch, daß er ge-
froren hat und einen Zustand herbeizuführen sucht, in dem ihm
warm wird. Solche »Interpolation« – meint Th. Abel – nennen wir
»Verstehen«. – Damit ist aber – nach Abel – keineswegs eine besondere wissenschaftliche Methode gegeben, die von der Kausal-Erklä-
rung nach Gesetzen logisch zu unterscheiden wäre; denn die logische
Pointe des einfühlenden Verstehens besteht darin, daß wir durch die
»Internalisierung« des beobachteten Verhaltens zur Vorstellung
einer »Verhaltensmaxime« gelangen, die einer »Gesetzeshypothese«
für eine mögliche Kausalerklärung des Verhaltens genau entspricht.
Wenn die so aufgestellte Gesetzeshypothese sich objektiv verifizieren läßt, dann liegt tatsächlich eine »Erklärung« vor. Der Unterschied zwischen »Verstehen« und »Erklären« besteht somit darin,
daß das »Verstehen« nur einem Teilstück der *logischen* Operation
des Erklärens äquivalent ist: der Aufstellung einer Gesetzeshypothese. Dieses heuristische Teilstück macht aber nach Auffassung der
neopositivistischen »Logic of Science« gerade nicht die Wissenschaftlichkeit der Operation des Erklärens aus; denn es kann, für
sich allein genommen, nicht logisch, sondern allenfalls psychologisch
gerechtfertigt werden. Dem psychischen Evidenzgefühl, das die
Auffindung der Verhaltensmaxime durch das Verstehen begleiten
mag, entspricht logisch nur die *mögliche* Richtigkeit einer Hypothese. Allein die Deduktion von verifizierbaren Beobachtungssätzen
aus der Gesetzeshypothese, also gewissermaßen die prognostische
Erprobung, macht die Wissenschaftlichkeit einer »Erklärung« aus.
Also – schließt Abel übereinstimmend mit der Erklärungstheorie
von Hempel und Oppenheim[12] – bleibt das »Verstehen« der sog.

---

11 In: H. Feigl u. M. Brodbeck (ed.), *Readings in the Philosophy of Science*, New York
1953, S. 677–88.   12 In: H. Feigl and M. Brodbeck (ed.), a.a.O., S. 319 ff.

»Geisteswissenschaften« im Vorfeld der Wissenschaft, es ist für die »Logic of Science« irrelevant.

Was wäre nun aus erkenntnisanthropologischer Sicht zu der Reduktion des Verstehens und damit der sog. »Geisteswissenschaften« auf eine vorwissenschaftliche Heuristik im Dienste der erklärenden Wissenschaft, der »Science«, zu sagen?

Man könnte zunächst aporetisch auf die Schwierigkeiten der neopositivistischen Konzeption hinweisen, die von den Vertretern einer einheitlichen »Logic of Science« in den letzten Jahrzehnten selbst aufgewiesen wurden: Dazu gehört z. B. die Feststellung, daß die Gewinnung einer Erklärungshypothese mit Hilfe des Verstehens durch einen Historiker ihrer Natur nach überhaupt nicht wie eine Subsumtion von Ereignissen oder Zuständen unter allgemeine Gesetze aufgefaßt und bestätigt werden kann.

Zu diesem Resultat gelangte 1957 William Dray[13], als er die These K. Poppers überprüfte, daß sich die »individualisierenden«, historischen Wissenschaften von den »generalisierenden« Naturwissenschaften nicht durch die Logik der Erklärung, sondern lediglich psychologisch unterscheiden, dadurch nämlich, daß sie nicht primär an der Aufstellung der allgemeinen Gesetzeshypothesen, sondern an den spezifischen Rand- oder Anfangsbedingungen interessiert sind, die, unter der Voraussetzung gewisser trivialer Gesetze, als Ursachen für besondere Ereignisse herangezogen werden können[14]. Dray stellt demgegenüber fest, daß historische Erklärungen die Bedingung einer Subsumtion unter allgemeine Gesetze aus prinzipiellen Gründen nicht erfüllen. Dazu gibt er folgendes Beispiel: Ein Historiker könnte etwa die Unpopularität Ludwigs XIV. in der Zeit vor seinem Tode dadurch erklären, daß der König eine Politik verfolgt habe, die den nationalen Interessen Frankreichs abträglich war. Wenn hier eine Kausalerklärung im Sinne der »Logic of Science« vorliegen würde, dann müßte der Logiker das allgemeine Gesetz, das der Historiker implizit voraussetzt, ausdrücklich formulieren können; etwa so: »Herrscher, die eine gegen die Interessen ihrer Untertanen gerichtete Politik betreiben, werden unpopulär.«

Der Historiker wird indessen diese Unterstellung als unzutreffend ablehnen, und er wird auch jeden Versuch einer Spezifizierung der Gesetzeshypothese als ungenügend ablehnen – mit Ausnahme allen-

13 W. Dray, *Laws and Explanation in History*, Oxford 1957.
14 Vgl. K. R. Popper, *Die offene Gesellschaft und ihre Feinde*, Bd. II, Bern 1957, S. 326.

falls der folgenden Formulierung: »Jeder Herrscher, der die Politik
Ludwigs XIV. unter den genau gleichen Bedingungen wie er durchführt, verliert seine Popularität.«

Dieser Satz – der nicht das individuelle *Explanandum* auf ein allgemeines *Explanans* zurückführt, sondern im *Explanans* selbst auf
Individuelles rekurriert – ist aber, logisch betrachtet, überhaupt
keine allgemeine Gesetzeshypothese, sondern nur die formale Behauptung der Notwendigkeit eines individuellen Ereignisses ohne
jeden Erklärungswert.

Es zeigt sich also, daß die Erklärung des Historikers jedenfalls nicht
als *deduktiv-nomologische* Erklärung angesehen werden kann. Als
induktiv-nomologische Erklärung, welche nur die statistische Wahrscheinlichkeit eines Ereignistyps aus Gesetzen ableitet, kann sie aber
auch nicht aufgefaßt werden; denn eine solche Erklärung der »empirischen Sozialwissenschaften« bleibt prinzipiell hinter dem Anspruch des Historikers zurück, die »Notwendigkeit« eines bestimmten Ereignisses zu erklären. Worauf gründet sie aber dann die
spezifisch *historische* Erklärung ihrer Plausibilität? Dray gibt dafür
die folgenden Gesichtspunkte an: Eine historische Erklärung stellt
zwar eine Beziehung zwischen einem Ereignis und notwendigen
Bedingungen für das Eintreten dieses Ereignisses her. Aber diese
Bedingungen sind

1. keine zureichenden Bedingungen für die Prognose des Ereignisses,
2. als notwendig gelten sie nur im Rahmen einer gegebenen Gesamtsituation.

Was verbirgt sich hinter diesen Einschränkungen?

Zu 1:

Daß die vom Historiker herangezogenen Bedingungen nicht zureichend für eine Prognose sind, rührt letztlich daher, daß alle Ereignisse, die der Historiker »erklärt«, in ihrer *Konstitution* durch die
Intentionen der handelnden Menschen vermittelt sind. Bedingungen
dieser Ereignisse sind insofern nicht »Ursachen«, sondern »rationale
Gründe« für das Handeln. Als rationale Gründe für das Handeln
aber müssen sie auch vom Historiker aus der Situation des Handelnden »verstanden« werden; und sie können auch in der Logik der
Erklärung von Ereignissen nicht genau so behandelt werden wie
kausale Bedingungen im Rahmen einer Prognose auf Grund von
Gesetzen. Denn Gesetzeshypothesen werden durch negative Instan-

zen falsifiziert, Verhaltensmaximen dagegen, welche sich auf Bedingungen als rationale Gründe beziehen, können nicht durch Tatsachen falsifiziert werden.

Hier wären wir nun freilich wieder an dem Punkt, wo Th. Abel einwenden könnte: Sofern verständliche Verhaltensmaximen nicht durch Tatsachen falsifiziert werden können, insofern haben sie auch keinen Erklärungswert, sondern bringen eine bloße Möglichkeit des Verhaltens zum Ausdruck.

Zu 2:

Aber an dieser Stelle hilft der andere Gesichtspunkt von Dray weiter: Die historischen Erklärungen erschließen notwendige Bedingungen von Ereignissen (Handlungen), aber nur im Rahmen einer gegebenen Gesamtsituation.

Diese These enthält in der Tat einen Hinweis auf die positive Leistung des »Verstehens« als entscheidender Bedingung der Möglichkeit einer sog. »historischen Erklärung«. Man macht sich das am besten durch Kontrastierung mit der Verstehens-Theorie von Abel klar:

Abel übersah in seiner Analyse des Verstehens vollständig das Problem des hermeneutischen Zusammenhangs zwischen dem zu verstehenden menschlichen Verhalten und dem Vorverständnis der Weltdaten, auf die sich das Verhalten intentional bezieht. Die Daten scheinen ihm etwa in derselben Weise gegeben zu sein wie Ereignisse in der Erkenntnissituation der Naturwissenschaften; das Verstehen besteht dann nur in der Interpolation eines innerlich erlebten Zusammenhangs in den objektiv erklärbaren gesetzmäßigen Zusammenhang der Tatsachen. Diese Analyse entspricht indessen einer vorsprachanalytischen Theorie des Verstehens[15], einer Theorie,

15 Die wissenschaftstheoretische Reflexion des 19. Jhdts. auf den Unterschied der »Naturwissenschaften« und »Geisteswissenschaften« war zunächst – wie der Positivismus J. St. Mills, auf den sie reagierte – psychologisch orientiert; d. h. man sprach davon, daß die »Geisteswissenschaften« das Leben als Ausdruck eines Inneren »verstehen«, während die Naturwissenschaften die unverständliche »Kulisse des Lebens« (Dilthey) von außen »beschreiben« und nach induktiv gewonnenen Gesetzen »erklären«. Heute, wo das positivistische Programm der »Einheitswissenschaft« in sprachanalytischer Formulierung auftritt (um nicht als metaphysische Reduktionstheorie zu erscheinen!) hat die philosophische »Hermeneutik« allen Anlaß, ebenfalls diese neue Argumentationsbasis zu akzeptieren. Sie vermag dann ihrerseits, ohne jeden Rückgriff auf die Terminologie einer Metaphysik des Geistes (oder Lebens), die positivistische These der objektiv-analytischen Einheitswissenschaft aus ihren eigenen sprachanalytischen Voraussetzungen her zu widerlegen (vgl. K.-O. Apel, in: Philos. Jb., a.a.O.). Die Unterscheidung: von innen verständliche »Objektivationen des Geistes« (Hegel – Dilthey) einerseits, von außen erklärbare »Natur-

welche die Einsicht des späten Wittgenstein, dergemäß die Erfahrungsdaten selbst erst im Zusammenhang eines Sprachspiels sich konstituieren, unberücksichtigt läßt. Das Verstehen wird hier nur als psychologisch relevante Hilfsfunktion bei der Verknüpfung von Daten, nicht aber als Bedingung der Möglichkeit der Daten selbst gewürdigt. Demgegenüber wird eine sprachhermeneutische Analyse davon ausgehen, daß die verstehbaren menschlichen Verhaltensreaktionen, als sprachbezogene, intentionale Gebilde, selbst die Eigenschaft des Verstehens besitzen, und sie wird daraus schließen müssen, daß die Weltdaten, in deren Zusammenhang das zu verstehende Verhalten auftritt, selbst aus dem intentionalen Verständnis des zu verstehenden Verhaltens her verstanden werden müssen. Die Welt ist jetzt nicht mehr das »Dasein der Dinge, sofern sie (im Sinne der Naturwissenschaft) einen gesetzmäßigen Zusammenhang bilden« (Kant), sondern die »Gesamtsituation« eines bestimmten »In-der-Welt-seins« (Heidegger), an dem wir, durch Sprachverstehen, teilhaben können.

Damit kommen wir zurück auf die Antwort Drays auf die Frage nach den Bedingungen der Möglichkeit einer historischen Tatsachen-Erklärung, die nicht auf allgemeine Gesetze zurückführbar ist. Diese

---

vorgänge« andererseits, läßt sich dann ersetzen – oder, wenn man will, konkretisieren – durch die Unterscheidung solcher »Gegenstände«, mit denen der Erkennende in sprachliche Kommunikation treten kann, und solcher, mit denen keine Kommunikation möglich ist. Die letzteren muß er – schon als Daten – aus dem sprachlichen Vorgriff von außen herangetragener Theorien – thematisieren, die ersteren begegnen ihm zugleich mit den Daten ihrer Situationswelt als einem sprachlichen Weltverständnis heraus, zu dem sie selber als Kommunikationspartner beitragen. Die an »stumme« Gegenstände herangetragenen Verhaltenserklärungen können nur durch Beobachtungen verifiziert werden, die hermeneutischen »Hypothesen« des Verstehens dagegen werden primär durch die Antworten der Kommunikationspartner verifiziert. – Auch »Texte« können »antworten«! In diesem Zusammenhang ist es interessant, daß der Begründer der sog. »generativen« bzw. »transformationalen« Grammatik, N. Chomsky, gezeigt hat, daß sogar der Sprachgebrauch, der doch als anonym-unbewußtes Gruppenverhalten leicht objektivierbar erscheint, nicht ohne verstehende Kommunikation mit dem »kompetenten Sprecher« beschrieben werden kann. Allein aufgrund äußerer Beobachtungen – etwa anhand statistischer Distributionskriterien, wie die behavioristisch orientierte Bloomfield-Schule annahm – ist nicht zu entscheiden, ob jemand überhaupt »spricht« und nach welchen Regeln er dabei verfährt. Vgl. die Arbeiten von Chomsky in: J. A. Fodor/J. J. Katz (eds.), *The Structure of Language*, Englewood Cliffs, New Jersey 1964. – Zu einem ähnlichen Ergebnis führt die Beantwortung der von Wittgenstein gestellten Frage, wie zu entscheiden ist, ob jemand einer Regel folgt. Vgl. P. Winch, *The Idea of a Social Science and its Relation to Philosophy*, London, 4. Aufl. 1965; dtsch. Frankfurt 1966. (Vgl. dazu oben S. 72 ff.) Zu Chomsky und Winch vgl. auch J. Habermas, *Zur Logik der Sozialwissenschaften*, Tübingen 1967. (Vgl. auch unten S. 264 ff.)

hat ja ihre Notwendigkeit nach Dray in der Berücksichtigung einer gegebenen Gesamtsituation, aus der heraus die Antecedenzbedingungen der Tatsachen-Erklärung zuvor als mögliche Gründe für intentionale Handlungen verstanden werden müssen. Wie geschieht solches Verstehen de facto in den historischen Wissenschaften? Wie erreichen diese jene pragmatisch zureichende Gewißheit, die Dray als situationsbedingte Notwendigkeit in die Tatsachen-Erklärung eingehen läßt?

Die ältere Hermeneutik (Schleiermacher, Droysen, Dilthey) sprach davon, daß der Historiker sich in die Gesamtsituation der zu verstehenden Handlungen hineinversetzen müsse. Dieser Aussage kommt die Wahrheit einer Metapher zu. Aber wie versetzt der Historiker – um auf das Beispiel Drays zurückzukommen – sich in die Situation, aus der heraus die französische Bevölkerung die Politik Ludwigs XIV. kurz vor seinem Tode beurteilte? Wie konstituiert sich überhaupt für den Historiker der Tatbestand einer vergangenen Situation menschlichen Handelns?

Unter der Voraussetzung des Weltverständnisses einer objektiven Einheitswissenschaft kämen wir zu dem merkwürdigen Schluß: der Historiker muß aus allen Ereignissen, die in der Zeit vor dem Tode Ludwigs XIV. faktisch eintraten, diejenigen auswählen, die als Bedingungen für das Handeln der Zeitgenossen Ludwigs XIV. in Frage kommen. Faktisch wird der Historiker aber nicht so verfahren, da er die »überhaupt vorgekommenen Ereignisse« vor dem Tode Ludwigs XIV. weder selbst kennt noch von irgend jemandem erfahren kann. Es gibt sie nur in der Metaphysik des Positivismus: Die Naturwissenschaften nämlich können aus ihrem semantischen Welt-Vorverständnis heraus nur auf bestimmte Klassen von Ereignissen in der Zeit Ludwigs XIV. zurückschließen, z. B. auf Erdbeben, Sonnenfinsternisse u. dgl. Diese können in vielen Fällen geschichtlich überlieferten Ereignissen einer menschlichen Handlungssituation zugeordnet werden. Naturwissenschaften und historische Wissenschaften vermögen z. B. hinsichtlich der Datierung von sog. prähistorischen Funden zusammenzuarbeiten.

Die primäre Orientierung über Ereignisse vergangener Zeit entnimmt der Historiker jedoch, um mit Wittgenstein zu reden, einem anderen »Sprachspiel« als der Naturwissenschaftler. Es ist ein Sprachspiel, das bereits vor dem eigentlich wissenschaftlichen Sprachspiel des Historikers gespielt worden ist: das der Kulturüberlieferung, oder besser: das einer bestimmten, selbst historisch thematisierbaren Kulturüberlieferung. Das wissenschaftliche Sprachspiel des Historikers besteht in einer kritischen Überprüfung und Ergänzung der primären Überlieferung. Darin liegt aber zugleich, daß der Historiker prinzipiell auf die Glaubwürdigkeit sprachlicher Überlieferung angewiesen ist: z. B. erzählter und mündlich oder schriftlich tradierter »Geschichten«. Um sie im einzelnen (durch sog. Quellenkritik) in Frage stellen zu können, muß er sie als Medium der Kommunikation (mit gewesenem menschlichem »In-der-Welt-sein«) doch prinzipiell voraussetzen. Aus dem Situationshorizont der überlieferten »Geschichten«, die er selbst wieder aus dem Situationshorizont »der« Geschichte versteht, in die er selbst hineingehört[16], gewinnt der Historiker in der Tat die »Daten«, die als Antecedenz-Bedingungen für eine »historische Erklärung« von Ereignissen relevant sind. Und ihre plausible Verknüpfung mit dem jeweils zu erklärenden Ereignis besteht faktisch in einer neuen Erzählung einer Geschichte, in der möglichst viele Ereignisse, durch das Situationsverhältnis der beteiligten Menschen vermittelt, zueinander in Beziehung gesetzt sind.[17]

Dabei ist dieser Prozeß hermeneutisch vermittelter Erinnerung von Ereignissen und ihrer Relationen prinzipiell sowenig abschließbar wie der Prozeß der Verifikation naturwissenschaftlicher Gesetzeshypothesen, aber er erreicht ähnlich wie der letztere in der Forschungssituation jeweils eine pragmatisch zureichende Gültigkeit.

Von hier aus scheint mir auch das Ergebnis am besten verständlich zu werden, zu dem W. Dray in der Analyse seines Beispiels (einer historischen Erklärung) gelangt. Dray schreibt: »Die Kraft der Erklärung der Unpopularität Ludwigs XIV. durch seine den französischen Interessen abträgliche Politik muß sehr wahrscheinlich in der detaillierten Beschreibung der Aspirationen, Überzeugungen und Probleme der Untertanen Ludwigs XIV. gefunden werden. Wenn diese Menschen und ihre Situation, Ludwig und seine Politik gege-

16 »Geschichte überhaupt« wäre nach Heidegger und Wittgenstein eine unsinnige ontologische Hypostasierung. Es gibt nur »je unsere« Geschichte!

17 A. C. Danto unterscheidet in diesem Sinne in seiner *Analytical Philosophy of History* (Cambr. 1965) die historische als die »narrative Erklärung« von der deduktiven Erklärung der Naturwissenschaft. Zuvor hatte schon der Phänomenologe Wilh. Schapp (*In Geschichten verstrickt. Zum Sein von Mensch und Ding*, Hamburg 1953) einen ähnlichen Ansatz entwickelt. Dieser phänomenologisch-hermeneutische Ansatz wurde bereits von H. Lübbe in seinem Aufsatz »Sprachspiele und Geschichten« (*Kantstudien*, Bd. 52, 1960/61) mit der von Wittgenstein ausgehenden »Analytischen Philosophie« verglichen.

ben sind, dann war ihre Abneigung gegen den König eine angemessene Antwort«[18].

Die von Dray erreichte Unterscheidung einer Logik der »historischen Erklärung«, die sich auf die Explikation von Handlungssituationen stützt, und einer Logik der naturwissenschaftlichen Erklärung, die aus Gesetzeshypothesen deduziert, vermag jedoch den Unterschied und das Ergänzungsverhältnis von Naturwissenschaften und Geisteswissenschaften, von szientifischer und hermeneutischer Methodik, noch nicht im rechten Licht zu zeigen. In der Tat ist die politische Historie nicht der rechte Ort, um den erkenntnisanthropologischen Sinn des hermeneutischen Verstehens vollkommen deutlich zu machen; denn bei der politischen Historie handelt es sich, trotz der von uns angedeuteten hermeneutischen Voraussetzungen, immer noch um eine Tatsachen erklärende, Ereignisse im Rahmen der Zeit objektivierende Wissenschaft. Das »Verstehen« von Sinn fungiert hier noch als Hilfsmittel eines Erklärens der Tatsache, daß gewisse Ereignisse als Folge anderer Ereignisse eingetreten sind, mag auch dieser objektive Zusammenhang, im Gegensatz zum Kausalnexus der Naturwissenschaft, durch das Verstehen von rationalen Gründen, emotionalen Dispositionen, sozial verbindlichen Verhaltenserwartungen, institutionalisierten Werten und individuellen Zielsetzungen vermittelt sein. (Dies macht es verständlich, daß der Begriff des Motivs einer Handlung von Positivisten immer wieder mit dem der Ursache eines Vorgangs gleichgesetzt wird[19]. Dabei muß doch das Motiv, bevor es als Ursache vergegenständlicht werden konnte, in einer gänzlich anderen Einstellung seinem Sinngehalt nach verstanden worden sein. Die Fragestellung der politischen Historie weist jedoch, in ihrer apriorischen Bindung an die Vergegenständlichung eines Geschehens in der Zeit, noch eine gewisse, unleugbare Analogie mit der naturwissenschaftlichen Kausalanalyse auf.)

Demgegenüber steht die genuin hermeneutische Fragestellung m. E. in einem *komplementären* Verhältnis zur naturwissenschaftlichen Vergegenständlichung und Erklärung von Ereignissen. Beide Fragestellungen schließen einander aus und ergänzen einander eben dadurch. Man kann sich dieses Strukturverhältnis am besten klar-

---

18 Dray, a.a.O., S. 134.
19 Vgl. z. B. Stegmüller, *Hauptströmungen der Gegenwartsphilosophie*, 3. Aufl., Stuttgart 1965, S. 457 f. Dazu Apel, in: *Philos. Jb.* 72, Jg. 1965, S. 254 f. (oben S. 49 f.).

machen, wenn man die Frage nach den sprachlichen Bedingungen
der Möglichkeit und Gültigkeit der Naturwissenschaft selbst auf-
greift und sie im Sinne einer Erkenntnisanthropologie zu Ende
denkt. Ein Naturwissenschaftler kann nicht als solus ipse etwas
für sich allein erklären wollen[20]. Um auch nur zu wissen, »was« er
erklären soll, muß er sich darüber mit anderen verständigt haben.
Der Experimentiergemeinschaft der Naturforscher entspricht stets
eine semiotische Interpretationsgemeinschaft, wie Ch. S. Peirce erkannte[21]. Nun kann diese Verständigung in der Ebene der Intersubjektivität, eben weil sie die Bedingung der Möglichkeit der objektiven Wissenschaft (der *science*) ist, niemals durch ein Verfahren der
objektiven Wissenschaft ersetzt werden; und hier stoßen wir auf die
absolute Grenze jedes Programms objektiv-erklärender Wissenschaft. Die sprachliche Verständigung über das, was man meint, und
das, was man will, ist zur objektiven Wissenschaft *komplementär* in
dem bereits definierten Sinn.

Wir haben nunmehr nur noch nachzuweisen, daß die intersubjektive
Verständigung, die durch keine Methode objektiver Wissenschaft
ersetzt werden kann, gleichwohl zu einem Thema wissenschaftlicher
Fragestellung werden kann. M. a. W.: es wäre nachzuweisen, daß
nicht nur »beschreibende« und »erklärende« Wissenschaften unter
der Voraussetzung der Subjekt-Objekt-Relation, sondern auch
»Verständigungswissenschaften« unter der Voraussetzung der In-
tersubjektivitätsrelation möglich, ja notwendig sind. Ihre Fragestellung müßte zur vorwissenschaftlichen Kommunikation der Menschen ein ähnliches Verhältnis haben wie die kausalerklärende
Naturwissenschaft es zum sog. »Arbeitswissen« (Scheler) als Vorstufe hat. Dies ist in der Tat der Fall: Der Mensch hat, wie mir
scheint, von Haus aus zwei gleich wichtige, aber nicht identische,
sondern *komplementäre* Erkenntnisinteressen:

1. ein solches, das durch die Notwendigkeit einer technischen Praxis
   auf Grund der Einsicht in Naturgesetze bestimmt ist,
2. ein solches, das durch die Notwendigkeit sozialer, moralisch relevanter Praxis bestimmt wird.

Das letztere ist auf die – auch von der technischen Praxis schon vorausgesetzte – Verständigung über Möglichkeit und Normen eines

---

20 Vgl. hierzu Wittgensteins Gedankenexperimente zum Problem einer »Privatsprache«,
Philos. Untersuchungen, I, §§ 197 ff., 199, 243, 256.
21 Vgl. meine »Einführung« zu Ch. S. Peirce, *Schriften* I und II, a.a.O.

sinnvollen menschlichen In-der-Welt-Seins gerichtet. Dieses Interesse an Sinn-Verständigung bezieht sich nicht nur auf Kommunikation unter den Zeitgenossen, sondern zugleich auf Kommunikation der Lebenden mit den vergangenen Geschlechtern in der Weise der Traditionsvermittlung[22]. Erst durch diese Traditionsvermittlung erreicht ja der Mensch jene Kumulation von technischem Wissen und jene Vertiefung und Bereicherung seines Wissens um mögliche Sinn-Motivationen, die ihm seine Überlegenheit über die Tiere verleihen.

Die Traditionsvermittlung – vor allem wenn sie in Krisen gerät – ist nun in der Tat der erkenntnisanthropologische Ort, an dem die sog. hermeneutischen Wissenschaften entstehen können und faktisch in den europäischen und asiatischen Hochkulturen entstanden sind. Ihr Zentrum bilden die »Philologien« im weitesten Sinn dieses Wortes, d. h. einschließlich der Literaturwissenschaft. Diese Wissenschaften dürfen freilich nicht – wie es in objektivistischen Wissenschaftstheorien oft geschieht – als bloße Hilfswissenschaften der Historie verstanden werden, so als ob die Interpretation von Texten der Überlieferung nur den Sinn hätte, Informationen über Ereignisse der Vergangenheit zu liefern. Die »klassischen« bzw. kanonischen Texte der Überlieferung (religiöse, philosophische, poetische, juristische Literatur-Dokumente) sind nicht primär »Quellen« für den Historiker, die der Philologe nur zu edieren hätte. Die »Philologien« sind vielmehr die eigentlichen hermeneutischen Geisteswissenschaften, da sie es überhaupt nicht primär mit Vorgängen in Raum und Zeit zu tun haben, sondern mit der »Auslegung« von »Sinn«, der in Raum Zeit-Ereignissen nur (freilich) sein Vehikel, seine »conditio sine qua non« hat[23].

Das »Leibapriori« der Erkenntnis (vgl. oben S. 96 ff.) zeigt sich in der Grundlagenproblematik der hermeneutischen Geisteswissenschaften nicht als die Voraussetzung des instrumentellen Eingriffs in die Natur, sondern als Gebundenheit der intersubjektiven Manifestation des Sinns an den sinnlich wahrnehmbaren »Ausdruck«; in der Sprachwissenschaft z. B. als phonologisch thematisierbare Artikulation möglichen Sinns im Sprachlaut; dieser leibhafte Ausdruck dia-

22 Vgl. H. G. Gadamers Interpretation der hermeneutischen Geisteswissenschaften aus dem Funktionszusammenhang der Traditionsvermittlung in *Wahrheit und Methode*, Tübingen ²1965. Dazu K.-O. Apel in: *Hegelstudien*, Bd. 2, Bonn 1963, S. 314–322.
23 Vgl. E. Rothacker, »Sinn und Geschehnis«, in: *Sinn und Sein*, Tübingen 1960, S. 1–9.

logisch kommunizierbaren Sinns kann freilich im Grenzfall – etwa
in der Kalkülsprache – zum starren »Zeichen-Instrument« werden.
Im Moment, wo die Sprache zum reinen Zeichen-Instrument wird,
hängt das Verstehen des Sinns allerdings nicht mehr von der individuellen Deutung des leibhaften Ausdrucks, sondern nur mehr von
der Partizipation an der konventionellen Festlegung der (syntaktischen und semantischen) Regeln eines Zeichensystems ab. Aber auch
hier noch dient das Zeichen-Instrument als Vehikel des »Sinnverstehens«, es ist das seiner Form nach fixierte Resultat der Vorverständigung in der »Interpretations-Gemeinschaft«, der auch die
Konstrukteure von Kalkülsprachen angehören müssen.
Soweit die 1. Hauptthese einer Wissenschaftstheorie, welche nicht –
wie üblich – von der Subjekt-Objekt-Relation als einziger Voraussetzung und Thematisierungsdimension menschlicher Erkenntnis
ausgeht. Die vorgetragene Behauptung einer *Komplementarität*
szientifischer und hermeneutischer Wissenschaften geht letzten Endes von dem Faktum aus, daß die Existenz einer Kommunikationsgemeinschaft die Voraussetzung aller Erkenntnis in der Subjekt-
Objekt-Dimension ist und daß die Funktion dieser Kommunikationsgemeinschaft selbst – als intersubjektive Metadimension zur
objektiven Beschreibung und Erklärung von Weltdaten – zum
Thema wissenschaftlicher Erkenntnis werden kann und muß.
Der amerikanische Hegelianer J. Royce hat diese Einsicht, in Anknüpfung an den Begründer des Pragmatismus, Ch. S. Peirce, auf
die folgende Formel gebracht: Der Mensch muß nicht nur, im Austausch mit der Natur, Sinnesdaten »perzipieren« und Ideen »konzi-
pieren«: er muß auch zugleich, im ständigen Austausch mit den
übrigen Mitgliedern einer geschichtlichen »Community«, Ideen »interpretieren«. Wenn es z. B. um die Verifikation von Meinungen
geht, dann genügt nicht die Feststellung des »Barwertes« der Ideen
durch experimentelle Operationen, welche zu Sensedata-Perzeptio-
nen führen, sondern es muß zuvor bereits der »Nennwert« der zu
verifizierenden Ideen durch »Interpretation« festgestellt werden.
Dabei macht in einer prinzipiell triadischen Relation A dem B
klar, was C meint. Das gilt sogar für das sog. einsame Denken, in
dem ich (A) mir (B) klarmachen muß, was meine schon vorliegende
Idee, Meinung, Intention (C) meint. Dieser triadische Vermittlungs-
prozeß der Interpretation sichert die geschichtliche Kontinuität der
Erkenntnis, indem A die Gegenwart repräsentiert, welche der Zu-

kunft (B) den Sinn oder die Meinung der Vergangenheit (C) vermittelt[24].

Das eigentliche Problem der philosophischen Begründung der Hermeneutik, d. h. der Lehre von der wissenschaftlichen Auslegung von (gemeintem oder zumindest ausgedrücktem) Sinn, läßt sich m. E. in der folgenden Frage formulieren: Gibt es eine *methodische Abstraktion,* durch die in der Ebene der intersubjektiven Verständigung zwischen Menschen eine wissenschaftliche Thematisierung des gemeinten oder ausgedrückten Sinns möglich wird?

Die philosophischen Begründer der Hermeneutik im 19. Jahrhundert (Schleiermacher und Dilthey) haben diese Frage bejaht und sie faktisch dahingehend beantwortet: Durch die Abstraktion von der Frage nach der Wahrheit bzw. nach dem normativen Anspruch der zu verstehenden Sinnäußerungen, z. B. der überlieferten Texte, wird eine progressive, allgemeingültige Objektivation des Sinnes möglich. Hierin soll die Parallele der verstehenden Geisteswissenschaften zu den ebenfalls objektiven und progressiven Naturwissenschaften liegen. An die Stelle des normativ verbindlichen Verstehens der vorwissenschaftlichen Traditionsvermittlung tritt so – der wissenschaftstheoretischen Intention zufolge – das normativ unverbindliche, aber wissenschaftlich allgemeingültige Verstehen der hermeneutischen »Geistes-Wissenschaften«.

Nimmt man die praktischen (existentiellen) Konsequenzen dieser Konzeption ernst, so führt dies zu dem Problem des nihilistischen »Historismus«, das Dilthey selbst deutlich gesehen hat und das später der Dichter R. Musil, in Anknüpfung an Gedanken Nietzsches, auf die Formel »Der Mann ohne Eigenschaften«[25] gebracht hat. In der Tat würde der Mensch, der alle verbindlichen Wahrheiten und Normen wissenschaftlich objektiviert und in die Gleichzeitigkeit eines »imaginären Museums« nur noch verstehbaren Sinnes versammelt hätte, einem Wesen gleichen, das keine Eigenschaften zu gewinnen vermag, einem reinen »Möglichkeitsmenschen«, wie Musil auch sagt, der sein Leben nicht zu aktualisieren vermag. Er hätte alle Bindungen zur Tradition verloren, und zu eben diesem praktisch geschichtslosen Zustand hätten ihn die historisch-hermeneutischen

24 Vgl. J. Royce, *The Problem of Christianity,* New York 1913, II, S. 146 ff. Dazu K.-Th. Humbach, *Das Verhältnis von Einzelperson und Gemeinschaft nach Josiah Royce,* Heidelberg 1962, S. 110 ff.

25 Vgl. hierzu E. Heintel, »Der Mann ohne Eigenschaften und die Tradition«, in: *Wissenschaft und Weltbild,* 1960, S. 179–194.

Wissenschaften reduziert: sie hätten sich selbst, d. h. ihre neutralisierende Objektivation der verbindlichen Normen und Wahrheiten,
an die Stelle der wirksamen Tradition und damit der Geschichte
gesetzt[26].

In jüngster Zeit hat insbesondere H.-G. Gadamer, von Heideggers
Hermeneutik der Existenz und, wie Heidegger selbst, von dem
lebensphilosophischen (d. h. nicht von dem objektivistisch-historistischen) Ansatz Diltheys ausgehend, die Voraussetzungen der historistischen Grundlegung der Geisteswissenschaften in Frage gestellt[27].
Gadamer bestreitet den Sinn und die Möglichkeit einer methodisch-
progressiven Objektivation des Sinns in den hermeneutischen Wissenschaften, die zur Entmachtung der geschichtlichen Tradition
führt. Er sieht in dieser Vorstellung eine auch bei Dilthey noch undurchschaute Verführung durch das naturwissenschaftliche (das
szientifische) Methodenideal. Und er geht so weit, die Rückgängigmachung aller methodischen Abstraktionen zur Vorbedingung der
philosophischen Analyse des Sinns der hermeneutischen Wissenschaften zu machen: das hermeneutische Verstehen kann, nach Gadamer, nicht, wie zuerst Schleiermacher forderte, von der Entscheidung der normativen bzw. der Wahrheitsfrage absehen, es muß, ob
es will oder nicht, die »Applikation« auf die praktische Lebenssituation, das geschichtlich-existenzielle Engagement also, als Bedingung
seiner Möglichkeit und Gültigkeit einschließen. Als Modell für eine
philosophische Analyse der integralen Funktion des Verstehens
empfiehlt Gadamer das applikative Verstehen des geschriebenen
Rechts durch den Richter oder eines Dramas durch den Regisseur,
der es aufführt. Hier löst das Verstehen die Verbindlichkeit der
Tradition nicht auf, sondern vermittelt sie mit der Gegenwart. Dasselbe ist nach Gadamer *auch* die Aufgabe der historisch-hermeneutischen Wissenschaften; das Modell des guten Dolmetschers, mit dem
sich die Geisteswissenschaftler identifizieren können, setzt Gadamer
in den hermeneutisch wesentlichen Strukturzügen dem Modell des
Regisseurs bzw. dem des Richters gleich.

Zwischen der historistischen und der existential-hermeneutischen Be-

---

26 Vgl. J. Ritter, »Die Aufgabe der Geisteswissenschaften in der modernen Gesellschaft«,
in: *Jahresschrift 1961 der Gesellschaft zur Förderung der Westfälischen Wilhelms-Universität zu Münster*, S. 11–39. Dazu H. Schelsky, *Einsamkeit und Freiheit*, Hamburg 1963,
S. 278 ff.
27 Vgl. H.-G. Gadamer, a.a.O.

gründung des Sinns der Geisteswissenschaften ist m. E. nicht einfach im Sinne einer Alternative zu entscheiden.

Mir scheint, daß Gadamers »philosophische Hermeneutik« ihre Stärke in der Kritik des objektivistischen Methodenideals des Historismus hat, daß er aber zu weit geht, wenn er den Sinn der methodisch-hermeneutischen Abstraktion von der Wahrheitsfrage bestreitet und das Modell des Richters oder Regisseurs mit dem des Dolmetschers gleichsetzt. Gadamer weist m. E. mit Recht darauf hin, daß zu den Bedingungen der Möglichkeit des geisteswissenschaftlichen Verstehens die Geschichtlichkeit des Verstehenden gehört, daß hier nicht ein cartesisches oder kantisches Subjekt oder Bewußtsein überhaupt die Welt als gegenständlichen Zusammenhang progressiv verfügbar macht, sondern letzten Endes das gegenwärtige In-der-Welt-sein sich in seinen Möglichkeiten aus der anzueignenden Tradition verstehen muß. Insofern ist die Konzeption einer Entmachtung der geschichtlichen Tradition durch das »imaginäre Museum« des in den Geisteswissenschaften objektivierten Sinnes eine Illusion. Deren Bedenklichkeit liegt darin, daß der Geisteswissenschaftler die unvermeidliche Bedingtheit seines Verstehens durch das eigene geschichtliche Engagement verdeckt oder verdrängt und so statt der angestrebten Entdogmatisierung des Sinnverstehens dessen Ideologisierung herbeiführen hilft.

Trotzdem scheint mir das wissenschaftliche Sinnverstehen im Sinne der philologischen Hermeneutik – wie jedes einzelwissenschaftliche Verfahren – eine *methodische Abstraktion* vorauszusetzen. Diese methodische Abstraktion ist schon im vorwissenschaftlichen Bereich in der Situation des Dolmetschers angelegt. Die arbeitsteilige Funktion des Dolmetschers innerhalb der Vermittlung des Sinns im Kontext der lebenspraktischen Situation ist bereits eine ganz andere als die des Regisseurs oder gar die des Richters. Vollends unterscheidet sich die methodische Interpretationsleistung des Rechtshistorikers von der des Richters, wenngleich auch sie zweifellos nicht der objektiven Neutralisierung des Sinns von Recht in einem »imaginären Museum« dient, sondern von Gadamer mit Recht in den Prozeß der praktisch applizierenden Traditionsvermittlung hineinintegriert wird. Man wird zwar zugeben müssen, daß die Zugehörigkeit zu einer geschichtlichen Situation der Lebenspraxis von dem wissenschaftlichen Textinterpreten wie schon vom Dolmetscher als Bedingung der Möglichkeit seines Verstehens vorausgesetzt wird. Insofern gehört zum hermeneutischen Verstehen nicht nur reflexive Distanzierung, sondern auch präreflexives Engagement. – Aber (schon) das präreflexive Engagement des wissenschaftlichen Interpreten ist wesentlich verschieden von dem des Regisseurs oder gar dem des Richters.

Die Sorge des Regisseurs und noch mehr die des Richters gehört in erster Linie der Applikation des Verstehens auf die Situation, in die er hineingestellt ist; im Hinblick auf die praktische Bewältigung dieser Aufgabe wird er in schöpferischer Interpretation die Verantwortung für die Wahrheit bzw. die normative Verbindlichkeit des zu verstehenden Sinns in weit höherem Maße übernehmen müssen als etwa ein Rechtshistoriker, der die kanonischen Texte des römischen Rechtes interpretiert. Die Sorge des Rechtshistorikers gilt in erster Linie dem Sinn des in seiner ursprünglichen Intention nur noch schwer zu verstehenden Textes, und darin liegt bereits die Abstraktion von der Frage der normativen Verbindlichkeit, ihre Delegation an den praktischen Juristen, der in dem arbeitsteiligen Prozeß der Traditionsvermittlung die Funktion der »Applikation« des Verstehens übernommen hat. Der Rechtshistoriker wird sich zwar nicht einbilden dürfen, er könne sich durch das Sprach- und Geschichtsstudium mit dem Publikum der Texte des »corpus iuris« gleichzeitig machen, wie Schleiermacher es – als Voraussetzung der letzten Identifikation mit dem Autor – fordert. Aber noch weniger wird er dem hermeneutischen Ideal Schleiermachers zugunsten einer bewußten Aktualisierung des Verstehens entsagen dürfen[28]. Mit Recht fordert Gadamer vom Textinterpreten das Mitdenken der »Wirkungsgeschichte« des Textes, welche die geschichtliche Situation des Interpreten und damit die Bedingungen der Möglichkeit des Verstehens wesentlich mitkonstituiert. Aber dieses »Mitdenken des Zeitenabstandes« wird beim wissenschaftlichen Interpreten nicht im Interesse der Applikation des Verstehens stattfinden, sondern gerade im Interesse des von Schleiermacher aufgestellten methodischen Ideals der Gleichzeitigmachung mit dem zu Verstehenden.

Von hier aus fällt, wie mir scheint, ein neues Licht auf die (seit Nietzsches »unzeitgemäßen« Betrachtungen »Über Nutzen und

---

28 Gegen die implizite Aufforderung zur Aktualisierung, wie sie in der Existentialhermeneutik auch an den Geistes-»Wissenschaftler« gerichtet zu sein scheint, wendet sich m. E. E. Betti (*Die Hermeneutik als allgemeine Methodik der Geisteswissenschaften,* Tübingen 1962) mit Recht.

Nachteil der Historie für das Leben« umstrittene) Frage: ob das
historische Verstehen zur Entmachtung der Geschichte (als wirksa-
mer Traditionsvermittlung) führen kann. Wir haben im vorigen
bereits diese Möglichkeit (mit Gadamer) in dem Sinne verneint, daß
der Geisteswissenschaftler sich nicht einbilden darf, einen neutralen
Standpunkt außerhalb der Geschichte einnehmen zu können; insofern besteht die Macht der Geschichte als Traditionsvermittlung
auch im Zeitalter des Historismus nach wie vor. Auf der anderen
Seite ist aber doch das Wahrheitsmoment an der Rede von der Entmachtung der Tradition durch das historische Verstehen nicht zu
übersehen. Dabei handelt es sich freilich nicht um eine Entmachtung
der Geschichte als Traditionsvermittlung überhaupt, sondern um
den selbst geschichtsmächtigen Vorgang der Entmachtung bestimmter, inhaltlich gemeinter »Traditionen« des vorindustriellen oder
des vorwissenschaftlichen Zeitalters[29]. In dieser epochalen Krise, die
für die außereuropäischen Kulturen im 20. Jahrhundert sich noch
viel einschneidender bemerkbar macht als im 19. Jahrhundert für
Europa, liegt der substantielle Problemgehalt des (nihilistischen)
Historismus. Und dieses Problem ist immerhin so konkreter Natur,
daß es durch den formal richtigen Nachweis der Existentialanalytik,
daß das hermeneutische Verstehen aus dem Zusammenhang der
geschichtlichen Traditionsvermittlung nicht heraustreten kann, nicht
als ein Scheinproblem erwiesen werden kann.

Tatsächlich muß die Traditionsvermittlung, ohne die der Mensch freilich niemals zu existieren vermöchte, in unserem posthistoristischen
Zeitalter eine andere Form annehmen als in der Zeit vor dem Aufkommen der historisch-hermeneutischen Geisteswissenschaften: Die
Unmittelbarkeit der dogmatisch-normativen (institutionell festgelegten und sozial verbindlichen) »Applikation« des Traditionsver-
ständnisses, wie sie bis in die Aufklärungszeit hinein in Europa, und
bis in die Gegenwart hinein in den meisten außereuropäischen Kulturen funktionierte, kann nicht wieder hergestellt werden. Traditionsvermittlung muß zu einem komplizierten, wissenschaftlich vermittelten Prozeß werden, sobald die, wenn auch nur provisorische,
Objektivierung und Distanzierung des zu verstehenden Sinnes durch
hermeneutische Abstraktion von der normativen Geltung möglich

---

29 Der Gegensatz zwischen den Positionen Gadamers einerseits, J. Ritters und Schelskys
andererseits scheint mir tatsächlich zum Teil auf der Zweideutigkeit des Begriffes »Tradition« zu beruhen.

geworden ist. Und es ist m. E. auch eine Illusion zu glauben, die
hermeneutischen Geisteswissenschaften könnten aus eigener Kraft
die durch sie notwendig gemachte kompliziertere Funktion der Traditionsvermittlung zustande bringen; sie brauchten dazu nur jedes
positivistische Selbstverständnis aufzugeben und sich bewußt in den
Funktionszusammenhang der interkulturellen Verständigung und
insbesondere der Traditionsvermittlung einzugliedern. Die hermeneutischen Geisteswissenschaften werden m. E. durch die (existentialistische oder auch marxistische) Zumutung einer verbindlichen
Applikation ihres Verstehens genauso ideologisch korrumpiert wie
durch die positivistische Verdrängung des geschichtlichen Engagements als einer Bedingung der Möglichkeit ihres Verstehens von
Sinn. Wenn es überhaupt eine rationale Integration der Resultate
der hermeneutischen Wissenschaften geben soll, wenn diese nicht der
Kunst oder dem existentiellen Selbstverständnis überlassen bleiben
soll, so kann diese Aufgabe nur von der Philosophie, und zwar von
der Geschichtsphilosophie, übernommen werden. Die Geschichtsphilosophie aber kann sich bei der Auflösung dieses Problems nicht
allein auf die historisch-hermeneutischen Geisteswissenschaften stützen. Sie muß noch eine weitere, große Gruppe von Wissenschaften
und eine methodische Betrachtungsweise mitheranziehen, die weder
auf die szientifische noch auf die hermeneutische Fragestellung zurückgeführt werden kann.

Damit komme ich zur 2. Hauptthese meines skizzierten Entwurfs
einer Wissenschaftslehre. Ich kann die hier erforderlichen Überlegungen leider nur in groben Umrissen und in der Form sehr spe-
kulativer Behauptungen andeuten.

*II. Die philosophische Auflösung des Historismus-Problems durch
dialektische Vermittlung von objektiv-szientistischen und hermeneutischen Methoden in der Ideologiekritik*

Für eine angemessene philosophische Einschätzung des sogenannten
Historismus-Problems scheint es mir nützlich zu sein, nicht so sehr
unsere abendländische Situation als die der außereuropäischen Kulturen zum Orientierungspunkt zu wählen. Jene Kulturen, welche
die technisch-industrielle Lebensform und ihre wissenschaftlichen
Grundlagen von Europa übernehmen mußten und noch müssen,

sind zu einer weit radikaleren Distanzierung und Verfremdung ihrer Traditionen gezwungen als wir. Sie können gar nicht auf den Gedanken kommen, den eingetretenen Bruch mit der Vergangenheit allein durch hermeneutische Besinnung kompensieren zu wollen. Für sie ergibt sich von Anfang an die Notwendigkeit, zugleich mit der hermeneutischen Besinnung auf die eigenen und die fremden Traditionen ein quasi-objektives, geschichtsphilosophisches Bezugssystem zu erarbeiten, das es möglich macht, die eigene Position in den weltgeschichtlichen und menschheitlich-planetaren Zusammenhang einzuordnen, der ohne ihr Zutun durch die europäisch-amerikanische Zivilisation geschaffen worden ist. Sie werden durch die für sie unvermeidliche Verfremdung ihrer eigenen Tradition auch sogleich auf die Tatsache hingewiesen, daß geistige Sinndeutungen der Welt, z. B. religiös-moralische Wertordnungen, im engsten Zusammenhang mit den sozialen Lebensformen (den Institutionen) zu begreifen sind. Was sie daher vor allem suchen, ist eine philosophisch-wissenschaftliche Orientierung, welche das hermeneutische Verständnis der eigenen und fremden Sinn-Traditionen durch soziologische Analysen der jeweils zugehörigen Wirtschafts- und Gesellschaftsordnungen vermittelt. Dies vor allem macht die Faszinationskraft des Marxismus für die Intellektuellen der Entwicklungsländer verständlich.

Worin liegt nun die wissenschaftstheoretische Lehre der Verdeutlichung des Historismusproblems an der Situation der außereuropäischen Kulturen?

Die Antwort auf diese Frage sei zunächst in einer spekulativen Sprache skizziert, der ich zumindest einen heuristischen Wert zutrauen möchte: Der Geist fällt nicht schon als solcher in die Zeit, wie es Hegel in seinem System des historischen Idealismus suggeriert, sondern aufgrund einer Vermittlung mit der Naturgeschichte, die sich im sozialen Verhalten der Menschen fortsetzt. Anders gesagt: Wenn Gadamer die »Produktivität der Zeit« dafür verantwortlich macht, daß die Leitidee der klassischen Hermeneutik: das Sich-gleichzeitig-machen und schließlich Sich-identifizieren mit dem Autor der zu verstehenden Texte Illusion bleiben muß[30], so scheint mir an dieser das Verstehen irritierenden »Produktivität« der dunkle Einschlag des Nichtintendierten und noch nicht Intendierbaren in allen menschlichen Lebensäußerungen schuld zu sein, der

30 Vgl. Gadamer, a.a.O., S. 279 ff.

Umstand also, daß in der verstehbaren Geistesgeschichte die nicht-
verstehbare Naturgeschichte – vorerst noch immer – sich fortsetzt.
Wären die Menschen in ihren Handlungsmotiven, oder wenigstens
in den Sinnkonzeptionen ihrer literarischen Werke, sich selbst durchsichtig, so müßte das Sich-gleichzeitig-machen im Verstehen, die
wechselseitige Identifikation der individuellen Monaden (Schleiermacher in Anknüpfung an Leibniz), das »hohe Geistergespräch«
aller erlauchten Autoren, das die Zeit überwindet (Petrarca – P.
Bembo), prinzipiell möglich sein. M. a. W.: Wären die Menschen
sich selbst durchsichtig in ihren Intentionen, so wären nur zwei komplementäre Erkenntnisinteressen gerechtfertigt: das szientifische Interesse an der technisch relevanten Erkenntnis der Natur und das
hermeneutische Interesse an der intersubjektiven Verständigung
über mögliche Sinnmotivationen des Lebens. Aber die Menschen
haben bis jetzt weder ihre politisch-soziale Geschichte »gemacht«,
noch sind ihre sogenannten geistigen Überzeugungen, wie sie in
sprachlichen Dokumenten niedergelegt sind, reiner Ausdruck ihrer
geistigen »Intentionen«. Alle Resultate ihrer Intentionen sind zugleich Resultate der faktischen Lebensformen, die sie bislang nicht in
ihr Selbstverständnis aufnehmen konnten. An diesem dunklen Einschlag der sich in der menschlichen Geistesgeschichte fortsetzenden
Naturgeschichte des Menschen scheitern – so scheint mir – die Bemühungen der hermeneutischen Identifikation, insbesondere mit den
Autoren räumlich und zeitlich entfernter Kulturen. Eben deshalb
muß alles Verstehen, sofern und soweit es überhaupt gelingt, einen
Autor besser verstehen als er sich selbst versteht, indem es – im Sinne
Hegels – den Autor in seinem Welt- und Selbstverständnis reflexiv
überholt und nicht nur seine seelischen Erlebnisse nacherlebend rekonstruiert (Schleiermacher-Dilthey). Das reflexiv überholende
Verstehen hat jedoch nicht nur in der Endlichkeit und mangelnden
Selbsttransparenz des Interpreten seine Grenze: es stößt auch in den
zu verstehenden Lebensäußerungen auf Widersprüche – sei es innerhalb von überlieferten Texten, sei es zwischen diesen und den zugehörigen Handlungen der Autoren –, welche mit hermeneutischen
Methoden, welche impliziten Sinn explizit machen, überhaupt nicht
aufzulösen sind – Widersprüche, welche durch das Ineinander von
Sinn und Unsinn, intendierter Handlungen und naturhaft determi-
nierter Reaktionen bedingt sind und dem »Verstehen« eine Grenze
setzen. Eine Geschichtsphilosophie, welche sich lediglich als Integra-

tion der hermeneutischen »Geisteswissenschaften« verstehen wollte, müßte hier auf das Sinnlos-Faktische, das Kontingente als das schlechthin Irrationale, stoßen.

Indessen lassen sich gerade jene faktisch-kontingenten Faktoren der menschlichen Geschichte – und sogar der Ideengeschichte –, welche noch nicht in die intersubjektive Verständigung aufzuheben sind, eben weil sie nicht – als Motive – subjektiv durchsichtig, sondern nur faktisch wirksam sind, mit Mitteln einer quasi-objektiv erklärenden Wissenschaft analysieren.

In jedem Gespräch zwischen Menschen kommt es vor, daß der eine nicht mehr versucht, den anderen in seinen Intentionen hermeneutisch ernst zu nehmen, sondern ihn als ein Quasi-Naturereignis objektiv zu distanzieren, wo er nicht mehr versucht, die Einheit der Sprache in der Kommunikation herzustellen, sondern vielmehr das, was der andere sagt, als Symptom objektiver Tatbestände zu werten, die er von außen, in einer Sprache, an der der Partner nicht teilnimmt, zu erklären vermag. Charakteristisch für diesen partiellen Abbruch der hermeneutischen Kommunikation zugunsten objektiver Erkenntnismethoden ist das Verhältnis des Arztes zu seinem Patienten, insbesondere das des Psychotherapeuten zum Neurotiker. Dieses Modell der partiell suspendierten Kommunikation läßt sich nun m. E. genauso wie das positive Grundmodell des Gesprächs für die Begründung der Wissenschaftstheorie fruchtbar machen: Der Geschichtsphilosoph nämlich, der das Historismus-Problem auflösen will, muß dabei m. E. nicht nur – wie Gadamer will – die hermeneutische Funktion des Dolmetschers mit der Applikation auf die Praxis vereinen, um so die Tradition mit der Gegenwart zu vermitteln: er muß zugleich auch die objektiv distanzierende Erkenntnishaltung eines Arztes, oder besser: eines Psychotherapeuten, gegenüber dem Verhalten und den Sinnansprüchen der Überlieferung und der Zeitgenossen einnehmen. Dies tut er faktisch, wenn er nicht nur die Resultate der hermeneutischen Methoden der sogenannten »Geisteswissenschaften«, sondern gleichzeitig die objektiven Strukturanalysen der empirischen Sozialwissenschaften zur Erklärung etwa der nicht literarisch belegbaren Interessen-Konstellationen in der politischen und auch der Ideengeschichte heranzieht.

Wir werden hier noch einmal auf das Problem der »historischen Erklärung« in seiner merkwürdigen Zwischenstellung zwischen Hermeneutik und Szientistik zurückverweisen. Wir haben im vori-

gen bereits betont, daß die politische Historie, bei aller Angewiesen-
heit auf hermeneutisches Verstehen von Sinnintentionen, gleichwohl
in einer gewissen Analogie zur Naturwissenschaft Ereignisse erklärt, die in der objektivierbaren Zeitordnung tatsächlich stattge-
funden haben. In unserem früheren Beispiel einer »historischen
Erklärung« haben wir jedoch unterstellt, daß der objektive Zusammenhang der Ereignisse, zu dem der Historiker gelangt, durch das
Verstehen der Intentionen der beteiligten Menschen vermittelt ist.
So wird es sich immer dann verhalten, wenn der Historiker die
Menschen als Subjekte ihrer Handlungen und Meinungen völlig
ernst nimmt; wenn er z. B. die Frage nach den Ursachen eines Krie-
ges nur anhand der hinterlassenen Äußerungen der verantwortlichen
Politiker über ihre Beweggründe zu beantworten sucht. Es ist jedoch
auch der umgekehrte Fall denkbar: daß das Verständnis der Gründe
durch eine Analyse von objektiv wirksamen Faktoren, die den verantwortlich Handelnden überhaupt nicht als Sinnmotive bewußt
wurden, methodisch vermittelt wird. Etwas Derartiges hat z. B. für
die Aufklärung der Ursachen des Ersten Weltkrieges das Buch von
Hallgarten über die weltwirtschaftliche Situation des Imperialismus[31] geleistet. Hier werden die offiziellen Beweggründe der Politiker gewissermaßen ignoriert und statt dessen die nachweisbaren
Bedürfnisse der an Absatzmärkten interessierten Großindustrie als
Kausalfaktoren eingesetzt.
Eine genauere methodologische Analyse würde freilich zeigen, daß
die empirischen Erhebungen, welche dem soziologisch orientierten
Historiker zur quasi-objektiven Feststellung von Interesselagen
verhelfen, weit davon entfernt sind, der Datengewinnung in der
Naturwissenschaft zu gleichen. Auch Geschäftsberichte, Bilanzen,
Preislisten, Rechnungen u. dgl. sind schließlich verstehbare »Texte«,
in denen menschliche Intentionen zum Ausdruck kommen. Entspre-
chend wird man für die sogenannte sozialpsychologische Verhaltensforschung sehr leicht nachweisen können, daß ihre statistischen
Erhebungen immer wieder auf hermeneutische Operationen der
Datengewinnung zurückgehen, wie z. B. Interviews[32]. Aber die

31 G. W. F. Hallgarten, *Imperialismus vor 1914*, 2 Bde., 1951.
32 Darauf hat besonders H. Skjervheim in seiner Abhandlung *Objectivism and the Study
of Man* (Oslo/Universitätsforlaget 1959) hingewiesen. Für die Schwierigkeiten, welche sich
bei der Umformung kommunikativer Erfahrung in Meßdaten in den Sozialwissenschaften
ergeben, vgl. J. Habermas, »Zur Logik der Sozialwissenschaften«, *Sonderheft 5 der Philos.
Rundsch.*, Tübingen 1967, S. 95 ff.

Pointe der quasi-szientifischen Erkenntnisleistungen der soziologischen und psychologischen Verhaltensforschung wird durch den Nachweis ihrer stets vorhandenen hermeneutischen Vorausetzungen gar nicht getroffen: sie liegt m. E. in der Verfremdung des traditionellen Selbstverständnisses der Einzelmenschen und der menschlichen Gemeinschaften durch Theoriebildungen, welche die menschlichen Lebensäußerungen in einer Sprache interpretieren, an der die Urheber der Lebensäußerungen nicht unmittelbar teilnehmen können (und die sie auch nicht durch philologische Operationen in ihre Sprache übersetzen können). Verglichen mit dem hermeneutischen Verstehen, das prinzipiell auf Erhaltung, ja Vertiefung der Kommunikation ausgeht, können psychologische und sozialpsychologische Verhaltensanalysen durchaus wie von außen an den Gegenstand herangetragene Kausalerklärungen nach Gesetzen funktionieren; das erweist sich vor allem darin, daß sie – genau wie das prognostisch relevante Wissen der Naturwissenschaft – eine technische Herrschaft über ihren Gegenstand ermöglichen – so etwa die Manipulation der Arbeitnehmer durch den betriebspsychologisch versierten Manager, der Konsumenten durch den Werbefachmann, der Wähler durch den demoskopisch geschulten Politiker.

An diesem Punkt wird nun tatsächlich das wissenschaftstheoretische Selbstverständnis der Verhaltenswissenschaften zu einem moralisch relevanten Faktor der Geschichte: Wollte man tatsächlich – wie der Neopositivismus – die quasi-objektiven Erkenntnisleistungen der Verhaltenswissenschaften als Beginn einer universalen Naturwissenschaft vom Menschen einschätzen, so müßte man konsequenterweise ihr Ziel in der Sicherung und Erweiterung der Herrschaft des Menschen über den Menschen sehen. Freilich setzt auch das voraus, daß menschliches Verhalten niemals völlig prognostisch beherrschbar wird, sonst könnten die Sozialingenieure mit ihrem sozialen Herrschaftswissen selbst nichts mehr »anfangen«. Immerhin kann schon die naive Legitimation des fragmentarisch erreichbaren sozialen Herrschaftswissens durch das philosophische Selbstverständnis der Wissenschaftler verhängnisvolle praktische Folgen haben.

Glücklicherweise zeigt die – in der Naturwissenschaft prinzipiell unmögliche – »Reaktion« der menschlichen Objekte auf die Resultate der Verhaltenserklärung, daß in dem szientistischen Selbstverständnis der sozial-psychologischen Wissenschaften ein prinzipieller Fehler stecken muß. Und diese »Reaktion«, welche der Verhaltens-

»Erklärung« ein neuartiges Verhalten entgegensetzt, gibt zugleich
einen Hinweis darauf, wie die quasi-objektiven Erkenntnisleistungen der Verhaltenswissenschaften sinnvoll in eine (erkenntnisanthropologische) Wissenschaftstheorie einzufügen sind.

Die einzige Erklärung dafür nämlich, daß die Menschen auf die
kausalanalytische Erklärung ihres Verhaltens durch ein neuartiges
Verhalten reagieren können, liegt in der Einsicht, daß die Menschen
die Sprache der psychologisch-soziologischen »Erklärung« durch
Selbstreflexion in die Sprache eines vertieften Selbstverständnisses
umsetzen können, das ihre Motivationsstruktur ändert und damit
der »Erklärung« den Boden entzieht. Dies führt uns zu dem bereits
erörterten Modell der Psychotherapie zurück. In diesem merkwürdigen Erkenntnismodell sind tatsächlich die beiden Momente

1. der objektiv-distanzierten Verhaltens-»Erklärung«, welche den
   partiellen Abbruch der Kommunikation voraussetzt, und
2. der nachfolgenden »Aufhebung« der »Erklärung« in ein vertieftes Selbstverständnis dialektisch vermittelt: Der Arzt erkennt mit
   Hilfe der psychoanalytischen Theoriebildung

1. die quasi-naturhafte, erklärbare und sogar voraussagbare Wir-
   kungsweise verdrängter Sinnmotive; insofern macht er den Patienten zum Objekt.
2. Zugleich aber sucht er den nur erklärbaren kausalen Zwang aufzuheben, indem er den Sinn der verdrängten Motive versteht und
   den Patienten kommunikativ provoziert, diese Sinndeutung zu
   einer Revision seines autobiographischen Selbstverständnisses zu
   verwenden.

Das Modell der Psychotherapie kann aber, wie früher schon angedeutet, auf das Verhältnis der Geschichtsphilosophie zu dem Selbstverständnis der menschlichen Gesellschaft übertragen werden. (Ja,
es dürfte sogar ein realer Zusammenhang zwischen den quasi-natur-
haften Kausalprozessen einer bestimmten gesellschaftlichen Praxis
und den neurotischen Symptomen der Individuen dieser Gesellschaft bestehen. Die Unfähigkeit, gewisse soziale Verhaltensweisen
1. auf kausal wirksame Bedürfnisse zurückzuführen und diese 2. als
verstandene Bedürfnisse mit den Sinntraditionen der Gesellschaft in
Einklang zu bringen, dürfte zugleich der Verdrängung der den Bedürfnissen immanenten Motive bei den Individuen Vorschub leisten.)

Aus diesen Überlegungen ergibt sich, wie mir scheint, die methodologische Forderung einer dialektischen Vermittlung der sozialwissenschaftlichen »Erklärung« und des historisch-hermeneutischen »Verstehens« der Sinntraditionen unter dem regulativen Prinzip einer »Aufhebung« der vernunftlosen Momente unseres geschichtlichen Daseins. Die sozialwissenschaftlichen »Erklärungen« wären hier so zu begründen (und zu veröffentlichen!), daß sie nicht den Wissenden Macht über die Unwissenden geben, sondern eine Herausforderung an alle darstellen, durch Selbstbesinnung kausal erklärbare Verhaltensweisen in verstehbares Handeln zu transformieren. Der »terminus technicus« dieser dialektischen Vermittlung von »Verstehen« und »Erklären«, lautet »Ideologiekritik«. Als »Psychoanalyse« der menschlichen Sozialgeschichte und als »Psychotherapie« der aktuellen Krisen des menschlichen Handelns scheint sie mir die einzig sinnvolle logische Begründung und moralische Rechtfertigung der objektiv-erklärenden Wissenschaften vom Menschen darzustellen[33].

Ihr leitendes Erkenntnis-Interesse entspricht dem Leibapriori einer psychosomatischen Selbstdiagnose und Selbsttherapie des Menschen. Das regulative Prinzip dieses Erkenntnisengagements würde nicht etwa die Befreiung des Geistes vom Leib sein, oder die kognitive »Aufhebung« des Materiellen in der absoluten Idee, sondern der reine Ausdruck des Geistigen im Leiblichen, die »Humanisierung der Natur« und die »Naturalisierung des Menschen«.

---

33 Zur Ausarbeitung und kritischen Diskussion des hier skizzierten wissenschaftstheoretischen Modells vgl. die oben S. 58, Anm. 40, und S. 59, Anm. 40a, angeführten Arbeiten.

Wissenschaft als Emanzipation?[1]
Eine kritische Würdigung der Wissenschaftskonzeption der »Kritischen Theorie«

I. Die aktuelle Diskussion über die Funktion der Wissenschaft

Unter den »Aufgaben der Universität heute und in der Zukunft« rangiert an erster Stelle die Praktizierung der Wissenschaft. – An erster Stelle – das meint mit Bezug auf die Naturwissenschaften: sie stellen als technologisch relevante Forschung die erste Produktionskraft in der modernen Industriegesellschaft dar; und niemand zweifelt daran, daß diese Einschätzung in der Zukunft sich vollends bestätigen wird. – Mit Bezug auf die sog. »Geisteswissenschaften« steht an erster Stelle die kommunikative Praktizierung der »Einheit von Forschung und Lehre« im Hinblick auf die Bildung einer öffentlichen Meinung; diese Aufgabe steht den Zeitgenossen schon weit weniger klar vor Augen, ja die Funktion der sogen. »Geisteswissenschaften« ist vielen so fragwürdig, daß sie sie am liebsten aus dem Begriff der Wissenschaft ausklammern würden. – Mit Bezug auf die Sozialwissenschaften endlich, die erst im 20 Jahrhundert als besondere Gruppe ins Bewußtsein getreten sind, zu der ich die Wirtschaftswissenschaften ebenso wie die Psychologie rechnen würde, besteht die Aufgabe sowohl in einer Erweiterung und Potenzierung der naturwissenschaftlich-technologischen Produktionskraft im *Social-Engineering* wie andererseits in einer kritischen Vertiefung der öffentlichen Sinnverständigung, die aus der Einheit von Forschung und Lehre in den traditionellen Geisteswissenschaften erwachsen sollte; und aus der zuletzt angedeuteten Doppelfunktion der »Sozialwissenschaften« ergibt sich, wenn ich recht sehe, die aktuelle Problematik der hochschulpolitischen Diskussion über die Aufgaben der Wissenschaft heute und morgen.

An diese, nicht nur von den Fachgelehrten, sondern mehr noch von einem Teil der Studentenschaft – nicht nur in Deutschland – mit Leidenschaft geführte Diskussion möchte mein Vortrag mit der Titelfrage »Wissenschaft als Emanzipation?« anknüpfen; und ich

---

1 Vortrag anläßlich der Kieler Universitätstage 1969 unter dem Leitthema »Aufgaben der Universität heute und in der Zukunft«.

möchte von vornherein keinen Zweifel darüber aufkommen lassen,
daß ich die in der Titelfrage ausgedrückte Problemstellung als eine
fruchtbare Herausforderung des akademischen Selbstverständnisses
der Wissenschaft ansehe: Diese Herausforderung war und ist geeignet, vielfach tabuisierte Schranken einer metaszientifischen Reflexion auf die Bedingungen der Möglichkeit von Wissenschaft zu
durchbrechen; und ich zögere daher nicht, die in der Gegenwart auf-
gebrochene Diskussion über die Funktion der Wissenschaft (im
Kontext einer Vermittlung von Theorie und Praxis) als eine Sternstunde der Philosophie als potentieller Wissenschaftstheorie zu bezeichnen – eine Sternstunde, die ihr noch vor wenigen Jahren niemand vorausgesagt hätte, als die Vertreter einer »skeptischen Generation« und ihr soziologischer Porträtist, Helmut Schelsky, darüber
einig schienen, daß der Kooperationszusammenhang der Wissenschaft in der gesellschaftlichen Praxis heutzutage, ohne philosophische Reflexion seines Sinns, durch institutionelle und technologische
Sachzwänge gewährleistet werde[2].

Freilich hat die gegenwärtige Diskussion um die Funktion der
Wissenschaft tiefgehende Meinungsverschiedenheiten sichtbar gemacht; und bedenklicher noch als die Meinungsverschiedenheiten
sind die Verständnisschwierigkeiten, die zwischen den Kontrahenten der Diskussion sich ergeben haben. Eine Folge dieser Verständnisschwierigkeiten wieder ist die vielfach eingetretene Entartung der
Diskussion zum gegenseitigen Schlagwort-Abtausch, wobei besonders der Begriff »Ideologie« bzw. »ideologisch« zum bloßen Stereo-
typ für die unverständliche Position des Gegners herabzusinken
droht. Diese Deformation des öffentlichen Sprachspiels macht es erforderlich, daß ich zunächst die gegenwärtig vertretenen Positionen
im Verständnis von »Wissenschaft« vor ihrem geschichtlichen Hintergrund verständlich zu machen suche, bevor ich zur Sache selbst
Stellung nehme.

2 Vgl. H. Schelsky, *Einsamkeit und Freiheit* (Rowohlts Deutsche Enzyklopädie, Hamburg 1963), bes. S. 284 ff. Eindeutiger als bei Schelsky kommt die philosophisch-anti-
philosophische Pointe einer im »postideologischen« Zeitalter sich abzeichnenden instinktanalogen Selbststabilisierung des Menschen durch die entfremdeten Systeme der Technik in den jüngsten Schriften von A. Gehlen heraus. Vgl. bes. »Über kulturelle Kristalli-
sation« (in: *Studien zur Anthropologie u. Soziologie*, Neuwied 1963, S. 311 ff.) und
»Über kulturelle Evolution« (in: *Die Philosophie u. die Frage nach dem Fortschritt*, 1964).
Zur Kritik der Gehlenschen »Philosophie der Institutionen« vgl. meine Rezension in
Philos. Rundschau, 10. Jg. (1962), S. 1–21 (vgl. Bd. I, S. 197 ff.).

II. Das emanzipatorische Erkenntnisinteresse:
Die Konzeption der »kritischen Theorie«

Die Forderung nach einer emanzipatorischen Funktion der Wissenschaft, um die es in diesem Vortrag geht, ist nicht von den Vertretern der in der Gegenwart »etablierten« Wissenschaftstheorie erhoben worden. Sie wurde erhoben von einer – inzwischen freilich sehr einflußreichen – Gruppe von Außenseitern, deren Wissenschaftskonzeption für das übliche akademische Verständnis nur als Mittelding zwischen Philosophie und Soziologie erscheinen kann, – von einer Gruppe, die sich selbst auf das Programm einer »kritischen Theorie« (der zu verändernden Gesellschaft) beruft[3].
Diese Gruppe von Soziologen – Philosophen hat es, unterstützt durch bestimmte realgeschichtliche Vorgänge, fertiggebracht, das Bewußtsein eines großen Teils der von Schelsky sog. »skeptischen Generation« entscheidend zu verändern[4] und ihre soziologischen Kollegen, die von einem »Ende der Ideologie« (soll heißen: einer auf das Ganze der Vermittlung von Theorie und Praxis gerichteten engagierten Philosophie) sprachen, gewissermaßen über Nacht durch die Praxis zu widerlegen.
Nur ein relevantes Symptom dieser Bewußtseinsänderung sei hier besonders hervorgehoben: Noch vor wenigen Jahren forderte der Verband Deutscher Studentenschaften (VDS) ausdrücklich, das akademische Ideal universaler »Bildung« als nicht mehr zeitgemäß zugunsten effizienter Berufs-»Ausbildung« aufzugeben; er bestätigte mit dieser Forderung in der Tat jene »pragmatisch-nüchterne«, von sog. »Sachzwängen« her orientierte Einstellung, die Schelsky der postideologischen Mentalität der »skeptischen Generation« zurechnete. Inzwischen hat sich indessen die Situation gründlich geändert: Der

---

3 Vgl. die grundlegenden Aufsätze M. Horkheimers aus der *Zeitschrift für Sozialforschung* (1937 ff.), die jetzt wieder unter dem Titel *»Kritische Theorie«* (Frankfurt/S. Fischer, 1968, 2 Bde.) erschienen sind.
4 Noch im Ausblick der 4. Auflage seines Buches *Die skeptische Generation* (Düsseldorf-Köln 1963, Sonderausgabe 1962) schrieb Schelsky: »Aber was sich auch ereignen mag, diese Generation wird nie revolutionär, in flammender kollektiver Leidenschaft auf die Dinge reagieren, ... Man wird sich auf keine Abenteuer einlassen, sondern immer auf die Karte der Sicherheit setzen, das minimalen Risikos, damit das mühselig und glücklich wieder Erreichte, der Wohlstand und das gute Gewissen, die gebilligte Demokratie und die private Zurückgezogenheit nicht wieder aufs Spiel gesetzt wird. In allem, was man so gern weltgeschichtliches Geschehen nennt, wird diese Jugend *eine stille Generation* werden ...« (a.a.O., S. 381 f.).

intellektuell wache und hochschulpolitisch interessierte Teil der Studenten glaubt nunmehr, gerade die sog. »postideologische«, an Expertenwissen über sog. Sachzwänge sich ausliefernde Mentalität als gefährliche »Ideologie der halben Vernunft« durchschauen zu können, – als eine reflexionsfeindliche, opportunistische Anpassungsmentalität, welche die Studenten dazu disponiert, sich in einer, von wirtschaftlichen Bedürfnissen des Spätkapitalismus gesteuerten und nach betriebswissenschaftlichen Prinzipien der Rationalität reformierten Universität zu beliebig verwendbaren »Fachidioten« ausbilden zu lassen[5].

Dieser Gesinnungswandel maßgeblicher Teile der Studentenschaft bedeutet zwar keine Rückkehr zum traditionellen Humboldtschen Bildungsideal; es ist aber gleichwohl erstaunlich, wie nahe die Vertreter der »kritischen Theorie« dem klassischen Wissenschafts- und Bildungsbegriff des deutschen Idealismus kommen, sofern man nur die Humboldtsche Formel »in Einsamkeit und Freiheit« durch die junghegelianische Forderung der gesellschaftlichen Verantwortlichkeit und des politischen Engagements ersetzt bzw. modifiziert. Die Nähe der Konzeption der »kritischen Theorie« zum klassischen Bildungs- und Wissenschaftsbegriff kommt dialektisch vor allem in der Ablehnung jenes wertneutralen und daher nur technologisch auf gesellschaftliche Praxis bezogenen Wissenschafts- und Ausbildungsbegriffs zum Ausdruck, der gegenwärtig im Zeichen des Neopositivismus und seiner »Logic of Science« zumindest die angelsächsisch-skandinavische Welt – wenn man von der auch dort opponierenden Studentenbewegung absieht[6] – geistig beherrscht. Diesem »Science«-Begriff der Wissenschaft und dem zugehörigen Ausbildungsbegriff wirft die »kritische Theorie« vor, er leiste einer bürokratisch-technokratischen Gesamtverfassung der Gesellschaft Vorschub und diskreditiere gleichzeitig eine rationale Reflexion dieses Totalzusammenhangs von Wissenschaft, Ausbildung und gesellschaftlichem Praxisbezug als unwissenschaftlich.

In der Tat haben auch jene Soziologen, die vor Jahren das Ende der Ideologie im Sinn eines Endes der philosophischen Totalreflexion gekommen sahen, zugleich den Beginn einer durch »Sachzwänge«

---

5 Vgl. St. Leibfried (Hrsg.), *Wider die Untertanenfabrik*. Handbuch zur Demokratisierung der Hochschule, Köln 1967.
6 Vgl. z. B. die radikale Kritik der etablierten Wissenschaftskonzeption der britischen Universitäten durch P. Anderson in *New Left Rev.*, 50 (1968), S. 3–57.

von außen gesteuerten Lebenspraxis im Industriezeitalter diagnostiziert, – einer Praxis, in der schließlich die Entscheidungen der Politiker ebenso wie die kommunikativen Prozesse der demokratischen Willensbildung durch die Technokratie der Experten abgelöst würden. So schrieb z. B. H. Schelsky in seinem Aufsatz »Der Mensch in der wissenschaftlichen Zivilisation« über den »technischen Staat« der Zukunft:

»Er ist dem Gesetz unterworfen . . .: daß sozusagen die Mittel die Ziele bestimmen oder besser, daß die technischen Möglichkeiten ihre Anwendung erzwingen . . . Politik im Sinne der normativen Willensbildung fällt aus diesem Raum eigentlich prinzipiell aus . . . Gegenüber dem Staat als einem universalen technischen Körper wird die klassische Auffassung der Demokratie als eines Gemeinwesens, dessen Politik vom Willen des Volkes abhängt, immer mehr zu einer Illusion . . . Technisch-wissenschaftliche Entscheidungen können keiner demokratischen Willensbildung unterliegen, sie werden auf diese Weise nur uneffektiv . . . Dazu kommt, daß die Sachverhalte, die es zu entscheiden gilt, ja gar nicht mehr von einer vernünftigen Urteilsbildung des normalen Menschenverstandes oder einer normalen Lebenserfahrung her angemessen intellektuell zu bewältigen sind, so daß immer mehr ›Informationen‹ erforderlich sind, jede sachlich tiefer gehende Information aber die politische Urteilsbildung eher suspendiert als erleichtert. Die Gefahr einer Entpolitisierung und d. h. zugleich Entdemokratisierung der Staatsbürger durch Überinformation ist längst aktuell[7].«

Genau an diesem Punkt setzt die Kritik jener »Neuen Linken« ein, deren philosophisch-soziologisches Konzept in Deutschland durch die »kritische Theorie« repräsentiert wird. Dabei bestreitet ihre Kritik keineswegs die von Schelsky und anderen diagnostizierte Tendenz zu einer verwissenschaftlichten und eben dadurch zugleich technokratisch manipulierten Gesellschaft; im Gegenteil: die »Neue Linke« sieht diese Situation bereits weitgehend – und zwar im Osten wie im Westen – als Wirklichkeit an. Indessen akzeptiert sie weder den Wissenschaftsbegriff noch den Begriff der Industriegesellschaft, die in Schelskys Modell verknüpft sind, als einzig möglich bzw. unabänderlich.

7 In: H. Schelsky, *Auf der Suche nach Wirklichkeit*, Düsseldorf 1965, S. 456 ff; vgl. auch H. Schelsky, *Einsamkeit und Freiheit*, a.a.O., S. 299, wo von einer neuen »Selbstentfremdung des Menschen«, die darin liegt, »daß der Schöpfer sich in sein Werk, der Konstrukteur in seine Konstruktion verliert«, die Rede ist.

Der wertneutrale und eben deshalb in seinem Praxisbezug nur technologisch relevante Science-Begriff der Wissenschaft wird von der »Neuen Linken« in einer »Kritik der instrumentellen Vernunft«[8] als Abfall vom politisch-moralisch engagierten Aufklärungsbegriff der Wissenschaft, als willkürliche »Stillstellung der Reflexion im Sinne der halben Vernunft«[9] und d. h. im praktischen Effekt: als eine, nicht mehr wissenschaftlich reflektierte, Interessen dienstbare »Ideologie«[10] denunziert. Mit dieser letzten Wendung der Kritik, mit der Reflexion auf die Interessen, die hinter einer modernen Technokratie stehen, wird zugleich der Begriff einer aus vermeintlichen »Sachzwängen« unabänderlich determinierten »Industriegesellschaft« in Frage gestellt: Hinter den vermeintlichen Sachzwängen zumindest der westlichen Variante der drohenden Technokratie steht in der Sicht der »Neuen Linken« die nicht mehr reflektierte Gesetzlichkeit des spätkapitalistischen Systems der Marktwirtschaft.

An dieser Stelle verknüpft sich die Kritik am Science-Begriff der Wissenschaft bzw. am technologisch reduzierten Praxisbezug der Wissenschaft mit der Marxschen Kritik an der Selbstentfremdung des Menschen im kapitalistischen Wirtschaftssystem. Insofern überschreitet die Kritik der Neuen Linken am technokratischen Modell der Industriegesellschaft bewußt jene romantisch-existentialistische Kritik an der Moderne, die das Übel nicht in der gesellschaftlichen Praxis der Menschen, sondern in der szientifischen Technik als solcher bzw. einem in ihrer Heraufkunft sich äußernden »Seinsgeschick«[11] erblickt. Gleichwohl zeigt die »kritische Theorie«, insbesondere in ihrer von H. Marcuse[12] und darüber hinausgehend von J. Habermas[13] entfalteten Konzeption einer Ideologiekritik der etablierten Wissenschaft und Technik, eine gegenüber Marx neue und originelle

8 So der Titel der 1967 erschienenen Übersetzung der *Eclipse of Reason* (1947) von M. Horkheimer.

9 Vgl. J. Habermas, »Gegen einen positivistisch halbierten Rationalismus«, in: *Kölner Ztschr. f. Soziologie und Sozialpsychol.* Bd. 16 (1964).

10 Vgl. J. Habermas, *Technik und Wissenschaft als »Ideologie«* (Frankfurt/Edition Suhrkamp 287, 1968).

11 Vgl. dazu insbesondere die unter dem Titel *Holzwege* (Frankfurt 1950) erschienenen Aufsätze M. Heideggers.

12 Vgl. H. Marcuse, *One-Dimensional Man. Studies in the Ideology of Advanced Industrial Society* (Boston, Mass./Beacon Press, 1964, dtsch. Übers. Neuwied u. Berlin / Luchterhand 1967).

13 J. Habermas, *Technik und Wissenschaft als Ideologie,* a.a.O.

Pointe, die ohne Heideggers Theorie des »Gestells« (d. h. des die
Welt in der technologisch konzipierten Wissenschaft stellenden und
von ihr im Selbstverständnis wiederum gestellten Menschen)[14] kaum
denkbar ist[15]: Diese neue Pointe liegt darin, daß Marcuse und
Habermas nicht mehr, wie Marx, eine objektive Gesetzlichkeit der
Geschichte unterstellen, derzufolge die technologisch relevante Wissenschaft als Produktionskraft mit den kapitalistischen Produk-
tionsverhältnissen in Konflikt geraten muß und in diesem Konflikt
sich automatisch als Wegbereiterin des sozialen Fortschritts erweisen
muß[16].

Das durch Staatseingriffe technologisch geregelte System des Spätkapitalismus hat durch die zugehörige Politisierung von Wissenschaft und Technik neue Möglichkeiten funktioneller Stabilisierung
gewonnen, die Marx nicht voraussehen konnte. Dabei vermag die
im Verfügungswissen liegende Produktionskraft, die heute ungleich
wichtiger ist als die der Arbeiter, sich durchaus im Sinne der gerade
bestehenden Sozialstruktur als Instrument der Herrschaft von
Menschen über Menschen zu erweisen (und dies gleichzeitig – durch
Berufung auf das Prestige der Wissenschaft und die Notwendigkeit
technischer Effizienz – ideologisch zu verschleiern).

Die in der Gegenwart drohende Gefahr sehen Marcuse und Habermas daher gerade in der wechselseitigen Bestärkung von Herr-
schaftsstrukturen und technologischen Potenzen der *Science* im
Sinne eines Rückkoppelungssystems, – eines Systems, das im Sinne
funktionalistisch-kybernetisch reduzierter Wertung durchaus opti-
mal an sein Milieu adaptiert sein könnte, in dem aber gerade deshalb
die Chance demokratischer Mit- und Selbstbestimmung der Bürger
endgültig verspielt und die Selbstentfremdung des Menschen durch
perfektionierte, subjektiv kaum noch spürbare Manipulationstech-

---

14 Vgl. M. Heidegger, »Die Frage nach der Technik«, in: *Vorträge und Aufsätze*, Pfullingen 1954, S. 13–44.

15 Vgl. auch J. Habermas, a.a.O., S. 53. – Eine ältere Inspirationsquelle für die anti-
technologische bzw. antiszientifische Wendung Marcuses (ebenso wie E. Blochs und anderer
Neomarxisten) ist freilich der aus der jüdisch-christlichen Mystik bei Schelling und Marx
überlieferte Topos von der *Resurrektion der gefallenen Natur* (vgl. Habermas, a.a.O.,
S. 55).

16 Marcuse und Habermas entsprechen übrigens mit dieser Abwendung vom dogmati-
sierten Geschichtsmodell der marxistischen Orthodoxie der Forderung Merleau-Pontys
nach einem »Marxisme sans illusion, tout expérimental« und entziehen damit ihren
dialektischen Ansatz den prinzipiellen Einwänden, die K. R. Popper gegen die Geschichts-
prognosen des »Historizismus« vorgetragen hat.

niken zementiert wäre. Von dieser Pointe her wird verständlich, daß die »Neue Linke« ihre kritische Analyse des Systems der modernen Industriegesellschaft durchaus auf die – schon von Lenin auf das *Social Engineering* der Funktionäre und Technokraten abgestellte – sowjetische Gesellschaft übertragen kann und es zumindest teilweise auch tut.

(An dieser Frage ebenso wie an der Frage nach den, trotz aller technischer Perfektion zu postulierenden, Widersprüchen im Manipulationssystem – Widersprüchen in Form von gesellschaftlichen Konflikten, welche die »bestimmte Negation« des Systems als möglich erweisen –, an diesen Fragen scheiden sich freilich die Geister in der »Neuen Linken«[17]: Das Spektrum der Meinungen reicht hier von der wiederbelebten Klassenkampftheorie der marxistisch-leninistischen Orthodoxie einerseits bis zur quasi-anarchistischen Konzeption H. Marcuses andererseits, die angesichts der technischen Perfektion des modernen Manipulationssystems nur die »unbestimmte Negation« einer »absoluten Weigerung« als mögliche Antwort der noch nicht ins System integrierten Mitglieder der Gesellschaft übrig läßt.)

In unserem Zusammenhang interessiert vor allem jener Ansatz der »kritischen Theorie«, der von dem, in einem perfekten technokratischen Manipulationssystem vorauszusetzenden, Begriff der Wissenschaft und ihres Praxisbezuges ausgeht und an dieser wissenschaftstheoretischen und wissenschaftspolitischen Stelle auch den Hebel einer möglichen Veränderung des Systems ansetzen möchte: Er ist vor allem von J. Habermas ausgebildet worden, den man heute wohl als den führenden Wissenschaftstheoretiker der Frankfurter Schule der »kritischen Theorie« bezeichnen darf. Im Kontext seines Ansatzes ist auch der Begriff der »Emanzipation«, der zuerst vom jungen Marx im Sinne einer praktischen Verwirklichung der Philosophie gebraucht wurde[18], jene spezifische Verbindung mit dem primären Erkenntnisinteresse der Wissenschaft eingegangen, die uns im gegenwärtigen Zusammenhang beschäftigt.

17 Vgl. hierzu besonders: J. Habermas (Hrsg.), *Antworten auf Marcuse* (Frankfurt / Ed. Suhrkamp 263, 1968) und *Die Linke antwortet Jürgen Habermas* (Frankfurt / Europ. Verlagsanstalt 1968).

18 So z. B. in den berühmten Sätzen am Ende des Aufsatzes »Zur Kritik der Hegelschen Rechtsphilosophie von 1843«: »Die Emanzipation des Deutschen ist die Emanzipation des Menschen. Der Kopf dieser Emanzipation ist die Philosophie, ihr Herz das Proletariat. Die Philosophie kann sich nicht verwirklichen ohne die Aufhebung des Proletariats, das Proletariat kann sich nicht aufheben ohne die Verwirklichung der Philosophie« (Zitat nach Karl Marx, *Die Frühschriften*, hrsg. v. S. Landshut, Stuttgart/Kröner 1953, S. 224).

Der wissenschaftstheoretische Ansatz von Habermas ist vor allem durch das Bestreben charakterisiert, die leitenden Erkenntnisinteressen der gegenwärtig möglichen Wissenschaften als transzendentale Bedingungen der Möglichkeit ihrer Gegenstandskonstitution herauszuarbeiten und zueinander ins Verhältnis zu setzen[19]. Dabei unterscheidet er drei Erkenntnisinteressen, die den Wissenschaftsbegriffen

1. der empirisch-analytischen Naturwissenschaften (Science),
2. der hermeneutischen Geisteswissenschaften und schließlich
3. der »kritischen Theorie« zugrunde liegen:

Zu 1: Der empirisch-analytischen *Science,* d. h. ihrer möglichen Gegenstandskonstitution ebenso wie der möglichen experimentellen Überprüfung ihrer Hypothesen, liegt als transzententaler Rahmen das leitende Interesse »an der möglichen informativen Sicherung und Erweiterung erfolgskontrollierten Handelns« zugrunde; kurz: das »Erkenntnisinteresse an technischer Verfügung über vergegenständlichte Prozesse«[20]. Der transzendentale Rahmen dieses Erkenntnisinteresses verbürgt mit der Möglichkeit experimenteller Überprüfung zugleich das Kontinuum zwischen szientifischem Wissen und technischer Auswertung.

Zu 2: Den hermeneutischen Geisteswissenschaften, d. h. der möglichen Erschließung von Sinn und der Überprüfung von Sinnhypothesen in kommunikativer Erfahrung, liegt das leitende Erkenntnisinteresse »an der Erhaltung und Erweiterung der Intersubjektivität möglicher handlungsorientierender Verständigung«[21] zugrunde. Da das Verstehen von Sinn – wie insbesondere H.-G. Gadamer am Problem der »Traditionsvermittlung« gezeigt hat[22] – nur in dem

---

19 Vgl. die programmatische Frankfurter Antrittsvorlesung »Erkenntnis und Interesse« vom 28. 6. 1965 (jetzt abgedruckt in *Technik und Wissenschaft als ›Ideologie‹,* S. 146 ff) sowie die Ausführung dieses Programms in dem Buch gleichen Titels (Frankfurt / Suhrkamp 1968). – Vgl. für eine parallele Bemühung meine Aufsätze: »Die Entfaltung der ›sprachanalytischen‹ Philosophie und das Problem der ›Geisteswissenschaften‹« (*Philos. Jb.,* 72, 1965, S. 239–289; engl. Übersetzung »Analytic Philosophy of Language and the ›Geisteswissenschaften‹«, in: *Foundations of Language,* Suppl. Series, Vol. 5, Dordrecht 1967) und »Szientistik, Hermeneutik, Ideologiekritik: Entwurf einer Wissenschaftslehre in erkenntnis-anthropologischer Sicht« (*Wiener Jb. f. Philos.,* I, 1968, S. 15–45; Kurzfassung in *Man and World,* I, 1968). Für eine zusammenfassende Darstellung dieser Thesen als eines »dialektisch-hermeneutischen Ansatzes« vgl. den 2. Bd. von G. Radnitzky, *Contemporary Schools of Metascience* (Göteborg 1968).
20 Habermas, »Erkenntnis und Interesse« (Antrittsvorlesung), a.a.O., S .157.
21 ebda. S. 168.
22 Vgl. H.-G. Gadamer, *Wahrheit und Methode,* ²Tübingen 1965, Teil II.

Maße möglich ist, als der Interpret im Erschließen einer fremden Situationswelt zugleich den Welthorizont seines eigenen Daseins entwirft, da also alles hermeneutische Verstehen letztlich in den Kontext der Verständigung von heute lebenden Menschen über Möglichkeiten und Normen des Handelns hineingehört, definiert Habermas das den hermeneutischen Wissenschaften zugrunde liegende Erkenntnisinteresse auch kurz als das »praktische Erkenntnisinteresse«[23]. (Dabei versteht er unter »Praxis« die politisch-moralisch relevante Kommunikation und Interaktion[24] der Menschen im Gegensatz zu den wertneutralen, von austauschbaren Subjekten beliebig wiederholbaren Operationen der Technik, welche ebenso wie die logischen Operationen der experimentellen Wissenschaft eine Praxis der Kommunikation und Interaktion immer schon voraussetzen[25].)

Zu 3: Das leitende Erkenntnisinteresse der »kritischen Theorie« schließlich soll – entsprechend dem synthetischen Programm der »Frankfurter Schule« – das (postontologische) Anliegen einer zugleich praktisch engagierten und erkenntniskritischen Philosophie mit dem Anliegen einer ideologiekritischen Sozialwissenschaft, einschließlich der Psychoanalyse, zur Deckung bringen. Für dieses Programm nimmt Habermas das »emanzipatorische Erkenntnisinteresse« in Anspruch. – Bei dieser Spitze des Selbstverständnisses der »kritischen Theorie«, die zugleich ihre gesellschaftspolitische Zielrichtung anzeigt – im Sinne einer von ihr geforderten wissenschaftlichen Vermittlung von Theorie und Praxis – muß ich etwas länger verweilen; denn hier hat sich jene in der Gegenwart leidenschaftlich geführte Diskussion entzündet, in die aufgrund zureichenden Verständnisses einzutreten das Anliegen meines Vortrags ist.

Für den Außenstehenden – und zumal für den Vertreter eines rein szientistischen Selbstverständnisses der modernen Sozialwissenschaften – ist schwer einzusehen, wie die Sozialwissenschaften mit der auf ihre Bedingungen der Möglichkeit reflektierenden Philosophie das leitende Erkenntnisinteresse – und zwar im Sinne eines emanzipatorischen Engagements – gemeinsam haben sollen. Bei den

23 Habermas, *Technik und Wissenschaft als Ideologie*, a.a.O., S. 158.
24 Vgl. besonders Habermas, *Arbeit und Interaktion* . . , a.a.O., S. 9 ff.
25 Daß die kommunikative Praxis sogar für die Konstitution der logischen Partikel und somit für die Geltung der Operationen der formalen Logik als transzendentale Basis vorausgesetzt wird, hat P. Lorenzen in seiner »Protologik« gezeigt. Vgl. P. Lorenzen, *Methodisches Denken* (Frankfurt / Suhrkamp 1968, S. 81 ff.)

empirischen, nomologischen Naturwissenschaften ist eine Identifizierung des sie leitenden Erkenntnisinteresses mit dem der Philosophie offenbar, auch nach Habermas, nicht möglich. Weshalb soll
dann eine solche Identifizierung des Erkenntnisinteresses für das
Verhältnis von Philosophie und Sozialwissenschaften zulässig sein?
– Soll etwa das empirische Anliegen der modernen Sozialwissenschaften zugunsten dialektischer Konstruktionen einer engagierten
Sozialphilosophie aufgegeben werden?

Solchem Verdacht[26] gegenüber muß zunächst darauf hingewiesen
werden, daß Habermas nicht nur die Existenz und Legitimität empirischer Sozialwissenschaften unterstellt, sondern darüber hinaus
auch die Möglichkeit nomologischer Sozialwissenschaften im Sinne
der *Science*[27]. Das letztere ist insofern nicht selbstverständlich, als
ja auch empirisch-hermeneutische Wissenschaften existieren und es
in den Sozialwissenschaften schwierig genug ist, die kommunikative
Erfahrung durch Symbol-Verstehen – z. B. aufgrund von Interviews, Fragebögen und dgl., ja auch aufgrund des »Verstehens« von
Handlungsintentionen – so zu behandeln, als ob es sich um »Beobachtung«, »Beschreibung« und schließlich »Kausalerklärung« von
vergegenständlichten Prozessen handelte[28]. Das Phänomen der intersubjektiven Kommunikation und Interaktion, das von den hermeneutischen Wissenschaften unmittelbar als Ausgangsbasis und als
Ziel ihrer Erkenntnisoperationen akzeptiert wird, – eben dieses
soziale Urphänomen muß von den empirisch-analytisch (nomolo-
gisch) stilisierten Sozialwissenschaften tunlichst ausgeschaltet, d. h.
zugunsten der in den Naturwissenschaften vorausgesetzten Subjekt-Objekt-Relation der Erkenntnis aufgehoben werden. Die
Objektivation des Intersubjektivitätsverhältnisses ist aber tatsäch-

26 Diesem Verdacht ist die Konzeption der »kritischen Theorie« in der positivistischen
und auch in der im Sinne Poppers kritizistischen Begründung der Sozialwissenschaften
ausgesetzt. Vgl. die im Anschluß an die auf der Tübinger Tagung der Deutschen Gesell-
schaft für Soziologie (Oktober 1961) gehaltenen Referate von Th. W. Adorno und K. R.
Popper zwischen J. Habermas und H. Albert ausgetragenen Kontroverse: 1. Habermas,
Analytische Wissenschaftstheorie und Dialektik, in: Max Horkheimer (Hrsg.) *Zeugnisse,
Th. W. Adorno zum 60. Geburtstag*, Frankfurt 1963; 2. Albert, »Mythos der totalen
Vernunft«, in: *Kölner Ztschr. f. Soziol. und Sozialpsychol.*, Bd. 16, 1964; 3. Habermas,
Gegen einen positivistisch-halbierten Rationalismus, ebda.; 4. Albert, *Im Rücken des
Positivismus?*, ebda. Bd. 17, 1965.
27 Habermas, a.a.O., S. 158.
28 Vgl. H. Skjervheim, *Objectivism and the Study of Man*, Oslo 1959. – A. V. Cicourel,
Method and Measurement in Sociology, Glencoe 1964. Dazu J. Habermas, »*Zur Logik*
der Sozialwissenschaften«, *Beiheft 5 d. Philos. Rdsch.*, Tübingen 1967, III, 6,2.

lich in den modernen Sozialwissenschaften, d. h. in Psychologie,
Soziologie, Ökonomie und Politologie, in begrenztem Umfang und
Grade möglich. (U. a. aufgrund des Umstandes, daß formallogisch
sowohl das zweckrationale Verstehen wie andererseits das kausalanalytische Erklären, wenn man von allen heuristisch-pragmati-
schen Voraussetzungen der Forschungssituationen abstrahiert, auf
einen identischen Kern im Sinne eines hypothetisch-deduktiven
Systems zurückgeführt werden können[29]. Dabei setzt freilich das
zweckrationale Verstehen immer schon voraus, daß die zu verstehenden Menschen auch tatsächlich rational handeln; es kann daher –
im Gegensatz zum kausalanalytischen Erklären – durch negative
Instanzen nicht falsifiziert, sondern nur als unanwendbar erwiesen
werden. Die Unanwendbarkeit zweckrationalen Verstehens auf das
Verhalten bestimmter Menschen in bestimmten Situationen stellt
indessen den Sozialwissenschaftler erst recht vor das Problem, eine
»Erklärung« des in Frage stehenden Verhaltens zu finden; und erst
an dieser Stelle, wo es sich nicht darum handelt, ein Verstehen nach
Maximen formal als Erklärung nach Gesetzen zu stilisieren, sondern
an der Grenze des Verstehenkönnens nach Ursachen eines determinierten Verhaltens zu suchen, treten jene Theoriebildungen der
modernen Sozialwissenschaften in Funktion, die den Menschen und
sein Verhalten im Sinne von Quasi-Naturprozessen objektivieren.)
Insofern gibt es in den modernen Sozialwissenschaften, in begrenztem Umfang und Grad, eine gesetzmäßige – besonders statistische –
Erklärung menschlichen Verhaltens, die als prognostisch anwend-
bares Wissen, genau wie in den Naturwissenschaften, auch ein technisches Verfügen über den erklärbaren Gegenstandsbereich ermöglicht.
Eben hier setzt nun aber das emanzipatorische Erkenntnisinteresse
der »kritischen Theorie« mit einer zum technologischen Verfügungs-
interesse der empirisch-analytischen Sozialwissenschaften komplementären Fragestellung ein, die in gesellschaftspraktischer Hinsicht
den Charakter einer Korrekturbewegung hat: Karikaturhaft über-
spitzt könnte man die Situation folgendermaßen charakterisieren:
Die »kritische Theorie« sieht nicht, wie der Positivismus, in der

29 Vgl. besonders die Arbeiten von K. Popper, C. G. Hempel und Oppenheim und Th.
Abel sowie meine Kritik der letzteren in »Die Entfaltung der ›sprachanalytischen‹ Philosophie und das Problem der ›Geisteswissenschaften‹«, a.a.O. Für eine eingehende kritische
Würdigung der neopositivistischen Erklärungstheorie vgl. neuerdings G. Radnitzky, Contemporary Schools of Metascience, a.a.O., Bd. I, S. 146 ff.

Möglichkeit nomologischer Sozialwissenschaften eine feine Sache, die man nur tunlichst auszubauen hat, um schließlich die Herrschaft des Menschen über die Natur aufgrund von Erklärungswissen durch die Herrschaft des Menschen über den Menschen ergänzen zu können. Vielmehr sieht die »kritische Theorie« in dieser Möglichkeit eine höchst problematische Sache, die der Soziologie eine zusätzliche Aufgabe stellt, die sie nicht mehr mit den empirisch-nomologischen Sozialwissenschaften, sondern mit philosophischer Reflexion in praktischer Absicht ein Kontinuum bilden läßt: die Aufgabe nämlich, diejenigen gesellschaftlichen Konsequenzen empirisch-nomologischer Sozialwissenschaften, welche auf eine Potenzierung der Herrschaft des Menschen über den Menschen hinauslaufen, selbst noch wissenschaftlich zu reflektieren und nach Möglichkeiten einer Verhinderung dieser Konsequenzen Ausschau zu halten.

Der kritischen Reflexion in diesem Sinne bedarf bereits der Umstand, daß die empirischen Sozialwissenschaften ihren Gegenstand erst dadurch herauspräparieren müssen, daß sie von seiner Subjektnatur abstrahieren. Praktisch besagt dies: Der empirisch nomologischen Sozialwissenschaft muß daran gelegen sein, bei den menschlichen Objekten ihrer Theoriebildung solche Reaktionen zu verhindern, welche die Theorie unanwendbar machen würden. Das kann einmal, auf vorkybernetischer Stufe, dadurch geschehen, daß man einen Informationsaustausch zwischen Subjekt und Objekt der Sozialwissenschaft überhaupt verhindert; es kann aber auch, auf kybernetischer Stufe der sozialwissenschaftlichen Theoriebildung, dadurch geschehen, daß man spezifische, auf Informationsaustausch beruhende Reaktionsformen der Objekte der Theorie in dieser von vornherein einkalkuliert (im Sinne eines sich selbst regulierenden Feed-back-Systems).

Beide Formen der Ausschaltung systemverändernder Reaktionen des Objekts können legitim und – vom emanzipatorischen Engagement her gesehen – sozusagen harmlos sein: z. B. wird dies immer dann der Fall sein, wenn Subjekt und Objekt – z. B. Versuchsleiter und Versuchsperson in der experimentellen Psychologie – sich über den vorübergehenden Abbruch des Informationsaustausches und über das Interesse beider Seiten an der Verfügbarmachung gewisser konditionierter bzw. konditionierbarer Verhaltensweisen offen verständigt haben. In diesem Sinne ist sogar eine Verständigung über notwendige Manipulation möglich, und diese kann daher in Bereichen, wo intersubjektive Kontrolle garantiert werden kann, den Charakter einer von allen verantworteten Herrschaft des Menschen über sich selbst annehmen. Und bei Verhaltensweisen, deren Veränderung nicht wünschenswert oder zu schwierig ist, mögen diese Verhaltensweisen nun im medizinisch-psychologischen, im ökonomischen oder im politischen Bereich liegen, wird man sich, in einer verwissenschaftlichten Zivilisation, auf ein intersubjektiv kontrolliertes System der Selbstmanipulation des Menschen aufgrund von Gesetzeswissen einigen können und müssen. Hier wird dann sozusagen das empirisch-analytische Objektivieren und technische Verfügen über menschliches Verhalten durch eine hermeneutisch soziale Verständigung überlagert und unschädlich gemacht.

Es ist aber weder selbstverständlich, daß sozialwissenschaftlich erklärbare Verhaltensweisen nicht geändert werden können oder sollen, noch ist es wahrscheinlich, daß über Verhaltenserklärung und auf ihr beruhende Verhaltensmanipulation stets eine intersubjektive Verständigung zwischen Subjekt und Objekt erzielt oder auch nur angestrebt wird.

Um die bedenklichen Konsequenzen einer nicht durch hermeneutische Komplementärerkenntnis und kritische Reflexion kontrollierten Manipulationswissenschaft sich auszumalen, braucht man sich nicht einmal auf die hier besonders anfälligen Bereiche der Ökonomie oder Politik zu beschränken. Ein für die meisten Akademiker naheliegenderes Beispiel bietet die Pädagogik als klassischer Fall einer Wissenschaft, die es mit der Vermittlung von Theorie und Praxis zu tun hat[30]: Wollte sich die Pädagogik, wie es heute von einem positivistischen Wissenschaftsbegriff her oft suggeriert wird, ausschließlich als empirisch-analytische Sozialwissenschaft, etwa auf der Grundlage einer Konditionierungspsychologie, verstehen, so müßte sie konsequenterweise ihren Praxisbezug als rein technologischen verstehen: Sie würde dann zunächst einmal jede engagierte Verständigung der Pädagogen selbst über Bildungs- oder Ausbildungsziele als außerwissenschaftlich eliminieren. (Man könnte die Zielbestimmung ja etwa den Kulturpolitikern überlassen!)

Darüber hinaus aber würde sie vor allem jede nichtmanipulative, jede wahrhaft intersubjektive Kommunikation zwischen dem Pädagogen und den Zöglingen (als den Objekten der Pädagogik) als

30 Vgl. zum folgenden auch Kl. Mollenhauer, *Erziehung und Emanzipation*, München 1968, Einleitung.

unwissenschaftlich ausschalten. Kurz: Eine Pädagogik auf der Basis einer rein empirisch-nomologischen Sozialwissenschaft würde in ihrem Praxisbezug reine Dressurtechnologie sein. Völlig utopisch ist eine solche Vorstellung nicht, zumal dann nicht, wenn man sich die Funktion dieser Pädagogik im gesellschaftlichen Kontext eines technokratisch perfektionierten Systems der totalen Manipulation der großen Masse durch eine kleine Elite von Manipuleuren vorstellt.

Schon auf dieser Stufe der wissenschaftstheoretischen Reflexion läßt sich das gesellschaftspolitische Engagement einer kritischen Sozialwissenschaft begründen, die sich als emanzipatorisches Korrektiv zu einer gerade durch Sozialwissenschaft ermöglichten Manipulation versteht. Noch ist aber die zentrale Denkfigur, der methodologische Ansatz, der in der »kritischen Theorie« empirische Sozialwissenschaft und philosophische Reflexion in praktischer Absicht verknüpft, nicht vollends sichtbar gemacht. Er wird erst verständlich, wenn man auf die Tatsache reflektiert, daß in der gegebenen menschlichen Gesellschaft die Situation der Interaktion und Kommunikation in vielen Fällen (ja, streng genommen, in allen Fällen) so beschaffen ist, daß eine rein hermeneutische Verständigung zwischen den Kontrahenten selbst beim besten Willen nicht möglich und eine empirisch-analytische Objektivation und darauf gegründete Manipulation daher im gewissen Umfang unvermeidlich zu sein scheint. Eine solche Situation besteht z. B. zwischen Lehrer und Zögling, zumal wenn der letztere noch sehr jung ist; und sie besteht in besonders auffälliger Form im Verhältnis des Psychotherapeuten zum Neurotiker.

(In beiden Fällen kommt der zumindest ex professione überlegene Partner des Verhältnisses gar nicht darum herum, die kommunikative Verständigung mit dem anderen Partner partiell zu suspendieren und an ihrer Stelle ein Verhältnis der Verhaltens-Erklärung eintreten zu lassen. Diese Objektivation ist hier schon dadurch erzwungen, daß wesentliche Motivationen des Kindes einerseits, des Neurotikers andererseits ihrem Bewußtsein und damit zugleich ihrem sprachlichen Ausdrucksvermögen nicht zugänglich sind, wohl aber als Ursachen für Phänomene fungieren, die dem Lehrer bzw. dem Psychotherapeuten objektiv als Daten empirisch-analytischer Theoriebildung sich aufdrängen. Im Falle der Psychotherapie bestehen diese, durch unbewußte Motivationen determinierten Phäno-

mene z. B. in sog. »Symptomen«, die gewissermaßen als Ersatz-
sprache an die Stelle der dem Neurotiker nicht verfügbaren Sprache
der Kommunikation und der Selbstverständigung treten.)

Aber selbst in diesen Fällen ist die empirisch-analytische Objektivation und die darauf gegründete Manipulation des Sozialpartners
nicht das endgültige Ziel des wissenschaftlich-methodischen Ansatzes,
sofern dieser sich vom emanzipatorischen Erkenntnisinteresse her
versteht. Der Pädagoge wie der Psychotherapeut können gleichzeitig mit der distanzierenden Objektivation und unvermeidlichen
Manipulation des Partners bei diesem kommunikativ einen Refle-
xionsprozeß provozieren, durch den der Partner im Endeffekt die
nichttransparenten Motive sich selbst bewußt und damit schließlich
einer echten intersubjektiven Diskussion zugänglich machen soll.
Der methodische Ansatz des Pädagogen wie des Psychotherapeuten
besteht also, genau genommen, darin, Objektivation und Manipulation einerseits, provokative Verständigung andererseits so miteinander zu verknüpfen, daß im Falle des Gelingens der Prozedur der
erste Bestandteil überflüssig wird, weil dem objektivierenden Ansatz der Gegenstand entzogen wird: Das unreife, von außen zu
disziplinierende Verhalten des Kindes soll schließlich dank der richtigen Erziehung im autonomen Verhalten des Erwachsenen verschwinden, und die zunächst mehr erklärbare als verstehbare
Sprache der Symptome des Neurotikers soll schließlich in der
Sprache echter intersubjektiver Verständigung »aufgehoben« werden.

Damit hätte eine emanzipatorische Pädagogik bzw. Psychotherapie
ihr Ziel erreicht. Dieses Ziel wird freilich niemals vollständig erreicht – u. a. wird es deshalb nicht erreicht, weil auch das Kommunikationsverhältnis zwischen gesunden Erwachsenen in der bestehenden menschlichen Gesellschaft niemals ein rein intersubjektives sein
kann, das zu einer letztgültigen Verständigung über Sinn und Normen der Lebenspraxis führen könnte. Dem steht jene »Selbstentfremdung des Menschen« im Wege, die es bisher noch nie hat dazu
kommen lassen, daß die Menschen in ihren Worten bzw. in ihren
Handlungen sich selbst völlig transparent gewesen wären, jene auch
in der Rede von den »Sachzwängen« bezeugte Selbstentfremdung,
die bisher immer noch die menschliche Geschichte mehr zu einem
Resultat undurchschauter sozialer Kausalprozesse als zum Produkt
bewußter und verantworteter Handlungsintentionen gemacht hat.

Geht man nun, mit Marx, davon aus, daß diese Selbstentfremdung nicht durch irgendwelche individualpsychologische Aufklärung und Therapie aufgehoben werden kann, daß vielmehr die individuelle pädagogisch-psychotherapeutisch zu leistende Emanzipation des einzelnen selbst noch durch die Emanzipation der Gesellschaft zu vermitteln wäre, so wird die Aufgabe einer kritisch engagierten Sozialwissenschaft in ihrem ganzen Ausmaß sichtbar: Es geht dann darum, das soeben am Beispiel der Pädagogik und der Psychotherapie entwickelte Modell der Provokation von Reflexionsprozessen, welche unbewußt motiviertes und insofern erklärbares und manipulierbares Verhalten in bewußt verantwortetes Handeln umsetzen, auf die Gesellschaft im ganzen anzuwenden: Soziologie wird so zur emanzipatorisch engagierten Ideologiekritik, die sich übrigens – und darin geht die »kritische Theorie«, ebenso wie Sartre, über Marx hinaus – ihrerseits durch die individualpsychologische Aufklärung (z. B. Psychoanalyse) zu vermitteln hat; denn die Gesellschaft kann sich auch nicht emanzipieren ohne die Emanzipation aller einzelnen; und schon gar nicht kann sie, über die Köpfe der einzelnen hinweg, durch Manipulation einer die »objektiven Interessen« aller verwaltenden Parteielite emanzipiert werden.

An dieser Stelle, wo es um die Verhinderung elitärer Manipulation auch auf seiten der Emanzipateure geht, wird nun aber ein Problem sichtbar, das auch in der Pädagogik und Psychotherapie als das der riskanten Theorie-Praxis-Vermittlung bereits enthalten ist, im Bereich der Gesellschaftskritik und Gesellschaftstherapie aber zum Politikum werden muß: Es erhebt sich die Frage: Wie kann die zur ideologiekritischen Sozialwissenschaft dazugehörige Gesellschaftstherapie als politisch relevante Praxis organisiert und institutionalisiert werden? Die Antwort der Studentenbewegung auf diese Frage lautet bekanntlich: »Politisches Mandat« der Wissenschaft bzw. der Universität, oder auch: »Politisierung« der Wissenschaft bzw. der Universität! – An dieser zweifellos vieldeutigen und bedenklichen Parole[31] und der aus ihr abgeleiteten Praxis hat sich die gegenwärtig geführte, hochschulpolitische Diskussion um den Begriff der Wissenschaft und ihr Verhältnis zur Praxis, insbesondere zur Politik, entzündet; und der überwiegende Teil der etablierten Wissenschaftler

31 Bedenklich bleibt sie auch dann, wenn man die geforderte Politisierung als Kontra-Politisierung gegen die – zweifellos längst bestehende – Verflechtung der *Big Science* mit Wirtschaft und Politik der modernen Industriestaaten interpretiert.

scheint geneigt, im Namen der »Freiheit von Forschung und Lehre«
nicht nur die »politisierte Wissenschaft«, sondern mit ihr zugleich
die »emanzipatorische Funktion« der Wissenschaft zurückzuweisen
und sich auf den Begriff einer gesellschaftspolitisch voraussetzungs-
losen, wertfreien Wissenschaft zurückzuziehen.

Ich möchte im folgenden versuchen, aus der Sicht einer Wissenschaftstheorie, welche der Konzeption der »kritischen Theorie«
nahesteht, in einem bestimmten Punkt aber von ihr abweicht oder
– wenn man will – sie ergänzt, zu der zuletzt angedeuteten Kontroverse Stellung zu nehmen:

III. Wertfreie Wissenschaft, Wissenschaft als Emanzipation, Politik

Zunächst möchte ich bekräftigen, daß der Begriff wertfreier Wissenschaft m. E. auf die Naturwissenschaft und jene Ansätze oder
Aspekte der Sozialwissenschaften zu begrenzen ist, die technologisch
relevantes Verfügungswissen liefern: Genau insofern und insoweit
eine – oft unreflektierte – Vorverständigung darüber besteht, daß
eine Wissenschaft experimentell überprüfbares und insofern auch
technologisch verwertbares Verfügungswissen liefern soll, – genau
insofern und insoweit kann und muß eine Wissenschaft als wertfrei
aufgefaßt und praktiziert werden. Die auf menschliche Lebensmöglichkeiten bezogene Wertung, die mit jeder ursprünglichen Konstitution eines Gegenstandes »als etwas« in einer Situationswelt notwendig verbunden ist, diese unvermeidliche Wertung ist im Falle
der Konstitution des Gegenstandes der Naturwissenschaft gewissermaßen ein für allemal durch das Menschheitsinteresse an technischer
Verfügbarkeit der Welt vorweggenommen. Um ihretwillen muß
jede Forschung innerhalb des durch die Gegenstandskonstitution
festgelegten transzendentalen Rahmens der *Science* wertfrei sein;
denn »natura nonnisi parendo vincitur« (Bacon).

Man könnte auch das (mit der stillschweigenden Vorverständigung
über das Rahmenapriori der experimentell überprüfbaren Wissenschaft verknüpfte) Interesse an technischem Verfügungswissen bereits als Moment des emanzipatorischen Erkenntnisinteresses auffassen; denn Herrschaft über die Natur bedeutet virtuell Befreiung
des Menschen von undurchschauten Schicksalsmächten und zugehö-
rigem Aberglauben und ist die Voraussetzung jeder weitergehenden

Emanzipation, wie es die Denker der europäischen Aufklärung von
Bacon und Descartes bis Kant proklamiert haben. Indessen ist diese
emanzipatorische Funktion der Naturwissenschaft und der Technologie nur virtuell; sie hängt nämlich immer noch davon ab, welchen
Gebrauch die Menschen von Naturwissenschaft und Technik machen; oder – anders gesagt – davon, wie die Menschen ihre gesellschaftlichen Verhältnisse in Entsprechung zur technologischen Herrschaft über die Natur zu institutionalisieren verstehen:
Nicht erst der militärische Mißbrauch der technologischen Potenzen
der Naturwissenschaft, wie er am Beispiel der Atombombe sichtbar
wurde, zeigt die Möglichkeit einer Perversion der emanzipatorischen Funktion der Naturwissenschaft, sondern – in einer tieferen
Ebene der Verführung – schon jene wissenschaftspolitische Interpretation der *Science* und ihrer Erfolge, welche im technokratischen
Modell des Staates kulminiert. Die in einer wissenschaftstheoretischen Ebene zugrunde liegende Begriffsverwirrung besteht hier darin, daß man den Ansatz der *Science* verabsolutiert und die prinzipiell neue Situation übersieht oder gar zu übersehen wünscht, die für
den Ansatz und den Praxisbezug der Humanwissenschaften durch
den Umstand gegeben ist, daß die Menschen – genauer: alle Menschen – zugleich Objekt und Subjekt der Wissenschaften sind – genauer: sein sollten. Positiv folgt aus dieser Kritik des Szientismus:
die virtuell emanzipatorische Funktion bereits der Naturwissenschaft hängt davon ab, daß in der Ebene der Humanwissenschaften
der objektivierende Ansatz der *Science* nicht lediglich fortgesetzt
wird, sondern ein im Verhältnis zu ihm komplementärer Ansatz der
intersubjektiven Verständigung über Ziele und Werte ausgebildet
wird. (Die Notwendigkeit dieses komplementären Ansatzes läßt
sich am durchschlagendsten an jener Verständigungsgemeinschaft
aufweisen, welche die Naturwissenschaftler unter sich, einschließlich
der aus Büchern noch gleichsam mitdiskutierenden Vertreter der
wissenschaftlichen Tradition, bilden. Hier nämlich wird möglicherweise auch dem eingefleischten Szientisten deutlich, daß eine methodisch disziplinierte intersubjektive Verständigung nicht durch objektivierende Methoden der Verhaltenserklärung oder der technischen Verhaltenssimulation oder Steuerung ersetzt werden kann.) Es
ist auch keineswegs so, daß durch den Fortschritt der szientifischen
Methoden und ihrer technologischen Konsequenzen die hermeneutische Problematik der Verständigung irgendwie eingeschränkt wer-

den könnte. Im Gegenteil: Die bekannte Redeweise: »Wir wissen heute« oder »Die Wissenschaft kennt gegenwärtig« indiziert oder verdeckt eine wachsende Mannigfaltigkeit von intra- und interdisziplinären Kommunikations- und Übersetzungsproblemen. Bedenkt man, daß diese Kommunikation heute bereits kaum noch durch unmittelbare Verständigung der Experten, sondern weitgehend durch professionelle Vermittler – durchaus mit Einschluß von Journalisten populärer Zeitschriften – geleistet wird, so erkennt man deutlich, daß hier ständig neue Aufgaben[32] von der Art entstehen, wie sie den traditionellen Geisteswissenschaften von jeher als solche der Traditionsvermittlung und der interkulturellen Verständigung gestellt waren. Und man erkennt darüber hinaus, daß diese Aufgaben der metaszientifischen, die Traditionsvermittlung einschließenden Verständigung in einer nicht manipulierten Gesellschaft letzten Endes ein Kontinuum bilden müssen mit der Bildung der sog. »öffentlichen Meinung«[33].

Daher ist die »Einheit von Forschung und Lehre« für die hermeneutischen Wissenschaften im weitesten Sinne noch in einem anderen Sinne wesentlich als für die Naturwissenschaften: Sie dient hier nicht nur einer möglichst frühzeitigen Beteiligung der Studenten an der Forschung, sondern repräsentiert darüber hinaus bereits – und zwar als ideale Forderung – die kommunikative Verbundenheit des Geisteswissenschaftlers mit seinem Publikum. Während der Naturwissenschaftler als solcher kein Publikum braucht, sondern nur die Gemeinschaft der Experten, die seine Resultate überprüfen und an sie anknüpfen können, würde z. B. ein Literaturwissenschaftler,

---

32 Es handelt sich hier um Aufgaben, die durch die moderne, wiederum szientistische Erforschung der technischen Bedingungen der Information – bis hin zur Ermöglichung von Übersetzungsmaschinen – weitgehend erleichtert und die jedenfalls ohne diese Informationstechnologie in Zukunft kaum noch gelöst werden können. Gleichwohl behalten diese Aufgaben der Verständigung ihren eigenen methodologischen Charakter, der mit demjenigen der kybernetischen Technologie sowenig jemals identisch sein wird wie die Diskussion zwischen Kybernetikern über Sinn und Ziele möglicher Konstruktion und Programmierung von Computern jemals mit der Konstruktion und Programmierung von Computern identisch sein wird. Damit soll nicht geleugnet werden, daß von der technologischen Problematik der Informationstheorie her auch der Semantik und Hermeneutik neue Einsichten zuwachsen. Wollte man aber die Technologie der Information als Grundlage der Semantik bzw. der Hermeneutik ansehen, so würde man damit bereits vor jenem technokratischen Modell kapitulieren, in dem nach Schelsky die Zwecke von den Mitteln determiniert werden.

33 Vgl. hierzu J. Habermas, »Verwissenschaftlichte Politik und öffentliche Meinung«, in: Technik und Wissenschaft als ›Ideologie‹, a.a.O., S. 120 ff.

dem man sein Publikum nehmen wollte, damit zugleich Sinn und Inspiration seiner Forschung verlieren. Seine Interpretationsleistungen sind letzten Endes nichts anderes als wissenschaftlich vermittelte Diskussionsbeiträge in der permanenten öffentlichen Verständigung der Menschen über mögliche Stile und Normen eines Lebens, das lebenswert sein könnte. Grundsätzlich nicht anders steht es mit den wissenschaftlichen Interpretationsleistungen des Juristen, zumal dann, wenn sie über den Rahmen einer überkommenen Rechtsdogmatik hinausgreifend als Beiträge zur Begründung des Rechts – etwa im Hinblick auf die bei uns anstehende große Strafrechtsreform – intendiert sind.

An dieser Stelle wird aber auch deutlich, daß bei jenen Verständigungswissenschaften, die als komplementäre Ergänzung der *Science* zu postulieren sind, die Frage der Wertung, und zwar als Frage nach den letzten Maßstäben der Wertung, nicht ausgeschaltet werden kann. Sie kann auch nicht reduziert werden auf die Bewertung von Informationen im Interesse der Selbsterhaltung eines »adaptiven Systems«, als das sich kybernetisch-biologisch ein Organismus auffassen läßt; denn die Wertungsprobleme der menschlichen Gesellschaft, um die es in den hermeneutischen und in den kritischen Sozialwissenschaften gehen muß, implizieren als oberstes »Worumwillen« stets mehr als nur das Überleben eines gut angepaßten Systems, so wichtig dieser Gesichtspunkt zumal für ökonomisch-politische Entscheidungstheorien auch sein mag. Formalisiert man aber den kybernetischen Gesichtspunkt der Informationsbewertung in dem Sinne, daß die Bewertung auf das jeweils zu lösende Problem relativiert wird[34], dann stellt sich sogleich wieder das komplementäre Problem der intersubjektiven Verständigung über Art und Wichtigkeit der in einer Gesellschaft zu lösenden Probleme. Will man hier die anspruchsvolleren Programme einer philosophischen Begründung der Wertungsnormen bzw. einer historisch-soziologischen Totalreflexion der Lage im Sinne einer engagierten »Theorie der Gegenwart« als unwissenschaftlich ausschalten und die Wissenschaft auf das Durchspielen alternativer hypothetischer Problemlösungen beschränken[35], so würde damit die Verständigung über die

34 Vgl. K. Steinbuch, *Falsch programmiert,* Stuttgart 1968, S. 104.
35 Der letzte Aufsatz von H. Albert (»Sozialwissenschaft und politische Praxis«, in: *Arch. f. Rechts- und Sozialphilos.* 1968 LIV/2, S. 247 ff.) zeigt m. E. das Dilemma eines Wissenschaftstheoretikers, der den Begriff wertfreier »Science« nicht überschreiten und

geschichtliche Situation der Gesellschaft und die legitimen Interessen ihrer Mitglieder der rationalen Reflexion und der öffentlichen Diskussion entzogen und einer Ad-hoc-Konvention zwischen Experten und Politikern überlassen; wir würden uns dann unweigerlich auf eine Gesellschaftsverfassung zubewegen, die auf eine Kombination von Technokratie und politischem Dezisionismus[36] hinausliefe. – Sind wir zu einer solchen Resignation des emanzipatorischen Anspruchs wissenschaftlicher »Aufklärung« etwa gezwungen, um der Idee der Wissenschaft und der intellektuellen Redlichkeit Genüge zu tun?

Mir scheint die Voraussetzung einer Verständigung über Ziele und Werte nicht so hoffnungslos irrational, wie vielfach von den Vertretern des Szientismus angenommen wird. Es ist hier wiederum zweckmäßig, sich auf die kritische Verständigungsgemeinschaft zu besinnen, die auch die Vertreter wertfreier Wissenschaft unter sich immer schon bilden müssen, um Sätze dieser Wissenschaft in Geltung zu setzen. Hier nämlich, in der intersubjektiven Dimension kritischer Verständigung, müssen auch diejenigen, die nur zu beschreiben und zu erklären wünschen, gerade um der wertfreien Wissenschaft willen Wertmaßstäbe einer Minimalethik beachten[37]: dazu gehört z. B. die wechselseitige Respektierung der Wissenschaftler als autonomer Subjekte freier Meinungsäußerung, deren kritische Argumente ernst zu nehmen, aber auch daraufhin zu prüfen sind, ob sie selbst die Argumente der Kollegen respektieren.

Wesentlich aufgrund einer Extrapolation der soeben angedeuteten Minimalethik, die in einer Gemeinschaft der Wissenschaftler immer schon vorausgesetzt ist, hat es K. R. Popper fertiggebracht, in seiner Sozialphilosophie ein Ideal der »offenen Gesellschaft« und eine engagierte Ideologiekritik der »Feinde der offenen Gesellschaft« zu entwickeln; und dies, obgleich er in seiner »Logik der Forschung« den *Science*-Begriff wertfreier Wissenschaft nicht glaubt überschreiten zu dürfen. In der Tat scheint mir Poppers Engagement für eine »offene Gesellschaft« nicht, wie er selbst meint, auf eine »irrationale, moralische Entscheidung«[38] zurückzugehen, sondern auf eine reflexive

---

doch zugleich eine kritisch-emanzipatorische Funktion der Wissenschaft bejahen möchte (vgl. bes. S. 273).

36 Vgl. J. Habermas, *Verwissenschaftlichte Politik u. öffentliche Meinung*, a.a.O., S. 143 ff.

37 Dies hat zuerst Ch. S. Peirce erkannt. Vgl. meine »Einführung« in Peirce, *Schriften I* (Frankfurt / Suhrkamp 1967), S. 105 ff.

38 K. Popper, *The open society and its enemies*, London 1945, Vol. II, S. 131 ff. Dazu meine Kritik in: »Sprache und Reflexion« (in: *Akten d. XIV. Internationalen Kongresses*

Bestätigung und willensmäßige Bekräftigung jener Option für eine
»unbegrenzte« Gemeinschaft gleichberechtigter Kritiker, die jeder,
der sinnvoll argumentiert, implizit schon vorgenommen hat.

Kurz: Die Vernunft ist zugleich der Wille zur Vernunft (wie zuerst
Fichte klar erkannte), und der Wille zur Realisierung der Vernunft
ist zugleich – im Sinne K. Poppers – der Wille zur Realisierung einer
»Offenen Gesellschaft«. Der Wille zur Realisierung einer offenen
Gesellschaft aber ist – wohlverstanden – der Wille zur Veränderung
derjenigen politischen und sozialen Verhältnisse, welche einer Realisierung der »Offenen Gesellschaft« entgegenstehen: So wird sich der
Wille zur offenen Gesellschaft ebenso gegen alle äußeren wie gegen
alle inneren Begrenzungen der freien Meinungsbildung richten, also
gegen Meinungszensur ebenso wie gegen Manipulation, Demagogie
sowie gegen bewußte und unbewußte Ideologisierung der Verstän-
digungsprozesse. Darüber hinaus gehört zur Realisierung der »Offenen Gesellschaft« aber auch die Durchsetzung gleicher Bildungs-
chancen für alle Mitglieder der Gesellschaft.

Im Sinne dieser – zweifellos unzureichenden – Andeutungen scheint
es mir durchaus nicht unmöglich, aus dem Apriori der »unbegrenzten« Kommunikationsgemeinschaft[39], das die Voraussetzung jeder
wissenschaftlichen Argumentation bildet, dasjenige politische und
soziale Engagement abzuleiten, das den obersten Wertungsmaßstab
für die hermeneutischen Verständigungswissenschaften und die kritischen Sozialwissenschaften abgeben kann: Für die hermeneutischen
Verständigungswissenschaften liefert das Ideal einer von naturwüchsigen Schranken und Determinationen freien, unbegrenzten

für Philosophie, Wien: 2.–9. September 1968, Bd. III, Wien/Herder 1969, S. 417 ff.). (Vgl.
unten S. 311 ff.)

39 Dieses transzendentale Postulat des semiotisch transformierten Kantianismus von Ch.
S. Peirce scheint mir mit Poppers Idee der »Offenen Gesellschaft« im Prinzip identisch zu
sein. Eine dialektische Philosophie wird freilich nicht allein von diesem transzendentalen
Postulat ausgehen, sondern immer zugleich von der konkreten Gesellschaft, in der die Bedingungen der idealen Kommunikationsgemeinschaft, die der Argumentierende in Anspruch nimmt, allererst zu schaffen sind. Darin liegt m. E. eine Vermittlung von Apriori-
mus und Empirismus diesseits jeder, idealistischen oder materialistischen, Ontologie. Eine
Abspannung dieser Dialektik zugunsten einer schlicht materialistischen Analyse der sog.
»objektiven Verhältnisse«, wie sie gegenwärtig wieder von vielen Simplifikatoren propa-
giert wird, läuft nicht etwa – wie die Simplifikatoren glauben mögen – auf eine Befreiung
von transzendentalphilosophischem Ballast hinaus; sie bedeutet vielmehr, daß anstelle der
»unbegrenzten« (»offenen«) Gemeinschaft der Kritiker eine elitäre Clique darüber entscheidet, was die »objektiven Verhältnisse« sind (wobei die menschlichen Kosubjekte, soweit sie nicht das »richtige Bewußtsein« haben, einfach unter die zu verändernden »objektiven Verhältnisse« subsumiert werden).

Verständigung das regulative Prinzip für die Aneignung der Vernunft in der Tradition, für die Suche nach dem »Vorschein« der Wahrheit (E. Bloch) selbst in den ideologischen Gehalten der Überlieferung. Für die kritischen Sozialwissenschaften liefert das nämliche Ideal den Maßstab, an dem die institutionellen Entfremdungen, die von begrenzten Klasseninteressen determinierten Formen und Inhalte eines »falschen Bewußtseins« als Hindernisse einer Realisierung der idealen Kommunikationsgemeinschaft in der geschichtlich gewordenen Gesellschaft erkennbar werden.

Eine andere und m. E. schwieriger zu lösende Frage ist die nach dem Übergang von der Wissenschaft zur politischen Praxis (einschließlich der Wissenschaftspolitik). Wenn die Wissenschaft als hermeneutische Verständigungswissenschaft und kritische Sozialwissenschaft ein gesellschaftspolitisches Engagement so oder so impliziert, so scheint daraus zu folgen, daß die Wissenschaft ein »politisches Mandat« ausüben bzw. »politisiert« werden muß. Ich deutete bereits an, daß mir diese Forderungen äußerst vieldeutig und daher »bedenklich« vorkommen. Ich möchte daher meine Aufgabe in erster Linie darin erblicken, vom Standpunkt der Wissenschaftstheorie zu ihrer Klärung beizutragen. (Eine zureichende Klärung der Möglichkeiten und Konsequenzen kann hier freilich nur durch sehr konkrete politologische und juristische Überlegungen erreicht werden.)

Zunächst möchte ich zwei extrem divergierende Interpretationen miteinander konfrontieren:

1. Von einem in wissenschaftspolitischer Hinsicht konservativen Standpunkt aus könnte man unter dem »politischen Mandat« der Wissenschaft das politische Engagement der einzelnen Wissenschaftler als Staatsbürger verstehen, in das ja durchaus die wissenschaftliche Sachkompetenz als autoritätsbildender Faktor eingeht. Beispiele solchen Engagements waren die Bemühungen bekannter Physiker, auf eine friedliche Nutzung der Atomenergie hinzuwirken. Ein anderes Beispiel ist in unseren Tagen die parteipolitische Betätigung des Soziologen Dahrendorf. Prinzipiell in dieselbe Kategorie des politischen Engagements würde die Betätigung von Studenten in politischen Studentenvereinigungen gehören.

Bereits von dieser Form des politischen Engagements darf gesagt werden, daß sie als Korrektiv jener bekannten und vielkritisierten unpolitischen Einstellung deutscher Gelehrter gelten kann, die in der Vergangenheit einer Unterdrückung demokratischer Freiheiten und

schließlich einer schlechten Politisierung der Universität von außen
zweifellos Vorschub geleistet hat. Dennoch erfüllt diese Form des
politischen Engagements einzelner kaum die spezifische Intention
der Forderung eines »politischen Mandats« der Wissenschaft bzw.
der Universität. Mir scheint sie auch vom wissenschaftstheoretischen
Standpunkt aus ungenügend zu sein; denn sie ist ohne Rücksicht auf
das spezifische gesellschaftspolitische Engagement der einzelnen
Wissenschaften möglich (z. B. auch unter der Voraussetzung einer
wertfreien Wissenschaft, wie das Beispiel der Physiker und – subjektiv – auch Dahrendorfs zeigt).

2. Eine extrem weitgehende Interpretation der Forderung eines
»Politischen Mandats« der Wissenschaft ist diejenige, die auch unter
dem Stichwort »Politisierung der Wissenschaft« von studentischer
Seite erhoben wird. Sie wird vielfach in der Weise aus dem Konzept
der »kritischen Theorie« abgeleitet, daß man diese als »Vermittlung
von Theorie und Praxis« versteht und von da aus den Unterschied
zwischen Wissenschaft und Politik überhaupt aufheben möchte. –
Nun läßt sich m. E. kaum bestreiten, daß standpunktmäßig engagierte Theoriebildungen der Philosophie und der kritischen Sozialwissenschaften im Ansatz und im Effekt eine Vermittlung von
Theorie und Praxis leisten; gleichwohl glaube ich, daß diese Vermittlung wissenschaftstheoretisch und auch im Sinne möglicher Institutionalisierung von derjenigen Vermittlung von Theorie und
Praxis unterschieden werden kann und muß, die von einem Politiker
– auch von einem Wissenschaftspolitiker – zu leisten ist, der aufgrund theoretischer Anleitung ein bestimmtes Ziel in der Praxis
durchzusetzen versucht.

An dieser Stelle muß ich die philosophische Begründung der »kritischen Theorie«, die Habermas in seinem Buch »Erkenntnis und In-
teresse« vorgelegt hat[40], wie mir scheint, ergänzen oder präzisieren:
Das »emanzipatorische Interesse«, das Habermas für die kritischen
Sozialwissenschaften und für die Philosophie in Anspruch nimmt,
führt – trotz Fichte – in der höchsten Spitze der Reflexion nicht, wie
Habermas will, zur schlechthinnigen Identität von Erkenntnis und
Interesse, von Reflexion und praktischem Engagement. Wenigstens
kann das für uns endliche Menschen nicht gelten, wenn man unter
Engagement eine riskante, politisch effektive Parteiergreifung ver-
steht (ein Engagement, in dem die »exzentrische Position« des Re-

40 Vgl. besonders Kap. 9 des Buches von Habermas.

flektierenden, der sich im vorhinein mit der unbegrenzten Gemeinschaft der Kritiker identifiziert, zugunsten der leibzentrischen Position der Solidarisierung im Hier und Jetzt aufgegeben werden
muß)[41]. Theoretische Reflexion und materiell-praktisches Engagement sind, trotz der Identität der Vernunft mit dem Vernunft-
interesse, nicht identisch, sondern treten auf der höchsten Stufe
philosophischer Reflexion als polar entgegengesetzte Momente
innerhalb des emanzipatorischen Erkenntnisinteresses noch einmal
auseinander. Das zeigt sehr deutlich die philosophische Reflexion,
die Habermas selbst in Anspruch nimmt, wenn er als Wissenschaftstheoretiker die drei fundamentalen Erkenntnisinteressen als transzendentale Bedingungen der Möglichkeit wissenschaftlicher Fragestellungen analysiert und schließlich auch noch über das Verhältnis
von Erkenntnis und Interesse befindet: Diese, ihrem Gültigkeits-
anspruch nach universale, Reflexion kann zwar durchaus auch das
emanzipatorische Erkenntnisinteresse für sich in Anspruch nehmen;
sie involviert aber nur einen Teil des emanzipatorischen Erkenntnisinteresses, jenen Teil, den man charakterisieren könnte als: Interesse
an Entdogmatisierung und Kritik jeder Überzeugung, am virtuell
universalen Zweifel[42], an der Möglichkeit der Revision jedes Engagements als eines Experiments unter Anleitung einer Hypothese[43];
kurz: sie involviert den Teil des emanzipatorischen Erkenntnisinteresses, aus dem die Wissenschaft, trotz allen heuristischen Engagements, ihre Legitimation als Wissenschaft bezieht. Zu glauben,
damit könnte auch jener polar entgegengesetzte Teil des emanzipatorischen Interesses gedeckt werden, den Marx in Anspruch nahm,
als er forderte, die Welt müsse nicht nur interpretiert, sondern ver-

41 Die von Habermas postulierte Identität von Erkenntnis und Interesse, von Reflexion
und praktischem Engagement setzt, wie mir scheint, die von Marx geforderte »Verwirklichung der Philosophie«, welche zugleich ihre »Aufhebung« sein würde, schon voraus,
statt sie als ein »regulatives Prinzip« zu betrachten, dem – unbeschadet seiner Geltung –
»nichts Empirisches korrespondieren kann« (Kant). – Vgl. hierzu auch meinen Aufsatz
»Reflexion und materielle Praxis: zur erkenntnisanthropologischen Begründung der Dialektik zwischen Hegel und Marx« (in: *Hegelstudien*, Beiheft 1, S.151-166). (Vgl. oben S. 9 ff.)
42 D. h. nicht an jenem Zweifel an allem, den man Descartes als universalen Zweifel
zuschreibt, sondern an dem wohl von Peirce zuerst in seiner Eigenart reflektierten Zweifel,
der zum »fallibilistischen« Selbstverständnis des Wissenschaftlers gehört.
43 In gewisser Weise ermöglicht auch die psychoanalytische Reflexion für den Patienten
die Revision eines praktischen Engagements, das sich als Irrtum herausgestellt hat, insofern hat sie Teil an der emanzipatorischen Funktion der Wissenschaft. Die Therapie aber
muß wohl darüber hinaus stets ein praktisches Engagement zumindest des Patienten, das
unter endlichen Bedingungen nicht wissenschaftlich sein kann, in Kauf nehmen.

ändert werden, – dies zu glauben würde m. E. auf eine idealistische
Illusion hinauslaufen. Diese idealistische Illusion könnte unter den
gegenwärtigen Solidarisierungsbedingungen einer nicht mehr »skeptischen Generation« jene andere – subjektiv-materialistische – Illusion zur Folge haben, welche das notwendigerweise dogmatische,
aus der kritischen Kommunikationsgemeinschaft der Wissenschaftler ausscherende Engagement der politischen Praxis noch als Wissenschaft glaubt ausgeben zu können.

Mit dieser, für viele enttäuschenden, Analyse wird nicht einer un-
dialektischen Trennung von Theorie und Praxis das Wort geredet;
denn benötigt wird m. E. sowohl wissenschaftliche Theoriebildung,
die durch ein praktisches Engagement vermittelt ist, wie andererseits
politische Praxis, die durch wissenschaftliche Theoriebildung vermittelt ist. Und die Staatsform der Demokratie kann m. E. als der
Versuch angesehen werden, fundamentale Spielregeln der im Bereich
der Wissenschaft mit einigem Erfolg institutionalisierten unbegrenzten kritischen Kommunikationsgemeinschaft auch im Medium der
Politik zu realisieren[44]. Gerade um dies zu ermöglichen, darf aber
der begriffliche und seit einigen Jahrhunderten auch praktisch
wirksam institutionalisierte Unterschied zwischen Wissenschaft und
Politik nicht aufgehoben werden.

Folgt aus dieser Analyse die Unmöglichkeit bzw. Unzulässigkeit
eines »politischen Mandats« der Wissenschaft? – Wenn man unter
diesem die Möglichkeit juristischer Legitimation der Politik aus der
Wissenschaft unter Überspringung der parlamentarischen Spielregeln der Willensbildung versteht, dann glaube ich diese Frage
bejahen zu müssen. Ich meine jedoch eine andere Möglikeit zu
sehen, die über das private politische Engagement im Namen der
Wissenschaft hinausgeht: Nicht der Wissenschaft unmittelbar, wohl
aber einer demokratisch organisierten Universität kommt m. E. so
etwas wie ein »politisches Mandat« zu, nicht ein politisches Mandat
schlechthin, sondern ein Mandat für Wissenschaftspolitik, das auch
jetzt schon praktisch ausgeübt wird und nicht durch den Staat eingeschränkt, sondern ausgebaut werden sollte. Es ließe sich philosophisch wohl interpretieren als Mandat für die Mitwirkung bei der
Realisierung der politischen Bedingungen der Möglichkeit der Wissenschaft einschließlich ihrer emanzipatorischen Aufklärungsfunktion.

44 Vgl. hierzu meine Kritik an »Arnold Gehlens Philosophie der Institutionen« (*Philos.
Rdsch.* 10. Jahrg. 1962, S. 1–21). (Vgl. Bd. I, S. 197 ff.)

II. Transformation der Transzendentalphilosophie: Das Apriori der Kommunikationsgemeinschaft

Von Kant zu Peirce:
Die semiotische Transformation der Transzendentalen Logik

I. Einleitung: Die transzendentale Dimension der modernen »Logic of Science«

Vergleicht man Kants *Kritik der reinen Vernunft* als Wissenschaftstheorie mit der Wissenschaftslogik unserer Tage, so dürfte sich als tiefster Differenzpunkt der methodologische Unterschied von Bewußtseinsanalyse und Sprachanalyse feststellen lassen:

Kant geht es darum, die *objektive Geltung* der Wissenschaft für jedes Bewußtsein überhaupt verständlich zu machen; zu diesem Zweck ersetzt er zwar die empiristische Erkenntnis-*Psychologie* der Locke und Hume durch eine »transzendentale« Erkenntnis-*Logik*, aber seine Untersuchungsmethode bleibt doch auf den, von ihm selbst so genannten, »höchsten Punkt« der *Einheit des Bewußtseins* in der »transzendentalen Synthesis der *Apperzeption*« bezogen; und diesem Vorgriff entsprechend sind die, eine objektive Einheit stiftenden, *Regeln a priori*, die Kant an die Stelle der psychologischen Assoziationsgesetze Humes setzt, Regeln psychischer Vermögen, wie »Anschauung«, »Einbildungskraft«, »Verstand«, »Vernunft«.

Ganz anders die moderne »Logic of Science«: Hier fehlt nicht nur die Rede von psychischen Vermögen; auch das Problem des Bewußtseins als des Subjekts (im Gegensatz zu den Objekten) der wissenschaftlichen Erkenntnis ist so gut wie beseitigt. An die Stelle dieser psychologischen Requisiten der »transzendentalen Logik« Kants ist nicht etwa, wie manche Moderni gerne glauben möchten, »die« formale Logik in ihrer mathematischen Erneuerung getreten, sondern – genauer betrachtet – die »logische Syntax« und »Semantik« von Wissenschafts-*Sprachen*. Diese Wissenschafts-*Sprachen* als »semantical frameworks« sind das neue Substrat der Regeln a priori, in denen über die mögliche Beschreibung und Erklärung der »Dinge, sofern sie einen gesetzmäßigen Zusammenhang bilden«, vorentschieden ist[1]; und das kantische Problem der objektiven Geltung der

---

1 Vgl. insbesondere R. Carnap, »Empirism, Semantics and Ontology«, in: *Meaning and Necessity*, Chicago and London 1956.

wissenschaftlichen Erkenntnis für ein »Bewußtsein überhaupt«
sollte in der modernen »Logic of Science« durch die logisch-syntak-
tische und die logisch-semantische »Rechtfertigung« von wissenschaftlichen Sätzen (Hypothesen) bzw. Theorien gelöst werden,
d. h. durch Sicherstellung ihrer logischen Konsistenz und ihrer empirischen Verifizierbarkeit (oder vorsichtiger: Konfirmierbarkeit).
Eine (philosophiegeschichtliche) Pointe dieser syntaktisch-semantischen Rekonstruktion der Wissenschaftstheorie wird m. E. sichtbar,
wenn man fragt, was in der modernen »Logic of Science« aus dem
kantischen »Bewußtsein überhaupt«, d. h. aus dem *transzendentalen Subjekt* der Wissenschaft, geworden ist. Offiziell müßte die
Antwort lauten: Diese Voraussetzung wird nicht mehr benötigt.
Sofern es sich dabei um den Menschen als Subjekt handelt, läßt sich
das Subjekt der Wissenschaft auf ein Objekt der Wissenschaft reduzieren; sofern es sich aber um eine logische Bedingung der Möglichkeit und Gültigkeit der Wissenschaft handelt, ist die transzendentale
Subjekt-Funktion durch die der Logik der Wissenschaftssprache
ersetzt: Sprachlogik und empirische Überprüfbarkeit von Sätzen
bzw. Satzsystemen treten also zusammen an die Stelle von Kants
transzendentaler Logik der objektiven Erfahrung.
Indessen: dieses offizielle Selbstverständnis der modernen »Logic
of Science« trifft m. E. schon lange nicht mehr deren wirkliche Problemsituation; es impliziert ein ideologisches Moment, in dem das
Scheitern des ursprünglichen Programms der modernen »Logic of
Science«, des »Logischen Empirismus«, verdeckt wird: Die Ablösung der transzendentalen Funktion des Erkenntnis-Subjekts
durch »die« Logik der Wissenschaftssprache konnte nämlich genau
so lange im Ernst vertreten werden, als man sich Hoffnung machen
konnte, die Intersubjektivität der möglichen Geltung aller empirischen Wissenschaft durch die Syntax und Semantik der einen
»Ding«- bzw. »Tatsachen«-Sprache[2] sicherstellen zu können. Genau

---

2 Schon in der Reduktion der »Ding«- bzw. »Ereignis«-Sprache auf die »Tatsachen«-
Sprache, wie sie im *Tractatus* L. Wittgensteins eingeleitet und in der konstruktiven Semantik – z. B. in Hempels Rekonstruktion der »Erklärung von Ereignissen« durch die
logische Ableitung der entsprechenden »Beschreibungs-Tatsachen« – fortgesetzt wurde,
kommt der *Neo-Leibnizianismus* der Reduktion der transzendentalen Logik der *Erfahrung* auf die formale Logik der sprachlichen *Beschreibung* zum Ausdruck: Die Frage nach
der *Geltung* von Erkenntnis wird hier, als Frage nach der logischen und empirischen *Begründung* von beschreibbaren *Tatsachen*, von der Kantschen Frage nach den *subjektiven*
Bedingungen der *Möglichkeit* der Erfahrung von *Dingen* bzw. *Ereignissen* wieder getrennt – so als ob diese letztere Frage auf eine psychologische Frage nach der Entstehung

dies war die Pointe, kraft deren der junge Wittgenstein im *Tracta-*
tus sich berechtigt fühlte, die »Logik der Sprache« mit Anspielung
auf Kant »transzendental« zu nennen[3] und das Subjekt der Wissenschaft, als etwas, das es in der Welt »nicht gibt«, mit der Weltbe-
grenzungsfunktion der Sprachlogik gleichzusetzen[4].

In der Zwischenzeit hat sich jedoch herausgestellt, daß weder die
logische Konsistenz noch (gar) die intersubjektive, empirische Überprüfbarkeit der Wissenschaft durch die Syntax und Semantik einer
Ding- bzw. Tatsachen-Sprache sichergestellt werden können. An
zwei Stellen erwies es sich als notwendig, unter dem Stichwort *prak-*
tischer Konventionen die sogenannte *Pragmatische Dimension* der
Zeichen-*Interpretation* durch Menschen als Bedingung der Möglichkeit und Gültigkeit wissenschaftlicher Sätze zur Geltung zu bringen:

1. Einmal geschah dies im sogenannten *Verifikations*problem, wo
die logisch rekonstruierte Wissenschaftssprache mit den »Tatsachen«
zu verknüpfen war: Es zeigt sich hier, daß gerade die sprachanalytische Form der modernen Wissenschaftstheorie die Konsequenz hat,
daß man die zu überprüfenden Theorien der Wissenschaft nicht mit
den nackten Tatsachen, sondern nur mit den sogenannten Basis-
sätzen konfrontieren kann. Um diese aber in Geltung zu setzen,
bedarf es einer *Verständigung* der wissenschaftlichen Experten als
der pragmatischen Interpreten der Wissenschaft, d. h. aber: als der
Subjekte der Wissenschaft, sofern sie prinzipiell nicht auf Objekte
der empirischen Wissenschaft reduziert werden können. Die Sprache
dieser Verständigung über Basissätze kann nun im Sinne der logi-

von Erkenntnis reduziert werden könnte (Trennung des »context of discovery« vom
»context of justification«). – Auch diese Reduktion der *transzendentalen* Logik durch die
(syntaktisch-semantische) »Logic of Science« scheint der Korrektur durch eine transzen-
dentalpragmatisch ergänzte Sprachlogik zu bedürfen; dies wird allein schon durch den
Umstand nahegelegt, daß die *syntaktisch-semantische* Rekonstruktion der Kausal-Erklä-
rung von Ereignissen durch das deduktiv-nomologische Modell der Ableitung von Tatsachen bis heute kein Kriterium für die Unterscheidung kontingenter All-Sätze und Symp-
tom-Verallgemeinerungen von erklärungsrelevanten Gesetzes-Aussagen hat beibringen
können. Hier rächt sich, wie es scheint, die unreflektierte Abstraktion von der *pragmati-*
schen Dimension des kausalen Diskurses der experimentellen Wissenschaft, die ihre *rele-*
vanten Gesetzeshypothesen durch Abduktion (Peirce) am heuristischen Leitfaden der *Kau-*
salitäts-Kategorie gewinnt. – Vgl. hierzu A. Wellmer, »Erklärung und Kausalität« (unveröffentl. Habil.-Schrift), ferner K. O. Apel, »Das *abduktiv-nomologische* Modell der Kau-
sal-Erklärung« (unveröffentl. Vorlesungs-Ms.).
3 L. Wittgenstein, *Tractatus logico-philosophicus*, § 6.13.
4 Ebda., § 5.62, 5.631, 5.632, 5.64.

schen Semantik nicht mit der rekonstruierten Wissenschaftssprache identisch sein; sie muß vielmehr mit der noch nicht formalisierten Sprache praktisch zusammenfallen, in der Sprachkonstrukteure und empirische Wissenschaftler über die *pragmatische Interpretation* der Wissenschaftssprache selbst sich müssen verständigen können.

2. Damit ist nun auch schon die zweite, noch fundamentalere Stelle bezeichnet, an der die Ersetzung der transzendentalen Subjektfunktion durch die syntaktisch-semantischen Regeln der einen Ding- bzw. Tatsachensprache scheitern mußte: Die formalisierte Wissenschaftssprache kann nicht, wie der frühe Wittgenstein postulierte, von der nicht mehr reflektierbaren logischen Form »der« Sprache bzw. »der« Welt Gebrauch machen; sie muß vielmehr als ein konventionelles »semantical framework« durch Wissenschaftler, die sie in einer Metasprache pragmatisch interpretieren, eingesetzt und legitimiert werden.

Damit ist nun aber m. E. erwiesen, daß die von Ch. Morris in die »Logic of Science« eingeführte pragmatische Zeichendimension, nicht, wie es im logischen Empirismus immer noch geschieht[5], als ein Thema der empirischen Psychologie aufgefaßt werden kann, – daß sie vielmehr in der modernen »Logic of Science« das semiotische Analogon zu der von Kant postulierten »transzendentalen Synthesis der Apperzeption« darstellt: Genauso wie Kant als Bewußtseins-analytiker vor aller Erkenntniskritik postulieren mußte, daß so etwas wie die Einheit des Gegenstands- (und des Selbst-)Bewußt-seins muß erreicht werden können, – genauso müßten m. E. die modernen Wissenschaftslogiker, die von einer semiotischen bzw. sprachanalytischen Reflexionsbasis ausgehen, postulieren, daß so etwas wie eine intersubjektiv einheitliche Welt-*Interpretation* auf dem Wege der Zeichen-*Interpretation* muß erreicht werden kön-nen.

(Vertreter der modernen, »analytischen« Philosophie möchten hier vielleicht einwenden, gerade darin liege der Unterschied der modernen Wissenschaftstheorie zu der Kants, daß man eine *transzenden-tale Einheit* der Welt-*Interpretation* nicht fordern könne, sondern sich mit einem »kritischen Konventionalismus« hinsichtlich der In-terpretation von wissenschaftlichen Sätzen durch die Experten

---

5 Vgl. z. B. W. Stegmüller, *Probleme und Resultate der Wissenschaftstheorie und Analy-tischen Philosophie*, Bd. I: *Wissenschaftliche Erklärung und Begründung*, Heidelberg 1969, bes. Kap. VI.

begnügen müsse. Ich glaube, daß K. R. Popper, der späte Wittgenstein und der späte Carnap in diesem Einwand übereinkommen würden.

Von einem quasi-kantschen Standpunkt aus könnte man indessen darauf folgendes erwidern: Ein »kritischer Konventionalismus« kann, im Gegensatz zu einem *dogmatischen* (metaphysischen) Konventionalismus, nicht den Sinn haben, Erkenntnis auf *bloße* Konvention *reduzieren* zu wollen; er kann nur den Sinn haben, die hier und jetzt erreichbaren Expertenkonventionen durch einen *fallibilistischen* Vorbehalt von dem immer schon erstrebten schlechthin intersubjektiven Konsens über die Geltung von wissenschaftlichen Sätzen zu unterscheiden. Darin liegt aber, daß der »kritische Konventionalismus«, recht verstanden, das Postulat einer schlechthin intersubjektiv einheitlichen Weltinterpretation nicht ausschließt, sondern vielmehr voraussetzt. *Fallibilismus* ist immer schon *Meliorismus*, d. h. u. a.: die Forderung nach prinzipieller Falsifizierbarkeit, wie sie etwa Popper erhebt, geht nicht von der metaphysischen Voraussetzung der Vergeblichkeit aller menschlichen Erkenntnisbemühungen aus, sondern von der methodologischen Voraussetzung der Korrigierbarkeit aller faktisch erreichbaren wissenschaftlichen Sätze bzw. Theorien. In dieser methodologischen Voraussetzung steckt aber das quasi-kantsche Postulat der einheitlichen Weltinterpretation als »regulatives Prinzip« der Forschung.

Man kann die Gegenprobe zu dieser kantianischen Popper-Interpretation durch eine entsprechende Interpretation des späten Wittgenstein liefern:

Der späte Wittgenstein würde auch noch die »transzendentale« Voraussetzung eines »regulativen Prinzips«, das uns zum Ziel der Forschung leiten muß, als »metaphorischen Schein« in Frage stellen und darauf verweisen, daß eine Regel letzten Endes von den Sprachspiel-Konventionen derer, die sie anwenden, abhängig ist[6]. Hier scheint nun zwar eindeutig die *pragmatische Zeicheninterpretation* als *Bedingung der Möglichkeit und Gültigkeit* anerkannt, gleichzeitig aber der »höchste Punkt« der kantschen Transzendentalphilosophie gewissermaßen durch einen transzendentalen Konventionalismus ersetzt. Man kann jedoch, mit Wittgenstein über Wittgenstein

6 Vgl. bes. L. Wittgenstein, *Bemerkungen zu den Grundlagen der Mathematik*, deutsch-engl. Ausgabe, Oxford 1956. Dazu W. Stegmüller, *Hauptströmungen der Gegenwartsphilosophie*, Stuttgart/Kröner ⁴1969, S. 673 ff.

hinausgehend, auch hier den Weg zur kantschen Transzendentalphilosophie zurückfinden: Zwar ist es nach Wittgenstein nicht an-
gängig, ein regulatives Prinzip, losgelöst von seiner pragmatischen
Anwendung durch handelnde Menschen, als »ideale Einheit des
Seins« mit Platon, Frege oder Husserl zu hypostasieren; andererseits ist die Regelanwendung aber auch nicht der subjektiven Dezi-
sionswillkür ausgeliefert; denn »einer allein und nur einmal« kann
nach Wittgenstein nicht »einer Regel folgen«[7]. Das jeweilige
»Sprachspiel«, das für den nichtwillkürlichen Regelgebrauch vorausgesetzt wird, erhält so beim späten Wittgenstein einen *transzendentalen Stellenwert*.
Wittgenstein scheint freilich zu meinen, daß dieser Stellenwert im
Sinne eines Pluralismus von Sprachspielen als beschreibbaren letzten Tatsachen relativiert werden muß. Dagegen läßt sich indessen,
wiederum mit Wittgenstein, zeigen, daß ein Sprachspiel nicht aufgrund externer Beobachtung als solches beschrieben werden kann,
sondern nur aufgrund einer – wenn auch distanzierten – Teilnahme
am Sprachspiel[8]. Daraus folgt aber, daß der Philosoph, der über
Sprachspiele im allgemeinen etwas aussagen will, implizit voraussetzt, daß er prinzipiell mit *allen* Sprachspielen kommunizieren
kann. Dieselbe Voraussetzung macht aber bereits jeder Dolmetscher,
jeder Textinterpret, jeder verstehende Sozial- bzw. Kulturwissen-
schaftler. Und die Tätigkeit der Sprachphilosophen, der hermeneutischen Wissenschaftler und der Dolmetscher setzt nicht nur die
prinzipielle Möglichkeit der universellen Kommunikation voraus,
sie gewinnt darüber hinaus ihren Sinn erst unter der Voraussetzung,
daß diese Möglichkeit progressiv realisiert werden sollte. Daraus
folgt aber, daß die genannten Tätigkeiten die Idee der universellen
Verständigung als »regulatives Prinzip« im Sinne Kants müssen
sinnvoll voraussetzen können.
Nicht die faktisch bestehenden, recht verschiedenartigen und inkon-
sistenten Sprachspiele, die mit ebenso verschiedenartigen und inkon-
sistenten Lebensformen »verwoben« sind, sind m. E. in der Lage,

7 Vgl. Wittgenstein, *Philosophische Untersuchungen*, in Bd. I der Suhrkamp-Ausgabe.
Dazu K.-O. Apel, »Die Entfaltung der ›sprachanalytischen‹ Philosophie und das Problem
der ›Geisteswissenschaften‹« oben S. 78 ff.; ders., »Wittgenstein u. das Problem des hermeneutischen Verstehens«, in: Bd. I, S. 370; ders., »Wittgenstein und Heidegger«, in: Bd. I,
S. 264 ff.
8 Vgl. dazu besonders P. Winch, *Die Idee der Sozialwissenschaft und ihr Verhältnis zur
Philosophie*, Frankfurt 1967.

den von Wittgenstein postulierten maßgebenden Kontext für das Befolgen einer Regel abzugeben, sondern *das* »transzendentale« Sprachspiel, das in ihnen allen als die Bedingung der Möglichkeit und Gültigkeit von Verständigung schon vorausgesetzt wird.

In der Tat scheint mir Wittgenstein durch die Radikalisierung des pragmatischen Konventionalismus in seiner Sprachspielkonzeption nicht den Gedanken einer transzendentalen Regel der Verständigung widerlegt zu haben; er scheint mir nur – implizit – deutlich gemacht zu haben, daß diese Regel nicht befolgt werden kann, ohne zugleich an der Herstellung des universalen, konsistenten Sprachspiels im widerspenstigen Medium der konkreten menschlichen Sprachspiele und Lebensformen zu arbeiten. Denn zwar setzen auch die faktisch bestehenden Sprachspiele virtuell bereits die »Verwobenheit« von Zeichengebrauch, Verhaltenspraxis und Weltverständnis im Sinne eines konsistenten Sprachspiels voraus; aber erst die Überwindung aller konkreten Sprachspielschranken im Sinne einer unbegrenzten Kommunikationsgemeinschaft würde die sozialen Verhältnisse schaffen, welche die universale Verständigung konkret möglich machen könnten[9].

Vielleicht sind meine bisherigen Andeutungen über die Situation der modernen analytischen Wissenschaftslogik in der Lage, Sie davon zu überzeugen, daß diese auf dem Weg über die Zeichenpragmatik und die darin implizierte Problematik der Intersubjektivität der Weltinterpretation auf Kants Transzendentalphilosophie zurückverwiesen wird. Wenn dies der Fall sein sollte, so wird Ihnen doch andererseits nicht entgangen sein, daß der hier suggerierte Weg nicht zu dem historischen Kant zurückführt, nicht einmal zu einem Neukantianismus im Stil des 19. Jahrhunderts, sondern eher zu einer sprachanalytischen oder semiotischen Transformation der Transzendentalphilosophie.

Das Problem, auf das die moderne Diskussion geführt hat, scheint darin zu bestehen, die kantsche Frage nach den Bedingungen der Möglichkeit und Gültigkeit wissenschaftlicher Erkenntnis als Frage nach der Möglichkeit einer intersubjektiven Verständigung über Sinn und Wahrheit von Sätzen bzw. Satzsystemen zu erneuern. Das würde bedeuten, daß die kantsche Erkenntniskritik als Bewußtseinsanalyse in eine Sinnkritik als Zeichen-Analyse zu transformie-

9 Vgl. K.-O. Apel, »Szientismus oder transzendentale Hermeneutik«, in: *Hermeneutik und Dialektik*, Festschr. f. H.-G. Gadamer, Tübingen 1970, I, S. 140 ff. (Unten S. 215 ff.)

ren wäre; deren »höchster Punkt« würde nicht die schon jetzt erreichbare objektive Einheit der *Vorstellungen* in einem als intersubjektiv unterstellten »Bewußtsein überhaupt« sein, sondern die durch konsistente Zeicheninterpretation dermaleinst zu erreichende Einheit der Verständigung in einem unbegrenzten intersubjektiven Konsens.

II. Peirces semiotische Transformation Kants

Erstaunlicherweise ist genau das soeben aus der Perspektive der Gegenwart skizzierte Programm (einer semiotischen Transformation der Transzendentalphilosophie) von einem amerikanischen Zeitgenossen des deutschen Neukantianismus tatsächlich bis ins Detail entwickelt worden. Es war Ch. S. Peirce, der Kant der amerikanischen Philosophie, wie man heute wohl sagen darf, der die von Ch. Morris in die moderne »Logic of Science« eingeführte dreidimensionale Semiotik als triadische Grundlage einer »Logic of Inquiry« inauguriert hat; und diese Begründung geschah von Anfang an – seit der semiotischen Herleitung einer »New List of Categories« im Jahre 1867 – als kritische Rekonstruktion der *Kritik der reinen Vernunft*. Bei Peirce finden sich einerseits bereits alle Hauptmerkmale der modernen sprachanalytischen Wissenschaftslogik; so die Differenzierung des Geltungs- bzw. Rechtfertigungsproblems in die Frage nach den Sinnkriterien und die Frage nach den Konfirmationskriterien wissenschaftlicher Sätze; so die Ersetzung der *Metaphysikkritik* qua *Erkenntniskritik* durch die Metaphysikkritik qua *Sinnkritik*. Andererseits hat Peirce im Gegensatz zur modernen »Logic of Science« gezeigt, daß die Bedingungen der Möglichkeit und Gültigkeit wissenschaftlicher Erkenntnis nicht allein durch syntaktische Formalisierung von Theorien und semantische Analyse der *zweistelligen* Relation von Theorien und Tatsachen geklärt werden können, sondern allererst durch ein intersubjektives Analogon zu Kants »transzendentaler Einheit des Bewußtseins« in der dreistelligen, pragmatischen Dimension der Zeicheninterpretation.
Dergestalt hat Peirce, lange bevor die *zweistellige* Basis der modernen syntaktisch-semantischen »Logic of Science« sich als unzureichend erwies, durch seine Transformation der kantschen Transzendentalphilosophie bereits die *dreistellige* Basis einer semiotischen

Wissenschaftslogik bereitgestellt; und es läßt sich zeigen, daß seine bedeutendste Pionier-Leistung auf dem neuerschlossenen Gebiet der formalen, mathematischen Logik, die *Logik der Relationen*, ihr spekulatives Motiv in der Begründung einer *triadischen* Logik der Zeicheninterpretation hat.

Geht man von den bis hierhin entwickelten heuristischen Gesichtspunkten aus, so ist m. E. für die Interpretation des Verhältnisses von *Peirce* zu *Kant* ein neuer hermeneutischer Horizont gewonnen: Wer von vornherein ins Auge faßt, daß es bei Peirce niemals um historisch-philologische Kantinterpretation, wohl aber um eine Rekonstruktion des kantschen Anliegens in einem neuen Medium geht, der wird z. B. die Thesen J. von Kempskis[10] und M. Murpheys[11], daß Peirce Kant von vornherein mißverstanden habe, in einem kritischen Licht sehen.

Ich kann im Rahmen dieses Referats meine eigene Peirce-Interpretation nicht in extenso entwickeln[12]. Ich möchte aber versuchen,

10 J. v. Kempski, *Ch. S. Peirce und der Pragmatismus*, Stuttgart 1952.
11 M. Murphey, *The Development of Peirce's Philosophy*, Harvard University Press, Cambridge, Mass., 1961.
12 Vgl. hierzu: K.-O. Apel, »Der philosophische Hintergrund der Entstehung des Pragmatismus bei Ch. S. Peirce«, in: Ch. S. Peirce, *Schriften* I, Frankfurt 1967, und: K.-O. Apel, »Peirces Denkweg vom Pragmatismus zum Pragmatizismus«, in: Ch. S. Peirce, *Schriften* II, Frankfurt 1970. – Die folgende Darstellung der Peirceschen Kant-Transformation ist insofern einseitig, als sie auf die Ersetzung der »konstitutiven Prinzipien« Kants durch die »regulativen Prinzipien« für die Methoden des synthetischen Schließens und der interpretativen Konsensbildung *in the long run* abhebt. So sehr *diese* Richtung der Transformation, die den prinzipiellen *Fallibilismus* und den unbegrenzten *Meliorismus* der *Theorie*-Bildung zur Folge hat, für Peirce charakteristisch ist, so hat Peirce doch auch eine – transzendentalpragmatische – Transformation der – keinem »Fallibilismus« unterliegenden, da für die Falsifikation von Theorien immer schon vorausgesetzten – *konstitutiven* Bedingungen der Möglichkeit experimenteller Erfahrung überhaupt eingeleitet. Sie liegt freilich nicht, wie bei Kant, in der Anerkennung »synthetischer Sätze apriori« – Sätze müssen nach Peirce, im Sinne der semiotischen Konsens-Bildung *in the long run*, dem Fallibilismus unterliegen –, sondern in der prinzipiellen Rückbeziehung des *Sinnes* von *Realität* auf den Kontext experimenteller, durch instrumentelle Praxis bewährbarer Erfahrungen. – J. Habermas hat *diese* Seite der Peirceschen Kant-Transformation durch heuristische Einführung des quasitranszendentalen, gegenstandskonstitutiven Rahmens des »technischen Erkenntnisinteresses« ebenso energisch wie einseitig herausgearbeitet. (Vgl. *Erkenntnis und Interesse*, Frankfurt 1968, Kap. 5 u. 6.) – Die Frage nach der Vereinbarkeit beider Richtungen der Peirceschen Kant-Transformation ist m. E. heute um so dringender, als die erste Richtung die Relativierung der klassischen Physik durch nichtklassische Theoriebildungen legitimiert, die zweite Richtung aber die Erneuerung der Kantschen Begründung der klassischen Physik (einschließlich der euklidischen Geometrie) im Sinne einer »Protophysik« (P. Lorenzen) verständlich macht. Peirce selber hat eine Interpretation des »methodischen Aprioris« der klassischen Kategorien im Sinne eines anthropologischen Instinktaprioris nahegelegt – eine Interpretation, die nicht nur durch N.

meine Hauptthese, daß Peirces Ansatz als eine semiotische Transformation der »transzendentalen Logik« Kants verstanden werden kann, in Auseinandersetzung mit der Peirce-Kritik von Kempskis und Murpheys zu verdeutlichen[13].

Jürgen von Kempski kommt das Verdienst zu, 1952 in seinem Buch *Ch. S. Peirce und der Pragmatismus* zum ersten Mal das enge Verhältnis Peirces zu Kant in ernstzunehmender Weise analysiert zu haben. Er hat gezeigt, daß Peirce 1892 seine drei Fundamentalkategorien *(Firstness, Secondness, Thirdness)* aus der Einteilung der von ihm entdeckten Aussagefunktionen[14] in *singulare, duale* und *plurale* ableiten und damit ein Analogon zu Kants »metaphysischer Deduktion« der Kategorien aus der Urteilstafel zustande bringen konnte. Von Kempski ist jedoch der Meinung, daß diese metaphysische *Deduktion* bei Peirce gewissermaßen in der Luft hängt, da ihr keine »transzendentale Deduktion« der Kategorien aus dem »höchsten Punkt«, der »transzendentalen Synthesis der Apperzeption«, entspreche[15]. Der »höchste Punkt« Kants sei für Peirce »occult transcendentalism«, und deshalb habe er das Hauptproblem Kants nicht verstanden, geschweige denn auflösen können: das Problem, die *Notwendigkeit* der kategorialen Bestimmtheit unserer Vorstellungen zu erklären. Daher habe Peirce den Übergang von den »logischen Formen« zu den Kategorien der Erfahrung nicht bewerkstelligen können und habe schließlich den kantschen Ansatz, die Kategorien aus der Logik abzuleiten, aufgegeben und ihn durch eine phänomenologische Kategorienlehre und eine die Kategorien induktiv bewährende Metaphysik ersetzt. Damit reihe sich Peirce als ein origineller Außenseiter in den Neukantianismus der Jahrhundertwende bzw. seine Auflösung durch die »Wendung zu den Phänomenen« ein[16].

Es läßt sich nicht leugnen, daß von Kempskis Analyse nicht nur durch die historischen Parallelen, sondern auch durch die Entwick-

---

Chomsky, E. Lenneberg, Piaget u. a. reaktualisiert wurde, sondern auch die Vereinbarkeit beider Richtungen der Kant-Transformation erleichtert: Das Instinkt-Apriori ist nach Peirce nur für die Anfänge wissenschaftlicher Hypothesenbildung maßgebend, später wird es durch reflexionsbedingte Theoriebildung überholt und relativiert. Vgl. hierzu meine Einleitung zu Ch. S. Peirce, *Schriften* II, a.a.O., S. 125 ff.

13 Ich zitiere Peirce, wie üblich, nach Band und Paragraphen der *Collected Papers*, Vol. I–VI, ed. by Ch. Hartshorne and Paul Weiß, 1931–35, ²1960, Vol. VII–VIII, ed. by Arthur W. Burks, 1958, ²1960.

14 Peirce nannte sie »Rhemata«, vgl. CP, 3.420. – Dazu J. von Kempski, a.a.O., S. 55 ff.

15 J. v. Kempski, a.a.O., S. 57 ff.   16 Vgl. v. Kempski, a.a.O., S. 58 ff.

lung der Peirceschen Philosophie in ihrer Spätphase, insbesondere durch die Etablierung der Phänomenologie als *prima philosophia* und die vorausgehende Konzeption einer Metaphysik der Evolution auf der Basis eines »objektiven Idealismus« eine große Plausibilität gewinnt. Man kommt indessen zu einem ganz anderen Bild, wenn man von Peirces frühen Schriften der 6oer und 7oer Jahre ausgeht und in ihrem Lichte auch Peirces hierarchische Klassifikation der Wissenschaften von 1902/03 analysiert. Selbst in dieser Phase ist die *Phänomenologie* als *prima philosophia* keineswegs an die Stelle der logischen Deduktion der Kategorien getreten, sondern hat lediglich ihre virtuelle Anwendung zu illustrieren, nachdem die Kategorien zuvor ihrer *Form* nach in der *mathematischen Logik der Relationen* (die nach Peirce nicht zur Philosophie gehört!) deduziert sind und bevor in der normativen *semiotischen Logik der Forschung* eine *quasi-transzendentale Deduktion* ihrer wissenschaftstheoretischen Geltung erfolgen kann.

(Bei alledem muß freilich zugegeben werden, daß Peirce keine systematische Gesamtdarstellung seiner Philosophie zustande gebracht hat und den Interpreten seiner nicht immer konsistenten Fragmente einen weiten Spielraum der Rekonstruktion übrigläßt.) Doch wenden wir uns der Kant-Transformation des frühen Peirce zu:

Von Kempski selbst hat bemerkt, daß Peirce – er meint: erst der späte Peirce – »eine Art Ersatz für den ›höchsten Punkt‹ Kants gefunden« habe: die Kategorie *Drittheit,* die Peirce 1903 als »Synonym für Repräsentation« interpretiere und insofern seiner Logik zugrunde lege[17]. Von Kempski erkennt, daß Drittheit als zeichenvermittelte Repräsentation von etwas für einen »interpretant« in der Sprache Peirces so etwas wie ein Äquivalent für Kants objektive Einheit der Vorstellungen für ein Selbstbewußtsein darstellt. Aber er meint, daß Drittheit bei Peirce ein abstrakter Strukturbegriff der Logik bleibt und insofern nicht als höchster Punkt für eine transzendentale Deduktion fungieren könne. Peirce habe nicht gesehen, daß »die Notwendigkeit der Möglichkeit objektiver Erkenntnis – mit dem (denkenden) Ich identisch ist«, und er habe die Lehre Kants, daß »die oberste Gesetzgebung der Natur« in unserem Verstande liegt, verworfen[18].

Diesen Thesen steht jedoch entgegen, daß Peirce selbst die koper-

17 Von Kempski, a.a.O., S. 59, zu Peirce, CP, 5.105.
18 Vgl. v. Kempski, a.a.O., S. 60 f., 63, 65 f.

nikanische Wendung Kants ausdrücklich für seine eigene Theorie
der Realität in Anspruch nimmt: 1871 schreibt er in seiner Berke-
ley-Rezension: »Indeed what Kant called his *Copernican step* was
precisely the passage from the nominalistic to the realistic view of
reality. It was the essence of his philosophy *to regard the real object as determined by the mind*. That was nothing else than to consider every conception and intuition which enters *necessarily* into
the experience of an object, and which is not transitory and acciden-
tal, as having objective validity[19].«

Diesem Bekenntnis zur »kopernikanischen Wendung« entsprechend
beruft sich Peirce 1868 und 1878 auf Kants »obersten Grundsatz
der synthetischen Urteile«, um mit seiner Hilfe die Frage zu beantworten, wie synthetische Urteile überhaupt möglich sind. Er sagt in
diesem Zusammenhang: »Whatever is universally true of my experience . . . is involved in the condition of experience[20].«

Wie lassen sich diese offensichtlich transzendentalphilosophischen
Ansätze Peirces mit der Ablehnung des »occult Transcendentalism«, die von Kempski zurecht zitiert, vereinbaren?

Die Antwort liegt darin, daß Peirces Ablehnung des »Transcendentalism« sich keineswegs auf die Konzeption eines »höchsten Punktes« der »transzendentalen Deduktion« bezieht, sondern auf die
seiner Meinung nach psychologistische und zirkelhafte Art des kantschen Verfahrens[21]. Insbesondere die Forschungen von M. Murphey
haben gezeigt, daß Peirce in der langjährigen Auseinandersetzung

mit Kant, die zur »New List of Categories« von 1868 führte, die
»transzendentale Deduktion« der Kategorien ebenso im Auge
hatte wie die »metaphysische Deduktion«, und wenn von Kempski
Peirce die Mißachtung der »transzendentalen Synthesis der Apperzeption« vorwirft, so befindet sich umgekehrt bei Peirce selbst eine
Stelle, in der er Kant vorwirft, »that his method does not display
that direct reference to the *unity of consistency* which alone gives
validity to the categories«[22].

19 Peirce, CP, 8.15 (Hervorhebung im Text, K.-O. A.).
20 2.691; vgl. 5.223 n.
21 So schreibt der junge Peirce 1861: »Psychological transcendentalism says that the
results of metaphysics are worthless, unless the study of consciousness produces a warrant
for the authority of consciousness. But the authority of consciousness must be valid
within the consciousness or else no science, not even psychological transcendentalism, is
valid; for every science supposes that and depends upon it for validity.« (Zitat nach Murphey, a.a.O., S. 26).
22 Zitat nach M. Murphey, a.a.O., S. 65 (Hervorhebung im Text, K.-O. A.).

Der Ausdruck »unity of consistency«, den Peirce in seiner Kant-Kritik gebraucht, weist in der Tat in die Richtung, in der er selbst den »höchsten Punkt« seiner »transzendentalen Deduktion« sucht: Es geht ihm dabei nicht um die objektive Einheit von *Vorstellungen*[23] in einem *Ich-Bewußtsein*, sondern um die semantische Konsistenz einer intersubjektiv gültigen »Repräsentation« der Objekte durch Zeichen, die nach Peirce freilich erst in der – von Morris »pragmatisch« genannten – Dimension der *Interpretation* der Zeichen entschieden wird. Peirce kennzeichnet die von ihm gesuchte Einheit der Konsistenz 1866 folgendermaßen:

»We find that every judgment is subject to a condition of consistency; its elements must be capable of being brought to a unity. This consistent unity since it belongs to all our judgments may be said to belong to us. Or rather since it belongs to the judgments of all mankind, we may be said to belong to it.«[24]

Bereits diese frühe Äußerung zeigt, daß die von Peirce gesuchte semiotische »Einheit der Konsistenz« über den »höchsten Punkt« Kants, der in der persönlichen Einheit des Selbstbewußtseins liegt, hinausweist – 1868 bestätigt Peirce das in seiner semiotischen »Theory of Mind«, in der es heißt:

»... consciousness is a vague term ... consciousness is sometimes used to signify the *I think*, or unity in thought; but the unity is nothing but consistency, or the recognition of it. Consistency belongs to every sign, so far as it is a sign ... there is no element whatever of man's consciousness which has not something corresponding to it in the word . . . the word or sign which man uses *is* the man himself ... the organism is only an instrument to thought. But the identity of a man consists in the *consistency* of what he does and thinks ...«

Hieraus schließlich zieht Peirce den Schluß, der zum »höchsten Punkt« im Sinne der *semiotischen Einheit der konsistenten Interpretation* führt:

»... the existence of thought now depends on what is to be hereafter; so that it has only a potential existence, dependent on the future thought of the *community*.«[25]

23 Eine entscheidende Nuance der Kant-Interpretation des jungen Peirce wird dadurch verdeckt, daß Kants Terminus »Vorstellung« im Englischen ohnehin oft mit »representation« übersetzt wird. Bei Peirce indessen impliziert diese Übersetzung bereits eine semiotische Transformation.
24 Zitat nach Murphey, a.a.O., S. 89. – Vgl. dazu CP, 5.289 n: ». . . just as we say that a body is in motion, and not that motion is in a body, we ought to say that we are in thought and not that thoughts are in us.«
25 Peirce, CP, 5.313–316 (Hervorhebung im Text, K.-O. A.).

Doch wie soll aus der Voraussetzung des hier angedeuteten »höchsten Punktes« eine »transzendentale Deduktion« (der »Kategorien« und »Grundsätze« möglicher *Erfahrung*) sich bewerkstelligen lassen; scheinen nicht Peirces Formulierungen darauf hinzudeuten, daß er in einem vorkantschen Rationalismus befangen bleibt, der die *formale Logik* der Sprache mit einer *transzendentalen Logik* der Gegenstandskonstitution verwechselt?

Dieser Vorwurf läßt sich wohl mit Recht gegen die moderne, sprachanalytische »Logic of Science« erheben (z. B. gegen ihre deduktive Theorie der »Erklärung« anhand formalisierter Sprachen[26]); er trifft jedoch Peirce nicht. Keineswegs betrachtet Peirce die formale deduktive Logik der Begriffs- und Aussagen-Symbole als ausreichendes Substitut der »transzendentalen Logik« Kants, sondern er begründet zu diesem Zweck, mit Hilfe Kants, wie zu zeigen ist, eine »synthetische Logik der Forschung«; und er postuliert in seiner quasi-transzendentalen Semiotik neben den Begriffszeichen zwei andere Zeichentypen, welche zusammen mit den Begriffszeichen den Übergang von Empfindungsreizen und Anschauungsqualitäten zu Begriffen bzw. Urteilen möglich machen sollen. Die eigentliche Basis dieser Transformation der »transzendentalen Logik« liegt aber darin, daß Peirce 1867 die *drei Schlußarten* seiner Logik der Forschung ebenso wie die *drei Zeichentypen* als Illustrationen seiner *drei Fundamentalkategorien* aus der *Zeichenrelation* (semiosis) als dem vorläufigen »höchsten Punkt« seiner Philosophie transzendental deduziert[27].

Die *Zeichenrelation* oder Repräsentation läßt sich nach Peirce etwa durch folgendes Definitionsschema explizieren: Ein Zeichen ist etwas, das für einen *Interpretanten* in einer *Hinsicht oder Qualität* etwas *anderes repräsentiert*[28].

Darin sind nach Peirce drei Kategorien impliziert: 1. Die relationsfreie *Qualität*, im Hinblick auf die etwas *als* etwas bzw. in seinem *Sosein* durch ein Zeichen ausgedrückt wird (Kategorie *the First*, später *Firstness* genannt): Dieser Kategorie entspricht der Zeichentypus des »Icons«; er muß – wie Peirce später zeigt[29] – in jedem Prädikat eines Erfahrungsurteils impliziert sein, um den Bildgehalt

26 Vgl. oben S. 158, Anm. 2.
27 Vgl. dazu Murphey, a.a.O., Ch. III.
28 Vgl. u. a. CP, 5.283, 2.228.
29 Vgl. bes. 8.41, 3.363, 5.119.

einer gefühlten Weltqualität in die Synthesis der Repräsentation zu integrieren. 2. Die *dyadische Relation* des Zeichens zu den durch es bezeichneten Objekten (Kategorie *the Second*, später *Secondness* genannt): Dieser Kategorie entspricht der Zeichentypus des »Index«; er muß – wie Peirce später zeigt[30], z. B. als Funktion der Pronomina bzw. der Adverbien – in jedem Erfahrungsurteil vertreten sein, um die raumzeitliche Identifikation der Gegenstände zu gewährleisten, die durch Prädikate zu bestimmen sind. 3. Die *triadische Relation* des Zeichens als »Vermittlung« von etwas für einen »interpretant« (Kategorie *the Third*, später *Thirdness* genannt): Dieser Kategorie entspricht der Zeichentypus des konventionellen »Symbols«; er trägt die zentrale Funktion der Synthesis qua »Repräsentation« von etwas *als* etwas in Begriffen. Diese wäre jedoch ohne die Integration der *Index*- und der *Ikon*-Funktion leer, so wie Begriffe ohne Anschauung bei Kant leer sind. Umgekehrt ist die *Index*- und *Ikon*-Funktion ohne Integration in die *Repräsentations*funktion der Sprache »blind«. In der Tat vermag erst die *Interpretation* die *Index*-Funktion z. B. des Pulsschlages oder eines Wegweisers oder die *Ikon*-Funktion eines Bildes, eines Modells oder Diagramms mit Sinngehalt zu erfüllen. (Das letztere hätte die Sprach-Konstruktion der logischen Syntax und »Semantik« von vornherein berücksichtigen sollen[31].)

Inwiefern nun diese semiotische Deduktion der drei Fundamental-Kategorien und der drei Zeichentypen tatsächlich dazu beiträgt, die Bedingungen der Möglichkeit und Gültigkeit von Erfahrung zu erklären, das wird erst verständlich, wenn man mit Peirce die drei fundamentalen Schlußarten den drei Kategorien bzw. den drei Zeichentypen zuordnet: der *Drittheit* die *Deduktion*, als die rational notwendige Vermittlung; der *Zweitheit* die *Induktion* als Konfirmation des Allgemeinen durch die hier und jetzt aufweisbaren Tatsachen; und der *Erstheit* die *Abduktion* als die Erkenntnis neuer Soseinsqualitäten (auch *Retroduktion* oder *Hypothesis* genannt).

Auch die für Peirce charakteristische Ergänzung der analytischen Logik der Deduktion durch eine synthetische Logik kam schon in den 60er Jahren durch eine Auseinandersetzung mit Kants Abhandlung »Die falsche Spitzfindigkeit der vier Syllogistischen Figuren« zustande, hinter der freilich bereits die von Duns Scotus übernom-

---

30 Vgl. bes. 5.287, 5.296, 5.352, 8.41 ff.
31 Vgl. hierzu meine »Einleitung« zu Peirce, *Schriften* II, S. 87 ff.

mene Überzeugung Peirces stand, daß das Studium des Syllogismus dem Studium der Urteilsformen vorauszugehen habe, da nur so die logisch relevanten Unterschiede zwischen Urteilen zu finden seien[32].

Vor allem die (als Aristoteles-Interpretation verstandene[33]) Entdeckkung der *Abduktion* oder *Hypothesis,* in der vom vorliegenden Resultat einer möglichen Deduktion mit Hilfe einer unterstellten allgemeinen Prämisse auf die kontingente Prämisse eines Syllogismus geschlossen wird, erwies sich für Peirces pragmatische »Logik der Forschung« als folgenreich: Die Hypothesis nämlich ist nach Peirce der unsere Erkenntnis im Sinne Kants *erweiternde* Schluß, der unbewußt schon im Wahrnehmungsurteil steckt. Da nun jede *Abduktion* oder *Hypothesis* eine *allgemeine Prämisse* (zumindest tentativ) voraussetzt und daher mit Hilfe der *Induktion* empirisch überprüfbar sein muß, so geben nach Peirce *Abduktion* und *Induktion* zusammen die Antwort auf die von Kant nicht explizit gestellte Frage: wie Erfahrung überhaupt *möglich* und *gültig* sein kann[34]:

Abduktion oder *Hypothesis* erklärt die *Möglichkeit der Erfahrung:* sie bringt die eigentliche *Synthesis als Reduktion des Mannigfaltigen* der Sinnesreize und Gefühlsqualitäten zur *Einheit der Konsistenz im Erfahrungsurteil* zustande; hier muß in erster Linie die *Ikon-*Funktion der Satzprädikate mit der *intensionalen* Bedeutung der Prädikate als Symbole vermittelt werden; z. B. in dem Erfahrungsurteil »Diesda, das *so und so aussieht,* ist wohl ein Fall von *Pest«.* *Induktion* andererseits erklärt die *empirische Geltung (Validation)* der allgemeinen Voraussetzungen der Erfahrung, mögen diese implizit in Wahrnehmungsurteilen stecken oder explizit als Gesetzeshypothesen hervortreten; hier muß in erster Linie die *Index-*Funktion der Sprache als Identifikation der hier und jetzt aufweisbaren Gegenstände mit der *extensionalen* Bedeutung der Prädikate als *Klassen-Symbole* vermittelt werden; z. B. in dem Basissatz »*Hier* (oder *diesda*) *ist* ein Fall von Pest«.

Ob nun in einem Urteil eine *Hypothesis* vorliegt, die empirisch – durch *Induktion* – überprüft werden kann, das läßt sich nach Peirce durch versuchsweise *Deduktion* erfahrbarer Konsequenzen aus dem allgemeinen gesetzhaften Sinn eines Prädikats in Gestalt operatio-

---

32 Vgl. Murphey, a.a.O., S. 56 ff.
33 Vgl. »Memoranda Concerning the Aristotelian Syllogism«, Nov. 1966 (CP, 2.792–807).
34 Vgl. CP, 5.348 und 2.690.

nal bedingter Prognosen schon vor der empirischen Validierung des
fraglichen Urteils feststellen. Und eben dieses Verfahren, das in
einer metaszientifischen Überlegung den Zusammenhang zwischen
den analytischen und den synthetischen Phasen der Logik der Forschung herstellt, expliziert Peirce in seiner »Pragmatischen Maxime«
als Methode der *Sinnklärung* und *Sinnkritik*[35].

Diese Methode der Sinnklärung wendet Peirce nun u. a. auf den
Begriff »real« in Sätzen wie »Der Gegenstand meiner Erfahrung ist
real, nicht etwa bloß eine *Illusion*« an, und er gelangt nun in einer
sinnkritischen Explikation der Realität des Realen im Hinblick auf
mögliche Erfahrung im Sinne seiner synthetischen Logik der Forschung zu der endgültigen und für ihn charakteristischen Konzeption des »höchsten Punktes« einer möglichen *Einheit der Konsistenz
der Erkenntnis*. Sie wurde von Peirce in einer Formulierung, die der
expliziten Begründung des Pragmatismus um Jahre vorausging,
zum Ausdruck gebracht:

»The real ... is that [genauer: the object of the opinion[36]] which,
sooner or later, information and reasoning would finaly result in,
and which is therefore independent of the vagaries of me and you.
Thus, the very origin of the conception of reality shows that this
conception essentially involves the notion of a *Community*, without
definite limits, and capable of a definite increase of knowledge.«[37]

Mit anderen Worten: Die »ultimate opinion« der »indefinite Community of investigators« ist der »höchste Punkt« der Peirceschen
Transformation der »transzendentalen Logik« Kants. In ihm kon-
vergiert das semiotische Postulat einer überindividuellen *Einheit der
Interpretation* und das forschungslogische Postulat einer *experimentellen Bewährung der Erfahrung in the long run*. Das quasi-transzendentale Subjekt dieser postulierten Einheit ist die unbegrenzte
Experimentier-Gemeinschaft, die zugleich unbegrenzte *Interpretationsgemeinschaft* ist.

Unter dieser letzten Voraussetzung kann Peirce allerdings keine
transzendentale Deduktion von »Grundsätzen« der Wissenschaft
als »synthetischer Urteile a priori« im Sinne Kants durchführen;
aber er kann von seiner Voraussetzung her plausibel machen, daß

35 Vgl. bes. den berühmten Aufsatz »How to Make Our Ideas Clear« von 1878 (CP,
5.388–5.409).
36 Vgl. die Formulierung in CP, 5.407 (von 1878!).
37 CP, 5.311 (1868!).

nichtrelative *Grundsätze a priori* unnötig sind und ihre Behauptung auf einen Rest von metaphysischem Dogmatismus hinausläuft: Peirce vermag nämlich aus seiner Voraussetzung des höchsten Punktes die allgemeine Geltung der *synthetischen Schlüsse*, d. h. des methodischen Verfahrens der *Abduktion* und der *Induktion in the long run* als transzendental notwendig zu deduzieren. Eben dies hat er unter analoger Inanspruchnahme von Kants oberstem Grundsatz der synthetischen Urteile 1869 und 1878 getan[38]. An die Stelle von Kants »konstitutiven Prinzipien« der Erfahrung werden hier gewissermaßen die »regulativen Prinzipien« gesetzt, wobei aber vorausgesetzt wird, daß die regulativen Prinzipien *in the long run* sich als konstitutiv erweisen müssen. Diese Verlagerung der Notwendigkeit und Universalität der Geltung wissenschaftlicher Sätze ans Ziel des Forschungsprozesses macht es Peirce möglich, Humes Skeptizismus zu vermeiden, ohne mit Kant auf der Notwendigkeit bzw. Universalität jetzt gültiger wissenschaftlicher Sätze zu bestehen. Diese können, ja müssen sogar unter seinen transzendentalen Voraussetzungen als prinzipiell fallibel und d. h. korrigierbar aufgefaßt werden. (Kein Zweifel, daß die meisten modernen Wissenschaftstheoretiker dieser fallibilistischen und melioristischen, aber nicht skeptischen Konzeption der Wahrheit wissenschaftlicher Sätze gegenüber der kantschen Auffassung, die am platonischen *Episteme*-Begriff der Wissenschaft festhält, den Vorzug geben. Sehr ähnlich der Peirceschen Auffassung ist in diesem Punkt z. B. die von K. R. Popper.)

Unterstellt man nun die bislang vorgetragene Transformation der transzendentalen Logik einmal als berechtigt, so wird man m. E. die Kritik, die M. Murphey in seiner großen Peirce-Monographie gegen das Kant-Verständnis von Peirce vorbringt[39], kaum als berechtigt ansehen können. Murpheys Kritik richtet sich im wesentlichen dagegen, daß schon der junge Peirce Kants »kritische« Unterscheidung von *Noumena* und *Phainomena* nicht mitmacht und dementsprechend die letzten Grundsätze der Wissenschaft nicht als synthetische Urteile a priori für die mögliche Erfahrung der Phainomena begründen kann, sondern sie auf einen praktischen Glauben (faith) gründet. – Indessen: Betrachtet man diese Situation im Lichte der von Peirce schließlich zustande gebrachten Transformation der

38 Vgl. 5.341–352 und 2.690–693.
39 Vgl. Murphey, a.a.O., S. 25 ff.

»transzendentalen Logik«, so erscheint das Verhalten schon des jungen Peirce als konsequent und legitim:

1. Vom Standpunkt seines semiotischen Erkenntnisbegriffs aus konnte Peirce Kants Unterscheidung zwischen erkennbaren Gegenständen der Erscheinungswelt und Dingen an sich, die prinzipiell *unerkennbar*, aber doch als existent (und sogar unsere Sinne affizierend!) *denkbar* sein sollen, nicht akzeptieren. Der Anspruch auf Erkenntnis reicht für Peirce soweit wie der Wahrheitsanspruch sinnvoller Hypothesen, und eine Erkenntnis, die nicht den expliziten oder impliziten Charakter eines hypothetischen Schlusses hätte, kann es für ihn, wie erwähnt, überhaupt nicht geben.

Peirces *sinnkritische* Argumente gegen den Begriff unerkennbarer Dinge an sich – die hier leider nicht vorgetragen werden können – gehören m. E. zu den stärksten, die seit Jacobi gegen Kant vorgebracht worden sind[40]. Noch überzeugender ist m. E. seine positive Transformation der kantschen Unterscheidung, die den berechtigten Motiven Kants Rechnung trägt, ohne ihren Schwierigkeiten zu unterliegen: Statt nämlich zwischen unerkennbaren und erkennbaren Objekten unterscheidet Peirce zwischen dem *in the long run* erkenn*baren* Realen und dem unter Fallibilitäts-Vorbehalt je und je faktisch *Erkannten*[41]. (Die Problematik der unerkennbaren Dinge-an-sich transformiert sich dadurch in die – freilich auch mit Paradoxien behaftete – *Problematik der unendlichen Approximation*, wie schon im Falle der vorausgesetzten Konvergenz von konstitutiven und regulativen Prinzipien.)

2. Nun ist aber Kants »transzendentaler Idealismus«, d. h. eben die Unterscheidung zwischen unerkennbaren, die Sinne affizierenden

---

40 Vgl. z. B. die folgenden Argumentationen von 1905 (5.525): »Kant (whom I *more* than admire) is nothing but a somewhat confused pragmatist . . . but in half a dozen ways the *Ding an sich* has been proved to be nonsensical, and here is another way. It has been shown (3.417 ff.) that in the formal analysis of a proposition, after all that words can convey has been thrown into the predicate, there remains a subject that is indescribible and that can only be pointed at or otherwise indicated, unless a way of finding what is referred to, be prescribed. The *Ding an sich*, however, can neither be indicated nor found. Consequently, no proposition can refer to it, and nothing true or false can be predicated of it. Therefore, all references to it must be thrown out as meaningless surplusage. But when this is done, we see clearly that Kant regards Space, Time, and his Categories just as everybody else does, and never doubts or has doubted their objectivity. His limitation of them to possible experience is pragmatism in the general sense, and the pragmaticist, as fully as Kant, recognizes the mental ingredient in these concepts . . .« Vgl. 5.452.
41 Vgl. z. B. CP, 5.257, 5.310.

Dingen an sich und Erscheinungen, die ihrer formalen Struktur nach
vom Verstand vorbestimmt sind, die Voraussetzung für seine kopernikanische Wendung. Wie kann Peirce diese in Anspruch nehmen
und dennoch die kantsche Unterscheidung ablehnen? – Antwort:
Peirce nimmt, wie angedeutet, die kopernikanische Wendung nicht
für den Verstand als *Vermögen der Grundsätze,* sondern für den
Verstand als *Vermögen der synthetischen Schlüsse* in Anspruch. Er
kann daher, wie mir scheint, die zentrale Errungenschaft Kants, die
transzendentale Begründung der möglichen Objektivität der Science
überhaupt, festhalten[42] und gleichwohl die Möglichkeit einer empirischen Korrektur *aller Sätze* qua Hypothesen aufgrund der Begegnung mit dem qualitativen Sosein des Realen im Hier und Jetzt[43]
postulieren.

3. Was schließlich die von Murphey beanstandete Fundierung der
Grundsätze der Wissenschaft in einem praktischen *Glauben* an-
geht[44], so entspricht auch diese Position des jungen Peirce seiner
endgültigen pragmatistischen Transformation des Kantianismus:
Die von Peirce offenbar schon 1861 abgelehnte Unterscheidung
Kants zwischen theoretischer und praktischer Vernunft konnte er
zumindest im Sinne Kants auch später nicht zugeben, da für ihn der
geschichtliche Erkenntnisprozeß, dessen Ziel in der Zukunft liegt,
gerade wegen des *Fallibilismus* bzw. *Meliorismus* aller *Überzeugungen*[45] ein moralisches und soziales Engagement aller Mitglieder der
Community of Investigators impliziert. Mit dem Unterschied zwischen *Noumena* und *Phainomena* im Sinne Kants fällt für Peirce
auch der Unterschied zwischen *regulativen Prinzipien* und *moralischen Postulaten* im Sinne Kants weg: bereits der unbegrenzte

---

42 1909 schreibt Peirce rückblickend über die Zeit der Entstehung des Pragmatismus im
»Metaphysical Club« in Cambridge: »Im Laufe jener Jahre schmolz mein Kantianismus
auf kleine Dimensionen zusammen. Er war wenig mehr als ein Faden – ein eiserner Faden allerdings« (Zitat nach M. Fisch, Was there a Metaphysical Club?«, in: Eduard C.
Moore and Richard S. Robin (ed.), *Studies in the Philosophy of Ch. S. Peirce,* second
series, The University of Massachusetts Press/Amherst, 1964, S. 24–29).

43 Vgl. oben S. 170 f. über die erkenntnistheoretisch relevante Funktion der »Indices« und
»Icons«.

44 Peirce schreibt 1861: ». . . Faith is not peculiar to or more needed in one province of
thought than in another. For every premiss we require faith and no where else is there
any room for it. This is overlooked by Kant and others who drew a distinction between
knowledge and faith.« (Zitat nach Murphey, a.a.O., S. 26 f.)

45 Später verwendet Peirce für wissenschaftliche Überzeugungen nicht mehr das Wort
»faith«, sondern nur mehr »belief«. Vgl. z. B. den berühmten Aufsatz »The Fixation of
Belief« von 1877 (5.358–387).

Erkenntnisprozeß ist als realer Sozialprozeß, dessen faktischer Ausgang ungewiß ist, zugleich Gegenstand der Logik und der Ethik.
An dieser Stelle nun erreicht die semiotische Transformation des »höchsten Punktes« der »transzendentalen Logik« bei Peirce ihren höchsten Punkt im Postulat des später so genannten »Logischen Sozialismus«[46]: Wer nach Peirce im Sinne der synthetischen Logik möglicher Erfahrung sich logisch verhalten will, der muß alle privaten Interessen seiner Endlichkeit, auch das im Sinne Kierkegaards existentielle Interesse an *seinem* Seelenheil, dem Interesse der »unbegrenzten Community« zum Opfer bringen, die allein das Ziel der Wahrheit erreichen kann:

»He who would not sacrifice his own soul to save the whole world, is illogical in all his inferences, collectively. So the social principle is rooted intrinsically in logic.«[47]

Im Gegensatz zu W. James, der in seinem Essay »The Will to believe« von 1897 das subjektive Glaubensinteresse des endlichen einzelnen gegen die Möglichkeit wissenschaftlicher Wahrheit ausspielt, fordert zumindest der junge Peirce auch vom Standpunkt der Praxis aus die als logisch notwendig postulierte Identifikation des einzelnen mit dem Interesse der »indefinite Community«; denn er erwartet von dem unbegrenzten Forschungsprozeß, für den die Menschen sich praktisch engagieren sollen, zugleich die Rationalisierung der menschlichen Verhaltensweisen (»habits«)[48], die ihrerseits, als Ergänzung der Naturgesetze, die Rationalisierung des Universums vollenden sollen. Auch dieser letzte Gedanke der Peirceschen Ethik, Forschungslogik und Metaphysik ist eine konsequente Transformation Kants, dessen »kategorischer Imperativ« in seiner spekulativen Fassung lautet:
»Handle so, als ob die Maxime deiner Handlung durch deinen Willen zum allgemeinen Naturgesetz werden sollte.«[49]

46 Vgl. hierzu G. Wartenberg, *Logischer Sozialismus. Die Transformation der Kantschen Transzendentalphilosophie durch Ch. S. Peirce,* Kieler Dissertation 1969, Frankfurt 1971.
47 CP, 5.354; vgl. die folgenden Paragraphen sowie 2.654 f.
48 Für eine Kritik des Peirceschen »Szientismus« vgl. G. Wartenberg, a.a.O.; ferner meine »Einführung« zu Peirce, *Schriften* II, a.a.O., und meinen Aufsatz »Szientismus oder transzendentale Hermeneutik?«, a.a.O.
49 Kant, *Grundlegung der Metaphysik der Sitten,* A. u. B., S. 52.

Szientismus oder transzendentale Hermeneutik?
Zur Frage nach dem Subjekt der Zeicheninterpretation in der Semiotik des Pragmatismus

I. Problemstellung: Die Frage nach der angemessenen Interpretation der pragmatischen Dimension der Zeichenfunktion

Man hat sich im Anschluß an die Grundlegung der Semiotik von Ch. W. Morris[1] daran gewöhnt, in der philosophischen Sprachanalyse und entsprechend in der Wissenschaftstheorie zwischen drei Aspekten und den ihnen zugeordneten Disziplinen zu unterscheiden: Syntax bzw. *Syntaktik, Semantik* und *Pragmatik.*

1. Die *Syntaktik* bezieht sich auf die Relationen von Zeichen untereinander. Da sich in ihnen die logische Struktur formalisierter Sprachen spiegeln läßt, bezeichnet sie die Ansatzstelle der modernen, mathematischen Logik in der Sprachanalyse und Wissenschaftstheorie (vgl. bes. R. Carnaps *Logische Syntax der Sprache*).

2. Die *Semantik* bezieht sich auf die Relation der Zeichen zu außersprachlichen Objekten oder Sachverhalten, die durch Zeichen repräsentiert werden[2]; sie bezeichnet daher u. a. die Ansatzstelle einer modernen, empiristischen Wissenschaftslogik (»Logic of Science«), welche die traditionelle Wahrheitsproblematik (im Sinne der Korrespondenztheorie des Aristoteles) durch die Frage nach der semantischen Repräsentation von Sachverhalten durch Sätze bzw. Satzsysteme ersetzt (vgl. bes. A. Tarskis semantische Explikation des Wahrheitsbegriffs).

3. Die *Pragmatik* endlich bezieht sich auf die Relation von Zeichen zu ihren Benutzern, den Menschen; sie bezeichnet innerhalb der modernen Sprachanalyse und Wissenschaftstheorie die Ansatz-

---

1 Vgl. Ch. W. Morris, »Foundations of the Theory of Signs«, in: *Encyclopedia of Unified Science* 1, Nr. 2, Chicago 1938.

2 Im Sinne des semantischen Pragmatismus wird hier von der Möglichkeit einer *intensionalen* Semantik, die unabhängig von der Pragmatik wäre, abgesehen. Die sog. *intensionale* Bedeutung der Zeichen wird im semiotischen Pragmatismus in der pragmatischen Dimension unter dem Titel des »interpretant« thematisiert. Peirce, auf den dieser Begriff zurückgeht, sagt über das Verhältnis von intensionaler Bedeutung und »interpretant«: »When we speak of the depth, or signification, of a sign we are resorting to hypostatic abstraction, that process whereby we regard a thought as a thing, make an interpretant sign the object of a sign« (*Collected Papers*, V, § 448 f.).

stelle der von Ch. S. Peirce her inspirierten Semiotik des amerikanischen Pragmatismus, der sich vor allem für die Funktion von Sprache, Erkenntnis und Wissenschaft im Kontext der menschlichen Lebenspraxis interessiert.

Man verrät nun kein Geheimnis, wenn man feststellt, daß der Schwerpunkt des wissenschaftstheoretischen Interesses in der Entwicklung der sprachanalytischen Philosophie sich sukzessiv von der Syntaktik über die Semantik auf die Pragmatik verlagert hat. Für diese Entwicklung lassen sich zahlreiche Gründe bzw. Motive anführen, von denen hier die wichtigsten aufgezählt seien:

1. Innerhalb der sprachanalytischen Philosophie im weiteren Sinn, d. h. innerhalb des *Logischen Empirismus,* drängte die Problematik des *empirischen Sinnkriteriums* (des zunächst sog. Verifikationsprinzips) über die Konstruktion der »Logischen Syntax« bzw. der »Logischen Semantik« der Wissenschaftssprache hinaus: sie erwies sich als ein Problem der Konfirmation bzw. Falsifikation von Theorien durch die empirischen Wissenschaftler, und das heißt: als ein Problem der pragmatischen Anwendung und Interpretation von Theorien bzw. Sprachsystemen[3]. – Erst in dieser pragmatischen Dimension der Sprachanalyse (die Ch. Morris dem Logischen Empirismus in einer kritischen Phase seiner Entwicklung gewissermaßen rechtzeitig offerierte[4]) konnte die neopositivistische Frage nach dem Verifikationsprinzip mit der *»Pragmatischen Maxime«* der Sinnklärung von Ch. S. Peirce und mit dem *operationalistischen* Definitionsprinzip und Sinnkriterium von Bridgman sich treffen. (Es sei gleich ergänzt, daß auch der *Konstruktivismus* und *Operationalismus* im Bereich der Mathematik mit seiner Sinnkritik am Platonismus sich in der pragmatischen Dimension der Zeichenanalyse mit der empiristischen Sinnkritik trifft: In der mathematischen Grundlagenproblematik waren es zum Teil dieselben Gründe wie im logischen Empirismus, die über die ursprüngliche syntaktisch-semantische Konzeption der Wissenschaft hinausdrängten, z. B. die Krise des *Logizismus* und der Hilbertschen *Metamathematik* durch die Theoreme von Gödel und Church: Der *eine* Weltkalkül *einer* formalisierten Wissenschaftssprache, der Traum des Neo-

---

3 Vgl. R. Carnap, *Introduction to Semantics* (Cambridge, Mass., 1942), § 38.
4 Vgl. E. Tugendhat, in: *Philos. Rdsch.,* 8. Jg. (1960), S. 131–139, und K.-O. Apel, in: *Philos Rdsch.,* 7. Jg. (1959), S. 161–184 (s. Bd. I, S. 138 ff.).

leibnizianismus, erwies sich als Utopie und damit scheiterte im Grunde der esoterische Kerngedanke einer rein syntaktisch-semantischen Wissenschaftskonzeption. Der Logische Empirismus sah sich gezwungen, das von Russell und dem jungen Wittgenstein übernommene Vertrauen in »die« – zugleich syntaktisch und semantisch maßgebliche – »Logik der Sprache« zugunsten eines Konventionalismus pragmatisch zu bewährender »frameworks« aufzugeben, und bei dieser Gelegenheit zeigte sich, daß er mit der Aufgabe seiner geheimen – platonisch-leibnizianischen – Metaphysik auch zugleich das theoretische Fundament seiner Metaphysikkritik verlor[5].)

2. Innerhalb der sprachanalytischen Philosophie im engeren Sinn, d. h. vor allem bei Wittgenstein und seinen britischen Schülern, führte die Frage nach einer angemessenen Auffassung von Sprache und Bedeutung von dem syntaktisch-semantischen Modell des »Logischen Atomismus« zu dem radikal pragmatischen Modell der »Sprachspiele«, d. h. des Sprachgebrauchs im Kontext von geregelten »Lebensformen«[6].

3. Innerhalb der analytischen Wissenschaftstheorie im weiteren Sinn, z. B. in der Popperschule und in der schwedischen Schule von H. Törnebohm, verlagerte sich das Interesse immer mehr vom metamathematisch inspirierten »Justificationism« zur Problematik des »Wachstums der Wissenschaft« (»Growth of Science«) im pragmatischen Kontext eines gesellschaftlichen Milieus[7]. Ein extremes Beispiel für die Akzentuierung der pragmatischen Dimension in der Wissenschaftstheorie bietet das – vom späten Wittgenstein und vom amerikanischen Pragmatismus inspirierte – Buch »The Structure of Scientific Revolutions« von Thomas S. Kuhn[8].

4. Die soeben berührte Problematik des gesellschaftlichen Milieus der Wissenschaft verweist wiederum auf die Affinität des »pragmatic turn« in der analytischen Philosophie zu anderen, höchst aktuellen Ansätzen der Wissenschaftstheorie: so z. B. zur »allgemeinen Systemtheorie« von Bertalanffy, zur *Kybernetik*, zur *Entschei-*

5 Vgl. K.-O. Apel, »Heideggers philosophische Radikalisierung der Hermeneutik und die Frage nach dem ›Sinnkriterium‹ der Sprache«, in: *Die hermeneutische Frage in der Theologie*, hrsg. v. O. Loretz u. W. Strolz, Wien/Freiburg 1968, S. 86–153 (s. Bd. I, bs. S. 308 ff.).
6 Vgl. J. O. Urmson, *Philosophical Analysis*, Oxford 1956, und K.-O. Apel, Wittgenstein u. Heidegger, »Die Frage nach dem Sinn von Sein und der Sinnlosigkeitsverdacht gegen alle Metaphysik«, in: *Philos. Jb.*, 75. Jg. (1967), S. 56–94 (s. Bd. I, S. 225 ff.).
7 Vgl. G. Radnitzky, *Contemporary Schools of Metascience*, 2 Vols., Göteborg 1968.
8 Chicago 1962, dtsch. Übersetzung Frankfurt 1967.

dungs- und *Spieltheorie,* zur *Praxeologie* von Kotarbinsky und zu den Handlungs- und Verhaltenstheorien der modernen Sozial-wissenschaften.

5. Schließlich ist in diesem Zusammenhang die Affinität der prag-matischen Wendung zur *Wissenschaftstheorie der Neuen Linken* zu erwähnen: Es ist klar, daß eine neomarxistische Konzeption der Wissenschaft, die nach den gesellschaftlichen Voraussetzungen, z. B. den Erkenntnisinteressen, und den praktischen Funktionen der Wissenschaften für die Gesellschaft fragt, mit der analytischen Wissenschaftstheorie nur auf dem Wege über die Pragmatik in ein Gespräch eintreten kann[9].

Für den philosophischen bzw. philosophiehistorischen Beobachter dieser ganzen Entwicklung läßt sich aber nun eine tiefe Zweideutig-keit des »pragmatic turn« nicht übersehen: Sie zeigt sich bereits andeutungsweise bei der Rezeption der Morrisschen Semiotik (und des *Operationalismus*) durch den *Neopositivismus.* Hier hat man bekanntlich zunächst einmal versucht, die *Pragmatik,* im Gegensatz zur *Syntaktik* und *Semantik,* aus der Wissenschaftslogik auszu-schließen und sie einer empirischen Wissenschaft (z. B. einer beha-vioristischen Psychologie) zu überantworten[10]. Dagegen läßt sich aber mit Peirce und Morris folgendermaßen argumentieren: Wenn die Zeichenvermittlung *(Semiosis)* als thematische Kernstruktur einer modernen Problematik der Erkenntnis- und Wissenschafts-theorie anzusehen ist, dann muß offenbar der pragmatischen Rela-tion des Zeichens zu seinem Interpreten mindestens dieselbe Dignität zukommen wie der syntaktischen Relation der Zeichen unterein-ander und der semantischen Relation der Zeichen zu den Sachver-halten. Ja, aus der Grundlegung von Ch. Morris ergibt sich sogar, daß die *Syntaktik* und auch noch die *Semantik* nur als abstraktive Thematisierungen von Teilfunktionen der *Semiosis* überhaupt in ihrem sprachanalytischen bzw. wissenschaftstheoretischen Wahr-heitsanspruch verständlich werden: Erst die *Pragmatik* analysiert die ganze Funktion, in deren Kontext die Ergebnisse der syntak-

9 Für den Bereich des orthodoxen Marxismus-Leninismus wird dies durch Arbeiten von G. Klaus (*Semiotik und Erkenntnistheorie,* Berlin 1963; *Die Macht des Wortes. Ein er-kenntnistheoretisch-pragmatischer Traktat,* Berlin 1964) und A. Schaff (*Einführung in die Semantik,* Berlin 1966, S. 80 ff. u. S. 221 ff.) bestätigt. – Für eine neomarxistische Rezep-tion und Ausarbeitung der »Pragmatik« vgl. inzwischen Utz Maas/Dieter Wunderlich, *Pragmatik und sprachliches Handeln,* Frankfurt 1972.

10 Vgl. Carnap, a.a.O., § 5, vgl. § 39.

tisch-semantischen Analyse von Sprach- bzw. Wissenschaftssystemen ihren Sinn erhalten können. Erst die *Zeichenpragmatik* kann somit die moderne *sprachanalytische Wissenschaftslogik* vollständig machen.

Wenn es sich aber so verhält, dann ergibt sich die folgende *Frage*, die ein Licht auf die *Zweideutigkeit* des »pragmatic turn« wirft: Läßt sich die pragmatische Zeichendimension, u. d. h. zugleich: die Problematik des Menschen als des Subjekts der Wissenschaften, überhaupt auf ein Thema von empirischen Wissenschaften reduzieren. Muß diese Problematik nicht genauso wie die der logischen Syntaktik und der logischen Semantik, und gerade als Ergänzung dieser Abstraktionen, eine solche der »Metawissenschaft« sein, eine Problematik der Bedingungen der Möglichkeit und Gültigkeit der Wissenschaften und ihrer Sprachen?

An dieser Stelle könnte man einwenden, im Neopositivismus (z. B. von Carnap[11] und R. Martin[12]) sei ja bereits der Versuch unternommen worden, die *Pragmatik* als *axiomatisch-konstruktive, formalisierbare Disziplin* zu entwickeln, die einer empirisch-deskriptiven Pragmatik in derselben Weise zugeordnet wäre wie die konstruktive Semantik der empirisch-deskriptiven (linguistischen) Semantik und die konstruktive Syntaktik der deskriptiven (linguistischen) Syntax.

Indessen: diese Konzeption (einer konstruktiven Pragmatik, die einer empirisch-deskriptiven zugeordnet wäre) stellt keine Antwort auf die Frage dar, die ich aufwerfen möchte. In der Dimension der Zeichenpragmatik zeigt sich nämlich, daß die Zuordnung einer axiomatisch-konstruktiven zu einer empirisch-deskriptiven Disziplin bereits im Falle der Syntaktik und der Semantik eine Bedingung voraussetzt, die nicht wiederum im Sinne einer Zuordnung von axiomatischer Konstruktion und empirischer Deskription verständlich gemacht werden kann: Bereits die Zuordnung von syntaktisch-semantischer Sprachkonstruktion und entsprechender Deskription setzt nämlich voraus, daß die Subjekte der Sprach-Konstruktion und der Sprachbeschreibung sich miteinander[13] über die mögliche Zuordnung von konstruierter und empirisch beschriebener

11 Vgl. R. Carnap, »On Some Concepts of Pragmatics«, in: *Philos. Studies* VI (1955), S. 85–91.
12 Vgl. R. Martin, *Towards a Systematic Pragmatics*, Amsterdam 1959.
13 Strenggenommen auch mit den Subjekten der zu beschreibenden Sprache. Vgl. dazu unten S. 270 ff. und 291 ff.

Sprache verständigen können. Diese Verständigung ist weder empirische Deskription noch formalisierende Konstruktion, sondern macht beide allererst möglich. Sie führt daher im Falle der konstruktiven Semantik auf die Umgangssprache als die aktuell benutzte letzte Metasprache der Sprachkonstruktion und der Sprachinterpretation zurück[14]. Eben diese Verständigung der Subjekte der Wissenschaft als Zeichenbenutzer müßte aber nun offenbar das Thema der Zeichenpragmatik als »Metawissenschaft« sein.

Aus der Perspektive der neopositivistischen Wissenschaftstheorie wird man darauf erwidern müssen: Die Verständigung zwischen Zeichenbenutzern kann nur das Thema einer empirischen Sozialwissenschaft sein. Diese Position werde ich im folgenden als *Szientismus* bezeichnen; sie hat ihre Pointe darin, daß sie das menschliche Subjekt der Wissenschaft auf ein Objekt der Wissenschaft glaubt reduzieren zu können. Pragmatisch orientierte Wissenschaftstheorie ist im Sinne des Szientismus eine Sozialwissenschaft von der Wissenschaft als Verhalten (Behavior)[15]. Pragmatik wird damit selbst wieder zum Objekt einer Wissenschaftssprache im Sinne eines semantischen Systems. Da nun das Subjekt dieser Wissenschaftssprache wiederum nur als Objekt verstanden werden darf usf. ad infinitum, so läuft der Szientismus auf eine reduktive Elimination des Subjekts der Wissenschaft hinaus.

Ch. W. Morris, der – als *Behaviorist* – ebenso wie die Neopositivisten daran festhält, daß die Verwender der Sprache und ihre zeichenvermittelten Verhaltensweisen ein natürliches Untersuchungsobjekt der empirischen Wissenschaften sind, genauso wie die in der semantischen Bedeutungsdimension bezeichneten Objekte, betont dennoch – als *Semiotiker* –, daß der *»interpretant«*, als die *Regel, aufgrund derer von einem Zeichenvehikel gesagt werden kann, es bezeichne bestimmte Arten von Objekten oder Situationen,* nicht selbst ein Objekt dieser Menge ist: die Beschreibung der pragmatischen Dimension kann zum Zeitpunkt ihrer Verwendung niemals auf die eigene Dimension angewendet werden. Morris zieht daraus den Schluß, daß der letzte »interpretant« (einer Gemein-

14 Vgl. G. Frey, »Das Residuum der natürlichen Sprache« in: *Methodos* 3 (1951). Ferner K.-O. Apel, *Die Idee der Sprache in der Tradition des Humanismus von Dante bis Vico* (Bonn 1963), Einleitung.
15 Über die Schwierigkeiten dieser Position vgl. A. Naess, »Science as Behavior: Prospects and Limitations of a Behavioral Metascience«, in: Benjamin B. Wolman (ed.), *Scientific Psychology* (Basic Books Publishing Co., Inc. 1965).

schaft von Interpreten) für die Analyse unerreichbar ist[16]. – Woher
weiß Morris aber selbst etwas von dem letzten »interpretant«, demjenigen nämlich, der als Bedingung der Möglichkeit der *Designation*
mit dem *designatum* prinzipiell nicht identifiziert werden darf?
Die *Problematik des letzten »interpretant«* bei Morris erinnert an
die *Problematik der letzten Metasprache* in der konstruktiven
Semantik. In beiden Fällen verbietet die wissenschaftstheoretische
Grundkonzeption des logischen Empirismus, die nur die Alternative
von Konstruktion oder Deskription, nicht aber den Begriff einer
reflektiv-verstehenden Erkenntnis zuläßt, von einem Wissen Rechen-
schaft zu geben, das man gleichwohl immer schon actualiter in
Anspruch nimmt. Fragt man einen Augenblick nach den geschichtlichen Ursprüngen dieser Einstellung, so wird man zurückverwiesen
auf B. Russells *Typentheorie* in ihrem semantischen Aspekt. Ebenso
wie bei G. Ryle[17] ist es offensichtlich auch bei Ch. Morris die für die
sprachanalytische Philosophie des 20. Jahrhunderts beinahe selbstverständliche Voraussetzung der semantischen Typentheorie, welche
die reflektierte Inanspruchnahme einer reflexiv-verstehenden Erkenntnis der subjektiven Bedingungen der Möglichkeit der zeichenvermittelten Erkenntnis von vornherein ausschließt. Eine unreflektierte Inanspruchnahme dieser Erkenntnis bezeugt sich freilich
schon in der semantischen Typentheorie selbst, die ja eine philosophische Einsicht über *allen* Symbolgebrauch überhaupt zu formulieren
beansprucht und sich daher selbst widerspricht[18].
Der einzige, der – wenngleich in paradoxer Form – die Frage nach
den sprachlichen Bedingungen der Möglichkeit und Gültigkeit der
Typentheorie und damit der logischen Sprachanalyse selbst reflektiert hat, ist der junge Wittgenstein. Für ihn läuft die semantische
Typentheorie darauf hinaus, daß über die »logische Form« der

---

16 Ch. W. Morris, a.a.O., S. 34.
17 G. Ryle desavouiert den Geltungsanspruch seiner eigenen Sätze über die reflexive
Hierarchie möglicher »performances«, indem er sie der semantischen Typentheorie unter-
wirft: »The operation which is the commenting is not, and cannot be, the step on which
that commentary is being made (. . .) A higher order action cannot be the action upon
which it is performed« (*The Concept of Mind,* 1949, S. 195). Ryle bemerkt nicht, daß
er eben in diesen Sätzen ein Urteil über seine eigenen Sätze, auch sofern sie »commen-
taries« sind, in Anspruch nimmt – ein Urteil, das freilich nicht in den psychologischen
regressus ad infinitum einzuordnen ist, sondern als philosophisches auf einer transzendentalen Allgemeinheitsstufe steht.
18 Vgl. dazu auch M. Black, »Russell's Philosophy of Language«, in: P. A. Schilpp (ed.),
The Philosophy of Bertrand Russell (Evanston, Hl., 1944), S. 227–255.

Sprache nichts gesagt werden kann, da dies eine selbstreflexive Sprache voraussetzen würde[19]. Da aber andererseits die »logische Form‹ der Sprache zugleich die logische Form der (beschreibbaren) Welt ist und damit das eigentliche Thema der (sprachanalytischen) Philosophie, so läuft die semantische Typentheorie in ihrer paradoxen Illustration durch den *Tractatus logico-philosophicus* auf die Selbstaufhebung der Philosophie hinaus[20].

Bei Wittgenstein zeigt sich auch ganz deutlich, daß die Ausschaltung der Frage nach den Bedingungen der Möglichkeit der Sprachfunktion und damit der Sprachanalyse identisch ist mit der Ausschaltung der Frage nach dem Subjekt der Wissenschaft, und daß auch diese Ausschaltung in eine Paradoxie hineinführt:

5.631: »Das denkende, vorstellende Subjekt *gibt* es nicht . . .«
5.632: »Das Subjekt gehört nicht zur Welt, sondern es ist eine Grenze der Welt.«[21]

Von dem ersten dieser beiden Sätze geht das neupositivistische (im weiteren Sinn sprachanalytische) *Programm einer Reduktion der subjektivistisch-mentalistisch-intensionalistischen Sprache der Philosophie und der Geisteswissenschaften auf eine extensionalistisch-behavioristische Dingsprache* aus[22]. Der zweite Satz dagegen bezeichnet einen paradoxen Grenzfall jener Position, die im folgenden als *Alternative zur szientistischen Reduktion des Subjekts der Wissenschaft* auf ein Objekt der Wissenschaft exponiert werden soll. Wittgenstein hat diese Position im *Tractatus* nicht nur implizit als Voraussetzung seiner Transformation der Erkenntniskritik in Sprachkritik angedeutet[23], sondern sie auch explizit beim Namen genannt, wenn er von der Logik der Sprache und damit zugleich der beschreibbaren Welt sagt:

6.13: ». . . Die Logik ist ›transzendental‹«.

19 Vgl. *Tractatus logico-philosophicus*, §§ 3.332, 4.12, 6.13. Für eine genauere Interpretation vgl. meinen Aufsatz: »Wittgenstein und Heidegger . . ., a.a.O., S. 56–94. (Vgl. Bd. I, bs. S. 232 ff.)
20 Vgl. die letzten Sätze des *Tractatus*, 6.53 ff.
21 Vgl. auch 5.641.
22 Zur Aporetik dieses Programms vgl H. Skjervheim, *Objectivism and the Study of Man*, Oslo 1959. Ferner K.-O. Apel, »Die Entfaltung der ›sprachanalytischen‹ Philosophie und das Problem der ›Geisteswissenschaften‹«, in: *Philos. Jb.*, 72. Jg. (1965), S. 239–289. (Oben S. 28 ff.)
23 Für eine Entfaltung dieser Andeutungen im Sinne Kants vgl. E. Stenius, *Wittgensteins Tractatus*, Oxford 1960, sowie meine o. a. Abhandlungen.

Im folgenden soll die *transzendentalphilosophische Alternative zum Szientismus* jedoch nicht im Anschluß an den frühen Wittgenstein entwickelt werden, sondern als *Antwort auf die Frage nach dem Subjekt der pragmatischen Dimension der Zeichenfunktion* bzw. der Wissenschaft. Von der Grenzproblematik des Subjekts der reinen Sprache im *Tractatus* unterscheidet sich die Subjektproblematik der pragmatischen Semiotik dadurch, daß in ihr das Subjekt der Interpretation nicht zum »ausdehnungslosen Punkt« zusammenschrumpfen kann, derart, daß »die ihm koordinierte Realität« allein bestehen »bleibt«[24]; vielmehr müssen die Subjekte der pragmatischen Dimension der Zeichenfunktion in einem sehr auffälligen, anthropologisch und historisch-soziologisch faßbaren Sinn als Bedingung der Möglichkeit für die perspektivistische Interpretation der Realität »als etwas« berücksichtigt werden. Verständigung unter diesen Subjekten läuft nicht, wie im *Tractatus* vorgesehen, auf einen bloßen Informationsaustausch darüber, was der Fall ist, hinaus[25], sondern primär auf eine Vorverständigung darüber, wie man die Welt interpretieren, d. h. in bezug auf menschliche Bedürfnisse, Interessen, Zielsetzungen und dgl. als etwas einschätzen und bewerten kann. Angesichts dieser auffälligen, »empirisch« faßbaren Subjektproblematik der Zeichenpragmatik kompliziert sich freilich auch das Problem einer transzendentalphilosophischen Alternative zum Szientismus: Liegt es nicht nahe, das Subjekt der Wissenschaft auf ein Objekt der Wissenschaft zu reduzieren, wenn es – wie oben angedeutet – als Subjekt der pragmatischen Dimension der Zeichenfunktion historisch-soziologisch faßbar wird?

Kants *Modell der Transzendentalphilosophie* läßt als Antwort auf die Frage nur eine Alternative zu, die der Wittgensteins entspricht: Entweder muß das Subjekt der Wissenschaft als erfahrbares den Kategorien naturwissenschaftlicher Objektivation – insbesondere der Kategorie der Kausalität – unterliegen oder es kann überhaupt nicht im Sinne der Erfahrbarkeit thematisiert werden; mit anderen Worten: schon für Kant bildet das Subjekt der Wissenschaft als solches die »Grenze der Welt«. – Eine dritte Antwort auf die Frage nach dem menschlich-gesellschaftlich-geschichtlichen Subjekt der Wissenschaft ist in der Philosophiegeschichte nur von der Tradition des objektiven Idealismus erarbeitet worden, die, von Leibniz und

24 Vgl. *Tractatus*, § 5.64.
25 Vgl. *Tractatus*, § 4.024.

Herder präfiguriert, vor allem in Hegels *Konzeption des »objektiven Geistes«* sich ausprägte und von Dilthey und anderen gewissermaßen als *implizite Philosophie der hermeneutisch verstehenden »Geisteswissenschaften«* entdeckt werden konnte. Sie geht – kurz gesagt – davon aus, daß das Subjekt der Erkenntnis nicht nur das andere seiner selbst – als eine von außen beschreibbare und erklärbare Welt – erfährt, sondern auch sich selbst in reflexiver Besinnung und im anderen (zumindest im anderen Menschen, seinen Worten und Handlungen). Der *objektive Idealismus* verbindet somit, vermöge eines spekulativ-dialektischen Begriffs der Subjekt-Objekt-Identität, Erfahrung im Sinne des hermeneutischen Verstehens mit der transzendentalen Reflexion und setzt beides der wissenschaftlichen Empirie im Sinne des Szientismus entgegen.

Aus allem, was wir im vorigen über die Eigenart der pragmatischen Dimension der Zeichenfunktion, der Dimension des »interpretant« und des »interpreter«, gesagt haben, geht hervor, daß eine transzendentalphilosophische Interpretation dieser Dimension nicht nur an Kant, sondern auch an die objektiv-idealistische Tradition der hermeneutischen Geisteswissenschaften irgendwie muß anknüpfen können. Ich fasse daher die Alternative zur szientistischen Pragmatik, u. d. h. zur behavioristischen Reduktion des Subjekts der Wissenschaft, unter dem Titel einer *transzendentalen Hermeneutik* zusammen. Die zentrale *Frage* der vorliegenden Studie lautet dann: *Gibt es in der pragmatischen Semiotik Ansatzpunkte einer nichtszientistischen, sondern transzendentalhermeneutischen Beantwortung der Frage nach dem Subjekt der Zeichenfunktion?*

Zur Klärung dieser Frage gehen wir auf den Begründer des semiotischen Pragmatismus, Ch. S. Peirce (1839–1914), zurück[26], der sich selbst noch als Kantianer verstand und der besonders in seiner späten Kosmologie der Evolution den objektiven Idealismus Schellings und Hegels zu erneuern versuchte.

---

26 Vgl. zum folgenden meine »Einführung« zu Ch. S. Peirce, *Schriften* I, Frankfurt 1967, und *Schriften* II, Frankfurt 1970. Zitate im folgenden beziehen sich, wie üblich, auf Band und Paragraphen der *Collected Papers*, ed. by Ch. Hartshorne and P. Weiss (I–VI), resp. A. Burks (VII–VIII).

II. Die semiotische Transformation der Transzendentalphilosophie bei Ch. S. Peirce: die reale, aber unbegrenzte Experimentier- und Interpretationsgemeinschaft als transzendentales Subjekt der Zeichenfunktion und der Wissenschaft

Die Entdeckung der pragmatischen Dimension der Zeichenfunktion und damit der zeichenvermittelten Erkenntnis geht auf die Semiotik, Kategorienlehre und Relationslogik von Ch. S. Peirce zurück[27]. Bei ihm hat sie ihre Pointe in der Einsicht, *daß die Erkenntnis als zeichenvermittelte Funktion einer dreistelligen Relation entspricht, die nicht auf eine zweistellige Relation zurückgeführt werden kann*, wie das bei allen *beobachtbaren* Reaktionen in der Objektwelt möglich ist. Das Wesentliche der Erkenntnis ist nicht die faktische Reaktion eines innerweltlichen Objekts auf ein anderes (Kategorie »Zweitheit«), sondern die Interpretation von etwas *als* etwas, die sich durch Zeichen vermitteln muß (Kategorie »Drittheit«). Keines der Grundelemente der dreistelligen Relation darf fehlen, ohne daß die Möglichkeit der Erkenntnisfunktion zerstört wird. Das besagt u. a., daß die Erkenntnis weder auf bloße Sinnesdaten (klassischer Positivismus), noch auf eine zweistellige Subjekt-Objekt-Relation (die allenfalls das Widerstandserlebnis des Zusammenpralls eines Ich mit dem Nichtich verdeutlicht), noch auf eine zweistellige Relation zwischen Theorien und Tatsachen im Sinne der Semantik (Logischer Positivismus) zurückgeführt werden kann, obgleich dies alles nach Peirce nicht fehlen darf. Sie kann aber auch nicht als gleichsam nackte Vermittlung durch Begriffe im Sinne der *transzendentalen Synthesis der Apperzeption Kants* verstanden werden.

Der zuletzt angedeutete Mangel der Kantschen Vernunftkritik, der bereits durch die Väter der deutschen Sprachphilosophie, Hamann, Herder und W. v. Humboldt, empfunden wurde, konnte zwar in der mit dem amerikanischen Pragmatismus gleichzeitigen Entwicklung des Neukantianismus durch Ernst Cassirer behoben werden, der in seiner »Philosophie der symbolischen Formen« gewissermaßen die Zeichenfunktion in die transzendentale Synthesis der Apperzeption einbaute. Von Peirces Konzeption unterscheidet sich diese *semiotische Transformation der Transzendentalphilosophie* indessen dadurch, daß sie, trotz der semiotischen Verleiblichung der Vermitt-

---

27 Näheres über den Zusammenhang von Relationslogik, Kategorienlehre und Semiotik bei Peirce in der »Einführung« zu Peirce, *Schriften* II (a.a.O.).

lungsfunktion der Erkenntnis, hinsichtlich der so vermittelten Subjekt-Objekt-Relation die Kantische Voraussetzung eines transzendentalen Bewußtseinsidealismus unverändert stehen läßt. In dieser Hinsicht ist nun Peirces semiotische Transformation des Kantianismus ungleich radikaler: Für ihn folgt aus der dreistelligen Zeichenrelation hinsichtlich der Grundlagen der Philosophie dreierlei:

1. Keine Erkenntnis von etwas als etwas ohne eine *reale Zeichenvermittlung anhand materieller Zeichenvehikel.*

(Dazu gehören nach Peirce nicht nur die konventionellen Begriffs-»Symbole« der Sprache, sondern auch die nicht oder nicht nur konventionellen »Indices« und »Ikone«. Diese garantieren einerseits den Situationsbezug der Rede bzw. ihre Fähigkeit des ästhetischen Ausdrucks und der Strukturabbildung, andererseits setzen sie den Menschen in den Stand, Kausalzusammenhänge und Ähnlichkeitsrelationen der Natur und der Technik – Instrumente und Modelle – in die Zeichenfunktion der Sprache und damit in die Erkenntnisfunktion gewissermaßen zu integrieren. Damit kann nach Peirce einerseits die konventionelle Sprache der Begriffs-»Symbole« im »Hier« und »Jetzt« der Situation an den identifizierbaren Gegenständen und wahrnehmbaren Qualitäten der Welt festgemacht werden; andererseits kann die außersprachliche Natur selbst von uns als Zeichenverweisung für uns und darüber hinaus – in privativer Analogiebildung zum symbolvermittelten Zeichenprozeß – als objektiver Zeichenprozeß in der Ebene der »Ikone« und »Indices« verstanden werden.[27a])

In dieser Konkretisierung der Vermittlungsfunktion der Erkenntnis liegt die *semiotische* Transformation der Erkenntnistheorie im engeren Sinne.

2. Keine Repräsentationsfunktion des Zeichens für ein Bewußtsein ohne eine *reale Welt,* die prinzipiell als in Hinsichten repräsentierbare, u. d. h. *erkennbare* gedacht werden muß.

(Die Negation der Existenz dieses Glieds der dreistelligen Zeichenrelation im Sinne des erkenntnistheoretischen Idealismus oder die Negation seiner prinzipiellen Erkennbarkeit im Sinne der *Kantschen* Hypothese des Dings-an-sich zerstören nach *Peirce* eine wesentliche Voraussetzung der semiotisch verstandenen Erkenntnisfunktion: Die Begriffe Irrtum, Schein, Illusion, bloße Konvention und

27a Vgl. oben S. 170 ff.

dergl. setzen alle, um sinnvoll zu sein, bereits die Existenz eines
erkennbaren Realen voraus. *Kants* Unterscheidung dieses erkennbaren Realen als bloßer Erscheinung von dem prinzipiell nicht
erkennbaren, sondern nur denkbaren Ding-an-sich übersieht, daß
die Erkenntnis, semiotisch verstanden, soweit reicht wie die Aufstellung sinnvoller Hypothesen mit Wahrheitsanspruch. Insofern
prätendiert auch die Unterstellung des unerkennbaren Dinges-an-
sich, eine Erkenntnis zu sein; freilich ist sie nach *Peirce* eine sinn-
widrige Hypothese, da sie das eigentlich zu Erkennende als unerkennbar definiert. Sinnvoll kann nach *Peirce* nur die Unterscheidung
zwischen dem *in the long run* Erkenn*baren* und dem jeweils faktisch
Erkannten sein[28]. Diese Unterscheidung entspricht dem *Fallibilismus*
und *kritischen Konventionalismus,* der die Geltung aller menschlichen Erkenntnisse als vorläufig einschränkt.)

In dieser *Position eines sinnkritischen Realismus* liegt die Konsequenz der semiotischen Transformation der *Erkenntniskritik;* sie
ersetzt – ebenso wie später *Wittgenstein* und die *Neopositivisten* –
Kants Begriff der prinzipiell unbeantwortbaren, weil überschweng-
lichen Fragen durch den Begriff sinnloser Fragen, ohne freilich damit alle Metaphysik für sinnlos zu erklären.

3. Keine Repräsentation von etwas als etwas durch ein Zeichen ohne
Interpretation durch einen realen Interpreten.

Peirces nähere Definition dieses dritten Gliedes der Zeichenrelation,
die zugleich seine *Antwort auf die Frage nach dem Subjekt der
Wissenschaft* darstellt, zeigt am deutlichsten, inwiefern der semiotische Pragmatismus einerseits, als dreistellig fundierte Erkenntnistheorie, mit der Transzendentalphilosophie zusammengehört und
inwiefern er diese andererseits so umbildet, daß die naturalistisch-
behavioristische Reduktionstendenz des Populärpragmatismus verständlich wird:

Die semiotische Transformation des Erkenntnisbegriffs bedingt zunächst ein reales Subjekt des Zeichengebrauchs, das an die Stelle

28 Vgl. 5.257 (deutsche Ausgabe S. 177): »... Nichtwissen und Irrtum können nur verstanden werden als korrelativ zu wirklicher Erkenntnis und Wahrheit ... Über jede
beliebige Erkenntnis hinaus und im Gegensatz zu ihr läßt sich eine unerkannte, aber erkennbare Realität denken; über alle mögliche Erkenntnis hinaus und im Gegensatz zu
aller möglichen Erkenntnis aber gibt es nur das sich selbst Widersprechende. Kurz: *Erkennbarkeit* (im weitesten Sinne) und *Sein* sind nicht nur metaphysisch dasselbe, sondern diese
Termini sind synonym.« Vgl. auch 5.265 (deutsche Ausgabe S. 186), 5.310 f. (deutsche
Ausgabe S. 219 f.).

eines reinen Bewußtseins treten muß; andererseits fordert gerade die Ersetzung des Gegenstandsbewußtseins durch die formulierbare Meinung qua Zeicheninterpretation die Transzendierung jeder endlichen Subjektivität durch den Erkenntnis- qua Interpretationsprozeß: So schreibt *Peirce* 1868:

>»Das Gesetz, daß jedes Gedankenzeichen in einem anderen, das auf es folgt, übersetzt oder interpretiert wird, hat... keine Ausnahme, es sei denn die, daß alles Denken überhaupt durch den Tod zu einem abrupten und endgültigen Ende kommt[29].«

Schließlich fordert auch die sinnkritische Definition des Realen als des Erkenn*baren* die Transzendierung jedes endlichen Erkenntnissubjekts. Bezogen auf ein endliches Bewußtsein und seine Vermögen der Weltvorstellung müßte auch nach *Peirce* das Reale überhaupt und insgesamt als unerkennbar gelten, und tatsächlich postuliert *Peirce,* daß das Reale, das nur als das zu Erkennende und Erkennbare sinnvoll gedacht werden kann, zu keinem Zeitpunkt faktisch definitiv erkannt sein kann (darin läge die Reduktion der Kategorie *Drittheit,* die das Allgemeine des Begriffs bzw. des Gesetzes auf den unendlichen Interpretationsprozeß bezieht, aufdie Kategorie *Zweitheit,* die für endliche Tatsachen gilt). Die Antwort auf die somit präzisierte Frage nach dem Subjekt des semiotisch verstandenen Erkenntnisprozesses findet *Peirce* schon 1868 in der Idee einer »Gemeinschaft, die ohne definitive Grenzen ist und das Vermögen zu einem definitiven Wachstum der Erkenntnis besitzt«[30].

Da nun *Peirce* nicht mehr, wie *Kant,* die Objektivität und Notwendigkeit der einzelnen wissenschaftlichen Erfahrungsurteile, wohl aber die Objektivität der wissenschaftlichen Schlußprozesse *in the long run* glaubt transzendental deduzieren zu können[31], so muß er Kants letzte Voraussetzung und »höchsten Punkt«, die *transzendentale Synthesis der Apperzeption,* durch das *Postulat einer »letz-*

---

29 5.284 (Deutsche Ausgabe S. 199 f.).
30 5.311 (Deutsche Ausgabe S. 220); vgl. auch 8.13 (Deutsche Ausgabe S. 261): ... der *consensus catholicus,* welcher die Wahrheit konstituiert, darf keineswegs auf die Menschen in ihrem irdischen Leben oder auf die menschliche Gattung beschränkt werden, sondern er erstreckt sich auf die Gemeinschaft aller Verstandeswesen, zu der wir gehören und die wahrscheinlich einige einschließt, deren Sinne von den unsrigen sehr verschieden sind, so daß in jenen Konsensus eine Prädikation einer sinnlichen Qualität nur unter dem Zugeständnis eintreten kann, daß auf diese Weise gewisse Arten von Sinnen affiziert werden.«
31 Vgl. die Abhandlung »Die Grundlagen der Gültigkeit der Gesetze der Logik« von 1869 (insbes. 5.342–352, Deutsche Ausgabe S. 236 ff.) und die Abhandlung »Die Wahrscheinlichkeit der Induktion« von 1878 (insbes. 2.690–693, Deutsche Ausgabe S. 368 ff.).

ten Überzeugung« ersetzen, in der, nach einem hinreichend lange
durchgeführten Forschungsprozeß, die unbegrenzte Gemeinschaft
der Wissenschaftler übereinstimmen würde.
Dieses Resultat der semiotischen Transformation der Transzendentalphilosophie hatte *Peirce* schon vor der Begründung des *Pragmatismus* erreicht, die zuerst in der *Berkeley*-Rezension von 1871[32] und
sodann in der unveröffentlichten Logik von 1872/73 hervortritt[33].
Trotz der realistischen Konkretisierung der Erkenntnisproblematik,
die sich schon hier abzeichnet[34], zeigt die logische Struktur seines Denkens, daß hier keine naturalistische Reduktion der Frage nach dem
Subjekt der Wissenschaft vorgenommen werden soll. Zwar wird
eine reale Gemeinschaft als Subjekt postuliert und die Erkenntnis
wird nicht ausschließlich als Bewußtseinsfunktion, sondern primär
als realer, geschichtlicher Interpretationsprozeß begriffen; aber die
sinnkritische Definition von Realität und Wahrheit ebenso wie die
Begründung der notwendigen Geltung der synthetischen Schlußver-
fahren des Forschungsprozesses erfolgt nicht mit Berufung auf die
faktische, empirisch beschreibbare Funktion der Erkenntnis in der
faktischen Gemeinschaft, sondern im Hinblick auf die normativ zu
postulierende Konvergenz der Schluß- und Interpretationsprozesse
in der unbegrenzten Gemeinschaft. Der sinnkritisch postulierte
Consensus ist der *Garant der Objektivität der Erkenntnis*, der an die
Stelle des kantischen transzendentalen »Bewußtseins überhaupt«
tritt; er fungiert freilich als ein regulatives Prinzip, das als Ideal
der Gemeinschaft in und durch die reale Gemeinschaft erst noch zu
realisieren ist, wobei die Ungewißheit über die faktische Erreichung
des Ziels durch ein ethisches Prinzip des Engagements und der Hoffnung ersetzt werden muß[35]: Peirces Prinzip des »logischen Sozialismus«[36]. In diesem Prinzip ist erstmals bei Peirce die Problematik der
theoretischen und der praktischen Vernunft vermittelt, dies jedoch

32 Vgl. 8.33 (Deutsche Ausgabe S. 273 f.).   33 Vgl. 8.358 ff.
34 Peirce versteht sich hier freilich selbst noch als »Idealist« bzw. als »Phänomenalist«
kantischer Provenienz, vgl. 5.310 (1868), 8.15 (1871).
35 Vgl. 5.354 ff. (Deutsche Ausgabe S. 245 ff.) u. ö.
36 Vgl. dazu jetzt G. Wartenberg, *Logischer Sozialismus. Die Transformation der Kantschen Transzendentalphilosophie bei Ch. S. Peirce*, Kieler Diss. 1969 (Frankfurt 1971). –
Hier wird auch die bei Peirce durch den amerikanischen Transzendentalismus (insbesondere durch den von Fourier inspirierten Henry James sen.) vermittelte Parallele zur
junghegelianischen Substitution der »unendlichen Gemeinschaft« (D. Fr. Strauß, Feuerbach) bzw. der »Gesellschaft« (K. Marx) an die Stelle des absoluten Subjekts der Philosophie herausgestellt.

so, daß an dem transzendentalphilosophisch-normativen Charakter
dieser Vermittlung nicht zu zweifeln ist.

Dies scheint sich durch die Begründung des *Pragmatismus,* insbesondere in den später durch W. James berühmt gewordenen, popu-
lären Aufsätzen »The Fixation of Belief« und »How to Make Our
Ideas Clear« von 1877/78, zu ändern: Der Schluß- und Interpretationsprozeß der zeichenvermittelten Erkenntis wird jetzt in den
Lebensprozeß des erfolgskontrollierten Verhaltens eingebettet, und
das Ziel dieses Prozesses scheint nicht mehr der Wahrheitskonsens
in der unbegrenzten Gemeinschaft der Forscher zu sein, sondern
lediglich diejenige »Festlegung einer Überzeugung«, welche die im
Zweifel gestörte Verhaltenssicherheit durch Etablierung einer neuen,
sich praktisch (experimentell) bewährenden Verhaltensgewohnheit
(»habit«) wiederherstellt. Auf dieser Linie scheint auch die pragmatische Konkretisierung des sinnkritischen Realismus zu liegen, wie
sie etwa in der Formel zum Ausdruck kommt:

»... the whole function of thought is to produce habits of action ... To develop
its meaning, we have, therefore, simply to determine what habits it produces,
for what a thing means is simply what habits it involves.«[37]

Kein Zweifel, daß von solchen Formulierungen der populäre
Pragmatismus seinen Ausgang genommen hat – bis hin zum semiotischen Behaviorismus von Ch. W. Morris, der den Sinn von Zeichen auf die durch dieselben faktisch vermittelten, deskriptiv faßbaren Verhaltensdispositionen reduziert und insofern auch das Subjekt der pragmatischen Zeicheninterpretation auf ein Objekt der
empirischen Sozialwissenschaften.

In der Tat ist es ja auch, in einem noch zu klärenden Sinne, möglich,
die (linguistische) Bedeutung von Symbolen im Sinne des Sprachgebrauchs aus dem Durchschnittsverhalten der kommunizierenden
Menschen abzulesen. Man macht dabei freilich einige stillschweigende Voraussetzungen, die selbst nicht wieder durch Deskriptionen
aufgrund von Beobachtungen begründet werden können. Z. B. diese:
daß die Reaktionen der Nachrichtenempfänger im allgemeinen auf
einem richtigen Verständnis des Sinns der Nachrichten beruhen und
darüber hinaus im Sinne eines typischen »perlokutionären Effekts«
der Sprechakte beantwortet werden. (Weder das korrekte Verstehen
im Sinne des »illokutionären Effekts«, noch das – davon unterschiedene – typische Reagieren im Sinne des »perlokutionären Effekts«

37 5.400 (Deutsche Ausgabe S. 337).

ist selbstverständlich, wie die Analyse der »Sprechakte« durch
Austin und Searle gezeigt hat.[37a] Ferner wird vorausgesetzt, daß
man selbst in der Lage ist, die Regel des Sprachgebrauchs zu verstehen und dieses Verständnis durch Kommunikation mit den kompetenten Sprechern zu überprüfen. Man setzt dies voraus; denn
allein aufgrund von Beobachtungen und deren statistischer Auswertung läßt sich nicht sicherstellen, daß man es überhaupt mit Sprach-
verhalten zu tun hat, anders gesagt: daß die Regel, die man in diesem Fall von außen an die Beobachtungsdaten heranträgt, um sie
linguistisch zu »erklären«, diejenige ist, nach der die kommunizierenden Objekte *sich selbst richten,* derart, daß sie nach dieser Regel
unbegrenzt viele, faktisch (im Durchschnittsverhalten) nie vorkommende Sätze bilden könnten[38].

Die reflexive Thematisierung der soeben angedeuteten stillschweigenden Voraussetzungen erfolgreicher quasi-behavioristischer Be-
deutungsanalyse zeigt, daß diese nicht einmal als Analyse des allgemeinen Sprachgebrauchs den Sinn von Symbolen auf beobachtbare Verhaltensweisen zu reduzieren vermag; auch die distanzierte
quasiobjektive Analyse des Sprachgebrauchs kann nur als Grenz-
situation der Verfremdung im Rahmen der intersubjektiven Verständigung wissenschaftstheoretisch begriffen werden. Bei der
»Pragmatischen Maxime« der Bedeutungsklärung, die Peirce im
Rahmen seiner Forschungslogik aufstellte, geht es indessen überhaupt nicht um die linguistische generalisierende Feststellung des
Sprachgebrauchs, sondern gerade um die normative Klärung des
Sinns von Symbolen in einer Verständigungssituation, z. B. in der
Situation einer Grundlagenkrise, wie sie noch zu Lebzeiten von
Peirce eine Klärung der Raum- und Zeitbegriffe der Physik erforderlich machte. Hier läßt sich offenbar der Sinn schon deshalb nicht
durch Rückgang auf faktischen Sprachgebrauch bzw. durchschnitt-
liches Verhalten klären, weil ja gerade der allgemeine Sprachgebrauch – z. B. auch derjenige der Wissenschaftler – auf Mißver-
ständnissen beruhen könnte, die es zu beseitigen gilt.

37a Vgl. J. L. Austin, *How to do things with words,* Oxford 1962, und J. R. Searle,
Speech Acts, Cambridge 1969.
38 Dies scheint mir der Punkt zu sein, in dem die implizite Behaviorismuskritik von
P. Winch (vgl. *Die Idee der Sozialwissenschaft und ihr Verhältnis zur Philosophie,* Frank-
furt 1966, S. 42 ff.) mit derjenigen von N. Chomsky (vgl. »A Review of B. F. Skinner's
›Verbal Behaviour‹«, in: Fodor u. Katz (ed.) *The Structure of Language,* Englewood
Cliffs 1964, S. 547 ff.) übereinstimmt.

In der Tat lag Peirce bei der Einführung der »Pragmatischen Maxime« der Sinnklärung nichts ferner, als das Verstehen des Sinns von Ideen durch das Beobachten oder Beschreiben ihrer faktisch eintretenden Folgen zu ersetzen. Bereits die im vorigen zitierten verfänglichen Formulierungen verraten bei genauerem Hinsehen eine ganz andere Intention: Peirce sagt:

»Um die Bedeutung eines Gedankens zu entwickeln, haben wir zu *bestimmen* (nicht etwa: zu beobachten oder zu beschreiben! – Hervorhebung von mir), welche Verhaltensweisen der Gedanke hervorbringt.« Und er meint auch mit dem unvorsichtigen »hervorbringt« nicht: »faktisch zur Folge hat«, sondern, wie der im folgenden Satz dafür eingesetzte Ausdruck »involviert« zeigt: nach einer Regel für das rechte Verständnis zur Folge haben *würde*[38a]. In den unmittelbar anschließenden Erläuterungen wird auch klargemacht, daß die Verhaltensdispositionen (»habits«), die Peirce der Bedeutung eines Gedankens als äquivalent zuordnet, nicht nach dem Sprachgebrauch Humes bzw. des Behaviorismus als kausal bedingte Beobachtungstatsachen verstanden werden dürfen, sondern als Regeln, welche – im Sinne der »Drittheit« – unser selbstkontrolliertes, subjektives Handeln mit möglichen Beobachtungstatsachen vermitteln können: »Nun hängt die Identität einer Verhaltensdisposition *(habit)* davon ab, wie sie uns zum Handeln anleiten *könnte*, nicht bloß unter solchen Umständen, wie sie wahrscheinlich eintreten werden, sondern unter solchen, wie sie *möglicherweise* eintreten *könnten*, wenn sie auch noch so unwahrscheinlich sein mögen.«[39]

Schon aus diesen Stellen, die vor dem Hintergrund der im vorigen skizzierten und seit 1903 eigens so genannten »normativen Logik« der Forschung zu interpretieren sind, geht hervor, daß es Peirce in seinem semiotischen Pragmatismus nicht um Reduktion von Sinn auf objektive Tatsachen der empirischen Sozialwissenschaft geht, sondern um *metascientifische Regeln der Verständigung über Sinn im Hinblick auf mögliche experimentelle Erfahrungen*. Sinnverstehen

---

38a 1909 schreibt Peirce an W. James: »Der endgültige Interpretant [sc. eines Zeichens] besteht nicht in der Art und Weise, in der irgendein Verstand handelt, sondern in der Art und Weise, in der jeder Verstand handeln würde...: Wenn das und das irgendeinem Verstand zustoßen sollte, würde dieses Zeichen jenen Verstand zu dem und dem Verhalten bestimmen. Mit ›Verhalten‹ meine ich eine *Handlung*, die unter einer Intention der Selbstkontrolle vollzogen wird. Kein Ereignis, das irgendeinem Verstand zustößt, keine Handlung irgendeines Verstandes kann die Wahrheit jenes konditionalen Satzes konstruieren« (8.315; vgl. 5.482 u. 5.491).

39 5.400 (Deutsche Ausgabe S. 377); (Hervorhebungen im Text von mir).

wird hier nicht durch Beobachtung experimenteller Daten ersetzt,
sondern es wird im *Gedanken*experiment auf mögliche experimentelle Erfahrung bezogen[40].

Hier scheint sich allerdings eine Schwierigkeit zu ergeben: Um mit
Peirce die Verhaltensdispositionen zu *bestimmen*, durch die man den
Sinn eines Gedankens im Hinblick auf mögliche Erfahrung explizieren könnte, dazu muß man den Sinn der zu explizierenden Gedanken in gewisser Weise schon verstanden haben. Hier scheint ein
logischer Zirkel vorzuliegen. Man kennt diesen Zirkel auch aus dem
semantischen Operationalismus von P. W. Bridgman, der in methodologischer Reflexion der Einsteinschen Definition physikalischer
Grundbegriffe wie »Gleichzeitigkeit«, »Länge« u. dgl. zu ähnlichen
Forderungen gelangte, wie sie zuvor schon Peirce auf der Grundlage
seines semiotischen Pragmatismus aufgestellt hatte. Bei Bridgman
ergab sich die Schwierigkeit, daß der Sinn von Begriffen, der durch
einen »set of operations« definiert werden soll, bereits vorausgesetzt
wird, um die Klasse mehr oder weniger ähnlicher Operationen fest-
zulegen (die Begriffe Raum und Zeit z. B. werden von vornherein
soweit phänomenologisch verstanden, daß man *verschiedene* Klassen von Meßoperationen ins Auge faßt)[41].

Indessen: gerade diese Schwierigkeit läßt sich m. E. auflösen, wenn
man den nicht reduktiven, sondern hermeneutischen Sinn der »pragmatischen Maxime« der Bedeutungsklärung bedenkt: Nur wer – wie
Bridgman und die Behavioristen – Sinn auf, sei es vorschreibbare,
sei es beschreibbare, Verhaltensweisen »reduzieren« will, folgt einer
Logik der Deduktion, die in der Voraussetzung des Sinnverständnisses durch die Bestimmung der Verhaltensweisen einen *circulus
vitiosus* sehen muß. Bei der Sinnklärung mit Hilfe von Gedanken-
experimenten gemäß der »Pragmatischen Maxime« geht es jedoch
von vornherein nicht um solche Reduktion, sondern um Explikation
eines vage vorverstandenen Sinns durch das Vorlaufen der Phanta-

40 Vgl. dazu auch die maßgebende Formulierung der »Pragmatischen Maxime«, in *How
to Make Our Ideas Clear:* »Consider what effects, that *might conceivably* have practical
bearings, we *conceive* the object of our *conception* to have. Then, our *conception* of
these effects is the whole of our *conception* of the object« (5.402, Deutsche Ausgabe
S. 339). Auf die von uns hervorgehobenen Ableitungen des Verbums »conceive« beruft
sich Peirce selbst in einer Fußnote von 1906, um dem Verdacht entgegenzutreten, er habe
1878 den »intellectual purport« von Symbolen auf etwas, das nicht den universalen Charakter von Begriffen hat (z. B. Sinnesdaten oder faktische Handlungen), »reduzieren«
wollen.
41 Vgl. A. Cornelius Benjamin, *Operationism,* Springfield/Ill. 1955, S. 69 ff.

sie in Möglichkeiten der Praxis und der Erfahrung, auf die der
Zeichensinn verweist. Diese Methode deduziert nicht Tatbestände
aus Tatbeständen in der Weise einer logisch formalisierbaren Theoriebildung; sie arbeitet vielmehr an jener Verständigung über den
Sinn von Begriffen, die von jeder formalisierbaren Theoriebildung
schon vorausgesetzt werden muß: Als metatheoretisches Prinzip
macht die »Pragmatische Maxime« lediglich jene Verweisungsstruk-
tur der Begriffs-Symbole in bestimmter Hinsicht explizit, die jedes
Verstehen in den *circulus fructuosus* der Hermeneutik verwickelt.

Freilich handelt es sich bei der Hermeneutik der »Pragmatischen
Maxime« nur um den metatheoretischen (= metaszientifischen) Grenzfall einer Hermeneutik der Sinnklärung überhaupt: um die Verdeutlichung von Begriffssinn im Hinblick auf mögliche *experimentelle* Erfahrung. Wir werden auf diesen Umstand noch zurückkommen. In seiner Spätzeit hat Peirce den in der »Pragmatischen
Maxime« angezielten Grenzfall einer metaszientifischen Hermeneutik durch Wenn-dann-Sätze in Form von *Contrary-to-fact-conditio-
nals* verdeutlicht und auch dadurch seine Methode der Sinnklärung
durch Zukunftsverweis (»Mellonization«[42]) von jeder empiristischen
Reduktionstheorie unterschieden[43]. Die *Counter-factual*-Struktur der
»Mellonization« gibt Peirce die Möglichkeit, auch in seiner Semiotik
die Perspektive der normativen Forschungslogik zur Geltung zu
bringen: Im Gegensatz zu Ch. Morris unterscheidet er in den
»Pragmatizismus«-Aufsätzen (1905 ff.) ausdrücklich zwischen drei
Arten von »interpretants« von Symbolen: »emotional«, »energetic«
und »logical interpretants«[44]; nur die beiden ersten Klassen entsprechen den empirisch (also etwa psychologisch) feststellbaren Wirkungen der Symbole auf den »interpreter«, dagegen ist der »logical
interpretant« etwa eines Satzes »jene Form einer (normativ richtigen!) Übersetzung des Satzes, in der er auf das menschliche Verhalten anwendbar wird, und zwar nicht unter diesen oder jenen
speziellen Umständen, und nicht, wenn man diesen oder jenen spe-

42 Vgl. 8.284.
43 Wir können im Rahmen dieser Studie nicht darauf eingehen, daß und inwiefern die
Counterfactual-Struktur der »Mellonization« es Peirce möglich macht, einerseits den Sinn
aller wissenschaftlichen Begriffe auf einen transzendentalen Rahmen *möglicher* Erfahrung
zu beziehen – nach dem Vorbild Berkeleys und Kants –, andererseits aber den empirischen
bzw. transzendentalen Idealismus, der seit Berkeley bzw. seit Kant mit der Methode der
»Mellonization« verknüpft zu sein scheint, durch einen sinnkritischen Realismus zu ersetzen. (Vgl. hierzu meine »Einführung« zu Peirce, Schriften II, a.a.O., bs. Anm. 90.)
44 Vgl. besonders 5.476.

ziellen Plan unterhält, sondern jene Form, die am unmittelbarsten
auf die Selbstkontrolle in jeder Situation und im Hinblick auf jeden
denkbaren Zweck anwendbar ist. Deshalb verlegt der Pragmatizist
den Sinn in die Zukunft; denn das zukünftige Verhalten ist das
einzige Verhalten, das der Selbstkontrolle unterworfen ist«.[45] Gemäß
der soeben postulierten Regel möglicher Applikation des Sinns ist
der »ultimate logical interpretant«, der den unendlichen Interpretationsprozeß praktisch zugunsten einer »realen lebendigen Konklu-
sion« zu beenden hat, allerdings auch für Peirce eine Verhaltensdisposition (»habit«), aber eine normativ vorgeschriebene:

>»The deliberately formed, self-analyzing habit – self-analyzing because formed
by aid of analysis of the exercises that nourished it – is the living definition,
the veritable and final logical interpretant[46].«

So zeigt eine genauere Interpretation des semiotischen Pragmatismus von Peirce, daß auch er sich der schon 1868 begründeten normativen Logik der Vermittlung von Theorie und Praxis im Hinblick
auf das transzendentalphilosophisch postulierte Ziel des Wahrheitskonsensus einer unbegrenzten Gemeinschaft der Wissenschaftler
einfügt. Dieser transzendentalphilosophisch postulierte teleologische
Forschungsprozeß wird allerdings von dem Peirce des *Pragmatizismus* zugleich als Weg zu einer praktischen Vollendung der Rationalisierung des Universums durch selbstkontrollierte »Habit«-For-
mation betrachtet. Das Subjekt dieser »Habit«-Formation ist jedoch
ebensowenig wie die von Peirce gemeinten »Habits« qua »Logical
interpretants« auf ein Objekt empirischer Sozialwissenschaften zu
reduzieren; es ist freilich auch kein reines Bewußtsein überhaupt wie
in der klassischen Transzendentalphilosophie Kants (und noch Husserls), sondern eine *reale Experimentier- und Interpretationsgemeinschaft,* in der zugleich eine *ideale, unbegrenzte Gemeinschaft* als Telos
vorausgesetzt wird. Ebenso wie ihre Zeichen und Handlungen ist
diese Gemeinschaft *erfahrbar,* aber nicht als ein Objekt der Erfahrung, das von außen als Beobachtungsdatum beschrieben und erklärt
werden könnte, sondern eher *als intersubjektives Medium der Verständigung* über die begrifflichen Bedingungen der Möglichkeit und
Gültigkeit von Beschreibungen und Erklärungen von Beobachtungsdaten.

45 5.427.
46 5.491.

III. Die transzendentalhermeneutische Interpretation der Peirce-schen Semiotik und das Problem des nichtinstrumentellen Praxisbezugs der Zeicheninterpretation: Die Interpretationsgemeinschaft als Interaktionsgemeinschaft

In Anknüpfung an Peirces Semiotik hat J. Royce das *Verhältnis der metaszientifischen Problematik der intersubjektiven Verständigung zur szientifischen Erkenntnisproblematik* durch ein ökonomisches Gleichnis verdeutlicht: Um den *Barwert* (»cash value«) einer Idee bzw. Hypothese durch experimentelle Verifikation einzulösen, muß man zuvor schon ihren *Nennwert* in der Gemeinschaft der Wissenschaftler durch *Interpretation* festlegen. Mit anderen Worten: Der *perzeptive* Erkenntnis-Austausch des Menschen mit der Natur setzt einen *interpretativen* Erkenntnisaustausch zwischen Menschen, eine Art Austausch der Ideenvaluta durch Übersetzung, voraus[47]. Royce, der im Unterschied zu Peirce nicht primär an einer metaszientifischen Theorie der Klärung szientifischer Begriffe, sondern an einer sozialphilosophischen Theorie intersubjektiver Verständigung überhaupt interessiert war, scheint mir mit seinem Gleichnis ein Schlaglicht auf eine bislang noch wenig reflektierte, transzendentalhermeneutische Voraussetzung der Erkenntnis geworfen zu haben: er beleuchtet m. E. genau jene Stelle des Zusammenhangs und Unterschiedes von Naturwissenschaften und Geisteswissenschaften, die in einer vorsemiotischen Erkenntnistheorie überhaupt nicht bemerkt werden kann:

Die *vorsemiotische Erkenntnistheorie*, zu der man Kant und den klassischen Positivismus ebenso wie Schleiermachers und Diltheys Theorie des geisteswissenschaftlichen Verstehens rechnen muß, kann das Erkenntnisproblem überhaupt nur in der Dimension der Subjekt-Objekt-Relation reflektieren. Da sie von der Einheit und Evidenz eines methodisch solipsistisch konzipierten Gegenstands- bzw. Selbstbewußtseins ausgeht, vermag sie nicht zu bemerken, daß die Subjekt-Objekt-Relation der apperzeptiven Erkenntnis als zeichenvermittelte immer schon durch die Subjekt-Subjekt-Relation der interpretativen Erkenntnis vermittelt ist. Anders gesagt: Das *Überspringen der Sprache als Vermittlungsinstanz der Erkenntnis* von

47 Vgl. J. Royce, *The Problem of Christianity*, New York 1913, II, S. 146 ff. Dazu K.-Th. Humbach, *Das Verhältnis von Einzelperson und Gemeinschaft nach Josiah Royce*, Heidelberg 1962, S. 110 ff. Ferner John E. Smith, *Royce's Social Infinite*, New York 1950.

etwas *als* etwas, das jener ehrwürdigen Tradition der nominalistischen Erkenntnistheorie entspricht, die im Zeichen nur ein Instrument der Mitteilung des schon Erkannten sieht – dieses Überspringen der Sprache impliziert immer schon *das Überspringen der intersubjektiven Traditionsvermittlung, die mit jeder interpretativen
Anwendung der Sprache bei Gelegenheit von perzeptiv-apperzep-
tiven Erkenntnissen verbunden ist.* Man bemerkt allenfalls, daß in
die Auffassung von etwas *als* etwas neben dem sensualen und dem
rationalen ein sogenanntes Moment der »Konvention« eingeht; aber
man registriert dieses Moment nicht in seinem kognitiven Charakter als Interpretation des Sinns der sprachlich überlieferten Wort-
bedeutungen bzw. Begriffe, die jeder Subsumtion von Sinnesdaten
unter diese Begriffe vorausgehen muß. Man registriert in der Reflexion auf das »konventionelle« Moment der Erkenntnis nur die
Dezisionsleistung eines isolierten Subjekts in der Auffassung der Daten,
nicht dagegen die *Leistung der intersubjektiven »Übereinkunft«, die
in jeder interpretativen Sprachanwendung am Werk ist.* Kurz: man
bemerkt nicht, *daß die intersubjektive Verständigung qua Traditionsvermittlung in einer »Interpretationsgemeinschaft« die transzendentalhermeneutische Bedingung der Möglichkeit und Gültigkeit
aller objektiv gerichteten* (auch schon der präszientifischen) *Erkenntnis ist.* Es ist m. E. Royces Verdienst, auf dieses Verhältnis erstmals
hingewiesen zu haben. Er konnte dabei im gleichen Maße von Peirces pragmatischer Semiotik und von Hegels Einsicht in die Abhängigkeit der Selbsterkenntnis von der Anerkennung durch andere
ausgehen. Beide Motive durchdringen sich in seiner »Philosophy of
Social Loyalty«.

Royce hat aber mit seiner Analyse des Verhältnisses von »Perception«, »Conception« und »Interpretation« nicht nur die Richtung
einer hermeneutischen Transformation der Transzendentalphilosophie angezeigt; er hat damit zugleich und darüber hinaus, wie schon
angedeutet, eine entscheidende Einsicht in das *Verhältnis von Naturwissenschaften und Geisteswissenschaften an*gebahnt. Inwiefern?

Eine vorsemiotische – in der Subjekt-Objekt-Relation befangene,
methodisch solipsistische – Erkenntnistheorie kann das geisteswis-
senschaftliche »Verstehen«, wenn sie es überhaupt thematisch reflektiert, letzten Endes nur als eine Konkurrenzmethode zum szientifischen »Erklären« von Beobachtungsdaten begreifen – etwa als
intuitive »Einfühlung« in objektive Erfahrungsdaten einer bestimm-

ten Klasse, die sich im Sinne des Nacherlebens verinnerlichen lassen. Dieser Rahmen wird auch von der Hermeneutik Schleiermachers und Diltheys nicht wesentlich überschritten; ja die Objektivation des nachzuerlebenden Geistes im »Ausdruck« wurde von Dilthey ausdrücklich als Parallele zur beobachtbaren Dingobjektivität im Bereich der objektiven Naturwissenschaften verstanden[48]. Unter dieser Voraussetzung nun ist es für den modernen Szientismus nicht schwer, die Insistenz auf dem Verstehen als Erkenntnismethode als Versuch einer irrationalen Kompensation der Schwierigkeiten der »Erklärung nach Gesetzen« (»law covering explanation«) zu werten und diesem illegitimen Anspruch der sogenannten »Geisteswissenschaften« die »Tasse-Kaffee-Theorie« des Verstehens entgegenzustellen, derzufolge das einfühlende Verstehen lediglich die Funktion einer psychologisch-heuristisch relevanten Erleichterung der Auffindung von Gesetzeshypothesen im Dienste der Erklärung ausüben kann[49].

Die transzendentalhermeneutische Interpretation der Semiotik, wie sie bei Royce angebahnt ist, vermag demgegenüber klarzumachen, *daß das »Verstehen« nicht als Konkurrenzunternehmen zum »Erklären« verstanden werden darf, sondern eher als ein kognitives Komplementärphänomen zur szientifischen Erkenntnis objektiver Tatsachen:* In der zeichenvermittelten Erkenntnis von etwas *als* etwas ist in der Tat beides enthalten: Vermittlung zwischen Subjekt und Objekt in der Weise einer Weltinterpretation *und* Vermittlung zwischen Subjekten in der Weise der Sprachinterpretation; beide Weisen zeichenvermittelter Erkenntnis sind aber schon im Ursprung *komplementär* in dem Sinne, daß sie einander ergänzen und auch ausschließen[50]; eben dies zeigt sich an dem Auseinander-

48 Vgl. W. Dilthey, *WW*, V, S. 317, 319, 328; vgl. VII, S. 309, 217.

49 Die »Tasse-Kaffee-Theorie« des Verstehens wurde m. W. zuerst von O. Neurath (*Empirische Soziologie*, Wien 1931, S. 56) aufgestellt und später von C. G. Hempel und P. Oppenheim (in: *Philosophy of Science*, 15, 1948) und Th. Abel (»The Operation called ›Verstehen‹«, in: *Readings in the Philosophy of Science*, New York 1953, S. 677–688) ausgearbeitet.

50 Wenn Heidegger in *Sein und Zeit* (§ 31) die methodologisch unterschiedenen »Erkenntnisarten« des »Verstehens« und des »Erklärens« als »existenziale Derivate« des primären, die Erschlossenheit des Daseins mitkonstituierenden Verstehens begreift, das aus dem »Worumwillen« des Seinkönnens und Zuseinhabens sein Licht empfängt, so scheint er mir – trotz der Betonung des »Mitseins« – noch in einer existenzialontologischen Spielart des methodischen Solipsismus befangen zu sein: In der zugrunde gelegten Einheit des Verstehens qua Erschlossenheit des *jemeinigen* In-der-Welt-Seins ist die Spannung zwischen der sprachvermittelten »öffentlichen Ausgelegtheit« der Welt und der jemeinigen Erfahrung

treten der objektiv gerichteten Erkenntnis qua »Beobachtung« und
»Erklärung« und der intersubjektiven »Verständigung« in der
»Interpretationsgemeinschaft« der Naturwissenschaftler, die bei
Peirce implizit und bei Royce explizit auf den Begriff gebracht wird.
Die Naturwissenschaftler können die intersubjektive Verständigung
deshalb nicht durch wechselseitige Beobachtung und Verhaltenser-
klärung ersetzen, weil bereits die implizite Verständigung, die in
Gestalt der Sprachinterpretation (bei Gelegenheit der Weltinterpre-
tation) vollzogen wird, nicht durch objektive Beobachtung und
Erklärung von Sprachdaten ersetzt werden kann.

Selbst derjenige, der – wie z. B. ein Dichter – bei der Beschreibung
der Welt sehr auf das Medium der Sprache *achtet,* ist gleichwohl
weit davon entfernt, die Sprache zu *objektivieren* und sie zu *beobachten;* eher hört er auf die Sprache wie auf jemanden, der etwas
zu sagen hat[51]. Und noch derjenige, der – wie z. B. der Kulturhisto-
riker – die Sprache als Ausdruck bzw. Objektivation des Geistes
interpretiert, hat sie gleichwohl nicht zuvor auf ein Objekt der Beobachtung und Erklärung reduziert, in das er sich dann – im Dienste
der Erklärung – *einfühlen* würde, eher beruht seine kontemplative
Quasi-Objektivierung auf einer methodischen *Verfremdung* der
auch in der Traditionsvermittlung liegenden Verständigungssituation; der Soziologe und der Linguist gehen auf diesem Weg der
methodischen Verfremdung noch ein Stück weiter, ohne doch bis zur
totalen Aufhebung der Verständigungssituation zugunsten von
Beobachtung und Erklärung fortgehen zu dürfen[52].

Die zuletzt – im Anschluß an Royce – angestellten Überlegungen
zeigen m. E., daß nur eine *semiotisch* transformierte Transzendentalphilosophie den Ursprung der hermeneutischen Fragestellung aus
dem, zum szientifischen Erkenntnisinteresse *komplementären,* Ver-
ständigungsinteresse angemessen zu begreifen vermag: Indem sie als
das Subjekt der Erkenntnis als zeichenvermittelter Funktion die

der Welt – insbesondere der Widerstandserfahrung der Außenwelt, die das experimentelle
Verhalten jedes einzelnen Kindes auf die Bahn bringt – m. E. nicht hinreichend bedacht.
51 Hiermit wären die befremdlichen Aussagen des späten Heidegger über das »Sprechen
der Sprache« zu vergleichen (z. B. in *Unterwegs zur Sprache,* Pfullingen 1959, S. 254 ff.).
Der platonische Sokrates nennt die Rhapsoden als Interpreten der Dichter »ἑρμηνέων
ἑρμηνῆς« (Ion, 535 a) und die Dichter selbst »ἑρμηνῆς . . . τῶν θεῶν« (Ion, 534 e).
Hölderlin sagt: »Viel hat erfahren der Mensch, / Der Himmlischen viele genannt, / Seit
ein Gespräch wir sind / Und *hören können voneinander* (Hervorhebung von mir!)«.
Diese letzte Fassung scheint mir der Wahrheit am nächsten zu kommen.
52 Vgl. oben Anm. 38 über die Kritik Winchs und Chomskys am Behaviorismus.

Kommunikationsgemeinschaft einsetzt, überwindet sie jenen methodischen Solipsismus der traditionellen Erkenntnistheorie, demzufolge die Anderen und ihre Kommunikationshandlungen nur als (allenfalls einfühlbare) Objekte eines isolierten Subjekts der Erkenntnis gedacht werden können.

Trotz dieser Verdienste der durch Peirce begründeten Semiotik unterliegt diese in ihrer pragmatischen Form, wie sie auch von Royce in seinem ökonomischen Gleichnis zugrunde gelegt wird, einer Horizontbegrenzung, die man – in einem anderen als dem bisher unterstellten Sinn – ebenfalls dem *Szientismus* zurechnen muß. Wir müssen hier auf den schon erwähnten Umstand zurückkommen, daß die »Pragmatische Maxime« nur den *metaszientifischen Grenzfall einer transzendentalen Hermeneutik* qua Methodik der Sinnklärung beschreibt.

Die »Pragmatische Maxime« ist zwar – wie im vorigen gezeigt wurde – als Bestandteil einer normativen Logik der Forschung keinesfalls selbst eine formalisierbare Reduktionsmethode im Sinne der erklärenden *Science*, aber sie ist dennoch, als pragmatische, im vorhinein auf experimentelle Erfahrung im Sinne der *Science* bezogen: Nur sofern der Sinn von Symbolen durch mögliche Erfahrungen verdeutlicht werden kann, die, im Rahmen zweckrationalen, erfolgskontrollierten Verhaltens, von austauschbaren Subjekten in prinzipiell wiederholbaren Experimenten gemacht werden können, nur insofern sind die in Frage stehenden Symbole – z. B. Sätze – als sinnvoll ausgewiesen[53]. Die Verständigung kann sich auf diese Weise nur auf solche Fragen beziehen, auf die *in the long run* ein schlechthin intersubjektives und insofern objektives Gesetzeswissen antworten könnte. Da nun dieses Wissen, als Auswertung des Barwertes von experimentellen Ergebnissen durch Festlegung des Nennwertes

53 J. Habermas hat diese szientistische Begrenzung des Bezugshorizonts der »pragmatischen Maxime« in seiner Peirce-Darstellung in *Erkenntnis und Interesse* (Frankfurt 1968) als »transzendentalen Rahmen des Instrumentalismus« besonders energisch herausgearbeitet. Freilich kennt Peirce auch die Explikation des Sinns historischer Feststellung durch Verweis auf eine mögliche einmalige Verifikation in der Zukunft, und in seiner ersten öffentlichen Definition des Pragmatismus in Baldwins *Dictionary of Philosophy and Psychology* (1902) bemüht er sich um einen »noch höheren Grad der Gedankenklärung« als ihn die »Pragmatische Maxime« bieten kann. Er würde in der Erwägung liegen, »daß das einzige letzte Gut, dem die praktischen Tatsachen, auf die sie (die »Pragmatische Maxime«) die Aufmerksamkeit richtet, dienen, darin besteht, die Entwicklung der konkreten Vernunft zu fördern« (5.3). – Zum Konflikt zwischen Instrumentalismus und Ethik bzw. Metaphysik der teleologischen Evolution beim späten Peirce vgl. meine »Einführung« zu Peirce, *Schriften* II (a.a.O.).

von Symbolen in der Interpretationsgemeinschaft der Wissenschaftler, seinerseits wiederum durch Verständigung vermittelt werden
muß, so scheint bei Peirce selbst überhaupt kein Unterschied zwischen
dem Prozeß der experimentellen Forschung der Naturwissenschaft
und dem Verständigungsprozeß in der Interpretationsgemeinschaft
der Menschen zu bestehen: In dem Maße, in dem die Gemeinschaft der
Forscher ein experimentell erprobtes objektives Gesetzeswissen – und
ein entsprechendes technologisches »knowing how« – erreicht, in eben
dem Maße vollendet sich, wie es scheint, auch die interpretative Klärung des Sinnes aller Symbole, die überhaupt sinnvoll sind.

Dieser szientistische Rahmen der Verständigungsproblematik wird
bei Royce insofern verlassen, als es ihm nicht mehr primär um die
Erkenntnis von – experimentell überprüfbaren – Sachverhalten,
sondern in erster Linie um Selbsterkenntnis des Menschen geht. Eben
diese ist für ihn durch das wechselseitige Verstehen in der »Interpretationsgemeinschaft« vermittelt. Dementsprechend vollzieht erst
Royce die Wendung von der Thematisierung der Zeicheninterpretation zur Thematisierung der hermeneutischen Problematik des
Verstehens von Sinnintentionen. Während Peirce, entsprechend seiner Konzentration auf den experimentell vermittelten *consensus
omnium* über Sachverhalte, den Menschen selbst als Zeichen in den
überindividuellen Schlußprozeß der Zeicheninterpretation hineinintegrieren möchte[54], wird bei Royce umgekehrt der Mensch als Subjekt der Sinnintention an die Stelle des Zeichens in den semiotisch
analysierten Interpretationsprozeß eingesetzt. So wendet Royce die
relationslogische Analyse des Zeichenprozesses, die Peirce die Interpretation als Paradigma der Kategorie »Drittheit« erscheinen ließ,
auf den Prozeß der Geistesgeschichte und der historisch-philologischen Erkenntnis an: Die *triadische Struktur der Zeicheninterpretation* findet sich hier nach Royce wieder in der *triadischen Struktur
der Traditionsvermittlung* bzw. der sie tragenden minimalen »In-

54 Sehr kraß ist das in einer frühen Abhandlung zum Ausdruck gebracht, wo es heißt:
»... ebenso wie die Tatsache, daß jeder Gedanke ein Zeichen ist, in Verbindung mit der
Tatsache gesehen, daß das Leben ein Gedankenstrom ist, beweist, daß der Mensch ein
Zeichen ist, so beweist die Tatsache, daß jeder Gedanke ein *äußeres* Zeichen ist, daß der
Mensch ein äußeres Zeichen ist ... Nun ist der Organismus bloß ein Instrument des
Denkens. Die Identität eines Menschen jedoch besteht in der *Konsistenz* von dem, was er
tut und denkt ... Der Mensch als Individuum ist, da seine abgesonderte Existenz sich nur
in Unwissenheit und Irrtum manifestiert, soweit er überhaupt etwas ohne seine Mitmenschen ist und von dem her gesehen, was er und sie sein sollen, nur eine Negation«
(5.315–5.317; Deutsche Ausgabe S. 223 f.).

terpretationsgemeinschaft« von drei Subjekten; von diesen muß eines (A) die Funktion des vermittelnden Interpreten übernehmen, der einem zweiten (B) verständlich macht (gegebenenfalls »übersetzt«), was ein drittes (C) meint (bzw. zum Ausdruck gebracht hat). (Man muß hier gleich ergänzen, daß dieselbe Struktur auch das einsame Denken charakterisiert: als »Gespräch der Seele mit sich selbst« [Plato], in dem einer [A] sich [B] mit sich selbst [C] verständigt, muß es sich in die Interpretationsgemeinschaft, welche die Traditionsvermittlung trägt, gewissermaßen hineinintegrieren – eine Notwendigkeit, die, trotz der a priori triadischen Struktur der Seele in einem Spracherlernungs- und Sozialisationsprozeß, der gelingen oder scheitern kann, immer erneut realisiert werden muß.) Da es sich bei dieser triadischen Struktur um eine irreversible Prozeßordnung handelt, in der die Subjekte ihre Plätze nicht tauschen können, sieht Royce in der logischen Struktur der Interpretation die ontologische Struktur der Geschichtszeit: »Wo immer die Weltprozesse in Berichten festgehalten werden (are recorded), ... interpretiert die Gegenwart der Möglichkeit nach (potentially) die Vergangenheit für die Zukunft, und sie fährt in diesem Tun ins *Unendliche hinein* fort ... so können wir die Zeitordnung und ihre drei Bereiche – Vergangenheit, Gegenwart, Zukunft – einfach als eine Ordnung möglicher Interpretation bezeichnen.«[55]

Andererseits ist dieselbe *Interpretationsstruktur* auch der *Schlüssel für die Welt der Sozialbeziehungen*: »Metaphysisch gesehen ist die Welt der Interpretation diejenige, in der wir – sofern wir überhaupt zu interpretieren vermögen – das Sein und das Innenleben unserer Mitmenschen kennenlernen sowie die Konstitution der zeitlichen Erfahrung mit ihrer sich endlos anhäufenden Aufeinanderfolge bedeutungsvoller Taten. In dieser Welt der Interpretation ... können selbstbewußte Wesen und Gemeinschaften existieren, kann Vergangenheit und Zukunft definiert werden und können die Bereiche des Geistes einen Platz finden.«[56]

In Royces Philosophie der Interpretation, welche die Peircesche Semiotik gewissermaßen aus der pragmatischen Kanttransformation in eine neoidealistische Hegeltransformation übersetzt, ist zweifellos die größte Nähe der amerikanischen Philosophie zur deutschen

55 J. Royce, *The Problem of Christianity*, a.a.O., II, S. 146 f. (Zitat nach Humbach, a.a.O., S. 112 f.).
56 Royce, a.a.O., II, S. 159 f. (Zitat nach Humbach, a.a.O., S. 113).

Tradition der philosophischen Hermeneutik erreicht[57], die – nach
einem psychologisierenden Umweg über Schleiermachers und Diltheys Theorie des identischen Nacherlebens – mit H.-G. Gadamers
Konzeption der Traditions*vermittlung* ebenfalls wieder auf die
Linie Hegels zurückbiegt[58]. Es liegt daher nahe, an dieser Stelle die
von Gadamer aufgeworfene Frage nach dem Verhältnis von hermeneutischer »Wahrheit« zur »Objektivität« szientifischer »Methode«
an die semiotische Philosophie der Interpretation heranzutragen:
Nach Gadamer ist es nicht sinnvoll, die mögliche »Wahrheit« geisteswissenschaftlicher Interpretation am Maßstab szientifischer – in
progressiver Annäherung zu realisierender – »Objektivität« zu messen. Der letzte Grund dafür liegt darin, daß das Subjekt des hermeneutischen Verstehens sein Paradigma nicht, wie das Subjekt szientifischer Beschreibung bzw. Erklärung, in dem »Bewußtsein überhaupt« Kants hat, sondern in dem selbst geschichtlichen »Dasein«
Heideggers, das den Zeugnissen der Überlieferung nur in dem Maße
Sinn abgewinnt, in dem es zugleich den Sinnhorizont des eigenen
Seinkönnens und Zuseinhabens entwirft. Die Wahrheit der Interpretation ist daher für Gadamer nicht eine solche progressiver,
methodischer Annäherung an das Ideal der Objektivität, sondern
die einer Sinneröffnung, welche aus der »Verschmelzung der Horizonte« von Gegenwart und Vergangenheit in der geschichtlichen
Situation resultiert. Diese Wahrheit der *hic et nunc* im Sinne des
»wirkungsgeschichtlichen Bewußtseins« angemessenen Traditionsvermittlung entspringt zwar einer Interpretation, welche das Selbstverständnis der Vergangenheit reflexiv überholt; aber sie muß doch
zugleich einem endlichen Situations- und Selbstverständnis entsprechen und kann daher niemals definitiv die Vergangenheit überholen:
die Gegenwart kann diese insofern nicht »besser verstehen, als sie
sich selbst verstand«, sondern nur anders[59].
Vergleicht man diese *existenzialhermeneutische Position* Gadamers
mit der *Interpretationstheorie des semiotischen Pragmatismus*, so
wird zunächst noch einmal der bereits erörterte *metaszientifische
Szientismus* der Peirceschen Interpretationstheorie bestätigt: Peirce

---

57 Humbach (vgl. a.a.O., S. 111) vermag keinerlei Beziehung zwischen Royce und seinem deutschen Zeitgenossen Dilthey festzustellen.
58 Vgl. zum Verhältnis Gadamers zu Hegel auch meine Rezension von »Wahrheit und
Methode«, in: *Hegelstudien*, Bd. 2 (1963), S. 314–322, ferner: »Reflexion und materielle
Praxis«, in: *Hegelstudien*, Beiheft 1, S. 151–166. (Vgl. oben S. 9 ff.)
59 H.-G. Gadamer, *Wahrheit und Methode*, Tübingen 1960, S. 280.

setzt zwar nicht mehr – nicht einmal für die Naturwissenschaft – ein »Bewußtsein überhaupt« als transzendentales Subjekt objektiver Wahrheit voraus, er gründet vielmehr – ähnlich wie später K. Popper – auch noch die mögliche Objektivität der Naturwissenschaft auf den geschichtlichen Verständigungsprozeß in der Gemeinschaft der Wissenschaftler; aber er geht doch davon aus, daß gerade dieser Verständigungsprozeß, wenn er nicht gestört wird, *in the long run* jenen *consensus omnium* herstellen würde, der dem »transzendentalen Bewußtsein überhaupt« semiotisch entspricht und die Objektivität garantiert. Und dank der – von der »Pragmatischen Maxime« geregelten – Bezogenheit aller Sinnverständigung auf mögliche experimentelle Erfahrung würde nach Peirce auch alles Sinnverstehen qua Zeicheninterpretation mit dem sachbezogenen Konsensus der Wissenschaftler zugleich seine ihm mögliche intersubjektive Wahrheit erreichen. Diese *szientistische Begrenzung der Verständigungsproblematik* wird von Royce aufgehoben zugunsten der hermeneutischen Traditionsvermittlung im weitesten Sinn; aber die Traditionsvermittlung in der Interpretationsgemeinschaft entspricht bei Royce wieder – wie bei Hegel – einem teleologischen Prozeß der Selbsterkenntnis des Menschen, dessen Fortschritt nicht nur, wie bei Peirce, durch ein regulatives Prinzip auf virtuelle Vollendung bezogen ist, sondern durch ein aktuell unendliches, absolutes System der Selbstrepräsentation des Geistes garantiert wird[60]. So ergibt sich, daß einerseits erst der Hegelianer[61] Royce die Problemkonvergenz der von ihm rezipierten pragmatischen Semiotik mit der geisteswissenschaftlichen Hermeneutik erweist, andererseits derselbe Royce – als absoluter Idealist – von der situationsbezogenen Hermeneutik Gadamers weiter entfernt zu bleiben scheint als der Pragmatismus[62].

60 Royce illustriert die Denkmöglichkeit eines solchen Systems u. a. durch eine Landkarte, die sich selbst mitabbildet – als eine, die sich selbst abbildet usf. ad infinitum, und er vergleicht das Selbstbewußtsein mit einer solchen Landkarte (vgl. »The One, the Many and the Infinite«, Appendix zu *World and the Individual*, New York und London 1900/1).
61 Diese Charakteristik trifft nur mit starken Einschränkungen auf Royce zu, sie verdeutlicht aber doch hinreichend die Akzentverschiebung zugunsten der Problematik von (Geistes-)Geschichte und Gesellschaft, die Royce von Peirce unterscheidet.
62 Dieser Eindruck wird bestärkt durch die auf Peirce folgende Entwicklung des amerikanischen Pragmatismus, die nicht an den esoterischen (quasi-transzendentalphilosophischen) »Pragmatizismus« Peirces anknüpft, sondern eher an den situationsbezogenen Commonsense-Pragmatismus, den er in *The Fixation of Belief* (s. oben) suggeriert hatte. Dieser finitistische Pragmatismus des Psychologen W. James und des Sozialpädagogen J. Dewey bildet in mancher Hinsicht das amerikanische Gegenstück zur europäischen Existenzialhermeneutik.

Lassen wir angesichts dieser komplizierten Situation zunächst das Verhältnis der postexistenzialen Hermeneutik Gadamers zur Reflexionsgewißheit des absoluten Idealismus beiseite und versuchen wir, genauer zu bestimmen, *was die Hermeneutik überhaupt daran hindert, sich dem regulativen Prinzip der Peirceschen Sinnklärung zu unterstellen,* das doch den Fortschritt der Interpretation im Sinne metaszientifischer Objektivität sicherzustellen scheint.

Eine Antwort auf diese Frage müßte sich auf der Linie einer erweiterten pragmatistischen Semiotik dadurch gewinnen lassen, daß man einen Praxisbezug ins Auge faßt, der im Alltagsgespräch und bei der Interpretation der Kulturüberlieferung eine Sinnverständigung möglich macht, die nicht auf experimentelle, durch austauschbare Subjekte beliebig oft reproduzierbare Erfahrung bezogen ist. Das einfachste Beispiel scheint eine Wechselrede zwischen zwei Partnern zu sein, in der diese nicht Sachverhalte einander mitteilen, sondern ihre Willensintentionen gegenseitig zum Ausdruck bringen[63]. Hier wird der eine Partner die zu erwartende Reaktion des andern im vorhinein im Entwurf der eigenen Rede berücksichtigen und ihr dadurch Sinn verleihen, und der andere wird diese Rede unter dem Gesichtspunkt verstehen, daß hinsichtlich des beiderseitigen Verhältnisses etwas erreicht werden soll. Beide Partner verdeutlichen sich hier den Sinn ihrer jeweiligen Äußerungen zunächst einmal im Hinblick auf die zu erwartende, nicht wiederholbare, da in irreversibler Weise die Situation verändernde Praxis, ihrer »Interaktion«[64] und die zugehörigen möglichen Erfahrungen. Dabei sind die sprachlichen Äußerungen selbst nicht beliebig rezitierbare Vehikel eines allgemeingültig interpretierbaren Sinns, sondern selber Bestandteil der irreversiblen Praxis der Interaktion[64a].

Man könnte nun aber sogleich einwenden, diese Sinnklärung im

---

63 Hierzu muß ergänzend bemerkt werden, daß, strenggenommen, kein Dialog ohne die Komponente der Willensauseinandersetzung und der zugehörigen Strategie des rhetorischen Einsatzes der Sprachmittel zu denken ist.

64 »Interaktion« wird hier nicht, wie häufig in der Literatur, im Sinne von Wechselwirkung zwischen zwei Objekten, sondern im Sinne des nur zwischen Subjekten möglichen Handelns auf Gegenseitigkeit – unter Antizipation der Reaktion des Anderen – verwandt. Vgl. hierzu und zum folgenden J. Habermas, »Arbeit und Interaktion«, in: *Technik und Wissenschaft als Ideologie*, Frankfurt 1968, S. 9–47.

64a Die hier und im folgenden angedeuteten Verhältnisse lassen sich mit Hilfe der von Austin und Searle entwickelten Sprechakttheorie sehr viel konkreter analysieren. Vgl. hierzu auch Utz Maas und Dieter Wunderlich, *Pragmatik und sprachliches Handeln*, a.a.O. (Anm. 9).

Hinblick auf irreversible Interaktion könne selbst nur dadurch rationale Geltung erlangen, daß sie durch eine für jedermann jederzeit gültige Bezugnahme auf mögliches zweckrationales Handeln vermittelt wird: Jeder der beiden Partner einer auf Interaktion bezogenen Kommunikation hat gewissermaßen Grund, den möglichen rationalen Sinn – und in Abhebung dagegen die möglicherweise irrationalen Intentionen[65] – der eigenen Sprachhandlungen und der zu erwartenden Verhaltensreaktion des Anderen mit Hilfe einer Spieltheorie möglicher Strategien der Willensdurchsetzung sich zu verdeutlichen. Damit wäre das Problem der Sinninterpretation auch im Falle der auf irreversible Praxis bezogenen Willensauseinandersetzung auf Gedankenexperimente im Sinne der »Pragmatischen Maxime« von Peirce zurückgeführt.

Indessen: diese, im weiteren Sinn szientistische, Argumentation übersieht die eigentliche *Pointe eines auf Interaktion bezogenen Dialogs*: Sie geht von der stillschweigenden – methodisch-solipsistischen – Voraussetzung aus, die praktische Verständigung zwischen Subjekten könne bzw. müsse immer schon das Ich-Verständnis und den entsprechenden Selbstbehauptungswillen der einzelnen Partner als zwecksetzende Instanzen voraussetzen und ließe sich unter dieser Voraussetzung ausschließlich als Versuch wechselseitiger instrumenteller Manipulation im Hinblick auf die aus dem Selbstbehauptungswillen gesetzten Zwecke begreifen. Gegen diese, wiederum sehr alte und tief eingewurzelte Voraussetzung der traditionellen Subjekt-Philosophie spricht aber schon die empirisch erhärtete Tatsache, daß ein Kind erst und nur im Zusammenhang mit der Spracherlernung und der – durch den Verkehr mit der Mutter eingeleiteten – Sozialisierung ein Ichverständnis und eine entsprechende Orientierung seiner Willensintentionen auf mögliche Zwecke gewinnt. Es ist also nicht von vornherein ein Ich-Subjekt möglicher Objektivierungen und instrumenteller Techniken (zu denen womöglich auch noch die Sprachverwendung zählen würde), sondern es gewinnt sich und die möglichen Zwecke von instrumentellen Techniken erst aus der Identifizierung mit einer Rolle, die ihm in der Gemeinschaft der Interaktion und sprachlichen Kommunikation zuwächst.

In dieser *Rollenidentifikation* aufgrund von sprachlicher Kommu-

---

65 Vgl. M. Webers Intention einer Hermeneutik des zweckrationalen Handelns.

nikation und Interaktion liegt eine *Habitusgenese*[66], die nicht auf die Etablierung von »habits« im Sinne der »Pragmatischen Maxime« zurückgeführt werden kann (wenngleich sie allein jene Verhaltensdispositionen entstehen lassen kann, von denen der späte Peirce sich die Rationalisierung des Universums im Sinne einer auf das »ultimate good« gerichteten »evolutionary love« erhoffte[67]). Die Identifikation mit einer sozialen Rolle nämlich stabilisiert zwar das Handeln auf Gegenseitigkeit, aber nicht im Sinne von *Wenn-dann-Regeln des zweckrationalen Verhaltens* (womöglich der Fremdmanipulation), sondern im Sinne von *internalisierten Normen der sozialen Interaktion*, die in allem zweckrationalen Verhalten schon vorausgesetzt werden. Und jedes Wort der im Zuge der Sozialisierung erlernten Sprache ist nicht nur und nicht primär ein Instrument für den einzelnen Kommunikationspartner, mit dessen Hilfe er den Zweck seiner Rede erreichen kann, sondern zuvor schon Verkörperung institutionalisierter Normen sozialer Interaktion und darüber hinaus das Resultat einer Jahrtausende währenden Verständigung über den normativ verbindlichen Sinn der Dinge und Situationen. Dergestalt ist die Sprache insgesamt für eine Kommunikationsgemeinschaft immer schon die »Institution der Institutionen«, wie es die Humanisten, als Bewahrer der geheimen Philosophie der Rhetorik, wußten[68].

Die Sprache ist aber nicht nur, als geschichtlich gewordene Lebensform einer bestimmten Gemeinschaft, selbst schon normativ verbindliche »Institution der Institutionen«; sie ist zugleich, als selbstreflexives[69] Medium der unbegrenzten Verständigung (insbesondere der Übersetzung von einer Sprache in die andere), die »Metainstitution« aller dogmatisch verfestigten Institutionen. Als *Meta*institution ist sie Instanz der Kritik aller unreflektierten sozialen Normen und zugleich, als Meta*institution* aller Institutionen, immer schon eine normativ verbindliche Instanz, welche die einzelnen nicht der Willkür ihres subjektiven Räsonnements überläßt[70], sondern sie, solange sie die Kommunikation aufrechterhalten, zu einer intersub-

---

66 Vgl. hierzu G. Funke, *Transzendental-phänomenologische Untersuchung über »universalen Idealismus«, »Intentionalanalyse« und »Habitusgenese«*, Padova 1957.

67 Vgl. oben Anm. 53.

68 Vgl. meine Untersuchung *Die Idee der Sprache in der Tradition des Humanismus von Dante bis Vico*, Bonn 1963.

69 Dies gilt von der Umgangssprache im Gegensatz zur formalisierten Sprache.

70 Vgl. meine Kritik an A. Gehlens »Philosophie der Institutionen«, in: *Philos. Rdsch.*, 10. Jg. (1962), S. 1–21. (Vgl. Bd. I, S. 197 ff.)

jektiven Verständigung über soziale Normen zwingt. Diese virtuelle Verbindlichkeit der kritischen Kommunikation als Institution unbegrenzter Gemeinschaftsbildung besteht freilich nur dann und nur solange, als der Sinn der dabei gebrauchten Sprachzeichen auf mögliche Praxis und mögliche Erfahrung bezogen bleibt — soweit bestätigt sich der Ansatz einer erweiterten pragmatischen Semiotik —, aber die jetzt gemeinte Praxis und ihr Erfahrungsbezug sind nicht die der von jedermann jederzeit wiederholbaren Experimente, sondern die der einmaligen und riskanten Interaktion, d. h. der Veränderung (oder Bestätigung) der gesellschaftlichen Situation; und es besteht Grund zu der Annahme, daß eine Sprache, deren Symbole sich nicht nur hinsichtlich einer möglichen technischen Praxis austauschbarer Experimentatoren, sondern auch hinsichtlich der möglichen Erfahrungen geschichtlicher Interaktion nicht als sinnvoll explizieren lassen, überhaupt ihre Funktion verliert. (Dies erst wäre die zureichende Illustration für das Schicksal eines leerlaufenden Sprachspiels, das Wittgenstein der Metaphysik zugedacht hat!)

Nach diesen Überlegungen dürfte es möglich sein, das Verhältnis zwischen der pragmatischen Semiotik qua Interpretationslehre und der Hermeneutik im Sinne Gadamers genauer zu bestimmen und die eingangs gestellte Frage nach dem Subjekt der Zeicheninterpretation im Sinne einer transzendentalen Hermeneutik zu beantworten.

Zunächst wird deutlich, daß und warum eine geisteswissenschaftlich orientierte Hermeneutik, welche die Interpretation von Symbolen im weitesten Sinne als Funktion der geschichtlichen Traditionsvermittlung begreift, sich nicht an die »Pragmatische Maxime« der Sinnklärung binden kann. In der Perspektive der Hermeneutik erscheint diese Methode der Sinnklärung (ebenso wie der wohlverstandene »Operationalismus«) als *der metaszientifische Grenzfall des Sinnverstehens*, als der Versuch, allen Sinn auf Operationen und zugeordnete Erfahrungen zu beziehen, die jedes einsame Subjekt unabhängig von seiner geschichtlichen Interaktion mit anderen jederzeit machen kann und die insofern a priori intersubjektiv und d. h. zugleich: objektiv sind. Darin liegt das für jede progressive empirisch-analytische Wissenschaft (»Science«) grundlegende Bestreben, die intersubjektive Verständigung durch eine letzte Verständigung für die Zukunft überflüssig zu machen und dadurch die Bedingungen der Möglichkeit und Gültigkeit logisch und empirisch überprüfbarer Theorien ein für allemal herzustellen. (Das Ideal dieser letzten metaszientifischen Verständigung wäre die einmalige Ersetzung der geschichtlich gewordenen Umgangssprache einschließlich der aus ihr erwachsenen experimentell bewährten Wissenschaftssprache durch eine universale Kalkülsprache, die zugleich garantiert widerspruchsfrei und experimentell-pragmatisch anwendbar wäre – der ursprüngliche Traum des logischen Empirismus.)

Noch dieser Grenzfall hermeneutischen Sinnverstehens unterliegt freilich als solcher dem Grundgesetz der geschichtlichen Traditionsvermittlung, demzufolge alle Sinnklärung ein Vorverständnis im Sinne der Umgangssprache voraussetzt, auf das alle präzisierende Explikation durch ihre Adäquatheitsbedingungen hindurch bezogen bleibt. Dies hermeneutische Grundgesetz bedingt den bereits erörterten »Zirkel« der pragmatisch-operationalistischen Sinnklärung (der sich auch im Falle der Konstruktion formalisierter Wissenschaftssprachen bemerkbar macht: als wechselseitige Voraussetzung der Präzisionssprache – als partieller Explikation der Umgangssprache – und der geschichtlichen Umgangssprache, mit deren Hilfe die konstruierte Sprache als Präzisierung der Wissenschaftssprache interpretiert und auf experimentelle Erfahrung bezogen werden muß). Jede gelungene pragmatische bzw. operationalistische Sinnklärung ist gewissermaßen ein selbst noch geschichtlicher Übergang aus der geschichtlichen Traditionsvermittlung der zur Interaktion gehörigen Interpretationsgemeinschaft in die geschichtsindifferente Klarheit der auf experimentelle Erfahrung bezogenen Begriffe[70a].

Einen solchen Übergang anzustreben ist aber – gemäß dem stets geforderten adäquaten Vorverständnis der Tradition – nur bei solchen Begriffen bzw. Ausdrücken der Sprache sinnvoll, die von sich aus auf eine operationale Auslegung angelegt sind. So wird man z. B. »Raum« und »Zeit« als Grundbegriffe der Naturwissenschaft im Hinblick auf mögliche Messungen zu klären suchen, und man wird sogar die Interpretation der älteren Begriffsbildungen der Wissen-

70a Diesem Übergang einer metaszientifisch orientierten Sinnverständigung korrespondiert der genau umgekehrt strukturierte Übergang aus der operationalisierten szientifisch-technologischen Fachsprache in die Umgangssprache einer gebildeten »öffentlichen Meinung«, der allein die Resultate von »Science« und »Technology« in den politisch-moralischen Horizont einer demokratischen Willensbildung einbringen kann. Diesen Übergang immer wieder zustandezubringen, würde man wohl eher – als die pragmatistisch-operationalistische Sinnklärung – als die spezifisch moderne Aufgabe hermeneutischer Verständigungswissenschaften ansehen. Vgl. K.-O. Apel, »Wissenschaft als Emanzipation?«, in: Ztschr. f. allg. Wissenschaftstheorie, Nr. 2, Düsseldorf 1970.

schaftsgeschichte auf das Ideal der operationalen Klärung beziehen und die Sinnintentionen der Autoren an diesem Ideal gleichsam messen. Dasselbe Verfahren wäre noch sinnvoll bei sozialwissenschaftlich relevanten Dispositionsbegriffen wie z. B. »Intelligenz« (insbesondere: Durchschnittsintelligenz einer sozialen Gruppe), »Aggressivität«, »Sozialprestige« u. dgl., wenngleich die Vorverständigung über die Maßstäbe der Operationalisierung hier schon – im Gegensatz zur Vorverständigung der Naturwissenschaftler – ein gesellschaftlich-geschichtliches Engagement implizieren dürfte. Begriffe wie »Lebensstandard«, »Entwicklungsstand der Produktivkräfte« oder »Rechtsstaatlichkeit« verweisen bereits von sich aus auf Maßstäbe der empirischen Feststellung, die selbst von der irreversiblen geschichtlichen Interaktion und Kommunikation abhängig sind und diese wiederum in irreversibler Weise beeinflussen. Vollends aber können Begriffe wie »Freiheit«, »Gerechtigkeit«, »Glück«, »Menschenwürde« u. dgl. nur durch einen solchen Praxisbezug als sinnvoll erwiesen werden, dem eine geschichtliche Interpretationsgemeinschaft traditionellerweise verpflichtet ist oder dem sie sich in einem emanzipatorischen Engagement eigens verpflichtet.

Es erweist sich so, daß das Subjekt der unverkürzten Zeicheninterpretation, wie es für die hermeneutischen Geisteswissenschaften vorausgesetzt werden muß, in der Tat, wie von Heidegger und Gadamer unterstellt, selbst geschichtlich ist: Es handelt sich – auf der Linie der Peirceschen Semiotik weitergedacht – um die *Interpretationsgemeinschaft einer unbegrenzten Interaktionsgemeinschaft*. Nur in solchen Fällen kann diese sich selbst auf die Gemeinschaft der wissenschaftlichen Experimentatoren zurückführen, in denen es nicht darum geht, die Welt als Geschichte in engagierter Praxis fortzusetzen, sondern nur mehr darum, Gesetzeswissen über die Welt als Kosmos durch experimentelle Erprobung in technisches Können umzusetzen. Dieses habitualisierte Können stellt zwar als solches bereits eine Art Rationalisierung des Universums dar – um mit Peirce zu reden –; aber die Frage, ob diese instrumentelle Rationalisierung der »evolutionären Liebe« zum »letzten Gut« entspricht, dürfte davon abhängen, ob sie von der geschichtlichen Interaktionsgemeinschaft der Menschen in den Dienst einer Selbstbefreiung zur unbegrenzten kritischen Interpretationsgemeinschaft gestellt werden kann. Die szientistische Alternative zu diesem Ausblick könnte darin bestehen, daß eine instinktanaloge Selbststabilisierung des Menschen

auf der Linie einer kybernetischen Manipulation[71] erreicht wird, die
schließlich von keiner menschlichen Verständigungsgemeinschaft
kontrolliert wird.

An dieser Stelle muß nun m. E. unsere Antwort auf die Frage nach
dem Verhältnis der von Gadamer aus der deutschen Tradition heraus entwickelten Hermeneutik zur pragmatischen Semiotik ergänzt
werden. Ging es zunächst darum, das Recht der existenzialanalytisch
inspirierten Hermeneutik gegenüber einer szientistischen Verkürzung der Problematik geschichtlicher Traditionsvermittlung durch
die Unterscheidung der technisch-szientifischen Praxis und Erfahrung von der Praxis und Erfahrung der Interaktion zu begründen, so muß jetzt aus der Perspektive der, von uns im Sinne
der geschichtlichen Interaktionsgemeinschaft erweiterten, *Peirce*-
schen Semiotik noch einmal die nachhegelsche Tradition der deutschen Hermeneutik einschließlich der Existenzialhermeneutik kritisch in Frage gestellt werden. Speziell an Gadamer, der das Fazit
dieser Tradition gezogen hat, richten sich die folgenden Fragen:

Genügt es, die Sinnklärung qua Traditionsvermittlung als ein situationsbezoge-
nes Geschehen der »Horizontverschmelzung« zu analysieren, das, als ein der
»Produktivität der Zeit« überlassenes »Spiel«, ein immer wieder anderes Resultat der praktischen »Applikation« haben wird?

Genügt es, aus der Analyse der »Geschichtlichkeit« des Verstehens als quasi-
methodologisches Postulat[72] einzig die Forderung des »wirkungsgeschichtlichen
Bewußtseins« abzuleiten?

71 Dies wäre gewissermaßen die technokratische Apotheose des Peirceschen Pragmatismus
auf der Linie der Anthropologie und Sozialphilosophie A. Gehlens.

72 Gadamer betont zwar, besonders in der Kontroverse mit E. Betti (vgl. E. Betti, *Die
Hermeneutik als allgemeine Methodik der Geisteswissenschaften*, Tübingen 1962, Anm.
118), daß er »keine Methode« vorschlage, sondern beschreibe, »was ist«, doch läßt sich die
implizite Aufforderung, den geschichtlichen Zusammenhang des Interpreten mit dem Interpretandum als für die Interpretation notwendigen, weil das »Vorverständnis« bestimmen-
den mitzudenken und dergestalt ein »wirkungsgeschichtliches Bewußtsein« gegenüber dem
Interpretandum zu entwickeln, doch kaum übersehen, und sie kann nur als normativ
relevant verstanden werden. Wollte man dies leugnen, so würde die »ontologische« Ein-
bettung der Interpretation in eine »Theorie des Spieles« (Gadamer, a.a.O., S. 97 ff.) in
gefährliche Nähe zu einer objektivistischen Deskription im Stile des Behaviorismus (wie
sie ja auch durch Wittgensteins Sprachspiel-Theorie suggeriert wird) geraten. Der geschichtliche Interpretationsprozeß der Traditionsvermittlung, der nicht, wie die erklärbaren
Naturprozesse, lediglich Gesetzen unterliegt, sondern von uns noch verantwortlich fortzusetzen ist (und nur deshalb »verstehbar« ist!), läßt sich eben nur ontologisch begreifen,
wenn dabei im philosophischen Begriff ein methodologisch relevantes, normatives Engagement mitausgedrückt wird. Dies hat der späte Peirce sehr genau begriffen, als er in der
4. Phase seines Denkens (1902 ff.) der naturalistischen Tendenz seines früheren Pragmatismus (2. Phase) und noch seiner Kosmologie der Evolution (3. Phase) eine *normative Logik*

Genauer: muß der Interpret, der sich seine eigene Funktion im Interpretationsprozeß im Sinne des »wirkungsgeschichtlichen Bewußtseins« klarmacht, der also weiß, daß er um die »Applikation« seines Verstehens auf die geschichtliche Praxis nicht herumkommt, – muß er nicht seine Tätigkeit auf die mögliche Verständigung in einer Interaktionsgemeinschaft beziehen?

Bedarf er in dieser Situation nicht eines methodisch relevanten regulativen Prinzips, daß seine Tätigkeit der Interpretation sich auf einen unbegrenzten möglichen Fortschritt, u. d. h. letztlich auf den idealen Grenzwert einer absoluten Wahrheit der Interpretation bezieht?

Mir scheint, daß diese charakteristischen Fragen einer normativen Logik der Forschung im Geiste der *Peirce*schen Semiotik auch dann wiederkehren, wenn man die Idee des Fortschritts der Interpretation nicht im engen Sinne eines szientistischen Pragmatismus auf Sinnklärung im Hinblick auf mögliche experimentelle Erfahrung und technologisches »knowing how« einschränkt. Setzt man als Subjekt der Zeicheninterpretation nicht die szientistisch begrenzte Interpretationsgemeinschaft der Experimentatoren, sondern die der geschichtlichen Interaktionsgemeinschaft ein, so scheint mir auch hier – ungeachtet des Umstands, daß die Interpretation jetzt in irreversibler Form mit einer die Verhältnisse verändernden Tätigkeit verschränkt ist – ein regulatives Prinzip möglichen unbegrenzten Fortschritts auffindbar zu sein: Das gesuchte regulative Prinzip steckt m. E. in der *Idee der Realisierung einer unbegrenzten Interpretationsgemeinschaft, die jeder, der überhaupt argumentiert* (also jeder, der denkt!), *implizit als ideale Kontrollinstanz voraussetzt.* Bedenkt man nämlich, daß die reale Kommunikationsgemeinschaft, die der Argumentierende in der endlichen Situation voraussetzt, keineswegs dem Ideal der unbegrenzten Interpretationsgemeinschaft entspricht, vielmehr allen bewußtseins- und interessenmäßigen Begrenzungen der in Nationen, Klassen, Sprachspiele und Lebensformen geteilten Menschengattung unterliegt, so ergibt sich aus diesem *Kontrast zwischen Ideal und Realität der Interpretationsgemeinschaft* auch bereits *das regulative Prinzip des praktischen Fortschritts, mit dem der Fortschritt der Interpretation verschränkt sein könnte und sollte.*

der *Forschung*, die auf den Kantianismus seiner 1. Phase zurückgreift, als Korrektiv entgegengesetzt. – Noch die »Metaethik« der Oxford-Schule übersieht m. E. (ebenso wie die ungeschichtliche Sprachspiel-Theorie des späten Wittgenstein, von der sie ausgeht), daß man ein verstehbares Geschehen, das seinen konkreten Ort in der von uns fortzusetzenden Geschichte hat, strenggenommen, nicht wertneutral als Funktion beschreiben kann. Spieltheorie und funktionalistische Ontologie beruhen auf einer Abstraktion, die eine Hermeneutik der geschichtlichen Integration »aufzuheben« hat.

Der unleugbare Bezug der Interpretation auf ein selbst geschichtliches Subjekt, das mit der Interpretation zugleich die Verhältnisse
in irreversibler Weise verändert, braucht also die normative Hermeneutik nicht einem relativistischen Historismus zu überantworten,
sondern kann selbst als Dimension möglichen Fortschritts auf der
Linie intersubjektiver Verständigung gedacht werden.

Das praktisch – für die Interaktionsgemeinschaft – relevante Ideal
der unbegrenzten Verständigung würde m. E. als methodisch relevantes Prinzip der Hermeneutik auch das Mißverständnis beseitigen, die Besinnung auf die geschichtliche Applikationsleistung der
Interpretation müsse eo ipso ein subjektiv aktualisierendes Verstehen gegen ein historisch-objektives Verstehen der Überlieferung ausspielen[73]. Denn die Herstellung der unbegrenzten Verständigungsgemeinschaft bezieht ja gerade auch die Intentionen (»Textsinn«
und »Autorensinn«) der räumlich und zeitlich distanzierten Kommunikationspartner mit ein; und es liegt durchaus im Pflichtbereich
einer applikationsbewußten Interpretationsmethode, der Gegenwart
die aktuelle Applikation im Interesse einer nicht begrenzten Verständigung unter Umständen schwer machen zu müssen. (Hier liegt
zweifellos der besondere Auftrag der historisch-philologischen Geisteswissenschaften, der sie mit der lebenspraktischen Funktion des
Dolmetschers verbindet, von der des Richters, Predigers oder Kunst-
»Interpreten« [z. B. Regisseurs oder Dirigenten] jedoch in hermeneutisch relevanter Form unterscheidet.)

Andererseits zwingt das Postulat einer unbegrenzten Verständigung
durchaus dazu, im Sinne *Gadamers* die, in einem engeren Sinn
methodischer Konzentration nützliche, »hermeneutische Abstraktion« von der Wahrheit bzw. der ethischen Verbindlichkeit der Überlieferung schließlich rückgängig zu machen. Denn das Ziel der unbegrenzten Verständigung verlangt die Beseitigung der Verständi-
gungshindernisse nicht nur auf seiten des Interpreten. Wenn der
»Vorgriff der Vollkommenheit« (Gadamer), mit dem eine jede
Textinterpretation einsetzen muß, als Vorgriff auf die Wahrheit im
Sinne eines möglichen *consensus omnium* gedacht wird, dann muß
die Enttäuschung dieses Vorgriffs auch dazu legitimieren, die Gründe
des Scheiterns der Verständigung durch ein kritisches Verständnis

---

73 Wieweit dieser Vorwurf die Existenzialhermeneutik (Heidegger, Bultmann, Gadamer?)
trifft (und sie damit zurecht mit dem Populärpragmatismus in Parallele setzt), soll hier
nicht erörtert werden. Vgl. E. Betti, a.a.O.

der geschichtlich-gesellschaftlichen Bedingtheit des Interpretandums bzw. seines Autors oder seiner Autoren aufzudecken. Das Ziel der unbegrenzten Verständigung, und d. h. zugleich: der Beseitigung aller Hindernisse der Verständigung, enthält m. E. sogar die Legitimation dazu, die hermeneutische Verständigung mit dem Interpretandum vorübergehend zu suspendieren, um statt dessen kausale bzw. statistische »Erklärungen« der empirisch-analytischen Sozialwissenschaften heranzuziehen[74]. Diese Methoden sind im Sinne einer ideologiekritischen Ergänzung der hermeneutischen Methoden im Rahmen des transzendentalhermeneutischen Ansatzes der universalen Verständigung solange legitim, als die Erklärung nicht Selbstzweck wird, sondern davon ausgeht, daß sie in ein reflexiv vertieftes Selbstverständnis der Kommunikationspartner umgesetzt werden *könnte*[75]. (Die hermeneutische Verifikation dieser Annahme haben in diesem Fall zwar nicht die Autoren der überlieferten Texte zu erbringen, wohl aber ihre virtuellen Verständigungspartner, die, durch die stattgefundene Entlarvung zwanghafter Motivationen, sich selbst besser verstehen lernen als sie sich zuvor verstanden.)

Durch das soeben exponierte *regulative Prinzip einer sich selbst in the long run theoretisch-praktisch realisierenden unbegrenzten Interpretationsgemeinschaft* wird m. E. noch entschiedener als bei Gadamer[76] der Hegelsche Begriff des Verstehens als reflexiv überholender Selbstdurchdringung des Geistes gegenüber dem Schleiermacher-Dilthey-Postulat des identischen Nachvollziehens fremder Geistesproduktion ins Recht gesetzt, – wenngleich das Ziel der Interpretation in eine unendliche Zukunft verlegt und die Realisierung nicht einer selbstgenügsamen Philosophie, sondern eher einer philosophisch angeleiteten Vermittlung von hermeneutischer Empirie und Interaktionspraxis anvertraut wird. Indessen: wenn es möglich, ja unumgänglich ist, das regulative Prinzip einer absoluten Wahrheit der Verständigung in einer unbegrenzten Interpretations- und Inter-

74 Vgl. meinen Aufsatz »Szientistik, Hermeneutik, Ideologiekritik«, in: Wiener Jb. f. Philosophie I (1968), S. 39 ff. Vgl. oben S. 120 ff. Ferner J. Habermas, Erkenntnis und Interesse, Frankfurt 1968, Teil III.

75 Mit diesem Postulat behält m. E. P. Winch (s. oben Anm. 38) gegen alle naturalistische Soziologie recht, wenn auch seine Forderung, fremde bzw. vergangene Kulturen nur im Sinne der faktisch zugehörigen Sprachspiele zu verstehen, weder dem Erfordernis der hermeneutischen »Horizontverschmelzung« (Gadamer) noch dem einer Ideologiekritik in emanzipatorischer Absicht gerecht wird (vgl. dazu meine Kritik in »Die Entfaltung der ›sprachanalytischen‹ Philosophie . . .«, oben S. 89 ff. u. unten S. 252 ff.).

76 Vgl. Gadamer, Wahrheit und Methode, a.a.O., S. 161.

aktionsgemeinschaft aufzustellen, dann läßt sich auch nicht leugnen, *daß es in gewisser Weise jetzt schon dem kritischen Selbstbewußtsein – das sich nicht methodisch-solipsistisch, sondern als Glied und Repräsentant der unbegrenzten Interpretationsgemeinschaft versteht – möglich ist, die unbegrenzte Gemeinschaft gegen sich selbst als empirisch-endliches Bewußtsein zur Geltung zu bringen.* Wennschon der Dialog der unbegrenzten Interpretationsgemeinschaft nicht durch den Monolog *eines* Denkers zu ersetzen ist[77], so kann doch die philosophische Reflexion mit Hilfe der Umgangssprache, die ihre eigene Metasprache ist[78], eine Stufe erreichen, auf der sie das Ziel in formaler Antizipation begreifen und jederzeit vertreten kann. Nur in Vergewisserung dieser Reflexionsleistung – so scheint mir – kann die Philosophie den Allgemeingültigkeitsanspruch ihrer eigenen Sätze verstehen und sinnvoll zur Geltung bringen.

Mit dieser These kehren wir zum Schluß noch einmal zu J. Royces Antwort auf die Frage nach dem Subjekt der Zeicheninterpretation zurück. Royce hat seinen absoluten Idealismus der sich im unendlichen Selbstbewußtsein wissenden unbegrenzten Interpretationsgemeinschaft nicht mehr zureichend mit dem pragmatistischen Kerngedanken der Explikation von Sinn durch mögliche reale Praxis und zugehörige Erfahrung vermitteln können[79]. Die Idee einer nicht auf wiederholbare, experimentelle Operationen, sondern auf Interaktion bezogenen Erwartung möglicher Erfahrung, die wir im vorigen mit Royces Idee der geschichtlichen »Interpretationsgemeinschaft« verknüpften, wurde erst von Royces und W. James' Schüler G. H. Mead in den Pragmatismus eingeführt[80]. Doch Mead bezog seinen Ansatz nicht mehr auf die transzendentalhermeneutische Problematik von Royce zurück, sondern eher auf Darwins Evolutionstheorie und den »naturalistischen« Pragmatismus von J. Dewey. Von seinen Schülern (z. B. dem Herausgeber Ch. W. Morris) wurde er als »Sozialbehaviorist« verstanden, obwohl er wohl eher das Ver-

77 Vgl. Gadamers Kritik an Hegel, a.a.O., S. 351.
78 Vgl. meinen Beitrag »Sprache und Reflexion« (*Akten des XIV. Internationalen Kongresses für Philosophie*, Wien 1968. Bd. III, Wien 1969) u. unten S. 311 ff.
79 In seinen letzten Lebensjahren bemühte sich Royce (1855–1916) enthusiastisch um den 1914 von Harvard erworbenen Nachlaß von Peirce und versuchte damals schon, eine Edition zu organisieren. Vgl. W. F. Kernan, »The Peirce Manuscripts and Josiah Royce«, in: *Transactions of the Ch. S. Peirce Society*, Vol. I (1965), S. 90 ff.
80 Vgl. G. Mead, *Mind, Self and Society*, ed. by Ch. W. Morris, Chicago 1934 (dtsch. Frankfurt 1968).

halten durch die Situation der intersubjektiven Kommunikation verständlich machte, als daß er die Situation der Intersubjektivität auf objektiv beschreibbares Verhalten reduziert hätte[81]. Meads Interaktionismus und Sozialpragmatismus wurde zur geheimen Philosophie der amerikanischen Sozialpsychologie; Royces transzendentale Hermeneutik dagegen wurde mit der Philosophie des Idealismus zugleich vergessen. So kam es in der amerikanischen Philosophie nicht zur Synthese der beiden Ansätze, die – wie hier angedeutet werden sollte – die Peircesche Antwort auf die Frage nach dem Subjekt der Zeicheninterpretation zu einer definitiven Antwort hätten ergänzen können.

---

81 Vgl. Habermas, Zur Logik der Sozialwissenschaften (*Beiheft 5 der Philos. Rundschau*, Tübingen 1967), S. 69 f.

Die Kommunikationsgemeinschaft als transzendentale Voraussetzung der Sozialwissenschaften

I. Programmatische Thesen

Genaugenommen sollte der Titel der vorliegenden Arbeit lauten: »Das transzendentale Sprachspiel der unbegrenzten Kommunikationsgemeinschaft als Bedingung der Möglichkeit der Sozialwissenschaften.« Durch diesen Titel möchte ich von vornherein zwei *Thesen* andeuten:

1. Im Gegensatz zur heute vorherrschenden Wissenschaftslogik (»Logic of Science«) bin ich der Meinung, daß jede philosophische Wissenschaftstheorie die von Kant gestellte Frage nach den transzendentalen Bedingungen der Möglichkeit und Gültigkeit der Wissenschaft beantworten muß.

2. Im Gegensatz zu den Vertretern eines orthodoxen Kantianismus bin ich jedoch auch der Meinung, daß die Beantwortung der von Kant gestellten Frage heute nicht zu Kants Philosophie eines transzendentalen »Bewußtseins überhaupt« zurückführt. Die Antwort auf die Frage nach dem transzendentalen Subjekt der Wissenschaft muß vielmehr, wie ich glaube, durch die wirkliche Errungenschaft der Philosophie dieses Jahrhunderts vermittelt sein: durch die Einsicht nämlich in den transzendentalen Stellenwert der Sprache und damit der Sprach-Gemeinschaft.

Ich glaube nicht, daß die Frage nach den transzendentalen Bedingungen der Möglichkeit und Gültigkeit von Wissenschaft identisch ist mit der Frage nach einer möglichen *Deduktion* von Theoremen im Rahmen eines selbst wieder zu begründenden axiomatischen Systems und daß sie daher in einen *logischen Zirkel*, einen *regressus ad infinitum* oder aber auf eine *dogmatische* Setzung der letzten Prinzipien zurückführen muß[1].

Ebensowenig glaube ich, daß die transzendentale Fragestellung – wie bei Kant selbst – auf die »Rechtfertigung« der klassischen Theoriebildung der Physik bzw. der euklidischen Geometrie eingeschränkt werden muß[2] – obwohl sie auch in solcher Einschränkung, bei gleich-

---

1 Vgl. zu dieser These des sog. *kritischen Rationalismus* H. Albert, *Traktat über kritische Vernunft*, Tübingen 1969[2].

zeitiger erkenntnisanthropologischer Relativierung der Idee des Apriorischen, relevant bleibt[3]. Angesichts der faktisch vollzogenen Transformation der erkenntnistheoretischen in eine sprachanalytische Problematik scheint mir viel eher eine *cartesische Radikalisierung der transzendentalen Fragestellung* naheliegend, die freilich nicht, wie noch E. Husserl, die Frage nach der *Sinn-Geltung* auf die cartesische Frage nach der jemeinigen *Bewußtseins-Evidenz* zurückführen darf.

Daß *Bewußtseinsevidenz* im Sinne Descartes', Kants und noch Husserls nicht ausreicht, um die *Geltung* der »Erkenntnis« zu begründen, zeigt sich z. B. am Problem der a priori-Geltung etwa der euklidischen Geometrie im Sinne Kants oder der sog. »Farbsätze« im Sinne Husserls. Es ist einerseits sehr plausibel, daß die Axiome der euklidischen Geometrie und die »Farbsätze« (»Was grün ist, ist nicht rot« bzw. »was farbig ist, ist auch ausgedehnt«) deshalb *synthetische Sätze a priori* sind, weil wir uns die entsprechenden Sachverhalte zwar ohne Widerspruch anders *denken*, nicht aber anders *vorstellen* können. Diese phänomenologisch-erkenntnisanthropologische Feststellung gründet sich auf jemeinige Anschauungsevidenz angesichts der individuellen Phänomene; eben deshalb reicht sie indessen nicht aus, um die *a priori intersubjektive Geltung* der euklidischen Geometrie und der Farbsätze zu begründen. Dazu ist vielmehr erforderlich, daß die jemeinige Anschauungsevidenz durch pragmatisch-semantische Regeln mit einem »Sprachspiel« verknüpft, d. h. im Sinne des späten Wittgenstein zu einem »Para-

---

2 Auf diese Einschränkung stützt sich die Ablehnung der transzendentalen Begründung bei K. Popper (vgl. *Conjectures and Refutations*, London 1965, S. 190 ff.) und St. Körner (vgl. »The Impossibility of Transcendental Reductions«, in: *The Monist*, 51, 1967, und »Zur Kantischen Begründung der Mathematik und der Naturwissenschaften«, in: *Kantstudien* 56, 1966).

3 Dies zeigt die an H. Dingler anknüpfende »Rekonstruktion« der Kantischen Begründung qua »Protophysik« bei P. Lorenzen (in: *Methodisches Denken*, Frankfurt 1968, S. 120 ff.), die freilich von C. F. v. Weizsäcker im Sinne eines »methodologischen Apriorismus« zugleich bestätigt und relativiert wird (vgl. »Das Verhältnis der Quantenmechanik zur Philosophie Kants«, III, 3, in: *Weltbild der Physik*, Stuttgart 1958). Eine erkenntnisanthropologische Begründung der Komplementarität von »Leibapriori« und »Reflexionsapriori« könnte m. E. diese scheinbare Schwierigkeit einer erneuerten Transzendentalphilosophie auflösen: Die protophysikalische Geltung der euklidischen Geometrie und der klassischen Physik als methodisches Handlungsapriori ließe sich auf das Apriori des zentrischen Leibengagements (der Vermittlung der Erkenntnis durch Praxis) zurückführen, die Möglichkeit einer Vergegenständlichung und Relativierung des methodischen Aprioris auf das exzentrische Apriori der Reflexion. (Vgl. vorläufig K.-O. Apel, »Das Leibapriori der Erkenntnis«, in: *Archiv. f. Philos.* 12, 1963, S. 152–72.)

digma« des Sprachspiels erhoben wird. Erst jetzt ist die *jemeinige Bewußtseinsevidenz* durch sprachliche Verständigung in eine *a priori-Geltung von Aussagen für uns* umgesetzt und kann daher im Sinne der Konsens-Theorie der Wahrheit als a priori verbindliche Erkenntnis gelten. Durch die – implizite oder explizite – Erhebung der jemeinigen Bewußtseinsevidenz zum Sprachspiel-Paradigma ist gewissermaßen der *argumentative Sinn* der Vorstellungsgewißheit jedes Bewußtseins für die Kommunikations- und Interpretationsgemeinschaft festgelegt worden. Sinnfestlegung in der *kommunikativen Synthesis der Interpretation* aber – und nicht schon Synthesis der Apperzeption – begründet den »höchsten Punkt« (Kant) einer semiotisch transformierten Transzendentalphilosophie.

In einer modernen Transzendentalphilosophie geht es m. E. primär um Reflexion auf den Sinn – und insofern auch auf die Sinn-Implikationen – des Argumentierens überhaupt. Dies allerdings ist für den, der argumentiert – im Sinne welcher Position auch immer – offenbar das *Letzte, Nichthintergehbare.* Er hat mit dem Argumentieren – u. d. h. auch: mit jedem noch so radikalen Zweifel, der als Zweifel einen *Sinn* haben soll – zugleich die transzendentalen Voraussetzungen der Erkenntnis- und Wissenschaftstheorie im Sinne des transzendentalen Sprachspiels einer unbegrenzten kritischen Kommunikationsgemeinschaft selbst gesetzt und implizit anerkannt. Von Kant ausgehend könnte man sagen: in der »Synthesis der Apperzeption«, in der das Ich zugleich seinen Gegenstand und sich selbst als denkend setzt, hat das Ich sich zugleich mit der transzendentalen Kommunikationsgemeinschaft identifiziert, die allein die Sinn-Geltung seiner Selbst- und Welterkenntnis bestätigen kann. Ohne diese – von Kant und Fichte nicht reflektierte – transzendentale Voraussetzung der *Erkenntnis* könnte diese nicht zum *Argument* werden; sie behielte gewissermaßen den Status sinnblinder Erlebnisgewißheit wie jenes bloß private Schmerzerlebnis, durch das nach Wittgenstein »gekürzt werden« kann, wenn es um die Verständigung über meinen oder deinen Schmerz geht[4]. Der Philosophierende braucht demnach die Zugehörigkeit zu einer kritischen Kommunikationsgemeinschaft weder dogmatisch noch in einer »irrationalen Entscheidung« (K. Popper) zu wählen, wenn es um *Letztbegründung durch transzendentale Reflexion* geht; denn

4 Vgl. L. Wittgenstein, *Philosophische Untersuchungen*, in: *Schriften* I, Frankfurt 1960, S. 293.

er hat als Argumentierender die Voraussetzung der unbegrenzten kritischen Kommunikationsgemeinschaft immer schon implizit anerkannt. Er kann sie nur mehr oder weniger adäquat explizieren und die darin enthaltenen Normen willentlich bekräftigen oder aber bei diesem Geschäft *transzendentaler Besinnung* versagen oder die Normen des transzendentalen Sprachspiels willentlich im Sinne des Obskurantismus verleugnen. Dies letztere wäre allerdings eine »irrationale« Wahl, die, konsequent vollzogen, die Möglichkeit auch der einsamen Selbstverständigung und damit der Selbstidentifizierung zerstören müßte. Man kann sich nicht zur Bejahung oder Verneinung der Normen des transzendentalen Sprachspiels aus einer Position außerhalb des Sprachspiels entscheiden[5]; dies zu verneinen macht den Grundirrtum des *methodischen Solipsismus* aus. Man kann sich allenfalls als ein Ich, das schon die Kommunikationsgemeinschaft voraussetzt, zur Selbst-Bejahung oder Selbst-Verneinung entscheiden: dies macht die nicht weiter begründbare Wahlfreiheit des endlichen Menschen aus, die für eine *praktische Realisierung* der immer schon vorausgesetzten kritischen Kommunikationsgemeinschaft allerdings in Anspruch genommen werden muß. (Wir werden darauf zurückkommen.)

Die insoweit postulierte Vermittlung der Transzendentalphilosophie durch die Problematik der Sprache bzw. der Kommunikation ist in dem eingangs zitierten ausführlichen Arbeitstitel angedeutet durch den Hinweis auf *zwei fundamentalphilosophische Ansätze*, denen m. E. eine Schlüsselfunktion bei der *Transformation des Kantianismus* zukommt: Einmal ist dies die Sprachspiel-Konzeption des späten Wittgenstein, zum andern die von Ch. S. Peirce (im Zuge seiner semiotischen Transformation der »transzendentalen Logik« Kants[6]) als Subjekt des möglichen Wahrheitskonsensus postulierte »indefinite Community of Investigators«, die bei J. Royce als »Community of Interpretation«, bei G. H. Mead als

5 Eine Entscheidung angesichts einer Alternative setzt als für den sich Entscheidenden *sinnvolle* Handlung selbst noch das *transzendentale Sprachspiel* voraus; denn »einer allein und nur einmal« kann nicht einer Regel folgen (Wittgenstein); und auch das Sich-Entscheiden ist als sinnvolle Handlung ein prinzipiell öffentliches Regelbefolgen. Vgl. meine Argumentation gegen K. R. Popper in »Sprache als Medium und Thema der Reflexion« (unten S. 336 ff.).
6 Vgl. K.-O. Apel, »From Kant to Peirce: The Semiotical Transformation of Transcendental Logic«, in: *Proceedings of the Third International Kant Congress*, hrsg. v. L. W. Beck, Dordrecht 1971, S. 58–72, (oben S. 157 ff.).

»Community of Universal Discourse« extrapoliert bzw. verallgemeinert wurde[7].

Sowohl die Wittgensteinsche Konzeption des »Sprachspiels« wie die
Peircesche Konzeption der »Community« können nun m. E. so
interpretiert werden, daß einerseits die funktionale Pointe des
transzendentalen Idealismus Kants erhalten bleibt (d. h. es kann
ein Äquivalent etabliert werden für den »höchsten Punkt« der
transzendentalen Deduktion Kants, die »transzendentale Synthesis der Apperzeption«, und für den »obersten Grundsatz der synthetischen Urteile«, demzufolge die Bedingungen der Möglichkeit
der Erfahrung zugleich die Bedingungen der Möglichkeit der Gegenstände der Erfahrung sind), andererseits aber eine Vermittlung des
transzendentalen Idealismus Kants mit einem Realismus und sogar
historischen Materialismus der faktisch immer schon vorausgesetzten Gesellschaft (als des »Subjekt-Objekts« der Wissenschaft) impliziert ist[8]. Die Möglichkeit, ja Notwendigkeit einer solchen
Interpretation ist dadurch bedingt, daß die sinnkritisch konzipierte
Transzendentalphilosophie nicht, wie Kant, von der metaphysischen
Voraussetzung der Unterscheidung von Ding-an-sich und Erscheinungswelt, somit auch nicht von der Voraussetzung eines transzendentalen Subjekts als Grenze der Erscheinungswelt ausgeht, sondern
davon, daß die idealen Normen, ohne deren Voraussetzung jedes
Argument seinen Sinn verlieren würde (Konsensbildung in der Er-
kenntnis der realen Welt und in der Verständigung über eine Fortsetzung der realen Welt durch geschichtliche Praxis) prinzipiell in der
konkreten Gesellschaft müssen realisiert werden können[9]. Die ins
Auge gefaßte transzendentale Voraussetzung der Wissenschaft wird
also weder idealistisch im Sinne der traditionellen Bewußtseins-
Philosophie sein noch materialistisch im Sinne eines ontologischen
»Diamat« oder eines szientistischen Objektivismus positivistischer
Provenienz, der seine ontologischen Implikationen verschweigt. Es
soll sich vielmehr um eine wahrhaft *dialektische Konzeption dies-*

---

7 Vgl. K.-O. Apel, »Szientismus oder transzendentale Hermeneutik. Zur Frage nach dem
Subjekt der Zeicheninterpretation in der Semiotik des Pragmatismus«, in: *Hermeneutik
und Dialektik* I, hrsg. v. R. Bubner u. a., Tübingen 1970, S. 105–144.
8 Für eine entsprechende Vermittlung zwischen Hegel und Marx vgl. K.-O. Apel, »Reflexion und materielle Praxis. Zur erkenntnisanthropologischen Begründung der Dialektik
zwischen Hegel und Marx«, in: *Hegel-Studien*, Beiheft 1, 1964, S. 151–166.
9 Für den sinnkritischen Ansatz insgesamt vgl. K.-O. Apel, Einführung zu Ch. S. Peirce,
Schriften I, Frankfurt 1967, S. 13–153, und *II*, 1970, S. 11–211.

seits von Idealismus und Materialismus handeln, – um eine dialektische Konzeption insofern, als sie den Gegensatz von transzendentalem Idealismus und gesellschaftsbezogenem »historischen Materialismus« schon im Ansatz »vermittelt«.

Die dialektische Vermittlung liegt m. E. darin, daß die unabdingbar normative und ideale Voraussetzung des transzendentalen Sprachspiels einer unbegrenzten Kommunikationsgemeinschaft einerseits mit jedem Argument, ja mit jedem menschlichen Wort postuliert ist (genaugenommen sogar mit jeder Handlung, die als solche verständlich sein soll), andererseits aber in der geschichtlich vorgegebenen Gesellschaft immer noch erst zu realisieren ist. Aus dem Antagonismus des normativ-idealen und des materiell-faktischen Moments in unserer transzendentalen Voraussetzung der Kommunikationsgemeinschaft ergibt sich m. E. ein dialektischer Grundzug der philosophischen Wissenschaftstheorie, der in dem Augenblick hervortritt, wo die Kommunikationsgemeinschaft, die das transzendentale Subjekt der Wissenschaft bildet, zugleich zum Objekt der Wissenschaft wird: auf der Ebene der Gesellschaftwissenschaften im weitesten Sinne. Jetzt nämlich zeigt sich, daß einerseits das Subjekt des möglichen Wahrheitskonsenses der Wissenschaft nicht ein außerweltliches »Bewußtsein überhaupt«, sondern die geschichtlich-reale Gesellschaft ist, daß andererseits aber die geschichtlich-reale Gesellschaft nur dann adäquat verstanden werden kann, wenn sie als virtuelles Subjekt der Wissenschaft einschließlich der Sozialwissenschaft betrachtet und ihre geschichtliche Realität immer zugleich empirisch und normativ-kritisch im Hinblick auf das in der Gesellschaft zu realisierende Ideal der unbegrenzten Kommunikationsgemeinschaft rekonstruiert wird.

An dieser Stelle muß nun auch der Konflikt offenbar werden, der von vornherein zwischen dem von mir ins Auge gefaßten transzendental-philosophischen Begründungsansatz und der heute vorherrschenden analytischen »Logic of Science« besteht. Diese nämlich scheint mir zutiefst bestimmt zu sein durch die – von ihr freilich kaum reflektierte – Voraussetzung, daß die saubere *Trennung von Subjekt und Objekt der Wissenschaft* nicht nur im Bereich der Naturwissenschaft, sondern auch im Bereich der Gesellschaftswissenschaften aufrechtzuerhalten ist. In der Selbstverständlichkeit dieser Voraussetzung treffen sich heute nicht nur die *Neopositivisten* mit den *kritischen Rationalisten* im Sinne K. R. Poppers, sondern auch die

Vulgärmarxisten im Sinne des orthodoxen »Diamat« unterscheiden
sich eben dadurch von den *kritischen Neomarxisten,* daß sie die
dialektische Problematik der Gesellschaft als des Subjekt-Objekts
zugunsten eines logisch klaren, szientistischen Objektivismus ab-
spannen. In der Tat scheint mir der Rubikon in der gegenwärtigen
Grundlagendiskussion der Wissenschaftstheorie durch die Frage gekennzeichnet: ob durch den Umstand, daß der Mensch in den Gesellschaftswissenschaften zugleich Subjekt und Objekt der Wissenschaft
ist, ein prinzipieller Unterschied im Vergleich zur Situation der
Naturwissenschaft bedingt ist. Ich möchte diesen Rubikon im folgenden bewußt überschreiten:
Die Implikationen dieses Schrittes möchte ich an dieser Stelle in
einer gewissen Vollständigkeit andeuten; dies zumal deshalb, weil
ich mich im folgenden auf eine dieser Implikationen konzentrieren
möchte: auf die Unterscheidung und dialektische Vermittlung von
»Verstehen« und »Erklären«. Die Anerkennung der Gesellschaft
als des Subjekt-Objekts der Wissenschaft impliziert aber m. E. noch
eine Reihe weiterer Konsequenzen, die in der Perspektive der analytischen »Logic of Science« noch weit »bedenklicher« sich ausnehmen
als die traditionelle Unterscheidung von Erklären und *Verstehen*:
Zunächst ergibt sich schon für die *Identifikation* der Gegenstände
der Wissenschaft in der Ebene der sog. *Deskription* ein fundamen-
taler Unterschied, je nachdem ob die sog. »Daten« als Fälle möglicher Erklärung nach Gesetzen durch wiederholbare Experimente
»gestellt« und unter Klassenbegriffe subsumiert werden oder aber
als raumzeitlich individualisierte Momente der durch sie hindurch
vermittelten Ganzheit des irreversiblen Geschichtsprozesses thematisiert werden sollen. Hieraus ergeben sich m. E. *zwei völlig verschiedene Begriffe von Erfahrung,* von denen nur der erstere den
transzendentalen Horizont für so etwas wie »Gesetze« oder induktive Bestätigung im Sinne der »Logic of Science« freigibt: der letztere dagegen gibt im Sinne des Hegelschen Erfahrungsbegriffs[10] den
transzendentalen Horizont für eine Erfahrung frei, die nicht nur mit
induktiver Bestätigung oder Falsifikation, sondern vor allem mit
der qualitativen *Revision* ihrer *begrifflichen* Vorausetzungen durch
Selbstreflexion rechnet.

10 Vgl. insbesondere die »Vorrede« zur *Phänomenologie des Geistes.* Dazu M. Heidegger,
»Hegels Begriff der Erfahrung«, in: *Holzwege,* Frankfurt 1950, S. 105–192. Ferner H.-G.
Gadamer, *Wahrheit und Methode,* Tübingen 1960, S. 329 ff.

(K. Popper scheint mir mit seinem Konzept der riskanten Hypothesenbildung, welche die Situation möglicher Falsifikation und möglicher Alternativhypothesen methodisch bewußt herbeiführt, auf halbem Wege zum dialektischen Erfahrungsbegriff zu verharren[11]: Vom induktivistisch-positivistischen Begriff einer Erfahrung, die ihre semantisch-kategorialen Voraussetzungen stets im Rücken behält, hat er sich der Tendenz nach energisch gelöst; freilich vermag er – infolge der methodologischen Reduktion der erkenntnistheoretischen Problematik Kants – die transzendentale Problematik der Erfahrungs-Horizonte nur in der Verkürzung des Theorienpluralismus innerhalb der stillschweigend verabsolutierten naturwissenschaftlichen Erfahrung überhaupt zu reflektieren. Diese szientistische Reflexionseinschränkung hindert ihn daran, die geschichtliche Selbsterfahrung der Gesellschaft als wissenschaftstheoretisch relevante Alternative zur prinzipiell wiederholbaren Erfahrung der Natur zu erkennen: z. B. die implizit anerkannte *reflexive Selbsterfahrung der Wissenschaft* als eines innovativen Prozesses der Hypothesenbildung und Hypothesenkorrektur ernsthaft als Paradigma auch der Objekterfahrung historisch-kritischer Gesellschaftswissenschaften anzuerkennen. Popper würde damit m. E. die Subjekt-Objekt-Trennung und damit die zutiefstliegende Voraussetzung des modernen Szientismus aufgeben und sich auf eine dialektische Problematik der Geschichte im Sinne Hegels einlassen müssen[12].)

Noch »bedenklicher« als die erfahrungstheoretische Implikation unseres Schrittes über den Rubikon der modernen Wissenschaftslogik ist die damit verknüpfte *Transzendierung des Begriffs wertfreier Wissenschaft,* wie ihn Max Weber auch für die Sozialwissenschaften verbindlich gemacht hat. Bereits die Anerkennung des – von Max Weber so genannten – »zweckrationalen Verstehens« als eines »good reason essays«, der als solcher nicht auf eine kausale Motiverklärung reduziert werden kann, schließt die Unvermeidlichkeit einer kritischen Wertung des menschlichen Verhaltens ein, wenn diese auch auf den normativen *Maßstab der instrumentellen*

---

11 Vgl. hierzu Karl Popper, »Was ist Dialektik?«, in: *Logik der Sozialwissenschaften,* hrsg. v. E. Topitsch, Köln u. Berlin 1965, S. 262 ff.
12 Das brauchte m. E. nicht auf »Historizismus« im Sinne Poppers hinauslaufen, sondern eher auf einen *kritischen Historismus* im Sinne der zugleich normativen und empirischen Rekonstruktion der Geschichte der »offenen Gesellschaft«, die Popper selbst als Gesellschafts- und Geschichtsphilosoph implizit versucht.

Rationalität beschränkt bleibt und die unterstellten Zielsetzungen verstehen möchte, ohne sie zu bewerten. Dasselbe gilt für eine *funktionalistisch* verstehende Systemtheorie der Gesellschaft – mit dem Unterschied, daß hier, zumindest stillschweigend, eine positive Bewertung nicht nur der funktionalen Effizienz, sondern darüber hinaus auch der Systembildung und Systemadaption, etwa im Sinne der Selbsterhaltung und Selbststeigerung des quasiorganischen Lebens der Gesellschaft, eingeschlossen wird[13]. Nun muß eine solche Höchstwertsetzung der funktionalistischen Systemtheorie der Gesellschaft von vornherein in einen Gegensatz geraten zu der von mir unterstellten transzendental-normativen Voraussetzung aller Wissenschaft: daß nämlich die Realisierung der Wahrheit a priori abhängt von der Realisierung der *unbegrenzten* Kommunikationsgemeinschaft in der geschichtlich gegebenen Gesellschaft, – d. h. in der Gesellschaft, die um ihrer physischen Selbstbehauptung willen sich in *begrenzten* Funktionssystemen organisieren muß. Schon daraus ergibt sich, daß eine kritische Gesellschaftswissenschaft, welche ihr Objekt zugleich als virtuelles Subjekt der Wissenschaft denkt, nicht darauf verzichten kann, die Ziele menschlicher Handlungen selbst noch zu bewerten.

Dies besagt nicht, daß – wie von den Theoretikern wertfreier Sozialwissenschaften gewöhnlich behauptet wird[14] – normative Maßstäbe aus der Empirie, genauer: Sollensvorschriften aus der Beschreibung von Tatsachen, abgeleitet werden und dergestalt die »logische Kluft« von Sein und Sollen mißachtet wird. Es besagt eher, daß Erfahrungen im Sinne der geschichtlichen Selbsterfahrung der Gesellschaft – im Gegensatz zu den empirisch-analytisch beschreibbaren Erfahrungen der Natur und des methodisch verdinglichten »Verhaltens« von Menschen im Sinne einer gesellschaftlichen Quasi-Natur – ohne ein gewisses normativ relevantes Engagement im Sinne der möglichen bzw. geforderten Fortsetzung der Geschichte

13 Ich denke hier insbesondere an die Arbeiten von Niklas Luhmann, welche nicht nur die Funktionen sozialer Systeme, sondern die Systembildung selbst auf das sozusagen erkenntnis-anthropologische Metaproblem der »Reduktion der Weltkomplexität« beziehen. Vgl. insbesondere: »Soziologie als Theorie sozialer Systeme«, in: *Kölner Zeitschrift für Soziologie und Sozialpsychologie* 19, 1967, und: *Zweckbegriff und Systemrationalität*, Tübingen 1968. – Vgl. auch unten Anm. 32.
14 Vgl. z. B. H. Albert, »Wertfreiheit als methodisches Prinzip«, in: *Logik der Sozialwissenschaften*, hrsg. v. E. Topitsch, Köln u. Berlin 1965, S. 181–212. Ferner D. Junker, »Über die Legitimität von Werturteilen in den Sozialwissenschaften und der Geschichtswissenschaft«, in: *Historische Zeitschrift* 211/1, 1970, S. 1–33.

durch subjektiv-intersubjektive Praxis gar nicht gewonnen bzw. zur Sprache gebracht werden können. Daß menschliches Handeln, im Gegensatz zum beobachtbaren Verhalten, ohne Bewertung überhaupt nicht als Handeln erkannt werden kann, zeigt, wie schon angedeutet, bereits der Fall des zweckrationalen Verstehens: hier brauchen zwar, wie Vertreter wertfreier Sozialwissenschaft seit M. Weber zu betonen pflegen, die unterstellten Zwecke nicht bewertet zu werden; gleichwohl muß das Handeln zugleich mit seinem Verständnis insofern bewertet werden, als ein »guter Grund« im Sinne des Ideals der Zweckrationalität gefunden werden muß. Dies zeigt, daß »empirisch-analytische« Erfahrung menschlicher Handlungen im strengen Sinn gar nicht möglich ist. Menschliche Handlungen sind eben *als das, was sie sind*, nicht zu beschreiben, ohne daß man die (immanenten) Normen ihres Gelingens verstanden und als Bewertungsmaßstäbe anerkannt hat. Auch der Verzicht auf das Bewerten der Zwecke besagt nicht, daß diese ohne die heuristische Voraussetzung einer Bewertung von Zwecken als solche gefunden werden könnten: Kurz: wertfreie Tatsachenurteile können nicht am Anfang der historischen Erfahrung stehen, und sie brauchen nicht zum Ausgangspunkt historischer Werturteile genommen zu werden. Die letzteren ergeben sich vielmehr aus dem Sinnhorizont, der historische Erfahrung als rekonstruierbare Selbsterfahrung einer virtuellen Kommunikationsgemeinschaft allererst möglich macht. Muß die empirisch-analytische Wissenschaft *(Science)* im Sinne Poppers die Voraussetzung *theoretischer* Horizonte für ihre sog. »Beobachtungssätze« anerkennen, so muß die geschichtliche Selbst-Erfahrung der Gesellschaft darüber hinaus *Wert-Horizonte* für ihre »Datenerschließung« anerkennen; und die Funktion dieser Horizonte läßt sich m. E. nicht, wie bei der empirisch-analytischen Erfahrung bzw. Deskription, auf eine bloß psychologisch relevante Funktion der Heuristik reduzieren, die mit der Logik der durch sie ermöglichten Erfahrungsurteile nichts mehr zu tun hätte. Dies zeigt sich schon daran, daß die geschichtliche Erfahrung von ihrer narrativen Darstellung in der stets wertungssuggestiven Umgangs-, genauer: Bildungs-Sprache nicht ernsthaft getrennt werden kann: Nach der Lektüre der Einleitung bzw. einiger Stichproben weiß man gewöhnlich, wo der Verfasser eines Geschichtswerkes steht. Wichtiger noch als der Hinweis auf die Unvermeidlichkeit des Wertens im Erfahrungshorizont der Geschichte ist die Einsicht, daß die

normativen Voraussetzungen des Wertens in dem von uns ins Auge
gefaßten Sinn keineswegs *subjektiv* in dem seit M. Weber üblich
gewordenen Sinn eines intersubjektiv unverbindlichen Dezisionismus
zu sein brauchen. Die abstrakt logische Unterscheidung zwischen
intersubjektiv verbindlichen Tatsachenurteilen und subjektiven
Werturteilen ist durch den Sinn-Anspruch jedes Arguments als dia-
logischer Äußerung immer schon zugunsten einer intersubjektiv verbindlichen *Minimalethik* aufgehoben. Diese von jedem Argumentierenden implizit anerkannte Minimalethik, die u. a. ein Engagement im Sinne der geschichtlichen Realisierung der unbegrenzten
Kommunikationsgemeinschaft impliziert, wird selbst von der wertfreien, empirisch-analytischen Wissenschaft als Bedingung der Möglichkeit der Konsensbildung und damit der Wahrheitsfindung vorausgesetzt. Zumindest diese Minimalethik des »Logischen Sozialismus«, die zuerst von Ch. S. Peirce auf den Begriff gebracht wurde[15],
kann und muß daher von einer kritischen Gesellschaftswissenschaft,
welche die geschichtliche Selbsterfahrung der menschlichen Gattung
zu rekonstruieren hat, zum Maßstab ihrer Werturteile gemacht
werden[16]. Der zu überwindende Widerspruch zwischen der realen
und der idealen Kommunikationsgemeinschaft, der schon in der
transzendentalen Voraussetzung der Wissenschaft anerkannt werden muß, liefert dabei unmittelbar den Ansatzpunkt einer wertenden Ideologiekritik.

Die angedeutete Unvermeidlichkeit der Wertung in den kritischen
Sozialwissenschaften verweist auf die letzte und radikalste Konsequenz, die in der wissenschaftstheoretischen Anerkennung der
Gesellschaft als des Subjekt-Objekts der Wissenschaft impliziert
ist: der *Unterschied von Theorie und Praxis,* so wie er von Kant im
Blick auf die Begründung der Naturwissenschaft als Unterschied
der theoretischen von der praktischen Vernunft etabliert wurde,
läßt sich für die Grundlegung kritischer Sozialwissenschaften nicht
aufrechterhalten:

Bereits der rein theoretische Charakter der kausal-erklärenden
Naturwissenschaften kann nur dann ideologiefrei behauptet werden, wenn man zugleich darauf reflektiert, daß die wertfreie Theo-

---

15 Vgl. hierzu meine Peirce-Monographie a.a.O. Ferner G. Wartenberg, *Logischer Sozialismus,* Kieler Diss. 1969 (Frankfurt 1971).
16 Vgl. hierzu den Ansatz von P. Lorenzen, *Normative Logic and Ethics,* Mannheim u.
Zürich 1969, sowie: »Szientismus versus Dialektik«, in: *Hermeneutik und Dialektik* I,
hrsg. v. R. Bubner u. a., Tübingen 1970, S. 57–72.

riebildung der Naturwissenschaft Bedingung der Möglichkeit gerade der technologischen Auswertung ihrer Resultate ist[17]. Diese apriorische Interessenverschränkung selbst und gerade der methodologisch reinen Theorie mit einer Praxis im Sinne technischer Verfügung gilt a fortiori im Hinblick auf die sozialtechnologische Funktion der sogenannten empirisch-analytischen Sozialwissenschaften. Daß es sich so verhält, kommt in der zumeist ganz naiv vorgetragenen Forderung zum Ausdruck, die Vollendung des wissenschaftlichen Fortschritts der modernen Industriegesellschaft müsse in der Ergänzung der naturwissenschaftlichen Kontrolle des Menschen über die Natur durch die sozialwissenschaftliche *Kontrolle* des Menschen *über den Menschen* liegen. Nun ist diese Forderung aber nicht nur offensichtlich praktisch relevant, sondern als praktisch relevante Forderung zutiefst zweideutig: Soll im Sinne der empirisch-analytischen Einheitswissenschaft die Trennung von Subjekt und Objekt der Wissenschaft auch in den Sozialwissenschaften aufrechterhalten bleiben, so kann die zitierte Forderung nur besagen, daß die Gesellschaft in Kontrollierte und Kontrollierende zerfallen muß. Diese praktische Konsequenz der zitierten zweideutigen Forderung findet heute, wie es scheint, ihre methodologische Anerkennung und Explikation in einer funktionalistischen Systemtheorie der Gesellschaft, die sich damit in den Dienst der »Technokratie« stellt. Wenn diese systembezogene funktionalistische Interpretation und Bewertung aller sozial relevanten Prozesse freilich, wie es bei Niklas Luhmann geschieht[18], auch noch auf die kognitiven und kommunikativen Leistungen der Wissenschaft (einschließlich der Systemtheorie selbst) angewendet wird, dann gerät damit der technologische Praxisbezug der Wissenschaft insgesamt in eine Paradoxie, die auf die Möglichkeit und Notwendigkeit eines andersartigen Praxisbezugs der »kritischen Sozialwissenschaften« verweist. Diese werden weder im Sinne der wertfrei theoretischen, empirisch-analytischen Wissenschaften ihren Praxisbezug unreflektiert der Technologie überlassen, noch im Sinne der funktionalistischen Systemtheorie den technologischen Praxisbezug der Wissenschaft zugleich thematisieren und

17 Diese Feststellung einer durch die erkenntnisanthropologische Struktur des Experiments bedingten apriorischen Interessenverflechtung von »Science« und Technologie hat nichts mit einer vulgärpragmatischen (instrumentalistischen) Reduktion der Wahrheit der »Science« zu tun. Vgl. hierzu meine Darstellung des »sinnkritischen Realismus« bei Ch. S. Peirce, a.a.O.
18 Vgl. oben Anm. 13, unten Anm. 89.

absolut setzen können; sie werden vielmehr genau den Praxisbezug
der Wissenschaft, der mit ihrem Wahrheitsanspruch zugleich im
Postulat der Realisierung einer unbegrenzten Kommunikationsgemeinschaft vorausgesetzt ist, zum Thema und Maßstab ihrer engagierten Gesellschaftskritik machen müssen.
Dazu ist freilich vorausgesetzt, daß die kritischen Sozialwissenschaften ihr emanzipatorisches Engagement, das sich in Versuchen
einer zugleich normativen und empirischen Rekonstruktion der geschichtlichen Situation bewähren muß, auf einer höchsten Stufe
theoretisch-philosophischer Selbstreflexion unter Kontrolle halten.
Sie erreichen mit dieser philosophischen Selbstreflexion erneut die
schon von Hegel als Ziel der »Phänomenologie des Geistes« postulierte *Stufe des Sichwissens des Wissens.* Der Unterschied zum absoluten Idealismus aber liegt darin, daß das Erreichen dieser höchsten
philosophischen Reflexionsstufe heute nicht mehr, wie bei Hegel,
mit einer »Aufhebung« der geschichtlich-gesellschaftlichen Praxis in
die Reflexionsbewegung des Begriffs, und damit in die philosophische Theorie, *verwechselt werden darf.* Zumindest die Zukunft entzieht sich prinzipiell der reflexiv-theoretischen Interpretation, wie
die Junghegelianer mit Recht gegen Hegel einwandten; sie kann,
wie Kierkegaard und Marx übereinstimmend postulierten, nur durch
ein praktisch engagiertes Denken im ganzen thematisiert werden.
Eben dieses Denken, das die konkrete Praxis selbst anleitet und ein-
leitet, geht jedoch, auf sich allein gestellt, unvermeidlicherweise das
Risiko des Dogmatismus ein. Der von Marx geforderte *Vorgriff der
Parteilichkeit*[19] kann nicht lediglich den in der Vernunft selbst implizierten »Willen zur Vernunft« (Fichte), das Engagement im Sinne
der Emanzipation zur Mündigkeit des Menschen überhaupt (Habermas) beinhalten[20], er muß darüber hinaus, um die *kritische Theorie*
mit der *Weltveränderung* zu vermitteln, zu jeder Zeit ein Engagement eingehen, das nicht mehr durch Wissen gedeckt werden
kann[21]. Um nun den Widerspruch zwischen dem Risiko des Dogma-

19 Der Sache nach wohl zuerst in: »Die Deutsche Ideologie«, in: *Die Frühschriften*, hrsg.
v. S. Landshut, Stuttgart 1953, S. 370, Fußnote. Vgl. hierzu K.-O. Apel, »Reflexion und
materielle Praxis. Zur erkenntnisanthropologischen Begründung der Dialektik zwischen
Hegel und Marx«, in: *Hegelstudien*, Beiheft 1, 1964, S. 151–165. – Vgl. auch D. Böhler,
Metakritik der Marxschen Ideologiekritik, Frankfurt 1971, S. 42 ff., 108 ff., 232 ff.
20 Vgl. K.-O. Apel, »Wissenschaft als Emanzipation?«, in: *Zeitschr. f. allg. Wissenschaftstheorie* I, 1970, S. 173–195 (oben S. 128 ff.).
21 Vgl. Goethes Aperçu: »Der Handelnde ist immer gewissenlos.«

tismus, das die emanzipatorische Praxis auf sich nehmen muß, und dem Willen zur Emanzipation im Sinne der Mündigkeit der Vernunft aufzuheben, muß die von Marx geforderte Parteiergreifung der praktischen Vernunft noch einmal durch theoretische Reflexion auf den Status des hypothetischen Vorschlags reduziert und in Frage gestellt werden können[21a]. Eben dies geschieht im »theoretischen Diskurs« der praktisch engagierten Philosophie: er stellt, seinem kritischen Anspruch nach, den permanenten Versuch dar, den Standpunkt der idealen unbegrenzten Kommunikationsgemeinschaft in der Gemeinschaft der Argumentierenden vorwegzunehmen und gegen die Idiosynkrasien der Gegenwart zu Geltung zu bringen.

II. »Methodischer Solipsismus« als transzendentale Voraussetzung der Idee der »Einheitswissenschaft«

Ich werde nun im folgenden das soeben skizzierte Programm einer Wissenschaftstheorie, die vom Apriori der (zugleich vorausgesetzten und noch erst zu realisierenden) Kommunikationsgemeinschaft ausgeht, nicht in extenso entfalten können. Ich werde mich auf die Explikation und Verteidigung jenes ersten Schrittes über den Rubikon der Wissenschafts-Theorie beschränken, der in der Anerkennung der menschlichen Gesellschaft als eines Subjekt-Objekts der Wissenschaft liegt. Dieser Schritt kommt methodologisch (wie schon angedeutet) in der Unterscheidung und dialektischen Vermittlung von »Verstehen« und »Erklären« zum Ausdruck. Um nun, nach der vorausgegangenen spekulativen Programmatik, den Kontakt zur analytischen Wissenschaftslogik wiederherzustellen, möchte ich meine eigene methodologischen Thesen auf dem Wege einer kritischen Auseinandersetzung mit der einheitswissenschaftlichen Methodologie des Neopositivismus verdeutlichen. Dabei geht es zunächst um die *Konfrontation des Aprioris der Kommunikationsgemeinschaft mit den verborgenen transzendentalen Voraussetzungen der neopositivistischen »Logic of Science«:* Meine These geht in diesem Zusammenhang dahin, daß die objektivistische Konzeption der Einheitswissenschaft auf eine Voraussetzung zurückgeht, die der Neopositivismus als sprachanalytischer Ansatz merkwürdigerweise mit der traditionellen Bewußtseinsphilosophie der Neuzeit teilt: *die Voraus-*

21a Vgl. D. Böhler, a.a.O. S. 47 f., 95 ff., 113 ff., 237 ff.

setzung des methodischen Solipsismus. Nicht anders als Descartes,
Locke, B. Russell und noch Husserl geht auch der Neopositivismus
letztlich von der Voraussetzung aus, daß im Prinzip »einer allein«
etwas *als* etwas erkennen und dergestalt Wissenschaft treiben
könnte. Indem er, wie die traditionelle Subjektmetaphysik, verkennt, daß Erkenntnis aufgrund von Beobachtung in der Ebene der
Subjekt-Objekt-Relation immer schon Erkenntis qua Sinnverständigung in der Ebene der Subjekt-Subjekt-Relation voraussetzt,
kann er das »Verstehen« der Geisteswissenschaften nicht aus seiner
zugehörigen Dimension, dem Erkenntnisinteresse an der intersubjektiven Verständigung, begreifen; er ist vielmehr gezwungen, das
Verstehen als »Einfühlung« in Verhaltensdaten zu behandeln, die
eventuell zu Erklärungshypothesen führen kann[22]; d. h. er rückt das
Verstehen von vornherein in den transzendentalen Horizont des
objektiven Verfügungswissens und befragt es auf seinen Erklärungswert hin – so als ob die Verständigung zwischen Menschen jemals
dadurch ersetzt werden könnte, daß *einer* unter ihnen alle anderen
zum Gegenstand der Verhaltensbeschreibung und Erklärung macht.
Die Paradoxie der Situation, der unsere These Rechnung tragen
muß, liegt nun darin, daß die neopositivistische »Logic of Science«
als sprachanalytische *Methode* – als syntaktische und semantische
Rekonstruktion der Wissenschaftssprache – sehr wohl mit der intersubjektiven Verständigung thematisch befaßt ist. Wenn gleichwohl
in der einheitswissenschaftlichen *Methodologie* das hermeneutische
Interesse am Verstehen nicht mit dem sprachanalytischen Interesse
an der metaszientifischen Verständigung zusammengebracht, sondern von vornherein – und ausdrücklich im Zusammenhang eines
logischen Reduktionsprogramms – dem Interesse an der objektiven
Erklärung untergeordnet wird, so scheint dies auf einen Widerspruch
zwischen dem Programm der sprachanalytischen *Methode und* dem
Programm der szientifischen *Methodologie*[23] hinzudeuten. Dieser
Widerspruch soll im folgenden behauptet und aufgedeckt werden.
Darüber hinaus aber ist zu fragen, *warum* der Widerspruch zwischen den Voraussetzungen der sprachanalytischen Methode und

22 Vgl. meine kritische Würdigung dieser Theorie des Verstehens, die von O. Neurath
begründet, von C. G. Hempel, Th. Abel, W. Stegmüller u. a. ausgearbeitet wurde, in:
»Communication and the Foundations of the Humanities« in *Acta Sociologica 15* 1972,
Nr. 1, S. 7–26.
23 Vgl. K.-O. Apel, »Die Entfaltung der ›sprachanalytischen‹ Philosophie und das Problem der ›Geisteswissenschaften‹«, in: *Philos. Jahrb.* 72, 1965, S. 239–289, (oben S. 28 ff.).

den Voraussetzungen der objektivistischen Methodologie für den
Neopositivismus bis heute unbemerkt bleiben konnte.
Die Antwort auf diese Frage liegt m. E. in dem Umstand, daß der
noch fundamentalere Widerspruch zwischen dem sprachanalytischen
Ansatz und dem *methodischen Solipsismus* der neuzeitlichen Erkenntnistheorie zu den ungeklärten transzendentalen Voraussetzungen der neopositivistischen »Logic of Science« gehört. Transzendentale Voraussetzungen werden freilich vom Logischen Empirismus
gerade nicht anerkannt und daher auch nicht reflektiert. Will man
sie dennoch aufdecken und einer kritischen Diskussion zugänglich
machen, so muß man auf Ludwig Wittgenstein als die Schlüsselfigur
der sprachanalytischen Philosophie zurückgehen. Wittgenstein hat
m. E. den *methodischen Solipsismus* als transzendentale Voraussetzung in die sprachanalytische Philosophie eingeführt, und er hat
ihn mit Hilfe des sprachanalytischen Ansatzes schließlich auch überwunden. Diese Thesen möchte ich im folgenden näher verdeutlichen
und erhärten.
Wollte man die *Frage nach den letzten Voraussetzungen der neopositivistischen »Logic of Science«* stellen, so wären wohl mehrere,
einander ergänzende und korrigierende, Antworten zu erwarten.
Die erste Antwort könnte etwa lauten: Die einzige Voraussetzung
a priori, die in der Position des Logischen Empirismus involviert
ist, betrifft die *Geltung der formalen Logik.* Mit ihrer Hilfe muß
alle wissenschaftliche Erkenntnis aus den in der Beobachtung gegebenen Tatsachen abgeleitet werden. Diese Antwort möchte vielleicht
dem ursprünglichen Selbstverständnis der Vertreter des Logischen
Empirismus am ehesten entsprechen. Doch nach einiger Überlegung
wird klar, daß auch im Logischen Empirismus noch einige weitere
Apriori-Voraussetzungen enthalten sind. So ist es nicht einfach eine
Tatsache, daß es Tatsachen gibt. Vielmehr ist es eine *apriorische
Voraussetzung,* daß es Tatsachen gibt, die vom menschlichen Denken unabhängig sind und durch Beobachtung in intersubjektiv
gültiger Form als Tatsachen erkannt werden können. Damit stellt
sich heraus, daß wir als letzte Voraussetzungen des Logischen Empirismus zwei metaphysische Prinzipien Leibnizens aufgeführt haben:
daß es logische *Vernunftwahrheiten (*vérités de raison) und erfahrbare *Tatsachenwahrheiten* (vérités de fait) gibt[24]. Und hier ergibt

---

24 Daß nach Leibniz diese Unterscheidung nur relativ auf einen endlichen Verstand gilt,

sich sogleich noch eine weitere Apriori-Voraussetzung, die der Logische Empirismus, zumindest ursprünglich, mit Leibniz gemeinsam hat: Um die Logik mit den Beobachtungsfakten zusammenzubringen, d. h. im Sinne des Neopositivismus: um mit Hilfe der Logik in eindeutiger Weise die wissenschaftliche Erkenntnis aus den Beobachtungsdaten herleiten zu können, wird eine im Sinne der mathematischen Logik *ideale Wissenschaftssprache* vorausgesetzt; um mit Leibniz zu reden: eine »lingua philosophica sive calculus raciocinator«, die den ewigen Wortstreitigkeiten der Philosophen ein Ende setzen würde[25]. Tatsächlich bestand in dieser Idee (der universalen Kalkülsprache der Wissenschaft) das charakteristische Motiv einer neoleibnizschen Metaphysik, das der Logische Empirismus von B. Russell und dem jungen Wittgenstein übernahm; und es kann m. E. behauptet werden, daß der logische Empirismus genau solange über eine theoretische Basis für seine versprochene »Überwindung der Metaphysik durch logische Analyse der Sprache«[26] verfügte, als er an der geheimen Metaphysik des Neoleibnizianismus festhielt. In dem Augenblick nämlich, wo er die Voraussetzung der *einen* Kalkülsprache *der* Wissenschaft zugunsten des »Toleranz- bzw. Konventionalitätsprinzips« der konstruktiven Semantik[27] aufgab, verlor er auch die theoretische Basis der Metaphysikkritik[28].

Doch: was hat diese Erörterung der metaphysischen Voraussetzungen des Logischen Empirismus mit dem »methodischen Solipsismus« zu tun? Wird nicht gerade durch die Leibnizsche Forderung einer intersubjektiv gültigen Wissenschaftssprache der transzendentale Stellenwert der intersubjektiven Verständigung anerkannt? Und wird nicht der methodische Solipsismus des Rückgangs auf je meine Bewußtseinsdaten, der im traditionellen Empirismus impliziert ist, durch Carnaps Rückgang auf die *Sprache* der Bewußtseinsdaten und

für den unendlichen Verstand Gottes dagegen auch die »kontingenten Wahrheiten« als »notwendige Wahrheiten« a priori beweisbar sind, diese rationalistische Spekulation geht natürlich nicht in die Metaphysik des logischen Empirismus ein. Eben dadurch – könnte man sagen – unterscheidet sich die, über B. Russell vermittelte, neoleibnizsche Metaphysik des logischen Empirismus von der des Barock-Rationalismus.

25 Vgl. *Opuscules et Fragments inédits de Leibniz*, hrsg. v. L. Couturat, Paris 1903, S. 153 ff.
26 Vgl. R. Carnap, »Überwindung der Metaphysik durch logische Analyse der Sprache«, in: *Erkenntnis* 2, 1931, S. 219–241.
27 Zuerst in R. Carnap, *The Logical Syntax of Language*, London 1937, Vorw. (S. XIII ff.) und S. 51. Vgl. auch R. Carnap, *Introduction to Semantics*, Cambridge/Mass. 1942, S. 247.
28 Vgl. K.-O. Apel, »Heideggers Radikalisierung der Hermeneutik und die Frage nach dem Sinnkriterium der Sprache«, in: *Die hermeneutische Frage in der Theologie*, hrsg. v. O. Loretz und W. Strolz, Freiburg u. Wien 1968, S. 86–155. (Vgl. Bd. I, S. 276 ff.)

vollends durch den Austausch dieser Sprache gegen die intersubjektiv verifizierbare »*Ding-Sprache*« des *Physikalismus*[29] überwunden? – Meine These geht indessen dahin, daß auch und gerade das Postulat der objektivistischen Einheitssprache des Physikalismus den *methodischen Solipsismus* voraussetzt, wie aus dem *Tractatus* des jungen Wittgenstein hervorgeht[30].

Bevor ich auf den *Tractatus* eingehe, möchte ich jedoch eine Vorüberlegung anstellen: Eine formalisierte Kalkülsprache der Wissenschaft dient insofern nicht der intersubjektiven Verständigung, als sie diese als transzendentale Voraussetzung der Erkenntnis gerade überflüssig machen soll. Die Pointe der Konstruktion formalisierter Wissenschaftssprachen liegt ja gerade darin, die hermeneutische Problematik wechselseitigen Verstehens subjektiver Sinn-Intentionen durch die Etablierung eines semantischen Systems zu ersetzen, das a priori nur intersubjektiven Sinn (nämlich »Sachverhalte« als Inhalt von »Propositionen«) als intendierbar freigibt. Daher können formalisierte Wissenschaftssprachen prinzipiell nicht für eine Verständigung im vollen Sinne dieses Wortes gebraucht werden. Wenn man von jeder Metaproblematik absieht und die – gleichwohl – gelungene Interpretation der Kalkülsprache voraussetzt, so können in ihr allenfalls *Sätze* über *Sachverhalte* (nicht *Behauptungen* von *Tatsachen!*) und logische Folgerungen ausgedrückt werden, nicht »Äußerungen« oder »Sprechakte«[31]; vor allem nicht solche *Äußerungen,* welche *personale Identifikatoren* wie »ich«, »du«, »wir«, »ihr« usw. enthalten und eben dadurch die Situation der intersubjektiven Kommunikation zum Ausdruck bringen. »Sprechakte« (»speech acts«) – wie z. B. Behauptungen, Fragen, Bitten,

29 Vgl. R. Carnap, »Replies and Expositions«, in: *The Philosophy of Rudolf Carnap,* hrsg. v. P. A. Schilpp, *La Salle u. London* 1963, S. 945.
30 Im Rückblick auf die philosophische Tradition, die nur an ganz wenigen Stellen (z. B. bei Herder, Hegel, Humboldt, Peirce, G. H. Mead, Heidegger) Ansätze zur Überwindung des *methodischen Solipsismus* zeigt, könnte man die These aufstellen: Sowohl eine Philosophie, die – introspektiv – von Bewußtseinsinhalten ausgeht und daraufhin die Frage nach der Existenz einer realen Außenwelt und eventuell »anderer Iche« aufwirft, wie andererseits eine Philosophie, in der die Sprache als reflexionsfreie Abbildung der Realität gedacht wird, muß im *methodischen Solipsismus* verharren. Nur eine Philosophie, die das Bewußtsein nicht als »Receptaculum« vorstellt, sondern als sprachvermitteltes Meinen des Realen *als* etwas denkt, und die andererseits die Erkenntnisfunktion der Sprache nicht als Abbildung, sondern als hermeneutische Synthesis der Prädikation begreift, kann das *Apriori der intersubjektiven Verständigung* integrieren.
31 Vgl. J. L. Austin, *How to do things with words,* Cambridge/Mass. 1962. Ferner: John R. Searle, *Speech acts,* Cambridge/Mass. 1969.

Beteuerungen usw. –, welche die sprachliche »Kommunikationskompetenz«[32] der Menschen bezeugen, indem sie den propositionalen
Gehalt von Aussagen im Gespräch situieren, können in der formalen Sprache keinen Platz finden, da sie – wie es heißt – nicht zur
objektiven syntaktisch-semantischen, sondern zur subjektiven, pragmatischen Dimension der Sprache als eines Zeichensystems gehören[33].
Diese pragmatische Dimension der kommunikativen Äußerungen
bzw. Sprechakte muß in einer physikalistischen Wissenschaftssprache selbst zum Objekt der semantischen Referenz, u. d. h. zum
Objekt einer behavioristischen Wissenschaft, gemacht werden[34].
Nun könnte man an dieser Stelle einwenden, bei formalisierten
Wissenschaftssprachen könne prinzipiell nicht von einer *Metaproblematik der Interpretation* abgesehen werden und in diesem Zusammenhang ergebe sich die Notwendigkeit der intersubjektiven
Verständigung als transzendentale Voraussetzung aller Konventionen, die in die Konstruktion der Wissenschaftssprache eingehen.
Kurz: man könnte nach dem bisherigen bereits eine *transzendentale Pragmatik* der Kommunikationsgemeinschaft der Wissenschaftler postulieren – so wie sie Ch. S. Peirce tatsächlich postuliert hat[35].
Dieser Einwand scheint mir völlig berechtigt zu sein, und ich werde
auf ihn noch zurückkommen. Zuvor aber muß gezeigt werden, inwiefern die Radikalisierung der Idee der Einheitssprache der objektiven Naturwissenschaft im Sinne einer *transzendentalen Onto-Semantik*[36] die Berücksichtigung einer *transzendentalen Pragmatik* der
Kommunikationsgemeinschaft verhindert.
Die soeben angedeutete *transzendentale Radikalisierung der Idee
der Einheitssprache* der Wissenschaft liegt im *Tractatus* des jungen
Wittgenstein vor. Der zentrale Gedanke des *Tractatus* liegt m. E.
darin, daß die logische Form der weltabbildenden Idealsprache
nicht beliebig konstruierbar ist, sondern als Bedingung der Möglichkeiten aller Konstruktion[37] in der Umgangssprache verborgen

32 Vgl. J. Habermas. »Vorbereit. Bemerk. zu einer Theorie der Kommunikativen Kompetenz«, in: J. Habermas – N. Luhmann, *Theorie der Gesellschaft* . . ., Frankfurt 1971.
33 Vgl. Ch. Morris, »Foundations of the Theory of Signs«, in: *Intern. Encycl. of Unified
Science* I, 2, Chicago/Ill. 1938.
34 Vgl. R. Carnap, *Introduction to Semantics*, Cambridge/Mass. 1942, §§ 5, 38 u. 39.
35 Vgl. oben S. 223.
36 Der Terminus »Ontosemantik« wurde zuerst von G. Jánoska, *Die sprachlichen Grundlagen der Philosophie*, Graz 1962, eingeführt. Vgl. auch E. K. Specht, *Sprache und Sein.
Untersuchungen zur sprachanalytischen Grundlegung der Ontologie*, Berlin 1967.
37 Vgl. *Tractatus* 5.555: ». . . und wie wäre es auch möglich, daß ich es in der Logik mit

liegt[38]. Da die logische Form der Sprache die transzendentale Bedingung aller sprachlichen Weltabbildung und somit aller Rede über die Welt ist, kann es nach Wittgenstein keine metasprachliche Rede über das Verhältnis von Sprache und Welt geben (dies würde, auf die Verwechslung von »internen Relationen«, die zur transzendentalen Form von Sprache und Welt gehören, mit »externen Relationen« zwischen innerweltlich vorkommenden Dingen und Sachverhalten hinauslaufen). »Typentheorie« und »Metasprachenhierarchie« sind dieser Konzeption zufolge ebenso überflüssig, wie die – von Wittgenstein selbst im *Tractatus* praktizierte – Reflexion der Sprache in einer transzendentalen Pragmatik der Kommunikation nicht mehr eigentlich begriffen werden kann[39]. Die »transzendentale« logische Form der Sprache, die mit der logischen Form der beschreibbaren Welt identisch ist, kann sich nur »zeigen«.

Was aber geschieht unter diesen Voraussetzungen mit dem *Subjekt der Wissenschaft*, das doch bei Kant – als »Bewußtsein überhaupt« – Träger der transzendentalen Einheit möglicher Gegenstandserkenntnis war? –

Antwort: Sofern es sich hier um den empirischen Menschen handelt, insofern gibt es kein Subjekt, sondern lediglich Objekte der Wissenschaftssprache (der Naturwissenschaft). Sofern es sich aber um das *transzendentale* Subjekt Kants handelt, insofern geht seine Funktion in der transzendentalen Funktion der Sprache als Begrenzung der Welt auf bzw. unter.

Wittgenstein drückt das so aus: (*Tr. 5. 631*) »Das denkende, vorstellende Subjekt gibt es nicht.« Dieser Satz kann als Ausgangspunkt für das rigorose *Programm des Behaviorismus* im Rahmen der neopositivistischen Konzeption der Einheitssprache des Physikalismus angesehen werden. Wittgenstein selbst vergaß indessen nicht die transzendentalen (subjektiven) Voraussetzungen eben die-

Formen zu tun hätte, die ich erfinden kann; sondern mit dem muß ich es zu tun haben, was es mir möglich macht, sie zu erfinden.«

38 Vgl. *Tractatus* 5.5563: »Alle Sätze unserer Umgangssprache sind tatsächlich so wie sie sind, logisch vollkommen geordnet...« Und *Tractatus* 4.002: »Die Umgangssprache ist ein Teil des menschlichen Organismus und nicht weniger kompliziert als dieser. Es ist menschenunmöglich, die Sprachlogik aus ihr unmittelbar zu entnehmen. Die Sprache verkleidet den Gedanken...«

39 Hier entsteht das von Wittgenstein am Schluß des *Tractatus* aufgeworfene Problem einer illegitimen philosophischen »Leiter«-Sprache, in der z. B. auch die polemischen »Einleitungen« und sonstigen umgangssprachlichen Äußerungen der neopositivistischen Vertreter der konstruktiven Semantik geschrieben sind.

ser einheitlichen Ding-Sprache der Wissenschaft. Diese kondensiert
er in dem folgenden Satz, der prima facie wie ein Widerspruch zu
dem zuvor zitierten Satz über das Subjekt der Erkenntnis aussieht:
(5.641) »Es gibt also wirklich einen Sinn, in welchem in der Philosophie nicht-psychologisch vom Ich die Rede sein kann. Das Ich tritt
in die Philosophie dadurch ein, daß die ›Welt meine Welt‹ ist.« Der
scheinbare Widerspruch zwischen diesem Satz (über einen philosophischen Begriff des Ich) und dem vorhergehenden, der die Existenz
eines denkenden Subjekts bestritt, löst sich nach Wittgenstein durch
die transzendentale Erwägung, daß das Ich, das in dem Satz »Die
Welt ist meine Welt« sich ausdrückt, nicht in der Welt existiert, sondern die Grenze der Welt markiert, die in der Sprache der Wissenschaft beschrieben werden kann: (5.632) »Das Subjekt gehört nicht
zur Welt, sondern es ist eine Grenze der Welt.« Und: (5.62) »Daß
die Welt meine Welt ist, das zeigt sich darin, daß die Grenzen der
Sprache . . . die Grenzen meiner Welt bedeuten.«
Somit liegt nach Wittgenstein die *transzendentale Einheit des Ich* in
der *transzendentalen Einheit der Sprache,* welche ihrerseits die Bedingung der Möglichkeit und Gültigkeit der (Natur-)Wissenschaft
ist – so wie bei Kant die »transzendentale Einheit des Gegenstandsbewußtseins«. Freilich soll Kants »transzendentale Einheit des Gegenstandsbewußtseins« identisch sein mit der »transzendentalen
Einheit des Selbstbewußtseins«. Diese Identität kann in Wittgensteins transzendentale Einheit der Sprache nicht »aufgehoben« werden; sie kann darin lediglich untergehen, weil diese Einheit jedenfalls nicht im Sinne einer reflexionsfreien Logik der Abbildung (der
»Isomorphie«) gedacht werden kann[40]. Mit dieser formallogischen
Reduktion der »transzendentalen Logik« Kants (die freilich auch
bei Kant ohne Selbstreflexion bleibt), verschließt Wittgenstein zugleich die *Dimension der transzendentalen Pragmatik intersubjektiver Verständigung;* denn zugleich mit der transzendentalen Ent-
zweiung des Ich als »Selbst-Bewußtsein« verschwindet auch die
Möglichkeit, die transzendentale Abhängigkeit des Gegenstands-
und Selbstbewußtseins von einer dialogischen Verständigung zu
denken: Das Denken der Welt im »logischen Raum« der Sprache
ist bei Wittgenstein kein »Gespräch der Seele mit sich selbst« (Platon) und daher a fortiori nicht eine Funktion transzendentaler

---

40 Wenn mich nicht alles täuscht, so ist hier das nach wie vor ungelöste Problem des Verhältnisses von formaler Logik und Dialektik berührt.

Kommunikation. Wenn das transzendentale Ich oder Subjekt im Sinne der formalen Logik identisch ist mit der weltbegrenzenden Form der Sprache, derart daß für jedes Ich a priori dieselbe ideale Form der Weltbeschreibung gültig ist, so bedarf es keiner intersubjektiven Kommunikation (im Sinne einer Vorverständigung) über den Sprachgebrauch und die damit verbundene Interpretation der Welt. Kurz: eine *transzendentale Pragmatik oder Hermeneutik* der Welt als praktisch bedeutsamer »Lebenswelt« oder Situationswelt ist weder erforderlich noch möglich; es gibt ja – in der transzendentalen Dimension – nur »einsame«[41] Naturwissenschaftler; jeder von ihnen fungiert völlig selbstgenügsam als transzendentales Subjekt der Weltbeschreibung in der objektiven Ding-Sachverhalt-Sprache, die durch eine – wie man will: mystische, transzendentale oder metaphysische[42] – Garantie die Sprache aller anderen Subjekte ist.

Wittgenstein drückt das so aus: (5.62) »... Was der Solipsismus nämlich meint, ist ganz richtig, nur läßt es sich nicht sagen, sondern es zeigt sich. Daß die Welt meine Welt ist, das zeigt sich darin, daß die Grenzen der Sprache (der Sprache die allein ich verstehe) die Grenzen meiner Welt bedeuten.«

(5.621) »Die Welt und das Leben sind Eins.«

(5.63) »Ich bin meine Welt.«

Die zuletzt zitierten Sätze sind freilich zweideutig; sie lassen sich auch im Sinne Heideggers oder Merleau-Pontys verstehen und würden dann allerdings in eine Dimension der Transzendentalphilosophie verweisen, die das reflexive Selbst-Verhältnis des »In-der-Welt-Seins« im Sinne einer transzendentalen Hermeneutik selbst noch zur Sprache bringt[43]. Deutlicher im Sinne der Wittgensteinschen Onto-Semantik, ihrer transzendentalen Differenz zwischen beschreibbarer Objektwelt und unaussagbarer Dimension der – durch »prästabilisierte Harmonie« gleichgeschalteten – Subjekt-Monaden, ist die folgende Passage: (5.64) »Hier sieht man, daß der Solipsis-

41 »Einsam« im Sinne einer metaphysischen Metapher, die von Heidegger und vom späten Wittgenstein durch Hinweis auf das – a priori nicht ohne die anderen denkbare – Sprachspiel mit dem Wort »Einsamkeit« als unsinnig entlarvt wird.
42 Ich glaube nicht, daß in Wittgensteins *transzendentaler Onto-Semantik* ein Unterschied zwischen diesen Konzeptionen besteht.
43 Wittgenstein dagegen versichert ausdrücklich, daß »nichts am Gesichtsfeld ... darauf schließen« läßt, »daß es von einem Auge gesehen wird«, weil der Schnitt – wie bei Descartes und Kant – zwischen dem zur Objektwelt gehörigen Leib und dem Subjekt als Grenze der Welt verläuft (vgl. 5.631 ff.). Zur Kritik dieser Position vgl. K.-O. Apel: »Wittgenstein und Heidegger«, in: *Philos. Jahrb.* 75, 1967, S. 56–94.

mus, streng durchgeführt, mit dem reinen Realismus zusammenfällt. Das Ich des Solipsismus schrumpft zum ausdehnungslosen
Punkt zusammen, und es bleibt die ihm koordinierte Realität.«
Dieser Satz Wittgensteins formuliert m. E. genau die (moderne)
*Pointe des methodischen Solipsismus in der sprachanalytischen Philo-
sophie,* soweit diese vom Logischen Empirismus vorausgesetzt ist:
er leugnet nicht die *Existenz* anderer Subjekte, sondern die transzendentalpragmatische bzw. transzendentalhermeneutische Voraussetzung einer Kommunikation mit anderen Subjekten für das
Welt- und Selbstverständnis des Menschen. Nach der Voraussetzung
des *methodischen Solipsismus* im Sinne des *Tractatus* muß es für
einen Wissenschaftler prinzipiell möglich sein, alle anderen Wissenschaftler – um von den übrigen empirisch vorfindlichen Menschen
nicht zu reden – auf Objekte seiner »Beschreibung«, und »Erklärung« ihres Verhaltens zu reduzieren. Genau diese Position – dahin
geht meine These – wurde zur letzten, nicht mehr reflektierten,
Voraussetzung der neopositivistischen Idee objektivistischer Einheitswissenschaft (in der »Ding-Sprache« der Beschreibung und
Erklärung nach Gesetzen). Und diese verborgene Voraussetzung
blieb auch dann noch wirksam, als der *Logische Empirismus* sich von
der Metaphysik des *Logischen Atomismus* (Russells bzw. Wittgensteins) löste zugunsten des *Konventionalitätsprinzips* der konstruktiven Semantik. Dies letztere bedarf allerdings einer Erläuterung:
Der Logische Empirismus hat die Anregungen des *Tractatus* bekanntlich dadurch beherzigt, daß er sich daran machte, das Versprechen einer »Überwindung der (sinnlosen) Metaphysik durch
logische Analyse der Sprache« durch konstruktive Syntax und
Semantik der Wissenschaftssprache einzulösen. Dabei zeigte sich nun
allerdings, daß zwei der im vorigen angeführten Postulate nicht
erfüllt werden konnten; 1. die Idee eines syntaktisch-semantischen
Systems qua Universalsprache »der« Wissenschaft, 2. die Idee der
elementaren Beobachtungssätze als Abbilder »der« Beobachtungstatsachen, die als unabhängig von theoretischen Kontexten angesehen werden könnten (Protokollsätze). Es erwies sich, daß einerseits die Konstruktion der in der Wissenschaft anwendbaren Sprachen (ihrer semantischen Struktur) immer schon im Hinblick auf
ihre Interpretierbarkeit durch besondere Beobachtungssprachen,
u. d. h. anhand besonderer Tatsachen, sich differenziert, während

andererseits bereits die Beschreibung der Beobachtungsdaten als Tatsachen einen »Vorgriff« auf theoretische Systeme impliziert. Im
Zusammenhang damit ergab sich nun – in meiner transzendental-
philosophischen Perspektive – eine *weitere Apriori-Voraussetzung
der neopositivistischen »Logic of Science«* (außer Logik, Tatsachen
und formalisierter Sprache): die Voraussetzung von »Konventionen«. *Konventionen* werden benötigt, um die »semantical frameworks« im Hinblick auf ihre Interpretierbarkeit als Wissenschaftssprachen zu konstruieren. *Konventionen* werden ebenfalls benötigt,
um zu Beobachtungssätzen zu gelangen, die als »Basissätze« für die
Bestätigung bzw. Falsifikation von Hypothesen oder Theorien fungieren können. Aber was sind »Konventionen«?
Man könnte meinen, der Umstand, daß Konventionen (zu deutsch:
»Übereinkünfte«) gerade für die Konstruktion semantischer Systeme, die ihrerseits erst wissenschaftlich sinnvolle Sätze möglich
machen, vorausgesetzt sind, sei ein Hinweis darauf, daß – entgegen
der transzendentalen Semantikkonzeption des frühen Wittgenstein
– eine *transzendentale Pragmatik* intersubjektiver Kommunikation
die letzte Voraussetzung der Wissenschaftslogik bildet. Doch mit
dieser Vermutung sind wir wiederum dem Gang der Handlung vor-
ausgeeilt. Denn der Logische Empirismus wurde gerade durch das
von Wittgenstein geerbte Motiv des ontosemantischen Systems, das
sinnvolle und intersubjektiv gültige Rede allererst möglich macht,
daran gehindert, eine philosophische Problematik rationaler Kommunikation als Metaproblematik der konstruktiven Semantik in
Erwägung zu ziehen[44]. Außerdem würde die Reflexion auf die
transzendentalhermeneutische Struktur einer solchen Metaproblematik das Programm der objektivistischen Einheitswissenschaft gefährden. Man wäre gezwungen, zumindest die Wissenschaftler unter
den Menschen nicht nur als Objekte der »Beschreibung« und »Erklärung« in der »Ding-Sprache«, sondern als *Ko-Subjekte* der
sprachlichen Verständigung – aufgrund des Verstehens von Sinn-
Intentionen – vorauszusetzen. Und von hier aus wäre es dann nicht
mehr weit bis zu der Einsicht, daß das »Verstehen« in den *empirisch-hermeneutischen* Geistes- bzw. Sozialwissenschaften nicht eine
psychologische Hilfsfunktion der »Erklärung« nach Gesetzen, sondern ein Kontinuum mit der metaszientifischen Verständigungspro-

---

44 Vgl. zur Problematik Y. Bar-Hillel, »A Prerequisite for Rational Philosophical Discussion« in: Y. Bar-Hillel, *Aspects of Language,* Jerusalem 1970, S. 258–62.

blematik der konstruktiven Sprachanalyse bildet. Carnaps Zugeständnis, daß alle konstruktive Begriffs-»Explikation« (die ja
mit »Explanation« wahrlich nicht zu verwechseln ist) hinsichtlich
ihrer »Adäquatheitsbedingungen« auf die umgangs- bzw. bildungs-
sprachlichen »Explicanda« zurückbezogen ist[45], läuft m. E. in der
Tat auf eine implizite Anerkennung des Kontinuums zwischen
empirisch-hermeneutischen und *konstruktiv-semantischen* Methoden
diesseits der Methodologie der Einheitswissenschaft hinaus.

Man wird freilich zugestehen müssen, daß die methodologische Anerkennung einer solchen metaszientifischen und metasemantischen
Verständigungsproblematik für die formalistische – d. h. »indirekte«[46] – Methode der Sprach-Rekonstruktion eine schwere Zumutung bedeutet, würde sie doch die Zurücknahme der Leibnizschen
Hoffnung auf die Ersetzung der schwierigen umgangssprachlichen
Verständigung durch die restlos kunstsprachlich vermittelte Verständigung bedeuten[47]. Ein noch entscheidenderes Hindernis für die Anerkennung der transzendentalen Verständigungsproblematik dürfte
jedoch die Voraussetzung des *methodischen Solipsismus* sein, die, wie
gezeigt, nicht nur der empiristischen und rationalistischen Bewußtseinsphilosophie der Neuzeit, sondern auch dem Programm der
konstruktiven Semantik selbst zugrunde liegt. Liest man die Literatur des Logischen Empirismus, so gewinnt man unweigerlich den
Eindruck, daß unter »Konvention« ein absolut *irrationaler* Faktor
zu verstehen sei, der allem rationalen Diskurs vorausgehen muß bzw.
ihn aufhebt. »Konvention« scheint identisch zu sein mit »Willkür-
Entscheidung« – etwa in dem Sinne, in dem bei Th. Hobbes der
souveräne Herrscher die Gesetze durch die Autorität seines Willens
interpretiert; oder – um in der Geschichte des Nominalismus noch
weiter zurückzugehen –: so wie bei den franziskanischen Theologen
das »Fiat« des göttlichen Willens aller Vernunft vorausgeht[48]. Etwa

45 Vgl. R. Carnap, »Meaning and Synonymy in Natural Languages«, in: R. Carnap,
Meaning and Necessity, Chicago 1956², suppl.
46 Vgl. Y. Bar-Hillel, »Argumentation in Pragmatic Languages«, in: Y. Bar-Hillel:
Aspects of Language, Jerusalem 1970, S. 206–21.
47 Einen Ausweg aus dem Dilemma verspricht die »direkte« – d. h. in der transzendentalpragmatischen Dimension der umgangssprachlichen Kommunikation ansetzende –
Methode der Sprach-Rekonstruktion der »Erlanger Schule«. Vgl. W. Kamlah – P. Lorenzen,
Logische Propädeutik, Mannheim 1967. Ferner K. Lorenz, *Elemente der Sprachkritik,*
Frankfurt 1970, II: »Die Möglichkeit einer wissenschaftlichen Sprache.«
48 In diesem Zusammenhang vgl. K.-H. Ilting, »Hobbes und die praktische Philosophie
der Neuzeit«, in: *Philos. Jahrb.* 72, 1964, S. 84–102.

in diesem Sinne scheint Carnap jene »Praxis« zu verstehen, die durch die »konventionelle« Festlegung eines »semantical framework« die »externen« (»ontologischen« oder besser: »ontosemantischen«) Fragen beantwortet, die in der semantikabhängigen Wissenschaft nicht beantwortet werden können[49].

Nun kann in der Tat nicht bestritten werden, daß »Konventionen« allen rationalen Denk- und Erkenntnis-Operationen im Sinne des Neopositivismus vorausgehen müssen. (Konventionen können nicht aus letzten Prinzipien in einem Kalkül deduziert werden[50], und ebensowenig können sie unmittelbar durch empirische Beobachtung hergeleitet werden.) Doch die fundamental-philosophische Frage, die sich aus unseren bisherigen Erörterungen ergibt, ist eben die: wird der Begriff der menschlichen Rationalität durch den Begriff der szientifischen Rationalität im Sinne der »Logic of Science« erschöpfend definiert, so daß jenseits dieser Grenzen nur die Irrationalität willkürlicher Entscheidungen existiert?

Diese Frage könnte m. E. nur dann im positiven Sinn, d. h. zugunsten des szientifisch begrenzten Begriffs der Rationalität beantwortet werden, wenn – zumindest im Prinzip – »einer allein und nur einmal« einer Regel folgen könnte. In diesem Fall müßten in der Tat die »Konventionen«, gewissermaßen als »Übereinkünfte« dieses Wissenschaftlers mit sich selbst, irrationale persönliche Entscheidungen sein. Doch woher sollten diese »Konventionen« ihren *Sinn* und ihre *Geltung* nehmen? – Damit scheint mir – in vager Form – die Frage gestellt zu sein, durch die der späte Wittgenstein den *methodischen Solipsismus* der sprachanalytischen Philosophie, den er selbst neu begründet hatte, – und damit zugleich den *methodischen Solipsismus* der philosophischen Tradition (seit Ockham oder vielleicht: seit Augustinus) – zu überwinden sich anschickt.

III. Die Gesellschaft als Subjekt-Objekt der kritischen Sozialwissenschaft, oder das transzendentale Sprachspiel in den »gegebenen« Sprachspielen

Im Spätwerk Wittgensteins scheint mir genau das Problem zentral zu sein, das sich in der neopositivistischen »Logic of Science« beim

49 R. Carnap, »Empirism, Semantics, and Ontology«, in: L. Linsky (Hrsg.), *Semantics and the Philosophy of Language*, Urbana 1952, S. 208–30.
50 Vgl. oben S. 220 f. den Hinweis auf das Problem der Letztbegründung.

Übergang von der Metaphysik des »Logischen Atomismus« zum »Konventionalitäts-Prinzip« der konstruktiven Semantik stellt, aber unreflektiert bleibt: das Problem der *transzendentalpragmatischen* Begründung von Konventionen der Regel-Etablierung bzw. der Regel-Interpretation.

Auf der einen Seite nämlich bringt der späte Wittgenstein allererst den fundamentalphilosophischen Sinn des Übergangs der sprachanalytischen Philosophie von der Metaphysik des Logischen Atomismus zum Konventionalitätsprinzip radikal zum Ausdruck: Nicht ein onto-semantisches System der Idealsprache (in dem die »Bestimmtheit des Sinnes« der Sätze durch den »logischen Raum« der Abbildung möglicher Sachverhalte a priori festgelegt ist) wird nachträglich von Menschen in Gebrauch genommen, sondern der *Gebrauch* der Zeichen durch die Menschen entscheidet über ihren Sinn. Dies führt – besonders in den *Bemerkungen zu den Grundlagen der Mathematik* – zu der bislang wohl radikalsten Durchführung des *Konventionalismus,* den die Philosophie-Geschichte kennt; denn nicht nur wird die *Bedeutung* von Zeichen von der *Regel* ihrer Anwendung abhängig gemacht: auch der *Sinn* der Anwendungs-*Regeln* hängt in jedem Augenblick – so scheint es – von den *Konventionen* über ihre Anwendung ab[51]. (Nicht nur gibt es keine platonischen Entitäten, welche als logische Atome die Bedeutung von Zeichen unabhängig vom menschlichen Zeichen-Gebrauch begründen würden: auch die von Menschen eingeführten Gebrauchs-Regeln dürfen nicht als unabhängig von ihrem Gebrauch hypostasierbare Bestandteile eines Systems gedacht werden. Auch der *Regel-Platonismus* ist, dem späten Wittgenstein zufolge, *ein Aber*glaube.) Interpretierte man *diese* Überlegungen unter der traditionellen Voraussetzung des *methodischen Solipsismus,* so müßte man m. E. den *Konventionalismus* Wittgensteins als extremen Ausdruck jenes irrationalen Willkürdezisionismus ansehen, dessen Tradition des Nominalismus ich im vorigen anzudeuten versuchte[52].

Nun findet sich aber auf der anderen Seite ein Motiv im Spätwerk Wittgensteins, das sich m. E. als *Kontrapunkt zu der irrationalistischen Version des Konventionalismus* interpretieren läßt – wobei ich von vornherein zugebe, daß man dabei möglicherweise mit Witt-

51 Vgl. W. Stegmüller, »Ludwig Wittgenstein: Philosophie II«, in: *Hauptströmungen der Gegenwartsphilosophie*, Stuttgart 1965³, S. 685 ff.

52 Vieles in den *Bemerkungen zu den Grundlagen der Mathematik* scheint tatsächlich zugunsten einer solchen Auslegung zu sprechen.

genstein gegen Wittgenstein denken muß. Der Kontrapunkt zum
Willkür-Konventionalismus liegt m. E. in der *Konzeption des*
»Sprachspiels«, genauer: in der Anwendung dieser Konzeption in
der These, daß nicht »einer allein und nur einmal« einer Regel
folgen kann. Wäre dies nämlich möglich, d. h. hätte der *methodi-*
sche Solipsismus recht, dann wäre die Frage nach den Kriterien des
Sinns bzw. der Geltung von Sprechhandlungen, die ihrerseits den
Sinn von Erkenntnissen und Handlungen zum Bewußtsein bringen
müssen, schlechterdings nicht mehr zu beantworten. (Wir hätten
eine Position erreicht, wie sie Platon im »Theaitetos« all denen zu-
schiebt, die nichts Festes als Gegenstand oder Maßstab der Erkenntnis anerkennen.) Denn Wittgenstein hat ja nicht nur alle objektiv-
metaphysischen Geltungskriterien, sondern – wie es *scheint* – auch
alle – im Sinne Kants – subjektiven Bedingungen der Möglichkeit
von Objektivität in seinem Spätwerk aufgehoben. Dieser letztere
»Schein« wird jedoch m. E. durch die *Widerlegung des methodischen*
Solipsismus aufgehoben: Der Umstand, daß nicht »einer allein und
nur einmal« einer Regel folgen kann, daß vielmehr Handlungen,
Weltinterpretationen und Sprachgebrauch im Sprachspiel als Bestandteile einer *sozialen Lebensform* »verwoben« sein müssen, bezeichnet m. E. den neuen Angelpunkt der Philosophie, den der späte
Wittgenstein nolens volens[53] bereitgestellt hat. Gerade weil es nach
Wittgenstein keine objektive oder subjektive metaphysische Garantie für den Sinn von Zeichen oder selbst für die Geltung von Regeln
gibt, muß das »Sprachspiel« als Horizont aller Sinn- und Geltungskriterien einen *transzendentalen Stellenwert* besitzen. Vorgreifend
könnte man sagen: Wir Menschen sind als Sprachwesen – im Gegensatz zu den Tieren – dazu verdammt, uns über Sinn- und Geltungskriterien unseres Handelns und Erkennens zu »verständigen«.
Die Möglichkeit einer solchen Verständigung über Kriterien (Paradigmata, Standards) des rechten Entscheidens in allen nur möglichen
Lebenssituationen setzt m. E. allerdings voraus, daß die sprachliche
Verständigung selbst in jedem möglichen Sprachspiel a priori an
Regeln gebunden ist, die nicht durch »Konventionen« erst festgelegt

53 Es soll hier nicht bestritten werden, daß Wittgensteins eigene Intention primär darauf
gerichtet war, »der Fliege den Ausweg aus dem Fliegenglas zu zeigen«, u. d. h. die »Philosophie« genannte »Krankheit« des Sprachgebrauchs durch Philosophie – was freilich
paradox ist! – endgültig zu kurieren. Insofern hat W. Schulz (*Wittgenstein – die Negation*
der Philosophie, Pfullingen 1967) recht. Aber ich halte diese Interpretation nicht für
fruchtbar.

werden können, sondern »Konventionen« allererst möglich machen:
z. B. die Norm der Regel-Respektierung im sozialen Kontext, und
dies impliziert u. a. die Norm der wahren Rede. *Solche Metaregeln*
aller konventionell festlegbaren Regeln gehören m. E. nicht bestimmten Sprachspielen bzw. Lebensformen an, sondern dem transzendentalen Sprachspiel der unbegrenzten Kommunikationsgemeinschaft.

Doch ist das noch Wittgensteins Lehre? – Ich möchte *diese* Frage
hier nicht zu beantworten versuchen[54], sondern in einer – vielleicht
dialektisch zu nennenden – Konstruktion zu zeigen versuchen, welche Mißverständnisse bzw. Fehldeutungen der Idee des Sprachspiels
zu vermeiden sind, wenn sie die – ihr von mir zugedachte – transzendentale Funktion einer Begründung der Wissenschaftstheorie –
insbesondere der Sozialwissenschaften – erfüllen soll. Zunächst ergeben sich *polar entgegengesetzte Schwierigkeiten*:

1. Die eine Schwierigkeit entsteht dann, wenn man die Rede Wittgensteins von den »gegebenen« Sprachspielen oder Lebensformen,
die der Philosoph nur zu »beschreiben«, aber nicht zu verändern
hat, im Sinne des *methodischen Behaviorismus* versteht und somit
die Sprachspiele zu Objekten der empirisch-analytischen Wissenschaft im Sinne der »Logic of Science« macht. In diesem Falle ginge
natürlich der transzendentale Stellenwert des Sprachspiels sogleich
verloren, und es ergäben sich genau dieselben Paradoxien wie bei
der im logischen Empirismus üblichen Reduktion der pragmatischen
Zeichen-Dimension auf ein Objekt empirisch-analytischer Wissenschaft. Als nur zu beobachtende und zu beschreibende *Daten* nämlich würden die Sprachspiele, wie alle Beobachtungsdaten in der
empirisch-analytischen Wissenschaft, bereits ein Sprachspiel voraussetzen, in dessen Kontext sie als objektive Daten identifiziert und
beschrieben werden könnten. Sollte dieses letztere Sprachspiel beschrieben werden, so würde es wieder ein *nicht gegebenes* Sprachspiel voraussetzen u. s. f. ad infinitum. Kurz: Das Sprachspiel als
Bedingung der Möglichkeit und Gültigkeit der Etablierung und
Interpretation von Regeln – z. B. der Regeln der Weltbeschreibung –
könnte sowenig jemals thematisiert werden wie bei Carnap die pragmatische Meta-Dimension der Konventionen, die der Konstruktion

---

54 Vgl. aber K.-O. Apel, »Wittgenstein und Heidegger«, a.a.O., sowie ders., »Wittgenstein und das Problem des hermeneutischen Verstehens«, in: *Zeitschr. f. Theologie u.
Kirche* 63, 1966, S. 49–87, (s. Bd. I S. 335 ff.).

und Interpretation der Kunstsprachen mit Hilfe der Umgangssprache zugrunde liegen.

Zu eben dieser – schon im *Tractatus* mit paradoxer Konsequenz zu Ende gedachten – Aporie würde man aber auch dann gelangen, wenn man – im Sinne der traditionellen Transzendentalphilosophie Kants – die *Sprachspiele nur als subjektive Bedingungen der Möglichkeit der Weltbeschreibung* verstehen wollte. Man könnte dann überhaupt nicht von »gegebenen Sprachspielen« reden, sondern allenfalls selbst aus *einem* – die Welt begrenzenden – Sprachspiel *heraus* solche Gegenstände identifizieren und beschreiben, die mit Sprache nichts zu tun haben; in diesem Falle aber hätte die Rede von der »Verwobenheit« des Sprachgebrauchs mit Handlungen und Ausdrucksphänomenen im Sinne gegebener »Lebensformen« keinen Sinn mehr. Kurz: die Sprachspiele würden jetzt ihren welthaften Phänomencharakter verlieren, während sie unter der Voraussetzung einer behavioristischen Interpretation ihren transzendentalen Stellenwert verlieren.

Die Konsequenz, die sich aus dieser dialektischen Konfrontation zweier Interpretationsfiktionen ergibt, liegt m. E. in der Einsicht, daß die Konzeption der Sprachspiele unter der Voraussetzung der traditionellen, cartesisch-kantischen Subjekt-Objekt-Trennung überhaupt nicht widerspruchsfrei gedacht werden kann. Die Subjekt-Objekt-Unterscheidung kann allenfalls – so scheint es – im Sinne einer methodischen Hilfsvorstellung den Unterschied des empirischen und des transzendentalen Aspekts der Sprachspielkonzeption verdeutlichen. Das besagt zugleich, daß die Konzeption der Sprachspiele unter den Voraussetzungen der »Logic of Science« nicht gedacht werden kann; denn diese unterscheidet sich im Hinblick auf die Subjekt-Objekt-Relation vom metaphysischen Dualismus Descartes' bzw. vom transzendentalen Szientismus der *Kritik der reinen Vernunft* ja nur dadurch, daß sie *ihre* transzendentalen Voraussetzungen nicht mehr *reflektiert* und eben dadurch die in der klassischen Physik bewährte Subjekt-Objekt-Trennung zur selbstverständlichen Voraussetzung aller Wissenschaftstheorie und respektablen Philosophie überhaupt erhebt. Worin liegt aber genauer die *Unvereinbarkeit der Sprachspiel-Konzeption mit der Subjekt-Objekt-Trennung des Szientismus?*

Man sollte sich m. E. bei dieser Gelegenheit daran erinnern, daß auch die – im wesentlichen erst nach Kant einsetzende – Philosophie

des geschichtlichen Geistes (Hegel) und die – von Hegel teils abhän-
gige teils mit ihm konkurrierende – Begründung der historisch-hermeneutischen Geisteswissenschaften (von Schleiermacher und den
Vertretern der »Historischen Schule« bis W. Dilthey, Max Weber
und Collingwood) die Subjekt-Objekt-Trennung des Szientismus
mehr oder weniger bewußt negiert hat: Für alle diese Ansätze ist,
ungeachtet aller wissenschaftstheoretisch bedeutsamen Differenzen,
die Gesellschaft – um dialektisch zu reden – ein »Subjekt-Objekt«,
mit dem man sich verstehend identifizieren kann, und nicht nur ein
Objekt der Beschreibung bzw. Erklärung nach von außen herangetragenen Regeln. Diese Rede vom Subjekt-Objekt gilt m. E. auch
für den »Historischen Materialismus« von K. Marx, wenn man ihn
nicht zum szientistischen Objektivismus dogmatisiert, sondern in
den ursprünglich angedeuteten Zusammenhang der Emanzipation
der subjektiv-intersubjektiven Praxis zurückstellt und als ideologiekritisches Korrektiv der bürgerlichen Geisteswissenschaften betrachtet. Wie verhält sich nun – diese Frage muß sich nach dem Vorausgegangenen geradezu aufdrängen – die Konzeption des Sprachspiels
zu der traditionellen dialektisch-hermeneutischen Begründung der
Geistes- bzw. Sozialwissenschaften?
Der erste, der eine entsprechende Frage gestellt und den Zusammenhang der Sprachspiel-Konzeption des späten Wittgenstein mit der
Grundlagenproblematik der Sozialwissenschaften hergestellt hat,
war m. W. Peter Winch in seinem Buch *The Idea of a Social Science
and its Relation to Philosophie*[55]. Ich selbst stieß 1964 bei einem
ähnlichen Unternehmen[56] sozusagen mitten im Schreiben auf dieses
Buch und fand zunächst einmal, daß Winch die entscheidende Frage
gestellt hat, um 1. die behavioristische Interpretation Wittgensteins
ad absurdum zu führen und um damit zugleich 2. von Wittgenstein
her die prinzipielle Unterscheidung zwischen »Verstehen« als Methode der Geisteswissenschaften und »Erklären« als Methode der
Naturwissenschaften neu zu begründen.
Die Frage, die Winch mit Wittgenstein stellt, läßt sich in unserem
Zusammenhang etwa so formulieren: Woran erkennt man denn,
daß ein Mensch die Regeln, mit deren Hilfe man sein Verhalten

55 Erste Auflage London (Routledge & Kegan Paul Ltd.) 1958, 1965⁴, dtsch. Frankfurt
1966.
56 K.-O. Apel, »Die Entfaltung der ›sprachanalytischen‹ Philosophie und das Problem
der ›Geisteswissenschaften‹«, a.a.O.

beschreibt, tatsächlich – von sich aus – befolgt, daß es sich nicht etwa lediglich um Regeln handelt, die wir von außen an sein Verhalten herangetragen haben? Winch gibt in diesem Zusammenhang zu bedenken, »daß jede beliebige Reihe von Handlungen eines Menschen durch die eine oder andere Formel erfaßt werden kann, wenn man nur eine hinreichend komplizierte Formel wählt«[57]. Diese Frage scheint mir tatsächlich das unverzichtbare Interesse der Sozialwissenschaften am »Verstehen« des »Sinnes« von Handlungen in moderner, nicht psychologistischer Form zum Ausdruck zu bringen. Ihre Beantwortung könnte allenfalls dann als unnötig angesehen werden, wenn der Sozialforscher sich damit zufrieden geben sollte, Verhaltensbeschreibungen im Dienst technologischen Verfügungswissens[58] zu liefern, aber selbst in diesem Falle, den die Neopositivisten stets vor Augen zu haben scheinen, könnte er aus heuristischen Gründen kaum auf das »Verstehen« verzichten; andernfalls könnte er niemals wissen, ob es sich bei dem beschriebenen Verhalten tatsächlich um das Verhalten von Menschen handelt, z. B. um Sprache[59]. Dieser letzte Gesichtspunkt verweist auf die Antwort, die Winch (im Geiste eines hermeneutisch interpretierten Wittgenstein) auf die von ihm gestellte Frage letztlich gibt: Nur dann kann ich feststellen, daß ein Mensch einer Regel folgt, z. B. spricht oder sinnvoll handelt, wenn sich sein Verhalten aus dem Zusammenhang eines Sprachspiels als öffentlich kontrollierbares Regelbefolgen verständlich machen läßt, dies aber kann ich nur aufgrund der Teilnahme an diesem Sprachspiel feststellen[60].

In dieser Lösung, die ich hier nur sehr grob skizzieren konnte, scheint

57 Dtsche. Ausgabe, a.a.O., S. 42.
58 Die von Winch ins Auge gefaßte Beschreibungsformel, die immer gefunden werden kann, scheint mir tatsächlich nur unter den Voraussetzungen des klassischen Neopositivismus mit der »Systematisierung« der Erkenntnis im Sinne des naturwissenschaftlichen Interesses an einer »Erklärung« nach Gesetzen identisch zu sein. Vom Standpunkt Kants, Peirces, Toulmins, Ryles und der Popperianer wäre – m. E. mit Recht – ein scharfer Unterschied zwischen einer bloß technologisch nützlichen Symptomverallgemeinerung (»Prognosetechnik«) und einer »theoriegeladenen« Erklärung zu machen. Dennoch wäre auch im Falle der letzteren die Frage, ob etwa die Naturobjekte von sich aus das Gesetz als Regel befolgen, selbstverständlich sinnlos. Insofern hat Winch tatsächlich den Unterschied zwischen der Fragestellung der »erklärenden« Naturwissenschaften und derjenigen der »verstehenden« Geistes- bzw. Sozialwissenschaften adäquat expliziert.
59 Vgl. N. Chomskys »Kritik an B. F. Skinner«, in: *Language* 35, 1959, S. 26–58.
60 Vgl. P. Winch, The Idea of a Social Science, a.a.O., S. 89: »... any more reflective understanding must necessarily presuppose, if it is to count as genuine understanding at all, the participant's unreflective understanding. And this in itself makes it misleading to compare it with the natural scientist's understanding of his scientific data.«

mir auch heute noch der entscheidende Schritt über den Rubikon der objektivistischen »Logic of Science« zu liegen, – ein Schritt, hinter den man nicht wieder zurückfallen sollte. In dem – freilich noch genauer zu explizierenden – Gedanken der *Teilnahme an einem gemeinsamen Sprachspiel* ist genau jene *Überwindung der Subjekt-Objekt-Trennung* angebahnt, die nur für die verstehenden Geistes- oder Sozialwissenschaften sinnvoll gefordert werden kann und die im 19. Jahrhundert – durch die psychologistische Theorie des Verstehens qua »Einfühlung« oder »Nacherleben« – nicht hinreichend begründet werden konnte. Anders steht es m. E. mit den Konsequenzen, die Winch aus seinem Ansatz, aufgrund Wittgensteinscher Prämissen, glaubt ziehen zu müssen: Sie scheinen mir die einerseits idealistische, andererseits relativistische Misere der deutschen Philosophie der Geisteswissenschaften der Jahrhundertwende in der extremen Zuspitzung eines abstrakt-ungeschichtlichen Denkens zu reproduzieren[61]. Dieses Resultat ist m. E. durch eine tiefe Zweideutigkeit einiger dieser Konsequenzen und bereits ihrer Wittgensteinschen Voraussetzungen bedingt.

So etwa sieht Winch mit einem gewissen Recht den logischen Unterschied zwischen naturwissenschaftlich (d. h. mit Hilfe von kausalen oder statistischen Gesetzen) erklärbaren Ereignis-Zusammenhängen und verstehbaren Zusammenhängen zwischen Handlungen und Begriffen in einem Sprachspiel darin, daß die ersteren »externe«, die letzteren aber »interne« Relationen darstellen. D. h.: die ersteren können nur aufgrund hypothetisch unterstellter, empirischer Naturgesetze als notwendig »erklärt« werden, die letzteren dagegen können prinzipiell aufgrund des Nachvollzugs der Sinn-Intentionen (der Handlungen bzw. der Begriffe) als notwendig »verstanden« werden. Daraus zieht Winch den methodologisch äußerst folgenreichen Schluß, daß die Sozialwissenschaften ihren Gegenstand, das Verhalten oder die Institutionen innerhalb menschlicher Gesellschaften bzw. Kulturen, nur in solchen Begriffen verständlich machen können (bzw. dürfen), die von den Mitgliedern der betreffenden Gesellschaft *prinzipiell* in Begriffen ihres Sprachspiels, u. d. h. aufgrund der Paradigmata ihrer »Lebensform«, verstanden werden können. Aus diesem Quasi-Postulat wiederum zieht Winch die Konsequenz, daß ein kritisches Hinterfragen und Bewerten einer bestimmten sozialen Lebensform und Weltauffassung – etwa im Sinne

61 Vgl. meine Kritik in: »Die Entfaltung der sprachanalytischen Philosophie«, a.a.O.

der Ideologiekritik Durkheims, Paretos oder Labriolas (u. d. h. Marxens!) prinzipiell unzulässig ist[62]. Es gibt nun einmal verschiedene Sprachspiele bzw. Lebensformen, und diese sind zugleich die letzten transzendentalen Horizonte und Maßstäbe möglicher Normen und Normverletzung. Außerhalb dieser Horizonte gibt es keine *Kriterien* für wahr und falsch[63] bzw. gut und böse. Daher kommt Winch konsequenterweise zu dem Schluß: »Solchen konkurrierenden Auffassungen (sc. der Erkennbarkeit der Dinge in ›verschiedenen konkurrierenden Lebensformen‹) gegenüber eine *bindungslose Betrachtungsweise* (Hervorhebung – K.-O. A.) einzuhalten, ist insbesondere Aufgabe der Philosophie; es ist nicht ihre Sache, der Wissenschaft, der Religion oder irgend etwas anderem Preise zuzuerkennen. Es ist nicht ihre Sache, irgendeine Weltanschauung zu befürworten ... Mit Wittgenstein zu reden: ›Die Philosophie läßt alles wie es ist.‹«[64]

In späteren Arbeiten hat P. Winch, wie mir scheint, seine relativistische – und wie noch zu zeigen ist, paradoxe – Grundposition zu korrigieren oder zu mildern versucht. So zeigt Winch z. B. in der wichtigen und interessanten Abhandlung »Nature and Convention«[65], daß es unsinnig wäre, die Norm der wahren Rede eine »Soziale Konvention« zu nennen, auf die sich eine Gesellschaft einigen oder auch nicht einigen könnte (bzw.: die in der einen Lebensform der Kommunikation zugrunde gelegt werden mag, während sie in einer anderen nicht akzeptiert wird). Die Norm der wahren Rede ist vielmehr, wie Winch zeigt, eine Bedingung der Möglichkeit jedes funktionierenden Sprachspiels und muß daher in jeder Gesellschaft nicht nur prinzipiell akzeptiert, sondern in einem gewissen Maße erfüllt werden, soll Kommunikation überhaupt möglich sein: »... the supposition that telling lies could be the norm and telling the truth a deviation from it is selfcontradictory. And again, if *per absurdum* the incidence of ›true‹ and ›false‹ statements were statistically random, there could be no distinction between truth and falsity at all,

---

62 Vgl. P. Winch, *The Idea of a Social Science*, Kap. IV.
63 Dasselbe Problem – wie denn eigentlich die theoretischen Maßstäbe der Falsifikation selbst sollen falsifiziert werden können – steht im Mittelpunkt der Kontroverse zwischen T. S. Kuhn und K. R. Popper in: *Criticism and the Growth of Knowledge*, hrsg. v. Imre Lakatos, Cambridge 1970.
64 P. Winch, a.a.O., dtsch. Ausg. S. 133.
65 In: *Proceedings of the Aristotelian Society 1959/60*, S. 231–252.

therefore no communication.«[66] In ähnlicher Weise zeigt Winch, daß
es prinzipiell nicht möglich ist, die intersubjektive Verständigung
zwischen Menschen in irgendeiner Gesellschaft im Sinne des Hob-
besschen Naturzustandes oder der sophistischen Idee der Rhetorik
auf wechselseitige Manipulation der Individuen zurückzuführen:
»For one can only use words to manipulate the reactions of other
men in so far as those others at least think they *understand* what
one is saying. So the concept of understanding is presupposed by the
possibility of such manipulation of reactions and cannot be elucida-
ted in termes of it.«[67] Schließlich verallgemeinert Winch die Pointe
seiner Beispiele in dem Sinne, daß »integrity« für das Funktionieren
von gesellschaftlichen Institutionen (für das Rollenverhalten) in
demselben Sinn eine unerläßliche Voraussetzung ist wie »fair play«
für die Möglichkeit von Spielen. Und er faßt das Fazit seiner Erwägungen im Hinblick auf »das Verhältnis der allgemeinen Idee dieser
Tugenden und ihrer besonderen gesellschaftlichen Manifestationen«
in dem folgenden Diktum G. B. Vicos zusammen: »There must in
the nature of human things be a mental language to all nations,
which uniformly grasps the substance of things feasible in human
social life, and expresses it with as many diverse modifications as
these same things may have diverse aspects.«[68]
Aus meiner Perspektive gesehen, zeigt Winch hier selbst die nicht
mehr auf einzelne Sprachspiele relativierbaren, aber gleichwohl
selbst noch im Wesen *des* (transzendentalen) Sprachspiels liegenden
Bedingungen der Möglichkeit aller Kommunikation und gesellschaftlichen Interaktion. Ich würde sagen: Er zeigt die zugleich hermeneutisch und ethisch (und naturrechtlich!) relevanten Normen des
idealen Sprachspiels, das wir – wenn auch als mangelhaft realisiert,
bzw. durch sozialspezifische Deformationen entstellt – in jedem
Sprachspiel, u. d. h. in jeder menschlichen Lebensform, voraussetzen
müssen. Dieser »transzendentalhermeneutische« Ansatz hat aber
Winch offenbar nicht gehindert, gewisse Grundvoraussetzungen seines früheren Sprachspiel-Relativismus aufrechtzuerhalten. So zieht
er in seiner Studie »Understanding a Primitive Society«[69] aus der
Wittgensteinschen Annahme der sprachspielspezifischen »Paradig-

---

66 A.a.O., S. 243.   67 A.a.O., S. 249.
68 A.a.O., S. 251. Vgl. hierzu meine Interpretation desselben Topos in K.-O. Apel, *Die
Idee der Sprache in der Tradition des Humanismus von Dante bis Vico*, Bonn 1963,
S. 377 f.
69 In: *American Philosophical Quarterly 1*, 1964, S. 307–324.

mata« die provozierende Schlußfolgerung, daß eine Kritik des Hexenglaubens und der entsprechenden magischen Praktiken der von E. F. Evans-Pritchard beschriebenen Azande-Kultur in Afrika[70] auf Grund der Maßstäbe unserer wissenschaftsgeprägten Kultur prinzipiell unmöglich ist.

Es scheint mir – in diesem Zusammenhang – verständlich und berechtigt zu sein, daß sowohl Philosophen wie praktizierende Sozialwissenschaftler an P. Winchs Schlußfolgerungen scharfe Kritik geübt haben[71]. Leider haben sie dabei zumeist auch den Grundansatz von Wittgenstein und Winch pauschal abqualifiziert und sind dabei auf die Position der objektivistischen »Logic of Science« (neopositivistischer oder popperianischer Provenienz) zurückgefallen. Mir scheint es dagegen erforderlich, den Grundansatz beim Sprachspiel, das mit einer sozialen Lebensform verwoben ist, mit Wittgenstein gegen Wittgenstein bzw. mit Winch gegen Winch kritisch zu rekonstruieren.

Beginnen wir mit einem Paradoxon: Wenn – wie es Wittgenstein in der Tat nahelegt – die unbegrenzt vielen, verschiedenen Sprachspiele bzw. Lebensformen als »gegebene« (Ur-)Tatsachen zugleich die letzten quasi-transzendentalen Regel-Horizonte des Sinnverstehens sein sollen, so ist nicht zu verstehen, wie sie selbst als Sprachspiele »gegeben« sein, und das heißt: als etwas identifiziert werden können. *Ein* Sprachspiel zumindest ist ausgenommen und als transzendentales Sprachspiel vorausgesetzt, wenn von gegebenen Sprachspielen als quasi-transzendentalen Tatsachen (im Sinne eines Sprachspiel-Relativismus) die Rede ist. Andererseits dürfen die *verschiedenen* Sprachspiele nicht nur als *beobachtbare* Phänomene für das transzendentale Sprachspiel der Philosophie »gegeben« sein, letztere muß vielmehr zu verstehender Teilnahme an allen »gegebenen« Sprachspielen prinzipiell befähigt sein[72]. Schon hier ergibt sich mit zwingender Notwendigkeit die Frage nach einer *transzendentalen Einheit der verschiedenen Regelhorizonte,* die nicht *gegeben* sein kann, gleichwohl aber zwischen den quasi-empirisch gegebenen Sprachspielen a priori einen Kommunikationszusammenhang her-

70 Vgl. E. F. Evans-Pritchard, *Witchcraft, Oracles and Magic among the Azande,* Oxford 1937.
71 Vgl. z. B. die Diskussion in: *Problems in the Philosophy of Science,* hrsg. v. I. Lakatos und A. Musgrave, Amsterdam 1968, S. 377–432.
72 Dieses Paradoxon ist ersichtlich mit der oben angedeuteten Paradoxie der Subjekt-Objekt-Relation als Voraussetzung hermeneutischer Wissenschaften identisch.

stellt. Wie nämlich sollte sonst irgend jemand – ein Philosoph oder
ein Sozialwissenschaftler – zu einem Vergleich von »gegebenen«
Sprachspielen in der Lage sein? Nun muß aber der Philosoph bzw.
der Sozialwissenschaftler durch ein bestimmtes Sprachspiel zur
transzendierend-vergleichenden Teilnahme an den gegebenen
Sprachspielen befähigt sein. Insofern ist bereits Winchs Rede von
der »bindungslosen Betrachtungsweise«, die der Philosoph einhalten
solle, paradox[73]. Denn es ist nach seinen und Wittgensteins Voraussetzungen klar, daß auch der Philosoph nur im Sinne bestimmter
Sprachspiel-Voraussetzungen verstehen und werten kann. Verstehen und werten aber muß er nach Winch, da er sonst nicht über
rechte oder falsche Regelbefolgung urteilen kann. Kurz: der Philosoph und auch der verstehende Sozialwissenschaftler muß in gewisser Weise an allen ihm »gegebenen« Sprachspielen oder Lebensformen teilnehmen, nicht nur über ihnen schweben und sie beobachten;
zugleich aber muß er in der Lage sein, kritischen Abstand zu allen
Sprachspielen bzw. Lebensformen zu halten, damit er sie als in der
Welt »gegebene« vergleichen kann und nicht in einem von ihnen
gleichsam versinkt. Die hier skizzierte Aufgabe ist m. E. nur lösbar,
wenn der Philosoph bzw. der kritische Sozialwissenschaftler sich
auf ein Sprachspiel beziehen kann, das einerseits in allen gegebenen
Sprachspielen vorausgesetzt, andererseits aber als (noch) nicht reali-
siertes Ideal betrachtet werden kann. Dabei haben wir noch nicht
die konkret geschichtlichen Beziehungen zwischen den Sprachspielen
berücksichtigt.

Das Postulat des transzendentalen Sprachspiels ist offenbar verschieden von einer Lösung des Problems der interkulturellen Verständigung *allein* aufgrund der faktischen, durch empirisch-anthropologischen Vergleich feststellbaren Ähnlichkeit der menschlichen
Lebensumstände, z. B. aufgrund der Institutionen, die auf Geburt,
Tod und Sexualität bezogen sind. Am Schluß seiner Abhandlung
über das »Verstehen einer primitiven Kultur« scheint Winch eine
derartige Lösung des Relativismus-Problems ins Auge zu fassen[74].
Dabei beruft er sich, wie schon in *Nature and Convention,* auf G. B.

---

73 Sie erinnert an Karl Mannheims paradoxe Voraussetzung der »frei schwebenden In-
telligenzia«, durch die engagierte *Ideologiekritik* in neutrale *Wissenssoziologie* verwandelt
werden sollte. Der »Ideologieverdacht« wurde damit zugleich universalisiert und seiner
kritischen Funktion beraubt. Zur Kritik der Wissenssoziologie vgl. *Ideologie,* hrsg. v. K.
Lenk, Neuwied 1961.
74 P. Winch, a.a.O., S. 322 ff.

Vicos Begründung der »Neuen Wissenschaft« von den Institutionen des »mondo civile«, insbesondere auf folgenden Passus (*The New Science*, §§ 332–333): »Now since the world of nations has been made by men, let us see in what institutions men agree and always have agreed. For these institutions will be able to give us the universal and eternal principles (such as every science must have) on which all nations were founded and still preserve themselves.

We observe that all nations, barbarous as well as civilized, though separately founded because remote from each other in time and space, keep these three human customs: all have some religion, all contract solemn marriages, all bury their dead . . .«

Hier sind nun m. E. zwei Interpretationen möglich: Entweder sollen die *Prinzipien* des Verstehens aus der komparativen Allgemeinheit der angedeuteten Lebensumstände als sozialer Tatsachen abgeleitet werden; in diesem Falle wäre nicht klar, warum hier – im Gegensatz etwa zum Verhalten der Tiere – von verstehbaren *Institutionen* die Rede sein kann. Oder die Prinzipien des interkulturellen Verstehens liegen in dem Umstand, daß Geburt, Tod, Sexualität in allen *menschlichen* Gesellschaften immer schon *sprachlich verstanden* und im Sprachspielzusammenhang Bezugspunkt von Institutionen sind; in diesem Fall – den Winch zu unterstellen scheint, wenn er von Geburt, Tod und Sexualität als »limiting *notions*« oder »limiting *concepts*« (kursiv durch K.-O. A.) spricht – sind es die komparativ allgemeinen Lebensumstände als gemeinsame »*Paradigmata*« aller menschlichen *Sprach*-Spiele, welche die Verständigung möglich machen sollen. Das setzt aber m. E. die allen Menschen gemeinsame *Sprach-Kompetenz* im Sinne der »grammatischen Kompetenz« (N. Chomsky) und darüber hinaus im Sinne der »kommunikativen Kompetenz« (J. Habermas[75]) schon voraus. Kurz: Die eigentliche Bedingung der Möglichkeit der Verständigung wäre das *transzendentale Sprachspiel*, das allerdings seine *reale* Basis und seinen genetischen Ausgangspunkt in den Grundtatsachen des menschlichen Gattungslebens hat. Wittgenstein sagt einmal: »Wenn ein Löwe sprechen könnte, so könnten wir ihn nicht verstehen.« Mir scheint das wenig plausibel, nachdem gerade die Sprachkompetenz, und nicht etwa die unabhängig von der Sprachkompetenz gedachten Lebensumstände (Geburt, Tod, Sexualität), uns vom Löwen trennt.

75 Vgl. oben Anm. 32.

Ist durch diese noch recht abstrakte »Dialektik« bereits die Forderung eines transzendentalen Sprachspiels *in* allen Sprachspielen
prinzipiell begründet, so läßt sich diese Forderung konkretisieren,
wenn wir die spezifische Form der Teilnahme an zwei Sprachspielen
ins Auge fassen, die im kunstgemäßen (»hermeneutischen«) Verstehen einer fremden Lebensform liegt. Dieses Verstehen könnte als
Konfrontation zweier völlig gegeneinander abgeschlossener, inkom-
mensurabler Regelsysteme überhaupt nicht beginnen, gleichwohl
wird es geschichtlich in der Regel durch den Schock und die Faszination der Begegnung mit dem Fremdartigen – auch durch das Fremd-
werden oder künstliche Verfremden der eigenen Tradition – auf die
Bahn gebracht. Das »hermeneutische Verstehen« beginnt also – im
Gegensatz zu dem von Dilthey so genannten »pragmatischen Verstehen«, das den Kontext einer »gemeinsamen Sphäre« des Lebens[76]
nicht überschreitet – mit einer »Auseinandersetzung« zweier Horizonte, die zugleich schon eine *transzendentale Einheit der Interpretation*[77] als Bedingung ihrer Möglichkeit voraussetzt. Da nur diese,
und nicht etwa die verschiedenen faktisch etablierten Sprachspiel-
Regeln, die Synthesis der Verständigung möglich macht, so läßt sich
an dieser Stelle schon die Zweideutigkeit der Winchschen These
klären, derzufolge menschliches Verhalten nur in solchen Begriffen
verständlich gemacht werden kann bzw. darf, die *prinzipiell* von
den Akteuren selbst verstanden werden können. Die Zweideutigkeit
steckt hier in dem Wort »prinzipiell«. Wird es im Sinne der bereits
etablierten Regeln eines »gegebenen« Sprachspiels interpretiert, so
führt es in die schon skizzierten Paradoxien des Relativismus: es
entsteht dann die Forderung, jedes Sprachspiel (jede Lebensform)
nur aus sich selbst heraus zu verstehen, wobei eben dies für den nicht
immer schon eingeübten (»abgerichteten«: Wittgenstein!) Angehörigen einer fremden Lebensform als unmöglich erscheinen muß. Wird
dagegen die Forderung der *prinzipiellen* Verständlichkeit der sozialwissenschaftlichen Begriffe für die Subjekt-Objekte der Wissenschaft mit Bezug auf die immer schon vorausgesetzte *Möglichkeit*
der Verständigung zwischen den Sprachspielen (der Sozial-Wissen-
schaftler und ihrer Objekte) begründet, mit anderen Worten: wird
sie auf die *synthetische Einheit des transzendentalen Sprachspiels*
bezogen, so stellt Winchs These m. E. ein fundamentales Prinzip der

76 Vgl. W. Dilthey, *Ges. Schriften* VII, 1968[5], S. 146 f.
77 Vgl. hierzu auch K.-O. Apel, »From Kant to Peirce«, a.a.O.

Hermeneutik dar, – ein Prinzip, das, wie noch zu zeigen ist, auch durch ideologiekritisches Hinterfragen menschlicher Lebensformen und Sprachspiele nicht außer Kraft gesetzt wird. Es wird jetzt von der – bei Wittgenstein zumindest nicht explizit reflektierten – Voraussetzung ausgegangen, daß prinzipiell jedes »Sprachspiel« als *Sprach*-Spiel (u. d. h. jede *menschliche* Lebensform) durch *Selbstreflexion* sich im Sinne der Philosophie bzw. der kritischen Sozialwissenschaft zu transzendieren und zu erweitern vermag.

Deutlicher wird das *dialektische* Verhältnis der Einheit *und* Verschiedenheit des transzendentalen Sprachspiels und der quasi-empirisch gegebenen Sprachspiele bzw. Lebensformen, wenn die Winchsche Unterscheidung zwischen *internen* und *externen* Relationen in die Diskussion einbezogen wird. Prima facie ist diese Unterscheidung sehr gut geeignet, den radikalen Unterschied zwischen *verstehbaren* Verhältnissen zwischen (intentionalen) Handlungen und Begriffen (in denen die Akteure prinzipiell selbst den Sinn ihrer Handlungen explizieren können) und – kausal oder statistisch – *erklärbaren* Verhältnissen zwischen Naturereignissen klarzumachen. Indessen ist doch zu bedenken, daß Winchs Unterscheidung offensichtlich aus dem *Tractatus* des frühen Wittgenstein hergenommen ist, wo sie einerseits eine *transzendentale Differenz* im Sinne der cartesisch-kantischen *Subjekt-Objekt-Trennung* und andererseits eine logische Differenz im Sinne der Unterscheidung von *analytisch* und *synthetisch* charakterisiert. Nun ist es von vornherein fragwürdig, ob eine solche Unterscheidung ohne erhebliche Modifikation auf das vom späten Wittgenstein intendierte Verhältnis der »Verwobenheit« zwischen Handlungen und Sprachgebrauch angewandt werden kann. Aber selbst wenn man einen Spielraum der wechselseitigen Interpretation der in »Lebensformen« miteinander verwobenen Momente von vornherein unterstellt und nur daran festhält, daß zwischen ihnen keine Widersprüche bestehen dürfen, ergeben sich Schwierigkeiten. Es ist wohl richtig, daß Handlungen und Worte (Begriffe) der Menschen sich wechselseitig widerspruchsfrei interpretieren *sollten*. Diese *Forderung* liegt m. E. in der transzendentalen Voraussetzung eines *idealen* Sprachspiels. Läßt sich indessen *diese* Relation in den »gegebenen« Sprachspielen bzw. Lebensformen ohne weiteres unterstellen?

An dieser Stelle ist m. E. gegen P. Winchs sprachanalytische Grundlegung der Sozialwissenschaften mit einigem Recht der Vorwurf des

methodischen *Idealismus* erhoben worden[78]. In der Tat unterstellt
Winch die, nur als Norm des transzendentalen Sprachspiels antizi-
pierbare, *ideale* Verständlichkeit (gemäß *internen Relationen*) genau
da, wo sie a priori nicht eingelöst werden kann: im Falle der – seiner
eigenen Überzeugung nach – unaufhebbaren Verschiedenheit der
faktischen Sprachspiele bzw. Lebensformen. Die ideologische Verwechslung des Ideals mit der gesellschaftlichen Gegenwart, die den
methodischen Idealismus der Geisteswissenschaften des 19. Jahrhunderts kennzeichnet, erweist sich hier als identisch mit einem
Relativismus, für den die Geschichte kein regulatives Prinzip seiner
möglichen Überwindung enthalten kann. Ich würde hier von einer
»idealistic fallacy« sprechen, die den Kontrapunkt zur »naturalistic
fallacy« der szientistischen Reduktion verständlicher Verhältnisse
auf erklärbare Verhältnisse bildet. Gleichzeitig würde ich vorschla-
gen, die »Verwobenheit« von Sprachgebrauch, Tätigkeit, Lebens-
ausdruck und Weltinterpretation in Wittgensteins »Sprachspielen«
bzw. »Lebensformen« im Sinne einer *dialektischen Einheit* zu interpretieren, die den *Widerspruch* zwischen ihren *Momenten* nicht
ausschließt. Nur unter dieser Voraussetzung ist m. E. die Rede von
»internen Relationen« von logisch-mathematischen Systemen auf
»gegebene« soziale Lebensverhältnisse übertragbar.
Dies würde besagen, daß man einerseits menschliche Handlungen
und Worte stets *hermeneutisch* ernst zu nehmen hat im Sinne ihrer
virtuellen Verständlichkeit und sogar Wahrheit bzw. normativ-
ethischen Richtigkeit im Kontext eines idealen Sprachspiels mit *internen Relationen* zwischen Worten und Handlungen (und Erkenntnissen): *diese* Forderung (H.-G. Gadamers »Vorgriff der Vollkommenheit«[79]) ergibt sich aus der transzendentalen Voraussetzung der
idealen Einheit der Verständigung, die jeder, der selbst spricht oder
einem anderen zuhört, immer schon gemacht hat. (Und da eine
»Privat-Sprache« m. E. undenkbar ist, so sind auch die einsamen
Gedanken und Handlungen jedes einzelnen immer schon auf das
soeben angedeutete ideale Sprachspiel in der idealen Kommunikationsgemeinschaft bezogen.) Andererseits hat man aber gleichzeitig
damit zu rechnen, daß in gegebenen Sprachspielen bzw. Lebensfor-

78 Vgl. E. Gellner, »The New Idealism – Cause and Meaning in the Social Sciences, in:
Problems in the Philosophy of Science, hrsg. v. J. Lakatos und A. Musgrave, Amsterdam
1968, S. 377–406.
79 Vgl. H.-G. Gadamer, *Wahrheit und Methode. Grundzüge einer philosophischen Hermeneutik,* Tübingen 1960.

men zwischen Handlungen und Begriffen mehr oder weniger große
Diskrepanzen, ja Widersprüche bestehen. Sucht man diese Diskrepanzen bzw. Widersprüche verständlich zu machen, so hat man
m. E. durchaus auch mit »externen Relationen« – also z. B. mit
»erklärbaren« Kausalverhältnissen – zwischen unbewußten Ideen und
zwanghaften Verhaltensweisen oder zwischen praxisimmanenten
Interessen (d. h. nicht begrifflich explizierten Sinnmotiven) und offiziellen Sprachregelungen qua »institutionellen Fiktionen«[80] zu rechnen. Diese *externen Relationen* können freilich nicht *nur* aufgrund
von Gesetzeshypothesen *erklärt*, sondern müssen gleichzeitig auch als
solche *interne Relationen verstanden* werden, die aufgrund gewisser
Tabuisierungsregeln nicht ins Sprachspiel einer gegebenen Lebensform aufgenommen werden konnten. Eben diese, über den faktischen Sprachgebrauch und das faktische Selbstverständnis von sozialen Lebensformen hinausgehende Kombination von Quasikausal-
erklärung und tiefenhermeneutischem Verstehen (insbesondere von
unbewußt teleologischem Verhalten) kennzeichnet m. E. das *methodische* Verfahren der *Ideologiekritik*. Auch diese verletzt dabei nicht
den transzendentalhermeneutischen Grundsatz, daß ihre Motiva-
tionsannahmen für die Angehörigen der kritisierten Lebensform
prinzipiell verständlich sein müssen. Dies bezeugt sie dadurch, daß
sie – als öffentliche Kritik – prinzipiell auch die Kritisierten zu
einem tieferen Selbstverständnis provoziert. Sie nimmt eben von
vornherein die synthetische Einheit des transzendentalen Sprachspiels in Anspruch und rechnet damit, daß diese Einheit prinzipiell
von jedem Sprachspiel aus durch reflexive Selbsttranszendierung der
faktischen Regeln einschließlich der »Paradigmata« realisiert werden kann.
Nun hat man m. E. mit ideologischen Verhältnissen um so eher zu
rechnen, je weiter sich die Handlungen und Begriffe von dem – auch
schon in Primitivkulturen die Irrtumskontrolle der experimentellen
Wissenschaft vorwegnehmenden – Funktionskreis der Arbeit ent-
fernen. Damit soll nicht gesagt sein, daß in den sogenannten höheren oder »Überbau«-Bereichen der Kultur, in den Bereichen des von
Max Scheler sogenannten »Bildungs«- und »Erlösungswissens«[81],
eo ipso kein widerspruchsfreies Sprachspiel unterstellt werden kann.

---

80 Vgl. A. Gehlen, *Urmensch und Spätkultur*, Bonn 1956.
81 Vgl. Max Scheler, *Die Wissensformen und die Gesellschaft*, Bern und München 1960².

Wohl aber soll, mit Peirce[82], Dewey[83] und Marx, daran erinnert
werden, daß wir in diesen Bereichen am ehesten und am längsten mit
Einschränkungen der rationalen Kommunikation und sozialen »Assoziation« (Marx) durch autoritäre Repressionen und Tabuisierungen
von Worten und Handlungen, kurz: mit ideologischen Fixierungen
der Selbstentfremdung der vergesellschafteten Menschen zu rechnen
haben. Wo aber solche offenkundigen Verzerrungen gerade der
idealen Funktion des Sprachspiels vorliegen, da haben wir m. E.
keinen Anlaß, Regelhorizonte zu unterstellen, die als letzte Maßstäbe oder Paradigmata des Welt-Verstehens mit denen einer solchen Kultur gleichberechtigt sind, die sich eigens unter das hermeneutische Ideal einer unbegrenzten Verständigung gestellt hat.
Damit ist auch schon gesagt, daß es keineswegs darum geht, alle
Mythen, Religionen und womöglich alle metaphysischen Weltbild-
entwürfe an den Maßstäben einer modernen, abendländischen Wissenschaft im Sinne von »Science« und »Technology« zu messen[84].
Nur soweit primitive Praktiken sich selbst als Pseudo-Technologien
– die zugleich empirische Evidenz anerkennen und sich gegen uner-
wünschte Resultate immunisieren – nolens volens unter den Maßstab der experimentellen Wissenschaft und Technologie stellen, sind
sie nach diesem Maßstab zu beurteilen. Dies scheint mir bei den
Hexenproben der Azande wie bei allen vergleichbaren *magischen*
Praktiken[85] allerdings der Fall zu sein, – nicht dagegen z. B. bei den
Yoga-Praktiken der Inder, denen zumindest ein rationaler Kern im
Sinne eines nicht im Sinne der objektivistischen Science und Technologie einlösbaren Wissens und Könnens innewohnen dürfte[86]. (Eben-
so scheint mir ein Unterschied zu bestehen zwischen der – etwa im
Sinne der Szientisten verstandenen – »Mystik«, d. h. rituell-magi-

82 Vgl. insbesondere den Aufsatz: »The Fixation of Belief«, in: *Collected Papers V*,
§§ 358 ff. Dazu meine Interpretation in der »Einführung« zu Ch. S. Peirce, *Schriften I*,
hrsg. v. K.-O. Apel, Frankfurt 1967.
83 Vgl. insbesondere: *Reconstruction in Philosophy*, New York 1920.
84 Das scheint mir Winchs stärkstes Argument gegen die Kritiker der Azande zu sein.
Vgl.: *Understanding of a Primitive Society*, a.a.O., sowie: »Reply to J. C. Jarvie«, in:
Explanation in the Behavioral Sciences, hrsg. v. R. Borger und Fr. Cioffi, Cambridge
1970, S. 249 ff.
85 Ich würde den Begriff der »Magie« in diesem Sinne von dem des »Mythos« unterscheiden. Beides ist zwar in Primitivkulturen miteinander »verwoben«, gleichwohl kann
der Mythos einen »Vorschein« (E. Bloch) der Wahrheit enthalten, während die magischen
Praktiken m. E. als Perversion der Idee der Technik definiert werden können.
86 Dies läßt sich m. E. von einer erkenntnisanthropologischen Interpretation der Tiefen-
psychologie und des »autogenen Trainings« her plausibel machen.

scher Praktiken der Einschränkung bzw. Tabuisierung rationaler Kommunikation, und der großen intellektuellen Mystik Shankaras oder Meister Eckeharts, die gerade nicht die Funktion ritueller Fixierung und Abschließung von kulturellen Lebensformen hatte, sondern eine geistige Emanzipationsbewegung eingeleitet hat[87].)

Es geht bei diesen Andeutungen natürlich nicht primär um die Richtigkeit meiner Einschätzung der genannten Beispiele, sondern um eine Illustration des Begriffs der konkreten Sozial- und Geistesgeschichte, in der es die – allenfalls an Primitivkulturen belegbaren – geschlossenen Regelhorizonte von Sprachspielen als Lebensformen gar nicht gibt. In dieser, freilich durch die abendländische Kultur wesentlich ermöglichten, Universalgeschichte der Menschheit geht es m. E. nicht nur im szientifisch-technischen Bereich, sondern in allen Dimensionen der Kultur um die progressive Durchsetzung des immer schon transzendental vorausgesetzten idealen Sprachspiels in den gegebenen Lebensformen und gegen die irrationalen Schranken der Kommunikation in diesen Lebensformen. Dieses *Ziel einer hermeneutischen Aufklärung,* die nicht *alles läßt, wie es ist,* kann freilich nicht ohne die Einbeziehung der *Ideologiekritik* erreicht werden[88], die es sich zutrauen muß, auch ganze Lebensformen und ihre öffentlichen Sprachspiele zu hinterfragen. Es gilt dabei m. E., zwischen der Skylla einer relativistischen Hermeneutik, die ihre eigene Bedingung der Möglichkeit dem Pluralismus der Sprachspielmonaden opfert, und der Charybdis einer dogmatisch-objektivistischen Kritik der anderen, die sich auf kein wirkliches Gespräch mehr einläßt, hindurchzusegeln. Ich glaube freilich – und damit komme ich zu der eingangs erläuterten Titel-These zurück –, daß dieses Ziel der Philosophie und der kritischen Sozialwissenschaften *in the long run* nur zugleich mit der *praktischen Realisierung* der unbegrenzten Kommunikationsgemeinschaft in den Sprachspielen der sozialen Selbstbehauptungssysteme[89] erreicht werden kann.

---

87 Die kritischen Sozialwissenschaften sollten sich m. E. von einem dogmatischen Szientismus, der in den mythischen, metaphysischen und theologischen Traditionen einschließlich ihrer geisteswissenschaftlichen Säkularisationen nur Unsinn (»Leerformeln«) mit ideologischer Funktion zu erblicken vermag (Ernst Topitsch, Hans Albert), ebenso weit entfernt halten wie von einem hermeneutischen Relativismus, der die Geschichte als Dimension emanzipatorischen Fortschritts aufgegeben hat (oben S. 96 ff.).

88 Vgl. K.-O. Apel, »Szientistik, Hermeneutik, Ideologiekritik«, in: *Wiener Jahrb. f. Philos.,* 1, 1968, S. 15–45.

89 Vgl. hierzu J. Habermas – N. Luhmann, *Theorie der Gesellschaft oder Sozialtechnologie – Was leistet die Systemforschung?* (Theorie-Diskussion) Frankfurt 1971.

Noam Chomskys Sprachtheorie und die Philosophie der Gegenwart
Eine wissenschaftstheoretische Fallstudie

I. Fragestellung und programmatische Thesen

Ich brauche den speziellen Inhalt und die Bedeutung der Sprachtheorie N. Chomskys für die Linguistik der Gegenwart nicht eigens
vorzustellen; ich wäre auch – von meinem Fach her – kaum mit der
nötigen Kompetenz zu *diesem* Unternehmen ausgerüstet. Wenn ich
dennoch im Laufe der Untersuchung zu diesen Fragen Stellung nehmen *muß*, so liegt dies an der praktischen Untrennbarkeit der methodologischen Problematik der von Chomsky und seiner Schule in
Anspruch genommenen Revolutionierung der Linguistik und der
– von mir zu untersuchenden – Frage nach dem Verhältnis dieses
Ansatzes zur Philosophie der Gegenwart.
Tatsächlich ist ja das Verhältnis von Linguistik und Philosophie
noch nie so eng gewesen wie in der Gegenwart. Chomsky selbst
würde hier vielleicht präzisieren: noch nie seit der Ablösung der
rationalistischen und romantischen Sprach-Philosophie und »philosophischen Grammatik« durch die komparative Indogermanistik
und die sog. moderne empirisch-deskriptive Linguistik[1]. Wie dem
auch sei: Tatsache ist, daß zwischen der Linguistik der Chomsky-
Schule und der modernen Philosophie, d. h. hauptsächlich der »analytischen« Philosophie, so etwas wie eine nicht immer friedliche
Symbiose besteht, – eine weitgehende Sprachspielverschränkung, an
der auch Teile der Mathematik und der Automatentheorie beteiligt
sind. Einerseits läßt sich daher von vornherein feststellen, daß
Chomskys Ansatz der generativen Transformationsgrammatik ohne
den Hintergrund der modernen analytischen Philosophie und ihrer
logisch-mathematischen Denkmittel nicht vorstellbar ist; andererseits hat gerade dieser enge Kontakt es möglich gemacht, daß seine
Sprachtheorie als erkenntnistheoretisch und eventuell sogar meta-
logisch relevante Theorie des Geistes revolutionierende Rückwirkungen auf die analytische Philosophie ausgeübt hat.
Der Versuch, diese Rückwirkungen aus der Perspektive der MIT-

1 Vgl. Chomsky 1970 (1968), S. 41 ff.

Linguistik zusammenfassend darzustellen, wurde vor allem von
J. J. Katz gemacht. Seit Beginn der 60er Jahre hat er, zunächst mit
J. A. Fodor, die Syntax-Theorie Chomskys durch eine *universale
Semantik* zu erweitern und auf dieser Basis die Logik linguistisch zu
begründen versucht[2]. In seiner *Philosophie der Sprache* (1966,
deutsch 1970) hat er schließlich eine kritische Rekonstruktion der
gesamten Entwicklung der sprachanalytischen Philosophie dieses
Jahrhunderts vorgelegt mit dem Anspruch einer Überwindung der
Einseitigkeiten der »konstruktiven Semantik« Carnaps einerseits,
der »Ordinary Language Philosophy« andererseits im Sinne einer
sprachtheoretischen Synthese.

Vorsichtiger im philosophischen Anspruch sind die inzwischen erschienenen wissenschaftstheoretischen und wissenschaftshistorischen
Selbstinterpretationen N. Chomskys[3]. Insbesondere fällt hier die
Zurückhaltung hinsichtlich der *Semantik* bzw. das Problembewußt-
sein hinsichtlich des hier und in einer Theorie der »Performanz« erst
noch zu Leistenden auf. Dennoch scheint mir aus Chomskys eigenen
Schriften das philosophisch Revolutionäre seines Denkansatzes und
Denkstils – verglichen mit den üblichen Denkvoraussetzungen der
analytischen Philosophie – eher noch deutlicher hervorzugehen als
aus der expliziten Sprachphilosophie von J. J. Katz.

Ich möchte nun im folgenden, bei dem Versuch einer kritischen Würdigung und – gewissermaßen – Ortung der philosophisch relevanten
Ansätze Chomskys und seiner Schule, von *zwei Bezugssystemen*
ausgehen:

Statt, wie J. J. Katz[4], Chomskys Ansatz nur zur sprachanalytischen
Philosophie in Beziehung zu setzen, möchte ich zunächst einen weiteren, nicht nur angelsächsisch orientierten Bezugs-Horizont heranziehen: die idealtypische Unterscheidung dreier, gegenwärtig kon-
kurrierender, Formen philosophischer Wissenschaftstheorie: 1. des
»logischen Empirismus«, 2. des »kritischen Rationalismus« und 3.
der »hermeneutisch-dialektischen« Philosophie der Geistes- und
Sozialwissenschaften. Bei dem Versuch, die Denkansätze Chomskys
von diesem Bezugssystem her zu orten bzw. zu beurteilen, ergibt

---

2 Vgl. insbesondere: Katz und Fodor 1962 sowie die einschlägigen Arbeiten in Fodor u.
Katz (Hrsg.) 1964. Dazu die Kritik in Bar-Hillel 1967. – Auch in Bierwisch 1966,
S. 144 ff., wird die Linguistik im Sinne von Katz als die »Grundlagendisziplin der Logik«
herausgestellt.
3 Vgl. bes. Chomsky 1964, 1966b, 1968 (1970) und 1969.
4 Vgl. Katz 1966 (1970).

sich, wie zu zeigen sein wird, eine Schwierigkeit insbesondere bei der
Bestimmung des Verhältnisses zur Alternative des 2. oder des 3.
Typs. Diese Schwierigkeit ist m. E. einmal in der Sache selbst begründet, nämlich im Wesen der Sprache als des Natürlich-Künst-
lichen, als des selbst noch instinktähnlichen Mediums des Übergangs
aus dem Reich der Natur ins Reich der Freiheit. Die Schwierigkeit
dürfte aber zum anderen auch darin begründet sein, daß Chomskys
sprachtheoretischer Ansatz einseitig oder, vielleicht besser gesagt,
unvollständig ist. Die Einseitigkeit bzw. Unvollständigkeit liegt
m. E. vor allem im Fehlen einer adäquaten *Semantik* und im Fehlen
einer *pragmatisch* erweiterten Theorie der Sprach*kompetenz,* welche
die von Chomsky postulierte *Theorie der Performanz* allererst möglich macht.

Um dies zu zeigen und um damit zugleich die Möglichkeit einer
Auflösung der wissenschaftstheoretischen Schwierigkeiten Chomskys andeuten zu können, werde ich im letzten Teil meines Vortrags
das Bezugssystem der *dreidimensionalen Semiotik* von Ch. Morris
bzw. von Ch. S. Peirce[5] heranziehen, also das System der Unterscheidung von *syntaktischer, semantischer* und *pragmatischer* Zeichendimension bzw. Zeichenwissenschaft. Ich werde mir jedoch
erlauben, dieses Bezugssystem in freier Weise zu verwenden, d. h.
nicht im Sinne der Morrisschen Adaption an den *Behaviorismus*
bzw. *Logischen Empirismus,* sondern eher im Sinne einer, an Ch. S.
Peirce, J. Royce und G. H. Mead anknüpfenden, *transzendental-
pragmatischen* bzw. *transzendentalhermeneutischen Semiotik*[6]. Darüber hinaus werde ich an neuere Arbeiten zur Grundlegung einer
»systematischen Pragmatik« anknüpfen, in denen Chomskys Begriff der »Kompetenz« im Sinne einer Theorie der »kommunikativen Kompetenz« erweitert bzw. ergänzt wird[7]. Dies wird es mir,
wie ich hoffe, möglich machen, Chomskys Ansatz in den Horizont
seiner möglichen Ergänzungen hineinzustellen. Im Anschluß daran
wird sich dann vielleicht auch die Frage beantworten lassen, welcher
Typ philosophischer Wissenschaftstheorie der linguistischen Theorie
Chomskys am ehesten gerecht werden kann. Es wird sich dann nämlich m. E. zeigen, daß diese Linguistik einerseits das Quasi-Natur-
phänomen einer instinktbedingten Sprachkompetenz als anthropo-

---

5 Vgl. Morris 1938.
6 Vgl. Apel 1970a und 1972.
7 Vgl. Wunderlich 1968a, 1968b und 1970 sowie Habermas 1970a, 1970b und 1971.

logisches Faktum aus dem Quasi-Naturgesetz der grammatischen Regel-Generation und den Randbedingungen der Selektion besonderer Grammatiken »erklären« muß, andererseits aber die freie, kreative und im Sinne eines Normbewußtseins selbstexplikative Anwendung der grammatischen Regeln in »Rede« und »Verstehen« aufgrund der grammatischen und kommunikativen Kompetenz von Subjekt und Objekt der Sprachwissenschaft »verstehen« und normativ richtig rekonstruieren muß. Eben diese Zwischenstellung der modernen linguistischen Theoriebildung zwischen nomothetisch-explanativer Naturwissenschaft einerseits, verstehender Sozialwissenschaft andererseits macht sie zum paradigmatischen Thema einer wissenschaftstheoretischen »Fallstudie«.

II; Die Frage nach dem wissenschaftstheoretischen Charakter der Linguistik im Sinne Chomskys

Ich möchte zunächst in idealtypischer Vereinfachung die drei Hauptpositionen der Wissenschaftstheorie der Gegenwart vor Augen stellen: 1. Die erste ist der (klassische) »Neopositivismus« oder »logische Empirismus«: Darunter verstehe ich die Ergänzung des klassischen »Empirismus« in dem Sinn, daß die formale Logik in ihrer symbolisch-mathematischen Gestalt als eigenständiger Faktor der Theoriebildung neben den Erfahrungsdaten anerkannt wird, derart jedoch, daß mit ihrer Hilfe, u. d. h. mit Hilfe einer formalisierten Kalkülsprache, alle Theoriebildung, insbesondere alle Begriffsbildung, der Wissenschaft auf Beobachtungsdaten zurückgeführt werden soll. Als der späte Carnap sich genötigt sah, zwischen »Theoriensprache« und »Beobachtungssprache« zu unterscheiden, und als er einsah, daß die sog. »theoretischen Begriffe« (wie sie im Zentrum etwa der Newtonschen Gravitationstheorie oder der Quantentheorie stehen) eine Funktion der gesamten Theorie darstellen und daher nicht unmittelbar mit Hilfe der Logik auf Erfahrungsdaten zurückführbar sind[8], hat er m. E. die Grenze des Logischen Empirismus bereits in Richtung auf den 2. Typus: den »kritischen Rationalismus«, überschritten. Die Pointe dieses Schrittes kommt sehr gut zum Ausdruck in der folgenden Charakteristik W. Stegmüllers (um einen unverdächtigen Zeugen zu zitieren):

8 Vgl. Carnap 1956.

»Während nach der Vorstellung des älteren Empirismus in allen Erfahrungswissenschaften ... der Theoretiker nichts anderes zu tun hätte, als Beobachtungsergebnisse zusammenzufassen und zu generellen Gesetzesaussagen zu verallgemeinern, ergibt sich jetzt das folgende Bild von den Aufgaben des Theoretikers: Er hat weit mehr zu tun, als beobachtete Regelmäßigkeiten zu verallgemeinern. Vielmehr muß er ein neues System von Begriffen konstruieren, die zu einem Teil überhaupt nicht und zu einem anderen Teil nur partiell auf Beobachtbares zurückführbar sind; er muß sich weiter ein System von Gesetzen ausdenken, welche diese neugeschaffenen Begriffe enthalten; und er muß schließlich eine Interpretation seines Systems geben, die eine bloß teilweise empirische Deutung zu liefern hat, die aber dennoch genügen muß, um das theoretische System für Voraussagen beobachtbarer Vorgänge benutzen zu können.«[9]

2. Im Sinne des »kritischen Rationalismus« muß diese Charakteristik m. E. folgendermaßen radikalisiert werden: Der Theoretiker kann überhaupt nicht so etwas wie *die* intersubjektiv verfügbaren Daten voraussetzen, aus denen er mit Hilfe der Logik – z. B. induktivistisch – Theorien ableiten könnte; er muß vielmehr von sich aus, im Sinne einer spontanen Kreativität, mit idealisierenden Begriffen bzw. Theorien an die Phänomene herantreten und sie im Lichte dieser Begriffe bzw. Theorien allererst als wissenschaftlich *relevante* Daten aufschließen. In der Erstellung »theoriegeladener« Erklärungshypothesen, die nicht mit bloß deskriptiven »Symptomverallgemeinerungen« zu verwechseln sind[10], sondern die es wagen, eine Realität hinter den sog. »Beobachtungsdaten« zu unterstellen, sieht der »kritische Rationalismus« den charakteristischen Zug der klassischen Theoriebildung der mathematischen Physik der Neuzeit. Kurz: der »kritische Rationalismus« sieht das Fundament der Wissenschaft nicht primär in *den* Erfahrungsdaten und *der* Logik, sondern in der *kreativen Theoriebildung,* in deren Kontext Logik und Daten allererst relevant werden – relevant etwa im Sinne einer Theoriebildung der Physik oder der Linguistik. Mit der Linie dieser Position, wie sie z. B. von K. R. Popper und seiner Schule vertreten wird, verträgt sich nicht nur die Berufung auf die kopernikanische Wendung Kants, sondern darüber hinaus sogar die Anerkennung der »heuristischen«, »explikativen« und »wissenschaftskritischen« Funktion einer rationalistischen Metaphysik im vorkantischen Stil[11]. Diese Metaphysik wird sozusagen als unerläßlicher Hintergrund in

9 Vgl. Stegmüller 1969, S. 466 f.
10 Vgl. Toulmin 1961 (1968).
11 Vgl. Schäfer (1970) über Popper.

den strategisch-methodologischen Horizont der Wissenschaft eingehen, – einer Wissenschaft, deren Theoriebildungen allerdings empirisch überprüfbar, d. h. – wie immer indirekt – falsifizierbar sein
müssen.

3. Der »*kritische Rationalismus*« hat nun aber als Wissenschaftslogik mit dem »*Logischen Empirismus*« – und man könnte ergänzen:
mit der szientistisch orientierten Philosphie der Neuzeit vor Hegel
– *eine wesentliche Voraussetzung gemeinsam*: die – für alle Naturwissenschaft tatsächlich unverzichtbare[12] – Voraussetzung der strikten *Trennung von Subjekt und Objekt* der Erkenntnis. D. h.: beide
Typen der Wissenschaftslogik sehen es nicht als notwendig an, dem
Umstand prinzipiell Rechnung zu tragen, daß in den Sozialwissenschaften qua Geisteswissenschaften das Objekt der Erkenntnis selbst
im Prinzip ein virtuelles Subjekt der Wissenschaft ist, genauer: ein
Kosubjekt des Wissenschaftlers, das ihn nicht nur als Thema der
Beobachtung, Deskription und Verhaltens-»Erklärung«, sondern
auch und sogar primär als Kommunikationspartner, und damit als
Thema des »Verstehens« von Sinn-Intentionen, interessiert. (Tatsächlich ist ja der Abbruch der Kommunikation mit der Natur, d. h.
der Verzicht auf das »Verstehen« von Sinn-Intentionen die Voraussetzung der neuzeitlichen Naturwissenschaft gewesen[13].) Die Frage,
die seit Hegel und insbesondere seit Dilthey einen Teil zumindest
der deutschen Philosophie bewegt, ist aber die, ob nicht mit der
Thematisierung des Menschen bzw. der Gesellschaft und ihrer Geschichte eine prinzipiell neue Problemsituation im Sinne der Wissenschaftstheorie entsteht. Wird diese Frage positiv beantwortet und
die Gesellschaft als primär zu »verstehendes« *Subjekt-Objekt* der
Wissenschaft behandelt, so spreche ich von der »hermeneutisch-dialektischen« Position der Wissenschaftstheorie.

Um auch diese Grundposition als Bezugssystem an die moderne
Linguistik herantragen zu können, möchte ich zwei ihrer Grund-
postulate in moderner Form rekonstruieren. (Die im folgenden her-
angezogene Version der hermeneutisch-dialektischen Position ist

12 Wenn in der Mikrophysik Aussagen über den Ort bzw. den Impuls eines Elementar-
teilchens nicht ohne Bezugnahme auf den Beobachter formuliert werden können, so liegt
1. keine Vermittlung von Subjekt und Objekt der Erkenntnis im Sinne des sich identi-
fizierenden »Verstehens« vor, und 2. läßt sich die Trennung von Subjekt und Objekt der
Erkenntnis auf der Ebene der statistischen Aussagen über das Verhalten einer Menge von
Teilchen wieder herstellen.
13 Vgl. Apel 1955, S. 144 ff.

selbst erst durch die quasi-linguistische [»sprachanalytische«] Methode der Philosophie unseres Jahrhunderts möglich geworden. Sie trägt der historisch-kritischen Funktion einer hermeneutisch-dialektischen Wissenschaftstheorie nicht in vollem Sinne Rechnung, sondern konzentriert sich auf den formalen Grenzfall der Regel-Analyse. Eben dadurch wird sie aber für die Linguistik wissenschaftstheoretisch relevant):

I. Vom späten Wittgenstein bzw. von der Wittgenstein-Interpretation P. Winchs[14] ausgehend, kann man m. E. sagen: Die entscheidende Frage, die der Sozialwissenschaftler, im Gegensatz zum Naturwissenschaftler, stellen und beantworten muß, ist die: Werden die Regeln, die der Wissenschaftler allein schon zur »Beschreibung« der sog. »Daten« an das Verhalten menschlicher Objekte der Wissenschaft herantragen muß, von diesen Objekten qua Subjekten des Verhaltens selbst befolgt? Welches sind z. B. die Kriterien, aufgrund derer ich *wissen* kann, daß ein Mensch, dessen Verhalten ich »beobachte«, *liest, Radio hört, Schach spielt, den Lichtschalter bedient* usw.? Wie kann ein Linguist *wissen*, daß ein sog. »native speaker« tatsächlich *spricht* und daß er dabei *bestimmte Regeln befolgt*? – Die Antwort auf derartige Fragen kann nur durch eine – wie immer indirekte und reflexiv distanzierte – Sprachspiel-Kommunikation mit dem Objekt – u. d. h. eben durch eine Methode des »Verstehens« – gewonnen werden. Die in den Sozialwissenschaften anzuwendenden Begriffe müssen demnach *prinzipiell*[15] von den Objekten qua virtuellen Subjekten der Wissenschaft zum Selbstverständnis gebraucht werden *können*. Hierin liegt m. E. der Grundansatz einer modernen Begründung der »Hermeneutik« bzw. der »Subjekt-Objekt-Dialektik«.

2. Die zweite Grundforderung dieser Position als einer »transzendentalhermeneutischen« läßt sich folgendermaßen formulieren: Zur

14 Winch 1958 (1966); vgl. Apel 1965 und 1972b.
15 Es ist nicht erforderlich, daß die Begriffe der Sozialwissenschaften actualiter von beliebigen Angehörigen der beschriebenen Gesellschaft verstanden werden, und es ist auch nicht erforderlich, daß sie aufgrund der faktisch bestehenden Sprachspiel-Regeln einer objektivierten Gesellschaft überhaupt verstanden werden können. Erforderlich ist allerdings – auch und gerade für eine ideologiekritisch distanzierende und transzendierende Beschreibung bzw. Quasi-Erklärung menschlich-gesellschaftlichen Verhaltens –, daß auch die Objekte dieser Beschreibung bzw. Erklärung prinzipiell die Möglichkeit haben, durch kritische Selbstreflexion ihr sprachliches Selbstverständnis zu transzendieren und Mitglied der Kommunikationsgemeinschaft zu werden, der die Sozialwissenschaftler angehören. – Vgl. meine Kritik an Winch in Apel 1965 und 1972b.

transzendentalen Begründung der Wissenschaften überhaupt muß
auf den kritischen Diskurs einer unbegrenzten, idealen Kommunikationsgemeinschaft zurückgegangen werden. Nur mit Bezug auf
den Konsens einer solchen Gemeinschaft läßt sich die Idee der wissenschaftlichen Wahrheit definieren[16]. Mit anderen Worten: Die
subjektbezogene *pragmatische Dimension der Sprache* kann nicht,
wie im »Szientismus« üblich, auf ein (beobachtbares) Objekt der
empirischen Wissenschaft zurückgeführt werden, sie muß vielmehr
– im Sinne des transzendentalen Pragmatismus von Ch. S. Peirce
bzw. J. Royce – im Rahmen der »Interpretationsgemeinschaft« der
Wissenschaftler thematisiert werden. Zu fordern ist – als modernes
Äquivalent der »transzendentalen Einheit des Bewußtseins überhaupt« im Sinne Kants – die *transzendentale Einheit der Interpretation* in der unbegrenzten Kommunikationsgemeinschaft der Wissenschaftler. Diese postulierte ideale Kommunikationsgemeinschaft kann
aber nun im Falle der Sozialwissenschaften nicht nur die Wissenschaftler betreffen; denn die Richtigkeit hermeneutischer Hypothesen
kann ja eben nicht durch reine »Beobachtung« bestätigt oder falsifiziert werden, sondern nur dadurch, daß der Wissenschaftler den Be-
obachterstandpunkt zumindest partiell aufgibt zugunsten einer heuristisch reflektierten *Teilnahme* an dem zu verstehenden Sprachspiel.
Da nun diese Teilnahme letztlich dadurch ermöglicht wird, daß auch
das Subjekt-Objekt der Sozialwissenschaften prinzipiell zur reflektierten Regelbefolgung (gewissermaßen zur »Metakommunikation«)
befähigt ist, so muß die ideale Kommunikationsgemeinschaft, als
Bedingung der Möglichkeit wissenschaftlicher Konsensbildung, im
Falle der Sozialwissenschaften letzten Endes die Gesellschaft als
Subjekt-Objekt der Wissenschaft einschließen. An dieser Stelle trifft
sich die semiotische Transformation der Transzendentalphilosophie
mit dem zuvor explizierten, nicht psychologistischen Ansatz der
Hermeneutik im Sinne einer *transzendentalen Hermeneutik*.
Versuchen wir nun, vor dem Hintergrund des soeben skizzierten
Bezugsytems, den wissenschaftstheoretischen Ort der Linguistik
im Sinne Chomskys zu bestimmen:
Relativ leicht fällt hier die Entscheidung zwischen dem »logischen
Empirismus« und dem »kritischen Rationalismus«. Die wissenschaftstheoretischen Arbeiten Chomskys, von der Kritik an Skin-
ners Behaviorismus (1959) über *Current Issues* (1964) bis zu *Carte-*

16 Vgl. Apel 1967, 1970a und b, und 1972a.

sian Linguistics (1966) und *Language and Mind* (1968), bilden ein
einziges Plädoyer für die starke Theoriebildung im Sinne des »kritischen Rationalismus« und gegen alle »discovery procedures« der
sog. »modernen Linguistik«[17], die sich als induktivistisch und unmittelbar beobachtungsbezogen im Sinne des Logischen Empirismus
verstehen. Chomskys zentrale Unterscheidung zwischen der Sprach-
»Kompetenz« als dem eigentlichen Thema der Sprachwissenschaft
und der in einem Corpus von Sprach-Äußerungen gegebenen »Performanz« bedeutet zugleich die methodologische Entscheidung für
eine (*generative*) Theoriebildung (im Sinne der Mathematik *rekur-
siver Funktionen*), die alle Beobachtungsdaten prinzipiell transzendiert und nur sehr *indirekt* anhand der Erfahrung überprüft werden
kann[18]. Zuvor schon hatte Chomsky, in Auseinandersetzung mit
Carnap bzw. Bar-Hillel[19] – ähnlich wie später J. Katz[20] – auch den
Nutzen der »logischen Syntax« und »Semantik« für die Linguistik
als denkbar gering bezeichnet. Im Gegensatz zum Logischen Empirismus, der durch mathematische Formalisierung der Wissenschaftssprache die Eindeutigkeit und Widerspruchsfreiheit jeder beliebigen
Theoriebildung sicherstellen und damit zugleich Paradigmata der
idealen Sprache als Vergleichsmaßstäbe für die Sprach-Wissenschaft
bereitstellen möchte, erhebt Chomskys Mathematisierung der Grammatik den Anspruch, unmittelbar aus der linguistischen Theoriebildung selbst hervorzugehen – ähnlich wie Newtons Mathematisierung der Physik aus der Gravitationstheorie. Die »Formations«-
und »Transformations«-Regeln seiner mathematisierten Grammatik
beruhen in der Tat nicht auf bloßer Konvention – wie die entspre-

17 Als Paradigma der empiristischen, corpus-orientierten Bemühungen der Bloomfield-
Schule um die Lösung des Problems der »discovery procedures« sieht Chomsky das Werk
seines Lehrers, Zellig Harris (insbesondere die *Methods in Structural Linguistics* von 1951),
an. Er selbst versuchte diesen Ansatz vor der Veröffentlichung seiner *Syntactic Structures*
(1957) zu präzisieren und kam dabei zu der Überzeugung, daß ein prinzipieller Unterschied zwischen den Sätzen, die durch eine Grammatik erzeugt werden können, und einer
Stichprobe (sample) von Äußerungen besteht. Daraus entwickelte sich in seinen späteren
Schriften die Unterscheidung von »Kompetenz« und »Performanz«. Vgl. hierzu Lyons
1970, p. 34, 38 ff.
18 Charakteristisch ist die folgende Verteidigung der »rationalistischen« Hypothese von
den »angeborenen Ideen« gegen den Empiristen N. Goodman: »In der Linguistik wie in
jeder anderen Disziplin kann man nur auf solch indirekte Weise ... Beweismaterial für
nicht-triviale Hypothesen zu finden hoffen. Direkte experimentelle Tests, wie sie Goodman vorschweben, sind schwerlich möglich ...« (Chomsky 1968 [1970], S. 137).
19 Vgl. Chomsky 1955 über Bar-Hillel 1954.
20 Vgl. Katz 1966, S. 24 ff.

chenden Regeln in Carnaps Sprachkonstruktion –; sie entsprechen vielmehr dem spekulativ-theoretischen Ansatz der generativen Grammatik. Ihm zufolge muß unter der Voraussetzung der »Formationsregeln« (und des Lexikons) zunächst die »Tiefenstruktur«, mit Hilfe der »Transformationsregeln« sodann die »Oberflächenstruktur« aller Sätze einer Sprache sich erzeugen lassen. Hier orientiert sich Chomsky – ähnlich wie der späte Popper – an der Theoriebildung des 17. Jahrhunderts als der paradigmatischen Begründung neuzeitlicher Wissenschaft. In seiner provozierenden Anknüpfung an die rationalistische Philosophie der Barockzeit schließlich (z. B. an Descartes' Konzeption der »res cogitans«, an die Lehre von den angeborenen Ideen und in diesem Zusammenhang an Leibnizens platonistische Voraussetzung einer apriorischen Ordnung »einfacher Ideen« als kombinierbarer Merkmale »universaler Semantik«[21]) scheint Chomsky sogar in der Rehabilitierung der Metaphysik noch sehr viel weiter zu gehen als etwa die Popper-Schule. Freilich darf diese traditionsfreundliche Einstellung in ihrem systematischen Stellenwert nicht überschätzt werden. Die für Chomsky *selbstverständliche* Voraussetzung seiner Anknüpfung an den traditionellen Rationalismus ist immer die, daß solche Lehren über die apriorischen Voraussetzungen der Erkenntnis nicht etwa selbst a priori wahr sind; sie sollen vielmehr als substanzieller Gehalt in die *empirisch* überprüfbaren Hypothesen einer modernen Linguistik eingehen, die sich als Theorie der Sprachfähigkeit bzw. des Spracherwerbs in die Psychologie integriert. Chomsky transformiert also die erkenntnistheoretische Position des Apriorismus bzw. Rationalismus in die empirisch-psychologische Hypothese vom angeborenen Mechanismus bzw. Schema des Spracherwerbs[22]. Auf diese Weise möchte er letztes Endes mit Descartes' *res cogitans* dasselbe tun, was Newton mit

---

21 Vgl. Chomsky 1968 (1970), Kap. I.
22 Trotzdem lehnt Chomsky die von G. Harman nahegelegte Bezeichnung »resourceful empiricism«, ab, da sie neutral sei gegenüber der folgenden Alternative: »The issue that concerns me is wether there are ›ideas and principles of various kinds that determine the form of the acquired knowledge in what may be a rather restricted and highly organised way‹, or alternatively, whether ›the structure of the acquisition device is limited to certain elementary peripheral processing mechanisms ... and certain analytical data-processing mechanisms or inductive principles‹.« (Chomsky 1969, S. 90, mit Bezug der Selbstzitate auf Chomsky 1965, S. 47 f.) – Auch mit dieser Argumentationsweise, welche den spekulativen Geist des Apriorismus in den Rahmen einer empirisch überprüfbaren Theoriebildung heuristisch einbringt, scheint mir Chomsky den methodologischen Grundsätzen des *kritischen Rationalismus* zu entsprechen.

Descartes' *res externa* gelungen ist: Er möchte, wie er in *Language and Mind* deutlich macht[23], die im 17. und 18. Jahrhundert versäumte Möglichkeit einer der Newtonschen Physik analogen und zu ihr komplementären Theorie des Geistes einlösen. Zugespitzt könnte man sagen: Chomsky möchte der Newton der *res cogitans* werden.

Dieses Programm einer *szientifischen* Erneuerung des traditionellen *philosophischen* Rationalismus wirft allerdings ganz merkwürdige philosophische Probleme auf: Sollte es tatsächlich möglich sein, alle *apriorischen* Voraussetzungen der Erkenntnis im Sinne der traditionellen Erkenntnistheorie zum Gegenstand *empirisch* überprüfbarer, einzelwissenschaftlicher Hypothesenbildung zu machen: z. B. die von Leibniz vorausgesetzte apriorische Ordnung kombinierbarer Ideen zum Gegenstand einer empirischen Hypothese über das Merkmalsinventar einer universalen, linguistischen Semantik[24], oder die von Descartes über Kant und den deutschen Idealismus bis zu W. v. Humboldt reichende Voraussetzung der spontanen Kreativität des menschlichen Geistes zum Gegenstand einer linguistischen oder psychologischen Hypothese über einen zugleich restriktiven und generativen Instinktmechanismus? In *Language and Mind* scheint dies die eigentliche Intention Chomskys zu sein. (Sie suggeriert die Vorstellung einer sich selbst durch einzelwissenschaftliche Hypothesenbildung hindurch empirisch überprüfenden Metaphysik, wie sie im 19. Jahrhundert zum Beispiel von Peirce projektiert wurde, dem Chomsky auch in der abduktiven Logik des Ratens bzw. der instinktgestützten Hypothesenbildung folgen möchte[25].)

Wirklich paradox wird diese Problemsituation indessen, wenn man bedenkt, daß Chomsky das Programm der Transzendentalphilosophie Kants wenigstens partiell in das einer empirisch überprüfbaren Erkenntnistheorie zu überführen scheint[26].

---

23 Chomsky 1968 (1970), 1. Kapitel.

24 Wie insbesondere Bierwisch (1966, S. 96 ff.) zeigt, kann die Hypothese über das universale Inventar semantischer Merkmale in Analogie zu der von Roman Jakobsen entwickelten Hypothese über das universale Grundinventar phonologischer Merkmale entwickelt werden. Wir hätten es dann mit einer empirisch-anthropologischen Erklärung der apriorischen Bedingungen der Möglichkeit der für den Menschen überhaupt möglichen *Sinnkonstitution* (vgl. Husserl!) zu tun – mit einer Theoriebildung, die größte Ähnlichkeit mit den zuvor von J. v. Uexküll und K. Lorenz entworfenen biologisch-ethologischen Hypothesen über das menschliche Instinktapriori zeigt. Vgl. hierzu auch Chomsky 1970 (1968), S. 155.

25 Vgl. Chomsky 1968 (1970), S. 148 ff.; 1969, S. 64.

26 Vgl. Chomsky 1968 (1970), S. 155 ff. Chomsky beruft sich hier auf Peirce und K.

Wir hätten es dann bei dieser linguistisch-psychologischen Theorie der menschlichen Sprachfähigkeit mit einer empirischen Wissenschaft zu tun, die (zugleich) ihre eigenen Bedingungen der Möglichkeit und Gültigkeit zum Gegenstand hat. Dies würde in der Tat zu M. Bierwischs Postulat einer linguistischen Begründung der Logik passen, das sich seinerseits auf den Anspruch von Katz beruft, die Frage nach dem Unterschied der analytischen und synthetischen Urteile (in positiver Anknüpfung an Kant) linguistisch auflösen zu können[27]. Wie aber soll sich eine empirisch überprüfbare Theoriebildung denken lassen, die zu diesem Zweck nicht Voraussetzungen – zumindest solche im Sinne der Logik – machen muß, die selbst nicht empirisch in Frage gestellt werden können?

Chomsky hat in einer Diskussion mit Stuart Hampshire[28] angedeutet, wie er sich die Lösung solcher Fragen vorstellt: Aus dem Umstand, daß Wissenschaftler in der Lage sind, eine Sprache auszudenken, die nicht an die Struktur der von Chomsky unterstellten formalen Universalien (z.B. die Strukturabhängigkeit der Transformationsregeln) gebunden ist, schließt er, »that there are faculties beyond the language faculty«. Er geht jedoch davon aus, daß man diese Geistesvermögen analog zu dem von ihm unterstellten Sprachvermögen auffassen und studieren sollte. Man würde dann, wie er vermutet, zu dem Ergebnis gelangen, daß auch diese Vermögen sich als empirisch begrenzt erweisen würden. Mit dieser Antwort, die im Sinne des von uns charakterisierten wissenschaftstheoretischen Ansatzes konsequent ist, verschärft Chomsky aber lediglich die Paradoxie des transzendentalen Aspektes. Denn er unterstellt ja, daß *wir* auch diese *empirisch-universalen* Grenzen entdecken und somit als überschreitbar erweisen würden. Das hier sich stellende Problem kann schwerlich durch den Hinweis darauf aufgelöst werden, daß wir in der Lage sind, to »tell what a frog's limitations are, and some more complicated organism than us might be able to tell what our limitations are«. Denn *wir* sind es ja, die im Vollzuge der Methode Chomskys unsere eigenen empirisch-universalen Begrenzungen sowohl entdecken wie auch überschreiten. In dieser Problemsituation

---

Lorenz, die tatsächlich eine Erneuerung der Kantischen Position für sich in Anspruch nahmen. Zu Peirces Vermittlung des normativen Anspruchs einer transzendentalen Logik der Forschung mit dem Konzept einer empirischen (abduktiv-induktiven) Metaphysik der Instinktevolution vgl. den 2. Teil meiner Peirce-Monographie in Apel (Hrsg.) 1970, S. 7–211.

27 Vgl. Bierwisch 1966, S. 144 ff.   28 Vgl. Chomsky 1968.

bieten sich, wie es scheint, nur zwei philosophisch relevante Lösungs-
möglichkeiten an: Entweder man leugnet die transzendentalphilosophische Relevanz der möglichen Entdeckungen Chomskys, was
unplausiblerweise implizieren würde, daß die Basis des menschlichen Sprachvermögens nichts mit der Basis des (logischen) Argu-
mentationsvermögens und des Erkenntnisvermögens zu tun hat;
oder man adoptiert eine dialektische Auffassung der transzendentalen Voraussetzungen menschlichen Denkens und Erkennens. Ihr
zufolge wären die »angeborenen Formen der Erfahrung« so lange
zugleich transzendentale Bedingungen der Möglichkeit der Erfahrung, wie sie allenfalls als solche philosophisch postuliert, nicht aber
zum Gegenstand einer empirisch überprüfbaren Hypothesenbildung
gemacht werden können. Gelingt aber dies letztere, so hätte gewissermaßen der schöpferische Geist sich geschichtlich transzendiert und
zum bloß empirisch relevanten Faktum distanziert – ähnlich wie
schon in der biologischen Evolution die – im Sinne des Entropie-
gesetzes – unwahrscheinliche Entwicklung spontaner Kreativität die
Ausspezialisierungen des organischen Lebens hinter sich läßt.

Daß sich aus der Grundlagenproblematik der Chomsky-Linguistik
die soeben angedeuteten fundamentalphilosophischen Fragestellungen ergeben, darf nicht verwundern. Soll der Wissenschaftler die
menschliche Sprachfähigkeit in angemessener Weise thematisieren
– was, wie Chomsky erkannt hat, durch eine empiristische Theorie
der »habit«-Formation nicht gelingen kann –, so steht er, wissenschaftstheoretisch gesehen, in der Tat vor einer prinzipiell andersartigen Aufgabe als Newton bei seiner Begründung der Physik: er
behält die subjektiven (transzendentalen) Voraussetzungen der
eigenen Erkenntnis nicht im Rücken, sondern muß sie in gewisser
Weise als Gegenstand der wissenschaftlichen Erkenntnis vor sich
bringen. – Schon an dieser Stelle wird es problematisch, ob eine so
anspruchsvolle Linguistik wie die Chomskys sich selbst restlos nach
dem Muster einer nach Gesetzen erklärenden Theorie im Sinne der
Naturwissenschaft verstehen kann. Sollte sie nicht – zumindest auch
– den Charakter einer die menschliche Regelkompetenz normativ
rekonstruierenden Theorie besitzen? – Die generative Linguistik
würde dann – insofern sie *normative* Rekonstruktion ist – nicht aus
der Analogie zu einer empirisch überprüfbaren Theorie, z. B. Newtons Physik, sondern aus der Analogie zur *konstruktiven* (*operationalen*) Logik und Mathematik zu verstehen sein, deren Überprü-

fungsinstanz im Dialog der kompetent Argumentierenden liegt[29]. Da sie aber andererseits – in weit stärkerem Maße als die Logik und Mathematik – als *Re*-Konstruktion einer faktischen – im Sinne der empirischen Vielfalt der Sprachsysteme differenzierten – Regelkompetenz aufgefaßt werden muß, so würde sie insofern aus der Analogie der *hermeneutischen* Wissenschaften zu verstehen sein, die immer zugleich *mögliche* Sinn-Relationen *konstruieren* und *empirisch* vorliegende Sprachdokumente *re-konstruieren* müssen. Eine dergestalt re-konstruktive Wissenschaft muß in der Regelkompetenz der »idealen Sprecher-Hörer« (Chomsky) letztlich die eigene Regel-Kompetenz rekonstruieren und könnte insofern nicht, wie eine beobachtungsbezogene Theorie, die – von der empiristischen und rationalistischen »logic of science« vorgeschriebene – Subjekt-Objekt-Trennung aufrechterhalten. Das würde m. E. nicht ausschließen, daß sie die anthropologischen Naturbedingungen der unbewußten Grammatik-Konstruktion zum Gegenstand einer *explanativen* Theoriebildung macht. Die im Sinne der theoretischen Voraussetzungen – z. B. der »Initialrestriktionen« der möglichen unbewußten Konstruktionen – erfolgte Re-Konstruktion der menschlichen Grammatik-Kompetenz muß freilich, wenn sie zur »Oberfläche« vordringt, als Rekonstruktion einer Norm-Kompetenz eine hermeneutisch vermittelte Bestätigung erlauben. Darin läge gewissermaßen die »Aufhebung« des 2. in den 3. Idealtypus der Wissenschaftstheorie.

Wenden wir uns jedoch – nach diesem spekulativen Vorblick – zunächst konkreteren Problemen der linguistischen *Methodologie* zu, um an ihnen die Frage nach dem wissenschaftstheoretischen Ort der generativen Transformationsgrammatik weiter zu klären: Hier scheint zunächst wiederum kein Zweifel darüber möglich, daß Chomsky wesentlich dazu beigetragen hat, die zum Teil dogmatische Voreingenommenheit gerade der amerikanischen Sozialwissenschaften, und in ihrem Zusammenhang der strukturalistischen Linguistik, für eine *empiristisch* verstandene Theoriebildung durch paradigmatische Argumentationen zu durchbrechen. Und auch hier scheint das Fazit seiner Argumente zunächst auf eine Unterstützung des *kritischen Rationalismus* hinauszulaufen.

So hat z. B. Chomskys Kritik an Skinners *Verbal Behavior*[30] ein

29 Ich denke hier in erster Linie an die »konstruktive« bzw. »operationale« Begründung der Logik und Mathematik durch Paul Lorenzen.
30 Vgl. Chomsky 1959.

Modellbeispiel für die Infragestellung des sozialwissenschaftlichen *Behaviorismus* überhaupt geliefert: Sie hat gezeigt, daß ein anthropologisches (bzw. gesellschaftliches) Grundphänomen wie die grammatische Sprachkompetenz, d. h. die Fähigkeit jedes Menschen, prinzipiell unbegrenzt viele nie gehörte Sätze zu produzieren bzw. zu verstehen, – daß ein solches Phänomen überhaupt nicht bemerkt, geschweige denn erklärt werden kann, wenn der Sozialwissenschaftler lediglich so schwache theoretische Voraussetzungen wie die Begriffe »Stimulus«, »Response« und »Stimulus-Verstärkung« (»Reinforcement«) an die sog. Daten heranträgt[31]. (In diesem Zusammenhang wendet sich Chomsky insbesondere gegen die kaum noch kontrollierbare, metaphorische Ausweitung der behavioristischen Grundbegriffe bei Skinner. Werden diese genau definiert und im Sinne dieser Definition angewandt, so kann der Zusammenhang zwischen beobachtbaren Reizen und sprachlichen Reaktionen lediglich ein statistischer sein, und dementsprechend könnten auch Grammatik und grammatische Regeln nur im Sinne statistischer Häufigkeitsverteilungen interpretiert werden.)

In diesem Sinne hat nun aber nach Chomsky auch die strukturalistische Linguistik der amerikanischen Bloomfield-Schule (bis hin zu seinem Lehrer Z. Harris) durch ihre taxonomischen und distributionalistischen Methoden der Analyse eines gegebenen Corpus von Sprachäußerungen die Regeln der Sprachverwendung zu beschreiben versucht; d. h. sie hat diese Regeln als induktiv (aufgrund von Assoziation) erworbene »Habits« aufgefaßt, die vom Linguisten selbst wieder durch taxonomisch und statistisch explizit gemachte Induktionsmethoden zu beschreiben sind. In diesem Versuch empiristischer Linguistik sieht Chomsky, wie er immer wieder betont, das bislang bestausgearbeitete und daher kontrollierbarste Beispiel einer induktionistisch-empiristisch verstandenen Theoriebildung überhaupt[32]; und da er diesen Versuch – gewissermaßen ein methodologisches experimentum crucis – für gescheitert ansieht, so ist für ihn damit die Unzulänglichkeit der empiristischen Methodologie überhaupt erwiesen[33].

---

31 Vgl. Chomsky 1969, S. 61: »One cannot hope to study learning or perception in any useful way by adhering to methodological strictures that limit the conceptual apparatus so narrowly as to disallow the concept ›what is perceived‹ and the concept ›what is learned‹.«
32 Vgl. Chomsky 1969, S. 93, n. 14 (gegen Harman).
33 Vgl. oben S. 272, Anm. 17.

Es spricht für die Durchschlagskraft der Chomskyschen Argumentation, daß der Carnap-Schüler Y. Bar-Hillel[34] und der Linguist H. Schnelle[35] sich Chomsky in der Beurteilung der taxonomischen Linguistik anschließen, obwohl sie damit weiterhin auf dem Boden des Logischen Empirismus zu stehen glauben[36]. Eine solche Ausweitung des Begriffs »Logischer Empirismus« wird durch die bereits erwähnte Wendung des späten Carnap zum Primat der »theoretischen Begriffe« historisch verständlich, trägt aber m. E. nicht zur philosophiehistorischen Klärung der wissenschaftstheoretischen Prinzipienfragen bei. Mir scheint jedenfalls der folgende Punkt keinem Zweifel zu unterliegen: Die Anerkennung des Prinzips, daß sog. empirische Daten erst im Lichte von Theorien überhaupt als wissenschaftlich relevant erkannt werden können (worin – wie Schnelle richtig sieht[37] – schon die wissenschaftstheoretische Pointe der Begründung der Phonologie durch die Prager Schule lag), bedeutet wissenschaftstheoretisch den Übergang vom *Logischen Empirismus* zum *kritischen Rationalismus* in dem zuvor charakterisierten Sinn[38]. (Dementsprechend scheint mir auch der Übergang von einer corpusabhängigen zu einer theoriegeleiteten Heuristik, die ihre weit über jedes finite Corpus von Daten hinausreichenden Hypothesen durch die *Methode der Beispiele und Gegenbeispiele* überprüft, ziemlich genau den Übergang vom Induktivismus zum Falsifikationismus im Sinne Poppers zu illustrieren[39].

Wie verhält sich indessen Chomskys methodologisches Selbstverständnis zu dem dritten von uns ins Auge gefaßten Ideal-Typus moderner Wissenschaftstheorie, der in der wissenschaftlichen Thematisierung des Menschen durch den Menschen eine prinzipiell neue Problemsituation hinsichtlich der Subjekt-Objekt-Relation der Erkenntnis unterstellt? – Wir haben im vorigen bereits erwähnt, daß die quasi-transzendentalphilosophischen, nämlich erkenntnistheoretischen und eventuell metalogischen, Ansprüche einer Theorie des schöpferischen Geistes nur schwer mit dem Konzept einer empirisch überprüfbaren, explanativen Theorie nach dem Muster der Natur-

34 Vgl. Bar-Hillel 1970, S. 160, 164, 178, 180.
35 Vgl. Schnelle 1970.
36 Vgl. Bar-Hillel 1970, passim, Schnelle 1970, S. 51.
37 Schnelle 1970, S. 58 f.
38 Vgl. auch Chomskys Berufung auf Popper in Chomsky 1964, S. 98 f.
39 So auch Schnelle 1970, S. 63 ff. – Hält er Popper entgegen seinem Selbstverständnis für einen logischen Empiristen?

wissenschaft zu vereinbaren sind. Doch könnte diese Schwierigkeit vielleicht durch Einschränkung der philosophischen Ansprüche behoben werden[40]. Anders steht es mit dem unverzichtbaren Anspruch der von Chomsky begründeten Linguistik, die in der *Sprachkompetenz* liegenden Teil-Bedingungen des Sprachverhaltens, d. h. der Produktion und des Verstehens von Sprachäußerungen, zu thematisieren. Man sollte annehmen, daß an dieser Stelle der sozialwissenschaftliche Charakter der Linguistik sich insofern bemerkbar machen muß, als die Frage nach der *Regelbefolgung* durch die menschlichen Subjekt-Objekte der Linguistik aktuell wird. Zumal bei der Frage nach der empirischen Überprüfung der Regel-Hypothesen der Transformationsgrammatik müßte die, von Winch für alle Sozialwissenschaften postulierte, Bedingung der prinzipiell möglichen Teilnahme von Subjekt und Objekt der Wissenschaft an einem gemeinsamen »Sprach-Spiel« in irgendeiner Form relevant werden.

Dies scheint mir auch tatsächlich der Fall zu sein. Freilich muß man sich über den komplexen Sonderstatus der Linguistik *zwischen* den erklärenden und den verstehenden Wissenschaften Klarheit verschaffen, bevor man mit falschen Erwartungen an Chomskys Methodologie herangeht. Es geht ja in der Linguistik qua Wissenschaft von der Sprach-Kompetenz des Menschen – der Sprachkompetenz überhaupt und der Sprachkompetenz im Sinne besonderer Sprachen – nicht um das ad hoc-»Verstehen« einzelner Sprachäußerungen, etwa um Textinterpretation im Sinne der Literaturwissenschaft; es geht auch nicht um das Verständnis der individuellen Sprecherstrategien, wie sie in der Tradition der artes sermonicales von der Rhetorik gelehrt wurden. Es geht vielmehr um »Beschreibung« und – nach Chomsky – um »Erklärung« wesentlicher *Teil-Bedingungen* solchen »Verstehens«: nämlich der beim Verstehen wie beim Spre-

---

40 Das würde freilich bedeuten, daß die von Bierwisch vertretenen Ansprüche einer linguistischen *Begründung* der Logik aufgegeben werden müssen; denn die Logik kann gewiß nicht durch eine explanative, empirisch überprüfbare Theorie – welche notwendigerweise die Logik voraussetzt – *begründet* werden. – Chomskys Argumentation gegen Putnams These, daß die Sprach-Universalien – z. B. die »Phrasenstruktur« der »Basis« als einfachster Algorithmus für jedes mögliche Computing-System« – nichts Erstaunliches, sondern eher *denknotwendig* seien, zeigt, daß *er* darauf Wert darauf legt, eine *empirisch relevante* Hypothese über die Ursachen der menschlichen Sprachfähigkeit und damit über die Struktur aller Sprachen zu vertreten. Vgl. Chomsky 1959, S. 78 ff.; vgl. ebda. S. 62 u. 85.

chen bzw. Schreiben großenteils unbewußt befolgten Regeln einer im Sozialisationsprozeß internalisierten Grammatik. Es geht nach Chomsky weiterhin auch um die *Erklärung* von Teil-Bedingungen der Internalisierung selbst qua Spracherwerb. Was in diesem Zusammenhang durch die Hypothese von den angeborenen Dispositionen *erklärt* werden soll (z. B. die Möglichkeit einer relevanten Grammatik-Konstruktion durch das Kind aufgrund der Annahme einer Initialrestriktion und die Möglichkeit der sukzessiven Selektion der optimalen Konstruktion durch eine Bewertungsfunktion), ist selbst für das unbewußte Befolgen der grammatischen Regeln (einschließlich der Transformationsregeln) schon als anthropologische *conditio sine qua non* vorausgesetzt. Die Annahme der unbewußten Regelbefolgung soll dann ihrerseits das kreative Produzieren und Verstehen wohlgeformter und sinnvoller Sätze »erklären«. Von *Erklärung* läßt sich auch hier reden, insofern *theoretisch begründete Voraussagen* über die Struktur aller grammatisch richtig gebildeten Sätze möglich werden. Dennoch liegt in der unvermeidlichen Annahme der *Auswahl* und *Befolgung* der hypothetisch unterstellten Regeln durch die Menschen als *Sprecher* und *Versteher* ein wissenschaftstheoretisches Problem, das nicht allein im Sinne der *Logic of Science* aufgelöst werden kann.

Die *Regeln* der Grammatik, wie unbewußt auch immer die Menschen sie befolgen mögen, werden auf keinen Fall so befolgt wie etwa die *Gesetze* der Gravitation von fallenden Steinen oder von Himmelskörpern. Sie müssen auch in den Fällen als die *normativ gültigen* Regeln *verstanden* werden, in denen sie *de facto* nicht oder falsch befolgt werden, – in solchen Fällen also, in denen eine Bestätigung durch sog. »Beobachtung« vorausgesagter Daten nicht erfolgen kann. Woran liegt es, daß der Sprachtheoretiker auch in solchen Fällen Gründe haben kann, an seiner Grammatik-Theorie festzuhalten? – Welche Auffassung der menschlichen »Sprachkompetenz« setzt ihn dazu in Stand?

Bei Steinen oder Himmelskörpern hat es im Grunde gar keinen Sinn, von einer *Regelbefolgung* zu sprechen, da hier von einer *Nichtbefolgung* (d. h. einer *Durchbrechung*) der Regeln ebensowenig die Rede sein kann wie von einer *falschen Befolgung*. Statt dessen würde man in dem Falle, wo das Verhalten der Naturkörper nicht mit den unterstellten Verhaltensregeln oder Naturgesetzen übereinstimmt, diese *Regeln selbst als falsch* betrachten oder weitere

Regeln für die Erklärung des abweichenden Verhaltens heranziehen, die mit den zuerst unterstellten einen konsistenten naturgesetz-
lichen Zusammenhang bilden müssen. So verfährt indessen der Linguist nur dann, wenn er *aufgrund der Kommunikation mit dem
kompetenten Sprecher* Grund zu der Annahme hat, daß seine Regel-
hypothese mit der vom Sprecher als Norm befolgten Regel nicht
übereinstimmt. In anderen Fällen wird er dagegen – wiederum aufgrund einer Kommunikation mit dem kompetenten Sprecher – zu
dem Schluß gelangen, daß der Sprecher die zurecht unterstellte
Regel nicht oder *nicht richtig* befolgt hat oder befolgen *konnte*. An
dieser Stelle nun hat er wiederum zwei Möglichkeiten[41] einer weiteren »Begründung« seines Befundes: er kann Naturgesetze zur *Erklärung* einer sprachlichen *Fehlleistung* heranziehen, oder er kann
– aufgrund der mit dem Sprecher geteilten Sprachkompetenz – eine
absichtliche, gerade aufgrund der unterstellten Regel selbst noch
verständliche, *Abweichung* von der Regel konstatieren.

Die zuletzt angedeutete Möglichkeit führt auf eine weitere Perspektive des Vergleichs der naturwissenschaftlichen und der linguistischen Problem-Situation: Nicht nur ist Regel-Befolgung als quasi-
objektives Verhalten prinzipiell von gesetzmäßig determiniertem
(auch statistisch determiniertem) Verhalten zu unterscheiden: auch
die Art der praktischen Anwendungen, die wir von der theoretischen Erkenntnis der Naturgesetze machen – selbst ein Fall versteh-
barer Regelbefolgung –, ist sehr verschieden von der – intuitiven
oder linguistisch reflektierten – Anwendung unserer Kenntnis der
grammatischen Regeln. Im ersteren Fall liegt die praktische Anwendung in der technischen Ausnutzung unserer Kenntnis unveränder-
licher, d. h. von uns nicht zu durchbrechender Gesetze (nach dem
Motto: *natura nonnisi parendo vincitur*). Im Fall der Sprachkompetenz jedoch liegt die praktische Anwendung in der von Chomsky
selbst so genannten »rulegoverned« und »rulechanging creativity«
unseres Sprachverhaltens: Wir können in der Tat die grammatischen
Regeln als etwas behandeln, zu dem wir Stellung nehmen, das wir
sorgfältig befolgen, das wir aber auch verändern, ja sogar bewußt
verletzen können, wie das z. B. im ironischen, im poetisch-metapho-
rischen und im philosophisch-spekulativen Sprachgebrauch geschieht.

41 Ich sehe hier von der Möglichkeit einer dialektischen Vermittlung der »Erklärung« und
des »tiefenhermeneutischen Verstehens« von sinnvollen Fehlleistungen, wie sie für die
psychoanalytische Methode charakteristisch ist, einmal ab. – Vgl. dazu Apel 1965 u. 1968b.

(Es könnte hier eingewendet werden, daß wir die von Chomsky als
»Universalien« unterstellten Regeln nicht ändern können. Dazu
wäre m. E. folgendes zu bemerken: Sofern es sich hier nur um die
sog. »substantiellen« Universalien handelt (z. B. R. Jakobsons
»distinktive Merkmale« der Phonologie und das analog konzipierte
universale Repertoire »semantischer Merkmale«), ist immer noch ein
Spielraum der »unbewußten Auswahl« aus diesem Repertoire für die
Erlernung einer bestimmten Sprache mitvorauszusetzen, und dementsprechend bleibt auch ein Spielraum der pragmatisch-kommuni-
kativ bedingten geschichtlichen Regel-Veränderung bestehen. Sofern es sich aber um die sog. »formalen« Universalien handelt (z. B.
um die »Transformationsregeln« überhaupt und den sog. »Trans-
formationszyklus« der Phonologie insbesondere), handelt es sich in
der Tat um »Gesetze« im Sinne einer *explanativen* Theorie der
»conditiones sine qua non« der menschlichen Sprachfähigkeit. Sogar
in diesem Fall könnte es jedoch zweckmäßig sein, von »Quasi-Ge-
setzen« zu sprechen. Wenn es nämlich richtig ist, daß die »formalen
Universalien« der menschlichen Sprache nicht *denknotwendig* sind
(so Chomsky gegen Putnam[42]), und wenn es, wie Chomsky vermutet[43], möglich ist, gerade aufgrund der Kenntnis der »formalen Universalien« solche Sprachen zu konstruieren, die nicht an sie gebunden und daher von Kindern nicht oder nur sehr schwer zu erlernen
sind, dann könnten wir sogar mit diesen Naturgesetzen der menschlichen Sprachfähigkeit etwas tun, was wir mit echten Naturgesetzen
nicht tun können: wir könnten sie als »Regeln« (Quasi-Normen!),
die abgeändert bzw. nicht befolgt werden, gewissermaßen *vor uns*
bringen. Naturgesetze können wir durch Erkenntnis nicht in dieser
Weise als Regeln *vor uns* bringen; denn wir müssen sie gerade dann
als unveränderlich unterstellen, wenn wir technische Nutzanwen-
dungen aus ihrer Kenntnis ziehen.)
Auch hier zeigt sich also der schon angedeutete Funktions-Unter-
schied von grammatischen *Regeln* und *Naturgesetzen*. Weder die
Naturkörper noch wir Menschen können zu Naturgesetzen ein Verhältnis der Befolgung oder Nicht-Befolgung gewinnen. Anders gesagt: Sowohl das Verhältnis der Naturkörper zu den Naturgesetzen
wie unser technologisches Verhältnis zu den unverletzbaren Naturgesetzen ist von unserem Verhältnis zu befolgbaren (oder nicht

42 Vgl. Chomsky 1969.
43 Vgl. Chomsky 1968; vgl. oben S. 275.

befolgbaren) Regeln scharf zu unterscheiden. Insofern ist es völlig
abwegig, Chomskys Rede von der unbewußten Kenntnis (»tacit
knowledge«) der grammatischen Regeln dadurch ad absurdum führen zu wollen, daß man – wie N. Goodman[44] – die Regel-Kompetenz mit der Fähigkeit eines Steines, genau in Richtung auf den
Mittelpunkt der Erde zu fallen, vergleicht. Irreführend ist aber auch
der von G. Harman in gleicher Absicht angezogene Vergleich der
grammatischen Regel-Kompetenz mit der Fähigkeit des Radfahrens[45]. Im Falle der Gravitation ist der Unterschied evident; aber
auch im Falle des Radfahrens als einer leibhaften Geschicklichkeit
ist zumindest das von Harman reflektierte *Verhältnis zur Mechanik*
nicht mit der grammatischen Regel-Kompetenz zu vergleichen. Den
mechanischen Gesetzen gehorcht das Verhalten des Radfahrers auch
dann, wenn er vom Rad fällt, während ein Sprecher, dem es nicht
gelingt, einen Satz zu formulieren, oder der absichtlich einen irregu-
lären Satz produziert, die Regeln der Grammatik nicht befolgt.
Damit hängt der folgende Unterschied zusammen, der unmittelbar
Chomskys Problem der »tacit knowledge« berührt: Von jedem
kompetenten Sprecher wissen wir, daß er sein Können im Sinne
korrekter Regelbefolgung bis zu einem gewissen Grad in Aussagen
über den rechten bzw. falschen Sprachgebrauch bewußt machen
kann; beim Radfahrer hat die Bewußtmachung der Gesetze der Mechanik unmittelbar nichts mit einer Bewußtmachung seines Könnens
zu tun. Eine Bewußtmachung des Könnens erfolgt allenfalls in den
Reflexionen eines Sportler-Trainers auf die Kunst des Radfahrens.
Diese aber besteht in der *technisch* (zweckrational) *geschickten* Ausnutzung der mechanischen Gesetze, nicht aber in der richtigen
Befolgung von quasi-institutionellen Spielregeln oder Normen.
Angesichts der unbestreitbaren Fähigkeit jedes kompetenten Sprechers, seine Regelbefolgungs-Kompetenz in metasprachlichen Aussagen zu thematisieren, erscheint es daher verständlich, daß Chomsky
Harmans Vergleich für irrelevant erklärt und es auch ablehnt, sich
in seiner Terminologie auf die Rylesche *Disjunktion* von »knowing
how« und »knowing that« festlegen zu lassen[46].
Kurz: die *Regeln der Grammatik*, mögen sie auch von jedem Menschen aufgrund eines angeborenen instinkthaften Mechanismus, aus

44 Vgl. Goodman 1967, S. 105.
45 Vgl. Harman 1967, S. 81, vgl. Harman 1969.
46 Chomsky 1969, S. 87.

einer Klasse möglicher Regelsysteme quasi-automatisch herausselegiert worden sein, sind doch zugleich als Bestandteil sozialer *Normen*, u. d. h. im Sinne eines *Norm-Bewußtseins*, internalisiert worden. (Wenn Chomsky betont, daß der Spracherwerb weder aufgrund von »Konditionierung« bedingter Reflexe im Sinne Skinners noch aufgrund einer »Abrichtung« im Sinne Wittgensteins erfolgen kann[47], so hat diese Bemerkung wissenschaftstheoretisch zwei Pointen: Einerseits richtet sie sich gegen die Zufälligkeit eines empiristisch gedachten Lernprozesses und betont dagegen den rationalen Systemcharakter der angeborenen Voraussetzungen des Spracherwerbs; andererseits richtet sie sich gegen den naturalistischen Charakter der Konditionierungsvorstellung und versteht Spracherwerb eher im Sinne Platons und Leibniz' als einen maieutisch angeregten Prozeß der »Wiedererzeugung«[48] (und in einem gewissen Sinn der Wieder-Erinnerung) von Ideen qua Normen.)

Die methodologische Unentbehrlichkeit eines Norm-Bewußtseins bestätigt Chomsky durch die Einführung der Begriffe »Grammatikalität« und »Akzeptabilität«[49]. Zwar handelt es sich erst bei der »Akzeptabilität« von »Äußerungen«[50] um einen Begriff, der eine soziale Norm der Sprachverwendung (der »Performanz«) beschreibt, wobei zahlreiche über die grammatische »Kompetenz« hinausgehende pragmatische Bedingungen zu berücksichtigen sind. Nichtsdestoweniger ist die »Grammatikalität« von »Sätzen« eine wesentliche Teilbedingung der »Akzeptabilität«, die selbst schon vom »kompetenten Sprecher« im Sinne einer – gewissermaßen abstrakten – *sozialen Norm* muß reflektiert werden können, wenn sie überhaupt als Regel soll befolgt werden können. Denn diese Einsicht Wittgensteins scheint unumstößlich: »Einer allein und nur einmal« kann nicht einer Regel folgen. Man kann von Regelbefolgung nur sinnvoll reden aufgrund eines öffentlichen Sprachspiels, innerhalb dessen sie *prinzipiell* von jedem Teilnehmer aufgrund öffentlicher Kriterien kontrolliert werden kann. Will man daher die »unbewußt« (im Sinne des »tacit knowledge«) befolgten Regeln der Grammatik – womöglich sogar die nach Chomsky von jedem Kind befolgten universalen Regeln der Grammatikkonstruktion – über-

47 Vgl. Chomsky 1965 (1970), S. 73.
48 Chomsky 1965 (1970), S. 39 u. 73.
49 Vgl. Chomsky 1965 (1970), S. 23.
50 Über den Unterschied von systembedingten »Sätzen« und »Äußerungen« vgl. Bar-Hillel 1970, S. 364 ff.

haupt »Regeln« nennen, so müssen sie sich zumindest auch »von
oben«, d. h. von den im Rahmen des Sprachspiels befolgten (oder
nicht befolgten) Regeln her denken lassen. Und nur insofern können
die von Chomsky als »tacit knowledge« unterstellten Regeln der
Grammatik durch den »kompetenten Sprecher« überhaupt bestätigt
werden.

Aus diesen Überlegungen scheint aber nun zu folgen, daß die Linguistik im Sinne Chomskys doch eher dem dritten als dem zweiten
Typ der Wissenschaftstheorie entsprechen muß. Es kann sich – so
scheint es nach dem Vorausgehenden – in der Linguistik nicht um
eine *bloß* explanative Theorie handeln, die theoretische Begriffe,
Konstrukte und Gesetzeshypothesen gewissermaßen von außen an
ihren stummen Gegenstand heranträgt und die Richtigkeit dieser
theoretischen Ansätze durch gezielte Beobachtungen überprüft. Der
sog. Gegenstand muß vielmehr bei der Bestätigung bzw. Falsifikation der Regelhypothesen in irgendeiner Form *mitsprechen* können.
Diese Vermutung wird nun durch Chomsky zum Teil bestätigt, zum
Teil auch nicht. Entscheidend bestätigt wird sie m. E. durch die oft
wiederholte These, daß die *Intuition des kompetenten Sprechers* eine
letzte, nicht zu hintergehende Entscheidungsinstanz bei der empirischen Überprüfung der »Beschreibungsadäquatheit« der Sprachwissenschaft darstellt[51]. Diese These entspricht m. E. als prinzipielle Einsicht dem nicht naturwissenschaftlichen Aspekt der Linguistik und
kann daher auch nicht morgen oder übermorgen durch fortgeschrit-
tenere Methoden der Beobachtung bzw. Messung außer Kraft gesetzt werden[52]. Sie darf freilich nicht so ausgelegt werden, als ob das,
was ein Sprecher über seine Sprache zu sagen weiß, ohne weiteres
seine Sprachkenntnis im Sinne der Kompetenz repräsentieren und
insofern maßgeblich sein könnte[53]. (Diese Voraussetzung trifft ja in
keiner Sozial- oder Geisteswissenschaft zu: Auch eine Dichteraus-
legung in der Literaturwissenschaft kann nicht durch Interviews mit

---

51 Vgl. z. B. Chomsky 1964, S. 26, 1965 (1970), S. 32 ff., bes. S. 35 u. 43. (Hier schreibt
Chomsky sogar dem »Kind, das eine Sprache erlernt«, die »intuitive Kenntnis« der
Sprachuniversalien zu.)
52 In seiner Verteidigung gegen Henry Hiz scheint Chomsky zunächst eine derartige
Möglichkeit zugeben zu wollen, fährt dann aber fort: »Obviously, any such procedure
would first have to be tested against the introspective evidence. If one were to propose
a test for, say, grammaticalness, that fails to make the distinctions noted earlier in the
proper way, one would have little faith in the procedure as a test for grammaticalness.«
(Chomsky 1969, S. 81 f.)
53 Vgl. Chomsky 1969, S. 82 f.

dem Autor über seine sog. Intentionen *ersetzt* werden.) Die *herme-neutische* Kommunikation mit dem Menschen als dem in seinem Verhalten zu verstehenden Subjekt-Objekt der *Wissenschaft* muß insofern *methodisch* vermittelt sein, als sie nach Mitteln und Wegen suchen muß, den Text-Sinn oder den Verhaltens-Sinn (oder die befolgten Verhaltens-Regeln) gewissermaßen auf der Linie eines virtuellen idealen Selbstverständnisses der Menschen freizulegen[54]. (**Bei** diesem zweifellos schwierigen Geschäft[55] können durchaus quasi-naturalistisch erklärende Methoden eingesetzt werden, um ein falsches – z. B. ideologisches – Selbstverständnis zu »entlarven«. Aber gerade in dem Begriff der »Entlarvung« kommt zum Ausdruck, daß prinzipiell eine Kommunikation mit dem Subjekt-Objekt hergestellt werden muß, es dürfen ja – wie früher betont – in den Sozialwissenschaften, im Gegensatz zu den Naturwissenschaften, keine Begriffe für eine Verhaltenserklärung benutzt werden, die *prinzipiell* nicht von den Objekten qua Menschen in ein vertieftes Selbstverständnis umgesetzt oder »aufgehoben« werden könnten.)

Genau an dieser Stelle zeigt sich aber nun die wissenschaftstheoretische Zweideutigkeit der Sprachtheorie Chomskys, wenn man ihren Anspruch der »Erklärungsadäquatheit« ins Auge faßt, auf dem zweifellos das spezifische Pathos Chomskys ruht. Auf der einen Seite betont er zwar, daß seine Bestätigungsinstanz der ideale Sprecher-Hörer im Sinne der grammatischen Kompetenz ist – darin *könnte* man eine Bestätigung meines Idealisierungspostulats im Sinne des dritten Typs der Wissenschaftstheorie sehen. Auf der anderen Seite bringt er aber wiederholt seine Überzeugung zum Ausdruck, daß der abstrakte Regel-Mechanismus, mit dessen Hilfe nicht nur die Erzeugung von Sätzen im Sinne einer bestimmten Grammatik, sondern darüber hinaus die Auswahl bzw. Konstruktion der Grammatik selbst »erklärt« werden soll, prinzipiell nicht durch In-

54 Vgl. Chomsky 1965 (1970), S. 36 ff., bes. S. 39. Nach dieser Erörterung ist allerdings nicht einzusehen, inwiefern die von Henry Hiz aufgeworfene Frage, wie man methodisch an die wirkliche Sprachkenntnis eines Sprechers bzw. Hörers herankommt, für Chomskys Bestimmung der Kompetenz zum Gegenstand der Linguistik irrelevant sein soll. Vgl. Chomsky 1969, S. 81 f.
55 Es ist wohl richtig, wie Chomsky mehrfach hervorhebt, daß die Beschaffung zuverlässiger Daten auf der Basis der Intuition des kompetenten Sprechers in der Linguistik relativ geringe Schwierigkeiten bereitet – verglichen mit den Schwierigkeiten der Theoriebildung. Ganz anders verhält es sich natürlich in solchen Sozialwissenschaften, in denen es auf das adäquate Verständnis singulärer Äußerungen ankommt.

trospektion bewußt gemacht werden könne[56]. Insofern handelt es
sich bei der Chomskyschen Theoriebildung also nicht um eine tiefen-
hermeneutische »Quasi-Erklärung« im Sinne der Psychoanalyse[57],
sondern um eine rekonstruktive Theoriebildung, deren Richtigkeit
allenfalls, wie diejenige der Mathematik, durch maieutisch provo-
zierte »Anamnesis« im Sinne Platons überprüft werden kann[58].
Chomskys Selbstverständnis zufolge handelt es sich um eine mathematische *Modell*-Konstruktion, welche die einzelnen möglichen
Grammatiken lediglich als »theoretische Konstrukte« in sich enthält. Durch diese Konstrukte wird »eine Erklärung für die Intuition
des Sprechers« angestrebt, die weit über jedes mögliche Sprach-Be-
wußtsein desselben hinausgeht, »und zwar auf der Basis einer empirischen Hypothese über die angeborene Prädisposition des Kindes,
eine bestimmte Art von Theorie zu entwickeln, um das ihm offerierte Material zu verarbeiten«[59]. Faßt man die mathematische
Struktur der von Chomsky projektierten Theoriebildung genauer
ins Auge (nämlich die Aufzählungspostulate für a) mögliche Sätze,
b) mögliche Strukturbeschreibungen dieser Sätze, c) mögliche generative Grammatiken, d) die Forderungen einer Zuordnungsfunk-
tion, die jedem Satz seine Strukturbeschreibung durch eine be-

56 Vgl. z. B. 1968 (1970), S. 75; vgl. ferner die folgende ausführliche Stellungnahme in
Chomsky 1968: »I would want to use ›knowledge‹ in the sense in which Leibniz uses it:
as referring to unconscious knowledge, principles which form the sinews and connections
of thought but which may not be conscious principles, which we know must be functioning
although we may not be able to introspect into them. The classical rationalist's view is
that there are many principles which determine the organisation of knowledge which we
may not be conscious of. You can think of these principles as propositional in form,
but in any event they're not expressible. You can't get a person to tell you what these
principles are. Incidentally, I think that the rationalists didn't go at all far enough: in
fact the one fundamental mistake that I think is made by the Leibnizian theory of mind
is its assumption that one could dredge out these principles, that if you really worked
hard at it and introspected, you could bring to consciousness the contents of the mind.
I don't see any reason to believe that sinews and connections of thought, in Leibniz's
sense, are even in principles to be available to introspection than there is to suppose that
the principles that determine visual perception should be accessible to introspection –
the principles, as in the case of Descartes's example, that make us see a certain irregular
figure as a distorted triangle.« – Bei diesem Vergleich der grammatischen Prinzipien mit
den Prinzipien der räumlichen Anschauung bleibt indessen der Umstand, daß die einzelsprachliche Kompetenz auf dem Wege einer »Internalisierung« sozialer Normen erworben
werden muß, unberücksichtigt. Vgl. dazu unten S. 295 ff.
57 Vgl. hierzu auch Nagel 1969, S. 175 f.; zum Begriff der tiefenhermeneutischen Quasi-
Erklärung vgl. auch Habermas 1967, S. 262 ff., Apel 1965 und 1968.
58 Vgl. Chomsky 1965 (1970), S. 39.
59 Vgl. Chomsky 1965 (1970), S. 41.

stimmte Grammatik zuordnet, und e) die Forderung einer Bewertungsfunktion, die eine bestimmte Grammatik aus den möglichen Alternativen aussondert)[60], so könnte es sogar scheinen, als sollte die Transformationsgrammatik primär nicht menschliches Sprach-Verhalten erklären, sondern als Teil der Theorie endlicher Automaten und damit der Algebra linguistische Computerprogramme entwerfen[61]. In diesem Falle würde jedoch das experimentum crucis für die Transformationsgrammatik als linguistischer Theorie in der Möglichkeit einer erfolgreichen Simulierung des Sprachverhaltens durch Computer liegen. Der Erfolg einer solchen Simulierung aber könnte letztlich nur durch Einbeziehung der Computer in eine erfolgreiche Kommunikation mit den kompetenten Sprechern nachgewiesen werden. Die Aussichten eines solchen Unternehmens angesichts der »Unentscheidbarkeitstheoreme«, die letzten Endes ein Ausdruck der nicht formalisierbaren Selbstreflexivität des menschlichen Sprachdenkens sein dürften[62], sollen hier nicht diskutiert werden.

Aber auch unabhängig von der Frage, ob eine Simulation der menschlichen Sprachkompetenz durch Automaten möglich ist: schon allein der Umstand, daß solche Automaten als Modelle der generativen linguistischen Theoriebildung ins Auge gefaßt werden, spricht nicht so eindeutig, wie manche glauben, für den im Sinne der »Logic of Science« *explanativen* Charakter der generativen Theoriebildung. Die Konstruktion und Programmierung abstrakter Automaten ist ja, nicht anders als die Konstruktion von formalisierten Kalkülsprachen, als indirektes Verfahren einer Rekonstruktion der menschlichen Regel-Kompetenzen anzusehen. M. a. W.: Die wissenschaftstheoretische Pointe der mathematischen Linguistik als Teil der Theorie endlicher Automaten liegt nicht so sehr in der mechanistischen Erklärung voraussagbarer Fakten als in der normativ richtigen Objektivierung möglicher Paradigmata grammatischer Regelkonstruktion und Regelbefolgung. Daß es sich so verhält, zeigt der Versuch einer semantisch-pragmatischen Interpretation der eigentümlichen, zweistufigen Struktur der Chomskyschen Theoriebildung. Diese kann einerseits als universale Theorie der menschlichen Sprachkompetenz betrachtet werden, welche alle möglichen Grammatiken als »theoretische Konstrukte« in sich enthält. Insofern han-

60 Vgl. Chomsky 1965 (1970), S. 48 f.
61 Vgl. Chomsky 1961; vgl. dazu Klüver 1971. – Vgl. dagegen allerdings Chomsky 1964, S. 25.
62 Vgl. G. Frey 1965.

delt es sich um eine explanative Theorie, welche die unter speziellen
Randbedingungen geltenden Gesetze der Einzelgrammatiken aus
einem universalen Gesetz ableitet. Die universale Sprachtheorie
kann aber auch als »Metatheorie« der Einzelgrammatiken betrachtet
werden, wobei letztere wiederum nach Chomsky nicht nur als linguistische Theorien, sondern auch als mögliche – im Spracherler-
nungsprozeß durch das Kind realisierbare – Spezialisierungen der
menschlichen Sprachkompetenz betrachtet werden können. Folgt
man dieser letzteren Perspektive, so erscheint die in der universalen
Theorie vorgesehene »Bewertungsfunktion« als *objektivierende
Rekonstruktion* der Fähigkeit des Kindes, anhand der – selbst noch
zu bewertenden, da oft deformierten oder irrelevanten – Sprachdaten, die ihm angeboten werden, in sukzessiver Folge von Konstruktion und Selbstkorrektur, die *normativ adäquate* Grammatik
aus den möglichen Grammatiken herauszufinden. D. h.: die Metatheorie hat der vom Kind unbewußt zu leistenden Theoriebildung
gegenüber eine *normative* Funktion, wie sie bei wissenschaftlichen
Theoriebildungen der *Methodologie* zukommt. Eine derartige »Bewertungsfunktion« ist normalerweise – d. h. im Falle der Naturwissenschaft – nicht Bestandteil einer empirisch-analytischen Theorie,
sondern vielmehr Aufgabe der *normativen Logik der Forschung* als
Metatheorie kreativer Theoriebildung. Daß es sich in der Linguistik
anders verhalten kann, wird allerdings verständlich, wenn man bedenkt, daß Chomsky die menschliche Sprachkompetenz als unbewußte Vorstufe der linguistischen Theoriebildungskompetenz ansieht[63]. Ihre empirisch-analytische »Erklärung« muß daher zugleich
den Charakter einer *normativen Rekonstruktion* des im Subjekt
und im Objekt der Theoriebildung identischen Vermögens der
Theoriebildung besitzen.

Freilich hat diese Rekonstruktion sich an empirisch nachweisbare
»Restriktionen« der überhaupt möglichen und der im Sinne einer
Einzelsprache möglichen Formations- und Transformationsregeln
der Grammatik zu halten. Hierin – so scheint es – ist der *empirisch-
analytische* Charakter der Chomskyschen Theorie als einer falsifi-
zierbaren Erklärungshypothese im Sinne des kritischen Rationalismus begründet. Aber selbst noch die empirische Bestätigung dieses
substantiellen Kerns der explanativen Theorie – der Nachweis der
»formalen« und »substantialen Universalien« als anthropologischer

---

63 Vgl. Chomsky 1969, S. 63.

Charakteristika der Sprachkompetenz im Sinne Chomskys – ist methodologisch an die für alle hermeneutische Rekonstruktion vorausgesetzte Kommunikation zwischen Subjekt und Objekt der Wissenschaft gebunden. Tatsächlich scheint die linguistische Theoriebildung im Sinne Chomskys eine zweifache Aufgabe zu erfüllen. Einerseits erlaubt sie eine aus Gesetzeshypothesen und Antezedenzbedingungen ableitbare Prognose der Struktur, die alle richtig gebildeten Sätze tatsächlich aufweisen. Insofern ist sie eine *explanative* Theorie. Mit dieser Erklärung und Voraussage der Struktur aller richtig gebildeten Sätze koinzidiert aber eine *rekonstruktive Erhellungsfunktion* hinsichtlich der möglichen normativen Richtigkeit grammatischer Sätze in menschlichen Sprachen. Nur diese letztere Funktion kann, streng genommen, aufgrund der sog. *Introspektion* des kompetenten Sprechers bestätigt werden. Um dieser Bestätigung willen aber muß die generative Linguistik die von der »Logic of Science« geforderte Trennung von Subjekt und Objekt der Wissenschaft aufheben[64]. Da nun diese Aufhebung der Subjekt-Objekt-

---

64 Klaus Heger (1971b, S. 9 ff.) hat im Anschluß an N. Ruwet (1967, S. 18, 50–51 und 390–91) einen Vergleich zwischen Saussures Disjunktion von *langue* und *parole* und Chomskys Disjunktion von *competence* und *performance* angestellt. Dabei wendet er sich, wenn ich recht verstehe, mit Ruwet gegen eine – von diesem Saussure zugeschriebene – Auffassung, welche den in Chomskys »competence«-Begriff enthaltenen »aspect créateur« in die *parole* verlegt und die *langue* statisch-taxonomisch versteht; gleichwohl sieht er den entscheidenden Vorzug des »langue«-Begriffs vor dem »competence«-Begriff in dem Umstand, daß der erstere ausschließlich auf die *Objektsprache* beschränkt ist, während der letztere die Forderung zu implizieren scheint, *metasprachliche Aussagen* (Urteile) des kompetenten Sprechers als Verifikations- bzw. Falsifikations-Instanzen für eine Beschreibung der Kompetenz zu berücksichtigen. Gegen diese Forderung, die von Ruwet ausdrücklich erhoben wird, beruft sich Heger auf E. Coseriu (1968, S. 274 f.), der gegen die *generative Grammatik* einwendet, daß der Grammatikalitätsbegriff »debe justificarse por la lengua misma, . . . y no por los juicios de los hablantes«.
Im Lichte unseres wissenschaftstheoretischen Bezugssystems scheint mir hier eine prinzipielle Schwierigkeit vorzuliegen: Einerseits soll nicht bestritten werden, daß es möglich und wünschenswert ist, zwischen Objektsprache und Metasprache zu unterscheiden und als Ziel-Objekt oder Thema der linguistischen Beschreibung die Objektsprache zu verstehen; insofern können metasprachliche *Aussagen* (die natürlich als sprachliche *Äußerungen* auch Manifestation der beschriebenen Objektsprache sein können) letztlich nicht maßgeblich für die Geltungs-»Rechtfertigung« der Beschreibung sein. Diese Unterscheidung kann m. E. auch vom »competence«-Begriff her zugestanden, ja sogar gefordert werden; denn die *Kompetenz* des »native speakers« besteht ja nicht in dem, was er über seine Sprache weiß, sondern in seiner *Sprach-Beherrschung*, die allenfalls als »implizites« Wissen über die Sprache charakterisiert werden kann (wenn man mit Chomsky davon ausgeht, daß der Rylesche Dualismus von »knowing how« und »knowing that« in diesem Fall prinzipiell überbrückt werden kann). – Auf der anderen Seite vermag ich jedoch nicht zu sehen, wie eine linguistische Beschreibung – sei es der *Kompetenz*, sei es der *langue* (wenn

Trennung durch Kommunikation identisch ist mit der Einbeziehung der Selbstreflexion in das methodische Verfahren der Wissenschaft, so könnte unter dieser Voraussetzung auch verständlich werden,

die letztere als »Dynamis« im Sinne der »rule-gouverned creativity« verstanden werden soll) – überhaupt empirisch überprüft werden soll, wenn keinerlei metasprachliche Äußerungen als – gewissermaßen kritisch zu würdigende – Verifikations- bzw. Falsifikationsinstanzen zugelassen werden.

In diesem Fall würden ja nicht nur *Akzeptierbarkeits*-Bejahungen oder Verneinungen (zumal für ungewöhnliche und daher besonders bewährungsrelevante Satz-Generationen) auf Seiten der Nicht-Linguisten, sondern darüber hinaus auch alle entsprechenden – lautlosen! – Bejahungen oder Verneinungen durch das Sprachgefühl des Linguisten selbst ausgeschaltet. M. a. W.: Die Trennung von Objektsprache und Metasprache in dem Sinn, daß keinerlei *Kommunikation* zwischen beiden zugelassen wird, sondern nur *Beschreibung* der ersteren mit Hilfe der letzteren, wäre nur dann möglich, wenn die linguistisch zu beschreibenden Tatbestände nicht nur bei Anderen, sondern auch für den kompetenten Sprecher selbst *wie physiologische Daten* beobachtet bzw. erinnert werden könnten. So aber sind Sprach-*Regeln* als Verhaltens-*Regeln* – die von Anderen befolgten *und* die von uns selbst befolgten – für uns gerade nicht gegeben: sie erschließen sich nur einer *Besinnung*, in der sich der kompetente Sprecher mit sich selbst über die geltenden Regeln eines Sprach-Spiels zu *verständigen* und sein »knowing how« in ein »knowing that« umzusetzen versucht. Daraus folgt m. E., daß der Linguist, ob er nun auf fremde »Informanten« oder auf sog. »Introspektion« (ein denkbar unglücklicher Terminus, der »Selbstbeobachtung«, im Gegensatz zu »Fremdbeobachtung«, suggeriert!) sich stützt, gar nicht umhin kann, zum »metasprachlichen Begleitbewußtsein« (Heger) des Subjekts der Sprachkompetenz in *kommunikativen* Kontakt zu treten und, über dieses vermittelt, die *langue* bzw. die *Kompetenz* selbst zum Gegenstand der Forschung zu machen. Er kann sehr wohl die wissenschaftliche Erkenntnis der *langue* selbst (bzw. der *Kompetenz* selbst) gegen oberflächliche metasprachliche Aussagen der kompetenten Sprecher im Sinne empirischer Kritik ausspielen, aber selbst diese Kritik ist prinzipiell auf mögliche metasprachliche Bestätigung durch die kompetenten Sprecher bezogen.

Daß die methodologische Anerkennung dieser Tatbestände auf Widerstand stößt, kann im Licht der wissenschaftstheoretischen Hintergründe nicht überraschen. Die Forderung einer strikten Trennung (nicht nur Unterscheidung!) von Objektsprache und Metasprache der Wissenschaft wurde in der »analytischen Wissenschaftstheorie« zuerst ganz selbstverständlich mit dem Programm einer behavioristischen Reduktion aller Sozialwissenschaften verknüpft. Wer – wie z. B. Chomsky – dieses Programm für gescheitert hält, kann und braucht auch nicht auf der strikten Trennung von Objekt-Sprache und Meta-Sprache zu insistieren: er muß es m. E. mit dem schwierigeren Problem einer Unterscheidung von Objekt-Sprache und Meta-Sprache im Rahmen und mit Hilfe der metasprachlichen Selbstreflexion des Menschen auf seine Regel-Kompetenzen aufnehmen. Dieses Problem scheint mir charakteristisch zu sein für das, was man die *Subjekt-Objekt-Dialektik* im methodologischen Gegenstandsbezug der Sozialwissenschaften nennen kann (und m. E. nennen muß). – Es ist bemerkenswert, daß – im Gegensatz zu Chomsky selbst – sogar Fodor und Katz an den, zumindest quasi-behavioristischen, Voraussetzungen der szientistisch-reduktionistischen Wissenschaftstheorie festhielten und in ihrem Lichte sogar die Vertreter der »Ordinary Language Philosophy« davon zu überzeugen versuchten, daß deren »intuitives« Sprachwissen auf empirischen Beobachtungen und Generalisationen ähnlich denen der Physiologie beruhten. Die langjährige Auseinandersetzung zwischen ihnen und St. Cavell, R. Henson, Z. Vendler, J. R. Searle (vgl. die Dokumentation in C. Lyas, 1971) erbrachte m. E. gültige Ergebnisse auf der von uns angedeuteten Linie.

warum die generative Linguistik, im Gegensatz etwa zur Physik, ihre eigenen Bedingungen der Möglichkeit und Gültigkeit – zumindest partiell – zum Gegenstand machen kann, sofern sie auch nur die syntaktischen Universalien der menschlichen Sprachkompetenz aufzufinden vermag.

II. Syntaktik, Semantik, Pragmatik: sprachphilosophische Horizonte einer möglichen bzw. notwendigen Ergänzung des theoretischen Ansatzes von N. Chomsky

Die zuletzt angedeuteten Bedingungen der Möglichkeit und Gültigkeit der Linguistik lassen sich m. E. sehr viel deutlicher machen, wenn man nicht nur die *syntaktischen,* sondern darüber hinaus die *semantischen* und *pragmatischen* Voraussetzungen nicht nur der *Sprach-Verwendung,* sondern bereits der *Sprach-Kompetenz* berücksichtigt. Das läuft, wie zu zeigen ist, auf eine Ergänzung oder Erweiterung des Chomskyschen Begriffs der *Kompetenz* im Sinne des Begriffs der »kommunikativen Kompetenz« hinaus. Es wiederholt sich hier – mutatis mutandis – in der Entwicklung der generativen Linguistik eine innere Aporetik, die dem Philosophiehistoriker bereits aus der Entwicklung des Carnapschen Ansatzes von der »logischen Syntax« über die »logische Semantik« zum Postulat einer *konstruktiven Pragmatik* und andererseits aus der Entwicklung der sprachanalytischen Philosophie insgesamt über die logische Sprachkonstruktion hinaus zur pragmatisch orientierten *Ordinary Language Philosophy* bekannt ist[65]. Die bislang projektierte semantische Integration der generativen Transformationsgrammatik scheint, entgegen der Meinung von Katz[66], noch nicht die sprachtheoretische Synthese der vorausgegangenen philosophischen Ansätze des Jahrhunderts liefern zu können, sondern selbst noch einer pragmatisch vermittelten Ergänzung zu bedürfen. So legt es z. B. die Berücksichtigung der Traditionsvermittlung als sprachlicher Sinnvermittlung nahe, in der *Semantik* nicht nur eine *universale Komponente* zu unterstellen, sondern auch einen durch die *Pragmatik* der Kommunikation bedingten Aspekt, in dem sich gewissermaßen die geschichtliche Welterfahrung der Völker niederschlägt.

65 Vgl. Tugendhat 1960; Apel 1959 und 1970.
66 Vgl. Katz 1966 (1969).

(Sehr wahrscheinlich läuft diese Forderung auf eine wechselseitige Ergänzung bzw. Korrektur der, in der Chomsky-Schule bislang monopolisierten, *syntagmatischen* [auf Merkmalskombination beruhenden] Semantik und der eigentlich strukturalistischen, auf *paradigmatischer* Opposition beruhenden, Semantik [z. B. der Feldtheorie[67]] hinaus. Im Zusammenhang einer paradigmatisch orientierten Semantik wäre jene Seite der von W. v. Humboldt so genannten »inneren Sprachform« zu berücksichtigen, die nicht auf die universale Fähigkeit der Menschen zur Konstruktion spezifischer Grammatiken und zur grammatikspezifischen Erzeugung des »jedesmaligen Sprechens« zurückgeht, sondern auf die dabei vorausgesetzten geschichtlich ausgeprägten »strukturellen Funktionen«[68], mittels derer die einzelnen Sprachen sowohl grammatisch wie lexikalisch spezifische Bedeutungsinhalte und insofern die Voraussetzung für spezifische kollektive »Weltansichten« herausgearbeitet haben[69]. Der Begriff des Sprachsystems würde auf diese Weise den von F. de Saussure intendierten gesellschaftlichen Aspekt zurückgewinnen, den er in Chomskys psychologischer Reduktion des Begriffs der *Sprachkompetenz* verloren hat. Freilich dürfte dabei die von Chomsky angebahnte Verknüpfung der Linguistik mit einer Theorie der menschlichen Sprachfähigkeit und mit der von ihm postulierten Theorie der Sprach-Verwendung nicht aufgegeben werden; Die Sprache läßt sich als »Energeia« ganz gewiß nicht auf ein Repertoire von Wörtern und Phrasen zurückführen. Anders gesagt: Die Sinn-Intentionalität, die sich in der Sprache semantisch objektiviert, kann nicht – wie kürzlich in einer Chomsky-Kritik postuliert wurde[70] – vom Primat der Wörter her verstanden werden.)

Um die Notwendigkeit der *pragmatischen* Ergänzung oder auch Korrektur des Chomskyschen Ansatzes wenigstens im Prinzip deutlich zu machen, beginne ich mit einer fiktiven Interpretation des Chomskyschen Kompetenzbegriffs, die von der bisher von mir unterstellten in einem wesentlichen Punkt abweicht, aber zweifellos

---

67 Chomsky postuliert selbst eine Ergänzung in dieser Richtung: »... further structure being necessary in the lexicon to account for field properties« (1965, S. 164). Vgl. auch Bar-Hillel 1970, S. 186 f.; ebda. S. 158 deutet Bar-Hillel einen sehr interessanten Vergleich zwischen der Theorie-Abhängigkeit theoretischer Begriffe und der eventuellen funktionalen Bezogenheit semantischer Einheiten auf sprachliche Weltansichten an.
68 Vgl. Coseriu 1970.
69 Vgl. hierzu die Arbeiten von L. Weisgerber.
70 Vgl. Gauger 1969.

gut zu den kartesischen Voraussetzungen Chomskys paßt. Sie wurde
von J. Habermas als »monologisches Modell der Übertragung von
Informationen« expliziert[71] und würde in der Tat die Sprachtheorie
Chomskys auf eine (naturwissenschaftliche) Theorie im Sinne des
kritischen Rationalismus zurückführen; sie würde aber m. E. zugleich die Chomskysche Konzeption der *Kompetenz* nicht nur als
ergänzungsbedürftig, sondern geradezu als inadäquat erweisen.

Habermas geht davon aus, daß die Sprachkompetenz im Sinne
Chomskys ein »monologisches Vermögen«, d. h. – um mit Wittgenstein zu reden – ein Vermögen privater Regelanwendung, bezeichnet[72]. Die Sprachkompetenz wäre also nicht durch die *Internalisierung* der öffentlichen Normen der Sprachverwendung im Sozialisationsprozeß mit*konstituiert*, sondern durch den Sozialisationsprozeß
lediglich *stimuliert*. Als Vermögen der Regel-Anwendung würde sie
allein auf dem instinktanalogen internen Apparat beruhen, den
Chomsky in seiner Theorie des Spracherwerbs hypothetisch unterstellt[73]. Für diese Interpretation der Intentionen Chomskys spricht

71 Vgl. Habermas 1970a.
72 In dem Begriff »monologisch«, wie ihn Habermas als Gegenbegriff zu »dialogisch« oder
»kommunikativ« verwendet, steckt allerdings m. E. eine Zweideutigkeit: In dem von mir
im folgenden unterstellten Sinn bedeutet »monologische« Regelanwendung etwas, das es
nach Wittgenstein gar nicht geben kann, das aber in der philosophischen Tradition – zusammen mit dem Vorurteil des *methodischen Solipsismus* – durchweg unterstellt wurde:
daß »einer allein« einer Regel folgen könne, z. B. logischen, mathematischen oder grammatischen Regeln. Vieles spricht dafür, daß der Cartesianer Chomsky dieses Vorurteil
zumindest nicht überwunden hat. Dagegen scheint mir z. B. die *dialogische* Begründung
der Logik durch P. Lorenzen nur unter der Voraussetzung in ihrer Pointe verständlich,
daß Regel-Anwendung prinzipiell Sprachspielkontrolle voraussetzt; eine *monologische
Logik* wäre insofern nur eine Sache der abstrakten Kalküle und der Automaten, d. h. der
Objektivationen und Simulationen menschlicher Operationen im Dienste »indirekter« Klärung dialogisch-pragmatischer Argumentationen. Manchmal scheint mir J. Habermas den
Begriff »monologisch« in dem soeben angedeuteten Sinn u. d. h. radikal-kritisch zu ver-
wenden; häufiger jedoch unterstellt er monologische Vermögen und sogar monologische
Regelanwendung als etwas, das es durchaus gibt und das im Sinne Wittgensteins ein
Sprachspiel immer schon *voraussetzt*, das sich aber von dialogisch-kommunikativer Regel-
anwendung unterscheidet, z. B. die Anwendung logischer und grammatischer Regeln im
Gegensatz zur Anwendung solcher Regeln, die für ihre Anwendung *kommunikative Kompetenz* voraussetzen, wie z. B. die Übernahme von Rollen in der Sprechsituation. M. E.
geht es hier um zwei verschiedene Probleme, die noch zueinander ins rechte Verhältnis zu
setzen sind.
73 Chomskys jüngste Äußerungen über sein Modell der Spracherlernung erlauben keine
definitive Antwort auf die *hier* aufgeworfene Frage, wenn auch eine Auflockerung des
Instinktapriorismus sich abzeichnet. So heißt es in Chomsky 1969, S. 83: »In the case of
language-acquisition, furthermore, it must be emphasized that the model I am suggesting
can at best only be regarded as a first approximation to a theory of learning, since it is

nicht nur, wie schon angedeutet, die Übereinstimmung mit der kartesischen Tradition des *methodischen Solipsismus*, es spricht weiterhin dafür, daß Chomsky die *pragmatischen* Voraussetzungen der Rede nur als *psychologische Restriktionen* der Kompetenz im Sinne außersprachlicher Randbedingungen (wie Gedächtnisbegrenzung, Aufmerksamkeit, emotionale Motivation u. dgl.) zu begreifen scheint[74]. Ferner spricht dafür, daß Chomsky, wie auch J. Katz, eine apriorische Bedeutungsstruktur als anthropologisches Repertoire analog zur universalen Lautstruktur unterstellt, aufgrund derer gewissermaßen jeder einsame Sprecher, prinzipiell unabhängig von einer Verständigung über Wortbedeutungen, alle möglichen semantischen Gehalte vermöge einer ebenfalls angeborenen »ars combinatoria« (Leibniz) aufbauen kann[75]. Zum Modell einer *explanativen* Theorie im Sinne des *Logischen Empirismus* oder auch des *kritischen Rationalismus* paßt das *monologische* Modell der Sprachkompetenz insofern, als die pragmatische Dimension der kommunikativen Sprachverwendung nicht als transzendentale Bedingung der Möglichkeit der Sprachkompetenz, sondern lediglich als empirische »Randbedingung« einer »Erklärung« der Einschränkungen der idealen Sprachkompetenz fungieren würde. M. a. W.: Die Ebene der *intersubjektiven Verständigung über den Sprachgebrauch* (die beim Menschen m. E. nicht nur als Resultat, sondern immer zugleich als transzendentale Bedingung sowohl der Kommunikation wie schon der Erlernung der Kommunikation wie endlich der wissenschaftlichen Erforschung der Kommunikation gelten kann) würde scheinbar zum Verschwinden gebracht zugunsten der totalen empirischen Objektivierung der sprachlichen und der außersprachlichen Bedingungen der Kommunikation[76].

an instantaneous model and does not try to capture the interplay between tentative hypotheses that the child may construct, new data interpreted in terms of these hypotheses, new hypotheses based on these interpretations, and so on, until some relatively fixed system of competence is established.«

74 Vgl. Chomsky 1965 (1970), S. 13 u. ö.

75 Vgl. Chomsky 1965 (1970), S. 29 (247), S. 202; 1969, S. 54; vgl. aber ebda. S. 55, wo im Gegensatz zu der älteren Hypothese, daß die Oberflächenstruktur zur semantischen Interpretation nichts beitragen kann, eine solche Möglichkeit als Konsequenz der Untersuchungen über »referential opacity« ins Auge gefaßt wird.

76 Für die beiden szientistischen (auf das Konzept objektivistischer Einheitswissenschaft festgelegten) Typen moderner Wissenschaftstheorie ist die totale Objektivierung durch Deskription und Explanation, d. h. die Nichtberücksichtigung transzendentaler Reflexion auf die Bedingungen der Möglichkeit der szientifischen Objektivierung – und darüberhinaus der intersubjektiven Kommunikation – natürlich eine Selbstverständlichkeit. Im

Der Preis, der für eine solche (szientistisch-rationalistische) Vereinfachung und wissenschaftstheoretische Vereindeutigung zu zahlen ist, liegt allerdings darin, daß die Sprachtheorie insgesamt auf das Niveau des »Logischen Atomismus« des frühen Wittgenstein bzw. B. Russells zurückfällt. Statt, wie J. Katz verspricht, eine Synthese der Errungenschaften der konstruktiven Semantik und der vom späten Wittgenstein ausgehenden Sprachphilosophie zu ermöglichen, würde sie prinzipiell die philosophischen Paradoxien des *Tractatus logico-philosophicus* reproduzieren. – Inwiefern?

Wie Habermas hervorhebt[77], müßte eine Theorie, welche die Sprachkompetenz als »monologisches Vermögen« in dem angedeuteten Sinn auffaßt, konsequenterweise auch die Kommunikation selbst *monologisch* denken, da ja die Sprachkompetenz der einzelnen Kommunikationsteilnehmer alle sprachlichen Bedingungen der Kommunikation a priori in sich enthalten soll. Die »Intersubjektivität der Geltung identischer Bedeutungen« müßte im Sinne eines technischen Modells der Nachrichtenübertragung darauf zurückgeführt werden, »daß Sender und Empfänger, jeder als eine Entität für sich, vorgängig mit demselben Programm ausgestattet sind«[78]. Der Vorgang der Kommunikation selbst wäre nicht als *Apriori der Verständigung* eine notwendige Voraussetzung für die Bedeutungskonstitution: er wäre lediglich ein phonetischer Prozeß der Informationsübertragung zwischen einem Sender und einem Empfänger, die ihre privaten Gedanken mit Hilfe ihrer privaten Sprachkompetenz im Sinne des a priori gemeinsamen Sprachsystems »enkodieren« bzw. »dekodieren« würden. Genauso müßte man sich in der Tat die menschliche Kommunikation auf der Grundlage des *Tractatus logico-philosophicus* denken, demzufolge ja der »Realismus« mit dem »Solipsismus« zusammenfallen sollte, da jeder Sprachteilnehmer a priori, d. h. aufgrund der *logischen Form* der Sprache, mit derselben Welt konfrontiert sei[79]. Moritz Schlick hat daraus in seinem Aufsatz »Form and Content« die kommunikationstheoreti-

Hinblick auf das Folgende läßt sich allerdings fragen, ob unter den szientistischen Voraussetzungen die in der pragmatischen Dimension außer der grammatischen Kompetenz schon vorausgesetzte »kommunikative Kompetenz« überhaupt entdeckt, geschweige denn als Vermögen »dialogkonstituierender Universalien« (Habermas) expliziert werden kann. Es könnte ja sein, daß für eine szientistische Blickeinstellung die »kommunikative Kompetenz genauso als Phänomen verschwindet wie für eine behavioristische Einstellung das von Chomsky (wieder-)entdeckte Phänomen der »grammatischen Kompetenz«.

77 Habermas 1970a, S. 63.
78 Ebda., S. 63/64. 79 Wittgenstein 1921 (1922) § 5.64 f. u. § 5.62 ff. Dazu Apel 1972b.

schen Konsequenzen gezogen. Ihnen zufolge sollte die Interpretation eines Sprachsystems durch Sender bzw. Empfänger von Nachrichten strikt privat sein und an der vorausgesetzten formalen
Struktur der Sprache nichts ändern[80]. – Worin aber liegt die *Paradoxie dieses Konzepts*?

Sie liegt zunächst einmal darin, daß – unter den skizzierten Voraussetzungen – eine *Metakommunikation,* eine Kommunikation über
den Sprach-Gebrauch oder gar über die Struktur der Sprache, weder
notwendig noch möglich ist. Der junge Wittgenstein hat daher –
konsequent, wie er war – die von ihm mit den Lesern des *Tractatus*
geführte sprachreflexive Metakommunikation zum Schluß als »unsinnig« abqualifiziert. Nun scheint mir aber die hier konsequent
geleugnete Möglichkeit und Notwendigkeit der *Metakommunikation,* d. h. der Verständigung über den Sprachgebrauch, die *diffe-
rentia specifica* des menschlichen Sprachgebrauchs, verglichen mit
den sog. »Tiersprachen« einerseits, den formalisierten Programmierungssprachen der Informationstheorie andererseits, zu bezeichnen.
Im Falle der Programmierungssprachen wissen wir, daß sie eine
transzendentale Pragmatik in Gestalt menschlicher Übereinkünfte
voraussetzen; im Falle der »Tier-Sprachen« ist es sinnvoll, so etwas
wie eine *Programmierung* der einzelnen Kommunikationsteilnehmer im Sinne eines angeborenen *Signal-Codes* zu unterstellen. In
beiden Fällen ist es weder notwendig noch sinnvoll, so etwas wie ein
metasprachliches und metakommunikatives Begleitbewußtsein[81],
u. d. h. im Grunde: ein Verständnis der Kommunikation als *sym-
bolvermittelter Interaktion* zwischen Partnern, zu unterstellen[82]. Insofern haben wir es hier mit »monologischen« Modellen der Kommunikation im Sinne von Habermas zu tun. Sie können in der Tat aufgrund von Gesetzeshypothesen und Randbedingungen (d. h. aufgrund der vorausgesetzten Signal-Programme und der besonderen
Speicherungs- und Übertragungsbedingungen in bzw. zwischen Sen-
dern und Empfängern der Signale) »erklärt« werden.

80 Moritz Schlick 1938, S. 151–250; vgl. Apel 1960, S. 215 ff.
81 Vgl. hierzu Heger 1971.
82 Im Sinne Wittgensteins können *wir* freilich nur deshalb von »Tier-Sprachen« und
»Regel-Anwendung« bei Tieren sinnvoll reden, weil wir stillschweigend die zu unserer
Sprach- und Regelanwendung zugehörige, *transzendentalpragmatische* Dimension der
Sprachspiel-Kontrolle bei der – privativ-reduktiven – *Interpretation* des tierischen Verhaltens voraussetzen. Ohne diese transzendentalhermeneutischen Voraussetzungen können
sich die Daten der Tier-Verhaltensforschung (»Ethologie«) – im Unterschied zu den »Daten« der Physik – für uns gar nicht konstituieren.

Die entscheidende Frage ist nun die: Müssen wir die Sprachtheorie
Chomskys im Sinne dieses Modells interpretieren? (Ist die Spracherlernung durch das Kind als eine durch die Umgebung lediglich
stimulierte Grammatikkonstruktion aufgrund eines angeborenen
Regelapparats und Merkmalrepertoires aufzufassen? Ist demnach
die sprachliche Kommunikation zwischen dem idalen Sprecher und
dem idealen Hörer als private Enkodierung bzw. Dekodierung aufgrund eines *a priori gemeinsamen* Regelrepertoires zu begreifen?
Wäre demnach der Kommunikationsprozeß nach Chomsky selbst
nur ein Vorgang der Informationsübertragung, der mit der *Konsti-
tuierung* der Sprachsysteme – insbesondere mit der Konstitution
der semantischen Komponente – nichts zu tun hat?)   J. Habermas
scheint dieses »monologische« Modell für Chomskys Theorie zu unterstellen und aus diesem Grund den Chomskyschen Begriff der
Sprachkompetenz durch den der »kommunikativen Kompetenz«
ergänzen zu wollen[83]. Mir scheint jedoch, daß in diesem Falle eine
solche *Ergänzung* gerade nicht möglich wäre. Denn eine – im Sinne
privater Regelbefolgung – als »monologisch« konzipierte »grammatische Kompetenz« und eine »kommunikative Kompetenz«, die nicht
durch eine sprachspezifische »grammatische Kompetenz« vermittelt
wäre, würden nicht zueinander passen. Anders gesagt: Auch schon
die *grammatische Kompetenz* der Bildung richtiger »Sätze« muß als
öffentlich kontrollierbare Regelanwendungskompetenz gedacht werden können, soll die kommunikative Kompetenz sich in »sprachlichen Äußerungen« realisieren können. In der Tat scheint es mir
auch von Chomsky aus gesehen nicht notwendig (wenn schon naheliegend), die Sprachkompetenz als ein »monologisches« Vermögen *in
dem vom späten Wittgenstein kritisierten Sinn* aufzufassen; denn
was zur Ausstattung der einzelnen Organismen im Sinne Chomskys
gehört, ist ja nicht schon die *Kompetenz der Anwendung der grammatischen Regeln*, sondern lediglich die *angeborene Disposition zur
Erwerbung der Kompetenz* unter den (Sprachspiel-)Bedingungen
des Sozialisationsprozesses. Versuchen wir dies etwas deutlicher zu
machen.
Ich habe mich im Vorausgehenden im wesentlichen aufgrund der
Einsicht des späten Wittgenstein, daß im Prinzip nicht »einer allein«
einer Regel folgen kann, gegen die Vorstellung der Sprachkompetenz als eines »monologischen« Vermögens privater Regelanwen-

83 Vgl. Habermas 1970b.

dung gewandt. Ich habe statt dessen postuliert, daß das zur menschlichen Sprachkompetenz gehörige *intuitive Normbewußtsein* nicht
aus der von Chomsky vermuteten angeborenen Prädisposition des
Einzelnen, sondern nur aufgrund der Internalisierung der öffentlichen Sprachnormen im Sozialisationsprozeß verstanden werden
kann. M. a. W.: Mag immer die Erwerbung der Sprachkompetenz
nur mit Hilfe der Hypothese über einen angeborenen Instinktmechanismus »erklärt« werden können, so kann doch die Sprachkompetenz selber ihrem Sinn nach nur unter der Voraussetzung
»verstanden« werden, daß in und mit der *grammatischen Kompetenz* (im Sinne Chomskys) zugleich eine *kommunikative Kompetenz* erworben wurde. Genauer gesagt: es muß eine *sprachlich
geprägte kommunikative Kompetenz* erworben werden. Denn einerseits gilt: Ohne pragmatisch-kommunikative Kompetenz keine
grammatische (syntaktisch-semantische) Kompetenz; andererseits
gilt aber auch: Ohne grammatische Kompetenz im Sinne Chomskys
keine pragmatisch-kommunikative Kompetenz im Sinne des Sprach-
Verhaltens. Das kommunikative Verhalten des Kleinkindes, in dem
bereits wesentliche Grundlagen für das soziale Rollenverhalten angelegt sind, beginnt ja offensichtlich in einer Phase, in der die angeborene Sprach-Disposition noch nicht reif ist und daher das kommunikative Verhalten noch nicht im Sinne der Muttersprache »geprägt« werden kann. Genau diese einzelsprachliche »Prägung« des
kommunikativen Verhaltens muß jedoch offenbar erfolgen, soll mit
der kommunikativen Kompetenz zugleich die grammatische Kompetenz im Sinne Chomskys erworben werden. Ohne die grammatische Kompetenz, die im Prinzip auch eine mögliche einzelsprachliche Grammatikalisierung und insofern Explizierung gesprächs-
konstitutiver »Sprechakte« ermöglichen muß, ist aber die kommunikative Kompetenz keine solche im Sinne der Sprache, u. d. h. des
Menschen.[83a]
Durch diese Überlegungen zur wechselseitigen Voraussetzung der
grammatischen und der kommunikativen Kompetenz soll indessen
die Notwendigkeit einer Ergänzung des Chomskyschen Begriffs der
Sprachkompetenz durch den einer »kommunikativen Kompetenz«

83a Das schließt nicht aus, daß zur »kommunikativen Kompetenz« auch die aktive und
passive Beherrschung *parasprachlicher* und *außersprachlicher Kommunikationsmittel* (wie
z. B. Intonation bzw. Mimik und Gestik) gehört. – Vgl. hierzu jetzt Utz Maas und Dieter
Wunderlich, 1972.

nicht bestritten werden. Zunächst ging es darum, die Bedingungen der Möglichkeit einer solchen Ergänzung zu verdeutlichen. Worauf die postulierte Ergänzung selbst abzielt, läßt sich mit Hilfe der systematischeren Erforschung der Sprachpragmatik sehr viel genauer und konkreter zeigen. Hier sind auf philosophischer Seite vor allem die Arbeiten von J. L. Austin[84] und J. R. Searle[85] zu nennen. Searle hat in seiner Darstellung der »Sprechakte« (»Speech Acts«) nicht nur den Unterschied von »Sätzen« im Sinne eines »Sprachsystems« und »Äußerungen« neu begründet, indem er die letzteren mit Austin vom *performativen* Sprachgebrauch her als virtuelle »Sprech-Akte« verständlich macht; er hat andererseits auch gezeigt, daß die Unterscheidung zwischen »Sätzen« und »Sprechakten« nicht einfach darauf hinauslaufen darf, die letzteren der Psychologie zu überlassen. Jedem »Sprechakt« nämlich, der nicht nur implizit durch den pragmatischen Kontext der Äußerung, sondern explizit durch performativen Sprachgebrauch auch konstituiert wird, muß ein möglicher Satz eines Sprachsystems entsprechen; und es liegt in der Idee eines »Sprechakts«, daß er durch *performative Ausdrücke* (wie z. B. »ich verspreche hiermit«, »ich bitte hiermit«, »ich behaupte hiermit« usw.) sich selbst sprachlich explizieren und in einer Gesprächssituation (die er selbst mitbegründet) situieren kann. Kurz: Die »Sprechakte« stellen nicht nur ein Thema für das Studium der »parole« im Sinne Saussures, sondern auch ein Thema für das Studium der »langue« dar[86]. Gleichwohl liegt eine Ungenauigkeit in der These von Searle, »that an adequate study of speech acts is a study of langue«; denn die »langue« besteht aus »Sätzen«, unter die allenfalls *potentielle* Sprechakte – ihrer expliziten Form nach –, nicht aber *aktuelle* »Sprechakte« subsumiert werden können. Die Ungenauigkeit, die in einer totalen Reduktion der *Sprach-Pragmatik* auf *System-Linguistik* (die Searle ja gar nicht betreibt) liegen würde, müßte dahin führen, daß man den *übereinzelsprachlichen* Charakter der »kommunikativen Kompetenz« der Menschen übersieht: Diese kann zwar nur mit der *einzelsprachlichen Kompetenz* erworben werden, und sie ist a priori auf *mögliche Verbalisierung* im Sinne einer bestimmten Sprache angelegt; gleichwohl ist sie offenbar die transzendentale Bedingung der Möglichkeit und Gültigkeit für

---

84 Vgl. Austin 1961 und 1962.
85 Vgl. Searle 1969.
86 Vgl. Searle 1969, S. 17 f.; dazu Habermas 1971, S. 103 f.

»Übersetzung«, »hermeneutisches Verstehen« und »Sprach-Rekonstruktion« und kann insofern nicht auf eine *auf einzelsprachliche
Realisierung eingeschränkte Sprach-Kompetenz* reduziert werden.
Die »kommunikative Kompetenz« bezeichnet m. E. ein Moment
reflexiver Distanz und kreativer Souveränität der Menschen im
Verhältnis zu jeder bestimmten Sprache und damit das Wahrheitsmoment an der alten (θέσει-)Erfindungstheorie, die im übrigen seit
W. v. Humboldt und N. Chomsky wohl zu Recht zugunsten einer
φύσει-Theorie im Sinne des anthropologischen Instinktaprioris der
Sprache eingeschränkt wurde.
In der anglo-amerikanischen Linguistik hat die, trotz Katz anhal-
tende, Inspiration durch die »Ordinary Language Philosophy« offenbar dazu geführt, daß in letzter Zeit nicht nur semantische, sondern sogar pragmatische Voraussetzungen der menschlichen Sprachkompetenz in die »Tiefenstruktur« der Transformationsgrammatik
inkorporiert wurden[87]. Ein entscheidender Durchbruch in Richtung
auf eine systematische Pragmatik der Sprache scheint mir indessen
in D. Wunderlichs Arbeiten vorzuliegen[88], deren philosophische Tragweite vor allem durch J. Habermas erkannt und entfaltet worden
ist[89]. Wunderlich knüpft einerseits an jene Rebellen innerhalb der
Chomsky-Schule, wie J. D. McCawley[90] und J. R. Ross[91], an, die
außer semantischen sogar pragmatische Voraussetzungen der Sprachkompetenz in die »Tiefenstruktur« der Transformationsgrammatik inkorporiert haben; im Unterschied zu ihnen möchte er jedoch
offenbar nicht die syntaktisch-semantische Theoriebildung als solche
ergänzen, sondern die pragmatischen Voraussetzungen der Sprachkompetenz als Ausdruck einer »Metakompetenz« in der Ebene
einer »pragmatischen Metasprache« thematisieren. Habermas kritisiert von Searle her diese Konzeption insofern mit Recht, als die
Pragmatik nicht von der Voraussetzung ausgehen darf, die allgemeinen Strukturen der Sprechsituation seien »unabhängig von der Rede
wie empirische Gegenstände gegeben«[92]. In der Tat bringen die
Menschen mit Hilfe von Äußerungen als Sprechakten »die *Bedingungen möglicher Kommunikation*« und damit die Sprechsituation
als Ebene der *Intersubjektivität* erst hervor. Wenn sie gleichwohl in
dieser Hervorbringung zugleich eine *metasprachliche* und *metakom-*

---

87 Vgl. Wunderlich 1968a.   90 McCawley 1968.
88 Vgl. Wunderlich 1968 und 1970.   91 Ross 1968.
89 Vgl. Habermas 1970b und 1971.   92 Habermas 1971, S. 109 f.

munikative Kompetenz bezeugen, so liegt darin allerdings die Bedingung der Möglichkeit der Sprach- und Kommunikationswissen-
schaft. Aber diese sollte gerade als *systematische Pragmatik* sich nicht
als empirische Objektivation des faktischen Sprachverhaltens (im
Sinne der empirisch-analytischen Psychologie) mißverstehen, sondern eher als transzendental reflexive Explikation der von uns immer schon antizipierten *idealen Sprechsituation* als der Ebene der
Intersubjektivität, in der alle *verstehenden* Wissenschaften ihre
Basis haben[93].

Nun geht es Wunderlich in der Tat nicht um Psycholinguistik im
üblichen Sinn, sondern um eine Theorie der »idealisierten Sprechsituation«: Seine Pointe im Hinblick auf die notwendige Ergänzung oder Korrektur des Chomskyschen Ansatzes liegt offenbar
darin, daß es sich in der von ihm projektierten pragmatischen
Theorie »nicht um eine Theorie der sprachlichen Performanz handelt«, wie sie von Chomsky ebenso wie von allen syntaktisch oder
syntaktisch-semantisch orientierten Logikern und Sprachtheoreti-
kern immer schon als psychologische Ergänzung gefordert worden
war: »Aktuelle Äußerungen, die aus Gründen der Psychologie, aus
Gründen der Endlichkeit des Gedächtnisses, usf. von grammatischen
Äußerungen beliebig abweichen können, auch Mißverständnisse, die
durch unbeabsichtigte Mehrdeutigkeiten oder fehlerhafte Rekombi-
nation von Bedeutungen zustandekommen, interessieren an dieser
Stelle nicht.«[94] Das positive Verhältnis der postulierten »Pragmatik«
zum Ansatz Chomskys definiert Wunderlich folgendermaßen: »An
die Stelle von Sätzen (bestenfalls Texten) idealisierter Sprecher in
der bisherigen syntaktisch-semantischen Thorie treten *Äußerungen*
von Sprechern in idealisierten Sprechsituationen.«

»Damit« — so folgert Wunderlich — »bekommt auch der Begriff der
sprachlichen Kompetenz einen erweiterten Sinn: er bedeutet das
Vermögen von Sprechern oder Hörern, sich in (idealisiert gedachten) Sprechsituationen verständlich zu artikulieren bzw. das Arti-
kulierte zu verstehen.«[95]

Als sprachwissenschaftliche Argumente dafür, »daß eine Theorie

93 Vgl. Habermas 1971, S. 110; Apel 1970a und 1972b. – Diese Position scheint mir
Wunderlich selbst inzwischen (vgl. U. Maas u. D. Wunderlich, 1972) adoptiert und in
Opposition zu einer »szientistischen« Linguistik wesentlich verdeutlicht zu haben. – Vgl.
bes. a.a.O., S. 82 f.
94 Wunderlich 1968b, S. 20.
95 Wunderlich 1968b, S. 19 f.

der sprachlichen Kompetenz notwendig eine Pragmatik der Sprechsituation einschließen muß«, zählt Wunderlich verschiedene Typen
sprachlicher Phänomene auf: Dabei bedient er sich der bereits von
Wittgenstein und der *Ordinary Language Philosophy* befolgten, in
der Chomsky-Schule dann systematisierten Methode, grammatisch-
abweichende Sätze aufzuspüren und nach den Gründen dieser Abweichung in einer sprachlichen »Tiefenstruktur« zu fragen. Hierbei
zeigt sich nun, daß die Gründe für das Abweichen im Falle der von
Wunderlich zusammengestellten Phänomentypen nicht in einer *syntaktisch-semantischen Tiefenstruktur* im Sinne Chomskys, sondern
eher in einer pragmatischen *Tiefenstruktur* der Sprechsituation gefunden werden müssen.

Dies gilt z. B. für: »Deiktische Äußerungen«[96]. Grammatisch abweichende Sätze wie »Ich habe offensichtlich / augenscheinlich Hun-
ger«, »ich befürchte, daß es hier (jetzt) regnet«, »ich vermute, daß
ich eben jetzt Abendbrot esse« bleiben ihrer Struktur nach unver-
standen, solange die deiktischen Ausdrücke *ich*, *hier*, *(eben) jetzt* nur
im Sinne einer Chomsky-Grammatik als *Noun Phrase* bzw. als
Adverbiale aufgefaßt werden. Das *ich* muß als selbstreflexive Indi-
kation eines Sprechers in einer Sprechsituation, das *hier* und *jetzt*
als situationsabhängige Orts- bzw. Zeit-Indikation interpretiert
werden, um zu verstehen, daß die Struktur der angeführten Sätze
irregulär ist[97]. M. a. W.: die »Grammatikalität« bzw. »Nichtgram-

96 Diese waren schon von Ch. S. Peirce her als »indexical expressions« bzw. als »token-
bound sentences« für ihre pragmatische Situationsbezogenheit bekannt. Vgl. Bar-Hillel
1954, ferner Apel 1970, Sachregister.
97 Es läßt sich freilich ein ironischer Sinnzusammenhang denken, in dem die angeführten Sätze empirisch-pragmatisch *akzeptabel* wären; dabei wäre aber das selbst schon sy-
stematisch-pragmatische Verständnis einer *Ungrammatikalität* gerade vorausgesetzt. Schwieriger wird die Situation, wenn die problematische Verwendung deiktischer Ausdrücke
nicht als ironischer, sondern als philosophisch notwendiger Sprachgebrauch angesehen wird,
wie z. B. in dem Satz »Ich (allein) weiß, daß ich (jetzt) Schmerzen habe«. Der späte
Wittgenstein (1958) hat bekanntlich große Mühe darauf verwandt, derartige Sätze unter
Hinweis auf die Tiefenstruktur der Alltagssprache als unsinnig, genauer: als symptoma-
tisch für die Entstehung philosophischer Probleme aus dem Mißbrauch der Sprache, zu
entlarven: Nach Wittgenstein wäre gerade der Satz »Du weißt, daß ich (jetzt) Schmerzen
habe« tiefen-pragmatisch gerechtfertigt, da du Sprachgeist mit dem Wort »wissen« analog
dem Sprachspiel mit dem Wort »vermuten« verstanden werden muß. Eine *systematische
Tiefen-Pragmatik* würde Wittgensteins sprachphilosophischen Tiefblick wohl bestätigen;
freilich wäre damit noch nicht die für Wittgenstein und die *Ordinary Language Philosophy* entscheidende Frage beantwortet: ob der Sprachgebrauch der Philosophen in dem
angeführten Fall einfach unsinnig ist oder als *rule changing creativity* – ähnlich wie die
wohldurchschauten Metaphern – Einsichten eröffnet, die sich ohne die abweichende Regel-
anwendung nicht gewinnen lassen. An dieser Stelle scheint sich mir ein Ausblick auf das

matikalität« von »Sätzen« erweist sich hier als a priori abhängig von
den *pragmatischen Universalien*, welche die menschliche Sprechsituation überhaupt strukturieren.

Andere Beispiele Wunderlichs betreffen *Vokativ, Honorativ, Imperativ* (abweichend wäre z. B. der Satz »Liebe deinen Nächsten
wie ihn / mich selbst!«), *Frage, direkte* und *indirekte* Rede (abweichend wäre z. B. die Transformation des Satzes »Thomas berichtete
umständlich, daß er an einem neuen Roman schreibe« in die direkte
Rede).

H. Habermas hat den sprachtheoretischen Ansatz Wunderlichs aufge-
genommen und ihn im Lichte der Sprechakt-Theorie Searles zu einer
»universalen Pragmatik« oder Theorie der »kommunikativen Kompetenz« systematisiert und radikalisiert[98]. (Den Terminus »kommunikative Kompetenz«, der in der sozio- und psycholinguistischen
Literatur bereits eingeführt war[99], möchte Habermas – hier durchaus
der Suggestion Wunderlichs folgend – nicht im Sinne eines empi-
risch-theoretischen Begriffs für die Beherrschung bestimmter sprachlicher Codes, sondern im Sinne eines universalpragmatischen Grund-
begriffs für die Beherrschung »dialogkonstituierender Universalien«
verwenden.) Im Lichte dieser Radikalisierung, die – wie mir scheint
– in vieler Hinsicht meinem Konzept einer »transzendentalen Pragmatik« im Rahmen einer semiotischen Transformation der Transzendentalphilosophie[100] entspricht, möchte ich nun auf die eingangs auf-

zur Zeit noch kaum verstandene Problem des Unterschiedes und des Zusammenhangs von
systematischer *Pragmatik* und *Hermeneutik* zu ergeben. Philosophische *Sinnkritik* (z. B.
im Zeichen des Sinnlosigkeitverdachts gegen alle Metaphysik) ist bisher im Namen der
»logischen Syntax« bzw. der »logischen Semantik« (Wittgenstein I, Carnap) und im Namen der Tiefen-Pragmatik (Peirce, Wittgenstein II) versucht worden. Es dürfte sich aber
herausstellen, daß sie in der – noch konkreteren, nämlich die Abstraktion der Pragmatik
von der geschichtlichen Situation des menschlichen Gesprächs aufhebenden – Ebene der
Hermeneutik anzusetzen ist, in der auch systematisch abweichender Sprachgebrauch noch
nicht ohne weiteres ein Kriterium der Sinnlosigkeit darstellt. – Vgl. hierzu vorläufig Apel
1968a.
98 Vgl. J. Habermas 1970b und 1971.
99 Vgl. z. B. Hymes 1967 und 1970; ferner Lyons (ed.) 1970, S. 28; ferner Oksaar 1971.
100 Vgl. Apel 1970, 1972a und 1972b. – Auf die durch Habermas aufgeworfenen Probleme der Analogie und des Unterschiedes einer *theoretischen Idealisierung* auf der Ebene
der (»monologischen«) »grammatischen Kompetenz« einerseits, der »kommunikativen
Kompetenz« andererseits und die damit zusammenhängende Problematik des Verhältnisses von Philosophie und linguistischer Empirie auf der Ebene der *Universalpragmatik*
kann ich hier nicht mehr eingehen. Soviel scheint mir jedoch aus unserer Untersuchung
hervorzugehen: da die »kommunikative Kompetenz« im Gegensatz zur »grammatischen
Kompetenz« von uns nicht wiederum vermöge einer *kommunikativen Kompetenz* reflexiv
distanziert und als anthropologisches Faktum transzendiert werden kann, so kann eine

geworfene Frage nach dem wissenschaftstheoretischen Ort der
Sprachtheorie Chomskys zurückkommen.

Ich bin bereits bei der Darstellung der Theorie Chomskys davon
ausgegangen, daß die Schwierigkeit der wissenschaftstheoretischen
Einordnung der generativen Sprachtheorie auf dem Umstand beruht, daß hier einerseits eine empirisch-analytische *Erklärung* der
Sprachkompetenz und ihres Erwerbs aus unveränderlichen Bedingungen der menschlichen Natur, andererseits aber eine *Rekonstruktion* der Sprachkompetenz als eines prinzipiell selbstreflexiven Vermögens der Regel- bzw. Normbefolgung oder Nichtbefolgung
(»rulegoverned creativity« und »rulechanging creativity«) versucht
wird. Der zuletzt eingeschlagene Umweg über die pragmatische
Erweiterung des Begriffs der Sprachkompetenz war m. E. geeignet, den zweiten – quasi-hermeneutischen – Aspekt der generativen Sprachwissenschaft in ein helleres Licht zu rücken. Es zeigte
sich, daß die »grammatische Kompetenz« von der »kommunikativen Kompetenz«, u. d. h. von dem Vermögen der intersubjektiven
Verständigung, die zugleich Selbstverständigung ermöglicht, allenfalls unterschieden, nicht aber getrennt werden kann, da sich beide
Vermögen wechselseitig voraussetzen. Auch die »grammatische
Kompetenz« muß also bereits an jenem *metasprachlichen* Bewußtsein partizipieren, das nur auf der Ebene des Dialogs sich konstituieren kann. Dementsprechend kann schon die Spracherlernung
nicht nur als stimulierter Konstruktionsprozeß aufgefaßt werden,
sondern muß zugleich als ein intersubjektiver Verständigungsprozeß
begriffen werden, dessen Resultat die Beherrschung der dialogkon-
stituierenden Universalien ist. (Vorbedingungen dieses Verständi-
gungsprozesses dürften sowohl angeborene Regeldispositionen im
Sinne Chomskys wie andererseits die vorsprachliche Kommunika-
tions- und Interaktionsfähigkeit des Kindes sein, die sich als extra-
verbale, aber sprachbezogene[101] Kommunikationskompetenz des Erwachsenen erhält.)

universalpragmatische Theoriebildung nicht als bloß empirisch überprüfbare Theorie verstanden werden; sie muß vielmehr unmittelbar transzendentalphilosophisch in der reflexiven Besinnung auf ein – auch ethisch relevantes – normatives Ideal der von uns immer
schon kontrafaktisch antizipierten »idealen Sprechsituation« der »idealen Kommunikationsgemeinschaft« begründet werden. Das schließt m. E. eine heuristisch-explorative Vermittlung der »universalen Pragmatik« durch Methoden der Linguistik bzw. der Psycho-
und Soziolinguistik keineswegs aus.

101 Ich würde gegen Wunderlich (1970, S. 30 f.) mit Habermas die Meinung vertreten,
daß das Postulat einer unverzerrten und prinzipiell unbeschränkten Versprachlichung der

Durch diese Verschränkung der Konstitution der *grammatischen* mit der Konstitution der *kommunikativen Kompetenz* wird das Zugleich von »rulegoverned creativity« und »rulechanging creativity« im Sinne Chomskys überhaupt erst verständlich. Diese Kreativität der Regel-Anwendung oder Regel-Änderung ist allenfalls als unbewußte quasi-organische Spontaneität Thema der generativen Grammatik als einer *explanativen* Theorie; als Vermögen im Sinne des metasprachlichen Norm-Bewußtseins ist sie gewissermaßen nur ein defizienter Modus jener *metakommunikativen* Kompetenz, die uns in den Stand setzt, Gesprächssituationen notfalls auch durch Überschreiten einer bestimmten einzelsprachlichen Kompetenz – sei es durch Übersetzung, sei es durch Ausnutzung oder Herstellung sprachlicher »Interferenz«[102] – herzustellen. Nun liegt aber in dieser zur kommunikativen Kompetenz zugehörigen metakommunikativen Kompetenz offensichtlich auch eine wesentliche Bedingung der Möglichkeit der *Sprachwissenschaft*. Diese kann sich der grammatischen Kompetenz der *native speaker* als einer »mentalen Wirklichkeit« im Sinne Chomskys nur über die Vermittlung der kommunikativ-metakommunikativen Kompetenz sowohl des Subjekts wie des Objekts der Wissenschaft vergewissern. Insofern ist auch die generative Sprachwissenschaft offenbar eine verstehende Sozial- bzw. Geisteswissenschaft, die statt der szientistischen Trennung von Subjekt und Objekt der Wissenschaft eine dialektische Identifizierung beider Seiten voraussetzt.

Literaturverzeichnis

Apel, Karl-Otto, 1955: Das »Verstehen«: eine Problemgeschichte als Begriffsgesch. – In: Archiv f. Begriffsgesch. 1, S. 142–199.

Ders. 1959: Sprache und Wahrheit in der gegenwärtigen Situation der Philosophie. – In: Philos. Rundsch. 7, S. 161–184.

Ders. 1960: Sprache und Ordnung. – In: Das Problem der Ordnung (= 6. Dtsch. Kongreß für Philos., München 1960), Meisenheim a. Glan.

Ders. 1963: Die Idee der Sprache in der Tradition des Humanismus von Dante bis Vico. – Bonn 1963.

extraverbalen Kommunikationskompetenz transzendentale Voraussetzung jeder Ideologiekritik qua Aufhebung von Entfremdung ist und insofern nicht als bloße Extrapolation der bürgerlichen Lebensform verstanden werden kann. Die Forderung einer »Naturalisierung des Menschen«, die zugleich »Humanisierung der Natur« ist, steht dem nicht entgegen, sondern setzt zu ihrer Erfüllung immer erneut die Überwindung des bloß »Naturwüchsigen« voraus.

102 Vgl. hierzu Oksaar 1971.

Ders. 1965: Die Entfaltung der »sprachanalytischen« Philosophie und das Problem der »Geisteswissenschaften«. – In: Philos. Jahrb. 72, S. 239-89.

Ders. 1967: Einführung zu Ch. S. Peirce, Schriften I. – Frankfurt, S. 13-154.

Ders. 1968a: Heideggers Radikalisierung der Hermeneutik und die Frage nach dem Sinnkriterium der Sprache. – In: Die hermeneutische Frage in der Theologie, Freiburg 1968, S. 86 bis 155.

Ders. 1968b: Szientistik, Hermeneutik, Ideologiekritik: Entwurf einer Wissenschaftstheorie in erkenntnisanthropologischer Sicht. – In: Wiener Jahrb. f. Philos. 1, S. 15-45. Wieder abgedruckt in: Hermeneutik u. Ideologiekritik. – Frankfurt 1971.

Ders. 1970a: Szientismus oder transzendentale Hermeneutik? Zur Frage nach dem Subjekt der Zeicheninterpretation in der Semiotik des Pragmatismus. – In: Hermeneutik und Dialektik, Festschrift für H.-G. Gadamer, Bd. I, Tübingen, S. 105-144.

Ders. 1970b: Einführung z. Ch. S. Peirce, Schriften II. – Frankfurt S. 11-214.

Ders. 1972a: From Kant to Peirce: The Semiotical Transformation of the Transcendental Logic. – In: L. W. Beck (ed): Transactions of the third International Kant-Congress (Rochester 1970), Dordrecht: Reidel 1972, S. 90-104.

Ders. 1972b: Die Kommunikationsgemeinschaft als transzendentale Voraussetzung der Sozialwissenschaften. – In: Neue Hefte für Philos., I, H. 2/3, S. 1-40.

Austin, J. L. 1961: Performative Utterances. – In: Philosophical Papers, Oxford: Clarendon, S. 220-239.

Ders. 1962: How to Do Things with Words. – Cambridge, Mass.

Bar-Hillel, Yehoshua 1954a: Logical Syntax and Semantics. – In: Language 30, S. 30-37. Wiederabgedruckt in Bar-Hillel 1964, S. 38-46.

Ders. 1954b: Indexical Expressions. – In: Mind 63, S. 359-379. Wiederabgedruckt in Bar-Hillel 1970.

Ders. 1960: A Prerequisite for Rational Philosophical Discussion. – In: Synthese 12, S. 328-332. Wiederabgedruckt in Bar-Hillel 1970, S. 258-62.

Ders. 1964: Language and Information. Reading, Mass.

Ders. 1967: Rezension von J. A. Fodor u. J. J. Katz (Hrsg.) 1964. – In: Language 43, S. 526-550. Wiederabgedruckt in Bar-Hillel 1970, S. 150-201.

Ders. 1969: Argumentation in Pragmatic Languages. – In: Bar-Hillel 1970, S. 206-221.

Ders. 1970: Aspects of Language. – Jerusalem 1970.

Bierwisch, Manfred 1966: Strukturalismus. Geschichte, Probleme und Methoden. – In: Kursbuch, S. 77-152.

Carnap, Rudolf 1956: The Methodological Character of Theoretical Concepts. – In: H. Feigl/M. Scriven (eds.): Minnesota Studies in the Philosophy of Science I, Minneapolis, S. 38-76.

Chomsky, Noam 1955: Logical Syntax and Semantics. Their linguistic Relevance. – In: Language 31, S 36-45.

Ders. 1957: Syntactic Structures. – The Hague: Mouton.

Ders. 1959: Review of B. F. Skinner, Verbal Behavior. – In: Language 35, S. 26 bis 58. Wiederabgedruckt in: Fodor und Katz (ed.) 1964.

Ders. 1961: On the notion »rule of grammar«. – In: R. Jakobson (ed.), Structure of Language and its Mathematical Aspects, Providence, Rhode Island: American Mathematical Society.

Ders. 1964: Current Issues in Linguistic Theory. – The Hague.

Ders. 1965 (1970): Aspects of the Theory of Syntax. – Cambridge, Mass.: M. I. T. Press. (Deutsche Übersetzung: Aspekte der Syntax-Theorie. – Frankfurt 1970).

Ders. 1966a: Topics in the Theory of Generative Grammar. – The Hague: Mouton.

Ders. 1966b: Cartesian Linguistics. – New York und London: Harper & Row.

Ders. 1968 (1970): Language and Mind. – New York: Harcourt, Brace & World. (Deutsche Übers.: Sprache u. Geist. – Frankfurt 1970).

Ders. 1968: Noam Chomsy and Stuart Hamshire discuss the Study of Language (B. B. C'. Third Programme vom 8. Juni 1968).

Ders. 1969: Linguistics and Philosophy. – In: Sidney Hook (ed.); Language and Philosophy, New York: Univ. Press, S. 51–93.

Coseriu, Eugenio 1968: Sincronia, diacronia y tipologia, in: Actas del XI Congresco Internacional de Linguistica y Filologia Románicas, Madrid 1968, S. 269–283.

Ders. 1970: Semantik, Innere Sprachform und Tiefenstruktur. – In: Folia Linguistica IV, S. 53-63.

Fodor, J. A. u. Katz, J. J. (ed.) 1964: The Structure of Language: Readings in the Philosophy of Language. – Englewood Cliffs, N. J.: Prentice Hall.

Frey, Gerhard 1965: Sprache – Ausdruck des Bewußtseins, Stuttgart.

Gauger, Hans-Martin 1969: Die Semantik in der Sprachtheorie der transformationellen Grammatik. – In: Linguistische Berichte 1, S. 1-18.

Goodman, Nelson 1967: The Epistemological Argument. – In: Symposion on Innate Ideas, in: Synthese XVII, 1, S. 12-28. Wiederabgedruckt in: Boston Studies in the Philosophy of Science, Vol. III, S. 91–107.

Habermas, Jürgen 1967: Erkenntnis und Interesse, Frankfurt.

Ders. 1970a: Kritische Bemerkungen zum elementaristischen Programm einer allgemeinen Semantik. – Arbeitspapier (vervielfältigt).

Ders. 1970b: Einführende Bemerkungen zu einer Theorie der kommunikativen Kompetenz. – Arbeitspapier (vervielfältigt).

Ders. 1971: Vorbereitende Bemerkungen zu einer Theorie der kommunikativen Kompetenz. – In: Habermas u. Luhmann 1971, S. 101-141.

Habermas, Jürgen und Luhmann, Niklas 1971: Theorie der Gesellschaft oder Sozialtechnologie. – Frankfurt a. M.

Harman, Gilbert 1967: In: »Some Recent Issues in Linguistics«. – In: Journal of Philosophy LXIV, 2, S. 67-87.

Heger, Klaus 1971: Zur Standortbestimmung der Sprachwissenschaft. – In: Ztschr. f. Roman. Philologie 87, S. 1-31.

Ders. 1971b: Monem, Wort und Satz, Tübingen.

Hymes, Dell 1967: Models of the Interpretation of Language and Social Setting. – In: The Journal of Social Issues 23, S. 8-28.

Ders. 1970: On communication competence. – In: Gumperz, J. J. and Hymes, D. (eds.): Directions in Sociolinguistics, New York: Holt, Rinehard & Winston.

Katz, Jerrold J. 1966 (1970): The Philosophy of Language. – New York: Harper & Row (Deutsche Übersetzung: Philosophie der Sprache. – Frankfurt 1970).

Katz, J. J. u. Fodor, J. A. 1963: The Structure of Semantic Theory. – In: Language 39, S. 170-210. Wiederabgedruckt in Fodor u. Katz (eds.) 1964.

Klüver, Jürgen 1971: Wissenschaftstheoretische Bemerkungen zur Transformationsgrammatik Chomskys. – Arbeitspapier, Philos. Institut der Universität Saarbrücken.

Lyas, Collin (ed.) 1971: Philosophy and Linguistics. – London and Basingstoke.

Lyons, John 1970: Chomsky. – In: Modern Masters, Fontana: Collins.

McCawley, J. D. 1968: Where do noun phrases come from? – In R. Jacobs/P. S. Rosenbaum (eds.): Readings in English Transformational Grammar, Waltham, Mass.: Blaisdell, 1969.

Nagel, Thomas 1969: Linguistics and Epistemology. – In: Hook, Sidney (ed.): Language and Philosophy, New York 1969, S. 171 ff.

Oksaar, Els 1971: Sprachliche Interferenzen und kommunikative Kompetenz. – In: Indo-Celtica, Gedächtnisschrift für Alf Sommerfelt, München (erscheint demnächst).

Ross, J. R. 1967: On the Cyclic Nature of English Pronominalization. – In: To Honor Roman Jakobson, The Hague/Paris 1967.

Ruwet, Nicolas 1967: Introduction à la grammaire générative Paris 1967.

Schäfer, Lothar 1970: Über die Diskrepanz zwischen Methodologie und Metaphysik bei Popper. – In: Studium Generale 23, S. 856-877.

Schlick, Moritz 1938: Gesammelte Aufsätze, Wien.

Schnelle, Helmuth 1970: Theorie und Empirie in der Sprachwissenschaft. – In: Bibliotheca Phonetica, No. 9, S. 51-65.

Searle, J. R. 1969: Speech Acts. – Cambridge, Mass.: Univ. Press.

Stegmüller, Wolfgang 1969: Hauptströmungen der Gegenwartsphilosophie. – Stuttgart, 4. Auflage.

Toulmin, Stephan 1961 (1968): Foresight and Understanding. An Enquiry into the Aims of Science. – London: Hutchinson LTD (Deutsche Übersetzung: Voraussicht und Verstehen. Ein Versuch über die Ziele der Wissenschaft, Frankfurt 1968).

Tugendhat, Ernst 1960: Tarskis semantische Definition der Wahrheit und ihre Stellung innerhalb der Geschichte des Wahrheitsproblems im logischen Positivismus. – In: Philos. Rundsch. 8, S. 131-159.

Winch, Peter 1958 (1966): The Idea of a Social Science and its Relation to Philosophy. – London: Routledge & Kegan Paul. (Deutsche Übersetzung: Die Idee der Sozialwissenschaft und ihr Verhältnis zur Philosophie, Frankfurt 1966).

Wunderlich, Dieter 1968a: McCawleys Tiefenstrukturen. – Drittes Linguist. Kolloquium Stettenfels 1.-4. Okt. 1968 (vervielfältigt).

Ders. 1968b: Pragmatik, Sprechsituation, Deixis. – Lehrstuhl f. Linguistik d. Univ. Stuttgart, Papier Nr. 9 (vervielfältigt). Jetzt in korrigierter Fassung in: Lili, Jg. 1, Heft 1/2 (1971), S. 153-190.

Ders. 1970: Die Rolle der Pragmatik in der Linguistik. – In: Der Deutschunterricht 22, Heft 4, S. 5-41.

Ders. 1972: In: Utz Maas u. Dieter Wunderlich: Pragmatik und sprachliches Handeln. – Frankfurt 1972.

Sprache als Thema und Medium
der transzendentalen Reflexion
Zur Gegenwartssituation der Sprachphilosophie

I

Ich möchte im folgenden aus der vielfältigen Problematik der modernen Sprachphilosophie ein Problem herausgreifen, das m. E. für das Verhältnis von Sprache und Philosophie in der Gegenwart entscheidend ist – entscheidend in dem Sinne, daß von seiner Auflösung die Antwort bestimmt wird auf die Frage: kann, oder muß vielleicht sogar, die Sprachphilosophie heute die Funktion der Transzendentalphilosophie im Sinne Kants, u. d. h. zugleich: der *prima philosophia* übernehmen?

Man wird sich vielleicht – unter Kennern der philosophischen Literatur – darüber leicht einigen können, daß in unserem Jahrhundert die für die Neuzeit charakteristische Beschäftigung der Philosophen mit dem eigenen Bewußtsein durch die Beschäftigung mit der Sprache abgelöst worden ist. Das scheint zu besagen: Die Sprachphilosophie – nicht als Thematisierung des Gegenstands Sprache unter anderen möglichen Erkenntnisgegenständen, sondern als *Reflexion auf die sprachlichen Bedingungen der Möglichkeit der Erkenntnis* – ist an die Stelle der traditionellen Erkenntnistheorie getreten[1].

(Dies scheint zumindest insofern richtig zu sein, als die – sprachanalytisch zu klärende – Frage nach dem möglichen Sinn (oder Unsinn) von Sätzen der erkenntnistheoretischen Frage nach der möglichen Wahrheit (Geltung, Objektivität) von Urteilen vorgeschaltet wurde. Darüber hinaus ist aber sogar die Beantwortung der Frage nach der möglichen Wahrheitsgeltung von Urteilen, sofern diese von apriorischen und empirischen Bedingungen der Erkenntnis abhängt, zum Thema sprachanalytischer Untersuchungen geworden. Dies gilt nicht nur insofern, als die logische Konsistenz von Theorien anhand von formalisierten Theorien-*Sprachen* überprüft wird: es gilt auch insofern, als das empirische Basis-Problem der Erkenntnis als das einer Übereinkunft (aufgrund argumentativer Verständi

---

1 Vgl. die »Einleitung« zu meinem Buch *Die Idee der Sprache in der Tradition des Humanismus von Dante bis Vico* (Archiv f. Begriffsgeschichte, Bd. 8, Bonn 1963).

gung) über die Geltung von Beobachtungs-*Sätzen* als Basis-*Sätzen*
behandelt wird; ja, darüber hinaus werden sogar synthetisch-aprio-
rische Vorstellungsgewißheiten, wie sie die Axiome der euklidischen
Geometrie im Sinne Kants oder die sog. »Farbsätze« im Sinne Husserls darstellen, von der modernen – sprachanalytisch orientierten –
Wissenschaftstheorie nicht schon aufgrund ihrer *Evidenz für jedes
einzelne Bewußtsein,* sondern erst aufgrund ihrer *öffentlichen* Anerkennung als *Sprachspiel-Paradigmata* (im Sinne Wittgensteins) zu
den Voraussetzungen der Geltung der Erfahrungswissenschaft ge-
rechnet. Die Pointe dieser Wendung von der Erkenntniskritik qua
Bewußtseinsanalyse zur Erkenntniskritik qua Sprachanalyse scheint
darin zu liegen, daß das Problem der *Wahrheitsgeltung* selbst nicht
mehr als solches der *Evidenz* oder *Gewißheit (certitudo)* für ein einsames Bewußtsein im Sinne Descartes', und auch nicht mehr als das
der *objektiven* (und insofern intersubjektiven) *Geltung* für ein »Bewußtsein überhaupt« im Sinne Kants, sondern primär als das einer
*intersubjektiven Konsens*bildung aufgrund *sprachlicher (argumentativer) Verständigung* angesehen wird.)

Wenn es sich so verhält, dann besteht offenbar zwischen der Erkenntnistheorie der Neuzeit und der sie – zumindest partiell – ab-
lösenden Sprachphilosophie des 20. Jahrhunderts eine Kontinuität
der philosophischen Fragestellung: diese Kontinuität würde – in
Anknüpfung an Kant formuliert – in der *Reflexion auf die Bedingungen der Möglichkeit und Gültigkeit der Erkenntnis* liegen: die
Sprache wäre heute, so wie früher das Bewußtsein, Thema und
Medium der transzendentalen Reflexion (und auch als Medium der
gültigen Reflexion hätte sie wiederum Thema der Reflexion zu
sein!).

Hier erhebt sich nun die Frage, die ich in meinem Vortrag stellen
und entfalten möchte: Wird in der Sprachphilosophie unseres Jahrhunderts wirklich auf die Sprache »reflektiert« – als auf eine *subjektive Bedingung der Möglichkeit* der Erkenntnis? Wird also die
Kontinuität der modernen Sprachphilosophie mit der klassischen
Transzendentalphilosophie zurecht unterstellt? Wird nicht – z. B.
in der sog. »sprachanalytischen Philosophie« und im »Strukturalismus« – die Sprache entweder als *objektives* (innerweltliches) Phänomen *beschrieben* bzw. *erklärt* oder aber als »semantical framework«
konstruiert?

II.

Eine eindeutige Antwort auf diese Frage ist gar nicht leicht zu geben: Einerseits ist wohl nicht zu bestreiten, daß die sog. »sprachanalytische Philosophie« in all ihren Phasen und Richtungen – also vom *Tractatus logico-philosophicus* des frühen Wittgenstein über die »konstruktive Semantik« Tarskis und Carnaps bis zur »Sprachspiel-Analyse« des späten Wittgenstein und zur »ordinary language philosophy« – im Gesamthaushalt der westlichen Philosophie weithin die reflexive Funktion der Erkenntniskritik übernommen hat. – Dieser Feststellung steht jedoch entgegen, daß gerade durch die Ablösung der Bewußtseinsphilosophie durch Sprachanalyse die *Reflexion* aus der Mode gekommen oder sogar sinnlos geworden zu sein scheint: Während von Descartes bis Husserl die Reflexion des erkennenden Bewußtseins auf sich selbst die letzte Instanz methodologischer Besinnung darstellte, kommt in der sprachanalytischen Philosophie ein »intentionales Bewußtsein« oder »Subjekt« so gut wie nicht mehr vor. Derartige Termini gelten jetzt als psychologistisch.

Daß hier eine Parodoxie verborgen liegt, hat der junge Wittgenstein in seinem *Tractatus* zumindest angedeutet: Hier, wo die Erkenntnistheorie ausdrücklich durch »Sprachkritik« abgelöst und die Logik der Sprache »transzendental« genannt wird, wird zugleich die sprachlich formulierbare Reflexion auf die logische Form der Sprache als unmöglich erklärt. Und ebenso wie von der Sprachform heißt es vom Subjekt der Sprache: »Das Subjekt gibt es nicht« (nämlich in der beschreibbaren Welt). Subjekt und Sprache sind die »Grenze der Welt«, über die eben deshalb nichts gesagt werden kann. Seitdem wird in der analytischen Philosophie tatsächlich nichts mehr über das *transzendentale Subjekt* der Sprache, u. d. h. der formulierbaren Erkenntnis, gesagt: *Die quasi-transzendentalen* Funktionen, welche Wittgenstein *im Tractatus* der einen »Logik der Sprache« zugedacht hatte, werden bei Carnap im Sinne des Toleranzprinzips von den konventionell festgelegten Regeln der *onto-semantischen* »frameworks« möglicher Wissenschaftssprachen übernommen; und beim späten Wittgenstein sollen sie durch Beschreibung von »Sprachspielen«, die mit »Lebensformen« und Weltinterpretationen »verwoben« sind, als deren »Tiefengrammatik« aufgezeigt werden[2].

2 Vgl. zum Vorstehenden K.-O. Apel, »Die Entfaltung der ›sprachanalytischen‹ Philoso-

Und nicht nur in der sprachanalytischen Philosophie im engeren
Sinn, auch in jenen Sprach- und Kulturphilosophien, welche aus dem
sprachwissenschaftlichen »Strukturalismus« F. de Saussures und der
Prager Schule hervorgegangen sind, scheint die *Reflexion des
menschlichen Subjekts* auf seine »intentionalen Leistungen« (Husserl) durch die *Deskription objektiv-anonymer Symbolsysteme*,
durch die das intentionale Verhalten der Menschen a priori festgelegt ist, abgelöst und überholt zu sein. Zwar wird vorausgesetzt,
daß Menschen die strukturell charakterisierbaren Sprach- bzw. Kultursysteme »anwenden« bzw. »realisieren«. Aber diese *Leistung* der
Subjekte wird ganz ähnlich behandelt wie die *Anwendung* konstruierter Wissenschaftssprachen in der konstruktiven Semantik: die
»Parole« des Strukturalismus wird ebensowenig als subjektiv-intersubjektive Bedingung der Möglichkeit der »langue« als System behandelt wie die Zeichenpragmatik in der konstruktiven Semantik
als subjektiv-intersubjektive Bedingung der Möglichkeit einer konstruierten Wissenschaftssprache; die Leistungen der Subjekte werden nur als Objekt empirischer Wissenschaften thematisiert[3]. Mit
anderen Worten: Es gibt (noch) keine *transzendentale Pragmatik*
der Sprechakte und Verstehensakte als der subjektiv-intersubjektiven Bedingungen der Möglichkeit der Kommunikation und insofern
auch der Sprache[4].
Nun läßt sich gar nicht leugnen, daß im modernen Sprach-Objekti-
vismus ein Phänomen wissenschaftlich zur Geltung gebracht wird:
Wie der späte Wittgenstein durch seine »Sprachspiele«, die zugleich
»Lebensformen« oder »Institutionen« sind, prinzipiell ebenso demonstriert der »Strukturalismus« als Sprach- und Kulturphilosophie, daß »einer allein und nur einmal« nicht einer Regel folgen,
daß ein Einzelner aus eigener Bewußtseinsleistung heraus nicht
»etwas *als etwas*« meinen kann. In der Tat wird ein durch die

phie und das Problem der ›Geisteswissenschaften‹« (*Philos. Jb.*, 72. Jg., 1965, S. 239–89)
(oben S. 28 ff.); ferner ders., »Wittgenstein und Heidegger«, in: *Philos. Jb.*, 75. Jg.
(1967), S. 56–94. (Bd. I, S. 225 ff.)
3 Vgl. K.-O. Apel, »Szientismus oder transzendentale Hermeneutik? Zur Frage nach dem
Subjekt der Zeicheninterpretation in der Semiotik des Pragmatismus«, in: R. Bubner u. a.
(Hrsg.): *Hermeneutik u. Dialektik*, Bd. I, Tübingen 1970, S. 105–144. (Oben S. 178 ff.)
4 Vgl. aber J. Habermas, »Vorbereitende Bemerkungen zu einer Theorie der kommunikativen Kompetenz«, in: J. Habermas/N. Luhmann, *Theorie der Gesellschaft oder Sozialtechnologie – Was leistet die Systemforschung?*, Frankfurt 1971. – Ferner K.-O. Apel: »N.
Chomsky und die Philosophie der Gegenwart«, in: *Jahrbuch des Instituts für Deutsche
Sprache*, Mannheim 1972. (Oben S. 264 ff.)

moderne Sprachanalyse hindurchgegangener Philosoph kaum mit
Descartes (und noch Husserl) daran festhalten, daß man sich durch
radikale Selbstbesinnung im Stile des *methodischen Solipsismus* aus
der Verstrickung in die Sprache (bzw. ein mit ihr verwobenes Kultursystem) herausreflektieren könnte. Man kann z. B. nicht, ohne
Rücksicht auf die *Spielregeln* der Kommunikation, Fragen stellen
wie diese: Ist am Ende alles, was ich überhaupt meinen kann, *bloß*
in meinem Bewußtsein? (D. h. gibt es vielleicht keine »Außenwelt«
und daher prinzipiell auch keine Kommunikationspartner?) Man
wird heute dem einsamen Denker, der sich zum *methodischen Solipsismus* verpflichtet glaubt, sehr schnell zeigen, daß er bereits mit den
Argumenten, die für ihn selbst Geltung haben sollen, ein *öffentliches Sprachspiel* voraussetzt; dieses vorausgesetzte Sprachspiel
macht z. B. im Falle des Ausdrucks »bloß im Bewußtsein« den Sinn
des Arguments davon abhängig, daß nicht *alles* Meinbare bloß im
Bewußtsein ist. Wäre alles bloß im Bewußtsein, so verlöre die Wendung »bloß im Bewußtsein«, die man voraussetzt, um die Pointe des
radikalen Zweifels zu konstituieren, ihren zuvor vorausgesetzten
Sinn[5].

Die Konsequenz aus solchen Einsichten scheint zu sein, daß eine
reflexive Rechtfertigung oder Kritik von intentionalen Leistungen
gar nicht möglich ist. Man kann offenbar nicht – wie noch Husserl es
wollte – mit der Reflexion auf die »intentionalen Leistungen eines
reinen Bewußtseins« gleichsam hinter die Sprache zurücktreten; das
Meinenkönnen ist selbst a priori bedingt durch die »innere Form«
oder die »Tiefengrammatik« der Sprache, deren Gebrauch mit den
Regeln sinnvollen Handelns und mit denen des Weltverstehens, einschließlich des Selbstverstehens, »verwoben« ist (Wittgenstein). Objektive Strukturanalysen von Sprachspielen oder von umfassenderen
Symbol- und Verhaltenssystemen scheinen daher an die Stelle des
reflexiven Selbst- und des analogen Fremdverstehens treten zu müssen. Genauer gesagt: An die Stelle der Selbstreflexion der traditionellen Bewußtseinsphilosophie scheinen endlose Hierarchien von
Metasprachen bzw. Metatheorien zu treten, mit deren Hilfe Sprachen bzw. sprachlich bedingte Theorien objektiv analysiert werden
können. Da jedoch Selbstreflexivität durch solche Hierarchiebildung

---

5 Vgl. K.-O. Apel, »Die erkenntnisanthropologische Funktion der Kommunikationsgemeinschaft und die Grundlagen der Hermeneutik«, in: *Information u. Kommunikation*
(hrsg. v. S. Moser, München-Wien 1968), S. 163–71.

a priori ausgeschlossen wird, entziehen sich die *transzendentalen* Bedingungen der Möglichkeit und Gültigkeit solcher objektiven Analyse offenbar prinzipiell jeder wissenschaftlich-philosophischen Aussage, wie der junge Wittgenstein im *Tractatus* bemerkt hat. Wenn es sich aber so verhalten sollte: wie kann dann die Beschäftigung mit der Sprache zugleich die Aufgabe einer kritischen Reflexion auf transzendentale Bedingungen der Möglichkeit der Erkenntnis, z. B. auch der Erkenntnis der sprachlichen Symbolsysteme, erfüllen? Wird aber nicht gerade eine solche kritische Reflexion selbst noch durch die angedeutete Kritik des cartesischen Zweifels im Geiste Wittgensteins bewerkstelligt? Durch die kritische Analyse des Sprachspiels mit dem Ausdruck »bloß im Bewußtsein« wird doch offenbar eine Einsicht gewonnen, die – sofern sie verstanden wird – in jeder Sprache zur Geltung gebracht werden kann, da sie es mit *notwendig universalen* Bedingungen der Rede über so etwas wie das »Bewußtsein im Verhältnis zur Realität« der »Außenwelt« zu tun hat. So scheint es doch, daß wir etwas über die Bedingungen der Möglichkeit sinnvoller Rede überhaupt – und nicht nur über die Struktur bestimmter (empirischer oder konstruierter) Sprachsysteme – wissen können. Auch wissen wir sehr wohl, daß die *objektiv* analysierbaren Sprachsysteme mit der zu ihrer Analyse vorausgesetzten – *subjektiv* benutzten – Sprache identisch sein können; denn in der linguistischen Analyse kann und muß sogar das subjektive Sprachgefühl des kompetenten Sprechers als *objektive* Verifikations- bzw. Falsifikationsinstanz behandelt werden, und die *Konstruktion* von künstlichen syntaktisch-semantischen Systemen läßt sich, falls eine *Interpretation* mit Hilfe der bei der Konstruktion vorausgesetzten »natürlichen« Sprache gelingt, als partielle *Rekonstruktion* der letzteren auffassen. Somit muß sich also die objektive Sprachanalyse und die Sprachkonstruktion doch auf ihre angeblich nicht aussagbaren transzendentalen Bedingungen zurückbeziehen können. Und läßt sich nicht andererseits die objektiv analysierbare Sprache, an die wir immer schon gebunden sind, zugleich als *von uns gemachte* auffassen und z. B. im Interesse wissenschaftlicher Präzision *rekonstruieren?*

Man könnte meinen, die angedeuteten Schwierigkeiten beruhten lediglich darauf, daß man einen absoluten Unterschied zwischen Sprache als *Objekt* und Sprache als *subjektiver* Bedingung der Erkenntnis macht. Mit Hegel läßt sich indessen die als System wirk-

same Sprache als »objektiver Geist«, als entäußerte Subjektivität
der Sinnintentionen auffassen, die eben deshalb auch rekonstruier-
bar ist; und mit Marx läßt sich umgekehrt darauf hinweisen, daß
»der ›Geist ‹. . . von vornherein den Fluch an sich (hat), mit Materie
›behaftet‹ zu sein, die hier in der Form von bewegten Luftschichten,
Tönen, kurz der Sprache auftritt«, so daß die »Sprache . . . das
praktische, auch für andere Menschen existierende, also auch für
mich existierende, wirkliche Bewußtsein« ist[6]. Auch W. v. Humboldt betont, daß die Sprache »ein zugleich subjektives und objektives Gebilde« ist: Indem sie »dem Erkennbaren als subjektiv ent-
gegensteht, tritt sie dem Menschen als objektiv gegenüber«[7], »wie es
überhaupt ein Gesetz der Existenz des Menschen in der Welt ist, daß
er nichts aus sich hinauszusetzen vermag, das nicht augenblicklich zu
einer auf ihn zurückwirkenden und sein ferneres Schaffen bedingen-
den Masse wird . . .«.[8]
Indessen: es handelt sich hier, wie man nicht verkennen wird, um
dialektische Formulierungen, wie sie unter den Voraussetzungen der
modernen *analytischen* Philosophie noch gar nicht als sinnvoll gerechtfertigt werden können. Für die moderne *analytische* Philosophie ist auch der Mensch bzw. die Gesellschaft ein Objekt der empirischen Beobachtung und der von außen herangetragenen (deskriptiven oder explanativen) Theoriebildung. Die Gesellschaft ist hier
nicht zugleich ein Subjekt im Zustand der »Entäußerung«, in dessen
– wie immer unbewußter – Regelbefolgung die Bedingungen der
Möglichkeit aller Theoriebildung wiederzuerkennen wären. Nimmt
man aber die *dialektischen* Hinweise auf die Sprache als Paradigma
der *Identität von Subjekt und Objekt* im Bereich der Humanwissenschaften ernst, so stellt sich erst recht die Frage nach dem Verhältnis von Sprache und Reflexion:
Jeder, der überhaupt erkennen will, muß *sich* als Subjekt der Erkenntnis die Wahrheit zutrauen, u. d. h. zugleich: er muß sich als
kritische Instanz der Geltungsreflexion voraussetzen: Hinter diese
Emanzipation des denkenden Subjekts in der Erkenntnistheorie der
Neuzeit ist m. E. nicht zurückzugehen. Wenn nun andererseits die
Illusion der neuzeitlichen Erkenntnistheorie in der Vorstellung liegt,

6 K. Marx, *Die Deutsche Ideologie* (in: *Frühschriften*, hrsg. v. S. Landshut, Stuttgart
1953), S. 356 f.
7 W. v. Humboldt, *Über das vergleichende Sprachstudium*, § 20.
8 W. v. Humboldt, *Über die Verschiedenheit des menschlichen Sprachbaues* . . . (Ges. Schr.,
Bd. 7, S. 250 f.).

daß ein einsames Denksubjekt sich aus der Verstrickung in die
Sprache herausreflektieren könnte, so ergibt sich das Problem: Wie
kann im Medium der *öffentlichen* Sprache die Reflexion auf den
universalen Geltungsanspruch des *subjektiven* Denkens und Erkennens durchgeführt werden?

Mir scheint, daß die *sprachanalytische* Philosophie unseres Jahr-
derts auf diese Frage keine befriedigende Antwort gegeben hat.
Eher könnte man den Eindruck gewinnen, daß sie bereits die von
uns gestellte Frage als sinnlos zu diskreditieren versucht.

Ein Grund für diese Einstellung dürfte in der logistischen *Leitidee
der Kalkülsprache* liegen, die durch ihre semantischen Regeln jeden
möglichen Widerspruch des Denkens a priori ausschalten soll. Diese
Leitidee führte bei Russell zum Verbot jeder – auch indirekten –
Selbstrückbezüglichkeit der Sprache in der sog. »Typentheorie«, die
freilich, als Theorie über alle sinnvollen Sätze, mit sich selbst in
Widerspruch gerät[9]. Eben dieser Selbstwiderspruch der Sprachphilosophie, welche Sätze über alle Sätze und damit über die logische
Form der Sprache für unmöglich erklärt, wird dann im *Tractatus*
des jungen Wittgenstein zur *Grundparadoxie des tiefen Unsinns
aller Philosophie*: diese ist gezwungen, über das zu reden, worüber
man nicht reden kann: über die logische Form der Sprache und der –
von ihr zu beschreibenden – Welt. Die Auflösung dieser Paradoxie,
die von B. Russell vorgeschlagen und in der konstruktiven Semantik
von Tarski und Carnap ausgearbeitet wurde: die Unterscheidung
nämlich von Objektsprache, Metasprache, Metametasprache usw.,
scheint mir die paradoxe Lehre des *Tractatus* nur zu illustrieren,
nicht aber zu widerlegen: die Lehre nämlich, daß die Möglichkeit
der Philosophie als sinnvoller Rede daran hängt, daß eine Reflexion
auf die Sprache in derselben Sprache möglich ist. Die Metasprachenhierarchie der logischen Semantik nämlich macht aus Philosophen
»Konstrukteure von Sprachen«, die auf die actualiter verstandene
und zur Einführung und Interpretation der Kalkülsprachen vorausgesetzte Sprache niemals legitim, sondern immer nur illegitim – in
den umgangssprachlichen Einleitungen ihrer Werke z. B. – *reflektieren* dürfen.

Daß die *Idee der Kalkülsprache* mit der *Selbstreflexion der Sprache*
nicht vereinbar ist, leuchtet ein, wenn man bedenkt, daß in der Kalkülsprache auch keine menschliche »Kommunikation« möglich ist.

9 Vgl. Max Black, *Language and Philosophy*, Ithaca, N.Y. 1949, S. 14.

Genauer: Der Austausch von reinen »Informationen« über »Sachverhalte« ohne *Mitausdruck subjektiver Stellungnahme* ist in der
Kalkülsprache sehr wohl möglich; dabei ist aber vorausgesetzt, daß
man sich über die Bezeichnungsregeln der Kalkülsprache und über
ihre Anwendung auf erfahrbare Sachverhalte in der »Umgangssprache« (die selbst schon eine Wissenschaftssprache sein kann) ge-
einigt hat. Gerade die restlose Vorwegnahme der *Vorverständigung*
über den Sprach-Gebrauch und damit jeder reflexiven Stellungnahme zur Sprache sichert der Kalkülsprache den Vorzug, daß in
ihr keine Mißverständnisse mehr auftreten können. Demgegenüber
kann eine Reflexion auf die Sprache nur dort in Funktion treten, wo
der Sprachgebrauch des einzelnen Sprachteilnehmers und die intersubjektive Verständigung über den Sprachgebrauch noch nicht getrennt sind, wo vielmehr die Sprache so gebraucht wird, daß zugleich
damit auch eine Verständigung über den *Gebrauch* erarbeitet wird.

Man könnte von diesen Überlegungen her vermuten, daß in der
»Semiotik« von Charles Morris[10] oder in der »Sprachspiel«-Analyse
des späten Wittgenstein[11], wo die »pragmatische« Dimension des
Sprach-*Gebrauchs* thematisch wird, auch das Problem der Reflexion
auf die Sprache in der Sprache eine Lösung erfährt. Diese Erwartung
wird jedoch enttäuscht. Zwar läßt sich nicht leugnen, daß unsere
Reflexion auf die Sprache als Bedingung der Möglichkeit eines Welt-
vorverständnisses durch Morris und mehr noch durch den späten
Wittgenstein *effektiv* gefördert wird, aber die Frage, wie dies möglich ist, wird gerade nicht beantwortet.

Bei Morris hängt dies, wie schon angedeutet, damit zusammen, daß
der Sprachgebrauch nicht als sich verstehendes und verstehbares intentionales Geschehen, sondern als rein objektiv beschreibbares *Sti-
mulus-Response-Behavior* aufgefaßt wird. Auch beim späten Wittgenstein haben viele Interpreten eine behavioristische Reduktion
des Verstehens von Sinn auf ein Beschreiben des faktischen Zeichengebrauchs feststellen wollen. Mir scheint freilich die Pointe Wittgensteins eher darin zu liegen, daß man zwar die philosophische Frage

10 Vgl. K.-O. Apel, in: *Philos. Rundschau*, 1959, S. 161–84. (Bd. I, S. 138 ff.)
11 Vgl. K.-O. Apel, »Entfaltung . . .«, a.a.O. (s. Anm. 2); ferner ders., »Wittgenstein
u. das Problem des hermeneutischen Verstehens«, in: *Zeitschr. f. Theologie u. Kirche*, 63.
Jg. (1966), S. 49–87. Ferner ders., »Wittgenstein u. Heidegger«, in: *Philos. Jb.*, 75. Jg.
(1967), S. 56–94. Ferner ders., »Heideggers Radikalisierung der Hermeneutik und die
Frage nach dem Sinnkriterium der Sprache«, in: O. Loretz u. W. Strolz (Hrsg.), *Die hermeneutische Frage in der Theologie*, Freiburg i. Br. 1968, S. 86–152. (Bd. I, S. 276 ff.)

nach dem Wesen des »Sinn-Verstehens« nur durch Beschreiben von
Sprachspielen beantworten kann, zugleich aber voraussetzen muß,
daß alles menschliche Verhalten durch – möglicherweise internali-
sierte und reflexiv distanzierte – *Teilnahme* am zugehörigen Sprachspiel *verstanden* werden muß. Ohne solche Teilnahme läßt sich, wie
P. Winch gezeigt hat, nicht ausmachen, ob Menschen *sich* nach einer
Regel richten, d. h. sinnvoll handeln, z. B. sprechen[12].

Damit ist indessen die Frage, wie Reflexion der Sprache in der
Sprache *möglich* sei, noch keineswegs beantwortet, sondern, folgt
man einer naheliegenden Wittgenstein-Interpretation, erneut durch
eine paradoxe Lösung verstellt.

Wittgenstein suggeriert nämlich durch seine Behandlung der Sprachspiele (als nur beschreibbarer faktischer apriori-Begrenzungen möglichen Sinns), daß die »internen Relationen« zwischen Sprachgebrauch, Verhaltenspraxis und Weltverständnis gewissermaßen
monadisch geschlossene »Lebensformen« konstituieren. Dieser pluralistische und relativistische Aspekt der Sprachspielkonzeption tritt
besonders in der Interpretation von P. Winch hervor. Da nun, ihm
zufolge, bereits die Möglichkeit der Identifikation von Gegenständen in der Welt durch die institutionalisierten Sprachspiele a priori
festgelegt ist, so ist nicht einzusehen, wie verschiedene Sprachspiele –
u. d. h. zugleich: verschiedene menschliche »Lebensformen« – in ein
Gespräch über ein und dieselbe Sache treten können[13].

Ein Spezialfall dieser Aporie tritt im semantischen »Operationalismus« P. W. Bridgmans auf, demzufolge, streng genommen, ebenso
viele verschiedene Bedeutungen jedes wissenschaftlichen Begriffs unterschieden werden müssen, wie es experimentelle Operationen gibt,
durch die sich die Bedeutungen explizieren lassen. Ließe sich nun
tatsächlich das Begriffsverständnis auf das entsprechende Opera-
tionsverständnis *reduzieren,* so ließe sich schon bei physikalischen
Begriffen wie »Länge« oder »Gewicht« nicht mehr verständlich machen, wie sich die mit verschiedenen Meßoperationen »verwobenen«
verschiedenen Sprachspiele auf ein und dieselbe Sache beziehen können. Sollte aber nicht zumindest das deiktisch identifizierbare *Reale*
und seine Eigenschaften dadurch gekennzeichnet werden können,

12 Ich folge hier der Wittgenstein-Interpretation von P. Winch in *The Idea of a Social
Science and its Relation to Philosophy,* London⁴ 1965 (dtsch. Frankfurt 1966).
13 Vgl. hierzu und zum folgenden meine Kritik an Wittgenstein und P. Winch in den
unter Anm. 11 angeführten Arbeiten.

daß man sich in verschiedenen, d. h. mit verschiedenen Operationen »verwobenen« Sprachspielen auf es muß beziehen können? Dies würde aber besagen, daß nicht nur die Identifikation von Gegenständen in der Welt durch Sprachspiel-Horizonte a priori bedingt ist, sondern auch umgekehrt die Ausbildung und Überschreitung von Sprachspielhorizonten von der Identifikation und prädikativen Bestimmung realer Gegenstände ihren Ausgang nehmen kann. Eine solche wechselseitige Korrektur von Sprachspielhorizont und »physiognomischer« Erkenntnis[14] ist aber nur denkbar, wenn mit jedem Sprachgebrauch immer schon *Reflexion* auf den Sprachgebrauch verbunden ist. Die Konstitution von *Begriffen* und vollends von *Theorien* kann nicht nur von den zugehörigen experimentellen Tätigkeiten her, sondern muß auch aus der alle bestimmten Tätigkeiten distanzierenden Reflexion verstanden werden. Diese Reflexion muß auch die interpersonale Interaktion innerhalb der Sprachspiele als gesellschaftlicher Lebensformen immer schon begleiten und es prinzipiell möglich machen, daß die verschiedensten soziokulturellen Lebensformen qua Sprachspiele in Kommunikation treten können.

Deutlicher noch wird die Notwendigkeit der Sprachreflexion, wenn man die Frage aufwirft, wie der Philosoph, der nach Winch mit dem Sozialwissenschaftler identisch ist, verschiedene Sprachspiele bzw. Lebensformen verstehen und sie in bezug auf ihr Verständnis der Welt vergleichen kann. Dergleichen setzt offenbar voraus, daß die einzelnen Sprachspiele, in die man durch Sozialisation hineinwächst, zugleich die Möglichkeit implizieren, durch Selbstreflexion über sich hinauszugehen und daß solche Selbsttranszendierung bis hin zur philosophischen Sprachreflexion und Gesellschaftskritik durch Kommunikation zwischen verschiedenen Sprachspielen bzw. Lebensformen provoziert werden kann. Ja: man wird schließlich – auf der Reflexionsstufe des philosophischen Sprachspiels – gerade dasjenige als das Reale identifizieren müssen, auf das in verschiedenen Sprachspielen Bezug genommen werden kann und muß, ohne daß es in endlich vielen Sprachspielen zureichend interpretiert werden kann. – Bei der Provokation der kritischen Selbstreflexion der Sprachspiele wird schließlich der Umstand eine Rolle spielen, daß zwischen Sprachgebrauch, Verhaltenspraxis und Weltverständnis, die nach Wittgenstein im Sinne einer internen Relation miteinander »ver-

14 Vgl. K.-O. Apel, »Technognomie, eine erkenntnisanthropologische Kategorie«, in: G. Funke (Hrsg.), *Konkrete Vernunft*, Festschr. f. E. Rothacker, Bonn 1958, S. 61–78.

woben« sind, gleichwohl de facto Widersprüche bestehen können und unter den Bedingungen der bislang in der Sozialgeschichte realisierten Lebensformen auch immer aufzufinden sind.

In summa: Weder die hermeneutischen Geisteswissenschaften, welche das geschichtliche Kontinuum des menschlichen Gesprächs – auch und gerade des Streitgesprächs – über die Welt verstehen wollen, noch die sozialwissenschaftlich orientierte Ideologiekritik, welche Unstimmigkeiten in den menschlichen Sprachspielen zum Ausgangspunkt einer Kritik der realen Selbstentfremdung der Menschen nimmt, könne m. E. mit Hilfe der Modellvorstellung eines Pluralismus von quasi selbstgenügsamen Sprachspielen qua Lebensformen hinreichend begründet werden. Noch weniger läßt sich aber die Sprach*philosophie* – und sei es nur die therapeutische Sprachkritik Wittgensteins – unter der Voraussetzung als möglich und gültig erweisen, daß sie nichts weiter tut, als überschaubare Sprachspiele als empirische Fakten von außen zu beschreiben.

III.

Angesichts dieser Probleme scheint mir zunächst der Ansatz einer *sprachhermeneutischen* Philosophie, wie er z. B. im Anschluß an Heidegger von H.-G. Gadamer und Joh. Lohmann entwickelt wurde, weiterzuhelfen. Ich skizziere ihn im folgenden in meiner eigenen Version und beziehe auch Gedanken von J. Habermas[15] mit ein.

Hier wäre – und darin liegt ein wesentlicher Gegensatz zur *sprachanalytischen* Philosophie – davon auszugehen, daß schon bei der primären sprachlichen Welterschließung das intersubjektive Kommunikationsverhältnis der Menschen und, über dieses vermittelt, ein implizites Reflexionsverhältnis der Menschen zu sich selbst zum Ausdruck kommt. Mit anderen Worten: Wenn die Menschen nicht immer schon mit der Sprache ein Selbstverständnis an die Welt herantrügen, dann könnte ihnen überhaupt nicht »etwas *als* etwas« begegnen[16]. Die in der Konstitution von etwas *als* etwas sich vollziehende »hermeneutische Synthesis«, die der Synthesis der Prädikation zugrunde liegt, muß dem Seienden eine »Bedeutsamkeit« abge-

15 Vgl. insbesondere J. Habermas, *Zur Logik der Sozialwissenschaften*, Frankfurt 1970, S. 220 ff.
16 Vgl. K.-O. Apel, »Wittgenstein und Heidegger«, a.a.O. (s. Anm. 11).

winnen, die ihre Bedingung der Möglichkeit im effektiven Reflexions-Verhältnis des menschlichen In-der-Welt-Seins zu seinen Möglichkeiten hat. Daß diese Grundannahme der Heideggerschen »Hermeneutik des Daseins« sich *sprachhermeneutisch* muß verifizieren lassen, leuchtet ein, wenn man bedenkt, daß jede geschichtlich gewordene Sprache in ihrer semantischen Struktur als Niederschlag pragmatischer Bedeutsamkeitserfahrung sich muß begreifen lassen. Tatsächlich hat z. B. der Linguist P. Zinsli sehr anschaulich zeigen können, daß in den Wortfeldstrukturen der bäuerlichen Alpenmundarten nicht nur ein anderes Weltverständnis, sondern auch ein anderes Selbstverständnis der Menschen zum Ausdruck kommt als in den vergleichbaren Feldstrukturen der Alpinistensprache[17]. Philosophisch als These zugespitzt besagt dies: die Einheit des Gegenstandsbewußtseins und des *Selbst*bewußtseins, die nach Kant als Bedingung der Möglichkeit der Erfahrung vorauszusetzen ist: diese Einheit liegt auch der Möglichkeit sprachlicher Welterschließung zugrunde. Es werden nicht einfach vorhandenen Gegenständen vorhandene Eigenschaften bzw. Relationen als Prädikate zugesprochen, sondern in der Entdeckung von etwas *als* etwas spricht *sich* das »In-der-Welt-Sein« von Menschen als *Welt-* und *Selbst*verständnis aus.

Bei dieser ursprünglichen sprachlichen Weltartikulation kann freilich als *subjektive Bedingung der Möglichkeit und Gültigkeit* nicht ein »reines Bewußtsein« im Sinne Kants oder Husserls zugrunde gelegt werden; ein solches könnte der Welt gar keine »Bedeutsamkeit« abgewinnen. Die Sprachspieltheorie Wittgensteins, die der »Verwobenheit« von Arbeit, Interaktion und Kommunikation gewissermaßen einen *transzendental-pragmatischen* Stellenwert verleiht, kommt hier dem *sprachhermeneutischen* Ansatz viel mehr entgegen. Indessen: die geschichtliche Ausbildung dieses quasitranszendentalen Zusammenhangs, die im Sozialisationsprozeß von jedem Kind in abgekürzter Form wiederholt wird, ist für die sprachhermeneutische Philosophie nicht, wie offenbar für Wittgenstein, ein »Abgerichtetwerden«, in dem lediglich die Beherrschung einer »Technik« eingeübt wird[18]. Vielmehr erwirbt der Mensch mit der kommunikativen Erlernung der Sprache zugleich ein wie immer unausdrück-

17 Vgl. P. Zinsli, *Grund und Grad. Der Formaufbau der Bergwelt in den Sprachbegriffen der schweizerdeutschen Alpenmundarten*, Bern 1946.
18 In dieser Kritik Wittgensteins treffen sich P. Winch (s. Anm. 12), J. Habermas (s. Anm. 15) und W. Schulz, *Wittgenstein – die Negation der Philosophie*, Pfullingen 1967, S. 71 ff.

liches Bewußtsein davon, was es heißt, *sich* nach einer Regel zu richten; d. h.: er wird nicht nur faktisch in eine bestimmte Lebensform
eingeübt, sondern erwirbt ein *effektives* Reflexionsverhältnis zur
Form des Lebens überhaupt: z. B. hat er mit der Erlernung einer
Sprache zugleich ein Verständnis von Sprachgebrauch überhaupt
erlernt, das ihn prinzipiell in den Stand setzt, fremde Sprachen zu
erlernen, aus einer Sprache in die andere zu übersetzen, u. d. h.
zugleich: fremde Lebensformen zu verstehen.

Die Quintessenz aus dem soeben zitierten Ansatz einer sprachhermeneutischen Philosophie scheint mir J. Lohmann in seinem Buch *Philosophie und Sprachwissenschaft*[19] auf den Begriff gebracht zu haben,
wenn er das »Bewußtsein« der menschlichen Subjekte als Erzeugnis
des Jahrtausende währenden, die Reflexion provozierenden Mitein-
anderredens der Menschen begreift. Die »Entfaltung des Bewußtseins als Sprache«[20] müßte freilich auch heute noch im Detail von
einer philosophischen Philologie bzw. Sprachwissenschaft, wie sie
schon Vico und Herder forderten, rekonstruiert werden. Dabei läßt
sich das selbst durch die Sprache ermöglichte *Erstarken der Reflexion
im Verhältnis* des Menschen *zur* Sprache z. B. in dem »Abwerfen
der Brücken« (W. v. Humboldt), welche die Sprache in ihrer for-
menreichen »synthetischen« Phase dem Weltverständnis baute, in
der sog. »analytischen« Phase der Sprachentwicklung belegen.
A. Gehlen hat diesen linguistischen Beitrag Humboldts und zuvor
schon der Brüder Schlegel zum Verhältnis von Sprache und Reflexion durch den Gesichtspunkt der »Entlastung« (vom unmittelbaren
Weltumgang durch die Sprachstruktur und wiederum von der
Sprachstruktur zugunsten erneuter Realitätszuwendung) vertieft[20a].

IV.

Die explizite *Reflexion auf die Sprache mit der Sprache* wird jedoch
erst in der Entstehung der Philosophie dokumentiert, die von der
Entstehung der »Wissenschaften von der Rede« (Grammatik, Rhetorik, Logik) nicht zu trennen ist. Die von uns aufgeworfene Frage

19 J. Lohmann, *Philosophie und Sprache,* Berlin 1965.
20 So lautet der Titel eines programmatischen Vortrags von J. Lohmann in *Freiburger
Dies Universitatis,* Bd. 11, 1963, S. 1–16.
20a Vgl. A. Gehlen, *Der Mensch,* 2. Aufl. 1941, § 40 »Höhere Sprachentwicklung«.

nach der Möglichkeit der Reflexion auf die Sprache mit der Sprache
fällt daher, genauer betrachtet, von Anfang an mit der *Frage nach
der Möglichkeit der Philosophie* zusammen; und Wittgensteins *Tractatus* bestätigt diesen Zusammenhang durch seine paradoxe Infragestellung beider Möglichkeiten. Die unabweisliche Notwendigkeit,
die Reflexionsparadoxie des *Tractatus* aufzulösen, um das Sprachspiel der Philosophie zu legitimieren, zeigt aber m. E. auch die Grenzen des *sprachhermeneutischen* Ansatzes.

Mit J. Lohmann könnte man die Sprachreflexion der Philosophie als
Ergebnis eines kontinuierlichen Erstarkens der »effektiven« Sprachreflexion begreifen, die im kommunikativen Sprachgebrauch selbst
von Anfang an wirksam ist, und zweifellos muß die philosophische
Reflexion in ihrer Geschichtlichkeit aus dem Kontinuum des menschlichen Gesprächs heraus hermeneutisch verstanden werden. Indessen: mit einer solchen hermeneutisch-historischen Würdigung ist
m. E. die Eigenart des Geltungsanspruchs der philosophischen Reflexion noch nicht begriffen. Bereits Th. Litt[21] hat darauf aufmerksam gemacht, daß die Philosophie, wenngleich selbst an den Gebrauch einer geschichtlich gewordenen Sprache gebunden, in jeder
Sprache die Geschichtlichkeit, Individualität, kurz: die Relativität
des sprachgebundenen Denkens allgemeingültig zur Sprache bringen
kann. Dieser Umstand zeigt in der Tat an, daß in der Philosophie
eine Stufe der Sprachreflexion erreicht ist, die in einer *hermeneutischen* Philosophie (im Sinne Heideggers, Gadamers und Lohmanns)
nicht mehr gewürdigt werden kann.

Bedenkt man den *universalen Geltungsanspruch* der von den Griechen erstmals erreichten *philosophischen Reflexion,* den wir im Vollzug dieser – unserer – Überlegungen festzuhalten gezwungen sind,
so ist es nicht verwunderlich, daß dieser Durchbruch des Denkens
von den Philosophen zunächst – und in immer erneuten Ansätzen
der Sprachkritik – als eine Befreiung des reinen und einsamen Denkens von den Fesseln der Sprache überhaupt verstanden wurde. Der
Einseitigkeit *dieser* Verabsolutierung des »Nous« bzw. später des
»Bewußtseins« entspricht die moderne Einseitigkeit der Verabsolutierung der Sprache als der Grenze je meiner Welt, auf die nicht
mehr reflektiert werden könne, wie sie bei Wittgenstein ausgesprochen ist. Dabei ist doch offenkundig, daß die moderne Entdeckung
der Sprache als Bedingung der Möglichkeit der Erkenntnis selbst

21 Vgl. Th. Litt, *Mensch und Welt,* München 1948.

eine neue Stufe der in der Antike zuerst gelungenen *Reflexion auf die Sprache* darstellt.

Wenn also die Philosophie der Gegenwart ihr effektives Reflexionsniveau bewußt in Besitz nehmen und damit die kritische Vergewisserung der eigenen Methode und des eigenen Geltungsanspruchs, die von Descartes, Hegel und Husserl gefordert wurde, unter den Bedingungen der Gegenwart erneuern will, so steht sie vor der unabweisbaren Frage: Welches Sprachspiel setzt die Philosophie in den Stand, nicht nur auf das Verhältnis von Sprache und Welt zu reflektieren, sondern darüber hinaus darauf, daß sie mit Hilfe der Sprache auf das Verhältnis von Sprache und Welt reflektiert?

Diese Frage bzw. ihre Beantwortung impliziert keinen *regressus ad infinitum,* wie man heute in der *analytischen* Philosophie allgemein anzunehmen scheint. Denn sie ist als *Reflexion auf die höchste Allgemeinheitsstufe* begrifflichen Sinns, die durch Reflexion mit Hilfe der Sprache erreicht werden kann, nicht identisch mit einer beliebig iterierbaren psychologischen Reflexion auf den privaten Denkakt. Sie stellt vielmehr eine der Form nach endgültige Besinnung des sprachgebundenen Denkens auf sich selbst als Bedingung der Möglichkeit seines Geltungsanspruchs dar. Als transzendentale *Besinnung* ist diese Reflexion m. E. die der Philosophie (und nur der Philosophie) mögliche Selbstbegründung und als solche nicht zu verwechseln mit einer Begründung durch Deduktion. Eine solche Begründung würde allerdings in einen regressus ad infinitum hineinführen, wie zuletzt K. Popper und H. Albert[22] gezeigt haben.

Der Unterschied zwischen der von mir gemeinten *transzendentalen Reflexion* und der von Popper abgelehnten Art der *Letztbegründung* sei im folgenden kurz verdeutlicht:

K. Popper geht mit Recht davon aus, daß eine deduktive Selbstbegründung seiner eigenen Position, des »kritischen Rationalismus«, nicht möglich ist. Er zieht daraus den Schluß, daß der *kritische* Rationalist, will er sich vom dogmatischen Rationalismus unterscheiden, die Position seines Gegners, also etwa die eines Obskurantisten, der die Spielregeln einer kritischen Diskussion nicht anerkennt, als mit der eigenen Position prinzipiell gleichberechtigt anerkennen muß. Der kritische Rationalist kommt nach Popper durch radikale Reflexion auf die Bedingungen der Möglichkeit seiner eigenen Position zu der Einsicht, daß er sie in einer »irrationalen«, »moralischen

22 Vgl. H. Albert, *Traktat über kritische Vernunft,* Tübingen 1968.

Entscheidung« angesichts der Alternative von kritischem Rationalismus und Obskurantismus wählen muß[23]. Für die Wahl, die nach Popper einem »Glaubensakt« entspricht, lassen sich zwar gewichtige Gründe beibringen, die insbesondere in der Erwägung der praktischen Konsequenzen liegen. Das ändert aber nach Popper nichts an der Feststellung, daß nur und erst die irrationale Wahl des Einzelnen der Position des kritischen Rationalismus ihren prinzipiellen Vorrang vor der des Obskurantismus verleihen kann; denn »kein rationales Argument wird eine rationale Wirkung auf einen Menschen ausüben, der eine rationale Einstellung nicht einnehmen will«[24].

Diese Argumentation Poppers, hinter der evtl. auch das ganze Pathos eines ethisch-religiösen Existenzialismus sich zu versammeln vermag, scheint mir noch einen Rest jenes *methodischen Solipsismus* zu implizieren, der durch radikale Reflexion auf die sprachlichen Bedingungen der Möglichkeit alles Denkens und Entscheidens widerlegt werden kann.

Es soll nicht etwa bestritten werden, daß die Wissenschaft dem Einzelnen nicht die Entscheidung darüber abnehmen kann, ob Sein besser ist als Nichtsein, oder Vernunft besser als Unvernunft. Insofern kann der existenzielle Skeptiker in der Tat nicht durch rationale Argumente am Selbstmord gehindert werden, und ebensowenig der entschlossene Obskurant daran, sich den Spielregeln rationaler Diskussion zu verweigern. Positiv ausgedrückt: Das Funktionieren der logischen Spielregeln einer »Gemeinschaft der Wissenschaftler« setzt in der Tat bereits ein *ethisches Engagement* der Mitglieder dieser Gemeinschaft voraus, wie Ch. S. Peirce erkannte[25].

Aber aus dieser Anerkennung der Unentbehrlichkeit einer ethisch-existenziellen Entscheidung folgt nicht, daß es sich bei der Entscheidung zugunsten des kritischen Rationalismus um eine »irrationale Entscheidung« handelt, die angesichts einer prinzipiellen Gleichberechtigung der Alternativen erfolgt. Denn nicht nur dies gilt: das Funktionieren der Spielregeln des kritischen Rationalismus setzt schon eine ethische Entscheidung der Einzelnen voraus; auch umgekehrt gilt: die ethische Entscheidung angesichts einer Alternative

23 Vgl. K. Popper, *The Open Society and its Enemies*, London 1945, vol. II, S. 231 ff.
24 Ebda.
25 Vgl. Ch. S. Peirce, *Collected Papers* (ed. Ch. Hartshorne and P. Weiss), vol. V, §§ 354 ff. – Vgl. meine »Einführung« zu Ch. S. Peirce, *Schriften I* (Frankfurt 1967), S. 105 ff.

setzt, um als solche *verständlich* zu sein, bereits die Spielregeln einer
Kommunikationsgemeinschaft voraus, die im kritischen Rationalismus auf den Begriff gebracht sind. Verhielte es sich anders, wäre
eine *Entscheidung* als solche ein vorsprachlicher Akt, der nicht selbst
schon intersubjektive Spielregeln des Verstehens voraussetzte, so
könnte sie nicht von Popper in eine *reflexive Diskussion* der Ent-
scheidungsmöglichkeiten eingeführt werden. Indem die Entscheidung
von Popper in die *Diskussion* eingeführt wird, wird sie als ein Akt
der Vernunft unterstellt, der sich selbst in der Wahl bestätigen oder
verleugnen kann. Wer dies nicht einsieht und von der stillschweigenden Voraussetzung ausgeht, er könne als Einzelner in seiner Entscheidung eine Position diesseits der in Frage stehenden Alternative
einnehmen, der scheint mir noch im πρῶτον ψεῦδος des *methodischen
Solipsismus* befangen zu sein. In Anknüpfung an eine Bemerkung des späten Wittgenstein, die den *Beitrag der radikalen Sprachreflexion* zu unserem Thema zum Ausdruck bringt, kann man auch
sagen: »Einer allein und nur einmal« kann nicht angesichts einer
Alternative sich entscheiden, wählen u. dgl. Auch die existenziellen
Entscheidungsakte sind als *sinnvolle* Akte solche des *Regelfolgens,*
die, wenn schon nicht faktisch, so doch prinzipiell die Möglichkeit
einer öffentlichen Beurteilung im Rahmen eines Sprachspiels voraussetzen.

Daraus folgt: nicht nur die von Popper geforderte Entscheidung
zugunsten der »kritischen Kommunikationsgemeinschaft« setzt diese
schon als Bedingung ihrer Möglichkeit voraus: auch (sogar) die Entscheidung des Obskurantisten (oder des existenziellen Skeptikers)
gegen den »criticist frame« bewegt sich, solange sie für den Wählen-
den selbst *sinnvoll* sein soll, noch im Rahmen der Voraussetzung,
die anzuerkennen er sich weigert. Er vermag, streng genommen, dieser Voraussetzung nur durch den Selbstmord (oder die »Idiotie«,
wörtlich: Privatheit!) zu entgehen. Doch muß eine *solche* irrationale
Entscheidung, die in der Tat nicht durch Argumente verhindert werden kann, als Argument im Kontext der Frage nach einer möglichen
Selbstbegründung des kritischen Rationalismus berücksichtigt werden? – Mir scheint: sie muß – als Möglichkeit des Ausscheidens aus
dem Sprachspiel der Argumentation – ernst genommen werden,
wenn es um die Beantwortung der Frage geht, ob die *praktische Verwirklichung* der Vernunft allein durch Räsonnement bewerkstelligt
werden kann. Hier muß in der Tat der gute Wille zum guten Argu-

ment hinzutreten. Wenn es aber um die Beantwortung der Frage nach dem *Grund der Geltung* des Vernunftsprinzips geht, dann scheint mir die Besinnung auf das immer schon vorausgesetzte *transzendentale Sprachspiel,* die in jeder Sprache als reflexive »Selbstaufstufung der Sprache« durchgeführt werden kann, ausreichend und endgültig zu sein.

M. a. W.: Wer sich zugunsten des »criticist frame« der Kommunikation im Sinne Poppers entscheidet, der fällt keine »irrationale Entscheidung« zugunsten einer Möglichkeit des Verhaltens, die nur *pragmatisch* vor ihrer obskurantistischen Alternative ausgezeichnet wäre; vielmehr leistet er eine *reflexive Bestätigung* und *willensmäßige Bekräftigung* der Regeln *des* Sprachspiels, das allein ihm ein Selbstverständnis in seiner Entscheidung ermöglichen kann. In dieser Selbstbestätigung des transzendentalen Sprachspiels durch die theoretisch *und* praktisch relevante Entscheidung zugunsten einer kritischen Kommunikationsgemeinschaft zeigt sich, daß die Vernunft in sich selbst begründet ist und nur (allerdings) zu ihrer Realisierung in der Welt des menschlichen Engagements bedarf.

Der transzendentalhermeneutische Begriff der Sprache

I. Das Problem eines philosophischen Begriffs der Sprache

1. Was ist Sprache? Daß durch das Wort »Sprache« ein Grundlagen-
problem der Wissenschaft und der Philosophie – und nicht etwa nur
ein empirischer Gegenstand der Wissenschaften neben anderen (innerweltlichen) Gegenständen – angezeigt wird, darüber hat es wohl
noch nie ein so deutliches Bewußtsein gegeben wie im 20. Jahrhundert. Mit Recht hat man gesagt, daß, unerachtet – oder gerade
wegen? – der babylonischen Sprachverwirrung zwischen den verschiedenen Schulrichtungen und Disziplinen der Gegenwartsphilosophie, die Sprache zum (womöglich einzigen) gemeinsamen Anliegen nahezu aller Schulen und Disziplinen geworden ist. Hinzu
kommt, daß – 150 Jahre nach den programmatischen Ansätzen W.
v. Humboldts und zum Teil im Sinne ihrer Ausarbeitung – nun endlich auch die empirische Sprachwissenschaft die philosophisch relevanten Aspekte des Phänomens der Sprache – »Syntax«, »Semantik«
und »Pragmatik« der »Kommunikation« sowie die anthropologischen Voraussetzungen der »Sprachkompetenz« – methodisch in
den Griff zu bekommen scheint. Mit Bezug auf die methodischen
Ansätze der neuen Linguistik wiederum beginnen fast alle Humanwissenschaften ihre sprachlichen Gegenstandsaspekte oder sogar ihre
methodologischen Voraussetzungen neu zu entdecken (z. B. als
Sprachpsychologie oder Psycholinguistik, Sprachsoziologie oder Soziolinguistik, Sprachanthropologie oder »Metalinguistics«, Sprach-
Hermeneutik oder Text-Semantik usw.)
Diese Vielfalt und zugleich unverkennbare Konvergenz der philosophischen und einzelwissenschaftlichen Thematisierungen des Phänomens und Problems der Sprache erleichtert jedoch nicht ohne weiteres die adäquate philosophische Bestimmung ihres Begriffs. Vielmehr illustriert sie in geradezu paradigmatischer Form eine – ver-
ständlicherweise nur ungern zur Kenntnis genommene – Einsicht
Hegels: daß die philosophische Begriffsbildung im Zeitalter der
Einzelwissenschaften *nicht nur* auf die, in den Einzelwissenschaften so erfolgreiche, methodische Abstraktion des »Verstandes«,
sondern auch auf die (methodische?) Rückgängigmachung der

gegenstandskonstitutiven Verstandesabstraktionen durch die »Vernunft« sich gründen muß. Von der schmerzlichen Notwendigkeit dieser Problemstellung muß jeder Philosoph sich rasch überzeugen, der als Philosoph, und nicht als Logiker, Sprach-Theoretiker, Semantiker, Semiotiker, Kommunikationstheoretiker usw., an einer Tagung der genannten, methodisch progressiven und aktuellen Grundlagendisziplinen *zwischen* Philosophie und Einzelwissenschaft teilnimmt. Das Dilemma, vor das er sich gestellt sieht, scheint hinsichtlich der Thematisierung der Sprache heute etwa die folgende Form annehmen zu müssen:

Auf der einen Seite werden Teilaspekte des Phänomens und Problems der Sprache in scharfer Form definiert und zum Thema wissenschaftlicher Forschung gemacht: So etwa in der von Ch. S. Peirce begründeten *Semiotik* die konventionelle *Zeichen*-Funktion der menschlichen Sprache – als Symbol-Funktion – im Unterschied zu außersprachlichen bzw. in die Sprache integrierten vorsprachlichen Zeichenfunktionen, wie *Ikon*- und *Index*-Funktion; oder – im linguistischen »Strukturalismus« seit F. de Saussure – das »phonologische«, »grammatisch-syntaktische« oder »semantische« System einer »natürlichen Sprache« (»langue«) im Unterschied zur »Rede« (»parole«, »speech«) und zur »Sprachfähigkeit« (»faculté de langage«); oder – in der mathematischen »Sprach-Logik« seit R. Carnap – das syntaktische bzw. semantische Zeichen- und Regel-System einer »künstlichen« (konstruierten) »Sprache« im Unterschied zur »Pragmatik« der –»metasprachlichen« – »Interpretation« und kontextbezogenen Anwendung des Sprachsystems als »Wissenschaftssprache« oder als technologische Programmier-Sprache für Komputer; oder – in der »generativen Transformationsgrammatik« seit N. Chomsky – die »grammatische« (»syntaktische« oder eventuell – auch »semantische«) »Kompetenz« des »idealen Sprecher-Hörers« im Unterschied zur »Performanz« des empirischen Sprecher-Hörers in pragmatischen Situations-Kontexten (oder auch – eventuell im Unterschied zur sprachlich oder nichtsprachlich bedingten »kommunikativen Kompetenz« des »idealen Sprecher-Hörers« in der »idealen Sprech-Situation«, die dann wiederum von der »Performanz« zu unterscheiden wäre). Solchen relativ scharfen, und daher ein Forschungsprogramm konstituierenden, Begriffsbestimmungen gegenüber hat die philosophische Thematisierung der Sprache einen schweren Stand. Als wissenschaftstheoretische Reflexion vermag sie zwar die Einseitigkeit der einzelwissenschaftlichen Thematisierungen zu zeigen, gelangt damit aber noch nicht zu einem philosophischen Begriff der Sprache.

Diese Sachlage hat vielfach dazu geführt, daß die Philosophie – im Gegenzug gegen die abstraktive Einengung des Begriffs der »Sprache«, insbesondere gegen die Reduktion von Sprache im Sinne einer sekundären (instrumentellen) Bezeichnungs- oder Mitteilungsfunktion – ihre Zuflucht zu mythisch-metaphysischen Ur- oder Grundworten oder poetischen Metaphern genommen hat: etwa zu Hamanns Resümierung der heraklitischen und christlichen Logoslehre in der Formel »Vernunft ist Sprache« oder zu Hölderlins Beschwörung der Erfahrungen des Bewußtseins, »seit ein Gespräch wir sind«. In Anknüpfung an eine solche noch nicht begrifflich festgelegte Sprache sucht z. B. Heidegger die »ontischen«, insbesondere die von den intentionalen Leistungen des Subjekts her gedachten Bestimmungen der Sprache in der modernen Philosophie und Wissenschaft zu transzendieren durch die Rede von der Sprache als dem »Haus des Seins« und der »Behausung des Menschenwesens«. Der Preis, der für solche Möglichkeiten einer suggestiven Versammlung der Totalität des philosophischen Tief-Sinns von *Sprache* gezahlt werden muß, liegt jedoch in einer bedenklichen Entfremdung zwischen der Philosophie und den mit der Sprache befaßten Wissenschaften. Ein philosophischer Begriff der Sprache, der die Wissenschaften zu kritischer Reflexion inspiriert, wird so kaum gewonnen. Aber sollte man nicht endlich einsehen, daß die Philosophie heute nicht mehr sein kann als Wissenschaftstheorie; u. d. h. daß sie die fruchtbare Bestimmung des Begriffs der *Sprache* – ebenso wie die Bestimmung des Begriffs der (anorganischen und der organischen) *Natur* – der einzelwissenschaftlichen *Theoriebildung* überlassen muß? – Dieser durchaus zeitgemäße Rat ist indessen im Falle der Sprache noch weniger befriedigend als im Falle der Natur. Zeigt es sich schon in der Naturwissenschaft, daß die *sprachliche* Klärung bzw. Interpretation der Grundbegriffe in die Philosophie zurückführt, so kann offenbar die Philosophie gerade als Wissenschaftstheorie die Thematisierung der *Sprache* nicht den Einzelwissenschaften überlassen: Wie eingangs schon angedeutet, stößt die Philosophie heute auf die Problematik der Sprache als *Grundlagen*problematik der wissenschaftlichen Begriffs- und Theoriebildung und ihrer eigenen Aussagen, u. d. h. der sinnvollen und intersubjektiv gültigen Formulierung von Erkenntnis überhaupt. In zugespitzter Form könnte man sagen: die »erste Philosophie« ist nicht mehr die Untersuchung der »Natur« oder des »Wesens« der »Dinge« oder des »Seienden« (»Ontologie«), auch nicht mehr die Reflexion auf die »Vorstellungen« oder »Begriffe« des »Bewußtseins« oder der »Vernunft« (»Erkenntnistheorie«), sondern die Reflexion auf die »Bedeutung« oder den »Sinn« von sprachlichen Ausdrücken (»Sprach-Analyse«). Hinzu kommt, daß nicht nur die »erste Philosophie« im Sinne der »theoretischen Philosophie«, sondern auch die »praktische Philosophie« – z. B. die Ethik als »Meta-Ethik« – durch eine philosophische Analyse des Sprachgebrauchs und insofern durch Philosophie der Sprache sich methodisch vermitteln muß.

Dies bedeutet nun keineswegs, daß die Philosophie bei ihrer Bestimmung des Begriffs der Sprache die Resultate der Einzelwissenschaften unberücksichtigt lassen müsse oder könne; wohl aber bedeutet es offenbar, daß die Philosophie unabhängig von den methodischen Abstraktionen der verschiedenartigen einzelwissenschaftlichen Thematisierungen – ja im Gegenzug zu ihnen – einen Begriff der Sprache ausbilden muß, der alle bislang vorliegenden, methodisch-abstraktiven Sprachthematisierungen kritisch verständlich macht, die Tragweite der durch sie möglichen Ergebnisse einzuschätzen erlaubt und darüber hinaus der Reflexion auf die eigenen sprachlichen Voraussetzungen der Philosophie Genüge tut.

Ein möglicher Weg zu der soeben postulierten philosophischen Begriffsbestimmung scheint mir in dem Nachweis zu liegen, daß es sich bei der Sprache um eine *transzendentale* Größe im Sinne Kants handelt, genauer: um eine Bedingung der Möglichkeit und Gültigkeit der Verständigung und Selbstverständigung und damit zugleich des begrifflichen Denkens, der gegenständlichen Erkenntnis und des sinnvollen Handelns. Wir wollen in diesem Sinne von einem *transzendentalhermeneutischen* Begriff der Sprache reden.

Der Versuch, den transzendentalhermeneutischen Begriff der Sprache zu explizieren, muß m. E. die folgenden Bedingungen erfüllen, die sich aus einer konsequenten sprachphilosophischen Transformation der Idee der Transzendentalphilosophie im Hinblick auf die bereits postulierte Funktion einer solchen Philosophie als Wissenschaftstheorie und als praktischer Philosophie ergeben:

1. In *kritischer Destruktion und Rekonstruktion der Geschichte der Sprachphilosophie* muß sich zeigen lassen, daß und inwiefern die

von der *Bezeichnungs-* und *Mitteilungs*-Funktion ausgehenden Bestimmungen der Sprache nicht falsch, aber philosophisch unzureichend waren.
2. In *kritischer Rekonstruktion der Idee der Transzendentalphilosophie* muß sich zeigen lassen, daß diese durch eine Konkretisierung
des Vernunftsbegriffs im Sinne des Sprachbegriffs entscheidend korrigiert werden kann. (Das Kriterium dieser Korrektur scheint mir
einmal darin zu liegen, daß die systematischen Differenzen zwischen
klassischer *Ontologie*, neuzeitlicher *Erkenntnistheorie* oder *Bewußtseins*philosophie und moderner (sprach-)analytischer Philosophie sich
aufheben lassen, zum anderen darin, daß die Differenz zwischen
theoretischer und *praktischer* Philosophie sich aufhebt.)
Versuchen wir im folgenden, in der angedeuteten Reihenfolge die
Bedingungen einer Explikation des transzendentalhermeneutischen
Sprachbegriffs zu erfüllen, – oder besser: die Möglichkeit ihrer Erfüllung aufzuzeigen.

II. Ursprung und Destruktion des Commonsense-Begriffs der
Sprache in der traditionellen Sprachphilosophie

Im griechischen Grundwort »Logos« – insbesondere in Heraklits
Rede vom κοινὸς λόγος, der allen wachen Menschen eine gemeinsame Welt erscheinen läßt – ist zwar mit der *Vernunft* zugleich die
Sprache bzw. die *Rede* mitentdeckt; der Schwerpunkt dieser Entdeckung liegt jedoch bei der Einheit und Selbigkeit der Vernunft,
dergegenüber die Verschiedenheit der Sprachen bestenfalls als die
Verschiedenheit der *Namen* (ὀνόματα) oder Zeichen (σημεῖα,
σύμβολα) ins Bewußtsein tritt.
Damit ist schon der Grundzug einer kritischen Abwertung des auf
die Bezeichnungsfunktion reduzierten Sprachphänomens angedeutet; sie erfolgt bei Platon – besonders im *Kratylos* – zugunsten
der *Ideen* (εἴδη), in denen zwar ein bis heute nachwirkendes Paradigma der Erfassung der sprachlichen »Bedeutungen« entdeckt ist,
zugleich aber – ähnlich wie im Falle des λόγος – das sprachliche
Phänomen gerade auch verdeckt wird. Die Verdeckung bezeugt sich
vor allem in der *platonischen* Beantwortung der sokratischen Fragen nach dem, *was* die Tapferkeit, Gerechtigkeit usw. ist, durch
die – den möglichen *dialogischen Konsens* über die *Bedeutung* oder

Regel des *Wortgebrauchs* ersetzende und erübrigende – Schau der Ideen als außer- und übersprachliche Wesenheiten. In diesen Zusammenhang der zugleich dialoggebundenen und den Dialog durchbrechenden »Dialektik« Platons gehört auch die Definition des Denkens als »lautloses Gespräch der Seele mit sich selbst« (ὁ μὲν ἐντὸς τῆς ψυχῆς πρὸς αὐτὴν διάλογος ἄνευ φωνῆς; Soph., 263 d): Infolge der konkurrierenden Orientierung an der Ideenschau führt die dialogische Konzeption des Denkens bei Platon gerade nicht zu der heute naheliegenden Interpretation des Denkens als einer Funktion der intersubjektiven *Kommunikation,* sondern eher in die Richtung einer radikalen Unterscheidung des Denkens von der Sprache als bloß sekundärem Ausdruck oder Werkzeug (ὄργανον) der Gedanken. In diese Richtung führte auch eine weitere, sprachphilosophisch relevante Entdeckung Platons: die Überwindung der Frage nach der »Richtigkeit der Namen« (ὀρθότης ὀνομάτον) durch die Frage nach der Wahrheit der »Aussage über etwas« (Soph. 261 c – 262 e), als der Verknüpfung von ὄνομα und ῥῆμα (Soph. 261 c – 262 e), modern gesprochen von Subjekt und Prädikat.

Daß mit diesem Schritt, der für die Logik und Erkenntnistheorie grundlegend wurde, zwar die sachbezogene *Intentionalität* des *Urteils* entdeckt, die sie vermittelnden sprachlichen *Bedeutungen* jedoch übersprungen wurden, zeigt das sprachphilosophische Fazit bei Aristoteles: »Es sind also Laute, zu denen die Stimme gebildet wird, Zeichen der in der Seele hervorgerufenen Vorstellungen, und die Schrift ist wieder ein Zeichen der Laute. Und wie nicht alle dieselbe Schrift haben, so sind auch die Laute nicht bei allen dieselben. Was aber durch beide an erster Stelle angezeigt wird, die einfachen seelischen Vorstellungen, sind bei allen Menschen dieselben, und ebenso sind es die Dinge, deren Abbildungen die Vorstellungen sind« (De Interpr. I, 16a1). Nach den platonischen »Ideen« ist hier das zweite bis heute nachwirkende Paradigma für die Auffassung der »Bedeutungen« bereitgestellt: die innerseelischen »Vorstellungen« oder »Eindrücke« der Dinge (παθήματα). Doch wieder ist damit etwas Sprachunabhängiges an die Stelle der sprachlichen »Bedeutungen« und ihrer kognitiv relevanten Welterschließungsfunktion getreten: etwas Psychisches, das, wie die Dinge, die es widerspiegelt, intersubjektiv identisch sein und damit – wie zuvor die *Ideen* – ein Substrat des logischen Prinzips der Identität abgeben soll. Das Sprachphänomen aber ist damit vorerst – bis zu W. von

Humboldts Einspruch – auf die konventionsbedingte »Verschiedenheit der Schälle und Zeichen« reduziert. – Kein Wunder, daß jeder
Versuch, der Sprache eine tiefere kognitive Bedeutung abzugewinnen, in den folgenden zwei Jahrtausenden immer wieder – mit der
Stoa und dem Neuplatonismus – auf die überwundene Anschauung
des *Kratylos* von der etymologischen Richtigkeit der Namen zurück-
griff (so in der Lehre von der »Natursprache«, die noch Leibniz
bei der Konzeption seiner »characteristica universalis« inspirierte);
kein Wunder auch, daß nach der neuzeitlichen Reduktion der platonischen »Ideen« auf die innerseelischen »Vorstellungen« John Lockes
Hinweis auf die Verschiedenartigkeit dieser »private ideas« selbst
im Falle gleichlautender Worte die erkenntnistheoretische Würdigung des Sprachphänomens einleiten mußte.
Noch heute fällt es außerordentlich schwer, die durch Aristoteles begründete *Commonsense-Auffassung* der Sprache im Sinne der *konventionellen Bezeichnungsfunktion* in Frage zu stellen, und d. h.
die durch sie verdeckten »transzendentalhermeneutischen« Funktionen der Sprache als des sich differenzierenden »gemeinsamen Logos«
der Menschen-Gemeinschaft ans Licht zu bringen. Dies gilt nicht nur
für die Vermittlungsfunktion der sprachlichen »Bedeutungen« zwischen Subjekt und Objekt der Erkenntnis, sondern im Zusammenhang damit auch für die entsprechende Funktion der intersubjektiven *Kommunikation,* – sofern diese nämlich nicht auf die sprachliche
Mitteilung von *Informationen* über gemeinte Sachverhalte reduziert
werden kann, sondern als »Sinnverständigung« zugleich Verständigung über den Sinn der Worte und über den Seinssinn der durch die
Wortbedeutung vermittelten Sachen ist. Inwiefern auch diese Dimension des Sprachlogos durch den aristotelischen Sprachbegriff in
bis heute nachwirkender Form verdeckt wurde, zeigt die dem Theophrast zugeschriebene Unterscheidung der Beziehungen der Rede
(λόγος):

»Da die Rede eine zweifache Beziehung hat ... eine zu den Hörern, für welche
sie etwas bedeutet, die andere zu den Dingen, von welchen der Sprechende den
Hörern eine Überzeugung beibringen will, so entstehen im Hinblick auf die Beziehungen zu den Hörern die Poetik und die Rhetorik ... im Hinblick aber auf
die Beziehung der Rede zu den Dingen wird der Philosoph vorzüglich dafür
Sorge tragen, das Falsche zu widerlegen und das Wahre zu beweisen[1].«

Die Plausibilität und das Gewicht dieser klassischen Einteilung wird

1 Ammonius, *In Aristotelis De Interpretatione Commentarius* (ed. Ad. Busse, Berlin 1887,
S. 65 f.)

nicht nur durch ihre maßgebliche Nachwirkung in der Geschichte
der »artes sermonicales« (Logik, Rhetorik, Poetik und Grammatik)
im abendländischen Bildungssystem bezeugt, sondern fast mehr noch
durch die systematisch genau entsprechende Unterscheidung in der
modernen »Sprachanalyse« zwischen der »semantischen« und der
»pragmatischen« Dimension. Und doch liefert gerade die angedeutete Wirkungsgeschichte und die moderne Reproduktion der Unterscheidung den besten Beweis für die behauptete Verdeckung der
transzendentalhermeneutischen Funktionen der Sprache.

Die Wirkungsgeschichte nämlich bezeugt, daß der eigentliche Sinn
der Theophrastischen Einleitung in der Emanzipation der philosophischen *Onto-Logik* als realistischer *Onto-Semantik* von den im
tieferen Sinn sprachgebundenen Sinn- und Wahrheitsansprüchen der
Dichter und Rhetoren lag: Die Dimension der intersubjektiven
Sinn-Verständigung und Konsensbildung wird hier von der Philosophie als epistemologisch irrelevant an die Rhetorik und Poetik
abgetreten; dafür sollen jene Kunstlehren der Philosophie die »semantische« Problematik der Sachbezeichnung und der sachlichen
Wahrheit der Rede überlassen. (Sie haben es lediglich mit solchen
Eigenschaften der Rede zu tun, die »den Hörer erfreuen, begeistern
und im Sinne der Überredung überwältigen sollen«.[2]) – Die moderne
Reproduktion der Theophrastischen Unterscheidung zwischen »Semantik« und »Pragmatik« der Rede aber brachte mit ihrer eigenen
Aporie zugleich die bei Theophrast verdeckten Sprachfunktionen an
den Tag: Konnte nämlich Theophrast bei seiner realistisch-seman-
tischen Konzeption der philosophischen »Verifikation« der Rede nur
durch die Sachen stillschweigend das »pragmatische« Vorverständnis
der Sachen (der »πράγματα«) im Sinne der griechischen Sprache
voraussetzen, so mußte diese – *transzendentalhermeneutische* – Voraussetzung in der modernen konstruktiven Semantik ausdrücklich
aufgehoben werden; genauer: sie mußte der nachträglichen *pragmatischen Interpretation* des von den Philosophen konstruierten
onto-semantischen »framework« (Carnap) vorbehalten bleiben, –
einer Interpretation, die – ebenso wie die Konstruktion des rein
onto-semantischen »framework« – eine »Übereinkunft«, u. d. h. eine
»Sinn-Verständigung« in der Kommunikationsgemeinschaft der
Wissenschaftler impliziert. Eben dadurch zeigt sich indessen, daß
man die »pragmatische Dimension« der Zeichenfunktion (Ch. Mor-

2 Ammonius, a.a.O.

ris, R. Carnap) oder die »Beziehung der Rede zu den Hörern« (Theophrast) keineswegs den Dichtern und Rhetoren überlassen kann (es sei denn, man würde diesen gewisse philosophische Kompetenzen zugestehen, wie sie in der Geschichte der Rhetorik und des rhetorischen Humanismus seit Isokrates und Cicero allerdings beansprucht wurden).

Die *pragmatische* Dimension erweist sich als *transzendentalhermeneutische* Dimension der *intersubjektiven Sinnverständigung,* die mit der – durch den *Bezeichnungs*begriff der Sprache verdeckten – Dimension des sprachlichen *(bedeutungs*vermittelnden*) Vorverständnisses* der Sachen, oder besser der Welt, eine dialektische Einheit bildet: *Idealiter* sollte das sprachliche Vorverständnis der Welt aus der *Sinnverständigung* einer unbegrenzten Kommunikationsgemeinschaft hervorgehen, *realiter* hat es sich immer schon in den syntaktisch-semantischen Systemen der natürlichen Sprache im Sinne des »objektiven Geistes« entäußert, entfremdet und auf Dauer gestellt. Freilich sind diese objektiven Sprach-Systeme zu ihrer Aktualisierung (also als »Energeia« im Sinne Humboldts) auf das *pragmatische Metasystem* der menschlichen »Rede« bzw. der »Kommunikation« angewiesen. Aus der universalen Pragmatik der »kommunikativen Kompetenz« – die ihrerseits der Vermittlung durch die »linguistische Kompetenz« (Chomsky) im Sinne der Einzelsprachen bedarf – bezieht die menschliche *Rede* die Fähigkeit der Reflexion auf die Sprache mit der Sprache, und damit der »Übersetzung«, der »Sprach-Rekonstruktion«, der »Sprach-Wissenschaft« und der »Sprach-Philosophie«.

Mit diesem Vorgriff auf den transzendentalhermeneutischen Sprachbegriff haben wir die Möglichkeit gewonnen, den abendländischen *Commonsense*-Begriff der Sprache, wie er in seinen Grundzügen schon in der klassischen Philosophie der Griechen angelegt war, im ganzen zu verfremden und in Frage zu stellen. Er läßt sich in seinen philosophischen Implikationen etwa durch die folgende – absichtlich simplifizierte – Vorstellung der Folgeordnung von Erkenntnis, Anwendung der Logik, Sprache als Bezeichnung und interpersonale Kommunikation verdeutlichen: Zuerst *erkennen* wir – jeder für sich und unabhängig vom Anderen – die Elemente der sinnlich gegebenen Welt (später »Sinnesdaten« genannt); dann erfassen wir, durch *Abstraktion* mit Hilfe des Organons der allgemeinmenschlichen Logik, die ontologische Struktur der Welt; dann *bezeichnen* wir –

durch Übereinkunft – die Elemente der so gewonnenen Weltord-
nung und *repräsentieren* die Sachverhalte durch *Zeichen-Verknüp-
fungen;* schließlich *teilen wir* anderen Menschen mit Hilfe der Zei-
chen-Verknüpfungen die von uns erkannten Sachverhalte *mit.* – In
Einzelzügen – etwa hinsichtlich der Abstraktionstheorie der Begriffsbildung, oder hinsichtlich der Verknüpfung von Prädikaten mit
Gegenständen oder Substanzen, oder hinsichtlich der Monopolisie-
rung der *Darstellungs-(Repräsentations-)* und der *Mitteilungs*funktion der Sprache – ist die skizzierte Vorstellung wohl immer schon
und immer wieder in Frage gestellt worden; im Kern des Ansatzes –
nämlich hinsichtlich der im Verhältnis zur Erkenntnis sekundären
Bezeichnungs- und *Mitteilungs*funktion – hat sie der geschichtlichen
Entwicklung der Sprachphilosophie und der Sprachwissenschaft bis
in die allerjüngste Zeit als ein Paradigma gedient, das immer schärfer und ausschließlicher ausgearbeitet wurde. Als Aporie der skizzierten Sprachvorstellung wurde von der Antike bis in die Zeit der
Aufklärung im wesentlichen nur das Problem des *Sprachursprungs*
bemerkt: Unter der Voraussetzung des skizzierten Sprachbegriffs
nämlich mußte die *transzendentalhermeneutische* Funktion der
Sprache sich in der Überlegung zur Geltung bringen, daß für eine
Erfindung der Sprache ebenso wie für eine *göttliche Belehrung* über
die Ursprache *immer schon Sprache vorausgesetzt* war.
Die Sprachphilosophie der Neuzeit, die im wesentlichen aus der
nominalistischen Radikalisierung und Auflösung des Aristotelismus
im späten Mittelalter hervorging, hat vor allem zwei Züge des skizzierten Paradigmas in verschärfter Form herausgearbeitet: 1. die
Idee der vorsprachlichen Erkenntnis-Evidenz oder Gewißheit *(certitudo)* und 2. die Idee des »methodischen Solipsismus« bzw. des methodischen Individualismus. Beide Züge entspringen in Ockhams
definitiver Reduktion der platonisch konzipierten »Bedeutung«
(significatio) der Sprachzeichen auf die kausal hervorgerufenen,
innerseelischen Eindrücke qua »natürliche Zeichen« *(signa naturalia)*
der Außenwelt für die »intuitive« Erkenntnis und in der gleichzeitigen Reduktion der Begriffsallgemeinheit auf die empirisch ver-
allgemeinerte Bezeichnungsfunktion der Sprachzeichen, die als Be-
festigungsmittel der intuitiven Erkenntnis den »natürlichen Zeichen« willkürlich zugeordnet werden. Die philosophischen Konsequenzen dieser *Reduktion* des Sprachphänomens seien an zwei historischen Beispielen illustriert:

1. Bei Descartes, dem Vater des sog. Rationalismus, ist als selbstverständlich vorausgesetzt, daß das Denken – u. d. h. die argumentative Selbstverständigung des radikalen Zweiflers und Evidenzsuchers – sich aus allen Bindungen der Sprache und der Tradition gewissermaßen herausreflektieren kann. Das geht so weit, daß Descartes überhaupt nicht bemerkt, daß das – im Vollzug seines methodischen Zweifels – gebrauchte Argument, *alles* könne ja vielleicht *nur ein Traum* sein, einen öffentlichen Sprachgebrauch für den Ausdruck »nur ein Traum« voraussetzt, und daß er den möglichen Sinn des Ausdrucks, der in dem vorausgesetzten Sprachgebrauch verankert ist, durch die universalisierende Wendung »*alles* ist vielleicht *nur* ein Traum« zerstört. Es versteht sich, daß Descartes auch das Resultat seines Zweifels ohne Rücksicht auf sprachlich bedingte Sinnimplikationen interpretiert bzw. auswertet. Nicht nur, daß er den *ontosemantischen Vorgriff* in der Frage, *was* ist das »cogito«, der ihn zum Ansatz einer »res« oder »substantia cogitans« verleitet, nicht bemerkt: er reflektiert auch an dieser Stelle nicht auf den Umstand, daß *sinnvolles Denken* seiner Möglichkeit nach immer schon über eine reale *Kommunikationsgemeinschaft* mit realem Weltbezug vermittelt ist, deren Existenz selbst dann noch logisch vorausgesetzt werden müßte, wenn der Denker ihr letzter überlebender Repräsentant wäre.

2. Die explizite sprachphilosophische Formulierung der Position des *methodischen Solipsismus* findet sich bei dem Vater der empiristischen Erkenntnistheorie, John Locke. In seinem *Essay Concerning Human Understanding* (II, 2, 2; cf. III, 2, 8, u. III, 2, 2,) erklärt er: »words, in their primary or immediate signification, stand for nothing but the ideas in the mind of him that uses them, however imperfectly soever or carelessly these ideas are collected from the things which they are supposed to represent . . .« Freilich weiß Locke auch, daß der »common use« die »Regel« des angemessenen Wortgebrauchs konstituiert: »common use, by a tacit consent, appropriates certain sounds to certain ideas in all languages, which so far limits the signification of that sound that, unless a man applies it to the same idea, he does not speak properly« (loc. cit. III, 2, 8; cf. III, 9, 8,). Wie sind diese beiden Bestimmungen Lockes in Einklang zu bringen? – Nach dem primären, erkenntnistheoretischen Ansatz gibt es eigentlich nur »Privatsprachen« (im Sinne des späten Wittgenstein). Auf sie – d. h. auf die Möglichkeit einer *methodisch-*

solipsistischen Präzisierung der Wortbedeutungen durch definitori-
sche Reduktion auf »einfache Vorstellungen« – gründet Locke –
ebenso wie nach ihm Berkeley, Hume und zum Teil noch B. Russell
– seine Hoffnung auf eine Überwindung aller Dunkelheit und aller
Mißverständnisse in der Philosophie und Wissenschaft. Doch wie
soll durch solche Anstrengung der *vorsprachlichen Introspektion* –
selbst wenn sie möglich und erfolgreich wäre – jemals der *intersubjektive Konsens* erreicht werden, der – wie Locke weiß – im »common use« vorausgesetzt wird? Wie soll der Einzelne, der sich auf
dem von Locke empfohlenen Weg der »unmittelbaren Bedeutung«
seiner Worte vergewissert hat, sicherstellen, daß die Anderen – gesetzt, daß sie überhaupt *Sinn-Intentionen* mit ihren Worten verbinden – dieselben *unmittelbaren Bedeutungen,* nämlich *intramen-
talen Vorstellungen,* mit den Worten verbinden?
Eine Antwort auf diese Frage hat zu Beginn des 20. Jahrhunderts
die Kombination der nominalistisch-empiristischen Sprachidee mit
der auf Leibniz zurückgehenden Sprachidee der »mathesis universalis« zu erbringen versucht.
Die zuletzt genannte Sprachidee, die mit dem Aufstieg der mathe-
matisch-symbolischen Logik verbunden ist, geht nicht von den
Worten qua solipsistischen Bezeichnungen »privater Vorstellungen«,
sondern von den Worten als »Rechenzetteln« (Leibniz) einer a priori
intersubjektiven *Kalkülsprache* aus. Die Beseitigung aller Unklar-
heiten und Mißverständnisse in Wissenschaft und Philosophie erhofften ihre Vertreter daher nicht, wie Locke, von der subjektiven *intui-
tiv-introspektiven* Vergewisserung der *Bezeichnungsevidenz,* sondern
von der *syntaktisch-semantischen Konsistenz* des intersubjektiven
Sprach-*Systems,* die es seinen Benutzern erlauben sollte, alle Dis-
kussionen auf ein »calculemus« zurückzuführen, d. h. auf ein »blin-
des« oder »symbolisches« Denken (Leibniz), das sich seiner semantischen Inhalte nicht »intuitiv« zu vergewissern braucht. Die Aporie
dieses Ansatzes (die insbesondere im *»Tractatus logico-philosophicus«* des frühen Wittgenstein und in M. Schlicks Aufsatz »Form
and Content«, darüber hinaus in der *Metasprachen*problematik der
logischen Semantik zu Tage trat) läßt sich zunächst einmal als polar
entgegengesetzt zu der des Empirismus-Solipsismus interpretieren:
Geht man mit dem frühen Wittgenstein davon aus, daß unter der
Oberfläche der *Umgangssprache* die »logische Form« der *Universal-
sprache* verborgen ist – derart, daß diese Form eine intersubjektiv

gültige Abbildung aller »elementaren Tatsachen« durch »Elementarsätze« und eine logische Zurückführung aller *sinnvollen* Sätze überhaupt auf Elementarsätze möglich macht ─, so kann freilich das für
Lockes Ansatz kritische Problem der *Mitteilbarkeit* privater Be-
deutungsgehalte bzw. der objektiven Geltung von Erfahrungs-Aus-
sagen nicht mehr auftreten. Dies liegt aber daran, daß jetzt die persönliche Erfahrung und die Mitteilung der Erfahrung überhaupt
nichts mehr mit der *Konstitution* der *Wort-Bedeutungen* zu tun
haben; diese sind im *Sprachsystem* als unveränderliche Bedeutungs-
»Substanz«, die der gegenständlichen »Substanz« der Welt entspricht, vorausgesetzt. Da nun auch die »Form« der Sprache und der
Welt (der Sachverhalte) für alle Sprachbenutzer a priori identisch
ist, so wird das Problem des *Solipsismus* dadurch aufgelöst, daß –
völlig unabhängig vom Erfahrungsaustausch durch Kommunikation
und einer etwa damit verbundenen *Sinnverständigung* – jeder
Sprachbenutzer mit derselben sprachlich beschreibbaren Welt konfrontiert ist: »Hier sieht man, daß der Solipsismus, streng durchgeführt, mit dem reinen Realismus zusammenfällt. Das Ich des Solipsismus schrumpft zum ausdehnungslosen Punkt zusammen, und
es bleibt die ihm koordinierte Realität« (*Tract.* Satz 5, 64). – Will
man in dieser »Lösung« nicht eine paradoxe Eliminierung der gesamten Problematik der Subjektivität und der intersubjektiven
Kommunikation sehen – was durch den *Tractatus* durchaus nahegelegt wird –, so kann man die Kommunikation nur als Prozeß der
privaten *Enkodierung,* der technischen Übertragung und der privaten *Dekodierung* von *Nachrichten* über Sachverhalte interpretieren, wie sie, dank der a priori für Alle identischen Struktur der
Sprache, durch die Sätze dargestellt werden können. Das heißt aber
– wie M. Schlick verdeutlicht –: der intersubjektiv mitteilbare Sinn
bezieht sich nur auf die »Form« oder »Struktur« der »Sachverhalte«, die durch die »interne Form« oder »Struktur« des Sprachsystems ihrer Möglichkeit nach a priori festgelegt ist. Die »inhaltliche Interpretation« der Nachrichten ist dagegen eine »private«
Angelegenheit, die mit der Konstitution und Funktion der Sprache
nichts zu tun hat, d. h. weder durch sie beeinflußt wird noch, umgekehrt, auf sie zurückwirkt.[3]
Die Schwierigkeiten dieser scharfgeschnittenen Modell-Konzeption
aus dem Geiste der *Logistik* und *Informationstheorie* – die aber

3 Vgl. Moritz Schlick, *Gesammelte Aufsätze,* Wien 1938, S. 151–250.

auch die Grundlagen des *linguistischen Strukturalismus* zu erhellen vermag – treten nicht erst dann hervor, wenn man an die vielfältig bezeugte Problematik der Wechselwirkung zwischen Erfahrung, Kommunikation und sich geschichtlich differenzierenden und verändernden Volkssprachen denkt. Selbst wenn man von dieser »Sprach-Erfahrung« einmal absieht und eine *Universal-Sprache* oder *universale Struktur aller Sprachen* im Sinne des frühen Witt-genstein unterstellt, scheint diese prinzipiell mit der Struktur der menschlichen *Rede* und *Kommunikation* unverträglich zu sein. Den Hauptpunkt dieser Unverträglichkeit hat der junge Wittgenstein selbst durch die immanente Paradoxie seines *Tractatus* sichtbar gemacht. Ein – philosophisches oder sprachwissenschaftliches – *Gespräch über die Sprache*, die a priori durch ihre unveränderliche Struktur die intersubjektiv eindeutige Formulierung von Nachrichten über Sachverhalte garantiert, ist *weder notwendig noch möglich*. Da jeder Kommunikationsteilnehmer die Struktur der Sprache immer schon privatim voraussetzen muß, um einen Sachverhalt auszusagen, so ist die Struktur der Sprache, wie Wittgenstein konsequenterweise feststellt, weder aussagbar noch der öffentlichen Diskussion bedürftig: sie »zeigt sich«. (Die nach einem Vorschlag B. Russells von der *logischen Semantik* eingeführte *Hierarchie der Metasprachen* ändert an dieser Situation nichts Wesentliches; denn sie muß sich erstens auf die Thematisierung entscheidungsabhängiger Sprach-Konstruktionen beschränken und kann zweitens selbst diese Sprachkonstruktionen einschließlich der Hierarchie der Metasprachen nur dann als semantische Systeme *interpretieren*, wenn die – nicht im Sinne der Voraussetzung formalisierte – Umgangssprache als *actualiter* letzte Metasprache zugelassen wird. Für die Umgangssprache würde sich also Wittgensteins Paradoxie wieder einstellen, *wenn sie als ein a priori intersubjektives Instrument der reflexionsfreien Abbildung (Darstellung) von Sachverhalten* angesehen werden könnte.)

Daß nun aber die *natürliche Umgangssprache* Selbstreflexivität nicht ausschließt, sondern gewissermaßen ihre eigene *Metasprache* ist, macht offenbar das spezifische Verhältnis von *Sprachsystem, Sprachgebrauch,* sprachlich bedingter *Erfahrung* und Lebens-*Praxis* beim Menschen allererst möglich. Im Gegensatz nämlich zur Funktion einer sog. »Tiersprache« – oder eines »Signal-Codes« – läßt sich der *kommunikative Sprachgebrauch* der Menschen weder als reine

Übertragung von *Tatsachen-Informationen,* welche das Weltsinn-
verständnis der Kommunikationspartner unberührt läßt, noch als
private Aktualisierung des Sprachsystems, die dessen semantische
Struktur unberührt läßt, zureichend begreifen. Und diese beiden
Feststellungen treffen offenbar zwei Aspekte ein und desselben Tat-
bestandes; denn die Möglichkeit und Notwendigkeit immer erneuter
Verständigung über den menschlichen Sinn der sog. »Gegenstände«
der Erfahrungswelt und die Möglichkeit und Notwendigkeit einer
Verständigung über den Sinn – d. h. die »Bedeutung« – der sprachlichen Zeichen schon in der Ebene der Wörter sind offenbar Ausdruck ein und derselben *Reflexivität* der menschlichen *Vernunft;*
diese ist nicht, wie der Instinkt der Tiere, in einer *Signal-Umwelt*
gewissermaßen eingehaust, sondern muß mit Hilfe der Sprache an
der Welt-Deutung und mit Hilfe der Weltdeutung am Aufbau des
semantischen Systems der Sprache arbeiten. – Freilich bliebe der erfolgreiche kommunikative Sprachgebrauch – insbesondere die Darstellung und Mitteilung neuer Sach-Verhalte mit Hilfe eines begrenzten Wortschatzes – auch dann unverständlich, wenn keinerlei
(relative) Stabilität der sinnhaften Weltauslegung und der semantischen Struktur eines Sprachsystems vorausgesetzt werden könnte;
und ganz gewiß läßt sich das für alle Verständigung einschließlich
der Selbstverständigung vorausgesetzte natürliche Sprach-*System*
nicht als Produkt (Erfindung!) menschlicher *Übereinkunft* begreifen. Allein: sowenig das methodisch-solipsistische Modell, das von
der willkürlichen Bezeichnung intramentaler Vorstellungen ausgeht,
das gemeinschaftsgetragene und zugleich gemeinschaftstiftende System der Sprache und die intersubjektive Geltung der Regeln des
Sprachgebrauchs erklären kann, sowenig kann dies offenbar ein
System-Modell, das, völlig unabhängig vom kommunikativen
Sprach*gebrauch* und von den psychischen Funktionen der Sprachbenutzer, als a priori intersubjektiv gültig unterstellt wird. Die Paradoxie des universalen, an der Kunstsprache orientierten Sprachmodells liegt, kurz gesagt, darin, daß es den (kommunikativen)
Sprachgebrauch nur als *private,* reflexionsfreie *Aktualisierung* eines
unveränderlich vorgegebenen Systems zu denken erlaubt und deshalb gerade die menschliche Möglichkeit der künstlichen Sprach-
Konstruktion als Grenzfall bewußter (reflexiver) Sprach-Thema-
tisierung und gezielter *Sprach-Rekonstruktion* nicht mehr verständlich macht.

Aus dieser Konfrontation der Aporetik des empiristisch-solipsistischen und des logistischen Sprachmodells erhellt, daß auch eine einfache Kombination beider Modelle, wie sie im »Logischen Positivismus« ins Auge gefaßt wurde, der Problematik der natürlichen Sprache nicht gerecht werden kann. Schon aus der Schlickschen Verknüpfung der logistischen Konzeption der Sprach-»Form« mit der positivistischen Konzeption »privater Interpretation« des Sprach-»Inhalts« wird deutlich, daß durch die Leibnizsche Idee einer universalen und daher *a priori* intersubjektiven (syntaktisch-semantischen) Sprach-»Form« der *methodische Solipsismus* des Nominalismus-Empirismus keineswegs überwunden, sondern im Grunde bestätigt wird. Zwar liegt ein unverkennbarer Fortschritt darin, daß die Sprache jetzt nicht mehr auf die isolierten Bezeichnungsakte der Einzelnen reduziert, sondern als *System* mit durchgehender *Laut- und Bedeutungs-Form* verstanden wird, aber dieses Sprach-System ist noch nicht mit dem *(kommunikativ-metakommunikativen)* Geschehen der menschlichen *Rede* qua *Verständigung* und *Selbstverständigung* dialektisch vermittelt; dem abstrakt gedachten Sprach-System fehlt gewissermaßen noch die zugehörige »Energeia«, um mit W. v. Humboldt zu reden, was offenbar seine Entsprechung darin hat, daß das menschliche *Denken* nach wie vor »sprachfrei«, d. h. ohne die »Sprache als bildendes Organ des Gedankens« (Humboldt), konzipiert ist. *Kommunikation* ist infolgedessen nicht als Bedingung der Möglichkeit und Gültigkeit des reflektierenden Denkens als eines internalisierten Gesprächs, sondern als Enkodierung, Übertragung und Dekodierung privater Gedanken verstanden.

Diese Situation ändert sich auch dann nicht wesentlich, wenn – wie es in der Entwicklung der neopositivistischen Sprachanalyse geschah – das Problem der Aktualisierung der Sprache nicht mehr durch die Annahme der *privaten Interpretation*, sondern durch *behavioristische* Beschreibung des Sprach-*Gebrauchs* gelöst werden soll. Wird nämlich – im Sinne des strikten Behaviorismus – das *kommunikative Verstehen* der Rede restlos durch deren externe »Beobachtung« und »Deskription« ersetzt, so wird schon die Frage, *ob* es sich bei dem beobachteten Verhalten um *Sprach-Gebrauch* handelt – nicht zu reden von der Frage nach dem System-Charakter der befolgten Sprach-Regeln – prinzipiell unbeantwortbar. Der Beobachter des »Verbal Behavior« verliert damit in seinem Gegenstand den Kommunikationspartner und wird – wenn diese Situation universalisiert

wird – für seine »Beschreibung« des Verhaltens auf eine Sprache zurückgeworfen, die er, ohne Voraussetzung einer Kommunikation,
privatim muß benutzen können. Für diesen metaphysisch »einsamen« Beobachter und Deskriptor müssen in der Tat »Solipsismus«
und »Realismus« zusammenfallen, wie es im *Tractatus* des jungen
Wittgenstein vorgesehen ist. Kurz: gerade die Kombination von
logistischer Sprachidee mit behavioristischer Konzeption des Sprachgebrauchs bringt den *methodischen Solipsismus* der neuzeitlichen
Sprach-Philosophie zur Vollendung; und sie führt damit zugleich
das hinter dieser Sprach-Philosophie stehende, auf die Griechen zu-
rückgehende *Commonsense*-Modell der Sprache als eines – im Verhältnis zum Denken nur *instrumentell* zu verstehenden *Bezeich-
nungsmittels ad absurdum.*

Die Konsequenzen aus dieser Problemsituation scheint mir in einer
wesentlichen Hinsicht der späte Wittgenstein gezogen zu haben,
wenn er dem *nomen-nominatum*-Modell des »Logischen Atomismus« seiner Jugend – und damit zugleich dem *Commonsense*-Modell
der abendländischen Sprachphilosophie – das »Sprach-Spiel«-Modell
und dem methodischen Solipsismus der Tradition die These von der
Unmöglichkeit einer »Privatsprache« entgegenstellt. Um den sprachphilosophischen Ertrag dieses Ansatzes in unserem Sinne zu rekonstruieren, scheint es mir allerdings erforderlich zu sein, mit Wittgenstein gegen Wittgenstein und über Wittgenstein hinaus zu denken.

So genügt es z. B. nicht, *mit* Wittgenstein das *Bezeichnungs*modell
der Sprache und damit zugleich die Vorstellung einer *gegenständlichen* »Bedeutung«, wie sie – ursprünglich gedacht – nur den *Eigen-
namen* zukommt, durch die Forderung nach einer »Beschreibung«
der vielfältigen *Funktionen* und *Spielregeln* des *Sprachgebrauchs* zu
ersetzen – so notwendig gerade diese pragmatische Horizonter-
weiterung gegenüber der einseitigen logisch-epistemologischen Orientierung der abendländischen Sprachphilosophie sich erweist. Wollte
man indessen die Forderung einer Beschreibung des faktischen
Sprachgebrauchs strikt empiristisch, u. d. h. letztlich: behavioristisch,
verstehen – wie es Wittgenstein an vielen Stellen zumindest nahezu-
legen scheint – so kann man die m. E. wichtigste Implikation des
Sprachspiel-Modells: die These von der »Unmöglichkeit einer Privatsprache«, gerade nicht rechtfertigen. Denn Wittgensteins Einsicht
in die prinzipielle *Öffentlichkeit,* u. d. h. Sprachspiel-Abhängigkeit,
jedes sinnvoll denkbaren – u. d. h. kontrollierbaren – *Regel-Befol-*

gens schließt die weitere Forderung ein, daß der Beschreiber des Sprachspiels in einer noch zu klärenden Form an ihm *teilnimmt*. Würde er nur von außen beobachten, so könnte er niemals sicher sein, daß die Regeln, die er bei seiner Beschreibung unterstellt, mit denen identisch sind, die im Sinne des Sprachspiels tatsächlich befolgt werden. (P. Winch hat aus dieser zusätzlichen Einsicht mit Recht eine neuartige, quasi-hermeneutische Begründung der Sozialwissenschaften abgeleitet.[4])

Damit hängt es nun aber zusammen, daß der Philosoph die menschlichen »Sprachspiele« (und die damit »verwobenen« »Lebensformen«) nicht *nur* als objektiv vorkommende Fakten empiristisch beobachtet und beschreibt, sondern immer zugleich als etwas, das er auch selber praktizieren kann, unter *kritisch-normativen* Gesichtspunkten *reflektiert*. Ohne diese Voraussetzung ist Wittgensteins sprachkritisch-therapeutisches Programm, seine Rede vom »Unsinn« bzw. vom »Leerlauf« philosophischen Sprachgebrauchs, gar nicht zu verstehen. Kurz: der Philosoph als *Sprachkritiker* muß sich darüber im Klaren sein, daß er bei dem Geschäft der Sprachspiel-*Beschreibung* selber ein *spezifisches Sprachspiel* in Anspruch nimmt, das auf alle nur möglichen Sprachspiele *reflexiv* und *kritisch* bezogen ist. Demnach setzt nun aber der Philosoph immer schon voraus, daß er prinzipiell an allen Sprachspielen *teilnehmen* bzw. zu den entsprechenden Sprachgemeinschaften in *Kommunikation* treten kann. Damit ist aber ein Postulat aufgestellt, das der These Wittgensteins, daß den unbegrenzt vielen und verschiedenen von ihm gemeinten »Sprach-Spielen« nichts weiter *gemeinsam* sein muß als eine gewisse »Familienähnlichkeit« – also kein durchgehender Wesenszug –, zu widersprechen scheint. In der Tat liegt die *Gemeinsamkeit* aller »Sprachspiele« m. E. darin, daß mit der Erlernung *einer* Sprache – u. d. h. mit der erfolgreichen Sozialisation im Sinne *einer* mit dem Sprachgebrauch »verwobenen« »Lebensform« – zugleich so etwas wie *das* Sprachspiel – bzw. *die* menschliche Lebensform – erlernt wird: es wird nämlich prinzipiell die *Kompetenz* zur Reflexion der eigenen Sprache bzw. Lebensform und zur *Kommunikation* mit allen anderen Sprachspielen miterworben. In dieselbe Richtung führt ein Argument, das in Wittgensteins Diskussion der Unmöglichkeit einer »Privatsprache« zumindest nicht eigens bedacht ist: Ungeachtet der

4 Vgl. P. Winch, *The Idea of a Social Science and its Relation to Philosophy*, London, 1958, 4. Aufl. 1965 (dtsch. Frankfurt a. M. 1966).

prinzipiellen Öffentlichkeit alles Regelbefolgens und der Notwendigkeit, mit jeder Regelbefolgung an bestehende Sprachspiele anzu-
knüpfen, muß es für den Einzelnen möglich sein, neue Regeln ein-
zuführen, die eventuell in einer bestehenden Kommunikationsgemeinschaft auf Grund der »Paradigmata« des bestehenden Sprachspiels (oder der bestehenden Sprachspiele) *faktisch* nicht überprüft
werden können. Dies ist der Fall aller *unverstandenen* Erfinder und
wissenschaftlichen Entdecker neuer methodischer Ansätze, insbesondere aber der zukunftsbezogenen Revolutionäre gesellschaftlicher
Normen – ganzer »Lebensformen« und ihrer Sprachspiel-Regeln im
Sinne Wittgensteins. Da jedoch auch in diesen Fällen nicht von einer
»Privatsprache« (d. h. von privatem Regelbefolgen) die Rede sein
kann, so kann m. E. als zu postulierende Kontrollinstanz menschlichen Regelbefolgens überhaupt nur das im normativen Sinn *ideale
Sprachspiel* einer *idealen Kommunikationsgemeinschaft* in Betracht
gezogen werden. Dieses ideale Sprachspiel wird freilich von jedem,
der eine Regel befolgt – implizit z. B. von dem, der dem Anspruch
nach *sinnvoll* handelt, explizit von dem, der *argumentiert* –, als
reale Möglichkeit des Sprachspiels, an das er anknüpft, antizipiert,
u. d. h. als *Bedingung der Möglichkeit und Gültigkeit* seines Tuns
als eines sinnvollen Tuns vorausgesetzt. Ich möchte daher das
Sprachspiel, das mit Bezug auf Wittgensteins These von der Unmöglichkeit einer »Privatsprache« postuliert werden kann, das – jeweils
in einem faktischen Sprachspiel antizipierte – »transzendentale
Sprachspiel« nennen.[5]

III. Der transzendentalhermeneutische Begriff der Sprache

Das soeben mit Wittgenstein gegen Wittgenstein postulierte »transzendentale Sprachspiel« kennzeichnet m. E. diejenige Grundkonzeption, die einerseits als wohlverstandene Letztvoraussetzung der
sprachanalytischen Philosophie und Metaphysikkritik, andererseits
als Basis einer zeitgemäßen Transformation der klassischen Transzendentalphilosophie im Zeichen der Sprache in Anspruch genommen werden kann.
Als Letztvoraussetzung der Metaphysikkritik vermag die *normative*

5 Vgl. K.-O. Apel, »Die Kommunikationsgemeinschaft als transzendentale Voraussetzung
der Sozialwissenschaften«, in: *Neue Hefte für Philosophie*, Nr. 2/3 1972, S. 1–40.

Konzeption des transzendentalen Sprachspiels und der zugehörigen
unbegrenzten Kommunikationsgemeinschaft z. B. die Kritik an Platons ontologischer Hypostasierung der idealen Einheit der Wortbedeutungen in einem überhimmlischen Reich der Wesensformen, die
bei Wittgenstein im Namen einer Beschreibung des Sprachgebrauchs
vorgetragen wird, ins Ziel zu bringen: So berechtigt es nämlich ist,
an die Stelle der ontologisch verführerischen »Was ist...?«-Frage
des platonischen Sokrates die methodisch-heuristische Frage nach
dem Wortgebrauch zu setzen (die zumindest geeignet ist, den metaphorischen Schein der Gegenständlichkeit aller Bedeutungen von
Worten qua vermeintlichen Namen aufzuheben, z. B. bei Fragen
nach *dem All* oder *dem Nichts*), so wenig befriedigend ist es doch,
in der Beschreibung eines faktischen Wortgebrauchs (die womöglich
durch soziometrische Erhebungsmethoden zu präzisieren wäre) eine
definitive Antwort etwa auf die Frage zu suchen, was wir unter
»Wahrheit« oder »Gerechtigkeit« verstehen *sollen*. Eine Lösung dieses Problems – und damit eine »Auflösung« des jahrtausendealten
Problem-Syndroms, das durch die philosophischen Termini »Wesen«, »Definition«, »Idee«, Begriff«, »Bedeutung« charakterisiert
ist – könnte jedoch m. E. gefunden werden, wenn man die Antwort
auf die philosophisch relevanten *Wesens*-Fragen nicht unmittelbar
von der Beschreibung des Wortgebrauchs, sondern von dem – allerdings in jedem Wortgebrauch angelegten normativen Postulat eines
intersubjektiven Konsensus aller virtuellen Sprachspiel-Teilnehmer
über die *ideale Regel* des Wortgebrauchs erwarten würde. Mit anderen Worten: Wenn schon eine philosophisch relevante (u. d. h.
nicht willkürliche) Definition stets an den bestehenden Wortgebrauch (der Umgangs- bzw. der philosophischen Bildungssprache) in
verständlicher Form muß anknüpfen können, so ist sie doch zugleich
dazu aufgefordert, den neuesten Stand der Sacherfahrung und Sach-
diskussion einzubringen und im Rahmen eines bestimmten Sprachspiels die Struktur des idealen Sprachspiels, das alle vernünftigen
Wesen spielen könnten und sollten, zu antizipieren.

Eine solche normative Interpretation der These, daß das »Wesen«
der Dinge im Sprachgebrauch liege, stößt freilich auf das transzendentalphilosophische Problem, das – im Sinne Wittgensteins – durch
den *Pluralismus* der konkurrierenden »Sprachspiele« (der Wissenschaft und der vor- und außerwissenschaftlichen Lebensformen) und
zuvor schon – im Sinne W. v. Humboldts – durch die »Verschie-

denheit des menschlichen Sprachbaus« gestellt ist. Das *Wesen* nämlich liegt nach Wittgenstein nicht sosehr im Wortgebrauch als in der
die Möglichkeiten des Wortgebrauchs *a priori* regelnden »Tiefengrammatik« der Sprachspiele; und nach Humboldt (wie nach B. L.
Whorff) ist das mögliche Wesens-Verständnis der Welt immer schon
durch die verschiedenen »Weltansichten«, die den Typen des Sprachbaues entsprechen, präjudiziert. Wie läßt sich dieser Pluralismus
möglicher Systeme der »inneren Form« sprachlicher Bedeutung mit
dem auf das transzendentale Sprachspiel bezogenen normativen
Konsens-Postulat hinsichtlich der Regeln des Wortgebrauchs in Einklang bringen? Sind nicht durch die verschiedenen syntaktisch-semantischen Systeme immer schon *verschiedene Wege* möglicher defini-
torischer Konsensbildung auf Grund der Sinn-Erfahrung eingeschlagen, so daß es a priori nicht sinnvoll ist, eine *universale* Konsensbildung über Bedeutungs- und insofern über Wesensfragen zu erwarten oder zu postulieren? – Die relativistische Tendenz dieser
Fragen scheint noch verstärkt zu werden durch die Überlegung, daß
auch die bislang vorliegenden Versuche syntaktisch-semantischer
Sprachkonstruktion zu wissenschaftlichen Zwecken keineswegs zu
einer *lingua universalis sive philosophica* (wie sie Leibniz postulierte) geführt haben, sondern eher die Annahme einer *a priori* möglichen Pluralität von »semantical frameworks« bestätigt haben.
Dem scheint wiederum der »Konventionalismus« und »Theorien-
Pluralismus« als Ausdruck der Grundlagenproblematik sogar der
exakten Wissenschaften zu entsprechen.
Bei dem Versuch einer Stellungnahme zu dieser wohl schwierigsten
Frage, die eine sprachphilosophische Transformation der Transzendentalphilosophie aufwirft, möchte ich von einer historisch-anthro-
pologischen Bemerkung ausgehen: Ungeachtet der heute wie vor
Jahrtausenden bestehenden Unterschiede der »inneren Form« – also
der syntaktisch-semantischen *System*-Struktur – der menschlichen
Sprachen bzw. Sprach-Typen hat sich der – von Kennern primitiver
Kulturen stets hervorgehobene – quasi-monadische Charakter der
mit archaischen Lebensformen »verwobenen« *Sprachspiele* (im Sinne
Wittgensteins) in der modernen Menschheitszivilisation nicht erhalten. Der Unterschied der Sprachspiele qua Lebensformen ist zwar
nicht verschwunden, aber er ist gewissermaßen überspielt worden
durch das – bei aller eigenen Komplexität doch kommunikative Einheit stiftende – Sprachspiel der Wissenschaft bzw. der aus ihrem

Geiste erwachsenen Produktions-, Organisations- und Kommuni-
kations-Technik. Diese Feststellung trifft, wie mir scheint, zu, obwohl dank Wissenschaft und Technik die Komplexität der menschlichen Kultur und Gesellschaftsstruktur ebenso wie die des menschlichen Weltbildes erheblich zugenommen hat (zuletzt in einer die
Lernfähigkeit einer Generation überfordernden Progressionsrate)
und obwohl – oder gerade weil? – die Menschen mehr als je zuvor
über die unterschiedliche Struktur der menschlichen Sprachen, einschließlich der Wissenschaftssprachen, und der Sprachspiele oder Lebensformen wissen. Besonders bemerkenswert ist es, daß offenbar
die *semantische* Komponente der menschlichen Sprachen, trotz der
fortdauernden Verschiedenheit der Sprach-Systeme, von der skizzierten relativen Vereinheitlichung *des* menschlichen Sprachspiels
nicht unberührt geblieben ist: die ostasiatischen und die europäischen
Sprachen können heute, wie es scheint, trotz größter System-Ver-
schiedenheit die wesentlichen Gedanken der wissenschaftlich-techni-
schen Zivilisation in praktisch bedeutungsäquivalenten Sprach-Ge-
bilden zum Ausdruck bringen. Darüber hinaus läßt sich sogar als
wahrscheinlich ansehen, daß auch die kaum übersetzbaren Intim-
bereiche der verschiedenen Kulturen bzw. Lebensformen, auf Grund
des vertieften Wissens um die verschiedenen Strukturen, zumindest
im Sinne einer praktischen, z. B. ethisch-politischen *Verständigung*
wechselseitig *interpretierbar* werden. Welche sprachphilosophische
Interpretation läßt sich diesen Bemerkungen zuordnen?
Der wichtigste Hinweis, der sich aus der bisherigen Geschichte der
menschlichen Verständigung entnehmen läßt, dürfte in die Richtung
einer Unterscheidung und dialektischen Beziehung der *syntaktisch-
semantischen* Sprach-Systeme einerseits, der *semantisch-pragmatischen* Sprach-Spiele andererseits gehen. Während es immerhin möglich ist, die *Sprach-Systeme* – insbesondere bei idealisierender Betrachtung nach dem Muster der kunstsprachlichen Systementwürfe
– als *inkommensurable* Bedingungen (Rahmen, Perspektiven) möglicher Begriffsbildung zu denken, ist dies offenbar bei den *Sprachspielen* – wenn man sie als mit der Lebenspraxis verwobene pragmatische Quasi-Einheiten der Kommunikation oder Verständigung
auffaßt – nicht statthaft. Anders gesagt: Während es offensichtlich
nicht sinnvoll ist, in der Ebene der von N. Chomsky so genannten
linguistischen (grammatischen und eventuell semantischen) *Kompetenz* jemals eine Synthese der verschiedenen Verfahrensweisen beim

Sprach-Verstehen zu erwarten, so ist es durchaus sinnvoll, in der
Ebene der *kommunikativen Kompetenz*[6] (die nicht nur von ihrer
einzelsprachlichen Präformierung, sondern – wie jede Übersetzung
zeigt – auch von *pragmatischen Universalien* abhängig ist) eine
sprachliche Sinn-Verständigung zwischen den Angehörigen verschiedener Sprach-Gemeinschaften zu erwarten. Wenn man auf die alles
Sinnverständnis in der Ebene der Sprachverwendung vorprägende
Kraft der sprachimmanenten semantischen Systemstrukturen (z. B.
der »Bedeutungs«- oder »Inhalts-Felder«) hinweist, so ist dies zu
bejahen, gleichzeitig aber darauf hinzuweisen, daß diese Prägung
des »subjektiven« durch den »objektiven Geist« der Sprachen nur
möglich ist, weil diese selbst als Systeme offenbar nicht, wie in der
logistischen Konzeption des Sprach-Systems vorgesehen, von der
»Interpretation« unabhängig sind: die Möglichkeit einer Vor-
prägung des subjektiven Sinnverständnisses impliziert vielmehr die
umgekehrte Möglichkeit einer Umstrukturierung der *semantischen*
Komponente »lebender« Sprache durch die *pragmatisch* erfolgreiche
Sinnverständigung in der Ebene der Sprachverwendung.
Damit soll nicht die erkenntnissoziologische Relevanz der verschiedenen Sprachsysteme als verschiedener Wege, »die Welt in das Eigen-
tum des Geistes umzuschaffen« (W. v. Humboldt), bestritten werden. Aber der Mensch kann dank seiner *kommunikativen Kompetenz* (die nicht etwa außersprachlichen Charakter hat, sondern das
mit der Spracherlernung zugleich erlernte »transzendentale Sprachspiel« repräsentiert) in jeder Sprache prinzipiell auch die Unterschiede der Sprachen reflexiv thematisieren und im pragmatischen
Effekt ansatzweise überwinden. Gerade auch der *Vergleich* der
»inneren Form« (der syntaktisch-semantischen Struktur) verschiedener Sprachen bzw. Sprach-Typen kann in den Dienst der übereinzelsprachlichen, semantisch-pragmatischen Verständigung gestellt
werden. Zu den *empirischen* Bedingungen dieser *kommunikativen*
Kompetenz dürften neben gewissen Konstanten der menschlichen Lebenssituation (wie Geburt, Tod, Sexualität, Arbeit, Kampf usw.)
vor allem auch gewisse angeborene »Universalien« der »Sprachfähigkeit« gehören, die den schon von W. v. Humboldt vermuteten,

---

6 Vgl. J. Habermas, »Vorbereitende Bemerkungen zu einer Theorie der kommunikativen
Kompetenz«, in: J. Habermas und N. Luhmann, *Theorie der Gesellschaft oder Sozialtechnologie*, Frankfurt 1971, S. 101–141. Ferner K.-O. Apel, »N. Chomskys Sprachtheorie
und die Philosophie der Gegenwart«, in: *Jahrbuch für deutsche Sprache* (1971). (S. oben,
S. 264 ff.)

von N. Chomsky und E. Lenneberg erneut wahrscheinlich gemachten Sprach-»Instinkt« des Menschen repräsentieren. Möglicherweise
gehört dazu neben dem universalen Inventar *phonologischer* Merkmale, von dem alle Einzelsprachen selektiv Gebrauch machen, auch
ein analoges Inventar kombinierbarer *semantischer* Merkmale.
Weltgeschichtlich aktualisiert wurde die, der kommunikativen Kompetenz zugehörige, Fähigkeit des Menschen zur sprachlichen Realisierung semantischer Merkmalskombinationen, denen zumindest als
Kombinationen übereinzelsprachliche Geltung zukommt, durch eben
jenen Schritt der griechischen Philosophen zum *begrifflichen* Denken, der den, zunächst mit Sprachvergessenheit verbundenen, Anspruch auf schlechthin intersubjektiv gültige *Wesens*-Erkenntnis
begründete. Seitdem hat sich *in* allen Kultursprachen die weitgehend
gemeinsame Schicht der *Begriffssprache* herausgebildet. Sie läßt es
m. E. als sinnvoll erscheinen, die Erfüllung der Forderung nach
intersubjektiv gültigen »Wesens«-Definitionen zwar nicht von einer
monologischen – womöglich sprachunabhängigen – *Wesensschau,*
wohl aber, auf lange Sicht, von der *begriffssprachlichen Verständi-*
gung der *unbegrenzten Kommunikationsgemeinschaft* zu erwarten;
zumindest läßt sich der Sinn der begriffssprachlichen Kommunikation – z. B. der philosophisch-wissenschaftlichen Diskussion – nur
unter diesem »regulativen Prinzip« im Sinne Kants denken.
Wir haben damit, wie mir scheint, die wichtigsten Voraussetzungen
eines *transzendentalhermeneutischen* Begriffs der Sprache bzw. einer
sprachlich orientierten *Transformation der Transzendentalphilo-*
sophie exponiert. Abschließend soll daher versucht werden, die
Funktion des ins Auge gefaßten Begriffs der Sprache bei einer Transformation der klassischen Transzendentalphilosophie in den wesent-
lichsten Aspekten anzudeuten. Wie m. E. schon durch die Unterscheidung *syntaktisch-semantischer* Sprach-Systeme einerseits, *uni-*
versalpragmatischer oder *kommunikativer* Kompetenz der *Rede*
bzw. des *Verstehens* andererseits angedeutet wurde, kann die postulierte Transformation nicht darin bestehen, daß man lediglich die
Sprache (oder die Sprachen) als Vermittlungsinstanz – etwa im Sinne
der »Weltansichten« Humboldts oder der »Zwischenwelt« L. Weis-
gerbers oder der »symbolischen Formen« E. Cassirers – in die Subjekt-Objekt-Relation der transzendentalen Erkenntnistheorie ein-
baut, im übrigen aber das »Bewußtsein überhaupt« Kants in der
Funktion des »transzendentalen Subjekts« der Erkenntnis beläßt;

noch weniger kann es genügen, im Sinne der beim frühen Wittgenstein angedeuteten »transzendentalen Logik« *der* reinen Sprachform das transzendentale Subjekt der Erkenntnis mit der Weltbe-
grenzung durch die Sprache zu identifizieren oder es im Sinne Carnaps zugunsten einer Vielzahl von quasi-ontologischen »semantical
frameworks« zum Verschwinden zu bringen. Diese bislang vorliegenden Ansätze zu einer sprachphilosophischen Transformation der
prima philosophia scheinen mir noch nicht wirklich die Konsequenzen aus dem Umstand zu ziehen, daß das *Denken* qua internalisier-
tes *Argumentieren* und mit ihm zugleich die rationale *Geltung* der
Erkenntnis nicht als Funktionen eines solipsistisch gedachten Bewußtseins, sondern als sprach- und damit kommunikationsabhän-
gige Funktionen verstanden werden müssen. Im Falle des Einbaus
der Sprache in die traditionelle Subjekt-Objekt-Relation der Erkenntnistheorie bleibt in der Dimension des transzendentalen Subjekts der Ansatz der cartesisch-kantischen Bewußtseinsphilosophie
der Neuzeit im Grunde unberührt; im Falle des frühen Wittgenstein bzw. Carnaps besteht die Gefahr, daß die prinzipielle *Drei-
stelligkeit der zeichenvermittelten intentionalen Akte* verkannt
wird und die Subjektproblematik der neuzeitlichen Transzendentalphilosophie überhaupt verlorengeht – zugunsten szientistischer
Reduktion des Subjekts von Theorie und Praxis auf ein Objekt
szientifisch-technologischen Verfügungswissens und zugunsten einer
Reduktion der Erkenntnis- und Wissenschaftstheorie auf eine bestenfalls *zweistellige* (syntaktisch-semantische) Logik wissenschaftlicher Theorien. (Es ist sehr charakteristisch, daß die gegenwärtig im
Namen der *Sprachlogik* unternommenen Versuche einer Neube-
gründung der *Ontologie* – qua *Onto-Semantik* – praktisch auf den
vorkantischen Status einer dogmatischen Metaphysik – naturalisti-
scher Tendenz – zurückzufallen pflegen.)

Worauf es m. E. in einer konsequenten Rekonstruktion der Transzendentalphilosophie im Lichte des *transzendentalhermeneutischen*
Sprachbegriffs ankommt, ist die Ersetzung des »höchsten Punktes«
der kantischen Erkenntnistheorie, der »transzendentalen Synthesis
der Apperzeption« qua Einheit des Gegenstandsbewußtseins, durch
die – öffentliche Geltung der Erkenntnis konstituierende – *transzendentale Synthesis der sprachvermittelten Interpretation* qua Einheit
der *Verständigung über etwas* in einer *Kommunikationsgemeinschaft*. An die Stelle des von Kant methaphysisch unterstellten »Be-

wußtseins überhaupt«, das immer schon die intersubjektive Geltung der Erkenntnis garantiert, tritt damit das *regulative Prinzip* der kritischen *Konsens*bildung in einer, in der realen Kommunikationsgemeinschaft allererst herzustellenden, idealen Kommunikationsgemeinschaft.[7]

Zwei der wichtigsten Implikationen einer solchen Transformation der Transzendentalphilosophie lassen sich bereits aus ihrer Antizipation (in einer gewissen szientistischen Verkürzung) im *transzendentalsemiotischen Pragmatismus* von Ch. S. Peirce entnehmen[8].

1. Wird Erkenntnis als *sprachvermittelte* Hypothesenbildung gedacht, so wird mit der nominalistisch-cartesischen Vorstellung des von der – kausal affizierenden – Außenwelt abgesperrten Bewußtseins zusammen auch die kantische Vorstellung einer prinzipiell unerkennbaren Hinterwelt der *Dinge an sich* unhaltbar; denn auch die Annahme des affizierenden Dings-an-sich ist schon eine sprachvermittelte Hypothese, also eine Erkenntnis; sie kann, *sinnkritisch* gedacht, nur als die notwendige *Voraussetzung des Gegenstands* der Konsensbildung in der unbegrenzten Kommunikationsgemeinschaft von der zu irgendeinem Zeitpunkt faktisch vorliegenden Meinungsbildung unterschieden werden. Mit dieser *sinnkritischen* Aufhebung der neuzeitlichen, *erkenntniskritischen* Unterscheidung von Bewußtseinsimmanenz und Bewußtseinstranszendenz (die Redewendung *»bloß im* Bewußtsein« setzt ja gerade voraus, daß Erkenntnis normalerweise bewußtseinstranszendente Geltung hat) wird zugleich der prinzipielle Universalien-Nominalismus zugunsten eines – durch den nominalistischen Verdacht methodisch vermittelten – *kritischen Universalienrealismus* aufgehoben; denn mit Hilfe der Sprache läßt sich wohl gegen die Geltung der sprachlichen Allgemeinbegriffe in jedem einzelnen Fall, nicht aber prinzipiell gegen ihre *ontologische Geltung* argumentieren. (Das gleiche Argument gilt für die prinzipielle Möglichkeit der *interpersonalen Verständigung*.) – Damit zeigt sich nun aber schon, daß eine *transzendentalhermeneutische Transformation* der prima *philosophia* die prinzipielle Differenz

---

7 Vgl. K.-O. Apel, »Szientismus oder transzendentale Hermeneutik«, in: R. Bubner u. a. (Hrsg.), *Hermeneutik und Dialektik,* Bd. I, Tübingen 1970, S. 105–144.

8 Vgl. K.-O. Apel, »Einleitung« zu: Ch. S. Peirce, *Schriften I,* Frankfurt 1967, und »Einleitung« zu: Ch. S. Peirce, *Schriften II,* Frankfurt 1970. Ferner ders., »From Kant to Peirce: the Semiotic Transformation of Transzendental Logic«, in: L. W. Beck (ed.), *Proceedings of the Third International Kant Congress,* 1970, Dordrecht/Holland 1972, S. 90–104 (oben S. 157 ff.).

zwischen der klassischen *Ontologie* und der neuzeitlichen *Bewußt-seinsphilosophie* aufzuheben vermag, ohne den *erkenntnis-kritischen* Anspruch der letzteren aufzugeben; dieser Anspruch wird vielmehr durch den einer *Sinnkritik* transformiert, die von dem Prinzip aus-geht, daß ein erkenntniskritischer Zweifel niemals – wie im Falle des universellen Bewußtseinsidealismus, Phänomenalismus, Nomi-nalismus oder Konventionalismus – die semantisch-pragmatische Konsistenz des immer schon in Anspruch genommenen Sprachspiels gefährden darf. – Diese sinnkritische Selbstreflexion der philosophi-schen Argumentation zeigt im übrigen, daß die sprachphilosophische Transformation der Transzendentalphilosophie keineswegs – wie es im Falle der entscheidungsabhängigen zweistelligen Onto-Seman-tik tatsächlich geschieht – den *Reflexionsanspruch* der neuzeitlichen Bewußtseinsphilosophie zugunsten reflexionsfreier Analyse von Strukturen aufgeben muß. Das philosophisch relevante Selbstbe-wußtsein der Argumentation ist vielmehr selbst auf *sprach*liche *Ver-mittlung* angewiesen.[9] Man kann nicht mit dem privaten Bewußtsein hinter die öffentliche Geltungsproblematik des Denkens zurück-gehen; wohl aber kann man mit Hilfe der Sprache auf die Sprach-verwendung reflektieren und im eigenen Bewußtsein gewissermaßen den Standpunkt der idealen Kommunikationsgemeinschaft in der Weise der Selbstkritik zur Geltung bringen. (Das *Sich-Wissen des Wissens* im Sinne der absoluten Vernunft Hegels ist nichts anderes als die *reflexive Antizipation* der Identität des »Ich-denke« mit dem gemeinsamen Logos der unbegrenzten Kommunikationsge-meinschaft. Diese Identität in *substantieller Reflexion* – d. h. empi-rischer und normativer Rekonstruktion der Geschichte – einzu-lösen kann freilich nicht, wie Hegel suggeriert, das Werk eines end-lichen Denkers sein.)

2. Die zweite Implikation der sprachphilosophischen Transforma-tion der Transzendentalphilosophie liegt m. E. in der Aufhebung des prinzipiellen Unterschiedes zwischen *theoretischer* und *prakti-scher* Philosophie. Einerseit liegt diese Aufhebung darin, daß an die Stelle der – die Objektivität und Intersubjektivität der Erkenntnis verbürgenden – »Verstandeshandlungen« im Sinne des kantischen Bewußtseins überhaupt die als »Sprechakte« explizierten konkreten *Verständigungshandlungen* in der Kommunikationsgemeinschaft der

9 Vgl. K.-O. Apel, »Sprache als Thema und Medium der transzendentalen Reflexion«, in: *Man and World*, vol. 3 (1971), S. 323–337 (oben S. 311 ff.).

Wissenschaftler treten. Die praktische Relevanz dieser Transformation der Grundlagen der Erkenntnis- und Wissenschaftstheorie zeigt sich nun darin, daß der Prozeß der wissenschaftlichen Erkenntnis als Prozeß unbegrenzter Kommunikation bereits eine Minimalethik voraussetzt. Dies gilt auch für die *theoretische* Philosophie, da sie an den *Diskurs* einer *Argumentationsgemeinschaft* gebunden ist, und es läßt sich m. E. sogar zeigen, daß die reflexive Besinnung auf die in der Gemeinschaft der Argumentierenden vorausgesetzte moralische Grundnorm die einzige Möglichkeit einer rationalen Letztbegründung der Ethik überhaupt bietet.[10] – Dem entspricht andererseits eine Aufhebung des prinzipiellen Unterschieds zur theoretischen Philosophie auch von seiten der *praktischen* Philosophie. Wie nämlich der methodische Rückgang der modernen Ethik auf den sprach-analytischen Standpunkt einer Meta-Ethik zeigt, ist die *praktische* Philosophie gezwungen, ihre *Rechtfertigungs*-Probleme über den undogmatischen, u. d. h. *theoretisch*-wertneutralen *Diskurs* der Argumentations-Gemeinschaft zu vermitteln. Indem sie aber auf die ethischen Bedingungen der Möglichkeit des theoretischen Diskurses einer unbegrenzten Argumentationsgemeinschaft reflektiert, wird sie, ohne Intervention einer Willkürentscheidung, auf den Weg normativer Ethik zurückgeführt. So scheint die *transzendentalhermeneutische* Reflexion auf die Bedingungen der Möglichkeit sprachlicher Verständigung in einer unbegrenzten Kommunikationsgemeinschaft die Einheit der *prima philosophia* als Einheit der *theoretischen* und *praktischen* Vernunft zu begründen.

10 Vgl. K.-O. Apel, »Das Apriori der Kommunikationsgemeinschaft und die Grundlagen der Ethik«, unten S. 358 ff.

Das Apriori der Kommunikationsgemeinschaft und die Grundlagen der Ethik
Zum Problem einer rationalen Begründung der Ethik im Zeitalter der Wissenschaft

Inhalt

I. Die Paradoxie der Problemsituation

1. 1. Wer über das Verhältnis von Wissenschaft und Ethik in der modernen, erdumspannenden Industriegesellschaft nachdenkt, der sieht sich m. E. vor eine paradoxe Situation gestellt. Einerseits nämlich war das Bedürfnis nach einer universalen, d. h. für die menschliche Gesellschaft insgesamt verbindlichen Ethik noch nie so dringend wie in unserem Zeitalter einer durch die technologischen Konsequenzen der Wissenschaft hergestellten planetaren Einheitszivilisation. Andererseits scheint die philosophische Aufgabe einer rationalen Begründung allgemeiner Ethik noch nie so schwierig, ja aussichtslos gewesen zu sein wie im Zeitalter der Wissenschaft, und zwar deshalb, weil die Idee intersubjektiver Geltung in diesem Zeitalter ebenfalls durch die Wissenschaft präjudiziert ist: nämlich durch die szientistische Idee der normativ neutralen oder wertfreien »Objektivität«.

Betrachten wir zunächst die eine Seite dieser paradoxen Situation: das aktuelle Bedürfnis nach einer universalen Ethik (ich möchte sagen: einer Makroethik der Menschheit auf der begrenzten Erde)[1]. Die technologischen Konsequenzen der Wissenschaft haben heute den menschlichen Handlungen und Unterlassungen insgesamt eine solche Reichweite und Tragweite verschafft, daß es nicht mehr möglich ist, sich mit moralischen Normen zu begnügen, die das menschliche Zusammenleben in kleinen Gruppen regeln und die Beziehungen zwischen den Gruppen dem Kampf ums Dasein im Sinne Darwins überlassen. Wenn die Vermutung der Ethologen zutrifft, daß bereits der Kannibalismus unter den Frühmenschen als Konsequenz der Erfindung des Faustkeils zu verstehen ist, d. h. als Auswirkung der (für den »homo faber« konstitutiven) Störung des Gleichgewichts zwischen den verfügbaren Aggressionsorganen und den moralanalogen Hemmungsinstinkten, so hat sich dieses Mißverhältnis durch die moderne Entwicklung der Waffensysteme ins Unermeßliche gesteigert. Hinzu kommt aber in der Gegenwart, daß die, zumeist in archaischen Institutionen und Traditionen verwurzelten, Gruppenmoralen jene für den »homo faber« konstitutive Gleich-

---

1 Der erste Teil der vorliegenden Arbeit entstand als Beitrag zur Panel Discussion über »Modern Science and Macroethics on a Finite Earth« des Internationalen Colloquiums »The Meaning and Function of Science in Contemporary Society«, Pennsylvania State University, 6.–18. Sept. 1971.

gewichtsstörung nicht mehr zu kompensieren vermögen. Denn es
gibt wohl kein typischeres Beispiel für die »Ungleichzeitigkeit«
menschlicher Kultursektoren als das Mißverhältnis zwischen der Expansion szientifisch-technischer Möglichkeiten und der Beharrungs-
tendenz gruppenspezifischer Moralen.

Unterscheidet man etwa hinsichtlich der heute möglichen Auswirkung menschlicher Handlungen zwischen einem Mikrobereich (Fa-
milie, Ehe, Nachbarschaft), einem Mesobereich (Ebene der nationalen
Politik) und einem Makrobereich (Schicksal der Menschheit[2]), so
läßt sich leicht zeigen, daß die zur Zeit bei allen Völkern wirksamen
moralischen Normen noch immer überwiegend auf den Intimbe-
reich (insbesondere auf die Regelung der sexuellen Beziehungen)
konzentriert sind; schon im Mesobereich der nationalen Politik sind
sie weitgehend auf den archaischen Impuls des Gruppenegoismus
und der Gruppenidentifikation reduziert, während die eigentlich
politischen Entscheidungen als Probleme moralisch neutraler
»Staatsräson« gelten; soweit aber der Makrobereich der menschlichen Lebensinteressen tangiert wird, so scheint die Sorge darum
vorerst noch relativ wenigen Eingeweihten überlassen zu sein. Dieser
Situation auf dem konservativen moralischen Sektor steht aber
seit kurzem eine völlig andersgeartete Situation auf dem Gebiet
der Auswirkung menschlicher Handlungen, insbesondere ihres Risikos, gegenüber: Infolge der planetaren Expansion und internationalen Verflechtung der technisch-wissenschaftlichen Zivilisation sind
in der Gegenwart die Auswirkungen menschlicher Handlungen –
z. B. innerhalb der industriellen Produktion – weitgehend im Makrobereich der gemeinsamen Lebensinteressen der Menschheit zu
lokalisieren.

Am deutlichsten wird die ethisch relevante Seite dieses Phänomens,
wenn man das Handlungsrisiko, etwa die Gefährdung menschlichen
Lebens, in Betracht zieht. Konnte etwa bis vor kurzem der Krieg
als ein Instrument der biologischen Auslese und u. a. der räumlichen Expansion der menschlichen Rasse durch Verdrängung der
jeweils Schwächeren in unbesiedelte Gebiete interpretiert werden,
so ist diese Auffassung durch die Erfindung der Atombombe endgültig überholt: Seitdem ist das Zerstörungsrisiko der Kriegshandlungen nicht mehr auf den Mikro- oder Mesobereich möglicher Aus-

2 Vgl. H. Groenewold, »Science and Macro-ethics on a Finite Earth« (Beitrag zu der
unter Anmerkung 1 angeführten Panel Discussion).

wirkungen beschränkt, sondern bedroht die Existenz der Menschheit im ganzen. Ähnlich steht es aber heute mit den Wirkungen und Nebenwirkungen der industriellen Technik insgesamt. In den letzten Jahren ist uns dies schlagartig klargemacht worden durch die Entdeckung der progressiven Umweltverschmutzung. Diese ökologische Problematik der Nebenwirkungen der technischen Zivilisation hat ja u. a. die Frage aufgeworfen, ob nicht das übliche ökonomisch-technologische Wachstumsdenken der konkurrierenden Industriestaaten radikal revidiert werden muß, wenn die Rettung der menschlichen Ökosphäre noch gelingen soll.

Diese wenigen Hinweise mögen genügen, um klar zu machen, daß die Resultate der Wissenschaft für die Menschheit eine moralische Herausforderung darstellen. Die wissenschaftlich-technische Zivilisation hat alle Völker, Rassen und Kulturen ohne Rücksicht auf ihre gruppenspezifischen kulturrelativen Moral-Traditionen mit einer gemeinsamen ethischen Problematik konfrontiert. Zum ersten Mal in der menschlichen Gattungsgeschichte sind die Menschen praktisch vor die Aufgabe gestellt, die solidarische Verantwortung für die Auswirkungen ihrer Handlungen im planetarischen Maßstab zu übernehmen. Man sollte meinen, daß diesem Zwang zur solidarischen Verantwortung die intersubjektive Geltung der Normen oder wenigstens des Grundprinzips einer Ethik der Verantwortung entsprechen müßte. – Soviel zum ersten Aspekt der Problemsituation, wie sie durch das Thema »Ethik im Zeitalter der Wissenschaft« nahegelegt wird.

Der zweite Aspekt der Problemsituation, der sie, wie schon angedeutet, zu einer paradoxen macht, drängt sich dem Fachphilosophen auf, wenn er die theoretische – oder besser: metatheoretische – Problemlage des Verhältnisses von Wissenschaft und Ethik ins Auge faßt. Diese nämlich ist gekennzeichnet durch die gerade bei unerschrockenen und redlichen Denkern weit verbreitete Überzeugung, daß die Möglichkeit intersubjektiver Geltung von Argumenten überhaupt genau so weit reicht wie die Möglichkeit wissenschaftlicher Objektivität im Bereich der logisch-mathematischen Formalwissenschaften und im Bereich der empirisch-analytischen Realwissenschaften. Da nun weder durch den Formalismus logisch-mathematischer Schlüsse noch durch induktive Schlüsse aus Tatsachen jemals Normen oder Werturteile abgeleitet werden können, so scheint die Idee wissenschaftlicher Objektivität den Geltungsanspruch moralischer Normen oder Werturteile in den Bereich der unverbindlichen Subjektivität zu verweisen. Die in weltanschaulich-ideologischen Kontexten implizit oder explizit vertretenen Geltungsansprüche der Ethik müssen – so scheint es – auf irrationale, emotionale Reaktionen oder ebenso irrationale Willkürentscheidungen zurückgeführt werden. Rational begründbar sind demzufolge nicht die ethischen Normen selbst, sondern nur die wertfreien Beschreibungen der faktisch befolgten moralischen Normen bzw. die kausalen oder statistischen Erklärungen des Zustandekommens moralischer Normen oder Wertsysteme durch die sogenannten empirischen Sozialwissenschaften.

Diese Wissenschaften hinwiederum, zu denen man in diesem Zusammenhang die Geschichte und Kultur-Anthropologie ebenso wie die Soziologie und Psychologie rechnet, scheinen ihrerseits noch ein zusätzliches, empirisches Argument für die bereits wissenschaftslogisch postulierte Subjektivität und Irrationalität der moralischen Normen und Werte zu liefern: Sie kommen nämlich – wie man oft hört – zu dem objektivgültigen Tatsachenurteil, daß die von Menschen anerkannten oder praktisch befolgten moralischen Normen in hohem Maße kultur- bzw. epochenrelativ, d. h. also wiederum: subjektiv sind.

So scheint es denn nur konsequent zu sein, wenn zuletzt die professionelle Philosophie, die sich wissenschaftlich versteht, selbst das Geschäft der Ethik im Sinne unmittelbarer Begründung ethischer Normen bzw. eines letzten Prinzips ethischer Normen aufgegeben hat. Aus der traditionellen Ethik oder praktischen Philosophie wurde in diesem Zusammenhang die analytische »Metaethik«, die sich selbst im allgemeinen als wertfreie wissenschaftlich-theoretische Beschreibung des Sprachgebrauchs oder der logischen Regeln des sogenannten »moralischen Diskurses« (»moral discourse«) versteht. Jede Philosophie, die mit dieser Transformation nicht konform geht, d. h. jede Philosophie, welche die »Neutralitätsthese« der analytischen Metaethik[3] zugunsten einer Begründung moralischer Normen zu überwin-

---

3 Vgl. hierzu Hans Albert, »Ethik und Metaethik«, *Archiv f. Philos.* II, 1961, S. 28–63, wieder abgedruckt in: Hans Albert und Ernst Topitsch (Hrsg.), *Werturteilsstreit*, Darmstadt 1971, S. 472–517. Ferner Hans Lenk, »Der ›Ordinary Language Approach‹ und die Neutralitätsthese der Metaethik«, in: H.-G. Gadamer (Hrsg.), *Das Problem der Sprache*, München 1967, S. 183–206, und ders., »Kann die sprachanalytische Moralphilosophie neutral sein?«, in: *Arch. f. Rechts- und Sozialphilos.* L III, S. 367–382, wiederabgedruckt in: *Werturteilsstreit*, a.a.O., S. 533–551.

den sucht, scheint Normen aus Fakten herzuleiten und damit gegen
das Humesche Prinzip der strikten Unterscheidung dessen, was *ist*,
und dessen, was *sein soll*, zu verstoßen.[4] Damit scheint jede normative Ethik logisch überholt zu sein. Ihre Grundlagen werden, wie
die des »Naturrechts«, von der »wissenschaftlichen« Philosophie als
dogmatisch bzw. ideologisch entlarvt und ihr Geltungsanspruch je
nachdem als bedauernswerte Illusion oder als autoritäre Repression
und Gefahr für die menschliche Freiheit gebrandmarkt. (Interessant
ist im letzten Falle allerdings das quasi-moralische Engagement der
»wissenschaftlichen« Philosophie, die zur Ideologiekritik im Namen
des Liberalismus zu werden vermag. Wir kommen darauf zurück.)
Soviel – vorläufig – über den zweiten Aspekt der paradoxen Problemsituation, mit der uns die Frage nach dem Verhältnis von
Wissenschaft und Ethik konfrontiert. Eine universale, d. h. intersubjektiv gültige Ethik solidarischer Verantwortung scheint demnach
zugleich notwendig und unmöglich zu sein.
Dieser paradoxe Grundzug der vorliegenden Problemsituation läßt
sich nun zunächst einmal zu einem Widerspruch im Sinne der Hegelschen Dialektik zuspitzen: d. h. er läßt sich als realer Antagonismus
zweier philosophischer Tendenzen unserer Zeit und dergestalt als
Motor einer Dialektik charakterisieren, die eine heuristisch nützliche Illustration und Explikation unseres Problems zu bieten vermag. Welches sind die praktisch wirksamen Tendenzen der Philosophie in unserer Zeit, welche den angedeuteten Antagonismus in
einem nicht nur akademischen Sinne repräsentieren?

1. 2. Unter dem angedeuteten Gesichtspunkt scheint mir kein Zweifel darüber möglich, daß der Marxismus in all seinen Versionen
die positive, freilich auch mehr oder weniger dogmatische Seite des
Antagonismus repräsentiert. Er hat in klassischer Form die Einsicht
expliziert (und in ihren Konsequenzen entfaltet), daß die Menschheit vor der Aufgabe steht, ihre naturwüchsige »Vorgeschichte« zu

---

4 Es ist wichtig, darauf hinzuweisen, daß auch Kants Ethik des »kategorischen Imperativs« dieser Kritik nicht entgeht. Nachdem sie, seit Hegel, wegen ihres Formalismus für
unzureichend erklärt worden war, wird sie seit G. E. Moore wegen der Begründung der
»Realität« des Sittengesetzes durch das »Faktum der Vernunft« – nicht zu reden von der
Begründung dieses Faktums durch das »intelligible Ich« qua »Ding an sich« in der *Grundlegung der Metaphysik der Sitten* – als metaphysische Version der »Naturalistic Fallacy«
entlarvt. – Vgl. zuletzt K.-H. Ilting, »Der naturalistische Fehlschluß bei Kant«, in: M.
Riedel (Hrsg.), *Die Rehabilitierung der praktischen Vernunft*, Bd. I, Freiburg 1972.

überwinden; d. h. aber: die Ära der partikularen Gruppen- bzw. Klasseninteressen, die, in ihrer Verdinglichung zu quasi-natürlichen Geschichtskräften, die Transparenz und die effektive Selbstkontrolle der menschlichen Tätigkeit verhindern und es unmöglich machen, daß die Menschen in solidarischer Aktion die Verantwortung für die Geschichte übernehmen. In der vom Marxismus erhofften Ära einer von den vergesellschafteten Menschen gemachten Geschichte soll ja eine solidarisch geplante und verantwortete Praxis die illusionäre Freiheit der einander widerstreitenden Aktionen der Einzelnen und der Gruppen ersetzen.

Doch wie kann der Marxismus, angesichts der bereits angedeuteten theoretischen Schwierigkeiten, die ethischen Grundlagen und insofern die Bedingungen der Möglichkeit einer solidarischen Praxis und Verantwortung der Praxis bereitstellen? – Als dialektische Philosophie (im Sinne Hegels) akzeptiert der Marxismus die Humesche Unterscheidung zwischen dem, was ist, und dem, was sein soll, nicht als unüberwindliche Trennung zwischen wissenschaftlich erkennbaren Fakten und subjektiv festzulegenden Normen. Er hält vielmehr – zumindest in seiner »orthodoxen« Spielart – mehr oder weniger eingestandenermaßen an dem klassischen aristotelisch-thomistischen Postulat einer teleologischen Ontologie fest, demzufolge das Seiende, recht verstanden, mit dem Guten identisch ist; genauer: er versteht, im Sinne einer geschichtsdialektischen Transformation der klassischen Ontologie, mit Hegel das geschichtlich Wirkliche als das Vernünftige und das Vernünftige als das Wirkliche. Dabei geht er wiederum über Hegel insofern hinaus, als er die Einheit der geschichtlichen Faktizität und ihrer bestimmten Negation, welche die geschichtsdialektische Einheit der vernünftigen Wirklichkeit ausmachen soll, nicht nur ex post spekulativ verstehen will, sondern sie, einschließlich der durch »Kritik« und »revolutionäre Praxis« allererst zu schaffenden Zukunft, zum Gegenstand einer objektiv-materialistischen, wissenschaftlichen Analyse glaubt machen zu können. (Dieser Anspruch jedenfalls ist, trotz Marxens Würdigung der – vom deutschen Idealismus entdeckten – »subjektiven Praxis« in den »Thesen über Feuerbach«, vom »orthodoxen« Marxismus erhoben worden.[5])

5 Für den Nachweis der Anbahnung dieser objektivistisch-szientistisch-dogmatischen Reduktion des Problems der Vermittlung von Theorie und Praxis schon bei Marx selbst vgl. Dietrich Böhler, *Metakritik der Marxschen Ideologiekritik*, Frankfurt 1971.

Indem die kritisch engagierte, »subjektive Praxis« der Revolutionäre dergestalt in den dialektischen Begriff der objektiv erkennbaren Wirklichkeit (der Geschichte) integriert wird, entsteht der Eindruck, als erübrige sich für den Marxismus eine ethische Grundlegung der parteiergreifenden subjektiven Praxis[6]: die dialektische Analyse und Synthese des notwendigen Geschichtsverlaufs scheint die Humesche Distinktion zwischen dem, was ist, und dem, was sein soll, von vornherein ins Ganze der als vernünftig begriffenen Wirklichkeit aufzuheben.

Es versteht sich indessen, daß gerade dieser »dialektische« Begriff der Wirklichkeit als des objektiv notwendigen Geschichtsverlaufs der modernen Idee der szientistischen Objektivität ebenso wie der modernen Idee der freien moralischen Gewissens-Entscheidung widerspricht.

In der Tat: Man kann zwar mit Whitehead[7] gegen Hume und die ihm folgende analytische Philosophie einwenden, daß sie – in der Kausalitätsanalyse ebenso wie in der Unterscheidung von Fakten und Normen – die konkrete Wirklichkeit des zeitlichen Welt-Prozesses verfehlt, indem sie (durch eine abstrakte Begriffsbildung) die Vergangenheit als das »für uns« Faktische und daher objektiv Gegebene von der Zukunft als dem »für uns« Unentschiedenen und daher subjektiv Aufgegebenen trennt.[8]

Gerade dieser Einwand der »spekulativen Reflexion« gegen die moderne, empirisch-analytische Idee objektiver Realität zeigt jedoch zugleich, daß die kritisierte Auftrennung der »konkreten« Prozeßwirklichkeit – ebenso wie die Unterscheidung der drei subjektiven »Zeit-Ekstasen«[9] – ihren notwendigen Ursprung in der Situation des handelnden Menschen hat; genauer: in der Situation des Menschen, der sein Erfahrungswissen auf die ungewisse und unentschiedene Zukunft beziehen muß und dabei Handlungsprinzipien voraussetzt, die er aus der Erfahrung nicht ableiten kann. Der spekulativ-dialektische Begriff der »konkreten« Wirklichkeit als einer zeitlichen Prozeß-Realität, der Hegel, Marx und dem späten White-

6 Vgl. dazu jetzt die symptomatische Einleitung von Hans Jörg Sandkühler zu den von ihm herausgegebenen Texten des Neukantischen Sozialismus, in: *Marxismus und Ethik,* Frankfurt 1970.

7 Vgl. Alfred N. Whitehead, *Process and Reality*, 1929.

8 Vgl. zu der entsprechenden Zeitanalyse K.-O. Apel, Einführung zu: Ch. S. Peirce, *Schriften* II, Frankfurt 1970, S. 199 ff.

9 Im Sinne von M. Heideggers *Sein und Zeit.*

head gemeinsam ist, vermag also gerade die praktisch und ethisch relevante Unterscheidung zwischen dem, was jetzt ist, und dem, was sein soll, nicht »aufzuheben«. Sein Recht gegen die abstrakt-analytische Unterscheidung Humes liegt darin, daß die Reflexion auf das Ganze der (von uns noch mitzugestaltenden) Prozeßwirklichkeit uns allerdings zwingt, die reale Aufhebung des genannten Unterschieds als eines dialektischen Widerspruchs zu denken, d. h. zu postulieren. Damit ist aber die Aufhebung des Unterschieds gerade dem handelnden Menschen aufgegeben; d. h.: es ist keine Superwissenschaft bereitgestellt, welche die Einheit von Theorie und Praxis durch objektive Analyse garantieren könnte, sondern eine Ethik ist gefordert, welche das normative Prinzip einer Vermittlung von Theorie und Praxis in der geschichtlichen Situation an die Hand gibt.

Was soeben gegen die Möglichkeit einer selbst noch objektiv wissenschaftlichen Aufhebung der praktisch relevanten Unterscheidung von *Sein* und *Sollen,* Fakten und Normen gesagt wurde, das muß auch gegen die entsprechende Idee einer totalen Vermittlung von *Objektivität* und *Subjektivität* durch eine dialektische Überwissenschaft eingewandt werden. Zwar ist auch hier die Forderung einer *Vermittlung* überhaupt als Resultat einer radikalen erkenntnistheoretischen Reflexion auf die Situation der Humanwissenschaften berechtigt: Wo im Sinne der »Hermeneutik« *verstanden* wird, d. h.: wo die Begriffsbildung einer Wissenschaft im Prinzip aus einem für Subjekt und Objekt der Wissenschaft gemeinsamen Sprachspiel heraus erfolgt [10], da hat die dialektische Vermittlung von Subjektivität und Objektivität immer schon eingesetzt. In diesem Sinne ist die Forderung einer dialektisch-kritischen Soziologie, die wissenschaftliche Praxis selbst noch als Bestandteil der zu analysierenden gesellschaftlichen Wirklichkeit des »Subjekt-Objekts« (E. Bloch) zu begreifen, solange berechtigt, als dabei nicht an »totale Vermittlung« im Sinne Hegels gedacht wird oder – noch schlimmer – der Hegelsche, spekulative Anspruch einer totalen Vermittlung mit der Möglichkeit einer (von Marx angeblich begründeten) empirisch-objektiven Wissenschaft von der Geschichte im ganzen verwechselt wird. Genau dieser Anspruch einer zugleich dialektischen und szientifi-

10 Vgl. hierzu P. Winch, *The Idea of a Social Science and its Relation to Philosophy,* London, 4. Aufl. 1965 (dtsch. Frankfurt 1966), und K.-O. Apel, »Die Entfaltung der ›sprachanalytischen‹ Philosophie und das Problem der ›Geisteswissenschaften‹«, in: *Philos. Jahrb.,* 72. Jg. (1965), S. 239–289 (oben S. 28 ff.).

schen Auflösung des Subjekt-Objekt-Gegensatzes der Erkenntnistheorie wird jedoch von der marxistischen Orthodoxie und Neoorthodoxie suggeriert. Die Frage nach dem Grund der subjektiven Parteiergreifung (für das Proletariat) zum Beispiel wird mit dem Hinweis auf die objektiven Resultate des wissenschaftlichen Sozialismus, das Verständnis und die Akzeptierung dieser Resultate jedoch von der Parteiergreifung im Sinne des Proletariats abhängig gemacht. Hier wird die von Hegel im Sinne einer spekulativen Expost-Reflexion postulierbare totale Vermittlung von Objektivität und Subjektivität als Ergebnis einer szientifisch-objektiven Analyse vorgestellt.

Statt des offenen hermeneutischen Zirkels zwischen tentativem, praktisch-ethischem Engagement und hypothetischer Rekonstruktion des Geschichtsprozesses[11], der in der Tat aus der im »Verstehen« immer schon eingeleiteten Vermittlung der Objektivität mit der Subjektivität abzuleiten ist, wird ein geschlossener logischer Zirkel der Voraussetzungen produziert, der es einem Außenstehenden – d. h. nicht schon Gläubigen – unmöglich macht, in eine kritische Diskussion mit dem orthodoxen Marxismus einzutreten.[12]

Die marxistische Idee einer Vermittlung von Theorie und Praxis, Wissenschaft und Ethik, muß, unter diesen Voraussetzungen, als dogmatische Absage an den Geist der Wissenschaft und zugleich an den Geist freier ethischer Verantwortung erscheinen. Als geschichtsdialektische Transformation der teleologischen Ontologie scheint der Marxismus den Dogmatismus der traditionellen Metaphysik durch eine die zukünftige Praxis einbeziehende Prophetie noch zu überbieten. Als *wissenschaftlicher* Sozialismus ersetzt er die bedingten Prognosen der empirisch-analytischen (Natur-)Wissenschaft durch die unbedingten Prognosen des, von K.-R. Popper kritisierten, »Historizismus«.[13] Als wissenschaftlicher *Sozialismus* andererseits ersetzt er die ethische Begründung des sozialen Engagements durch den Hinweis auf das geschichtlich Notwendige und korrumpiert so – wiederum nach Popper – die ethische Verantwortung in der gegenwärtigen Situation durch einen »ethischen Futurismus«.[14] Und es läßt

11 Vgl. dazu K.-O. Apel, »Reflexion und materielle Praxis: Zur erkenntnisanthropologischen Begründung der Dialektik zwischen Hegel und Marx«, in: *Hegelstudien*, Beiheft 1 (1962, S. 151–166).
12 Vgl. dazu zuletzt H. Seiffert, *Marxismus und bürgerliche Wissenschaft*, München 1971,
13 Vgl. K. R. Popper, *Das Elend des Historizismus*, 2. Aufl., Tübingen 1969.
14 Ebda., S. 43.

sich nicht leugnen, daß diese Kritik der orthodoxen Theorie durch
die Analyse der orthodoxen Praxis weitgehend bestätigt wird: Die
so einleuchtende Forderung nach einer solidarischen Übernahme der
Verantwortung für die geschichtliche Praxis durch die menschliche
Gesellschaft wird im Herrschaftsbereich der Orthodoxie offenbar zur
Machtübernahme durch jene Klasse von Partei-Funktionären, die
– seit Lenin – die Einsicht in die Notwendigkeit des Geschichtsprozesses und damit die Anleitung der rechten Vermittlung von Theorie
und Praxis monopolisiert haben. Die ethische Verantwortung der
Einzelnen wird dabei nicht ins Politische hinein erweitert, sondern
selbst noch im Bereich der weltanschaulichen Entscheidungen, den
der moderne Liberalismus der Autorität von Kirche und Staat abge-
trotz hatte, empfindlich eingeschränkt.

Vor diesem Hintergrund wird es zunächst einmal verständlich, daß
die moderne Philosophie in der westlichen Tradition der liberalen
Demokratie die (ideologische) Funktion einer Antithese im Verhältnis zur marxistischen Konzeption einer dialektischen Vermittlung
von Theorie und Praxis und so von Wissenschaft und Ethik übernommen hat. Diese Funktion wird deutlich, wenn wir, im Lichte
unserer Heuristik der Grundparadoxie der Problemsituation, die
Differenz zwischen der sogenannten »Analytischen Philosophie«
und dem »Existentialismus« betrachten, die üblicherweise im Westen
als tiefster Widerspruch innerhalb der modernen Philosophie angesehen wird. Im Lichte unserer Perspektive wird sofort klar,
daß analytische Philosophie und Existentialismus sich in ihrer ideologischen Funktion überhaupt nicht widersprechen, sondern vielmehr ergänzen: Sie bestätigen einander durch eine Art von Arbeitsteilung, indem sie sich gegenseitig den Bereich der objektiv-wissen-
schaftlichen Erkenntnis bzw. den Bereich der subjektiv-ethischen
Entscheidungen zuweisen.

Bereits S. Kierkegaard war der Meinung, daß »Objektivität« im
Sinne universaler, intersubjektiver Geltung von Erkenntnissen ein
Privileg der wertfreien Wissenschaft ist. Diese Überzeugung war
in der Tat die Voraussetzung seiner These, daß das ethisch Verbindliche sich nur dem »subjektiv interessierten« Denken der »Einzelnen«
in den später so genannten »Grenzsituationen« der letzten Glaubens-
entscheidungen eröffnet. Die Differenz zwischen Kierkegaards Haltung und der des modernen Szientismus liegt allein in dem Umstand,
daß für ihn das subjektiv interessierte Denken das »wesentliche Den-

ken« war, während er die Objektivität der Wissenschaft als existentiell irrelevant und insofern als unwesentlich ansah. – Aber sogar diese existentialistische Akzentuierung des Verhältnisses der komplementären Bereiche findet sich als implizite Suggestion auch bei einem der geistigen Väter des modernen Neopositivismus, nämlich im *Tractatus logico-philosophicus* Ludwig Wittgensteins. Nachdem er nämlich zunächst die Möglichkeit sinnvoller Sätze auf den Bereich der Naturwissenschaft eingeschränkt hatte, erklärt Wittgenstein am Schluß des *Tractatus* (Satz 6. 42):

»Darum kann es auch keine Sätze der Ethik geben. Sätze können nichts Höheres ausdrücken.«[15]

Und in einem Brief an Ludwig von Ficker aus dem Jahre 1919 charakterisiert Wittgenstein den *Tractatus* insgesamt folgendermaßen:

»... der Sinn des Buches ist ein ethischer. Ich wollte einmal in das Vorwort einen Satz geben ..., mein Werk bestehe aus zwei Teilen: aus dem, der hier vorliegt, und aus alle dem, was ich *nicht* geschrieben habe. Und gerade dieser zweite Teil ist der Wichtige. Es wird nämlich das Ethische durch mein Buch gleichsam von Innen her begrenzt; und ich bin überzeugt, daß es, *streng, nur* so zu begrenzen ist. Kurz ich glaube: Alles das, was *viele* heute *schwefeln,* habe ich in meinem Buch festgelegt, indem ich darüber schweige.«.[16]

Die Verknüpfung von Mystizismus und existentiellem Subjektivismus oder »transzendentalem Solipsismus« in den Andeutungen Wittgensteins über das Ethische entspricht einem charakteristischen Problem des modernen Existentialismus, von Kierkegaards Methode der »indirekten Mitteilung« bis zu K. Jaspers »Existenzerhellung«. Die Schwierigkeit liegt hier immer wieder darin: wie kann theoretische Philosophie überhaupt mit inter-subjektivem Geltungsanspruch über das reden, was per definitionem subjektiv und singular ist. Ein spezieller Aspekt dieses Problems tritt nun auch in der Analytischen Metaethik auf: Dort nämlich erhebt sich die Frage: Woher nimmt eine objektiv beschreibende Metaethik, die sich selbst als wertneutrale Wissenschaft versteht, die Kriterien für die Bestimmung des moralisch relevanten Sprachgebrauchs, die ja keineswegs aus den objektiv beschreibbaren grammatischen Strukturen der Sprache abgelesen werden können.[17] – Bevor wir jedoch auf die hier-

15 Vgl. auch 6.41, 6.421–6.43. Damit sind die Sätze über den transzendentalen Solipsismus zu vergleichen: 5.62–5.641.
16 Zitiert nach der »historischen Einleitung« in den »Prototractatus« von G. H. Wright, London 1971, S. 15.
17 Vgl. dazu die oben (Anm. 3) angeführten Arbeiten von H. Albert und H. Lenk.

mit schon angedeuteten aporetischen Züge der offiziellen Komplementarität zwischen Existentialismus und Szientismus genauer reflektieren, wollen wir die ideologische Funktion dieses Systems bei der Vermittlung von Theorie und Praxis in der westlichen Welt ins Auge fassen.

1. 3. Die Komplementarität zwischen wertfreiem Objektivismus der Wissenschaft einerseits, existenziellem Subjektivismus der religiösen Glaubensakte und ethischen Entscheidungen andererseits erweist sich als der moderne philosophisch-ideologische Ausdruck der liberalen Trennung zwischen öffentlichem und privatem Lebensbereich, die sich im Zusammenhang mit der Trennung von Staat und Kirche herausgebildet hat. Im Namen dieser Trennung nämlich, und d. h. mit Hilfe einer säkularisierten Staatsmacht, hat der westliche Liberalismus zunächst die Verbindlichkeit des religiösen Glaubens und im Anschluß daran die der moralischen Normen mehr und mehr auf die Sphäre der privaten Gewissensentscheidungen eingeschränkt. In der Gegenwart setzt sich dieser Prozeß noch immer fort – etwa durch die Entfernung moralischer Argumente und Prinzipien aus den Grundlagen des Rechts. Im allgemeinen kann man feststellen, daß auf allen Sektoren des öffentlichen Lebens in der westlichen Industriegesellschaft die *moralischen* Begründungen der Praxis durch pragmatische Argumente ersetzt werden, wie sie von »Experten« auf Grund objektivierbarer szientifisch-technologischer Regeln geliefert werden können.

Auf diese Weise kann in der Tat ein Teil der menschlichen Praxis gemäß wertfreien Standards der Wissenschaft »objektiviert« werden: der instrumentell-technische und der strategische Teil der Praxis kann durch objektive Wenn-dann-Regeln begründet werden, die als logische Transformationen wissenschaftlichen Gesetzeswissens angesehen werden können.

(Genau diesen Teil der Vermittlung von Theorie und Praxis hat M. Weber mit Hilfe seines Begriffs der »Rationalisierung« der öffentlichen Sphäre der westlichen Industriegesellschaft, des Handels und der Produktion ebenso wie der bürokratischen Staatsverwaltung, erstmals historisch-soziologisch scharf analysiert[18]; und diese Analyse und Objektivierung wird in der Gegenwart, u. a. mit Hilfe der Kybernetik, durch eine funktionalistische Systemtheorie der Gesell-

18 Vgl. dazu jetzt G. Abramowski, *Das Geschichtsbild M. Webers*, Stuttgart 1966.

schaft fortgeführt und verallgemeinert. Philosophisch ist dieser szientifisch-technologisch objektivierbare Teil der Vermittlung von Theorie und Praxis zuerst vom amerikanischen Pragmatismus-Instrumentalismus, insbesondere von J. Dewey, in den Vordergrund gerückt und geradezu zum Paradigma praktischer Vernunft erhoben worden. In der Gegenwart ist dieser Pragmatismus-Instrumentalismus zu einem Bestandteil der analytischen Philosophie und des öffentlich wirksamen Denkens im weitesten Sinn geworden. Der Pragmatismus – so kann man sagen – ist die funktionierende Philosophie des öffentlichen Lebens der westlichen Industriegesellschaft.[19] Es ist daher im hohen Maße bezeichnend, daß eine für den Westen so repräsentative Philosophie wie die K.-R. Poppers bislang nur den instrumentalistisch objektivierbaren Teil der von ihr propagierten rationalen Vermittlung von Theorie und Praxis auf den Begriff gebracht hat: Nur im »peace-meal social engineering« (Popper) bzw. in der dazu erforderlichen Analyse der Realisierbarkeitsbedingungen und der zu erwartenden Konsequenzen politischer Projekte sieht die Popper-Schule bislang das Paradigma rationaler Vermittlung von Theorie und Praxis, während die implizit in Anspruch genommenen hermeneutischen, ideologiekritischen und ethischen Grundlagen und Kriterien einer engagierten Philosophie der (Evolution der) »offenen Gesellschaft« bislang nur in dem Grenzbegriff eines »kritischen Konventionalismus« artikuliert werden konnten.[20] In dieser Restriktion der Idee methodischer Rationalisierung auf das wertfrei Objektivierbare plus Konvention kommt offenbar eine Grenze der zur Zeit vorstellbaren Idee undogmatischer Vernunft zum Ausdruck.)

Doch die wertfrei objektivierbaren Regeln instrumenteller und strategischer Rationalisierung des technischen Teils der Praxis setzen offenbar *Entscheidungen* über die Ziele der menschlichen Praxis voraus. Sie leisten keine Rationalisierung der Auswahl der Ziele selbst; oder genauer: sie leisten insofern einen sehr wichtigen Beitrag zur Rationalisierung auch der Zielsetzung, als sie durch Aufweis der

19 Vgl. hierzu meine Einleitung zu Ch. S. Peirce, Schriften I, Frankfurt 1967, S. 13 ff., Peirce selber, der Vater des »Pragmatismus«, ist freilich kein »Pragmatist« in dem hier gemeinten Sinn; vgl. dazu unten Anm. 23

20 Vgl. dazu unten S. 411 ff. Ähnlich wie Popper hatte schon Dewey die ethischen Implikationen seiner radikaldemokratischen Konzeption einer Vermittlung aller individuellen Bedürfnisse in der organisierten Kommunikationsgemeinschaft nur in szientistisch-technologischer Reduktion zur Diskussion stellen können.

technischen Realisierungsmöglichkeiten und der wahrscheinlichen
Wirkungen und Nebenwirkungen die Möglichkeiten vernünftiger
Zielsetzung einschränken[21]; aber sie vermögen keine positiven Kriterien für die Wünschbarkeit von Zielen selbst zu liefern. Daß hier,
über die von J. Dewey propagierte »intelligente Vermittlung von
Zielen und Mitteln« hinaus, überhaupt noch ein ethisches Problem
besteht, wird besonders in solchen heute nicht gerade seltenen Situationen deutlich, wo es darauf ankommt, den szientifisch-technischen
– und zumeist auch von ökonomischen Interessen gestützten – Suggestionen der Machbarkeit rational begründeten Widerstand zu
leisten.[22] Hier läßt sich offenbar das ethische Problem vernünftiger
Zielsetzung nicht länger pragmatisch ausklammern. Genau hier aber
zeigt sich die Grenze des szientifisch-technologischen Begriffs wertfrei objektivierender Rationalität.

Im Gegensatz zum Instrumentalisten Dewey, der die praktische
Notwendigkeit letzter Ziele überhaupt in Frage stellte[23], sah der
dem Neukantianismus nahestehende Max Weber gerade in der Politik die Grenzen pragmatischer Rationalisierung angesichts der,
später von seinem Schüler K. Jaspers so genannten, »Grenzsituationen« verantwortlicher Entscheidung. Aber schon Weber konnte an
dieser Stelle nur der Logik des von uns skizzierten Komplementaritätssystems folgen und das ethische Problem der Bewertung der
Ziele in den Bereich letztlich irrationaler subjektiver Entscheidungen
verweisen. Im Unterschied zu den Neukantianern, die noch an der
Idee einer formalen, wertrationalen Argumentation festhielten, sah
Weber auf dem Gebiet der letzten Wertpräferenzen die Wahrheit

21 Vgl. Hans Albert (*Traktat über kritische Vernunft*, Tübingen 1968, S. 76 ff.) über die
sogenannten »Brücken-Prinzipien«, die zwischen Sein und Sollen, Fakten und Normen
vermitteln. Eine über diese Brücken-Prinzipien hinausgehende Möglichkeit rationaler Kritik an moralischen Normen erblickt H. Albert in einem – parallel zum »Theorienpluralismus« der Wissenschaft vorgestellten – »ethischen Pluralismus«. Vgl. dazu unten S. 397 f.
22 Auch der Einzelne, der sich gezwungen sieht, zwischen ganzen Gesellschaftssystemen
zu entscheiden, und sie also im ganzen in Frage stellen, kommt, entgegen der Ansicht
von Dewey (der Albert, a.a.O., S. 77, nahezustehen scheint), sehr wohl in die Lage, die
Frage nach letzten Zielen des menschlichen Lebens zu stellen.
23 Vgl. Sidney Hook, »The Desirable and Emotion in Dewey's Ethics«, in: John Dewey,
Philosophy of Science and Freedom, New York 1950. – Vgl. dagegen Ch. S. Peirce: »Das
einzige moralische Übel besteht darin, kein letztes Ziel zu haben« (*Coll. Papers*, 5.133;
meine Ausgabe, a.a.O., S. 350) und: »Wollen wir den Pragmatismus gut genug verstehen,
um ihn vernünftiger Kritik unterwerfen zu können, so obliegt es uns nachzuforschen,
welches letzte Ziel so beschaffen ist, daß es die Möglichkeit bietet, es zu verfolgen, selbst
wenn der Handlungsverlauf unbegrenzt verlängert würde« (*Coll. Papers*, 5.135; meine
Ausgabe, a.a.O., S. 351).

des antiken Polytheismus erneut bestätigt; jeder Einzelne müsse hier in der Situation der verantwortlichen Entscheidung seinen Gott wählen.[24]

Es braucht kaum gesagt zu werden, daß die sogenannte existentialistische Situationsethik (etwa des frühen Sartre) und der politische Dezisionismus (etwa eines C. Schmitt) derselben Logik folgen. Es ist die *Logik der Alternative von objektiver Wissenschaft und subjektiver Wertentscheidung,* die auch heute noch die ideologische Struktur der Vermittlung von Theorie und Praxis im Westen weitgehend bestimmt. Ihrer liberal-demokratischen Version zufolge sollte der öffentliche Teil der Lebenspraxis idealiter von wertfreier Rationalität geregelt werden, wie sie in der »Analytischen Philosophie« im weitesten Sinn auf den Begriff gebracht ist. Was im Sinne dieser Rationalität nicht aufgelöst werden kann – das Problem letzter Wert- und Zielpräferenzen – fällt grundsätzlich der privaten Sphäre subjektiver Gewissensentscheidungen anheim, wie sie im »Existentialismus« im weitesten Sinn auf den Begriff gebracht ist. – Die sogenannte analytische »Metaethik«, die im Gefolge G.-E. Moores und Wittgensteins in den angelsächsischen Ländern entwickelt wurde, hat diese Situation durch ihre »Neutralitätsthese« nur bestätigt: sie »läßt alles, wie es ist«, um mit dem späten Wittgenstein zu reden.

1. 4. Wie steht es nun, unter den skizzierten Voraussetzungen, mit der eingangs als notwendig herausgestellten Übernahme der moralischen Verantwortung für die Wirkungen und Nebenwirkungen der menschlichen Praxis im Zeitalter der erdumspannenden industriellen Technik? Soviel scheint klar: die wertfreie szientifisch-technologische Vermittlung von Theorie und Praxis kann diese Verantwortung nicht übernehmen; sie kann allenfalls die notwendigen »Informationen« für die Ausübung dieser Verantwortung zur Verfügung stellen; die ethischen Maßstäbe der Verantwortung aber muß sie voraussetzen. Wer aber kann die Verantwortung übernehmen, und auf Grund welcher Prinzipien? – Der philosophischen Grundlage des westlichen Komplementaritätssystems zufolge können letztlich nur die einsamen Gewissensentscheidungen der Einzelpersonen moralische Verbindlichkeit für sich selbst in Anspruch nehmen. Wie können

24 Vgl. Max Weber, »Wissenschaft als Beruf«, in: *Ges. Aufsätze zur Wissenschaftslehre,* (Hrsg.) J. Winckelmann, 2. Aufl. Tübingen 1951, S. 5. 87 ff. Vgl. auch M. Weber, »Politik als Beruf«, in: *Ges. Politische Schriften,* 2. Aufl., S. 540 ff.

diese Gewissensentscheidungen der einzelnen nach normativen Regeln zur Übereinstimmung gebracht werden, so daß sie die solidarische Verantwortung für die gesellschaftliche Praxis übernehmen können?

Man wird hier an öffentliche Willensbildung durch »Konvention« (»Übereinkunft«) denken, durch die im Bereich der liberalen Demokratie die Begründung des positiven Rechts ebenso wie die der Politik der Idee nach zustandekommt. Durch Konventionen – so scheint es – werden die subjektiven Gewissensentscheidungen und, über diese vermittelt, auch die subjektiven Bedürfnisse der einzelnen je in der Situation im Sinne einer von allen verantworteten Willensentscheidung zusammengebracht – sei es auch durch Kompromißlösungen wie Abstimmungen; und die so zustandegebrachten »Beschlüsse« stellen selbst erst die Grundlage aller intersubjektiv verbindlichen Normen her – soweit sie im öffentlichen Lebensbereich Geltung beanspruchen können. Dies scheint die Antwort zu sein, die sich aus den philosophischen Voraussetzungen des westlichen Komplementaritätssystems herleiten läßt; und diese Antwort scheint die philosophische Begründung einer universalgültigen Ethik überflüssig zu machen.[25] (Genauso wie in der analytischen Wissenschaftstheorie scheint der Konventionalismus auch auf dem Gebiet der praktischen Vernunft jene subjektiv-intersubjektiven Entscheidungsgrundlagen zu benennen, die zu den objektiven Kriterien der Rationalisierung – Logik und empirische Informationen – noch hinzutreten können und müssen, um intersubjektive Geltung pragmatisch zu konstituieren, sei es auf dem Gebiet der theoretischen Erkenntnis, sei es auf dem Gebiet praktischer Normen.) Die faktischen Konventionen scheinen gewissermaßen die normativ relevante Synthese zwischen dem Bereich privater (existentieller) Entscheidungen und dem Bereich objektiver Geltung herstellen zu können.

Nun soll die praktische Bedeutung des reinen Mechanismus der *Konvention* (qua *Übereinkunft*) als eines Kriteriums demokratischer Freiheit gewiß nicht unterschätzt werden. Dennoch ist mit dem Rekurs auf die Möglichkeit von »Konventionen« unser Problem m. E. eher verschleiert als geklärt. Die ethisch relevante Frage nämlich, die der Hinweis auf Konventionen aufwirft, ist gerade die: Ist es möglich,

---

25 Es ist, in der Tat, nicht leicht, heutzutage einem kritischen, nichtphilosophischen Publikum klarzumachen, worin der *Sinn* einer philosophischen Begründung intersubjektiv gültiger Ethik überhaupt liegen könnte.

eine ethische Grundnorm anzugeben und zu rechtfertigen, welche es für jeden Einzelnen zur Pflicht macht, prinzipiell in allen praktischen Fragen eine bindende Übereinkunft mit den anderen Menschen anzustreben und sich hernach an die getroffene Übereinkunft zu halten, oder, wenn dies nicht möglich ist, wenigstens im Geiste einer antizipierten Übereinkunft zu handeln? – Diese Forderung nun ist durch den bloßen Hinweis auf den Tatbestand der Konvention keineswegs begründet oder gar erfüllt. Falls nämlich faktische Konventionen unter den bislang exponierten Voraussetzungen des westlichen Komplementaritätssystems (von wertneutraler Objektivität und intersubjektiv unverbindlicher privater Moral) zustandekommen, so lassen sie sich nur im Sinne der Vertragstheorie von Thomas Hobbes als zweckrationale Klugheitsveranstaltungen der Einzelnen interpretieren. Als solche setzen sie in der Tat keine intersubjektiv gültige moralische Grundnorm voraus; aber als solche Maßnahmen strategischer Klugheit vermögen sie m. E. auch keine moralische Verbindlichkeit der Konventionen zu begründen. (In diesem Sinne ist zum Beispiel das »positive Recht« als solches ohne die stillschweigende Voraussetzung einer Ethik nicht normativ verbindlich, sondern bestenfalls effektiv. Es ist aber sehr aufschlußreich, daß ein Rechtssystem, das in der Gesellschaft den moralischen Kredit verliert, auf die Dauer auch seine Effektivität einzubüßen pflegt.)

Dies Argument richtet sich m. E. gegen alle Spielarten einer liberalistischen Vertragstheorie des Rechts und der Moral, welche die intersubjektive Geltung von Normen im Sinne eines *methodischen Individualismus* oder *Solipsismus*[26], d. h. allein auf Grund der empirischen Vereinigung oder Vermittlung der Einzelinteressen bzw. Willkürentscheidungen begründen möchte: Wenn es kein ethisches Prinzip gibt, das sowohl normativ verbindlich als auch intersubjektiv ist, dann vermag die ethische Verantwortung die private Sphäre grundsätzlich nicht zu transzendieren. Das besagt aber nicht nur,

26 Unter »methodischem Individualismus« bzw. »methodischem Solipsismus« verstehe ich die m. E. bis heute kaum überwundene Unterstellung, daß, wenn der Mensch auch, empirisch gesehen, ein Gesellschaftswesen ist, die Möglichkeit und Gültigkeit der Urteils- und Willensbildung doch prinzipiell ohne die *transzendental-logische Voraussetzung einer Kommunikationsgemeinschaft*, also gewissermaßen als konstitutive Leistung des Einzelbewußtseins, verstanden werden kann. In der theoretischen Philosophie folgt daraus die ausweglose Alternative und Kontroverse von »introspektiver« und »behavioristischer« (subjektivistischer und objektivistischer) Begründung des Selbst- und Fremdverständnisses, in der praktischen Philosophie die Alternative von »Dezisionismus« und »naturalistic Fallacy«.

daß *formaliter* die für jede Demokratie fundamentalen Konventionen (Staatsverträge, Verfassungen, Gesetze usw.) keine moralische Verbindlichkeit haben; es besagt darüber hinaus, daß *materialiter* die, nicht ausdrücklich durch Übereinkunft geregelten, moralischen Entscheidungen der Einzelnen (im Alltag und in den existenziellen Grenzsituationen) nicht unter der Verpflichtung stehen, der Forderung nach einer solidarischen Verantwortung der Menschheit Rechnung zu tragen. (In der Praxis dürften in der Tat die moralischen Entscheidungen der Einzelnen in der aus archaischen und religiösen Gemeinschaftsbindungen entlassenen modernen Massengesellschaft selten den Solidaritätshorizont der Intimgruppe transzendieren.)

Wenn jedoch – wie es in der Idee der bloß subjektiven Privatmoral liegt – die sogenannten »freien« Gewissensentscheidungen der Einzelnen a priori gegeneinander isoliert sind und wenn sie demgemäß auch praktisch keiner Solidaritätsnorm gehorchen, so werden sie in jener Welt öffentlich-gesellschaftlicher Praxis, von der heute die Makro-Wirkungen ausgehen, wenig Aussichten auf Erfolg haben. Wird nicht unter diesen Voraussetzungen die Idee der menschlichen Freiheit (die vom Liberalismus mit der Privatisierung der Moral wie der Weltanschauung verknüpft wird) zur Illusion, wie es der Marxismus in der Tat behauptet? (Diese Aporie scheint in der Praxis mit der älteren Schwierigkeit jener lutherisch-kantischen Ethik der »Innerlichkeit« zusammenzufallen, die sich lediglich der Integrität des guten Willens oder der reinen Gesinnung glaubt vergewissern zu müssen, den Erfolg in der politischen Welt aber dem wertneutralen Spiel der Macht glaubt überlassen zu müssen.) Unter den soeben angedeuteten Voraussetzungen ist es nicht verwunderlich, wenn die »einsame Masse« in der westlichen Industriegesellschaft schließlich von der im ideologischen System postulierten Möglichkeit existentieller Gewissensentscheidungen immer weniger Gebrauch macht, wenn sie nicht mehr »innengeleitet«, sondern »außengeleitet« handelt oder – um ein anderes soziologisches Vokabular zu benutzen –: wenn sie, bis in den sogenannten existentiellen Bereich des Privatlebens hinein, sich im Sinne des Konsumentenverhaltens »manipulieren« läßt.

Es dürfte klar sein, daß, wenn die zuletzt angedeutete soziologische Analyse recht haben sollte, das ganze Komplementaritätssystem der westlichen Ideologie zusammenbricht. Denn in diesem Fall löst sich

die private Sphäre vorgeblicher existentieller Gewissensentscheidungen selbst auf, indem sie von der zu ihr komplementären Sphäre
sogenannter »objektiver Sachzwänge«, die per definitionem keine
moralische Verantwortung übernehmen kann, mehr und mehr determiniert wird. (Das wäre die Realisierung von Schelskys Vision
der »Technokratie«.[27]) Aber selbst wenn es nicht soweit kommt, ist
schwer abzusehen, wie der westliche Typ der wissenschaftlich-tech-
nischen Zivilisation, unter den skizzierten Voraussetzungen des
ideologischen Komplementaritätssystems, die eingangs postulierte
moralische Verantwortung für die Auswirkung der industriellen
Technik soll übernehmen können.

Es braucht kaum erwähnt zu werden, daß die Bewegung der sogenannten »Neuen Linken«, die bei der jüngeren Generation ein welt-
weites Echo gefunden hat, von ähnlichen Erwägungen wie den zuletzt vorgetragenen ausgegangen ist. Und ich möchte ihrer Kritik
des westlichen Systems zumindest insofern zustimmen, als unter den
skizzierten Voraussetzungen des ideologischen Komplementaritätssystems die Chancen einer »Makroethik der modernen Industriegesellschaft« äußerst gering sind. – Gleichzeitig möchte ich jedoch
betonen, daß unter den Bedingungen des östlichen »Integrations-
systems«, unter der dogmatischen Voraussetzung nämlich, daß eine
Elite von Parteiphilosophen auf der Grundlage einer dialektischen
»Überwissenschaft« die Einheit von wissenschaftlicher Erkenntnis
und Moral garantiert, von einer Ethik solidarischer Verantwortung
auch keine Rede sein kann. – Die Differenz zwischen der westlichen
und der östlichen ideologischen Aporie liegt – wie mir scheint – in
dem folgenden Umstand: Im ersteren Fall sind moralische Gewissensentscheidungen aller Einzelnen postuliert, eine intersubjektive
Geltung ethischer Normen und somit eine moralische Solidarität
kann jedoch nicht begründet werden; im letzteren Fall wird die
Solidarität der moralischen Verantwortung der Gesellschaft postuliert, sie kann jedoch weder theoretisch noch politisch-praktisch durch
die Gewissensentscheidungen der Einzelnen vermittelt werden: diese
werden im Grunde überflüssig und, im praktischen Effekt nicht anders als im westlichen Komplementaritätssystem, in die private
Sphäre abgedrängt.

Soviel zur Dialektik der Problemsituation des Verhältnisses von
Wissenschaft und Ethik in der modernen Industriegesellschaft. Im

27 Vgl. H. Schelsky, *Auf der Suche nach Wirklichkeit*, Düsseldorf 1965, S. 456 ff.

folgenden möchte ich nun einige Überlegungen über die Möglichkeit
einer Auflösung der aufgezeigten Schwierigkeiten anstellen.

2. Überlegungen zur Auflösung der Paradoxie

2.1. Wie im Vorausgehenden bereits angedeutet, gibt es einige
Grundvoraussetzungen der modernen Analytischen Philosophie,
welche eine Begründung normativer Ethik als nahezu unmöglich
erscheinen lassen. Versuchen wir, die wichtigsten dieser Voraussetzungen vor Augen zu stellen:

1. Aus *Tatsachen* lassen sich keine *Normen* herleiten (oder: aus
deskriptiven Sätzen lassen sich keine *präskriptiven* Sätze und somit
keine »Werturteile« ableiten). Der Kürze halber wollen wir diesen
Grundsatz Humes Prinzip oder Humes Distinktion nennen.

2. *Wissenschaft*, sofern sie inhaltliche Erkenntnisse liefert, handelt
von *Tatsachen;* daher ist eine *wissenschaftliche* Begründung *normativer Ethik* nicht möglich.

3. Nur die Wissenschaft liefert *objektives* Wissen; *Objektivität*
ist identisch mit *intersubjektiver Geltung*; daher ist eine intersubjektiv gültige Begründung normativer Ethik überhaupt nicht
möglich.

Soll die Möglichkeit einer rationalen Begründung *normativer* Ethik
gezeigt werden, so scheint nach dem Vorausgehenden alles darauf
anzukommen, mindestens eine der angeführten Prämissen in Frage
zu stellen. Zwei Argumentationsstrategien scheinen mir hier aus-
sichtsreich zu sein:

1. Man kann versuchen, die *Relevanz* der Humeschen Distinktion
(und somit der 1. Prämisse) für unser Problem in Frage zu stellen:
Wenn es auch logisch nicht möglich ist, Normen aus Tatsachen herzuleiten, so ist es doch sehr fraglich, ob alle Wissenschaften, die einen
empirischen Gehalt haben, deshalb reine, d. h. in unserem Zusammenhang: moralisch wertungsfreie Tatsachenwissenschaften sind. Es
könnte sein, daß nur die Naturwissenschaften, also weder die empirischen Humanwissenschaften noch die philosophische »Metaethik«,
ihren phänomenalen Gegenstand ohne eine gewisse moralische Wertung überhaupt konstituieren können.

2. Die zweite Argumentationsstrategie verzichtet darauf, die Wert-
neutralität der Wissenschaft einschließlich der philosophischen Me-

taethik in Frage zu stellen, sie bezweifelt insofern auch nicht die Relevanz der Humeschen Distinktion für unser Thema, sondern setzt sie voraus. Statt dessen stellt sie die Frage, ob die Objektivität der wertneutralen Wissenschaft selbst philosophisch verstanden werden kann, ohne die intersubjektive Geltung moralischer Normen vorauszusetzen. Diese Argumentation würde also die Geltung der dritten Prämisse unmittelbar in Frage stellen.

Ich möchte im folgenden zu zeigen versuchen, daß beide Argumentationsansätze berechtigt sind und einander ergänzen können. Der erste Ansatz kann jedoch, selbst wenn er sein Ziel erreicht, nicht die Möglichkeit einer rationalen Begründung der Ethik erweisen; es läßt sich vielmehr zeigen, daß seine Resultate für unser Thema erst unter der Voraussetzung relevant werden, daß der zweite Ansatz die Möglichkeit einer rationalen Begründung der Ethik erweisen kann.

2.2.   Die erste Argumentationsstrategie könnte, wie schon angedeutet, davon ausgehen, daß – phänomenologisch betrachtet – die Gegenstände der Humanwissenschaften ohne eine gewisse moralische Wertung sich nicht *konstituieren* können. Zwar konnte die moderne, experimentelle und theoretische Naturwissenschaft ihren Gegenstand erst unter der Voraussetzung des prinzipiellen Verzichts auf ein kommunikatives Verstehen und entsprechendes Bewerten im Sinne eines normgerechten oder normwidrigen Verhaltens als »Dasein der Dinge, sofern sie einen gesetzmäßigen Zusammenhang bilden« (Kant) konstituieren. Der phänomenkonstitutive Anfangsverzicht auf das *Verstehen* und Werten entspricht hier dem vorgängigen Erkenntnisinteresse an der möglichen Verfügbarmachung kausalgesetzlicher Prozesse als Mittel im Dienste *menschlicher Zwecksetzungen*. Denn, wie Francis Bacon erkannte, ermöglicht nur der Verzicht auf das teleologische Bewerten der Naturvorgänge selbst eine Wissenschaft, deren Ergebnisse experimentell überprüfbar und insofern auch prinzipiell technisch verwertbar sind. (Insofern kommt es hier zu jener epistemologischen Subjekt-Objekt-Relation, für welche die Welt als Inbegriff von wertfreien Tatsachen gegeben ist, der Begriff des Seins also – im Gegensatz zur teleologischen Ontologie des Aristoteles – den Begriff des Guten oder des Gesollten nicht mehr impliziert. Zwar erfolgt die Gegenstandskonstitution etwa bei Galilei keineswegs ohne die Voraussetzung von Idealisierungen. Aber diese bezeichnen keine Ziele oder Verhaltensnormen für die

Naturkörper – denen diese etwa in der sublunaren Sphäre weniger
gerecht würden als in der Sphäre der Gestirne –, sondern sie bezeichnen lediglich methodische Normen für den Naturwissenschaftler,
dessen Verstand – anfangs im Sinne einer *adäquatio ad intellectum
divinum*[28] – der Natur das – formale – Gesetz vorschreibt. Das Verstehen der Zwecke und Verhaltensnormen zieht sich in diesem Fall
also gewissermaßen auf das methodologische Selbstverständnis der
Natur-Wissenschaft zurück.) Eben diesen *phänomenkonstitutiven
Anfangsverzicht auf ein wertendes Verstehen* konnten jedoch die
Humanwissenschaften, trotz aller Suggestionen eines reduktionisti-
schen Szientismus, bis heute nicht im Ernst nachvollziehen.

Genauer: In einer nachträglichen Phänomenstilisierung konnten die
sogenannten »empirisch-analytischen« Sozialwissenschaften die wertfreie Gegenstandskonstitution der Naturwissenschaften insoweit si-
mulieren, als eine Abstraktion vom intersubjektiven Kommunikationsverhältnis und insoweit auch experimentelle und technologische
Manipulation der menschlichen »Objekte« möglich wurde. Insoweit
bestätigte sich in den Sozialwissenschaften die schon für die experimentellen Naturwissenschaften konstitutive wechselseitige Voraussetzung eines wertfreien Erfahrungsbegriffs und einer virtuellen
technologischen Auswertung der Erfahrung. Allein: noch diese szientifisch-technologische Stilisierung der Humanwissenschaften setzt eine
heuristische Investierung wertenden Verstehens von normgerechtem
oder abweichendem Verhalten voraus, wenn anders eine Verfügbarmachung von Verhaltensmotiven, die freilich als quasi-Ursachen
behandelt werden, möglich sein soll. Wo es hingegen in den Humanwissenschaften überhaupt nicht um virtuell technologisch auswert-
bare Verfügbarmachung von Tatsachen eines quasi-gesetzmäßigen
Verhaltens geht, sondern um verstehende Rekonstruktion der
menschlichen Handlungen, Werke und Institutionen, kurz: um das
Selbstverständnis der menschlichen Lebenspraxis aus ihrer Geschichte, da läßt sich die wertende Charakteristik aus der primären
Gegenstandskonstitution nicht länger sinnvoll eliminieren.

(Zwar hat der positivistische »Historismus« auch hier eine wertfreie
Objektivität methodologisch verbindlich zu machen versucht; er hat

---

28 Historisch gesehen, hat die Naturwissenschaft in ihren neuzeitlichen Anfängen das
empathetische und teleologische Verstehen der Natur im Zeichen eines christlichen Platonismus durch das methodisch richtige Nachverstehen der göttlichen Weltkonstruktion
heuristisch ersetzt. Vgl. hierzu K.-O. Apel, »Das ›Verstehen‹, eine Problemgeschichte als
Begriffsgeschichte«, in: *Archiv f. Begriffsgeschichte*, Bd. I, Bonn, 1955, S. 143 ff.

etwa die Selektion der wegen ihrer Bedeutsamkeit faszinierenden
Themen der Geschichte und die das Verständnis ermöglichende Bewertung der menschlichen Handlungen (zumindest ihrer Zweckrationalität!) auf bloß heuristische Vorbedingungen der eigentlich
wissenschaftlichen Operationen der Tatsachenfeststellung und Kausalerklärung zu reduzieren versucht; und tatsächlich ist es zumindest
für den politischen Historiker möglich, die Interpretation der
menschlichen Überlieferung im Sinne einer bloß »empirisch-histori-
schen Hermeneutik« in den Dienst der reinen Tatsachen-Rekon-
struktion zu stellen und die Bedeutsamkeits-Konstitution der historischen Ereignisse methodisch bewußt auf die selbst noch wertfrei
objektivierbaren, geschichtsimmanenten Wirkungsrelationen zurückzuführen.[29] Doch kann diese methodische Neutralisierung erstens
die sogenannte vorwissenschaftliche Wertungsperspektive niemals
zum Verschwinden bringen: Selbst wenn der Historiker sich um
eine objektiv-geschichtsimmanente Begründung der Bedeutungs-
urteile bemüht, bleibt doch seine selektive Vorstellung und narrative
Darstellung der Geschichte insgesamt – und insbesondere sein »wür-
digendes« Verständnis individueller Personen und Epochen – wesentlich durch die Wertungsperspektive bestimmt, die aus der praktischen Zugehörigkeit des Historikers zur Geschichte stammt; diese
läßt sich, weil sie die von der sprachlichen Darstellung nicht zu tren-
nende Konstitution des Gegenstands mitbestimmt, nicht in derselben Weise als bloß vorwissenschaftliches Moment behandeln wie ein
externes (etwa ökonomisches) Wertungsinteresse, das die Auswahl
eines Gegenstandes naturwissenschaftlicher Forschung bestimmt, der
als möglicher Fall gesetzmäßiger Erklärung von vornherein kein
Thema progressiver individueller Würdigung darstellt. Wesentlicher als diese Unmöglichkeits-Feststellung ist jedoch m. E. die positive Feststellung, daß die methodische Neutralisierung des Wert-
urteils durch den politischen Historiker auch gar nicht den Sinn
haben kann, ähnlich wie in der neuzeitlichen Naturwissenschaft die
Wertung des Gegenstandes definitiv zu eliminieren, sondern vielmehr den völlig andersartigen Sinn, die quasi-naturwüchsige Wertung, die der Mensch mit dem traditionsvermittelten Verständnis

---

29 Vgl. zuletzt Karl-Georg Faber, *Theorie der Geschichtswissenschaft*, München 1971,
S. 128 ff. und S. 165 ff. Ferner Detlef Junker, »Über die Legitimität von Werturteilen in
den Sozialwissenschaften und in der Geschichtswissenschaft«, in: *Hist. Zeitschr.* 211/1
(1970), S. 1–33.

seiner Geschichte verbindet, durch die tunlichst wertfreie Objektivierung eines raumzeitlichen Wirkungszusammenhangs qualitativ
in Frage zu stellen, u. d. h. eine neue, kritisch vermittelte Wertung
zu ermöglichen.

Damit ordnet sich aber die Tätigkeit des politischen Historikers in
ihrem Applikationseffekt letztlich doch dem hermeneutischen Zirkel
von Wert-»Vorurteil« und geläutertem »Werturteil« ein, der bislang die Funktion der interpretierenden Humanwissenschaften im
Sinne einer normativ nicht neutralen Hermeneutik – etwa im Sinne
der kritischen und würdigenden Literatur- und Philosophiehistorie
– im wesentlichen charakterisiert hat. Eine frappierende, da vorerst
noch unfreiwillige, Bestätigung dieser Einschätzung der rekonstruk-
tiven Humanwissenschaften bietet in jüngster Zeit die ursprünglich
auf Methodenmonismus und dementsprechend auf die Konzeption
wertfreier empirisch-analytischer Sozialwissenschaften festgelegte
Popper-Schule: Indem sie von der normativen Wissenschaftslogik
aus mehr und mehr zu einer verstehenden Rekonstruktion der »internen Wissenschaftsgeschichte« übergeht – wobei der normative
Rationalitätsbegriff der Schule und die immanente Rationalität der
exemplarischen Leistungen der Klassiker der Wissenschaftsgeschichte
sich wechselseitig im Sinne des »hermeneutischen Zirkels« korrigieren –, liefert sie selbst das Paradigma einer weder aus Gesetzen erklärenden noch wertfreien, sondern im besten Sinne »normativ-
hermeneutischen« *Geisteswissenschaft*[30].

Ein anderes Beispiel für die Schwierigkeit, die Wirklichkeit menschlichen Verhaltens im Ernst auf wertfrei beschreibbare Beobachtungstatsachen zu reduzieren, liefert die eingangs erwähnte, der »Neutralitätsthese« verpflichtete, Metaethik. In scharfsinnigen Untersuchungen hat Hans Lenk zeigen können, daß »alle drei Ziele« der
sprachanalytischen Metaethik – »Erhaltung der Neutralität der Metaethik, konsequente Anwendung der beschreibenden Umgangssprach-
analyse und eindeutige metaethische Kennzeichnung des spezifisch
Moralischen – ... je paarweise und erst recht alle miteinander un-

---

30 Vgl. hierzu Imre Lakatos, »History of Science and its Rational Reconstructions«, in:
R. C. Buck and R. S. Cohen (eds.), *Boston Studies in the Philosophy of Science*, vol. 8
(1971), Reidel Publish. Co. Die Popperianer haben leider noch nicht eingesehen, daß sie
selbst auf dem besten Wege sind, ein besseres Modell für den wissenschaftstheoretischen
Begriff historischer Geisteswissenschaften bereitzustellen, als es der vorerst noch monopoli-
sierte Begriff der empirischen Sozialwissenschaften sein kann. – Vgl. dagegen G. Radnitzky,
Contemporary Schools of Metascience, 2. Bd., 2. Aufl. Göteborg 1970.

vereinbar« sind. Wichtig in unserem Zusammenhang ist hier besonders der Nachweis, daß bloße »Beschreibung« des Sprachlichen (der »Sätze«) nicht zur eindeutigen Kennzeichnung des Normativen führen kann; dazu bedarf es einer Deutung der »Äußerungen« in ihrem pragmatischen Kontext; um aber eine solche Deutung leisten zu können, kann die Metaethik nicht schlechthin neutral (nicht-normativ) sein: »Zwar schreiben die Metaethiken keine *Handlungen* vor, aber sie schreiben vor, was als ›moralisch‹ oder gar ›moralisch gute‹ Handlung gelten soll. Die Metaethiken sind sozusagen normativ auf höherer Stufe. So hängen aber auch die normativ-ethischen Sätze vom normativen Teil der jeweiligen Metaethik ab; denn die Bedeutungen der in ihnen auftretenden Ausdrücke wie ›gut‹ oder ›sollte‹ sind durch metaethische ›Vorschriften‹ bestimmt.«[31]

Im Gegensatz zur Popper-Schule, der H. Lenk bei der Interpretation seiner Ergebnisse zu folgen scheint, glaube ich allerdings nicht, daß der Umstand, daß die eindeutige Kennzeichnung des Moralischen nicht durch eine normativ neutrale Metaethik möglich ist, einfach darauf zurückzuführen ist, daß auch die »Metaethik« den Charakter einer wissenschaftlichen *Theorie* hat und als solche bereits normative Vorschriften (idealisierende Definitionen des Gegenstandes) einführen muß.[32] Im Gegensatz nämlich zu den normativen Vorschriften der naturwissenschaftlichen Theorien müssen diejenigen der Metaethik – wie Lenk selbst feststellt – durch ein *Verständnis* ihres Objekts, der menschlichen Äußerungen im pragmatischen Kontext, vermittelt sein (sie müssen prinzipiell von den menschlichen Objekten zur Rekonstruktion ihres Selbstverständnisses verwendet werden können). Die methodologische Schwierigkeit der »sprachanalytischen« Metaethik mit der Neutralitätsthese scheint mir daher letzten Endes genauso wie das zuvor erwähnte Kontinuum von normativer Wissenschaftslogik und Wissenschaftshistorie dadurch bedingt zu sein, daß es sich hier nicht um eine *Theorie* handelt, deren Gegenstand in der wertfreien Subjekt-Objekt-Relation schon als Phänomen konstituiert ist, sondern vielmehr um eine *Metatheorie* in der reflexionsvermittelten Einstellung der *hermeneutischen Rekonstruktion*; deren

31 Vgl. Hans Lenk, »Kann die sprachanalytische Moralphilosophie neutral sein?«, in: *Werturteilsstreit*, a.a.O.
32 In diesem Punkte ist die Popper-Schule sich mit Paul Lorenzen einig, und insofern müßte auch sie schon den »Szientismus« im Sinne von Lorenzen überwunden haben, da sie ja – im Gegensatz zur »analytischen Philosophie« – daran glaubt, daß die Vernunft »praktisch sein« kann und muß.

primäre »Gegenstandkonstitution« muß von einem nicht nur
methodisch-normativen, sondern moralisch-normativen, kommunikativ einlösbaren Engagement mitbestimmt sein.
(Die Schwierigkeiten der sprachanalytischen Metaethik, ja die methodologischen Schwierigkeiten der »Ordinary Language Philosophy« überhaupt, sind m. E. schon beim späten Wittgenstein darin
begründet, daß er auf das eigene kommunikative und reflexive Verhältnis zu den von ihm »beschriebenen« »Sprachspielen« bzw. »Lebensformen« nicht reflektierte: diese waren daher für ihn praktisch
zugleich quasi-transzendentale Horizonte alles sinnvollen Redens
und Handelns *und* innerweltlich vorfindbare harte Fakten, die man
– mit Ausnahme der metaphysischen Sprachspiele – nicht kritisch in
Frage stellen kann. Den hier zurückbleibenden Widerspruch zwischen einer quasi-transzendentalen und einer quasi-behavioristischen
Analyse hat m. E. die »Ordinary Language Philosophy« niemals
zureichend reflektiert[33] – mit Ausnahme von Peter Winch, der freilich nicht sieht, daß die von ihm vorgeschlagene transzendentalhermeneutische Wittgenstein-Interpretation in der Voraussetzung
eines normativ-idealen »transzendentalen Sprachspiels« begründet
werden muß, wenn sie nicht auf einen Quasi-Empirismus-Beha-
viorismus zurückfallen soll, der zugleich einen ethischen Relativismus einschließt.[34] Wollte man den Begriff der »Hermeneutik« an
dieser sprachanalytischen Version orientieren, so könnte man in der
Tat geneigt sein, den Topos von der »Nichthintergehbarkeit der
Umgangssprache« als Absage an jeden Versuch der *normativen Rekonstruktion* menschlicher Praxis zu verstehen.[35])
Demgegenüber möchte ich im Sinne einer normativ nicht neutralen
Hermeneutik zunächst festhalten: Wer menschliche Handlungen
(einschließlich der »Sprechakte«) verstehen will, der muß sich – auch
wenn es unter dem methodischen Vorbehalt nachträglicher Verfremdung und Neutralisierung geschieht – zumindest heuristisch im Sinne
der Mitverantwortung der Handlungsintentionen kommunikativ
engagieren. (Das bestätigt jeder »good reason essay« des zweckrationalen Verstehens, auch wenn dabei nur die Bewertung der Mit-

---

33 Dies ist meine These seit dem Kongreß-Vortrag »Sprache und Ordnung«, in: *Akten
des 6. Dtsch. Kongr. f. Philosophie*, München 1960, S. 200–225.
34 Vgl. dazu zuletzt K.-O. Apel, »Die Kommunikationsgemeinschaft als transzendentale
Voraussetzung der Sozialwissenschaft«, in: *Neue Hefte für Philosophie*, Nr. 2 (1972).
(S. oben, S. 220 ff.)
35 Zu diesem Mißverständnis der »Erlanger Schule« s. unten S. 422.

telwahl und nicht die der Zwecke methodisch intendiert ist.) Im Hinblick auf die interpretierenden Humanwissenschaften (einschließlich der Philosophie) genügt es daher nicht, mit Popper gegen die analytische Philosophie darauf hinzuweisen, daß die relevanten Daten nur im Lichte von (methodisch-normativ nicht neutralen) »Theorien« als Daten konstituiert werden: dies trifft ja nach Popper auch für die wertungsfrei festgestellten Daten der Naturwissenschaft zu. Es muß darüber hinaus darauf hingewiesen werden, daß die sogenannten »Daten« im Falle der Humanwissenschaften *selbst* die Eigenschaft der subjektiven Normen-Befolgung haben; das heißt aber, daß sie *primär* – selbst unter dem Vorbehalt *nachträglicher* Verfremdung und Neutralisierung – aus einer zugleich kommunikativen und selbstreflektiven, und d. h. eben: hermeneutischen Einstellung heraus konstituiert werden müssen.

Versucht man, aus diesen Betrachtungen die Konsequenzen für unser Problem einer Begründung der Ethik zu ziehen, so könnte man zunächst glauben, durch die phänomenologische Gegenstandskonstitution in den *normativ-hermeneutischen* Humanwissenschaften sei die Humesche Distinktion zwischen reinen Fakten und reinen Normen zwar nicht als falsch, aber doch als epistemologisch irrelevant erwiesen und somit der von uns gesuchte Rückweg von der wertneutralen Metaethik zur Ethik bereits gefunden. Unter den skizzierten Voraussetzungen kommt man ja gar nicht in die Lage, entgegen dem Humeschen Verdikt Normen aus reinen Tatsachenurteilen herleiten zu wollen, vielmehr korrigiert und bereichert man sein ohnehin bestehendes normatives Engagement in der verstehenden Kommunikation mit moralisch suggestiven Handlungen, Werken, Lebensstilen anderer Menschen, fremder Kulturen. In der Tat war es die – vor allem auch pädagogisch einflußreiche – Überzeugung des Humanismus, von der italienischen Renaissance (wenn nicht von der hellenistischen Stoa) über Humboldt bis zu Dilthey, daß durch das Verstehen alles Menschlichen – d. h. im Sinne des hermeneutischen Zirkels: durch die Erweiterung der beim »Verstehen« vorausgesetzten »Humanitas« – ein ästhetisch und moralisch relevanter normativer Bildungsprozeß ermöglicht wird.

Ich möchte diese humanistische Konzeption der noch nicht oder nicht mehr moralisch neutralen Geisteswissenschaften, die in unseren Tagen durch H.-G. Gadamer im Sinne der verpflichtenden Autorität der klassischen Tradition erneut zur Geltung gebracht wurde, nicht unterschätzen oder gar verleugnen. Gleichwohl kann ich ihr keine entscheidende Funktion bei dem Versuch einer »rationalen Begründung der Ethik im Zeitalter der Wissenschaft« einräumen, und dies aus folgenden Gründen:

1. Der »hermeneutische Zirkel« von »Verstehen« *und* »Werten«, der im Kontext einer hermeneutisch-phänomenologischen Konzeption der Ethik diesseits der Humeschen Distinktion gewissermaßen als Vehikel der normativen Rationalität fungieren muß, kann nicht selbst die Funktion einer »Begründung« der Ethik übernehmen. Er mag sehr wohl eine moralische Bildung im Sinne der moralischen Sensibilisierung gewährleisten und insofern als Mittel gegen die »Wertblindheit« (im Sinne Max Schelers und Nicolai Hartmanns) unentbehrlich sein: diese Art moralischer Bildung ist aber nicht nur unzureichend, sondern selbst moralisch ambivalent. Daß es sich so verhält, hat nicht zuletzt die Entwicklung der humanistischen Geisteswissenschaften in Deutschland (von Herder bis Dilthey und über Dilthey hinaus) gezeigt: Die *bloß hermeneutische* Bildung hat hier zuletzt im Sinne eines *normativ* nicht mehr zu bewältigenden historisch-kulturanthropologischen *Relativismus* zu einer Paralysierung des moralischen Urteils und des moralisch-politischen Engagements in der deutschen Bildungselite geführt.[36] (Die faszinierte Hinwendung zur schrecklichen Vereinfachung mit Hilfe pseudobiologischer Letztwertsetzungen scheint ja gerade für übersensibilisierte – dekadente oder sich dekadent fühlende – »Humanisten« naheliegend gewesen zu sein, – möglicherweise als eine existentiell wirksame »Reduktion« der moralischen »Weltkomplexität«, um mit Niklas Luhmann zu reden.) An diesem Beispiel wird deutlich, daß die Hermeneutik eine *normative* Begründung ihres ethisch wertenden Verstehens immer schon voraussetzen muß.

2. Auch wenn man die normativ-ethische Begründung der Hermeneutik voraussetzen könnte, so wäre zu ihrer hermeneutischen Applikation die hermeneutische *Methode* allein nicht zureichend. Dies wird deutlich, wenn man die *materiellen* Lebensbedingungen

---

36 Freilich muß zugestanden werden, daß das humanistische Ethos in der Hermeneutik des späten 19. Jahrhunderts – verglichen etwa mit Herder oder Humboldt – selbst schon durch den positivistischen Objektivismus – z. B. durch die Reduzierung des Hegelschen »absoluten Geistes« auf den »objektiven Geist« – paralysiert war. Die praktische Folge davon war, daß schließlich die moralische Sensibilisierung im Sinne einer bloß ästhetischen neutralisiert wurde – etwa auf der Linie einer pseudo-moralischen Substitution des Guten durch das kraftvoll Echte.

der zu verstehenden soziokulturellen Lebensformen als *empirische* Prämissen der möglichen *Rechtfertigung* von Moralsystemen ins Auge faßt. Das hermeneutische Verstehen ist zwar von seiner Methodologie her bereits dazu angehalten, sich in fremde bzw. vergangene Lebens-Situationen »hineinzuversetzen« und menschliches Verhalten aus seinem jeweiligen geschichtlichen Situations-Kontext heraus zu verstehen; und es gehört zu den ethisch relevanten Grundpostulaten der Hermeneutik, daß die methodische Rekonstruktion des Situationskontextes als der zu beantwortenden subjektiven Lage ernsthaft versucht werden muß. Gleichwohl kann solches Nachverstehen von Lebenssituationen allein nicht die zureichenden Voraussetzungen ethischer Bewertung von Handlungen und Institutionen als Antworten auf Lagen an die Hand geben. Die prinzipielle Einsicht in die mangelnde Transparenz menschlichen Welt- und Selbstverständnisses, die gleichbedeutend ist mit dem methodologischen Postulat des reflexiv überholenden Verstehens, treibt schon die Hermeneutik selbst über das Schleiermacher-Dilthey-Postulat des identischen Nachverstehens hinaus im Sinne der bekannten Forderung, die Menschen (und d. h. auch Kulturen oder Gesellschaften) »besser zu verstehen, als sie sich selbst verstehen«. Soll nun ein solches Bestreben auf lange Sicht Aussicht auf Erfolg haben und nicht – mit Gadamer – zum Bewußtsein des immer nur »anders Verstehens« resignieren, so muß, außer der ethischen Grundlegung der Hermeneutik, eine zwar hermeneutisch vermittelte, aber zugleich historisch-objektive Rekonstruktion der materiellen Lebensbedingungen der menschlichen Gesellschaft versucht werden. Nur eine solche sozialhistorische Rekonstruktion der nicht im subjektiven Lage-Bewußtsein enthaltenen Situationsbedingungen kann auf die Dauer die moralische Irritation des »Alles Verstehens« zugunsten einer ethisch relevanten Rekonstruktion der Geschichte überwinden: So wird etwa das Aussetzen oder Töten der nicht mehr arbeitsfähigen Eltern bei einigen Eskimo-Stämmen nicht nur *verständlich*, sondern erweist sich eventuell sogar als mit humanen Endzwecken vereinbar, wenn man die Lebensbedingungen einer arktischen Primitivkultur in Betracht zieht.[37] Andererseits kann der Geist patriotischer Kampf-

---

37 Zieht man diese Abhängigkeit der Geltung moralischer Normen von Situationsbedingungen grundsätzlich in Betracht, dann verliert der als Resultat der empirischen Kulturwissenschaften präsentierte ethische Relativismus als virtuelles Hindernis der rationalen Begründung normativer Ethik merklich an Gewicht.

bereitschaft in der Epoche der schon erwähnten »Makrowirkung«
von Kriegshandlungen im Sinne eines die Existenz der Menschheit
bedrohenden Risikos nicht mehr jenen hohen moralischen Wert in
Anspruch nehmen, der ihm – wie es die Weltliteratur seit der Zeit
der Heldensagen bezeugt – von der Epoche primitiver Jägerhorden
bis zum nationalistisch-imperialistischen Vorabend der planetaren
Expansion der abendländischen Zivilisation in nahezu allen Moralsystemen zugemessen wurde – mit Recht insofern, als die expansive
Selbstbehauptung der Menschheit insgesamt und sogar der Fortschritt der Kultur lange Zeit durch die »ungesellige Geselligkeit«
(Kant) des kriegerischen Gruppenegoismus gefördert werden konnte.
Auch die Anknüpfung der traditionellen, insbesondere der religiösen Moralsysteme an die instinktiv verankerten Gefühle des Wohl-
wollens und des Edelmuts und die sie provozierenden mitmensch-
lichen »Auslöserqualitäten« ist im Zeitalter der »Makrowirkung«
menschlicher Handlungen nicht mehr ausreichend; eher scheint es
hier auf eine Mobilisierung der moralischen Phantasie im Sinne der
prima facie abstrakten »Fernstenliebe« anzukommen.
Die zuletzt erwähnten Beispiele illustrieren in unserem Zusammenhang die früher schon erwähnte »Ungleichzeitigkeit« zwischen den
sehr konservativen moralischen Traditionen der Gruppen und Kulturen und der progressiven Veränderung der menschlichen Lebensbedingungen durch die wissenschaftlich-technische Einheitszivilisation. Dies ist kein Phänomen, das einer rein hermeneutischen Auseinandersetzung mit den Moral-Traditionen zugänglich wäre. Es
erschließt sich nur einer objektivierenden Rekonstruktion der Geschichte, die über die Interpretation der faktisch überlieferten Moralsysteme methodisch hinausgreifen kann: Wir stoßen hier auf den
ethisch relevanten Aspekt eines wissenschaftstheoretischen Arguments, das in der letzten Zeit insbesondere von seiten einer marxi-
stisch inspirierten Gesellschaftswissenschaft und Geschichtsphilosophie gegen die Totalisierung der hermeneutischen Perspektive bzw.
Methode vorgebracht worden ist. Reine Hermeneutik übersieht, daß
die gesellschaftliche Realität, ihr in der technischen und politisch-
ökonomischen Praxis gelebtes Leben, weder hinreichend noch adäquat
im »objektivierten Geist« der im weitesten Sinn sprachlichen Überlieferung zum Ausdruck kommt. Der hermeneutisch interpretierbare
»objektivierte Geist« kann und muß gerade im Lichte eines normativ-ethischen Engagements – ideologiekritisch hinterfragt werden,

indem die nicht sprachlich manifestierten Aspekte der Sozialgeschichte und ihrer realen Lebensbedingungen methodisch bewußt
mit der hermeneutischen Traditionsvermittlung konfrontiert und
als Korrektiv gegen sie ausgespielt werden.

Der »Universalitätsanspruch der Hermeneutik« muß demnach, sofern er sich auf die *Methode* (oder *Methodologie*) der traditionellerweise so genannten »Geisteswissenschaften« bezieht, eindeutig
zurückgewiesen werden.[38] Damit ist freilich der »Universalitätsanspruch der Hermeneutik« noch nicht in seinem – durch Heidegger
und Gadamer – herausgearbeiteten *quasi-transzendentalen* Aspekt
getroffen. Darunter verstehe ich die These, daß die Lebenswelt immer schon sprachlich ausgelegt ist und das Apriori der umgangssprachlichen Verständigung im Kontext der Lebenswelt in einem
präzisierbaren Sinn die nichthintergehbare Bedingung der Möglichkeit und intersubjektiven Gültigkeit jeder denkbaren philosophischen oder wissenschaftlichen Theoriebildung und auch der – im
Sinne Carnaps »indirekten«[39] oder im Sinne Lorenzens »direkten« –
»Rekonstruktion« der Sprache selbst ist.[40] Auch die Resultate der
historisch-objektiven Rekonstruktion der materiellen Lebensbedingungen der Gesellschaft, und somit auch die Resultate der Ideologiekritik, müssen durch *Verständigung* in Geltung gesetzt werden; und
darin ist impliziert, daß sie prinzipiell ins reflexive Bewußtsein aller
Menschen umsetzbar sein müssen. (Dieses regulative Prinzip gilt
sogar im Hinblick auf diejenigen, die nicht mehr antworten können,
und sollte z. B. den Textinterpreten veranlassen, kontrafaktisch die
möglichen Antworten auch der kritisierten Autoren sich zu verge-
genwärtigen.) – Diese transzendental-hermeneutische These scheint
mir, recht verstanden, auch heute noch gültig zu sein. Freilich setzt
dies voraus, daß der transzendentale Primat der Umgangssprache
bzw. der Verständigung nicht ontologisch – oder auch seinsgeschicht-
lich – auf ein »Geschehen« – oder gar quasi-behavioristisch auf em-

38 Dies war der wesentliche Sinn meiner wissenschafts-theoretischen Einschränkung der
Hermeneutik in »Szientistik, Hermeneutik, Ideologiekritik«, jetzt in: *Hermeneutik und
Ideologiekritik* (Theorie-Diskussion, Frankfurt 1971, S. 7 ff.).
39 Vgl. Y. Bar-Hillel, »Argumentation in Pragmatic Languages«, in: ders., *Aspects of
Language,* Jerusalem 1970, S. 206–21.
40 In diesem Sinne wurde die Nichthintergehbarkeitsthese in der Einleitung meines Buches *Die Idee der Sprache in der Tradition des Humanismus . . .,* Bonn 1963, exponiert;
vgl. dagegen K. Lorenz/J. Mittelstraß, »Die Hintergehbarkeit der Sprache«, in: *Kantstudien* 58 (1967), S. 187–208. – Zu der bislang völlig ungeklärten Kontroverse vgl. unten
S. 422 ff.

pirische Sprachspiel-Fakten – reduziert wird.[41] Die Verständigung in der Umgangssprache ist nur insofern *nichthintergehbar*, als in ihr – und nur in ihr – das *normative Ideal* der Verständigung realisiert werden kann und deshalb auch immer schon antizipiert werden muß.[42] Gerade deshalb kann man die umgangssprachliche Verständigung nicht im ganzen in Frage stellen, weil man sie virtuell in jedem Einzelfall im Interesse des noch zu realisierenden Ideals der Verständigung in Frage stellen muß.

Es besteht indessen Anlaß zu der Annahme, daß ein normativ relevanter Fortschritt der Verständigung im Sinne der Hermeneutik nicht gedacht werden kann, ohne zugleich einen ethisch relevanten Fortschritt in der gesellschaftlichen Formierung der Menschheit als Interpretations- und Interaktionsgemeinschaft zu denken. Soll eine *normative Hermeneutik* – im Sinne des auf lange Sicht *Besserverstehens,* und nicht nur im Sinne des von Gadamers Ontologie des »Geschehens« und »Spiels« der Wahrheit in Aussicht gestellten »immer anders Verstehens« – möglich sein, so muß sie, wie schon gesagt, eine normative Ethik schon voraussetzen. Daran wird indessen wiederum deutlich, daß eine hermeneutische Phänomenologie, die im Sinne des »hermeneutischen Zirkels« die Humesche Distinktion von Fakten und Normen unterläuft, nicht an die Stelle einer Begründung der Ethik treten kann. Wenn man ethische Prinzipien der interpersonalen Verständigung (im weitesten Sinn) und somit einer »normativen Hermeneutik« auch der Traditionsvermittlung voraussetzen könnte, dann allerdings könnte die Hermeneutik die engagierte Ideologiekritik in sich aufnehmen und müßte zum methodischen Vehikel der *inhaltlichen Entfaltung* der Ethik werden. Dann nämlich könnten die ethisch engagierten Humanwissenschaften die Mannigfaltigkeit der gelebten Normen und Werte in kritischer Würdigung bewältigen und – komplementär zur szientifisch-technologischen »Information« der Gesellschaft[43] – in der »Bildung«

41 Der Vorzug der hermeneutischen Heidegger-Schule (im weitesten Sinn) gegenüber der Schule des späten Wittgenstein scheint mir immer noch darin zu liegen, daß sie ein geschichtliches Denken gegen ein abstraktes Modell-Denken ausspielen kann; aber die latente Affinität beider Schulen liegt darin, daß sie kein normatives Ideal und daher auch kein Postulat ethisch relevanten Fortschritts begründen können. – Vgl. hierzu auch § 4 der »Einleitung« in Bd. I.

42 Vgl. K.-O. Apel, »Szientismus oder transzendentale Hermeneutik«, in: R. Bubner u. a. (Hrsg.): *Hermeneutik und Dialektik,* Tübingen 1970, S. 140 ff. – Vgl. auch J. Habermas, ebda., S. 99 ff.

43 Vgl. K. Steinbuch, *Die informierte Gesellschaft,* Stuttgart 1966.

einer ethisch engagierten Gesellschaft *ihren* Praxisbezug entfalten. (Es braucht kaum betont zu werden, daß auch eine »Kritik« im Sinne der Popper-Schule oder im Sinne der Ideologiekritik von Th. Geiger und E. Topitsch eine normative Ethik schon voraussetzt.[44] Das Engagement selbst der neopositivistischen Kritiker der kritischen Sozialwissenschaften und eventuell der Ethik selbst verrät nur zu deutlich, daß zumindest implizit mehr investiert ist als wertfreie Empirie und formale Logik. Daß auch die »kritische Theorie« des Frankfurter Neomarxismus, wie der Marxismus überhaupt, eine – noch nicht explizit entwickelte – Ethik voraussetzt, die im Interesse eines nichtdogmatischen Selbstverständnisses zu explizieren wäre, hat zuletzt J. Habermas klar ausgesprochen[45], und er hat deshalb in kritischer Kooperation mit der Erlanger Schule einen Ansatz zur positiven Begründung der Ethik unternommen. Wir werden darauf zurückkommen.)

Die bisherigen Überlegungen im Sinne einer Infragestellung des szientistischen Wertfreiheitsprinzips führen somit zu einem ambivalenten Resultat: Einerseits sind sie geeignet, uns in der Vermutung zu bestärken, daß die moderne Disjunktion von wertfreier Objektivität der Wissenschaften und subjektiver Privatmoral unhaltbar ist und auch heute noch durch die Existenz der Humanwissenschaften widerlegt wird; andererseits zeigte sich, daß die Begründung der Ethik offenbar schon geleistet sein muß, bevor man etwa die Humanwissenschaften als Organon der Ethik einsetzen kann. Schon dieses Ergebnis verweist uns auf die zweite, im vorigen bereits angedeutete Argumentationsstrategie, welche nicht die Relevanz der Humeschen Distinktion in Frage stellt, sondern die szientistische These der Reduzierbarkeit aller intersubjektiven Geltung von Argumenten auf die objektive Geltung wertfreier Aussagen. Zugunsten dieser zweiten Strategie spricht aber noch eine weitere Überlegung, welche unmittelbar die Relevanz der Humeschen Distinktion, und im Zusammenhang damit sogar den Primat der Metaethik im Sinne des methodischen Ausgangs von der Neutralitätsthese, für unser Vorhaben zu erweisen scheint. Obgleich man unter der Voraussetzung der Humeschen Distinktion die primäre phänomenologische *Daten-*

44 K. Popper und H. Albert würden dies wohl bereitwillig zugeben; zu E. Topitsch vgl. Peter Rohs, »Wie wissenschaftlich ist die wissenschaftliche Naturrechtskritik?«, in: *Philos. Rundschau*, 16. Jg. (1969), S. 185–213.
45 Vgl. J. Habermas, Einleitung zur Taschenbuchausgabe von *Theorie und Praxis,* Frankfurt 1971, S. 23 ff.

konstitution in der Lebenswelt und in den hermeneutischen Humanwissenschaften nicht verständlich machen kann, kann man doch m. E.
nicht bestreiten, daß bei der *Rechtfertigung der Geltung* der human-
wissenschaftlichen – und sogar der ethischen (also z. B. der norma-
tiv-präskriptiven) – Sätze die wertungsfreie Subjekt-Objekt-Relation und damit auch die Humesche Distinktion vorausgesetzt werden muß. Soll Dogmatismus als Ausgangspunkt vermieden werden,
so muß der »theoretische Diskurs« der Philosophie (der mit der
φύσει-θέσει-Kontroverse der Griechen begann und in der kantischen Formulierung der *quaestio iuris* seine auf die wissenschaftliche
Erkenntnis kritisch bezogene transzendentalphilosophische Fassung
erhielt) gewissermaßen das »Universum des menschlichen Diskurses«
in ähnlicher Weise distanzieren können, wie das in der philosophischen (metaphysischen) Voraussetzung der theoretischen Naturwissenschaft[46] mit dem Universum der Dinge oder der vorhandenen
Objekte geschieht. Diese *Analogie der theoretischen Distanzierung*
ist m. E. die Voraussetzung dafür, daß die »Geltung« von Sätzen in
ähnlicher Weise »eingeklammert« und damit in Frage gestellt werden kann wie nach Husserl die »Urdoxa« der »Existenz« der Dinge.
Und wiederum muß die Geltung moralischer Normen (also die Geltung von Sollensansprüchen *praktischer Sätze*) prinzipiell ebenso
eingeklammert und in Frage gestellt werden können wie die Wahrheitsgeltung theoretischer Sätze über Tatsachen. Bei diesem Versuch einer Infragestellung normativer Geltung kann aber die *faktische Existenz* des normativen Geltungs*anspruchs* gerade nicht eingeklammert werden; vielmehr muß die problematisierte Geltung der
Normen methodisch probeweise (vorübergehend) auf das Faktum
des Geltungsanspruchs reduziert werden, um die beanspruchte Geltung zu rechtfertigen. – Darin scheint mir letztlich das Recht der
metaethischen *Neutralitätsthese* zu bestehen. Ihr Sinn liegt demnach
nicht im Abschied der »analytischen Philosophie« von der normativen Ethik, sondern in der Radikalisierung des philosophischen Anspruchs auf eine undogmatische Begründung der normativen Ethik.
In der angedeuteten Distanzierung des »Theoretischen Diskurses«
der Philosophie vom »Universum des menschlichen Diskurses« liegt
m. E. auch der Grund für das hartnäckige Verlangen der Philoso-

---

46 Es mag hier angemerkt werden, daß ich die modernen, theoretischen und experimentellen Naturwissenschaften als Produkt einer Synthese von Arbeitswissen (Prognosetech-
niken) und weltdistanzierender griechischer Metaphysik (»Theoria«) verstehe.

phen nach einem (metaethischen) Terminus, der analog zum Wahr-
heitsprädikat theoretischer Sätze zur Rechtfertigung praktischer Sol-
lenssätze gebraucht werden kann.[47] Gerade die *reflexions*vermittelte
Anerkennung des Unterschieds zwischen Fakten und Normen zwingt
die Metaethik dazu, die Rechtfertigung der Sollensansprüche ebenso
wie die Rechtfertigung der zweifellos andersgearteten Wahrheits-
ansprüche theoretischer Sätze als ein Problem *reflexiver* – und insofern *theoretischer* – »Einsicht« zu behandeln. Die einzige Alternative zu einer solchen *Rechtfertigungsanalogie* – die m. E. nicht
mit der intellektualistischen Reduktion des guten Willens auf das
rechte Wissen zu verwechseln ist – dürfte in der Reduktion des ethischen Rechtfertigungsproblems auf das einer faktischen »Anerken-
nug« der Normen durch die menschliche Willkür liegen. Dagegen
scheint mir die theoretisch-philosophische *Einheit* des Problems der
theoretischen und praktischen Rechtfertigung, und damit zugleich
die Forderung eines methodischen (gleichsam versuchsweisen) Ausgangs der philosophischen Ethik von der metaethischen Neutralitätsthese – erkenntnis-anthropologisch gesehen – durch die »exzentrische
Positionalität« des Menschen[48] begründet zu sein. Das menschliche
Denken muß, wenn es radikal sein soll, von dieser für es konstitutiven Möglichkeit der Welt- und Selbstdistanzierung Gebrauch machen. Insofern ist der methodische Ansatz des augustinisch-kartesi-
schen Zweifels und der neokartesianische Ansatz Husserls auch für
die Ethik qua Metaethik verbindlich.

Freilich sieht sich die radikale Weltdistanzierung als *Denken,* u. d. h.
als *Argumentation,* sogleich in das im »theoretischen Diskurs« vorausgesetzte »transzendentale Sprachspiel« verwickelt; und an dieser
Stelle wird der »methodische Solipsismus« des kartesischen Denkstils
sogleich durch die *sinnkritischen* Einsichten in die Voraussetzungen
des theoretischen und des praktischen *Diskurses* widerlegt. Für die
theoretische Weltdistanzierung besagt dies, daß der »Einklamme-
rung« der »Generalthese« der Existenz der realen Welt die sinnkritische Einsicht auf dem Fuße folgt, daß damit zugleich auch die
Existenz eines im Rahmen eines Sprachspiels argumentierenden Ich
und die Möglichkeit »reellen Zweifels« an der Existenz bestimmter

---

47 Vgl. zuletzt P. Lorenzen, »Szientismus versus Dialektik«, a.a.O., S. 68 ff. Dazu kritisch K.-H. Ilting, »Anerkennung. Zur Rechtfertigung praktischer Sätze«, in G. G. Grau
(Hrsg.): *Probleme der Ethik,* Freiburg/München 1972, S. 83–107.
48 Vgl. H. Plessner, *Die Stufen des Organischen und der Mensch,* Berlin u. Leipzig 1928.

Dinge aufgehoben wird. Die Redewendung nämlich, daß etwas »bloß im Bewußtsein, bloß mein Traum usw.« ist, setzt offenbar das »transzendentale Sprachspiel« mit dem »Paradigma« der Existenz einer realen Welt schon voraus.[49] Die versuchsweise Infragestellung der realen Welt selbst kann offenbar nur den Sinn haben, durch radikale Distanzierung eine *undogmatische Reflexionseinsicht in die nicht aufzuhebenden Bedingungen der Möglichkeit und Gültigkeit des* »theoretischen Diskurses« *der Philosophie* selbst zu gewinnen.[50] – Für die radikale Infragestellung moralischer Normen, die im Sinne der metaethischen Neutralitätsthese von der theoretischen Weltdistanzierung Gebrauch macht, müssen sich nun m. E. ähnliche Konsequenzen ergeben: Bestimmte moralische Normen oder Sollensforderungen können nicht im Hinblick auf eine mögliche Rechtfertigung oder Nichtrechtfertigung in Frage gestellt werden, solange die Geltung moralischer Sollensforderungen überhaupt in Frage gestellt wird. Eine transzendentale Sinnkritik vermag auch hier zu zeigen, *daß die Voraussetzung der Geltung moralischer Normen überhaupt eine »paradigmatische« Bedingung der Möglichkeit des zur Rechtfertigung von Normen gehörenden Sprachspiels ist.* Sollte es nicht möglich sein, aus dieser paradigmatischen Voraussetzung des »theoretischen Diskurses« über die Geltung von Normen eine »moralische Grundnorm« oder ein »Prinzip der Ethik« abzuleiten?
Wir haben damit wiederum einen Gesichtspunkt gewonnen, der es nahelegt, die dritte Prämisse der »analytischen Philosophie«, die szientistische These von der Unmöglichkeit intersubjektiver Geltung moralischer Normen, anzugreifen. Und zwar scheint ein solcher Angriff selbst und gerade unter der Voraussetzung erfolgversprechend, daß man die Humesche Distinktion und die mit ihr verknüpfte Neu-

---

49 An dieser Stelle konvergieren m. E. die, transzendentalphilosophisch interpretierten, Resultate des »sinnkritischen Realismus« von Ch. S. Peirce (vgl. meine »Einführung«, a.a.O.) und der Sinnkritik des späten Wittgenstein.
50 Glaubt man, mit Augustinus, Descartes oder Husserl das »Ich« oder das »reine Bewußtsein« auch noch unter der Voraussetzung einer aufgehobenen Welt zurückbehalten zu können, so zeigt man damit m. E. nur den theologischen Hintergrund der Entdeckung der »exzentrischen Positionalität« des Menschen an; noch dieser theologische Hintergrund verrät aber m. E. die Struktur des »transzendentalen Sprachspiels« – hier der stillschweigend vorausgesetzten Kommunikation des weltinfragestellenden Menschen mit dem transmundanen, weltsetzenden Gott. Mit dem zumindest methodischen Atheismus der modernen Philosophie mußte daher der »methodische Solipsismus« der Klassiker neuzeitlicher Philosophie in seine Krise geraten: »Einer allein« kann nicht »einer Regel folgen« (Wittgenstein), also »denken«; entweder Gott oder das »transzendentale Sprachspiel« muß dabei stillschweigend vorausgesetzt werden.

tralitätsthese der modernen Metaethik als methodischen Ausgangspunkt der Erörterung akzeptiert. Entgegen der ideologischen Suggestion des »westlichen Komplementaritätssystems« scheint es keineswegs unmöglich zu sein, von der metaethischen Position den Rückweg zur normativen Ethik zu finden. Es scheint dazu allerdings erforderlich zu sein, die Methode der philosophischen Metaethik nicht szientistisch mit derjenigen der »empirisch-analytischen« Wissenschaften zu verwechseln, sondern gerade ihre charakteristische Forderung nach normativer Neutralität als methodischen Ausgangspunkt *transzendentaler Reflexion* wiederzuerkennen. – Haben wir den methodischen Standpunkt der *»transzendentalen Reflexion«* einmal eingenommen, so können wir indessen noch einen weiteren Schritt tun, indem wir nach den Bedingungen der Möglichkeit und Gültigkeit der wertfreien, empirisch-analytischen Wissenschaft selber fragen und dabei in Betracht ziehen, daß die von Kant vorausgesetzten »Verstandeshandlungen« im Sinne des »transzendentalen Sprachspiels« als interpersonal bezogene Verständigungshandlungen im Rahmen einer Kommunikationsgemeinschaft der Wissenschaftler konkretisiert werden können und müssen. Sollte es unter dieser Voraussetzung möglich sein, die Bedingungen der Möglichkeit und Gültigkeit der wertfreien Objektivität empirisch-analytischer Aussagen der Wissenschaft anzugeben, ohne bereits die intersubjektive Geltung moralischer Normen vorauszusetzen? – Von der Beantwortung dieser Frage soll unser zweiter Argumentationsansatz seinen Ausgang nehmen.

2. 3. Unser zweiter und m. E. entscheidender Ansatz geht heuristisch von der *These* aus, *daß die »Objektivität« der wertfreien Wissenschaft selbst noch die intersubjektive Geltung moralischer Normen voraussetzt.* Durch die Ausarbeitung der Konsequenzen dieser These soll zunächst das Vorurteil von der irrationalen Subjektivität aller moralischen Normen und Wertungen unterminiert und im Anschluß daran versucht werden, das Grundprinzip der Ethik im Zeitalter der Wissenschaft zu eruieren. Methodisch möchte ich diesen Ansatz dadurch zu entfalten versuchen, daß ich ihn als Argumentationsstrategie gegen mögliche Einwände und Mißverständnisse zu verteidigen versuche.

2. 3. 1. Der *erste,* naheliegende *Einwand* gegen die vorgesehene Argumentationsstrategie könnte davon ausgehen, daß, wenn es ge-

lingt, bestimmte ethische Normen als Voraussetzung der Wissenschaft zu erweisen, man damit bestenfalls »hypothetische Imperative« im Sinne Kants begründen könnte, nicht aber einen »kategorischen Imperativ« als unbedingte moralische Grundnorm. Denn die entscheidende Frage würde in diesem Falle lauten: Ist denn Wissenschaft etwas, das sein *soll*? – Um diese Frage zu beantworten – so könnte man argumentieren – ist Ethik erforderlich, die ihrerseits wiederum auf subjektive, irrationale Entscheidungen rekurrieren muß. Auf diesen Einwand wäre zunächst folgendes zu antworten: Der Nachweis, daß die intersubjektive Geltung moralischer Normen eine Bedingung der Möglichkeit und Gültigkeit von Wissenschaft ist, kann immerhin zeigen, daß nicht schon – wie weitgehend angenommen – die Idee der wissenschaftlichen »Objektivität« ein prinzipielles Argument gegen die Möglichkeit einer intersubjektiv gültigen Ethik sein kann. Der Ansatz würde also genügen, um die ethisch relevante Spielart des »Szientismus« zu widerlegen, welche die Möglichkeit oder Nichtmöglichkeit der Ethik davon abhängig macht, daß ihre Geltungsform auf die der wertfreien Objektivität »reduziert« werden kann. Denn gerade dies ließe sich immerhin zeigen, daß – entgegen der bisher angenommenen Voraussetzung des westlichen Komplementaritätssystems – die normativ-neutrale Objektivität der empirisch-analytischen Wissenschaften nur als möglich gedacht werden kann, wenn zugleich eine dazu komplementäre intersubjektive Geltung ethischer Normen angenommen wird. Hier zeigt sich eine interessante Parallele zwischen der Ethik und der Hermeneutik; denn auch die letztere kann heute ihr methodologisches Eigenrecht gegen den Szientismus am besten dadurch verteidigen, daß sie zeigt, daß objektiv beschreibende und – kausal oder statistisch – erklärende Wissenschaft immer schon methodische Sinnverständigung in der Dimension der (transzendentalen) Intersubjektivität voraussetzt.[51] Mit der Widerlegung des Szientismus in dem

51 Vgl. hierzu K.-O. Apel, *Szientistik, Hermeneutik, Ideologiekritik*«, a.a.O.; ders., »The Apriori of Communication and the Foundation of the Humanities«, in: *Man and World* 5, No. 1, 1972. Diese ethisch relevante »Komplementaritätsthese« wird, wie mir scheint, der Sache nach bestätigt durch O. Schwemmers *Philosophie der Praxis*, Frankfurt 1971, die im Sinne P. Lorenzens die »Grundlegung einer Lehre vom moralischen Argumentieren« zu entfalten sucht. Im Sinne dessen, was ich selbst mit Peirce und Royce das regulative Prinzip der, zugleich vorausgesetzten und noch herzustellenden, unbegrenzten »Kommunikations-« oder »Interpretationsgemeinschaft« genannt habe, schreibt Schwemmer: »Die Herstellung dieser Gemeinsamkeit ist erforderlich sowohl zur Wissensbildung als auch zur Verständnisbildung. Denn Wissen und Verständnis unterscheiden sich ja eben

angedeuteten Sinn wäre zwar nicht die Möglichkeit eines kategorischen Imperativs, aber doch bereits die logische Notwendigkeit der intersubjektiven Geltung einer Ethik im *Zeitalter der Wissenschaft* erwiesen. Es wird sich indessen zeigen, daß die von der Wissenschaft vorausgesetzten ethischen Grundnormen nicht lediglich »hypothetische Imperative« in dem erwähnten eingeschränkten Sinn darstellen, sondern am Ende sogar eine Antwort auf die Frage bereitstellen, ob Wissenschaft *sein soll*. Um dies zu zeigen, wollen wir unsere *These* dahin radikalisieren, daß schon die, nicht nur in jeder Wissenschaft, sondern in jeder Problemerörterung vorausgesetzte *rationale Argumentation* die Geltung universaler ethischer Normen voraussetzt. Diese These gilt es jedoch zunächst gegen ein mögliches Mißverständnis zu verteidigen:

2. 3. 2. Der Sinn meiner These ist nicht der, daß bereits das Prinzip der Rationalität, das durch die Befolgung der logischen Regeln folgerichtigen Denkens repräsentiert ist, eo ipso eine Grundlage der Ethik darstellt. Ich bin zwar durchaus (mit Peirce, Popper und Lorenzen) der Meinung, daß die Logik, und insbesondere die Wissenschaftslogik, als *normative Wissenschaft* aufzufassen ist. Daraus folgt interessanterweise, daß die moderne rekonstruktive Historie der exakten Wissenschaften das Beispiel einer nicht wertfreien empirisch-analytischen), sondern *normativ-hermeneutischen* Wissenschaft abgibt, die in der Logizität ein Prinzip normativer Wertung immer schon voraussetzen kann.[52] Mit diesem Prinzip ist aber nicht (ohne weiteres) schon ein Prinzip der Ethik entdeckt.

Daß dies nicht der Fall ist, zeigt sich z. B. bei dem Versuch, die Grenzen einer wertneutralen Metaethik allein dadurch zu überwinden, daß man diese mit der normativen Wissenschaftslogik in Parallele setzt. Dieser Versuch führt lediglich zu dem Programm, die vorliegenden Moralsysteme in derselben Weise wie wissenschaftliche Theorien auf ihre logische Konsistenz und auf ihre empirische Bewährung hin zu überprüfen. Es ist aber leicht zu sehen, daß bei Moralsystemen, im Unterschied zu wissenschaftlichen Theorien, von

von bloßem Meinen und bloßem Interpretieren dadurch, daß an Stelle der festgestellten generellen Einigkeit eine geforderte universelle Einigkeit, d. h. die *Gemeinsamkeit* des Meinens und Interpretierens gesetzt wird. Die Bildung des Wissens und Verständnisses sind so die beiden Teile einer Beratung zur Bildung eines einsichtigen Willens: sie sind der *theoretische* und *hermeneutische* Teil der *praktischen Beratung*« (a.a.O., S. 125).
52 Vgl. oben Anmerkung 30.

empirischer Bewährung nur gesprochen werden kann, wenn – außer
der logischen Konsistenz – schon ein ethischer Maßstab der Bewährung vorausgesetzt wird.[53]

Andererseits soll jedoch – gerade in unserem Kontext – nicht bestritten werden, daß mit der etwas vagen Formel von der »Ethik
der Logik«[54] etwas Richtiges zum Ausdruck gebracht ist. So ist es
z. B. in einem noch zu klärenden Sinne falsch, wenn man – etwa mit
Berufung auf Kant – behauptet, daß auch der Teufel Logiker sein
könne. Zwar läßt sich nicht bestreiten, daß der logisch richtige Verstandesgebrauch als bloßes Mittel von einem bösen Willen in Dienst
genommen werden kann.[55] Insofern ist die Logik als Theorie des

53 Der Popperianer Hans Albert (vgl. »Ethik und Metaethik«, *Arch. f. Philos.* II, 1961,
S. 28–63) hält trotz dieses Unterschiedes, den er im einzelnen wohl sieht, an der angedeuteten Strategie der Parallelisierung von Metaethik und Wissenschaftslogik fest – offenbar aufgrund der Voraussetzung, daß man die ethischen Maßstäbe der Bewährung von
moralischen Systemen nicht anders als die rationalen Maßstäbe der Bewährung wissenschaftlicher Systeme durch Entscheidungen festsetzen kann und muß. Diese Ersetzung der
transzendentalen Reflexion und reflexionsabhängigen »Rekonstruktion« der komplementären Erkenntnisinteressen von Forschungslogik und Ethik durch entscheidungsabhängige
Konstruktion »der« Rationalität scheint mir eine Verwischung des prinzipiellen Unterschieds von metascientifischer Methodologie und Ethik zur Folge zu haben – einen Rest-
Szientismus, der für die normativistischen Popperianer charakteristisch ist (verglichen mit
dem massiven Szientismus der Logischen Empiristen). Besonders kraß tritt dieser Rest-
Szientismus in Erscheinung, wenn H. Albert in seinem *Traktat über kritische Vernunft*
(a.a.O., S. 78 f.) vorschlägt, die prinzipiell nicht mögliche Letztbegründung der Ethik
entsprechend der Wissenschafts-Kritik durch methodische Proliferation von Alternativ-
Ethiken im Sinne des »Theorienpluralismus« zu ersetzen. Es soll nicht bestritten werden,
daß der kritische Vergleich von Ethiken lehrreich ist. Diese Einsicht ist freilich bereits
den historischen Geisteswissenschaften und der komparativen Kulturanthropologie zu ver-
danken (auf deren Methoden daher H. Lenk in seinem Vorschlag einer auch die »Metaethiken« noch einmal distanzierenden »Meta-metaethik« zurückgreifen will, vgl. »Werturteilsstreit«, a.a.O., S. 546 ff.). Allein: der von H. Albert (und H. Lenk?) erwartete
kritische Effekt kann sich offenbar erst dann einstellen, wenn man eine normativ nicht
neutrale Metaethik der Argumentationsmaßstäbe für die Konfrontation von Ethiken schon
voraussetzen kann. In Ermangelung dieses Maßstabes hat die vom »Historismus« längst
vorweggenommene Methode der »Proliferation« bislang eher in den moralischen Relativismus und Nihilismus hineingeführt. Dieser nun ist praktisch (moralisch) nicht so
harmlos wie der entsprechende Pluralismus oder Konventionalismus in der Wissenschaftslogik: das hängt mit dem von der Popper-Schule auch niemals anerkannten Unterschied
zwischen szientifischen und geschichtlichen Experimenten zusammen, oder besser: mit dem
Unterschied zwischen »Experimenten« und »Interaktionen«. Wir können uns als Menschen
nicht in der gleichen Weise jenseits (oder neben) der Moral aufstellen, wie wir uns der Akzeptierung bestimmter »Theorien« enthalten können, wie schon Descartes wußte. Trotzdem
müssen wir auch die Moral philosophisch-theoretisch rechtfertigen: das ist das Problem.
54 Vgl. insbesondere K. Lorenz, »Die Ethik der Logik«, in: *Das Problem der Sprache*,
hrsg. v. H.-G. Gadamer, München 1967, S. 80–86.
55 In diesem Sinne betont Kant, daß »das Problem der Staatserrichtung ... selbst für

normativ richtigen Verstandesgebrauchs eine moralisch wertfreie Technologie (die – ebenso wie andere Technologien – ins Komplementaritätssystem von wertfreier Objektivität und subjektiver Wertsetzung sich einfügt). Es läßt sich insofern auch nicht sagen, daß die Logik eine Ethik logisch *impliziert*. Dennoch kann behauptet werden, daß die Logik – und *mit ihr zugleich* alle Wissenschaften und Technologien – eine Ethik als Bedingung der Möglichkeit *voraussetzt*. Das läßt sich durch folgende Überlegung zeigen:

Die logische Geltung von Argumenten kann nicht überprüft werden, ohne im Prinzip eine Gemeinschaft von Denkern vorauszusetzen, die zur intersubjektiven Verständigung und Konsensbildung befähigt sind. Selbst der faktisch einsame Denker kann seine Argumentation nur insofern explizieren und überprüfen, als er im kritischen »Gespräch der Seele mit sich selbst« (Platon) den Dialog einer potentiellen Argumentationsgemeinschaft zu internalisieren vermag. Darin zeigt sich, daß die *Geltung* einsamen Denkens von der Rechtfertigung von sprachlichen Aussagen in der aktuellen Argumentationsgemeinschaft prinzipiell abhängig ist.

Es kann nicht »einer allein« einer Regel folgen und im Rahmen einer »Privatsprache« seinem Denken Geltung verschaffen; dieses ist vielmehr prinzipiell öffentlich. So würde ich in unserem Zusammenhang die bekannte These des späten Wittgenstein interpretieren.[56]

---

ein Volk von Teufeln (wenn sie nur Verstand haben) auflösbar ist. (»Zum ewigen Frieden«, Akademie-Aug., Bd. VIII, S. 366).

56 Vgl. dazu jetzt O. R. Jones (ed.), *The Private Language Argument*, London 1971. – M. E. hat Wittgensteins These, recht verstanden, nichts mit Behaviorismus zu tun; tatsächlich setzt der Behaviorismus, der kommunikationsabhängiges Handlungs-*Verstehen* durch *Verhaltens-Beobachtung ersetzt, den methodischen Solipsismus* auf seiten des erkennenden Subjekts ebenso voraus wie der sog. *Introspektionismus*. Beide klassischen Positionen des Positivismus werden gleichermaßen distanziert durch ein Denken, das *Selbst- und Fremdverstehen* unter der – m. E. *transzendentalhermeneutischen* – Voraussetzung des »Sprachspiels« oder der *Kommunikation* begreift. Selbstverstehen und Fremdverstehen zu begreifen heißt aber: die Bedingungen der Möglichkeit und *Gültigkeit* des Verstehens von *Sinn* begreifen; z. B. die Bedingungen der Sinnkonstitution von »Regel« und »Regelbefolgen«. Um die Voraussetzung des Sprachspiels als Bedingung der Prüfungskriterien und damit der *Geltung* des *Sinns* von »Regel« und »Regelbefolgung« geht es, wenn Wittgenstein sagt: »Es kann nicht ein einziges Mal nur ein Mensch einer Regel gefolgt sein . . .« (*Philos. Untersuchungen*, I, § 199). – Es soll hier nicht etwa behauptet werden, der Einzelne *könne* – im Sinne seiner *Fähigkeiten oder Vermögen* – nicht allein, d. h. von sich aus oder selbständig, einer Regel folgen. Auch wenn – was durch Chomsky und Lenneberg nahegelegt wird – jeder Einzelne Mensch als solcher die *angeborene* Disposition zur Spracherlernung mitbringt, so ist doch die Feststellung (Überprüfung) seiner »Kompetenz« davon abhängt, daß ein *öffentliches Sprachspiel* zustande kommt. – Daraus

Zugleich mit der wirklichen Argumentationsgemeinschaft setzt aber nun die logische Rechtfertigung unseres Denkens auch die Befolgung einer moralischen Grundnorm voraus. Lügen z. B. würde offenbar den Dialog der Argumentierenden unmöglich machen; aber dasselbe gilt auch schon von der Verweigerung des kritischen Verständnisses bzw. der Explikation und Rechtfertigung von Argumenten. Kurz: in der Argumentationsgemeinschaft ist die wechselseitige Anerkennung aller Mitglieder als gleichberechtigter Diskussionspartner vorausgesetzt.

Da nun aber alle sprachlichen Äußerungen und darüber hinaus alle sinnvollen Handlungen und leibhaften Expressionen von Menschen (sofern sie verbalisierbar sind)[57] als virtuelle Argumente aufgefaßt werden können, so ist in der Grundnorm der wechselseitigen Anerkennung der Diskussionspartner diejenige der »Anerkennung« aller Menschen als »Personen« im Sinne Hegels virtuell impliziert. Anders gesagt: Alle der sprachlichen Kommunikation fähigen Wesen müssen als Personen anerkannt werden, da sie in all ihren Handlungen und Äußerungen virtuelle Diskussionspartner sind und die unbegrenzte Rechtfertigung des Denkens auf keinen Diskussionspartner und auf keinen seiner virtuellen Diskussionsbeiträge verzichten kann. Diese Forderung wechselseitiger *Anerkennung von Personen als Subjekten der logischen Argumentation*, und nicht schon der logisch richtige Verstandesgebrauch der Einzelnen, rechtfertigt m. E. die Rede von der »Ethik der Logik«.

Diese Pointe läßt sich deutlicher machen, wenn man im Sinne der Theorie der »Sprechakte«[58] zwischen dem *performativen* und dem *propositionalen* Teil der menschlichen Rede unterscheidet. Es zeigt

folgt u. a., daß man nicht von »grammatischer Kompetenz« (Chomsky) sprechen kann, ohne die »kommunikative Kompetenz« (Habermas) von Interlokutoren in der *pragmatischen* Dimension der *Rede* vorauszusetzen. Vgl. hierzu auch K.-O. Apel »Noam Chomskys Sprachtheorie und die Philosophie der Gegenwart«, in: *Jahrbuch des Instituts für Deutsche Sprache*, 1972 (s. oben S. 264 ff.).

57 In diesem Sinne läßt sich bereits Wittgensteins Einsicht in die »Verwobenheit« von sprachlichen Äußerungen, Handlungen und leibhaften Expressionen interpretieren. Die These von der prinzipiell möglichen Verbalisierung aller Handlungen und Ausdrucksgebärden wird darüber hinaus durch Austins Entdeckung der »performativen Äußerungen« und ihre Verallgemeinerung und Radikalisierung in J. R. Searles Theorie der »Sprechakte« nahegelegt. Vgl. J. Habermas, »Vorbereitende Bemerkungen zu einer Theorie der kommunikativen Kompetenz«, in: J. Habermas und N. Luhmann, *Theorie der Gesellschaft oder Sozialtechnologie*, Frankfurt 1971, S. 101–141.

58 Vgl. J. R. Searle, *Speech Acts*, Cambridge 1969 (dtsch.: *Sprechakte*, Frankfurt 1971). Dazu J. Habermas, a.a.O.

sich dann, daß im Dialog der Argumentierenden nicht nur wertneutrale Aussagen über Sachverhalte gemacht werden, sondern diese
Aussagen zumindest implizit mit *kommunikativen Handlungen*
verknüpft sind, – mit Handlungen, welche moralische Ansprüche an
alle Mitglieder der Kommunikationsgemeinschaft stellen. So setzt
bereits jede Tatsachen-Aussage als eine solche, die logisch zu *rechtfertigen* ist, in der pragmatischen Tiefenstruktur eine *performative*
Ergänzung voraus, wie etwa: »Ich behaupte hiermit gegen jeden
möglichen Opponenten, daß ...« oder: »Ich fordere hiermit jeden
zur Prüfung der folgenden Aussage auf«. Die performative Ergänzung der zur Überprüfung erforderlichen Aussagen lautet dementsprechend: »Ich bestreite hiermit gegen dich, daß A der Fall ist«,
oder »Ich bestätige dir, daß A der Fall ist«. In dieser Ebene der
intersubjektiven Verständigung über Sinn und Geltung von Aussagen, und nicht schon in der Ebene der sachbezogenen Verstandesoperationen wird, unserem heuristischen Ansatz zufolge, eine Ethik
vorausgesetzt.

Wenn die Frage, ob jemand in seinen Verstandesoperationen einer
Regel folgt, nur im Rahmen eines Sprachspiels sinnvoll gestellt und
beantwortet werden kann, dann *muß* die Logik, welche die Regeln
des monologischen Verstandesgebrauchs zu *rechtfertigen* hat, die
Ebene des Dialogs betreten. *Argumente* sind dann nicht, wie im modernen (syntaktisch-semantischen) Logikkalkül, unter Abstraktion
von der pragmatischen Dimension zu verstehen[59], sondern immer
zugleich als Sinn- und Geltungs-*Ansprüche*, die nur im interpersonalen Dialog expliziert und entschieden werden können. In diesem
Sinn konnte m. E. Paul Lorenzen, in Anknüpfung an die voraristo-
telische Ursprungssituation der Logik, Sinn und Geltung der Aus-
sagenlogik in der Ebene des Dialogs begründen und von da aus mit
innerer Konsequenz den Übergang von der normativen Logik zur
Begründung der Ethik in Angriff nehmen.[60] Im Unterschied zum
Ansatz der Popperianer wird die »Ethik der Logik« hier m. E. nicht
einfach in der konstruktiven Parallelisierung der Metaethik mit der
metaszientifischen »Logik der Forschung« gesucht, sondern im re-
konstruktiven Rückgang auf die *transzendental-pragmatischen* Be-

---

59 Vgl. jetzt auch Y. Bar-Hillel, oben Anm. 39.
60 Vgl. Paul Lorenzen, *Normative Logic and Ethics*, Mannheim/Zürich 1969, und ders.,
»Szientismus versus Dialektik«, in: R. Bubner u. a. (Hrsg.): *Hermeneutik u. Dialektik*,
a.a.O., S. 57–72.

dingungen der Möglichkeit der Logik, und damit auch der Wissenschaft, im Apriori der Kommunikationsgemeinschaft.[61]
(Die Konsequenzen dieses Unterschiedes für die Wissenschaftstheorie
liegen m. E. in dem Umstand, daß die wertneutralen, empirisch-
analytischen Wissenschaften nicht schon deshalb eine Ethik voraussetzen, weil sie Verstandesoperationen im Sinne einer normativen
Logik voraussetzen, sondern deshalb, weil diese monologischen Operationen der Wissenschaft eine dialogische Sinnverständigung und
Geltungsrechtfertigung in einer Kommunikationsgemeinschaft vor-

61 Diese Interpretation impliziert allerdings, daß nicht schon der Umstand, daß alle Wissenschaft Normen und insofern »praktische Vernunft« voraussetzt, sondern erst der Umstand, daß *monologische* Befolgung von Normen *dialogische* Explikation des Sinnes der
Normen und Überprüfung der Geltung der Normen voraussetzt, den Übergang von der
normativen Wissenschaftslogik zur Ethik ermöglicht. Eine gewisse Unklarheit, die in diesem Punkte bei Lorenzen besteht, scheint mir *ein* Grund dafür zu sein, daß J. Habermas
seinen Ansatz, der von den »dialog-konstitutiven Universalien« der »idealen Sprechsituation« ausgeht, nicht als Ergänzung und Verdeutlichung, sondern als Alternative zur
letzten Endes doch »monologischen« Strategie der »Ethik der Logik« glaubt verstehen zu
müssen. (Vgl. J. Habermas, »Einige Bemerkungen zum Problem der Begründung von
Werturteilen«, in: L. Landgrebe (Hrsg.): 9. Deutscher Kongr. f. Philos., Düsseldorf
1969, Meisenheim 1972, S. 89–99.) Wenn Habermas freilich die »logische« (wie auch die
»grammatische«) »Kompetenz« als vorsprachliches Vermögen monologischer Operationen
(im Sinne Chomskys und Piagets) von der »kommunikativen Kompetenz« unterscheidet
und »seine Hoffnung« auf die letztere und nicht auf die »Ethik der Logik« setzt, so
scheint er mir folgendes zu übersehen: Die »logische« (ebenso wie die »grammatische«)
Kompetenz der Regelbefolgung ist zwar an sich noch keine »kommunikative« und somit
keine »moralische« Kompetenz; beide Arten von Kompetenz lassen sich in der Tat scharf
unterscheiden, und zweifellos fällt die Entscheidung über den ethischen Sinn von Sätzen
in der pragmatischen Ebene der Sprechakte, deren Tiefenstruktur die sprachlichen Bedingungen der Möglichkeit der *interpersonalen Kommunikation* und *Interaktion* – u. a. die
»personale deixis« als sprachliche Bedingung der Möglichkeit der intersubjektiven »Anerkennung« – enthält. Allein: die »logische« (und »grammatische«) Kompetenz ist auch
nicht identisch mit den vorsprachlichen (angeborenen) Dispositionen, die Piaget bzw.
Chomsky zu ihrer »Erklärung« unterstellt und insofern wahrscheinlich gemacht haben;
vielmehr kann sie sich nur im Sozialisationsprozeß *zusammen mit* der »kommunikativen
Kompetenz« ausbilden, u. d. h.: sie setzt die letztere und damit die moralische Kompetenz als ihre »komplementäre« Bedingung der Möglichkeit voraus. Auf diese *Voraussetzung* – nicht Implikation – der Ethik durch die Logik setze ich im Kontext dieser
Arbeit meine Hoffnung, und zwar deshalb, weil es m. E. *nicht nur* darauf ankommt, die
vom System der »dialog-konstituierenden Universalien« implizierte Ethik der idealen
(z. B. symmetrischen, transparenten, unverzerrten usw.) Sprech- und Interaktionssituation
zu *explizieren*, sondern auch gezeigt werden muß, daß »Argumentation« – und damit
auch »monologisches« Denken – ohne die Voraussetzung der dialogischen Ethik nicht möglich und gültig sein kann. Daran – und insofern an der »Ethik der Logik« – hängt, wie
gezeigt werden soll, die Möglichkeit einer »Letztbegründung« der Ethik. Das von
Habermas ebenfalls aufgeworfene Problem des Verhältnisses von »deontischer Logik«
(»Modalkalkül«) und »Universalpragmatik« ist damit natürlich noch nicht aufgelöst. Vgl.
dazu – immerhin – unten S. 406 ff.

aussetzen. Kurz: Die normative Wissenschaftslogik (Szientistik) setzt normative Hermeneutik und mit dieser zugleich normative Ethik voraus[62], weil »einer allein« nicht Wissenschaft treiben und etwa seine Mitmenschen mit Hilfe einer privaten Logik zu bloßen Objekten der »Beschreibung« und »Erklärung« reduzieren kann.) Was letztlich den Übergang von der (normativen) Logik zur (normativen) Ethik ermöglicht, ist m. E. die Überwindung des »methodischen Solipsismus«, die bei P. Lorenzen wie beim späten Wittgenstein angebahnt ist.

Aus der Überwindung des methodischen Solipsismus wird m. E. auch klar, daß die von der Logik vorausgesetzte Ethik zugleich die Frage beantworten kann, ob und weshalb Logik und darüber hinaus Wissenschaft *sein soll*. Es zeigt sich nämlich, daß die in der Logik vorausgesetzte Ethik der Argumentation für die logische und empirisch wissenschaftliche Rechtfertigung von Meinungen nicht nur eine Bedingung der Möglichkeit ist, sondern sie als *Anspruch* aller Mitglieder der Argumentationsgemeinschaft an alle anderen und somit als moralische Pflicht erweisen kann. Eine Ethik, welche nicht in diesem Sinne die Rechtfertigung von Meinungen zur Pflicht machen würde, könnte gar nicht – qua Ethik der Argumentation – die Bedingung der Möglichkeit der Logik sein. Die von der Logik als Bedingung ihrer Möglichkeit *vorausgesetzte* Ethik *impliziert* also die Pflicht zur Anwendung der Logik und der Wissenschaft. Läuft indessen diese Argumentation nicht auf einen logischen Zirkel hinaus? – Die Ethik der Argumentation, welche Logik und Wissenschaft zur Pflicht macht, wird ja *nur dann* unabdingbar vorausgesetzt, *wenn* wir logische Argumentation überhaupt wollen! In der Tat: das entscheidende – unabhängige – Argument zur »Letztbegründung« der Logik mitsamt der von ihr vorausgesetzten Ethik steht noch aus, und wir werden darauf zurückkommen. An dieser Stelle sei nur darauf hingewiesen, daß das Bedingungsgefüge von Wissenschaft, Logik und Ethik der Argumentationsgemeinschaft offenbar als ganzes akzeptiert werden oder – falls dies sinnvoll möglich ist – negiert werden muß. (Auch an dieser Stelle sei auf die Parallele zur wissenschaftstheoretischen *Komplementaritätsthese* hingewiesen: Empirisch-analytische (*beschreibende* und *erklärende*) Wissenschaft setzt *hermeneutische Verständigung* in der Kommunikationsgemeinschaft der Wissenschaft betreibenden Menschen voraus; hermeneu-

62 Vgl. dazu oben Anmerkung 51 über die »Komplementaritätsthese«.

tische Verständigung aber impliziert u. a. auch die Benutzung aller
verfügbaren Tatsachen-Informationen, d. h. – unter den Bedingungen der Gegenwart –: empirisch-analytische Wissenschaften. Insofern
aber hermeneutische Verständigung darüber hinaus Verständigung
über Bedürfnisse und Ziele ist, setzt sie eine Ethik voraus und wird
zugleich von der vorausgesetzten Ethik – mitsamt der Information
durch empirisch-analytische Wissenschaft – gefordert.)

Doch wie steht es mit der Möglichkeit einer *sinnvollen Negation* des
soeben explizierten Bedingungsgefüges von Wissenschaft, Logik,
Hermeneutik und Ethik? – Man könnte an dieser Stelle noch einmal, mit Berufung auf Kant, einwenden, auch der Teufel könne sich,
unter instrumentalistischem Vorbehalt – etwa um seine Überredungs-
kunst zu verbessern oder um das »knowing how« der wissenschaftlichen Technologie zu beherrschen – an dem Lorenzenschen Dialog-
spiel der Begründung der Logik und somit an der Argumentationsgemeinschaft beteiligen, – ohne seinen bösen Willen aufzugeben. Er
kann sich ja – um mit Kant zu reden – »pflichtmäßig« verhalten, ohne
»aus Pflicht« zu handeln. Daraus scheint hervorzugehen, daß auch
der Rückgang auf die ethischen Bedingungen der Möglichkeiten der
Logik bestenfalls »hypothetische Imperative« und somit, im Sinne
Kants, kein Prinzip der Ethik zu erschließen vermag.

Darauf wäre zunächst folgendes zu antworten: Kants Unterscheidung ist für unser Begründungsvorhaben nicht relevant, wenn gezeigt werden kann, daß die von uns eruierbare Grundnorm des
»pflichtmäßigen« Verhaltens von der des Verhaltens »aus Pflicht«
praktisch nicht unterschieden werden kann. Unter dieser Voraussetzung ist nicht das kantische Argument relevant, daß auch Teufel,
die ihren Verstand gebrauchen können, sich prinzipiell »pflichtmäßig« verhalten *können*, sondern das Argument, daß auch Teufel
sich pflichtgemäß verhalten *müssen*, wenn sie der Wahrheit teilhaftig
werden wollen. Nun hat Ch. S. Peirce darauf aufmerksam gemacht,
daß die Wahrheit, im Sinne des Konsenspostulats der Wissenschaftslogik, nicht von endlichen Individuen erreicht werden kann und daß
daher die Zugehörigkeit zur Argumentationsgemeinschaft der Wissenschaftler eine prinzipielle Überwindung des Egoismus endlicher
Wesen einschließt, – eine Art Selbstaufopferung (Self-surrender) im
Sinne eines »logischen Sozialismus«[63]. Daraus folgt, daß der Teufel,

---

[63] Ch. S. Peirce, *Collected Papers*, V. §§ 354 ff. (meine Ausgabe I, S. 245 ff.); vgl. auch
II, § 654 (meine Ausgabe I, S. 362 ff.).

sofern er Mitglied der Argumentationsgemeinschaft sein wollte, sich in bezug auf deren Mitglieder (alle Vernunftwesen!) für immer so verhalten müßte, als ob er den Egoismus, und damit sich selbst, überwunden hätte. Der ihm unterstellte instrumentalistische Vorbehalt verliert also in diesem Fall seine Bedeutung, da er prinzipiell nicht verifiziert werden kann. – Dies scheint darauf hinzudeuten, daß die moralische Norm, die vom Willen zur Wahrheit und damit von der Zugehörigkeit zur unbegrenzten Argumentationsgemeinschaft vorausgesetzt wird, kein »hypothetischer Imperativ« *in dem von Kant gemeinten Sinn* sein kann: Der entsprechende hypothetische Imperativ ist zumindest nicht von einem »pathologischen Interesse« an einem empirischen Ziel motiviert, sondern gewissermaßen vom praktischen Interesse der theoretischen Vernunft selbst. Darin, daß die Wahrheitssuche mit der Voraussetzung des intersubjektiven Konsensus auch die Moral einer idealen Kommunikationsgemeinschaft antizipieren muß, dürfte sich viel eher ein modernes Analogon der klassischen Lehre von den »Transzendentalien« zeigen: Was die klassische Metaphysik sub specie aeternitatis als *seiend* unterstellte – die Identität des *unum, bonum, verum* –, das muß die moderne Philosophie einer geschichtlich riskanten Vermittlung von Theorie und Praxis immer noch als *sinnkritisch notwendiges Postulat* und – hinsichtlich der Realisierung – als »Prinzip Hoffnung« unterstellen.

2. 3. 3. Nun ergibt sich aber, wie es scheint, gerade aus unserer These von der Voraussetzung der Ethik durch die Logik ein schwerwiegender Einwand gegen die Möglichkeit einer *rationalen Begründung* der Ethik. Jede »Begründung« – so könnte man argumentieren – setzt die Geltung der Logik schon voraus; wenn diese nun ihrerseits die Geltung der Ethik voraussetzt, so scheint weder eine Begründung der Ethik noch eine solche der Logik möglich zu sein, da jeder solche Versuch in einen Zirkel oder regressus ad infinitum führen muß. Diese altbekannte Schwierigkeit ist in jüngster Zeit besonders von Popper und Albert als Grundeinsicht des »kritischen Rationalismus« in die Unmöglichkeit einer »Letztbegründung« (in) der Philosophie herausgestellt worden.[64]
Es ist leicht einzusehen, daß dieses Argument in der Tat unser Vorhaben einer »Begründung der Ethik« zum Scheitern verurteilt, wenn

---

64 Vgl. Hans Albert, *Tractat über kritische Vernunft*, a.a.O., 1. Kapitel.

man unter *Letztbegründung* in der Philosophie die Deduktion im Rahmen eines axiomatischen Systems verstehen müßte. Ist aber nicht gerade der Hinweis darauf, daß man die Logik in diesem Sinne *nicht* begründen kann, *da sie für alle Begründung immer schon vorausgesetzt wird,* der typische Ansatz einer »philosophischen Begründung« im Sinne *transzendentaler Reflexion* auf die *Bedingungen der Möglichkeit und Gültigkeit aller Argumentation?* Wenn wir im Kontext einer philosophischen Grundlagendiskussion feststellen, daß etwas deshalb prinzipiell nicht begründet werden kann, weil es die Bedingung der Möglichkeit aller Begründung ist, so haben wir nicht lediglich eine Aporie im Deduktionsverfahren festgestellt, sondern eine *Einsicht* im Sinne *transzendentaler Reflexion* gewonnen.

Daß die Eigenart und der heuristische Wert der *transzendentalen Reflexion* als spezifisch *philosophischer* Methode in der gegenwärtigen Diskussion der »Letztbegründung« kaum noch bemerkt wird, scheint mir damit zusammenzuhängen, daß die, für die *analytische Philosophie* charakteristische, Abstraktion von der *pragmatischen* Dimension der Argumentation dazu verführt, das Problem der »Letztbegründung« nur mehr als ein solches *logischer (syntaktisch-semantischer) Satz-* bzw. *Propositions*voraussetzungen zu denken. Daß unter dieser – in der Logik seit Aristoteles' Unterscheidung von »Dialektik« und »Apodeiktik« eingeübter – Voraussetzung kein Letztes sichtbar werden kann, daß jeder Rückgang auf »Evidenz« als willkürlicher Abbruch der Argumentation – als »Rekurs auf ein Dogma«[65] – erscheinen muß, ist eigentlich trivial. Es gibt nämlich unter der Voraussetzung der Abstraktion von der pragmatischen Zeichendimension kein menschliches *Subjekt* der Argumentation und daher auch nicht die Möglichkeit einer *Reflexion* auf die *für uns immer schon* vorausgesetzten Bedingungen der Möglichkeit der Argumentation. Statt dessen gibt es – freilich – die unendliche Hierarchie der *Meta*-Sprachen, *Meta*-Theorien usw., in der sich die *Reflexions-Kompetenz* des Menschen als des *Argumentations-Subjektes* zugleich bemerkbar macht und verbirgt. *Bemerkbar* macht sie sich insofern, als durch die metamathematischen Arbeiten von Gödel, Church, Rosser, Kleene erwiesen ist, daß die Möglichkeit der *Formalisierung* des Denkens prinzipiell begrenzt ist und sich daher die Widerspruchsfreiheit logisch-mathematischer *Systeme* im Sinne

65 Vgl. H. Albert, a.a.O., S. 14.

einer *Letztbegründung* nicht *beweisen* läßt.[66] In diesem Befund *verbirgt* sich indessen die *Reflexions-Kompetenz* insofern, als sie ihrer selbst gar nicht mehr ansichtig wird: *Sätze* – genauer *Propositionen* – im Sinne *formalisierbarer Sprachen* können nicht widerspruchsfrei *selbstrückbezüglich* sein, wie wir seit B. Russells »Typentheorie« wissen[67]; und *semantische* Systeme im Sinne *formalisierter Sprachen* müssen daher, wie Tarski zeigte, um Widersprüche a priori auszuschließen, in »Objektsprache« und »Metasprache« gespalten werden. Hieraus ergibt sich in der Tat für eine »Beweistheorie« das »zweite Horn« im Sinne des von Popper und Albert beschworenen Friesschen »Trilemmas«: der Versuch einer Letztbegründung verwickelt sich in einen *unendlichen Regreß*.

Und doch wissen wir sehr genau, daß unsere *Reflexions-Kompetenz* – genauer: die in der Ebene syntaktisch-semantischer Systeme a priori ausgeklammerte Selbst-Reflexion des menschlichen Subjekts der Denkoperationen – hinter der Aporie des unendlichen Regresses sich verbirgt und z. B. so etwas wie einen Nichtentscheidbarkeits*beweis* im Sinne Gödels *möglich* macht. M. a. W.: Gerade in der Feststellung der *Nichtobjektivierbarkeit* der subjektiven Bedingungen der Möglichkeit der Argumentation in einem syntaktisch-semantischen *Modell* der Argumentation drückt sich das *selbstreflexive Wissen* des transzendental-pragmatischen Subjekts der Argumentation aus. So *weiß* z. B. Ch. Morris, der Begründer der dreidimensionalen Semiotik, daß die *semantische* Funktion von Zeichen einen, in der *pragmatischen* Dimension des Zeichengebrauchs definierten, »Interpretanten« voraussetzt und daß der »Interpretant« als die Regel, aufgrund derer von einem Zeichen gesagt werden kann, es »bezeichne« bestimmte Arten von Objekten oder Situationen, nicht selbst ein Objekt dieser Menge sein kann. Dennoch macht Morris keinen Gebrauch von diesem *transzendental*pragmatischen *Re-*

66 Vgl. H. Stegmüller, *Metaphysik, Skepsis, Wissenschaft*, Berlin-Heidelberg-New York 1959, ²1969. Ferner H. Lenk, »Logikbegründung und Rationaler Kritizismus«, in: *Ztschr. f. Philos. Forschung*, Bd. 24 (1970), S. 183–205. – Zur Verknüpfung der Grundlagenproblematik der Logik und Mathematik mit der Problematik transzendentaler Reflexion vgl. insbesondere G. Frey, *Sprache – Ausdruck des Bewußtseins*, Stuttgart 1965.
67 Zuvor schon bemühte sich Hegel, in Vorwegnahme dieser Einsicht, um den »spekulativen Satz«; und soviel dürfte heute allmählich klar werden, daß eine wirkliche Auseinandersetzung der modernen Logik mit der von Hegel intendierten Logik des »existierenden Begriffs« (d. h. des »Gedankens«) erst möglich sein wird, wenn die *syntaktisch-semantische* Abstraktion der modernen, mathematischen Logik völlig durchschaut und eine »transzendentale Pragmatik« der Argumentation entwickelt ist.

flexions-Wissen, sondern versucht die pragmatistische Semiotik als behavioristische Disziplin zu begründen.[68] Läßt sich indessen die zur Argumentation bzw. zur zeichenvermittelten Erkenntnis selbst zugehörige »pragmatische Dimension« einfach ignorieren – so als ob die in aller Argumentation und Erkenntnis involvierte Zeichenrelation bloß *zweistellig* wäre? – Genauso verfährt m. E. die moderne »Logic of Science«, wenn sie die »pragmatische Dimension« der Argumentation zusammen mit der *Reflexion* in die empirische *Psychologie* verweist. In der empirischen Psychologie kann selbstverständlich die von uns gemeinte Reflexion sich selbst sowenig auf den Begriff bringen wie in der metamathematischen Beweistheorie; denn selbst wenn man vom Behaviorismus absieht, so kann eine empirische Psychologie das Phänomen der Reflexion nur als unendlichen Regreß der introspektiven Akt-Objektivation thematisieren, nicht aber als Reflexion auf die Reflexion als transzendentale Bedingung der Möglichkeit jeder Erkenntnis und d. h. zugleich: jeder Argumentation.

Daß hier noch ein echtes Problem liegt, – daß man insbesondere die Problematik Kants nicht auflösen kann, indem man lediglich den (synthetischen) Apriori-Charakter *semantischer Systeme*[69] (und in ihrem Sinne den impliziten Apriori-Charakter von *Theorien*[70]) zur Geltung bringt, das transzendentale Subjekt der Zeichenrelation hingegen außer acht läßt, scheint Jahrzehnte hindurch kaum bemerkt worden zu sein (wenn man vom Neuhegelianismus absieht, der freilich keinen hinreichenden Kontakt zur Grundlagenproblematik der modernen Logik hatte[71]). In jüngster Zeit hat sich jedoch in der modernen »Sprachlogik« selbst die Einsicht entwickelt, daß semantisch interpretierte Logik-Kalküle nur als Modelle einer »in-

68 Vgl. Ch. Morris, »Foundations of the Theory of Signs«, in: *Encyclopedia of Unified Science 1,* Nr. 2, Chicago 1938. Vgl. K.-O. Apel, »Szientismus oder transzendentale Hermeneutik«, in: R. Bubner u. a. (Hrsg.), *Hermeneutik und Dialektik,* Tübingen 1970, S. 105 ff. (oben S. 178 ff.).
69 So z. B. R. Carnap, »Empirism, Semantics, and Ontology«, in: L. Linsky (ed.), *Semantics and the Philosophy of Language,* Urbana/Ill. 1952.
70 So z. B. W. Essler, *Wissenschaftstheorie II:* »Theorie und Erfahrung«, Freiburg/München 1971, Kap. I.
71 Immerhin hat Th. Litt von Hegel her den Unterschied zwischen dem psychologischen bzw. dem metamathematischen Ausdruck der Reflexion als »unendlichem Regreß« und der »Selbstaufstufung« der transzendentalen Reflexion auf die Stufen des »Sinnallgemeinen« (von der Stufe des komparativ Allgemeinen der empirisch-generalisierenden »science« über die hermeneutische Stufe des verstandenen Sinns menschlicher Intentionen bis zur philosophischen Stufe transzendentaler Begriffsbildung und zur noologischen Selbstreflexion

direkten« Klärung und Kontrolle unserer *pragmatischen Argumentation* in der (pragmatischen) Umgangssprache figurieren können und daß es auf einen »abstraktiven Fehlschluß« hinauslaufen würde, wenn man Wahrheit als Prädikat von *Sätzen* eines *semantischen Systems* und nicht vielmehr von – *in Sprechakten* von argumentierenden Subjekten *behaupteten* – *Aussagen* auffassen wollte.[72] Sollte man daraus nicht den Schluß ziehen, daß auch die transzendentalphilosophische Problematik der »Letztbegründung« nicht anhand abstrakt vorgestellter Satzsysteme beurteilt werden darf? – Die Bejahung dieser Frage würde m. E. freilich implizieren, daß man eine »transzendentale Sprach-Pragmatik« für möglich halten muß, in der das Subjekt der Argumentation auf die in der Sprechsituation (und in der Denksituation als internalisierter Sprechsituation) immer schon vorausgesetzten Bedingungen der Möglichkeit und Gültigkeit der Argumentation zu reflektieren vermag. Daß eine solche Reflexion in Widersprüche führen *muß*, scheint mir durch den Aufweis der Möglichkeit von Antinomien in sog. »geschlossenen« *semantischen Systemen* ebensowenig bewiesen wie die sog. »Inkonsistenz natürlicher Sprachen«.[73] Es liegt vielmehr nahe anzunehmen, daß die *indirekte Selbstrückbezüglichkeit* der Argumentation, welche in der transzendentalpragmatischen Rede von (den Bedingungen der Möglichkeit) der *Argumentation überhaupt* liegt, nur dann in einen Selbstwiderspruch gerät, wenn sie sich selbst die Wahrheit abspricht bzw. nicht zutraut, wie das im radikalen Skeptizismus bzw. in der *Rede von der prinzipiellen Inkonsistenz umgangssprachlicher Rede über die Wahrheit der Rede*[74] geschieht.
Es ist bemerkenswert, daß die Schule Karl Poppers, kaum daß sie

dieser Begriffsbildung) klar herausgearbeitet. Vgl. Th. Litt, *Denken und Sein*, Stuttgart 1948; ders., *Mensch und Welt*, 2. Aufl., Heidelberg 1961; ders., *Hegel: Versuch einer kritischen Erneuerung*, 2. Aufl., Heidelberg 1961.
72 So J. Habermas in Anknüpfung an die Diskussion von Austin, Strawson und Searle in: »Wahrheitstheorien« (erscheint in Festschrift für W. Schulz). – Vgl. auch Y. Bar-Hillel, *Aspects of Language*, Jerusalem 1970. Darin insbes. Kap. 16: »Argumentation in Natural Languages«, Kap. 17: »Argumentation in Pragmatic Languages«, und Kap. 24: »Do Natural Languages Contain Paradoxes?«
73 Vgl. Bar-Hillel, a.a.O., Kap. 24.
74 Bei A. Tarski findet sich immerhin die in *natürlicher Sprache formulierte* Vermutung, daß »the very possibility of a consistent use of the expression ›true sentence‹ which is in harmony with the laws of logic and the spirit of everyday language seems to be very questionable« (*Logic, Semantics, Metamathematics*, Oxford 1956, Kap. VIII, S. 164 – Zitat nach Bar-Hillel, a.a.O., S. 277).

im Sinne des Friesschen Trilemmas die Unmöglichkeit philosophischer *Letztbegründung* statuiert und diese Forderung durch die der virtuell universalen *kritischen Prüfung* ersetzt hat, in eine von ihr offenbar nicht vorausgesehene, neuartige Begründungsproblematik hineingeraten ist: sie sah sich vor die Frage nach den Bedingungen der Möglichkeit und Gültigkeit der kritischen Prüfung gestellt:[75] Schon Bartley erkannte, daß die Logik »nicht mit zu jenem Gesamt gehören« kann, »das der Prüfung unterzogen werden soll«, weil »Ausübung kritischer Erörterung und Logik untrennbar verbunden sind«. Er glaubt daher, daß in der Logik »eine absolute Voraussetzung des Denkens festgestellt« sei.[76] Gegen Hans Alberts Einwand, er »sehe nicht, inwiefern die Situation hier in bezug auf die Logik *völlig* anders sein soll als sonst«, präzisiert H. Lenk die These Bartleys dahin, »daß wenigstens *einige* logische Regeln grundsätzlich der rationalen Revision entzogen sind«.[77] Lenk versucht diese Regeln möglichst vollständig zusammenzustellen, indem er – wie ich interpretieren möchte – darauf reflektiert, welche Teile der Logik man nicht verwerfen könnte, ohne sie – im Sinne einer »petitio tollendi« – bei der Kritik selbst zugleich in Anspruch zu nehmen. Er gelangt zu dem Ergebnis, daß es die von Popper selbst übereinstimmend mit der operativen Begründung der Logik durch P. Lorenzen herausgearbeiteten Regeln der »Konsequenzenlogik« sind, welche »die nicht durch rationale Kritik abschaffbaren Komponenten der Logik« ausmachen.[78]

Mir scheint an dieser Argumentation vor allem dies wesentlich, daß – entgegen dem Versuch Alberts, die Logik gewissermaßen in der empirischen *intentio recta* in das Universum des kritisch Überprüfbaren einzubeziehen – durch die von der empirischen Überprüfung charakteristisch unterschiedene Operation der *Reflexion auf die Bedingungen der Möglichkeit* der kritischen Überprüfung ein im transzendentalpragmatischen Sinne Nichthintergehbares festgestellt wurde.[79] Faßt man in diesem Sinne die kantische Fragestellung als

---

75 Vgl. hierzu und zum folgenden die ausgezeichnete Studie von H. Lenk, »Philosophische Logikbegründung und Rationaler Kritizismus«, a.a.O. (Anm. 66).
76 Vgl. Bartley, *Flucht ins Engagement,* München 1964, S. 180 ff.
77 H. Lenk, a.a.O., S. 201 f.   78 Ebda. S. 203.
79 Die methodologische Übereinstimmung des von Bartley und Lenk faktisch ausgeübten heuristischen Denkverfahrens mit der transzendentalen Fragestellung im Sinne Kants scheint mir nicht wirklich in Frage gestellt zu sein durch Lenks quasiwittgensteinschen Hinweis auf die »analytische« Verbundenheit der Regeln der Konsequenzenlogik mit der (Idee der) Institution der Kritik (vgl. a.a.O., S. 204 f.).

heuristischen Ansatz indirekter philosophischer Letzt-Begründung auf, so folgt m. E., daß das eigentliche Geschäft *philosophischer Grundlegung* in dem Versuch bestehen muß, die notwendigen Bedingungen der menschlichen Argumentation möglichst vollständig zu rekonstruieren. Kants Rede von der organischen oder teleologisch-systematischen »Natur der Vernunft«[80] weist in diesem Zusammenhang darauf hin, daß die transzendentale Rekonstruktion der Bedingungen der Möglichkeit und Gültigkeit der Erkenntnis eine große Ähnlichkeit mit der *Funktionsanalyse hat*: wie diese muß sie eine bestimmte »Systemleistung« – bei Kant ist dies die »transzendentale Synthesis der Apperzeption« – gewissermaßen teleologisch als »höchsten Punkt« der »transzendentalen Deduktion« der Funktionsbedingungen voraussetzen.

In diesem Sinne möchte ich versuchen, die ethischen Bedingungen der Möglichkeit und Gültigkeit der menschlichen Argumentation und damit auch der Logik zu rekonstruieren. Der Ansatz unterscheidet sich von der klassischen Transzendentalphilosophie Kants allerdings insofern, als er den »höchsten Punkt«, mit Bezug auf den die transzendentale Reflexion anzusetzen ist, nicht in der »methodisch solipsistisch« angesetzten »Einheit des Gegenstandsbewußtseins und des Selbstbewußtseins« erblickt, sondern in der »intersubjektiven Einheit der Interpretation« qua Sinnverständnis und qua Wahrheitskonsens.[81] Diese Einheit der Interpretation muß in der unbegrenzten Gemeinschaft der Argumentierenden, aufgrund der experimentellen und der Interaktions-Erfahrung, prinzipiell erreicht werden können, soll Argumentation überhaupt *Sinn* haben. Der Ansatz versteht sich insofern als *sinnkritische Transformation der Transzendentalphilosophie*, die von dem apriorischen Faktum der Argumentation als einem nicht zu hintergehenden quasi-kartesischen Ansatzpunkt ausgeht.

Der Sinn dieses Programms kann vorläufig durch eine Konfrontation mit K. Poppers Ansatz des »kritischen Rationalismus« erläu-

---

80 Vgl. Kant, *Kritik der reinen Vernunft*, B XXIII, XXXVII, 722, 765.

81 Vgl. K.-O. Apel, »From Kant to Peirce: the Semiotic Transformation of Transcendental Philosophy«, in: *Proceedings of the Third Internat, Kant Congress, 1970,* Dordrecht-Holland 1972. – In der Fähigkeit zur Antizipation des »höchsten Punktes« einer semiotisch transformierten Transzendentalphilosophie – in der Identifikation des denkenden Menschen mit einer unbegrenzten Argumentationsgemeinschaft – möchte ich übrigens – mit Peirce – die Bedingung der Möglichkeit der »Einheit des Gegenstandsbewußtseins und des Selbstbewußtseins« im Sinne Kants unterstellen.

tert werden. Das »tertium comparationis« scheint hier leicht auffindbar, insofern Popper in dem sog. »criticist frame« einer rationalen Diskussion ein Ideal aufgestellt hat, das mit dem von uns unterstellten Apriori der unbegrenzten Kommunikationsgemeinschaft
große Ähnlichkeit besitzt – insbesondere deshalb, weil es offenbar
ethische (und politische) Implikationen enthält, wie sie von Popper
ja bekanntlich in seiner Philosophie der »offenen Gesellschaft«[82] entfaltet wurden. Der Unterschied der Ansätze besteht indessen zunächst einmal darin, daß Popper aus seinem Verzicht auf »Letztbegründung« die folgende Konsequenz glaubt ziehen zu müssen: Unter dem Gesichtspunkt möglicher Geltungsbegründung läßt sich
dem Prinzip des »criticist frame« kein prinzipieller Vorzug vor
dem etwa des »Irrationalismus« einräumen. An Stelle einer Letztbegründung muß an dieser Stelle nach Popper ein »Glaubensakt«,
eine »irrationale, moralische Entscheidung« zwischen den beiden
gegensätzlichen Prinzipien den Ausschlag geben.[83] In einer philosophischen Grundlagendiskussion können nach Popper allenfalls
pragmatische Zweckmäßigkeitsargumente zugunsten des Prinzips
der kritischen Rationalität vorgebracht werden, doch kann man damit unsere Entscheidung nicht »determinieren«: »wir selbst sind es,
die den Entschluß fassen«.[84]

Man wird Popper (und in diesem Zusammenhang auch dem Skeptizismus) m. E. zugeben müssen, daß der Willensentschluß zugunsten des »criticist frame« nicht »determiniert« werden kann. Aber
das liegt nicht daran, daß er nicht rational begründet werden kann,
und es macht den Entschluß nicht zu einem »irrationalen« Glaubensakt. Selbst wenn das Prinzip des »criticist frame« selbst noch aus
Prinzipien deduziert werden könnte, würde dies unseren Willensentschluß ja (auch nach Poppers Voraussetzungen!) nicht »determinieren«. Insofern bedarf die *praktische Realisierung der Vernunft*
durch den (guten) Willen immer eines Engagements, das sich nicht
andemonstrieren läßt und das man insofern »irrational« nennen mag.
Aber diese – zuzugebende – Einschränkung des »Rationalismus« ist
nicht – wie Popper und Albert zu glauben scheinen – mit dem Verzicht auf eine *rationale Begründung* des primären Engagements für
die Vernunft identisch. Der Verzicht auf rationale Begründung der

---

82 Vgl. K. R. Popper, *Die Offene Gesellschaft und ihre Feinde*, Bd. I: Der Zauber Platons, Bd. II: Falsche Propheten, Bern und München 1957/58 (2. Aufl. 1940).
83 Vgl. Popper, a.a.O., S. 282 ff.   84 Ebda., S. 286.

Wahl des »criticist frame« – und damit, nach unserer These, der moralischen Grundnorm – ist nur dann plausibel, wenn man, wie Popper, die Möglichkeit der *philosophischen Begründung* mit der Möglichkeit der *Deduktion* gleichsetzt und von der *transzendentalen Reflexion* oder *Besinnung* (in dem von mir exponierten Sinn) keinen Gebrauch macht. Tut man dies jedoch, so wird klar, daß die Teilnehmer einer philosophischen Grundlagen-Diskussion – u. d. h. alle diejenigen, die sich vom (philosophischen) Denken die Beantwortung ihrer Fragen versprechen – auch schon *implizit* die Spielregeln des »criticist frame« anerkannt haben.[85] Sie sind allerdings ständig aufgefordert, diese Anerkennung *willensmäßig zu bekräftigen;* und insofern ist die *Realisierung der Vernunft* in der Welt ihrem freien Engagement anheimgegeben: einer immer wieder zu erneuernden Entscheidung, die ihnen niemand abnehmen oder aufzwingen kann. Dennoch ist die Wahl des »criticist frame« als einer philosophischen Position in einer philosophischen Diskussion kein *irrationaler* Glaubensakt, sondern die einzig mögliche Entscheidung, die im Sinne des einmal begonnenen Sprachspiels *semantisch-pragmatisch konsistent* ist, – die einzige, die im Einklang steht mit den, durch *transzendentale Besinnung* zu ermittelnden, Bedingungen der Möglichkeit und Gültigkeit der Diskussion. Wer sie nicht trifft, sondern etwa den »Obskurantismus« wählt, der beendet damit eben die Diskussion selbst, und seine Entscheidung ist insofern *für die Diskussion* irrelevant.

Diese Argumentation genügt m. E. grundsätzlich, um Poppers These von der »irrationalen« und eben deshalb »moralischen« Wahl des Grundprinzips kritischer Diskussion zu widerlegen: Die Wahl ist nicht deshalb »moralisch«, weil sie »irrational« ist, sondern weil sie das durch *Reflexion* auszumachende *Prinzip der Diskussion* selbst willensmäßig bekräftigt. Ich möchte jedoch noch weitergehen, um dem Einwand zu begegnen, daß immerhin der Entschluß zum Eintritt in die (rationale) Diskussion, der Entschluß also zum Philosophieren eine *irrationale,* moralische Entscheidung im Sinne Poppers

---

85 Es ist einfach falsch, daß ein »umfassender Irrationalismus ... logisch haltbar« ist; denn er kann a priori nicht verteidigt werden; und der Umstand, »daß man die Annahme von Argumenten immer verweigern kann« (Popper, a.a.O., S. 284) ist für die (und daher auch für jeden einzelnen) Argumentierenden irrelevant. Daß Popper und viele andere ihn für relevant halten, hängt m. E. mit dem »methodischen Solipsismus« zusammen, der gewissermaßen die Verweigerung der Annahme von Argumenten als privates Para-Argument gelten läßt.

darstellen könnte:[86] Wäre dies richtig, dann müßte es möglich sein im *Sinne* einer Diskussion, d. h. einer intendierten Verständigung über gute und schlechte Gründe, sich in die Lage eines Menschen zu versetzen, der noch *vor* dem Eintritt in genau diese Diskussion steht. Eben dies scheint mir Popper in seiner Argumentation vorauszusetzen. Er bezeugt damit m. E. in sehr interessanter Weise, daß er – wie freilich fast alle Klassiker der Philosophie seit Descartes (oder seit Augustinus?) – von der Grundvoraussetzung des »methodischen Solipsismus« ausgeht: von der Vorstellung nämlich, man könne schon denken und sinnvoll entscheiden, bevor man die Regeln der Argumentation als solche einer kritischen Kommunikationsgemeinschaft zumindest *implizit* anerkannt hat, oder – was auf dasselbe hinausläuft –: man könne von einem Standpunkt außerhalb der kritischen Kommunikation über diese philosophieren.

Demgegenüber ist m. E. – im Sinne einer transzendental-philosophischen Radikalisierung des späten Wittgenstein – darauf hinzuweisen, daß jeder, der auch nur *sinnvoll handelt* – z. B. mit dem Anspruch auf Selbstverständnis sich angesichts einer Alternative entscheidet – die (von uns noch zu eruierenden) logischen und moralischen Bedingungen der kritischen Kommunikation schon implizit voraussetzt. Das wird z. B. daran deutlich, daß – wie Wittgenstein zeigt – auf der Grundlage der ständigen Lüge kein Sprachspiel, also auch kein sinnvolles Handeln möglich ist. Wer also die obskurantistische Entscheidung im Sinne Poppers trifft, der kann sie trotzdem nur unter der Voraussetzung dessen, was er selbst verneint, *verstehen;* er trifft sie noch innerhalb des *transzendentalen Sprachspiels der transzendentalen Kommunikationsgemeinschaft*; und wenn er die Entscheidung in einem radikalen und prinzipiellen Sinne trifft, dann verläßt er mit ihr die transzendentale Kommunikationsgemeinschaft und begibt sich damit zugleich der Möglichkeit des Selbstverständnisses und der Selbstidentifikation.[87] (Wollte man in spekulativ-theologischen Begriffen reden, so könnte man sagen, daß der Teufel nur durch den Akt der Selbstzerstörung von Gott unabhängig werden kann.)

---

86 Vgl. hierzu auch K.-O. Apel, »Sprache und Reflexion«, in: *Akten des XIV. Internation. Kongresses für Philosophie,* Wien 1968, Bd. II, Wien 1969, S. 417–29, und ders., »Sprache als Thema und Medium der transzendentalen Reflexion«, in: *Sprache und Erkenntnis,* Meisenheim/Glan 1972. (S. oben S. 311 ff.)

87 Dies läßt sich m. E. im Sinne der klinischen Psychopathologie empirisch bestätigen.

2. 3. 4. An dieser Stelle können wir nun die Diskussion des ersten Einwandes wiederaufnehmen, der dahin ging, daß unser Ansatz im besten Fall »hypothetische Imperative« begründen könne. Auch jetzt noch trifft dieser Einwand insofern zu, als die (von uns zu begründende) Geltung moralischer Grundnormen abhängig ist von dem Willen zur Argumentation. Zugleich aber können wir darauf hinweisen, daß dieser rationale Wille in jeder philosophischen Grundlagendiskussion vorausgesetzt werden kann und muß, da sonst die Diskussion selbst keinen *Sinn* hat.

Im Sinne der Argumentation können wir als Philosophen nicht hinter unseren Willen zur Argumentation zurückgehen. Insofern ist der Wille zur Argumentation nicht *empirisch bedingt,* sondern transzendentale Bedingung der Möglichkeit jeder Erörterung hypothetisch angenommener empirischer Bedingungen. Sofern wir zugeben, daß unsere Grundlagendiskussion *unbedingt* – d. h. ohne Rücksicht auf empirische Bedingungen – *Sinn haben soll,* können wir demnach die im Willen zur Argumentation implizierte moralische Grundnorm *unbedingt* oder *kategorisch* nennen.

Dieses Argument einer transzendentalen Sinnkritik scheint mir auch der folgenden Modifikation des ersten Einwandes gewachsen zu sein: Man könnte meinen, unser Rekurs auf die Tatsache, daß die Teilnehmer an einer philosophischen Grundlagendiskussion immer schon implizit die moralischen Grundnormen einer kritischen Kommunikationsgemeinschaft akzeptiert haben, können deshalb keine moralische Norm begründen, weil aus einer *Tatsache,* nämlich dem *Faktum* des Akzeptierthabens, keine *Norm* abgeleitet werden könne.

(Dieses Argument scheint mir in der Tat gegen den Versuch, die moralische Verbindlichkeit von Normen auf das Faktum der »freien Anerkennung« zu gründen, stichhaltig zu sein. Freie Anerkennung durch menschliche Subjekte ist nur eine *notwendige,* nicht aber eine *hinreichende* Bedingung der moralischen Geltung von Normen. Auch unmoralische Normen können von Menschen irrtümlicherweise oder im Vertrauen darauf, daß immer nur die anderen (Schwächeren!) die Leidtragenden sein werden – als verbindlich anerkannt werden: so etwa die vermeintliche Pflicht, den Göttern Menschenopfer zu bringen, oder die Rechtsnorm, dem freien Spiel der wirtschaftlichen Konkurrenz – oder gar der biologischen Auslese der Stärkeren – alle sozialen Rücksichten unterzuordnen.[88] Zwar setzen

88 Es versteht sich, daß ich an dieser Stelle die Unmoralität der angeführten Normen

alle *Verträge*, um verbindlich zu sein, die freie Anerkennung echter, moralischer Normen durch die Vertragsschließenden voraus, aber die moralische Geltung der vorausgesetzten Normen kann nicht selber aus dem Faktum der Anerkennung – u. d. h. nach dem Muster eines Vertragsschlusses – begründet werden. Darin scheint mir, wie früher schon angedeutet, der Trugschluß eines ethischen »Liberalismus« zu liegen.[89] Indessen: trifft diese Argumentation auch unseren Rekurs auf diejenigen moralischen Normen, die zugleich mit dem Willen zur Argumentation schon anerkannt sein müssen?)

Gegen den zuletzt formulierten *Einwand*, der sich auf die Humesche Distinktion stützt, kann die transzendentale Sinnkritik zunächst zeigen, daß die Akzeptierung der Spielregeln einer kritischen Kommunikationsgemeinschaft nicht ein *empirisches* Faktum ist, sondern zu den Bedingungen der Möglichkeit und Gültigkeit der empirischwissenschaftlichen Feststellung von Fakten gehört. Darüber hinaus gehört die in Frage stehende Anerkennung einer moralischen Grundnorm, wie gezeigt, zu den Bedingungen der Möglichkeit jeder Argumentation und, sofern der methodische Solipsismus als widerlegt gelten kann, zu den Bedingungen der Möglichkeit jedes gültigen Selbstverständnisses. Daraus folgt m. E., daß der Akzeptierung der moralischen Grundnorm selbst der modale Charakter des *Sollens* zukommt – unter der Bedingung allerdings, daß die Fragen der philosophischen Grundlagendiskussion – ja überhaupt irgendwelche Fragen – sinnvoll gestellt werden *sollen*. Diese Voraussetzung aber ist – wie wir bereits feststellten – nicht die Bedingung eines hypothetischen Imperativs, denn sie kann gar nicht *sinnvoll* negiert werden, wenn nicht die Diskussion selbst aufgehoben werden soll. M. a. W.: Die Akzeptierung der moralischen Grundnorm der kritischen Kommunikationsgemeinschaft hat, sofern sie notwendigerweise vorausgesetzt werden muß, nicht den Charakter eines

---

nur behaupten kann; es genügt hier jedoch, Beispiele dafür anzugeben, daß freie Anerkennung unmoralischer Normen denkbar ist.

89 Vergl. oben S. 374 f. – Mit der faktischen *Anerkennung* eines Vertrages geht man selbstverständlich – ähnlich wie durch den illokutionären Akt eines *Versprechens* – eine *Verpflichtung* ein. Es ist jedoch m. E. irreführend, diese Feststellung einer »institutionellen Tatsache« mit J. R. Searle (*Sprechakte*, a.a.O. S. 261 ff.) als »Ableitung des Sollens aus dem Sein« zu interpretieren. Denn *unser Urteil*, daß für denjenigen, der sich verpflichtet hat, eine Verbindlichkeit besteht, ist nicht identisch mit der empirischen Feststellung, daß der Betreffende sich verpflichtet hat: es folgt nicht *allein* aus dieser Feststellung, sondern aus ihr *und* aus der normativen Voraussetzung, daß Verpflichtungen zu erfüllen sind, wenn dem keine schwerer wiegenden Pflichten entgegenstehen.

Humeschen »Faktums«, sondern den Charakter des Kantischen »Faktums der Vernunft«.

Mit dieser Interpretation ist offenbar der Anspruch verbunden, Kants Begründung des »kategorischen Imperativs« durch das »Faktum der (praktischen) Vernunft« kritisch zu rekonstruieren.[90] Es kann meines Erachtens nicht bezweifelt werden, daß Kants Rede vom »Faktum der Vernunft« als Grundlage eines »kategorischen Imperativs«, so wie sie historisch vorliegt, der Kritik im Sinne Humes, bzw. dem Vorwurf der »Naturalistic Fallacy« ausgesetzt ist. Wie insbesondere K.-H. Ilting überzeugend gezeigt hat[91], beruht Kants Anspruch, die Geltung eines »kategorischen Imperativs« begründet zu haben, – zumindest in der *Grundlegung der Metaphysik der Sitten* – darauf, daß er – in Analogie zur »transzendentalen Deduktion« der theoretischen »Grundsätze« in der *Kritik der reinen Vernunft* – die »objektive Realität« des ethischen Grundprinzips als eines synthetischen praktischen Urteils a priori glaubt erwiesen zu haben. Kant transformiert dabei, unter der Hand und entgegen seiner Anfangsintention, die Frage nach der *moralischen Geltung* des »kategorischen Imperativs« als des Grundprinzips der Ethik in die Frage nach der »Faktizität« der entsprechenden Gewissens-»Nötigung«. Diese Frage beantwortet er schließlich durch die – letzten Endes christlich-platonische – Metaphysik der Nötigung des empirischen Willens, der unter den Bedingungen der Sinnlichkeit steht, durch den »reinen Willen« des »intelligiblen Ich«, der sich selbst das Gesetz gibt. Auch in der *Kritik der praktischen Vernunft*, wo der Anspruch auf eine »transzendentale Deduktion« des »kategorischen Imperativs« aufgegeben ist und dieser auf ein nicht weiter begründbares »Faktum« zurückgeführt wird, bleibt die metaphysische Vorstellung der »Realität« dieses Faktums erhalten; denn der Unterschied zwischen dem »kategorischen Imperativ« und den »Grundsätzen« der theoretischen Vernunft besteht nach Kant darin, daß die letzteren die Bedingung der Möglichkeit der »Erscheinung« von Gegenständen für ein, sinnlich affizierbares, Bewußtsein sind, die Selbstbestimmung des Willens durch das Sittengesetz jedoch »Grund der Existenz ihrer Gegenstände« durch die Kausalität eines Vernunftwesens ist.

Unter den kritischen Diskussionsbedingungen der Gegenwart kann

90 Vgl. hierzu auch O. Schwemmer, *Philosophie der Praxis*, a.a.O., S. 193 ff.
91 Vgl. K.-H. Ilting, »Der naturalistische Fehlschluß bei Kant«, a.a.O.
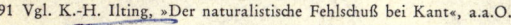

man diese metaphysische »Begründung« oder »Erklärung« nicht
als Antwort auf das Problem der Geltungsrechtfertigung ansehen –
darin dürften alle, die durch die seit G. F. Moore eröffnete metaethische Diskussion hindurchgegangen sind, einiggehen. Dennoch
hat eine metaphysische Reduktion der moralischen Grund-»Norm«
auf ein »Sittengesetz« als »Faktum der Vernunft« nicht denselben
Konfusions-Charakter wie eine Verwechselung der Norm mit einem
empirischen Faktum im Sinne Humes.[92] Die metaphysische – und
auch die mythisch oder spekulativ theologische – Darstellungsweise
eines Problems bzw. seiner »Auflösung« kann nämlich auch als Auf-
bewahrung der Problemsubstanz und des »Vorscheins« der wahren
Auflösung des Problems gerade gegen Problem-Abspannungen und
empirische »Reduktionen« aufgefaßt werden: Die »analogische«
Sprache der Metaphysik ist gewissermaßen solange berechtigt, wie
eine adäquatere Formulierung des Problems noch nicht gelungen ist.
Dies gilt zumal für die Metaphysik Kants, die ja selbst Ausdruck
einer erkenntniskritisch-antidogmatischen Bemühung ist und sich
des »analogischen« Charakters ihrer Sprechweise zuweilen bewußt ist.[93]

So läßt sich m. E. Kants Rede vom »Faktum der Vernunft« als
dem unbezweifelbaren *Tatbestand* der sittlichen Selbstbestimmung
(durch ein selbstgegebenes Gesetz der Selbstüberwindung) als ein
Ergebnis transzendentaler Selbstbesinnung auffassen, das sich in
dem von uns angedeuteten Sinn einer Implikation des Argumen-
tationsaprioris rekonstruieren läßt. Insofern behauptet Kants Lehre
m. E. selbst in ihrer metaphysischen Einkleidung das tiefere Recht
nicht nur gegenüber einer »naturalistic fallacy« im Sinne empirischer Reduktion, sondern auch gegenüber allen dezisionistischen Begründungen der Geltung von Normen (und auch die Gründung der
Normgeltung auf »freie Anerkennung« endlicher Menschen ist eine
dezisionistische Begründung!). Die eigentümliche Dialektik – und
unfreiwillige Selbstironie – der modernen Disjunktion und Komplementarität von »Tatsachen« und »Entscheidungen« liegt ja ge-

---

92 Vgl. hierzu Kant selbst, *Kritik der praktischen Vernunft*, A 56, A 81, A 96, A 163,
A 187. Dazu Dieter Henrich, »Der Begriff der sittlichen Einsicht und Kants Lehre vom
Faktum der Vernunft« (in: *Die Gegenwart der Griechen im neueren Denken*, Festschr. f.
H.-G. Gadamer, Hrsg. v. D. Henrich u. a., Tübingen 1960, S. 77–115) und O. Schwem-
mer, a.a.O., S. 198.
93 Vgl. hierzu E.-K. Specht, »Der Analogiebegriff bei Kant und Hegel«, *Kantstudien*,
Erg. Heft 66, Köln 1952.

rade darin, daß »Entscheidungen« für die reflexive (metaethische) Beurteilung auch nur »Tatsachen« sind – solange sie nicht, durch transzendentale Besinnung und Sinnkritik, als *unausweichliche Vorentscheidungen der argumentierenden Vernunft* erwiesen sind, so daß sie den Charakter eines »apriorischen Perfekts«[94] erhalten. In diesem Sinne eines »apriorischen Perfekts« läßt sich nun m. E. Kants Lehre vom »Faktum der Vernunft« rekonstruieren – zumal wenn man in Betracht zieht, daß praktische Vernunft nach Kant »ihre Realität und die ihrer Begriffe durch die Tat« beweist.[95] Und es war Fichte, der diesen Versuch zuerst unternommen hat: den Versuch einer »Selbstrekonstruktion der Vernunft« im Nachvollzug der »Tathandlungen des Ich«, die sowohl die Geltung der Ethik wie die der »Wissenschaftslehre« begründen.[96] Fichte beschreibt seine Methode folgendermaßen: »Unser Gang ist fast immer der, daß wir a) Etwas vollziehen, in dieser Vollziehung ohne Zweifel geleitet durch ein unmittelbar in uns tätiges Vernunftsgesetz. – Was wir in diesem Falle eigentlich, in unserer eigenen höchsten Spitze sind, und worin wir aufgehen, ist doch noch Faktizität. – Daß wir sodann b) das Gesetz, welches eben in diesem ersten Vollziehen uns mechanisch leitete, selber erforschen und aufdecken; also das vorher unmittelbar Eingesehene, mittelbar einsehen aus dem Prinzip und Grunde seines Soseins, also in der Genesis seiner Bestimmtheit es durchdringen. Auf diese Weise nun werden wir von den faktischen Gliedern aufsteigen zu genetischen; welches Genetische denn doch wieder in einer anderen Hinsicht faktisch sein kann, wo wir daher gedrungen werden, wieder zu dem, in Beziehung auf diese Faktizität Genetischen aufzusteigen, solange bis wir zur absoluten Genesis, zur Genesis der W.-L. hinaufkommen[97].«

Fichte möchte also das »Faktum der Vernunft« durch einsichtigen Mit- und Nachvollzug nach und nach in seiner bloßen Faktizität auflösen. Indem so die Vernunft sich selbst aneignet oder rekon-

---

94 Einer der faszinierenden Aspekte von Heideggers *Sein und Zeit* schien mir immer in dem »je schon« oder »immer schon« des Hinweises auf das »apriorische Perfekt« existentialer Voraussetzungen zu liegen. Diese sind freilich bei Heidegger nicht in der unbestreitbaren Geltung eines Argumentationsapriori festgemacht, sondern bilden eher ein Kontinuum mit dem hermeneutischen Sinnapriori der geschichtlichen Faktizität, das zwar auch unüberspringbar, aber doch kritisierbar und insofern korrigierbar ist. Vgl. hierzu unten S. 422.
95 Kant, *Kritik d. Praktischen Vernunft*, A 2; vgl. K.-H. Ilting, a.a.O., 14 ff.
96 Vgl. Schwemmer, a.a.O., S. 198 ff. Ferner D. Henrich, *Fichtes ursprüngliche Einsicht*, Frankfurt 1967.
97 J. G. Fichte, *Werke*, Hrsg. v. Fritz Medicus, Leipzig 1910/10, IV, S. 206.

WL 1804

struiert, soll sowohl der dogmatische Rekurs auf ein bloß vorhan-
denes metaphysisches Faktum wie andererseits die Willkür einer
unbegründeten, dezisionistischen Setzung vermieden werden. Auch
Fichte hat sich, wie insbesondere seine Spätphilosophie zeigt, nicht
von der Voraussetzung einer Metaphysik (des »absoluten Ich« Gottes als einer Urtatsache) zu lösen vermocht; gleichwohl hat er zuerst den Weg einer »rekonstruktionistischen« Transzendentalphilosophie eingeschlagen, der später durch Hugo Dingler und Paul Lorenzen fortgebildet wurde. Dieser moderne »Rekonstruktivismus«
steht freilich, wie mir scheint, in der Gefahr, dem metaphysischen
Restdogmatismus Fichtes dadurch entrinnen zu wollen, daß er das
Problem des Anfanges der Rekonstruktion nicht nach der Seite eines
metaphysischen Faktums, sondern nach der Seite des Dezisionismus
abspannt. Damit würde er m. E. die Pointe des *transzendentalen
(reflexionsabhängigen) Rekonstruktivismus* zugunsten eines *entscheidungsabhängigen Konstruktivismus* aufgeben.
So glaubt etwa P. Lorenzen, ebenso wie K. Popper, zugeben zu
müssen, daß die Prinzipien, aufgrund deren allein moralische Normen gerechtfertigt werden können, selbst nicht gerechtfertigt werden können, sondern durch einen »act of faith« im Sinne des Glaubens an die Vernunft akzeptiert werden müssen.[98] Als Grund für
die Unvermeidlichkeit des Glaubensaktes gibt Lorenzen an, »that
the term ›justification‹ makes sense only after one has accepted such
principles«.[99] Auch O. Schwemmer glaubt diese typischen Bedingungen der modernen *logischen Semantik* (z. B. Carnaps) akzeptieren zu müssen, obwohl er zuvor in Anknüpfung an Fichte gezeigt
hat, daß das Moralprinzip selbst aufgrund einer Teilnahme an ge-
meinsamer Kommunikationspraxis »einsichtig« gemacht werden
kann. Für ihn liegt der Grund für die Berufung auf einen sinnvoller-
weise nicht mehr zu rechtfertigenden Entschluß oder Glaubensakt
darin, daß man je an der gemeinsamen Praxis *teilnehmen* muß, um
durch gemeinsame Rekonstruktion der praktischen Vernunft zur
Einsicht in die Geltung des Moralprinzips zu gelangen.[100]
Allein: wer die m. E. durchaus sinnvolle Frage nach der Rechtferti-

98 Paul Lorenzen, *Normative Logics and Ethics,* a.a.O., S. 74. – K.-H. Ilting weist mit
Recht darauf hin, daß Lorenzen damit die Bedingungen seiner eigenen Definition von
»Szientismus« in »Szientismus versus Dialektik« (in: *Hermeneutik and Dialektik,* a.a.O.,
S. 58 ff. u. S. 72) in einem gewissen Sinn erfüllt (vgl. »Anerkennung«, a.a.O., S. 1 ff.).
99 Vgl. P. Lorenzen, a.a.O., S. 74.
100 Vgl. O. Schwemmer, *Philosophie der Praxis,* a.a.O., S. 194 ff.

gung des Moralprinzips stellt, der *nimmt* ja schon an der Diskussion *teil*, und man kann ihm – durchaus auf dem von Lorenzen und Schwemmer eingeschlagenen Weg einer Rekonstruktion der Vernunft – »einsichtig machen«, was er »immer schon« als Grundprinzip akzeptiert hat und daß er dieses Prinzip als *Bedingung der Möglichkeit und Gültigkeit der Argumentation* durch willentliche Bekräftigung akzeptieren soll. Wer dies nicht einsieht, bzw. nicht akzeptiert, der scheidet damit aus der Diskussion aus. Wer aber nicht an der Diskussion teilnimmt, der kann überhaupt nicht die Frage nach der Rechtfertigung ethischer Grundprinzipien stellen, und daher ist *dies sinnlos*: von der Sinnlosigkeit seiner Frage zu reden und ihm einen wackeren Glaubensentschluß zu empfehlen.[101] – Daß es in der Lebenspraxis dennoch Sinn hat, mit Fichte zum Vollzug der sittlichen Autonomie, zur Selbstsetzung des Ich, u. d. h. – unter der Voraussetzung des überwundenen »methodischen Solipsismus« – zur Teilnahme an der kommunikativen Praxis der Rekonstruktion der praktischen Vernunft *aufzufordern*, liegt daran, daß einerseits jeder, der spricht oder auch nur sinnvoll handelt, bereits an einer virtuellen Diskussion teilnimmt und daß andererseits jeder – auch der Philosoph – die Teilnahme am transzendentalen Sprachspiel der transzendentalen Kommunikationsgemeinschaft in jedem Augenblick seines Lebens *willentlich bekräftigen* muß. Diese »willentliche Bekräftigung«, die P. Lorenzen wohl eigentlich im Sinn hat, ist aber kein, die transzendentale Rechtfertigung ersetzender, irrationaler Glaubens- oder Entscheidungsakt!

Gerade Schwemmers Versuch, Lorenzens Ansatz als Realisierung der eigentlichen Intentionen Kants und Fichtes zu rekonstruieren, zeigt m. E., daß man die Forderung einer *Rechtfertigung* der moralischen Grundnorm oder des Prinzips der Ethik nicht »sinnlos« nennen muß, solange man die methodische Möglichkeit einer *transzendentalen Reflexion oder Besinnung* – und dementsprechend einer *reflexionsabhängigen Rekonstruktion* – noch nicht aufgegeben hat zugunsten der, vom Neopositivismus vorgeschlagenen, Abhängigmachung jeder philosophischen Argumentation von ausdrücklich – durch Definitionen oder ganze »semantische Systeme« – verbind-

---

101 Auch K.-H. Ilting (a.a.O., S. 16) sieht nicht, daß die von ihm herausgestellte, schwierige Grundsituation – daß man die moralische Grundnorm rechtfertigen muß, »ohne irgendeine Norm voraussetzen zu dürfen« – glücklicherweise gar nicht vorkommen kann. Wer sich philosophisch für die Begründung der Grundnorm interessiert, der vermag durch transzendentale Reflexion einzusehen, daß er sie schon voraussetzt.

lich gemachten Voraussetzungen. Unter der letzteren Voraussetzung aber kann man das – von Lorenzen wieder aufgeworfene – Problem des willkürfreien Anfangs in der Philosophie nicht einmal mehr sinnvoll stellen, geschweige denn auflösen. Für die *entscheidungsabhängige Sprach-Konstruktion* der logischen Semantik, die eine »transzendentale Reflexion« auf die *impliziten* Vorentscheidungen der Vernunft nicht mehr als legitimen Zug im philosophischen Sprachspiel betrachtet, ergibt sich mit Notwendigkeit das Problem der nicht philosophisch rekonstruierten Umgangssprache als der letzten Meta- oder Para-Sprache des philosophischen Diskurses.

Diese typische Situation der »indirekten« Sprach-Rekonstruktion im Stile Carnaps ist m. E. nur dann zu vermeiden, wenn man sich, in der Absicht *normativer Rekonstruktion,* von vornherein bewußt auf den »hermeneutischen Zirkel« (oder die »hermeneutische Spirale«) von normativer und *faktischer Rekonstruktion,* u. d. h. auch: von tradierter *Bildungssprache* der Philosophie, *Umgangssprache* und rekonstruierter Bildungssprache der Philosophie einläßt.[102] Das besagt aber m. E., daß der Kampf der Erlanger Schule gegen das *transzendentalhermeneutische* Prinzip der »Nichthintergehbarkeit der Sprache«[103] auf einem Selbstmißverständnis beruht, da er genau das bestreiten oder beseitigen möchte, was den eigenen Ansatz möglich macht.[104] Wer nämlich *willkürfreie Rekonstruktion*

---

102 Die Erlanger Schule scheint mir völlig im Recht zu sein, wenn sie den kritischen Rekurs des späten Wittgenstein von der – in undurchsichtiger Weise aus der Umgangssprache hervorgegangenen – philosophischen Bildungssprache auf die Umgangssprache als den »destruktiven« Teil eines Unternehmens auffaßt, das erst in der *normativen Rekonstruktion* der philosophischen Bildungssprache selbst ins Ziel kommt. – Vgl. hierzu K. Lorenz, *Elemente der Sprachkritik. Eine Alternative zum Dogmatismus und Skeptizismus in der analytischen Philosophie,* Frankfurt 1970.

103 Vgl. K. Lorenz u. J. Mittelstraß, »Die Hintergehbarkeit der Sprache«, in: *Kantstudien* 58 (1967), S. 187–208. Vgl. oben S. 389.

104 De facto scheint mir sowohl die »logische Propädeutik« von W. Kamlah und P. Lorenzen wie insbesondere die »Philosophie der Praxis« von O. Schwemmer die Gebundenheit der »direkten« Sprach-Rekonstruktion an den »hermeneutischen Zirkel« durchweg zu bestätigen – wenn man davon absieht, daß hin und wieder versichert wird, es ließe sich – wenn man Zeit hätte und auf unmittelbare Erlernung der Sprache in Situationen der Lebenspraxis zurückgehen könnte – auch ganz anders machen, als es gemacht wird. Wenn indessen die methodische Rekonstruktion der Sprache nicht auf »Abrichtung« (so Wittgenstein in einem bedenklichen Mißverständnis der Spracherlernung und des Sozialisationsprozesses) hinauslaufen soll, dann muß selbst die dialogische Explikation des Sinnes und der Geltung der Junktoren und Qantoren-Logik eine *bestimmte Sprachkompetenz* bei den Dialogteilnehmern immer schon voraussetzen (auch wenn – wie Habermas mit Chomsky

der (praktischen und theoretischen) Vernunft anstrebt – und nicht *entscheidungsabhängige* Konstruktion paradigmatischer Fragmente axiomatischer Vernunft –, der hat m. E. allen Grund, mit der transzendentalen Besinnung auf das »Faktum der Vernunft« zu beginnen, das in der Zugehörigkeit zur Sprachgemeinschaft »immer schon« im Sinne eines »apriorischen Perfekts« vorausgesetzt werden kann. Dieses Apriori kann rekonstruiert, nicht aber übersprungen werden.

2. 3. 5. Doch nun ist es an der Zeit, eine letzte Frage zu beantworten, die im Kontext unseres gegenwärtigen Themas wohl die wichtigste ist: Wieviel ist durch die transzendentale Reflexion auf die moralischen Normen der Kommunikationsgemeinschaft, die im Apriori der Argumentation mitvorausgesetzt sind, wirklich erreicht? – Kann aufgrund dieser Voraussetzungen eine normative Ethik ausgearbeitet werden, die als Grundlage für eine solidarische Übernahme der moralischen Verantwortung im Zeitalter der Wissenschaft tauglich ist?

An dieser Stelle zeigt sich noch einmal, daß es nicht genügt, diejenigen moralischen Normen zu rekonstruieren, die im Sinne »hypothetischer Imperative« für das Faktum der Wissenschaft vorausgesetzt sind – obwohl der Nachweis solcher Normen notwendig ist, um den lähmenden Bann des Szientismus zu brechen. Daß die Ethik der Wissenschaft (Science) nicht genügt, um eine Ethik der Menschheit im Zeitalter der Wissenschaft zu begründen, läßt sich durch die folgenden kritischen Überlegungen zu Peirces Konzeption der Wissenschaftsethik klar machen: Peirce sah – wie mir scheint, mit

wohl zurecht vermutet – eine angeborene *vorsprachliche Disposition* die Ausbildung der *logischen*, wie der *grammatischen Kompetenz* möglich macht). Wenn es aber vollends um die Rekonstruktion der welthaltigen »Prädikatoren« der Bildungssprache – also etwa um »Protoethik« – geht, dann wird m. E. der hermeneutische Zirkel von faktischer und normativer Genese der Geschichte, den P. Lorenzen selbst fordert, um – im Geiste Hegels – dem *formalen* normativen Prinzip den *Inhalt* seiner möglichen Anwendung zu verschaffen (*Normative Logic and Ethics*, a.a.O., S. 84 ff.; vgl. O. Schwemmer, a.a.O., S. 207 ff.), schon mit der Rekonstruktion der Sprache verbunden sein. In der Tat ist es ja auch eine Illusion zu glauben, man könne die zum Aufbau einer protoethischen Terminologie erforderlichen Prädikatoren exemplarisch einführen, ohne bereits an einem spekulativ-theoretischen Entwurf zu arbeiten und in die Auseinandersetzung mit der philosophischen Tradition einzutreten. Auch ohne eine solche »Zauberei« in Anspruch zu nehmen, kann m. E. der Erlanger Ansatz im Sinne einer *reflexionsabhängigen Rekonstruktion* der Sprache zu philosophisch relevanten – wenngleich kritisierbaren – Vorschlägen führen. Vor allem aber kann der *Anfang* – wie hier zu zeigen versucht wird – in der *Rekonstruktion des Prinzips* bestehen, das im »transzendentalen Sprachspiel«, und insofern in *jedem* Sprachspiel der Bildungs- und der Umgangssprache, *implizit* vorausgesetzt wird.

Recht – das spezifische moralische Engagement, das von jedem
Mitglied der Gemeinschaft der Naturwissenschaftler implizit vorausgesetzt wird, in einer gewissen Abstraktion von den endlichen
(individuellen) Lebensinteressen.[105] Der Naturwissenschaftler muß
nach Peirce in der Lage sein, sich (als austauschbares Glied) mit
einer unbegrenzten Experimentier-Gemeinschaft zu identifizieren,
von der er weiß, daß sie ihr Ziel, die Feststellung der definitiven
Wahrheit, nicht zu seinen Lebzeiten erreichen wird. In der hierin
implizierten Gesinnung der Selbstaufopferung der Individualität
(»Selfsurrender«) scheint Peirce[106] so etwas wie das Paradigma
moralischer Gesinnung überhaupt erblickt zu haben, und er konnte
daher von der Extrapolation der Ethik der Wissenschaft die Rationalisierung des Universums auch im Sinne einer Ethik der »evolutionären Liebe« erwarten. Der Versuch, diese Extrapolation nach-
zuvollziehen und einen ethischen Imperativ auf der Linie des Peirceschen »Selfsurrender« zu formulieren, zeigt jedoch, daß hier die
Verabsolutierung *eines* Lebensinteresses vorgenommen würde, –
eines Bedürfnisses, das selbst erst noch in der »Gemeinschaft der
Argumentierenden« zu rechtfertigen ist.
Diese Überlegung zeigt, daß die Gemeinschaft der Argumentierenden nicht mit der Gemeinschaft der Wissenschaftler identisch ist,
obwohl sie von der letzteren vorausgesetzt wird. Im Apriori der
Argumentation liegt der *Anspruch,* nicht nur alle »Behauptungen«
der Wissenschaft, sondern darüber hinaus alle menschlichen *Ansprüche* (auch die impliziten Ansprüche von Menschen an Menschen,
die in Handlungen und Institutionen enthalten sind) zu *rechtfertigen.*[107] Wer argumentiert, der anerkennt implizit alle möglichen

105 Vgl. oben Anm. 63.
106 mit H. James senior, der, in der Tradition Böhmes, Swedenborgs und des religiösen
Sozialismus stehend, in der privaten Idiosynkrasie das Signum der Sünde qua Sonderung
von Gott erblickte. – Vgl. hierzu G. Wartenberg, *Logischer Sozialismus...*, Frankfurt
1971.
107 Unter »Rechtfertigung« verstehe ich nicht jene *definitive Rechtfertigung*, die es – nach
Peirce und Popper – für Sätze (Behauptungen) der Wissenschaft nicht geben kann. Gleichwohl scheint mir die traditionelle Forderung nach »Rechtfertigung« weiterhin sinnvoll;
sie kann jedenfalls nicht, wie die Popperianer suggerieren, durch die Forderung nach
»Kritik« ersetzt werden. Im *Traktat über kritische Vernunft* z. B. sucht H. Albert – wie
nicht zu übersehen ist – durch alle Kritik hindurch den Ansatz des »kritischen Rationalismus« zu *rechtfertigen*. Die Kommunikationspartner haben in der Tat einen moralischen
Anspruch darauf, von dem sie Ansprechenden darüber unterrichtet zu werden, was alles
rebus sic stantibus für eine *Behauptung* – oder für einen *Antrag* oder einen *Vorschlag* –
spricht.

Ansprüche aller Mitglieder der Kommunikationsgemeinschaft, die durch vernünftige Argumente gerechtfertigt werden können (sonst würde der Anspruch der Argumentation sich selbst thematisch beschränken), und er verpflichtet sich zugleich, alle eigenen Ansprüche an Andere durch Argumente zu rechtfertigen. Darüber hinaus sind die Mitglieder der Kommunikationsgemeinschaft (und das heißt implizit: alle denkenden Wesen) m. E. auch verpflichtet, alle virtuellen Ansprüche aller virtuellen Mitglieder zu berücksichtigen – u. d. h. alle menschlichen »Bedürfnisse«, sofern sie *Ansprüche* an die Mitmenschen stellen könnten. Menschliche »Bedürfnisse« sind als interpersonal kommunizierbare »Ansprüche« ethisch relevant; sie sind anzuerkennen, sofern sie durch Argumente interpersonal gerechtfertigt werden können. In der geforderten Bereitschaft zur Rechtfertigung von persönlichen Bedürfnissen als interpersonalen Ansprüchen liegt insofern eine Analogie zu dem von Peirce geforderten »Selfsurrender«, als die »Subjektivität« der egoistischen Interessendurchsetzung allerdings zugunsten der »Transsubjektivität« der argumentativen Interessenvertretung aufgeopfert werden muß.[108] Zugleich liegt darin aber die Forderung, gerade kein endliches, individuelles Interesse von Menschen ohne Not aufzuopfern. Der Sinn der moralischen Argumentation könnte geradezu in dem – nicht eben neuen – Prinzip ausgedrückt werden, daß alle *Bedürfnisse* von Menschen – als virtuelle *Ansprüche* – zum Anliegen der Kommunikationsgemeinschaft zu machen sind, die sich auf dem Wege der Argumentation mit den Bedürfnissen aller übrigen in Einklang bringen lassen.[109]

108 In diesem Sinne kennzeichnet P. Lorenzen die moralische Grundnorm als das Prinzip der »Transsubjektivität«; vgl. *Normative Logic and Ethics*, a.a.O., S. 82.
109 Man kann m. E. nicht umgekehrt die Ansprüche der Menschen dadurch rechtfertigen, daß man sie auf »wahre Bedürfnisse« zurückführt, etwa durch »normative Genese« der »kulturellen Bedürfnisse« aus »natürlichen Bedürfnissen«; denn gerade die natürlichen Bedürfnisse der Menschen – Nahrung, Unterkunft, Sexualität usw. – sind offenbar nur als kulturelle Bedürfnisse, u. d. h. schon: *als kommunizierbare Ansprüche*, die in einer bestimmten gesellschaftlichen Situation (z. B. bei einem bestimmten Entwicklungsstand der »Produktivkräfte«) befriedigt werden können, moralisch relevant und ethisch zu rechtfertigen. Die normative Genese der kulturellen Bedürfnisse aus den natürlichen Bedürfnissen hat m. E. nur – allerdings – eine ideologiekritische Funktion zur Rechtfertigung der Bedürfnisse gehört aber darüber hinaus die Konfrontation der subjektiv »echten« Bedürfnisse mit dem »Realitätsprinzip« (Freud); und diese Konfrontation bedarf selber wiederum einer normativen und empirischen Genese der gesellschaftlichen Situation, z. B. der Entwicklung der »Produktivkräfte« und der »Produktionsverhältnisse« (Marx), *und* der machtpolitischen Situation, in der sich ein bestimmter Staat befindet.

Damit scheint mir das Grundprinzip einer Ethik der Kommunikation angedeutet zu sein, das zugleich die – eingangs vermißte – Grundlage einer Ethik der demokratischen Willensbildung durch *Übereinkunft* (»Konvention«) darstellt. Die angedeutete Grundnorm gewinnt ihre Verbindlichkeit nicht etwa erst durch die *faktische Anerkennung* derer, die eine Übereinkunft treffen (»Vertragsmodell«), sondern sie verpflichtet alle, die durch den Sozialisationsprozeß »kommunikative Kompetenz« erworben haben, in jeder Angelegenheit, welche die Interessen (die virtuellen *Ansprüche*) Anderer berührt, eine Übereinkunft zwecks solidarischer Willensbildung anzustreben; und nur diese *Grundnorm* – und nicht etwa das *Faktum* einer bestimmten Übereinkunft – sichert den einzelnen normgerechten Übereinkünften moralische Verbindlichkeit. Die von der im Liberalismus und Existentialismus säkularisierten christlichen Tradition geforderten, subjektiven Gewissensentscheidungen der Einzelnen sind jetzt mit der Forderung der intersubjektiven Geltung a priori vermittelt – dadurch, daß jeder einzelne die öffentliche Argumentation als Explikation aller möglichen Geltungskriterien und somit auch der vernünftigen Willensbildung von vornherein anerkennt. Der »methodische Solipsismus« ist damit auch auf dem Gebiet der Ethik überwunden.

Das hier angedeutete Prinzip zu verstehen bedeutet freilich zugleich: einzusehen, daß mit der Aufstellung des Prinzips wenig getan ist, wenn es nicht gelingt, die mit dem Prinzip gestellten langfristigen Aufgaben zu erfüllen: nämlich erstens, die *Methode der moralischen Diskussion* (der praktischen »Beratung« überhaupt) zu entwickeln[110], und zweitens, diese Methode unter endlichen, politisch-juristischen Bedingungen wirksam zu institutionalisieren. Damit scheint mir nun freilich eine Grenze des bislang exponierten Prinzips selber angedeutet zu sein.

Die bisher entwickelte Grundlegung einer Ethik der Kommunikation geht von idealisierten Voraussetzungen aus. Sie berücksichtigt prinzipiell nicht den Umstand, daß nicht nur intellektuelle Schwierigkeiten bei der Institutionalisierung der moralischen Diskussion zu berücksichtigen sind, sondern die Tatsache, daß diese Institutionalisierung in einer konkreten geschichtlichen Situation, die immer schon durch den *Konflikt der Interessen* bestimmt ist, durchgesetzt werden muß. Sie berücksichtigt z. B. nicht den Umstand, daß selbst

110 Hier liegt wohl der Schwerpunkt des Ansatzes der »Erlanger Schule«.

diejenigen, welche die volle Einsicht in das Moralprinzip gewonnen haben, deshalb doch nicht ohne weiteres Mitglieder einer unbegrenzten Gemeinschaft gleichberechtigter Kommunikationspartner werden können, sondern an ihre *reale* gesellschaftliche Position und Situation gebunden bleiben. Durch diese reale Bindung sind sie dazu verurteilt, eine *spezifische moralische Verantwortung* zu übernehmen, die durch das formale Prinzip der »Transsubjektivität« im Sinne der Argumentationsgemeinschaft nicht definiert werden kann. Als »Experten« im Sinne eines bestimmten Wissens oder Könnens z. B. haben sie eine Autorität, die auch dann zur Geltung zu bringen ist, wenn sie von den Mitmenschen – etwa den vom »Biozid« bedrohten Bewohnern der Erde – nicht anerkannt wird. Als Angehörige einer unterdrückten Klasse oder Rasse haben sie gegenüber den sozial Privilegierten a priori ein *moralisches Privileg,* ein Recht auf Durchsetzung der Gleichberechtigung noch diesseits der Spielregeln, die erst unter der Voraussetzung der realen Gleichberechtigung zu akzeptieren sind. Als Politiker sind sie darüber hinaus verpflichtet, alle Realisierungschancen sowie alle Wirkungen und Nebenwirkungen von moralisch wünschenswerten Zielsetzungen verantwortlich abzuwägen. Kurz: das Moralprinzip, soweit wir es bislang entwickelt haben, berücksichtigt nicht die moralische Situation all derer, die außerhalb einer institutionalisierten Kommunikation unter Zeitdruck Gewissensentscheidungen zu fällen haben und dabei nicht nur moralische Gesinnungsmaximen, sondern – entgegen Kants Unterstellung[111] – auch mögliche bzw. wahrscheinliche Auswirkungen in Rechnung zu stellen haben. M. Weber hat diese Situation in ein scharfes Licht gerückt durch die These, daß eine »Ethik politischer Verantwortung« mit jeder konsistenten »Gesinnungs-

111 Die Beispiele, die Kant für die Anwendung des »kategorischen Imperativs« gibt – insbesondere in der Abhandlung »Über ein vermeintes Recht, aus Menschenliebe zu lügen« – zeigen m. E., daß er die Situationsabhängigkeit der Geltung materialer Normen und damit das Problem der moralischen Verantwortung für alle Folgen und Nebenfolgen nicht hinreichend reflektiert hat. Auf der Linie einer geschichtsphilosophischen Übertreibung, welche die Wahrheit sichtbar macht, könnte man sagen: Kant hat durch seine Begründung der »Autonomie« des gesetzgebenden »guten Willens« die Ära der heteronomen »Gebotsethik« überwunden; aber er hat damit zugleich eine »Gesinnungsethik« begründet, die noch immer – insgeheim – unterstellt, daß der »gute Wille« der Menschen, auf den es allein ankommt, gewürdigt wird (– von einem Gott, der gewissermaßen die eigentliche Verantwortung für das Weltgeschehen einschließlich der Geschichte behält?). Demgegenüber scheint nun die Ära der eigentlichen »Verantwortungsethik« angebrochen zu sein: Es kommt letztlich nicht auf den »guten Willen« an, sondern darauf, daß das Gute geschieht. Die Menschen müssen die Verantwortung fürs Unternehmen auf sich nehmen.

ethik« in Konflikt geraten muß.[112] So ist es z. B. dem Politiker – und nicht nur ihm – mit Rücksicht auf die zu verantwortenden Konsequenzen oft nicht möglich, das fundamentale Gebot jeder Kommunikationsethik (wie auch schon der Kantischen Ethik) einzuhalten, das die Lüge verbietet. Das gleiche gilt für das Verbot, einen Menschen bloß als Mittel, und nicht auch als Selbstzweck zu behandeln. An dieser Stelle kehrt offenbar das Kernproblem der modernen, existentialistischen Situationsethik wieder, und es erhebt sich die Frage, ob hier nun doch dem Irrationalismus das Feld zu überlassen ist oder ob sich aus unserem Ansatz wenigstens *regulative Prinzipien* auch für eine Situationsethik der einsamen Entscheidungen herleiten lassen.

Ohne das Gewicht des Tragischen in den menschlichen Grenzsituationen zu unterschätzen, möchte ich dennoch die letzte Frage positiv beantworten und einen Versuch unternehmen, die Konsequenzen des Apriori der Kommunikationsgemeinschaft für die langfristige *strategische* Orientierung moralischen Handelns anzudeuten.

Zunächst könnte man mit J. P. Sartre den kategorischen Imperativ Kants bzw. Lorenzens Prinzip der Transsubjektivität soweit formalisieren, daß es auch auf den Grenzfall der absolut einzigartigen Situations-Entscheidung angewandt werden kann: Der Einzelne kann nach Sartre selbst in einer kommunikations- und vergleichslosen Lage, die ihn zwingt, scheinbar alle moralischen Normen zu übertreten, seiner Intention nach stellvertretend für die Menschheit handeln: er kann die Menschheit wählen, indem er sich wählt. In diesem Falle müßte prinzipiell jeder Andere, der sich in seine Lage zu versetzen vermag, ihm seine Zustimmung nachträglich erteilen und so die Erfüllung der moralischen Normen der Kommunikationsgemeinschaft feststellen können. (Mit dieser Forderung hat Sartre selbst die Phase des irrationalen Willkür-Existentialismus der »Fliegen« hinter sich gelassen, um den »Existentialismus als Humanismus« auszuweisen.[113]) Nun bringt aber gerade diese radikale Formalisierung die inhaltliche Leere, die auch schon an Kants kategorischem Imperativ beklagt wurde, vollends an den Tag; und es erhebt sich daher die Frage, ob nicht – entgegen der Meinung Kants – aus dem »Faktum der Vernunft«, sofern es als *Apriori der Kom-*

112 Vgl. M. Weber, *Politik als Beruf*, a.a.O.
113 Vgl. J. P. Sartre, *L'Existentialisme est un Humanisme*, 1946 (deutsch: »Ist der Existentialismus ein Humanismus«, in: *Drei Essays*, Berlin 1961).

munikationsgemeinschaft begriffen wird, ein inhaltliches Ziel als regulatives Prinzip aller moralischen Handlungen hergeleitet werden kann.[114] Reflektieren wir zu dem Zweck genauer auf die Eigenart des Apriori der Kommunikationsgemeinschaft als der sinnkritischen Bedingung der Möglichkeit und Gültigkeit aller Argumentation im Vergleich mit dem Apriori der traditionellen Transzendentalphilosophie:

Der erste Punkt, der hier auffällt, ist der Umstand, daß es sich nicht um eine rein *idealistische* Voraussetzung im Sinne eines Bewußtseinsapriori handelt; freilich handelt es sich auch nicht um eine rein materialistische Voraussetzung – so als ob das ideale und normative »Bewußtsein überhaupt« Kants durch das »Sein« der empirischen Gesellschaft ersetzt werden sollte.[115] Die Pointe unseres Apriori scheint mir vielmehr darin zu liegen, daß es das *Prinzip einer Dialektik* (diesseits) *von Idealismus und Materialismus* bezeichnet: Wer nämlich argumentiert, der setzt immer schon zwei Dinge gleichzeitig voraus: Erstens eine *reale Kommunikationsgemeinschaft*, deren Mitglied er selbst durch einen Sozialisationsprozeß geworden ist, und zweitens eine *ideale Kommunikationsgemeinschaft*, die prinzipiell imstande sein würde, den Sinn seiner Argumente adäquat zu verstehen und ihre Wahrheit definitiv zu beurteilen. Das Merkwürdige und Dialektische der Situation liegt aber darin, daß er gewissermaßen die ideale Gemeinschaft *in der* realen, nämlich als reale Möglichkeit der realen Gesellschaft, voraussetzt; obgleich er weiß, daß (in den meisten Fällen) die reale Gemeinschaft einschließlich seiner selbst weit davon entfernt ist, der idealen Kommunikationsgemeinschaft zu gleichen.[116] Aber der Argumentation bleibt, aufgrund ihrer transzendentalen Struktur, keine andere Wahl, als dieser verzweifelten und hoffnungsvollen Situation ins Auge zu sehen.

Wir stellen also fest, daß in unserer transzendentalen Vorausset-

114 De facto hat Kant dies selbst in seiner Idee der »weltbürgerlichen Gesellschaft« auch getan.

115 Diese massivste Form der »naturalistic fallacy«, die offenbar dazu dient, den Willen zur philosophischen Argumentation und Rechtfertigung als Epiphänomen der »bürgerlichen« Gesellschaftsstruktur zu relativieren, wollen wir einer gewissen marxistischen Neoorthodoxie überlassen.

116 Vgl. hierzu und zum folgenden K.-O. Apel, »Szientismus oder transzendentale Hermeneutik?«, a.a.O., S. 140 ff.; vgl. J. Habermas, »Der Universalitätsanspruch der Hermeneutik«, a.a.O., S. 99 ff., und ders., »Vorbereitende Bemerkungen zu einer Theorie der kommunikativen Kompetenz«, a.a.O., S. 140 f.

zung ein »Widerspruch« enthalten ist, und zwar kein echter oder scheinbarer formallogischer, sondern ein *dialektischer Widerspruch*. Die Möglichkeit, daß es sich um einen echten, formallogischen Widerspruch handelt, scheidet von vornherein aus, da unsere zwiespältige Voraussetzung offenbar sinnvoll ist und, wie sich zeigen wird, keineswegs beliebige logische Konsequenzen hat. Plausibler erscheint prima facie die Annahme, daß es sich um einen nur scheinbaren (formallogischen) Widerspruch handelt, der sich mit logischen Mitteln, nämlich durch Unterscheidung von Hinsichten, zu jeder Zeit auflösen läßt. Man könnte etwa versuchen, die Voraussetzung der realen von der Voraussetzung der idealen Kommunikationsgemeinschaft zu trennen und die erstere als commonsense-Voraussetzung des rhetorischen Pragmatikers, der von hier und jetzt akzeptierten Prämissen (»Vorurteilen«) ausgeht[117], die letztere aber als regulatives Prinzip oder als bloße Fiktion des einsamen Denkers zu verstehen, der es nicht mit einem realen Publikum zu tun hat. Wahrscheinlich hat eine solche Aufspaltung und Abspannung der Dialektik des von uns angegebenen Aprioris der Kommunikationsgemeinschaft in dem Jahrtausende währenden Kampf der Philosophen und der Rhetoren um den Primat der »sapientia« tatsächlich eine zentrale Rolle gespielt.[118]

Es ist jedoch, nach allem Vorausgehenden, klar, daß ein Philosoph, der den »methodischen Solipsismus« als Illusion durchschaut und das einsame Denken als defizienten Modus der Kommunikation begriffen hat, die angedeutete Trennung der beiden Voraussetzungen nicht akzeptieren kann. Es muß im einsamen Denken zugleich die Abhängigkeit von der realen Diskussion voraussetzen, damit aber muß er bei sich und seinen Kommunikationspartnern die Zugehörigkeit zur *realen*, sozialgeschichtlich entstandenen *und zugleich* die Kompetenz im Sinne der *idealen* Kommunikationsgemeinschaft voraussetzen. Es handelt sich hier offenbar um einen »Widerspruch« nicht im metaphorischen Sinne der formalen Logik, sondern im wörtlichen Sinne der noch unentschiedenen Geschichtsdialektik, – um einen Widerspruch, den man – wie Hegel sagt – *aushalten* muß. Die Auflösung dieses Widerspruchs kann man im

---

117 Vgl. Ch. Perelman und L. Olbrechts-Tyteca, *Traité de l'Argumentation: la Nouvelle rhétorique*, 2. Aufl. Brüssel 1970.
118 Vgl. Ch. Perelman, »The New Rhetoric«, in: *The Great Ideas Today* (Encyclop. Britannica, Ind., 1970, S. 273–312); ferner K.-O. Apel, *Die Idee der Sprache in der Tradition des Humanismus . . .*, Bonn 1963.

Sinne einer »Dialektik zwischen Hegel und Marx«[119] nur von der geschichtlichen Realisierung der idealen Kommunikationsgemeinschaft *in* der realen erwarten; ja man muß diese geschichtliche Auflösung des Widerspruchs moralisch postulieren.

Aus dieser (impliziten) Forderung jeder philosophischen Argumentation lassen sich nun m. E. *zwei grundlegende regulative Prinzipien* für die langfristige moralische Handlungsstrategie jedes Menschen ableiten: Erstens muß es in allem Tun und Lassen darum gehen, das *Überleben* der menschlichen Gattung als der *realen* Kommunikationsgemeinschaft sicherzustellen, zweitens darum, in der realen die *ideale* Kommunikationsgemeinschaft zu verwirklichen. Das erste Ziel ist die notwendige Bedingung des zweiten Ziels; und das zweite Ziel gibt dem ersten seinen Sinn, – den Sinn, der mit jedem Argument schon antizipiert ist.

Diejenige Strategie, welche unter dem regulativen Prinzip der Sicherstellung des Überlebens der Gattung steht, hat heute eine Antwort zu geben auf die eingangs erwähnte Tatsache, daß im Zeitalter der wissenschaftlichen Technologie alle menschlichen Aktivitäten *Makrowirkungen* haben, die das Überleben der Gattung zu bedrohen vermögen. Zu diesem Zweck wird sie sich selbst eines wissenschaftlichen Instrumentariums bedienen müssen, das m. E. in der funktionalistischen Systemtheorie der modernen Soziologie und Politologie prinzipiell gefunden werden müßte. D. h.: die menschliche Gesellschaft insgesamt kann, darf und muß unter dem Gesichtspunkt der Überlebensstrategie als ein *Selbstbehauptungssystem* (auch im Sinne der Luhmannschen »Reduktion von Komplexität«) analysiert werden.[120] Sogar die Wahrheit kann, darf und muß unter diesem Gesichtspunkt funktionalistisch (normativ-analytisch) interpretiert werden – wissenschaftliche Wahrheit ist ja zweifellos *auch* ein Mittel in der Überlebensstrategie der menschlichen Gattung. Aber diese funktionalistische Interpretation der Wahrheit läuft gerade nicht auf eine »Reduktion« im Sinne Nietzsches und Luhmanns hinaus, denn die ganze Überlebensstrategie erhält ja, unseren Voraussetzungen zufolge, ihren Sinn nur durch die (von der Argumentation geforderte) Strategie der gesellschaftlichen Reali-

119 Vgl. K.-O. Apel, »Reflexion und materielle Praxis. Zur erkenntnisanthropologischen Begründung der Dialektik zwischen Hegel und Marx«, in: *Hegelstudien*, Beiheft 1 (Heidelberger Hegeltage 1962), S. 151–166. (S. oben S. 9 ff.)
120 Vgl. hierzu J. Habermas und N. Luhmann, *Theorie der Gesellschaft oder Sozialtechnologie*, Frankfurt 1971.

sierung der idealen Kommunikationsgemeinschaft, in der die Wahrheit erreicht werden kann. M. a. W.: Die *Überlebensstrategie* erhält ihren Sinn durch eine langfristige *Emanzipationsstrategie*.

An dieser Stelle nun ist unser Ansatz – wie mir scheint – in der Lage, der Strategie eines nichtorthodoxen, nicht dogmatisch deterministischen, sondern humanitär-emanzipatorischen und gewissermaßen hypothetisch-experimentellen Marxismus oder besser: Neomarxismus eine ethisch begründete Funktion einzuräumen. Denn es ist klar, daß die Aufgabe der Realisierung der idealen Kommunikationsgemeinschaft auch die Aufhebung der Klassengesellschaft, kommunikationstheoretisch formuliert: die Beseitigung aller sozial bedingten Asymmetrien des interpersonalen Dialogs[121], impliziert.

(Die »Parteinahme für das Proletariat« läßt sich daher von unserem philosophischen Apriori her unter Umständen ethisch rechtfertigen – dann nämlich, wenn es »das« Proletariat in dem Sinne, wie K. Marx es 1843 charakterisierte – und d. h. im Sinne des damals aufgestellten »kategorischen Imperativs« – tatsächlich gibt.[122] Es versteht sich, daß die marxistische »Neoorthodoxie« für solche philosophische »Letztbegründung« nicht viel übrig hat. Ihr genügt die – vorgeblich konkretere – Begründung aller Parteiergreifung durch den *objektiv* unterstellten Klassenstandpunkt des »Proletariats«, der nicht weiter zu hinterfragen ist. Daß es sich hier um den paradigmatischen Fall eines Abbruchs der Begründung durch dogmatische Setzung (im Sinne Poppers und Alberts) handelt, wird freilich jedem klar, der im Sinne dieser Unterstellung sein politisches Engagement zu konkretisieren versucht. Gesetzt nämlich, die *neomarxistische* These von der Auflösung des revolutionären Proletariats in den fortgeschrittenen Industriestaaten wäre falsch, so wird man zumindest dies zugestehen müssen, daß es sozusagen mehrere Proletariate gibt: Sehr vereinfacht gesagt, gibt es z. B. das Proletariat der dritten Welt, auf das Marxens Prädikat der »Verelendung« zutrifft, kaum aber das Prädikat »Träger der Produktionskraft«. Daneben gibt es das Proletariat der westlichen Industriegesellschaft, auf das zweifellos noch immer das Marxsche Prädikat der »Entfremdung«, auch im ökonomischen Sinne, anwendbar ist,

---

121 Vgl. J. Habermas, »Vorbereitende Bemerkungen . . .«, a.a.O.
122 Vgl. K. Marx, »Zur Kritik der Hegelschen Rechtsphilosophie. Einleitung«, in: Karl Marx, *Frühschriften*, hrsg. v. S. Landshut, Stuttgart 1953, S. 207 ff., bes. S. 216 u. 222 f.

kaum aber das Prädikat der »Verelendung«. Schlimmer noch ist folgendes: Selbst wenn man diesen *beiden* Proletariaten ein revolutio-
näres Potential noch zuschreiben könnte, so wird man ihnen doch
auf keinen Fall die gleichen materiellen Interessen zuschreiben
können. Eine solche Illusion würde jeder »materialistischen Analyse« Hohn sprechen. Gleiche Interessen kann man nicht einmal
den beiden »siegreichen« Proletariaten zuschreiben, vereinfacht gesagt: dem russischen und dem chinesischen, und dies m. E. nicht *nur*
aus ökonomischen Gründen, sondern auch aus Gründen des außen-
politischen Macht- und Prestigekampfes, des »Kampfes um die Anerkennung bis zum Tod«, der nach Hegel der Dialektik von »Herr
und Knecht« und somit dem Klassenkampf vorausgeht und ihn,
aller Voraussicht nach, überleben wird. – Allein aus diesen Illustrationen scheint mir soviel klar hervorzugehen: Wer wirklich konkret und radikal denkt, der muß bereit sein, sein gesellschaftliches
Engagement je in der Situation durch eine philosophische Ethik zu
begründen. Diese kann zwar nicht das konkrete Situationsengage-
ment deduzieren, aber sie kann einen Maßstab der Kritik liefern,
an dem das Engagement selbst – sein Gelingen oder Scheitern – gemessen werden kann. Diese Notwendigkeit wird nicht mit dem
»Bürgertum« »absterben«, sondern allenfalls dann, wenn die Philosophie durch ihre »Verwirklichung« zugleich »aufgehoben« sein
wird.)
Auch die Emanzipationsstrategie wird sich im Zeitalter der Wissenschaft eines wissenschaftlichen Instrumentariums bedienen müssen. In erster Linie wird man dabei nach wie vor an die historisch-
hermeneutischen Verständigungswissenschaften denken müssen. (Im
Zeitalter der empirisch-analytischen »Science« und »Technologie«
sind sie keineswegs entbehrlich oder szientifisch reduzierbar; vielmehr wachsen ihnen proportional zum szientifisch-technologischen
Fortschritt ständig komplementäre Aufgaben der Herstellung eines
zureichenden Sinn-Verständnisses und einer normativ adäquaten
Ziel-Verständigung zwischen den szientifisch-technologischen Experten und zwischen diesen und der Gesellschaft im ganzen zu; man
denke in diesem Zusammenhang nur an die neuen hermeneutischen
Disziplinen der Wissenschafts- und Technologie-Historie und der
interdisziplinären »Wissenschafts-Wissenschaft«.[123]) Diese heute so

123 Vgl. hierzu G. Radnitzky, *Contemporary Schools of Metascience*, 2. Aufl.,
Göteborg 1970. Ferner ders., »Der Praxisbezug der Forschung« (*Stud. Gen.* 23, 1970,

umstrittenen Disziplinen erhalten durch das Postulat der *Realisierung der idealen Kommunikationsgemeinschaft* ihr *regulatives Prinzip* im methodologischen *und* im ethisch-normativen Sinn einer nicht subjektiv-beliebigen Begründung von Werturteilen. Sie dienen so einer empirischen und normativen Rekonstruktion der geschichtlichen Situation[124] und damit der »Bildung« der öffentlichen Meinung.

Freilich werden die traditionellen humanistischen Geisteswissenschaften als wissenschaftliches Instrumentarium der Emanzipationsstrategie nicht ausreichen. Ihre Grenze liegt da, wo die eigentlichen Hindernisse des Verstehens und damit der Verständigung in der *realen* Kommunikationsgemeinschaft angetroffen werden: Hindernisse im Sinne der Nichttransparenz oder der ideologischen Verschleierung materieller Interessen, die der Realisierung der idealen Kommunikationsgemeinschaft im Wege stehen. Hier muß sich die ethisch begründete Emanzipationsstrategie ihr spezifisches wissenschaftliches Instrumentarium erst schaffen, um auf dem Umweg über ein quasi-naturalistisches »Erklären« der verdinglichten Strukturen das reflexive Selbstverständnis der Menschen zur emanzipatorischen Durchbrechung seiner Schranken zu provozieren. Diese Aufgabe fällt m. E. den kritisch-emanzipatorischen Sozialwissenschaften zu: der Psychoanalyse und der Ideologiekritik[125], die alle empirisch-analytischen und normativ-analytischen Sozialwissenschaften, einschließlich der Ökonomie, in ihren Dienst zu stellen haben.

Im Zusammenhang der soeben skizzierten Strategie der Emanzipation ergibt sich freilich selbst noch ein äußerst delikates moralisches Problem, die Frage nämlich: In welchen Situationen und aufgrund welcher Kriterien darf ein Kommunikationspartner das emanzipiertere Bewußtsein für sich beanspruchen und sich dergestalt als Sozialtherapeut für autorisiert halten? – Doch diese Frage ist letztlich identisch mit dem allgemeineren Problem der

S. 817–855) und G. Radnitzky und G. Anderson, »Wissenschaftspolitik u. Organisationsformen der Forschung« (Einleitung zu: A. Weinberg, *Probleme der Großforschung*, Frankfurt 1970).
124 Vgl. P. Lorenzen, *Normative Logic and Ethics*, a.a.O., S. 88 ff.; O. Schwemmer, *Philosophie der Praxis*, a.a.O., S. 207 ff.
125 Vgl. hierzu den Theorie-Diskussionsband *Hermeneutik und Ideologiekritik*, Frankfurt 1971, sowie J. Habermas, Einleitung zur Neuausgabe von *Theorie und Praxis*, Frankfurt 1971.

verantwortlichen *Situationseinschätzung* und *Situationsentscheidung*, die – auch unter der Voraussetzung unserer regulativen Prinzipien – niemandem abgenommen werden kann. Die »Parteiergreifung« in der konkreten geschichtlichen Situation wird immer ein riskantes Engagement einschließen, das weder durch philosophisches noch durch wissenschaftliches Wissen gedeckt werden kann.[126] An dieser Stelle – und nicht schon bei der Parteiergreifung für die Emanzipation überhaupt, die, wie wir zu zeigen versuchten, philosophisch gerechtfertigt werden kann – muß jeder eine nicht – oder nicht völlig – begründbare »moralische« Glaubensentscheidung auf sich nehmen. Es gibt jedoch auch in dieser Situation der einsamen[127] Entscheidung offenbar kein besseres ethisches Regulativ als dies: im eigenen reflexiven Selbstverständnis die mögliche Kritik der idealen Kommunikationsgemeinschaft zur Geltung zu bringen. Dies scheint mir das Prinzip der möglichen moralischen Selbsttranszendenz zu sein.

---

126 Vgl. K.-O. Apel, »Wissenschaft als Emanzipation?«, in: *Ztschr. f. allg. Wissenschaftstheorie*, I (1970), S. 73–95. (S. oben S. 128 ff.)

127 Auch wenn es sich um eine politische relevante Entscheidung handelt, wird sie von »Einzelnen« zu verantworten sein, die sich eventuell mit Gruppen solidarisieren, nicht aber dem Kollektiv die Entscheidung überlassen können. Der Existentialismus behält hier gegen die marxistische Neoorthodoxie recht, weil der Einzelne sich immer schon, als Argumentierender, mit der idealen Kommunikationsgemeinschaft solidarisieren kann. Diese transzendentale Solidarisierung sollte er voraussetzen und auch dann noch festhalten, wenn er sich – im riskanten politisch-existenziellen Engagement – mit einer realen Gesellschaftsgruppe solidarisiert.

Nachweise

Reflexion und materielle Praxis
In: *Hegelstudien, Beiheft 1* (Heidelberger Hegeltage 1962), S. 151–166

Die Entfaltung der »sprachanalytischen« Philosophie
und das Problem der »Geisteswissenschaften«
Ausarbeitung eines Vortrags vor dem »Engeren Kreis« der »Deutschen Philos.
Gesellsch.«, Heidelberg 1964. Zuerst in: *Philos. Jb.*, 72. Jg., (1965), S. 239–89
(Engl. Übersetzung: *Analytic Philosophy of Language and the ›Geisteswissenschaften‹*, Dordrecht-Holland 1967)

Szientistik, Hermeneutik, Ideologiekritik
Ausarbeitung eines Vortrags im »Institut für Wissenschaftstheorie« der Universität Göteborg (Mai 1966). Zuerst in: *Wiener Jb. f. Philos.*, Bd. 1 (1968),
S. 15–45
(Gekürzte Fassung in: *Man and World*, I (1968). Neuabdruck in: *Hermeneutik u. Ideologiekritik*, Suhrkamp-Diskussion, Frankfurt a. M. 1971, S. 7–44

Wissenschaft als Emanzipation?
Vortrag anläßlich der Kieler Universitätstage 1969. Zuerst in: *Ztschr. f. allg.
Wissenschaftstheorie*, I (1970), S. 173–95

Von Kant zu Peirce
Vortrag »From Kant to Peirce«, in: L. W. Beck (ed.): *Proceedings of the Third
Internat. Kant Congress, 1970*, Dordrecht-Holland 1972, p. 90–104

Szientismus oder transzendentale Hermeneutik?
Ausarbeitung eines Vortrags vor dem Nordischen Philosophen-Kongreß, Trondheim 1969. Zuerst in: R. Bubner u. a. (Hrsg.): *Hermeneutik u. Dialektik,
Festschr. f. H.-G. Gadamer*, Tübingen 1970, Bd. I, S. 105–45

Die Kommunikationsgemeinschaft als transzendentale
Voraussetzung der Sozialwissenschaften
Ausarbeitung eines Vortrags im Rahmen der Jahrestagung des »International
Philosophical Colloquium«, Helsinki und Turku, Finnland, 26.–29. März 1971.
Zuerst in: *Neue Hefte f. Philos.*, Nr. 2/3 (1972), S. 1–40

Noam Chomskys Sprachtheorie und die Philosophie der Gegenwart
Ausarbeitung eines Vortrags im Rahmen der Jahrestagung des »Instituts für
Deutsche Sprache«, April 1971. Zuerst in: *Jahrbuch des Instituts für Deutsche
Sprache*, Mannheim 1972

Sprache als Thema und Medium der transzendentalen Reflexion

Ausarbeitung eines Vortrags im Rahmen des XIV. Internat. Kongr. f. Philos., Wien 1968

Zuerst in *Akten* ..., Bd. III, Wien 1969, S. 417–29. Erweiterte Fassung in: *Sprache und Erkenntniss*, Meisenheim a. Glan 1972

Der transzendentalhermeneutische Begriff der Sprache

Erweiterte Fassung des Artikels »Sprache« in: H. Krings u. a. (Hrsg.): *Handbuch Philosophischer Grundbegriffe*, München 1972

Das Apriori der Kommunikationsgemeinschaft und die Grundlagen der Ethik

Ausarbeitung eines Vortrags, der zuerst im Mai 1967 im Institut für Wissenschaftstheorie der Universität Göteborg gehalten wurde. Die Fragestellung (S. 1–25) wurde auch im Rahmen einer Panel Diskussion über »Modern Science and Makroethics on a Finite Earth« des Internationalen Colloquiums über »The Meaning and Function of Science in Contemporary Society« vorgetragen. Sie erscheint auch in: M. Riedel (Hrsg.): *Rehabilitierung der praktischen Philosophie*, Bd. II, Freiburg 1972

Namenregister

Karl-Otto Apel
Transformation der Philosophie
Band I
Sprachanalytik, Semiotik, Hermeneutik

Inhalt

suhrkamp taschenbücher wissenschaft

stw 2 Theodor W. Adorno
Ästhetische Theorie
Mit einem Begriffsregister
Herausgegeben von Gretel Adorno und Rolf Tiedemann
568 Seiten
Die Ästhetische Theorie ist die letzte große Arbeit Adornos,
die bei seinem Tode kurz vor ihrer Vollendung stand. Sie
sollte neben der Negativen Dialektik und einem geplanten
moralphilosophischen Werk das darstellen, was Adorno »in
die Waagschale zu werfen« hatte.

stw 110 Theodor W. Adorno
Drei Studien zu Hegel
144 Seiten
Adornos Arbeiten über Hegel – Konzentrat einer lebens-
langen Beschäftigung mit dessen Philosophie – können als
Propädeutik zu einer intensiveren Hegellektüre verstanden
werden. Freilich macht es Adorno dem Leser nicht leicht,
sich mit der Hegelschen Philosophie und ihren terminolo-
gischen Eigenheiten anzufreunden. Die unbestreitbaren
Schwierigkeiten und Rätsel, die Hegel seinen Rezipienten
aufgibt, werden von Adorno nicht im Sinne klassifikato-
rischer Zuordnungen und vorschneller Identifizierungen
aufgelöst – sie werden zuallererst einmal benannt und
damit zu Bewußtsein gebracht. Freilich zeigen Adornos
Analysen auch, daß der Leser nicht vor Hegel kapitulieren
muß. Adornos Empfehlung an den potentiellen Hegelleser
lautet: »Der war nie der schlechteste Leser, welcher das
Buch mit despektierlichen Randglossen versah.«

stw 23 Theodor W. Adorno
Philosophische Terminologie Bd. 1
Herausgegeben von Rudolf zur Lippe
240 Seiten
In der »Philosophischen Terminologie« schlägt Adorno den
Weg ein, zentrale Begriffe der Philosophie historisch und
thematisch zu untersuchen. Die Begriffsanalysen führen in
das Denken Adornos, gleichzeitig aber auch in die Kritische Theorie ein.

stw 50 Theodor W. Adorno
Philosophische Terminologie
Aus dem Nachlaß herausgegeben von Rudolf zur Lippe
Band 2. 325 Seiten
Die *Philosophische Terminologie* ist dem Inhalt nach eine
Einführung in die Beschäftigung mit Philosophie über-
haupt als einem aktuellen und zugleich reflektierenden
Verhalten. Durch die Form einer Vorlesung überträgt sich
noch auf die heutigen Leser etwas davon, wie Adorno sich
unmittelbar auf seine Hörer bezog.

stw 34 W. Ross Ashby
Einführung in die Kybernetik
Aus dem Englischen von Jörg Adrian Huber
416 Seiten
Die Einführung in die Kybernetik ist eines der Standard-
werke der jungen Wissenschaft Kybernetik, nicht zuletzt
durch des Autors didaktisches Geschick der Grundlagenver-
mittlung. Ashby vermeidet es, für den Laien unnötig ver-
wirrende Bereiche der Elektronik und der höheren Mathematik in seine Einführung einzubeziehen und verwendet
statt dessen allgemeinverständliche Beispiele aus dem Alltag.

stw 68 Hans Barth
Wahrheit und Ideologie
331 Seiten
Barths im Jahre 1945 erschienene Untersuchung gilt einem
Begriff, der zunächst rein wissenschaftlich-philosophisch
konzipiert war, nun aber längst in den Sprachgebrauch
der Alltagssprache aufgenommen worden ist und in den
verschiedensten Bedeutungen verwendet wird. Barth vertritt die These, daß menschliches Denken immer ideologie-
haft sei und geht der Frage nach, unter welchen gesellschaftlichen und ökonomischen Bedingungen Ideologien produziert werden. Die verschiedenen Aspekte dieses Zusammenhangs untersucht er unter anderem an den Werken von
Marx, Schopenhauer und Nietzsche.

stw 114 Oskar Becker
*Die Grundlagen der Mathematik in geschichtlicher
Entwicklung*
428 Seiten
»Der Aufgabe, die Mathematik auf die Stufe des histo-
rischen Bewußtseins zu heben, ist mit dem vorliegenden
Buch ein großer Dienst erwiesen.«   *Paul Lorenzen*

stw 3 Ernst Bloch
Das Prinzip Hoffnung
3 Bände. 1655 Seiten
»Die Utopie, das philosophisch bisher noch nicht zureichend
bedachte Zukünftige, ohne das es kein Gegenwärtiges geben
kann, steht im Zentrum des riesigen Buches ... Wie verwandelt sich Träumen in Begehren, Begehren in Wünschen?
Wie gelangt das Streben nach Glück, ohne dessen messiani-
schen Vorschein kein Jammertag ertragbar wäre, zu der
Entschlossenheit, eine gewaltige Veränderung zu wagen?«
Walter Jens in »Die Zeit«

stw 107 Pierre Bourdieu
Zur Soziologie der symbolischen Formen
Aus dem Französischen von Wolfgang Fietkau
201 Seiten
Anders als der »harte Kern« des französischen Strukturalismus dieser Schule demonstriert Bourdieu, daß diese Methode zu Ergebnissen von entschieden politischer Relevanz
führen kann.
Die in diesem Band zusammengestellten Aufsätze diskutieren die erkenntnistheoretischen Implikationen und Voraussetzungen der strukturalen Methode auf dem Gebiet der
Soziologie, indem sie im konkreten Fall die Relevanz dieser
Methode für soziologische Probleme aufzeigen.

stw 42 Noam Chomsky
Aspekte der Syntax-Theorie
Aus dem Amerikanischen übersetzt und herausgegeben von
einem Kollektiv unter der Leitung von Ewald Lang, Ar-
beitsstelle Strukturelle Grammatik, Deutsche Akademie der
Wissenschaften, Berlin
314 Seiten
In dem Buch wird der Versuch unternommen, jenen Teil
einer linguistischen Theorie zu entwerfen, der sich auf die
syntaktische, die den Bau des Satzes betreffende Komponente bezieht. Unter der von Chomsky beschriebenen »generativen Grammatik« ist ein System von Regeln zu verstehen, mit denen eine beliebige Zahl von Sätzen erzeugt
werden kann. Jeder Sprecher hat sich eine solche generative
Grammatik offenbar vollständig angeeignet.

stw 19 Noam Chomsky
Sprache und Geist
Aus dem Amerikanischen von Siegfried Kanngießer,

Gerd Lingrün, Ulrike Schwarz und Anna Kamp
189 Seiten
»Die Theorien Noam Chomskys haben in der Linguistik
während der letzten Jahre zu einem ›Paradigmenwechsel‹
(Th. Kuhn) geführt. Forschungsstrategisch sinnvolle Fragestellungen, die Bewertung neuer Methoden und Standards
und die Einschätzung linguistisch relevanter Problemlösungen folgen dem theoretischen Rahmen, den Chomsky der
Linguistik gegeben hat.« *Anton Leist, Das Argument*

stw 64 Nikolai Bucharin/Abram Deborin
*Kontroversen über dialektischen und mechanistischen Ma-
terialismus*
Einleitung von Oskar Negt
403 Seiten
Der Band enthält wichtige Dokumente zur Geschichte der
ideologischen Auseinandersetzung innerhalb der sowjeti-
schen kommunistischen Partei, die sich nach Lenins Tod
in der spektakulären Kontroverse über mechanistischen und
dialektischen Materialismus zuspitzte. In dieser Kontroverse ging es, wie der Herausgeber bemerkt, nur »vorder-
gründig um die Polarisierung der philosophischen Positionen nach Dialektikern und naturwissenschaftlich orientierten Mechanizisten«. In seinem Einleitungsessay geht Negt
dem Problem *Marxismus als Legitimationswissenschaft*
nach und untersucht neben dem philosophischen Gehalt der
abgedruckten Schriften auch deren politisch-ideologische
Funktion.

stw 10 *Einführung in den Strukturalismus*
Mit Beiträgen von Ducrot, Todorov, Sperber,
Safouan und Wahl
Aus dem Französischen von Eva Moldenhauer
480 Seiten
Die Essays zum Strukturalismus gehen nicht von einer
Apriori-Definition einer so zu nennenden strukturalen Me-
thode aus, was nach Ansicht der Autoren nicht möglich ist.
Vielmehr überprüfen die Verfasser – alle Strukturalisten
der zweiten Generation – an ihrem jeweiligen Forschungs-
gebiet, was ihr Strukturalismus überhaupt sei.

stw 96 Michel Foucault
Die Ordnung der Dinge
Eine Archäologie der Humanwissenschaften
Aus dem Französischen von Ulrich Köppen
480 Seiten

Foucault hat »Eine Archäologie der Humanwissenschaften« vorgelegt, die die »Kontinuitäts-Illusion« (*W. Lepenies*) herkömmlicher Wissenschaftsgeschichten zerstören will. Der Autor ist daran interessiert, epochenspezifische »Systeme der Gleichzeitigkeit«, Analogien und Beziehungsgeflechte zwischen den Disziplinen hervorzuarbeiten, um so zugleich auch epochale Brüche und Unvereinbarkeiten aufdecken zu können.

stw 39 Michel Foucault
Wahnsinn und Gesellschaft
Eine Geschichte des Wahns im Zeitalter der Vernunft
Aus dem Französischen von Ulrich Köppen
562 Seiten
Michel Foucault erzählt die Geschichte des Wahnsinns vom 16. bis zum 18. Jahrhundert. Er erzählt zugleich die Geschichte seines Gegenspielers, der Vernunft, denn er sieht die beiden als Paar, das sich nicht trennen läßt. Der Wahn ist für ihn weniger eine Krankheit als eine andere Art von Erkenntnis, eine Gegenvernunft, die ihre eigene Sprache hat oder besser: ihr eigenes Schweigen.

stw 160 Hans G. Furth
Intelligenz und Erkennen
Die Grundlagen der genetischen Erkenntnistheorie Piagets
Übersetzt von Friedhelm Herborth
384 Seiten
Hans G. Furth hat den ersten Versuch einer systematischen Darstellung der Theorie Piagets unternommen, und er hat, wie Piaget selbst es formuliert, »diese Aufgabe außerordentlich erfolgreich gelöst«. Piaget zwingt zu einer Revolution unserer Anschauungen, wie es außer ihm in der Neuzeit nur Kopernikus, Darwin und Freud getan haben.

stw 52 Karl Griewank
Der neuzeitliche Revolutionsbegriff
Entstehung und Entwicklung
Aus dem Nachlaß herausgegeben von
Ingeborg Horn-Staiger
Mit einem Nachwort von Hermann Heimpel
271 Seiten
Karl Griewank war der erste Historiker, der den spezifischen Revolutionsbegriff der Neuzeit herausgearbeitet hat. Es geht ihm dabei nicht um eine Begriffsbestimmung, son-

dern um die Geschichte des Revolutionsverständnisses seit dem Beginn der sogenannten Neuzeit im Bewußtsein der Beteiligten und historischen Beobachter.

stw 1 Jürgen Habermas
Erkenntnis und Interesse
Mit einem neuen Nachwort
420 Seiten
Einzig als Gesellschaftstheorie ist radikale Erkenntniskritik möglich, heißt die Grundthese von Habermas. Damit greift er nicht nur in die an Methodenfragen orientierte Positivismus-Diskussion ein, sondern auch in die auf Praxis gerichtete politische Diskussion.

stw 49 *Materialien zu Jürgen Habermas' »Erkenntnis und Interesse«*
434 Seiten
Die unverhofft intensive und breite Diskussion, die *Erkenntnis und Interesse* entfacht hat, läßt es sinnvoll erscheinen, Kommentar und Kritik in einem Band zu vereinen. Die zum Teil sehr schwer zugänglichen Aufsätze von europäischen und amerikanischen Autoren repräsentieren das weite Spektrum der Auseinandersetzung mit Jürgen Habermas.

stw 69 Anthony Kenny
Wittgenstein
Aus dem Englischen von Hermann Vetter
270 Seiten
Das vorliegende Buch ist eines der ersten, das das umfangreiche Œuvre Wittgensteins als Ganzes darstellt; sein Wert liegt nicht zuletzt darin, daß es sich ausführlich mit den erst kürzlich publizierten Werken aus Wittgensteins mittlerer Zeit befaßt: mit den *Philosophischen Bemerkungen* und der *Philosophischen Grammatik*.

stw 36 Reinhart Koselleck
Kritik und Krise
Ein Beitrag zur Pathogenese der bürgerlichen Welt
248 Seiten
Die Frage nach dem Zusammenhang von Kritik und Krise ist geschichtlich und aktuell zugleich. Die Untersuchung umspannt den Zeitraum von den religiösen Bürgerkriegen bis zur Französischen Revolution. Die hypokritischen Züge der Aufklärung werden begriffsgeschichtlich und ideologiekritisch herausgearbeitet. Dabei stoßen wir auf die politi-

schen Grenzen der Aufklärung, die ihr Ziel verfehlt, sobald
sie zur reinen Utopie gerinnt.

stw 70 Friedrich Albert Lange
*Geschichte des Materialismus und Kritik seiner Bedeutung
in der Gegenwart*
Herausgegeben und eingeleitet von Alfred Schmidt
2 Bände. 1018 Seiten
Langes *Geschichte des Materialismus* ist entstanden im Gegenzug zu einem sich ausbreitenden, krude mechanistischen,
vulgären Materialismus (»Der Mensch ist, was er ißt«);
sie ist daher in ihrer Darstellung gleichzeitig Kritik
des Materialismus: Der Materialismus sei zwar die einzig
legitime Methode der Naturwissenschaften, aber aufgrund
des Kantschen kritischen Unternehmens für Metaphysik
und Erkenntnistheorie abzulehnen. Auch wenn Lange nicht
rein geisteswissenschaftlich vorgeht – er stellt z. B. eine
Beziehung zwischen Sklaverei und Religion in der Antike
her –, so trennt ihn von Marx und Engels doch, daß
deren primäres Interesse am Materialismus auf den Menschen, die Gesellschaft und die Geschichte zielt.

stw 14 Claude Lévi-Strauss
Das wilde Denken
334 Seiten
Aus dem Französischen von Hans Neumann
Thema dieses inzwischen berühmt gewordenen Werkes ist
das Denken in seinem »wilden Zustand«, das in jedem
Menschen, ob zeitgenössisch oder vorgeschichtlich, wirksam
ist als ein Element der nichtkultivierten und nicht domesti-
zierten Geistestätigkeit.

stw 93 Paul Lorenzen
Konstruktive Wissenschaftstheorie
240 Seiten
Für Lorenzen ist die Wissenschaftstheorie eine Grundwis-
senschaft, die »Fach«-Wissenschaften begründet, und nicht
ein Fach neben anderen Wissenschaften. Eine solche Wissenschaft muß in allen Schritten kontrollierbar sein und
darf »praktische« Fragen, d. h. solche nach den Zwecken
von Wissenschaft nicht ausschließen. Die hier vereinigten,
größtenteils unveröffentlichten Aufsätze von Paul Lorenzen, des Gründers der »Erlanger Schule«, sind Beiträge zur
allgemeinen Wissenschaftstheorie und zur konstruktiven
Begründung der Mathematik, speziell der Wahrscheinlich-
keitstheorie.

stw 73 Paul Lorenzen
Methodisches Denken
162 Seiten

Der vorliegende Band enthält Arbeiten zu Problemen der
Logik, Mathematik und mathematischen Naturwissenschaft.
In diesen Beiträgen geht es nicht um einzelwissenschaftliche
Theorien, sondern um Grundlagen, Grundbegriffe und Be-
gründungsprobleme von Wissenschaft selbst. Lorenzen ist
der Ansicht, daß auch die Grundlegung exakter Wissenschaft im Kontext gesellschaftlicher Zusammenhänge zu
sehen ist und erschüttert damit die These von einer möglichen wertfreien Wissenschaft.

stw 12 Niklas Luhmann
Zweckbegriff und Systemrationalität
Über die Funktion von Zwecken in sozialen Systemen
390 Seiten

Mit seinem Entwurf einer Systemtheorie erneuert Luhmann
den von der gegenwärtigen Soziologie vernachlässigten
Versuch, Gesellschaft im ganzen zu begreifen. Er untersucht
die Funktion der Zweckorientierung in sozialen Systemen
und bestimmt sie als Reduktion von Komplexität, als Vereinfachung, die das System handlungsfähig macht.

stw 33 Georg Lukács
Der junge Hegel
896 Seiten

Lukács' Studie untersucht Hegels Auffassung von der Dialektik der menschlichen Gesellschaft in ihrer Entwicklung
von den Jugendschriften bis zur Phänomenologie des
Geistes. Mit scharfsinniger Polemik gegen die bürgerliche
Hegelforschung deckt er ideologiekritisch die idealistischen
Züge dieser Dialektik auf. Dabei geht es Lukács um den
inneren Zusammenhang von Philosophie und Ökonomie.

stw 41 C. B. Macpherson
Die politische Theorie des Besitzindividualismus
Von Hobbes bis Locke
Aus dem Englischen von Arno Wittekind
348 Seiten

Macphersons Untersuchung gilt dem Problem einer gesi-
cherten theoretischen Grundlage für den liberal-demokratischen Staat. Als gemeinsame Voraussetzung der englischen
politischen Theorie von Hobbes bis Locke erkennt er einen
auf Besitz gegründeten und am Besitz orientierten Individualismus.

stw 28 George Herbert Mead
Geist, Identität und Gesellschaft
Mit einer Einleitung von Charles W. Morris
Aus dem Amerikanischen von Ulf Pacher
456 Seiten
Mind, Self and Society ist *der* Klassiker der Sozialpsycho-
logie. Das postum aus Vorlesungsnachschriften veröffent-
lichte Werk verschmilzt »einen von einem moralischen
Ethos idealistischer Vernunft beseelten Pragmatismus mit
Evolutionismus und einem sozial interpretierten Behavio-
rismus«.   *Helmut Kuhn*

stw 105 Maurice Merleau-Ponty
Die Abenteuer der Dialektik
Aus dem Französischen von Alfred Schmidt und Herbert
Schmitt
281 Seiten
In den *Abenteuern der Dialektik* legt Merleau-Ponty seine
persönliche und sehr differenzierte Abrechnung mit zeitge-
nössischen Versionen des Marxismus vor: einmal mit dem
objektivistisch erstarrten Stalinismus, der den historischen
Prozeß zum Naturprozeß uminterpretiert, zum anderen
mit dem »Ultra-Bolschewismus« Sartres, für den die Kom-
munistische Partei zur Zentrale des Weltgeists wurde.

stw 62 Jürgen Mittelstraß
Die Möglichkeit von Wissenschaft
268 Seiten
Der vorliegende Band enthält eine Reihe von wissenschaftstheoretischen Arbeiten zur Problematik von Theorie und
Begründung. Wissenschaftstheorie wird dabei als eine be-
gründungsorientierte, normative Bemühung gegenüber den
Fachwissenschaften begriffen, kritisch abgesetzt von einer
mehr bestätigungsorientierten Auffassung von Wissenschaftstheorie als Metatheorie einer gegebenen Wissen-
schaftspraxis. Der Autor ist aus der Erlanger Schule hervorgegangen und setzt deren methodische Intentionen im
Rahmen der konstruktiven Wissenschaftstheorie fort.

stw 27 Jean Piaget
Das moralische Urteil beim Kinde
Aus dem Französischen von Lucien Goldmann
463 Seiten
Piaget zeigt, welche Bedeutung in der Entwicklung des

moralischen Urteils den gegenseitigen Beziehungen zwischen gleichgestellten Kindern, also dem Solidaritäts- und Verantwortungsbewußtsein, zukommt.

stw 77 Jean Piaget
Die Bildung des Zeitbegriffs beim Kinde
Aus dem Französischen von Gertrud Meili-Dworetzki
397 Seiten
Die Analyse des Zeitbegriffs mit all seinen verschiedenen Aspekten gibt ein besonders markantes Beispiel für die Gesamtentwicklung des Denkens, wie Piaget sie in allgemeiner Form in der *Psychologie der Intelligenz* beschreibt. Die einzelnen Etappen der Bildung des Zeitbegriffs beim Kinde stellt er mit Hilfe konkreter Beispiele dar, die die pädagogische Anwendung des Buches erleichtern sollen.

stw 6 Jean Piaget
Einführung in die genetische Erkenntnistheorie
Vier Vorlesungen
Aus dem Amerikanischen von Friedhelm Herborth
104 Seiten
»Die Forschungen über genetische Erkenntnistheorie versuchen, die Mechanismen zu analysieren, nach denen Erkenntnis – sofern sie zu wissenschaftlichem Denken gehört – sich entwickelt ...«   Bärbel Inhelder

stw 65 Willard van Orman Quine
Grundzüge der Logik
Aus dem Amerikanischen von Dirk Siefkes
344 Seiten
Nachdem die »mathematische« oder »formale« Logik in Deutschland lange Zeit fast nur ein mathematischer Forschungszweig war, haben jetzt Philosophen und Linguisten, aber auch Juristen und viele andere dieses Gebiet entdeckt. Die Logik dient zunächst als Werkzeug, vielleicht auch nur zur Denkschulung; später erkennt man in den formalen sprachlichen Strukturen Muster des Denkens; schließlich werden so die Grenzen und die Möglichkeiten der Sprache, damit auch des Menschen, in seltener Schärfe klar.

stw 76 Paul Ricœur
Die Interpretation
Ein Versuch über Freud / Deutsch von Eva Moldenhauer
564 Seiten

Die Beziehung von Psychoanalyse und Sprache ist der Gegenstand von Ricœurs umfangreicher Freud-Analyse. Er versteht seine Untersuchung als Teil der philosophischen Forschung, die sich mit dem Problembereich der Sprache beschäftigt. Ricœur stellt Freud an die Seite von Marx: Ihnen gemeinsam sei die Intention, Bewußtsein als falsches Bewußtsein zu entlarven, um mit der Kunst der Interpretation zu einer authentischen Sprache zu gelangen. Was »deuten« in der Psychoanalyse heißt, ist die zentrale Frage, mit der Ricœur das Werk Freuds interpretiert.

stw 29 Eike von Savigny
Die Philosophie der normalen Sprache
Eine kritische Einführung in die ordinary language philosophy
304 Seiten
Von Savignys Buch ist die erste zusammenfassende Darstellung der Methoden, Probleme und Ergebnisse einer philosophischen Richtung, die in den angelsächsischen Ländern heute dominiert: der *ordinary language philosophy* mit ihren Hauptvertretern, dem späten Wittgenstein, Gilbert Ryle, J. L. Austin und J. Wisdom.

stw 48 Derek J. de Solla Price
Little Science, Big Science
Von der Studierstube zur Großforschung
Aus dem Amerikanischen von Wolfgang Ebenhöh und Helmut Neunhöffer
127 Seiten
Nach jahrhundertelangem Wachstum nähert sich die Wissenschaft heute ihrer Wachstumsgrenze, die erreicht wird, wenn ein bestimmter Anteil der Bevölkerung Wissenschaftler geworden sind und die Hälfte des Bruttosozialprodukts für die Wissenschaft aufgewendet wird. Solla Price stellt dar, welche Änderungen in der institutionellen Struktur und den Organisationsformen im Zuge dieses Wachstums und besonders bei der Verlangsamung des Wachstums auftreten.

stw 32 Helmut Spinner
Pluralismus als Erkenntnismodell
300 Seiten
Der vorliegende Band enthält drei selbständige Abhandlungen, in denen das pluralistische Erkenntnismodell aus der Popperschen Konzeption eines fallibilistischen Kritizis-

mus systematisch entwickelt und in Rückanwendung auf
Poppers eigenen Denkweg zur Kritik seiner Spätphilosophie des kritischen Rationalismus eingesetzt wird, deren
konservative Tendenzen mit dem radikalkritischen Er-
kenntnisprogramm eines konsequent durchgehaltenen fallibilistischen Pluralismus kollidieren. Gegen Poppers eigene
Philosophie des kritischen Rationalismus, aus deren Schule
der Autor hervorgegangen ist und deren Ansatz eines recht-
fertigungsfreien Kritizismus er weiterführt, wird in diesem
Buch die These vertreten, daß der Feyerabendsche Pluralismus die konsequente Weiterentwicklung des fallibilistischen Kritizismus verkörpert.

stw 123 *Sprachanalyse und Soziologie*
Die sozialwissenschaftliche Relevanz von Wittgensteins
Sprachphilosophie
Herausgegeben von Rolf Wiggershaus
352 Seiten
Die Auswahl der in diesem Band enthaltenen Beiträge zu
einer linguistisch, einer phänomenologisch und einer kommunikationstheoretisch orientierten Soziologie versucht
deutlich zu machen, daß die von Wittgenstein bereitgestell-
ten Elemente einer Analyse des Alltagshandelns nur von
einer sozialwissenschaftlichen Position stimmig weitergedacht werden können, die nicht bei der theoretischen Anerkennung kontingenter existierender Lebensformen ste-
henbleibt, sondern über Wittgensteins eigene sozialwissenschaftlichen Konsequenzen seiner späten Sprachphilosophie
hinausgeht.

stw 95 Peter Winch
*Die Idee der Sozialwissenschaft und ihr Verhältnis zur Phi-
losophie*
Aus dem Englischen von Roland Pelzer
176 Seiten
Im Anschluß an die Philosophie Wittgensteins und dessen
Auffassung der Regeln von Sprachspielen als Formen sozialer Lebenswelten bemüht sich Winch um die linguistische
Grundlegung einer verstehenden Soziologie. Er zeigt, daß
für das Vorgehen im Bereich der Sozialwissenschaft naturwissenschaftliche Verfahren nicht vorbildlich sein können
und wendet sich damit gegen das Selbstverständnis einer
Soziologie, die sich am behavioristischen Modell der Gesetzmäßigkeit beobachtbaren Verhaltens orientiert.

stw 5 Ludwig Wittgenstein
Philosophische Grammatik
Herausgegeben von Rush Rhees
491 Seiten
Die *Philosophische Grammatik* gibt Auskunft über Wittgensteins Weg von der Konzeption einer Idealsprache zur Theorie der Sprachspiele und zur mathematischen Grundlagenforschung der Spätzeit.

Alphabetisches Verzeichnis der
suhrkamp taschenbücher wissenschaft